Brönner/Rux/Wagner · Die GmbH & Co. KG

Die GmbH & Co. KG

in Recht und Praxis

7., überarbeitete und ergänzte Auflage

---

von Dr. Dr. Herbert Brönner,
Wirtschaftsprüfer und
Steuerberater in Berlin,
Dipl.-Kfm. Hans-Joachim Rux,
Wirtschaftsprüfer und Steuerberater
in Berlin,
Heidemarie Wagner,
Rechtsanwältin und Steuerberaterin
in Berlin

Rudolf Haufe Verlag
Freiburg · Berlin

sche Bibliothek – CIP-Einheitsaufnahme

, Herbert:
bH-&-Co.-KG in Recht und Praxis / von Herbert
er ; Hans-Joachim Rux ; Heidemarie Wagner. –
erarb. und erg. Aufl. – Freiburg im Breisgau ; Berlin : Haufe,
6

ISBN 3-448-03299-9
NE: Rux, Hans-Joachim:; Wagner, Heidemarie:; Brönner, Herbert: Die GmbH-und-Co.-KG in Recht und Praxis; Rux, Hans-Joachim: Die GmbH-undCo.-KG in Recht und Praxis; Wagner, Heidemarie: Die GmbH-und-Co.-KG in Recht und Praxis

ISBN 3-448-03299-9 Bestell-Nr. 61.03

1. Auflage 1971
2., überarbeitete u. ergänzte Auflage 1972 (ISBN 3-448-00289-5)
3., überarbeitete u. ergänzte Auflage 1975 (ISBN 3-448-00501-0)
4., vollständig neubearbeitete Auflage 1981 (ISBN 3-448-01156-8)
5., vollständig neubearbeitete Auflage 1990 (ISBN 3-448-01919-4)
6., überarbeitete u. ergänzte Auflage 1992 (ISBN 3-448-02523-2)
7., überarbeitete u. ergänzte Auflage 1996

Lektorat: Dr. Andreas Gängel, Redaktion Berlin
Umschlag-Entwurf: Strehlau & Hofe, Freiburg i. Br.
Satz: MediaSoft Satzstudio Berlin
Herstellung: Rudolf Haufe Verlag, Freiburg i. Br.

Das Papier ist aus chlorfrei gebleichtem Zellstoff hergestellt.

Vorwort zur 7. Auflage

Eine Neuauflage des Buches war notwendig, da einerseits die 6. Auflage vergriffen war und andererseits zwischenzeitlich neben zahlreichen Veröffentlichungen der einschlägigen Rechtsprechung einige bedeutsame Gesetzgebungsverfahren zum Abschluß gekommen sind: Einzuarbeiten waren unter anderem das am 1. Januar 1995 in Kraft getretene Umwandlungsgesetz, das Umwandlungssteuergesetz vom 28. Oktober 1994 und das Nachhaftungsbegrenzungsgesetz für ausgeschiedene Gesellschafter vom 18. März 1994.

Die notwendige Aktualisierung wurde zum Anlaß genommen, den gesamten Text durchzusehen und, soweit erforderlich, zu überarbeiten und zu ergänzen. Der bewährte Aufbau des Buches wurde dabei selbstverständlich beibehalten. Dem Leser wird also weiterhin eine auf praktischen Erfahrungen beruhende Darstellung der GmbH & Co. KG in ihrem „Lebenszyklus" – von der Gründungsphase bis zur Auflösungsphase – geboten.

Die Autoren hoffen, daß das Buch wie bisher seiner Zielsetzung, den derzeitigen Stand von Gesetzgebung, Rechtsprechung und Literatur zur GmbH & Co. KG handels- und steuerrechtlich systematisch und konzentriert in der Form eines Nachschlagewerkes wiederzugeben, gerecht wird. Die hierzu ergangenen Anregungen aus dem Leserkreis der bisherigen Auflagen sind selbstverständlich berücksichtigt. Die Autoren wünschen sich, daß das Buch sich als praktischer Ratgeber weiterhin bewährt und bei der Leserschaft zustimmende Aufnahme findet.

Berlin, im Oktober 1995 | Die Autoren

Aus dem Vorwort zur 1. Auflage (1971)

Die GmbH & Co. KG als Gesellschaftsform ist das Ergebnis eines echten Entwicklungsprozesses in der Wirtschaftspraxis. Diese Rechtsform, deren Zulässigkeit sowohl handelsrechtlich als auch steuerrechtlich heute unbestritten ist, bietet die Möglichkeit, die Haftung des persönlich haftenden Gesellschafters auf das zwar gesamte, aber doch abgrenzbare Vermögen der GmbH zu beschränken, so daß die Gesellschafter i. d. R. nur einem überschaubaren Risiko unterliegen, was gerade in der heutigen Zeit mit ihrem raschen Fortschritt im technischen und wirtschaftlichen Bereich sinnvoll ist. Eine solche Haftungsbeschränkung kann darüber hinaus z. B. in Erbfällen geradezu geboten sein, da sie auch bei Personengesellschaften die Möglichkeit für die Einführung eines straffen Managements erleichtert. Zudem kann die GmbH & Co. KG gegenüber der GmbH beachtliche Steuervorteile bei der laufenden Besteuerung bieten. Dies sind nur einige Gründe für die erhebliche Verbreitung der Unternehmensform „GmbH & Co. KG".

Die Bedeutung der GmbH & Co. KG als moderne Unternehmensform zeigt sich aber nicht nur in ihrer Verbreitung in der Praxis, sondern auch angesichts der mannigfachen Literaturbeiträge, der Verwaltungsanweisungen und Rechtsprechungsgrundsätze zu diesem Themenkreis. Die Veröffentlichungen, sowohl handels- als auch steuerrechtlicher Art, sind so zahlreich, daß selbst der Fachmann Schwierigkeiten hat, sie zu überschauen. Für den Unternehmer ist dieses „Dickicht" naturgemäß nahezu undurchdringbar.

Anliegen des vorliegenden Buches ist es, die Fülle der Literaturbeiträge, Verwaltungsanweisungen und Rechtsprechungsgrundsätze handels- und steuerrechtlich systematisch zu einem Kompendium der GmbH & Co. KG zusammenzufassen. Dem Fachmann soll dadurch die Möglichkeit gegeben werden, sich über den derzeitigen Stand von Literatur und Rechtsprechung in konzentrierter Form zu informieren sowie Anregungen für weitergehende eigene Spezialuntersuchungen zu erhalten. Aber auch dem Unternehmer wird durch eine auf praktischer Erfahrung beruhende Darstellung die Rechtsform der GmbH & Co. KG verständlich gemacht. Auf bestehende Meinungsverschiedenheiten wird dabei nicht nur hingewiesen, sondern es erfolgt hierzu auch regelmäßig eine eigene Stellungnahme seitens der Verfasser.

Inhaltsübersicht

Inhaltsverzeichnis

Abkürzungen

a. A.	anderer Ansicht
a. a. O.	am angeführten Orte
Abs.	Absatz
Abschn.	Abschnitt
a. F.	alte Fassung
AG	„Die Aktiengesellschaft", Zeitschrift
AG, AGen	Aktiengesellschaft(en)
AktG	Aktiengesetz
a. M.	anderer Meinung
AnfG	Gesetz betreffend die Anfechtung von Rechtshandlungen außerhalb des Konkursverfahrens
Anm.	Anmerkung
AP	Arbeitsrechtliche Praxis (seit 1954: Nachschlagewerk des Bundesarbeitsgerichts)
AO	Abgabenordnung
ArbGG	Arbeitsgerichtsgesetz
Art.	Artikel
BAG	Bundesarbeitsgericht
BayObLG	Bayerisches Oberstes Landesgericht
BB	„Der Betriebs-Berater", Zeitschrift
BdF	Bundesminister der Finanzen
BetrVG	Betriebsverfassungsgesetz
BewG	Bewertungsgesetz
BFH	Bundesfinanzhof
BFH-U	Urteil des Bundesfinanzhofs
BFH 93, 86	Amtliche Sammlung der Entscheidungen und Gutachten des Bundesfinanzhofs (Band 93, Seite 86)
BFH/NV	Sammlung amtlich nicht veröffentlichter Entscheidungen des Bundesfinanzhofs
BFM	Bundesfinanzministerium
BGB	Bürgerliches Gesetzbuch
BGBl.	„Bundesgesetzblatt"
BGH	Bundesgerichtshof
BGHST	Bundesgerichtshof, Entscheidungen in Strafsachen
BGH-U	Urteil des Bundesgerichtshofs
BGHZ	Bundesgerichtshof, Entscheidungen in Zivilsachen
BerlinFG (BHG, BFG)	Berlinförderungsgesetz (Berlinhilfegesetz)
BiRiLiG	Bilanzrichtlinie-Gesetz
BSG	Bundessozialgericht
BStBl	„Bundessteuerblatt"
BT-Dr.	Bundestagsdrucksache

BuW	„Betrieb und Wirtschaft“, Zeitschrift
BVerfG	Bundesverfassungsgericht
DB	„Der Betrieb“, Zeitschrift
DJZ	„Deutsche Juristenzeitung“
DNotZ	„Deutsche Notar-Zeitschrift“
DStR	„Deutsches Steuerrecht“, Zeitschrift
DStZ (A, B)	„Deutsche Steuer-Zeitung“, Ausgabe A, B, Zeitschrift
DV, DVO	Durchführungsverordnung
DVR	„Deutsche Verkehrsteuer-Rundschau“, Zeitschrift
EFG	„Entscheidungen der Finanzgerichte“, Zeitschrift
ErbStG	Erbschaftsteuergesetz
EStDV	Einkommensteuer-Durchführungsverordnung
EStG	Einkommensteuergesetz
EStR	Einkommensteuer-Richtlinien
EWiR	Entscheidungen zum Wirtschaftsrecht
f., ff.	folgende
FG	Finanzgericht
FinMin	Finanzminister
FN	„Fachnachrichten Institut der Wirtschaftsprüfer in Deutschland e. V.“, Zeitschrift
FördGG	Fördergebietsgesetz
FR	„Finanz-Rundschau“, Zeitschrift
GewStDV	Gewerbesteuer-Durchführungsverordung
GewStG	Gewerbesteuergesetz
GewStR	Gewerbesteuer-Richtlinien
GG	Grundgesetz
GmbH, GmbHen	Gesellschaft(en) mit beschränkter Haftung
GmbHG	GmbH-Gesetz
GmbHR, GmbH-Rdsch.	„Rundschau für GmbH“, Zeitschrift
GrEStG	Grunderwerbsteuergesetz
Großkomm.	Großkommentar zum HGB, begründet von Staub, 3. Aufl. von Brüggemann, Canaris, Fischer, Helm, Koller, Ratz, Schilling, Ulmer, Würdinger/Rohricht, 5 Bde, Berlin 1967 ff.; 4. Aufl., hrsg. von Canaris, Schilling, Ulmer, Einzellieferungen, 1983 ff.
Hans OLG	Hanseatisches Oberlandesgericht
HFR	„Höchstrichterliche Finanzrechtsprechung“, Zeitschrift
HGB	Handelsgesetzbuch
i. d. F.	in der Fassung
i. d. R.	in der Regel
Inf.	„Die Information über Steuer und Wirtschaft“, Zeitschrift
i. S.	im Sinne

i. V. m.	in Verbindung mit
JR	„Juristische Rundschau", Zeitschrift
JW	„Juristische Wochenschrift", Zeitschrift
KG, KGen	Kommanditgesellschaft(en)
KGaA	Kommanditgesellschaft(en) auf Aktien
KGJ	Jahrbuch für Entscheidungen des Kammergerichts
KO	Konkursordnung
KSt	Körperschaftsteuer
KStDV	Körperschaftsteuer-Durchführungsverordnung
KStG	Körperschaftsteuergesetz
KStR	Körperschaftsteuer-Richtlinien
KVSt	Kapitalverkehrsteuer
KVStG	Kapitalverkehrsteuergesetz
Lfg.	Lieferung
LG	Landgericht
LM	Nachschlagewerk des Bundesgerichtshofs (Loseblattsammlung), hrsg. von Lindemaier, Möhring u. a.
LStDV	Lohnsteuer-Durchführungsverordnung
LStR	Lohnsteuer-Richtlinien
MitbestG	Gesetz über die Mitbestimmung der Arbeitnehmer vom 4. 5. 1976
MittBayNot.	Mitteilungen des Bayerischen Notarvereins, der Notarkasse und der Landesnotarkammer Bayern
Münchkomm.	Münchener Kommentar zum Bürgerlichen Gesetzbuch, hrsg. von Rebmann, Säcker, 7 Bde, München 1978ff.
m. w. N.	mit weiteren Nachweisen
n. F.	neue Fassung
NJW	„Neue Juristische Wochenschrift", Zeitschrift
NJW-RR	NJW-Rechtsprechungsreport
Nr.	Nummer
NRW	Nordrhein-Westfalen
NST	„Neues Steuerrecht von A bis Z", Zeitschrift
NWB	„Neue Wirtschaftsbriefe für Steuer- und Wirtschaftsrecht", Zeitschrift
OFD	Oberfinanzdirektion
OFH	Oberster Finanzgerichtshof
OHG, OHGen	Offene Handelsgesellschaft(en)
OLG (ObLG)	Oberlandesgericht
OLGE	Sammlung der Rechtsprechung der Oberlandesgerichte (Band und Seite)
OVG	Oberverwaltungsgericht
PdR	„Praxis des Rechnungswesens", Lose-Blatt-Zeitschrift
RdF	Reichsminister der Finanzen
Rdvfg	Rundverfügung

RFH	Reichsfinanzhof
RFH-U	Urteil des Reichsfinanzhofs
RFM	Reichsfinanzministerium
RG	Reichsgericht
RGBl.	„Reichsgesetzblatt"
RGZ	„Entscheidungen des Reichsgerichts in Zivilsachen"
Rn.	Randnummer
RStBl	„Reichssteuerblatt"
RWP-Bl	„Rechts- und Wirtschaftspraxis", Blattei-Handbuch
SeuffA	Seufferts Archiv für Entscheidungen der obersten Gerichte in den deutschen Staaten
StAnpG	Steueranpassungsgesetz
StÄndG	Steueränderungsgesetz
Stbg	„Die Steuerberatung", Zeitschrift
StbJb	„Steuerberater-Jahrbuch"
StBp	„Steuerliche Betriebsprüfung", Zeitschrift
StEK	Steuererlasse in Karteiform (Steuererlaß-Kartei)
StiftG	Stiftungsgesetz
Stpfl.	Steuerpflichtige(r)
StuW	„Steuer und Wirtschaft", Zeitschrift
StW	„Steuer-Warte", Zeitschrift
StWK	„Steuer- und Wirtschafts-Kurzpost", Lose-Blatt-Zeitschrift
StZBlBln	„Steuer- und Zollblatt", Berlin
UmwG	Umwandlungsgesetz
UmwStG	Umwandlungsteuergesetz
USt	Umsatzsteuer
UStG	Umsatzsteuergesetz
UStR	„Umsatzsteuer-Rundschau", Zeitschrift
Vfg	Verfügung
VG	Verwaltungsgericht
VO	Verordnung
VSt	Vermögensteuer
VStG	Vermögensteuergesetz
VStR	Vermögensteuer-Richtlinien
WM	„Wertpapier-Mitteilungen", Zeitschrift
WPg	„Die Wirtschaftsprüfung", Zeitschrift
ZGR	„Zeitschrift für Unternehmens- und Gesellschaftsrecht"
ZHR	„Zeitschrift für das gesamte Handels- und Wirtschaftsrecht"
ZPO	Zivilprozeßordnung

A GmbH & Co. KG als Gesellschaftsform

I Wesensmerkmale der GmbH & Co. KG

1 Struktur der GmbH & Co. KG

Die GmbH & Co. KG ist eine Kommanditgesellschaft gemäß § 161 Abs. 1 HGB. 1
Als Kommanditgesellschaft hat sie zwei Arten von Gesellschaftern: die nur mit ihrer Einlage haftenden Kommanditisten und die persönlich mit ihrem gesamten Vermögen haftenden Komplementäre. Kennzeichen einer GmbH & Co. KG ist, daß hier eine GmbH Komplementärin ist. Man spricht von einer typischen oder echten GmbH & Co. KG, wenn diese GmbH die einzige Komplementärin der KG ist. Von einer unechten GmbH & Co. KG spricht man, wenn neben der GmbH noch eine natürliche Person persönlich haftender Gesellschafter ist.[1]

Eine GmbH & Co. KG erfordert immer zwei gesellschaftsrechtliche Organisatio- 2
nen: eine GmbH und eine Kommanditgesellschaft. Ihre Verbundenheit ergibt sich aus der Beteiligung der GmbH als persönlich haftende Gesellschafterin an der Kommanditgesellschaft. Darüber hinaus kann die Kommanditgesellschaft sämtliche Anteile an der GmbH halten (sog. Einheits-GmbH & Co. KG).[2] Trotz ihrer Verbundenheit bleiben Kommanditgesellschaft und GmbH rechtlich immer zwei zu trennende Gesellschaften, die jeweils eigenen Regeln unterliegen.[3]

2 Gesellschafterhaftung

Die Besonderheit der GmbH & Co. KG gegenüber einer herkömmlichen Kom- 3
manditgesellschaft liegt darin, daß in einer GmbH & Co. KG grundsätzlich keine natürliche Person unbeschränkt haftet, da natürliche Personen nur als Kommanditisten oder GmbH-Gesellschafter an dem Unternehmen beteiligt sind. Die Haftungssituation der hinter einem Unternehmen in der Form einer GmbH & Co. KG stehenden Personen ähnelt also der von Gesellschaftern einer Kapitalgesellschaft. Ihre Haftung beschränkt sich grundsätzlich auf die von ihnen geleistete Einlage.

Die Komplementär-GmbH haftet dagegen für sämtliche Verbindlichkeiten der GmbH & Co. KG mit ihrem gesamten Vermögen.

---

1 Vgl. BGH, WM 1979, S. 1057.
2 Siehe Rn. 21ff.
3 Siehe z. B. Rn. 45 u. 69.

3 Komplementär-GmbH

4 In der Regel wird die GmbH ausschließlich zur Wahrnehmung der Komplementärstellung innerhalb der Kommanditgesellschaft gegründet und nur mit dem nach § 5 Abs. 1 GmbHG erforderlichen Mindeststammkapital von 50 000,– DM ausgestattet.[4] Ihre Tätigkeit beschränkt sich auf die Führung der Geschäfte der KG, wobei sie die Komplementärstellung auch bei mehreren Kommanditgesellschaften einnehmen kann. Als persönlich haftende Gesellschafterin der KG ist sie allein zur organschaftlichen Vertretung der GmbH & Co. KG berechtigt und verpflichtet, § 125 Abs. 1, § 161 Abs. 2, § 170 HGB.[5] Sie nimmt diese Aufgaben durch ihre Geschäftsführer wahr, die infolgedessen die eigentlichen Leiter der GmbH & Co. KG sind.

Dieser Umstand begründet eine weitere Besonderheit der GmbH & Co. KG gegenüber einer herkömmlichen Kommanditgesellschaft. Obwohl Personengesellschaft und damit dem Prinzip der Selbstorganschaft verpflichtet[6], kann sie im Ergebnis wie eine Kapitalgesellschaft von außenstehenden Dritten geleitet werden.[7]

II Entwicklung der GmbH & Co. KG

5 Die Fähigkeit einer GmbH, Komplementärin einer GmbH & Co. KG zu sein, wird heute nicht mehr ernsthaft in Frage gestellt. Rechtsprechung und Gesetzgebung haben aus ihr eine Institution gemacht, die fester Bestandteil des deutschen Gesellschaftsrechts ist.

Die GmbH & Co. KG wurde erstmals von der Rechtsprechung durch eine Entscheidung des BayObLG vom 16. 2. 1912[8] anerkannt. Später hat auch das Reichsgericht in seinem grundlegenden Beschluß vom 4. 7. 1922[9] die zivilrechtliche Zulässigkeit bejaht. Der Bundesgerichtshof folgte im Ergebnis dieser Rechtsprechung.[10] Die Anerkennung durch den Gesetzgeber erfolgte später durch einzelne Regelungen.[11]

4 Vgl. Kornblum/Kleinle/Baumann/Steffan, GmbHR 1985, S. 7 (50); Barth, BB 1986, S. 2235 (2236).
5 Siehe Rn. 306f.
6 Siehe Rn. 315ff.
7 Vgl. auch Rn. 317.
8 SeuffA 67 (1912), Nr. 263.
9 RGZ 105, 101ff.
10 Vgl. z. B. BGHZ 11, 214; 46, 7 (13).
11 Z. B. §§ 130a/b i. V. m. § 177 a HGB (29. 7. 1976); § 19 Abs. 5, § 125 a, § 172 Abs. 6, § 172 a (4. 7. 1980); § 4 MitbestG (4. 5. 1976); § 6 Abs. 1 Nr. 4 KVStG 1959.

In der mittelständischen Wirtschaftspraxis ist die GmbH & Co. KG ein beliebter Gesellschaftstypus. Der Grund dafür liegt in den zum Teil erheblichen Vorteilen der GmbH & Co. KG gegenüber der herkömmlichen Kommanditgesellschaft und den Kapitalgesellschaften.[12] 6

III Rechtliche Einordnung der GmbH & Co. KG

Trotz der Nähe zur Kapitalgesellschaft ist die GmbH & Co. KG eine Personengesellschaft geblieben und ist im wesentlichen dem Recht der Kommanditgesellschaft unterworfen, §§ 161–177a HGB. Soweit diese Regelungen nichts anderes vorschreiben, sind gemäß § 161 Abs. 2 HGB die für die offene Handelsgesellschaft (OHG) geltenden Vorschriften (§§ 105–160 HGB) und gemäß § 105 Abs. 2 HGB die für die Gesellschaft bürgerlichen Rechts geltenden Vorschriften (§§ 705–740 BGB) anzuwenden. Darüber hinaus haben der Gesetzgeber und die Rechtsprechung für die den Kapitalgesellschaften stark angenäherte GmbH & Co. KG eigene Regelungen entwickelt.[13] 7

Diese Regelungen zielen in erster Linie darauf ab, Gläubigerrisiken zu begrenzen, die aus der Kombination von Personengesellschaft und Kapitalgesellschaft in Form der GmbH & Co. KG herrühren. Insbesondere soll verhindert werden, daß die spezifischen Gläubigerschutzbestimmungen des Rechts der Kapitalgesellschaften durch die Form der GmbH & Co. KG unterlaufen werden. Gesetzgebung und Rechtsprechung unterstellen die GmbH & Co. KG zunehmend dem strengeren Recht der GmbH. Diese Entwicklung scheint noch nicht abgeschlossen zu sein. Inwieweit auf die GmbH & Co. KG das Recht der GmbH Anwendung findet, wird im weiteren Text im einzelnen dargestellt. 8

Wenn auch die Rechte eines atypisch stillen Gesellschafters denen eines Kommanditisten ähneln und steuerrechtlich der atypisch stille Gesellschafter als Mitunternehmer anzusehen ist, so ist dennoch die GmbH & atypisch Still nicht der GmbH & Co. KG gleichzustellen. Denn eine atypisch stille Gesellschaft kennt kein gemeinsames Vermögen der Gesellschafter. Es gibt kein Gesellschaftervermögen, die Einlage der stillen Gesellschafter geht in das Vermögen der GmbH über (§ 230 Abs. 1 HGB). Der wirtschaftliche Geschäftsbetrieb wird nicht von der GmbH & atypisch Still, sondern von der GmbH unterhalten. Diese wenigen Beispiele zeigen, daß für die GmbH & atypisch Still besondere Bilanzierungs-, Steuer- und Verfahrensfragen gelten, die jedoch nicht Gegenstand dieses Buches sind.[14]

---

12 Siehe Rn. 9ff.

13 Vgl. §§ 19 Abs. 5, § 125 a i. V. m. § 177 a, § 130 a/b i. V. m. § 177 a, § 172 a HGB; § 4 MitbestG.

14 Siehe hierzu App, Die Rechtsform der GmbH & Still, BuW 1993, S. 476 und Horn/Maertins, Die steuerliche atypische stille Beteiligung an der GmbH, GmbHR 1994, S. 148.

IV Vorteile der GmbH & Co. KG

1 Allgemeines

9 Bis zur Körperschaftssteuerreform von 1976 war die Doppelbesteuerung der GmbH und ihrer Gesellschafter ein gewichtiges Motiv für die Errichtung der GmbH & Co. KG. Die Doppelbesteuerung ist durch die Körperschaftssteuerreform dadurch weitgehend beseitigt worden, daß die gezahlte Körperschaftsteuer grundsätzlich auf die individuelle Einkommensteuer der Gesellschafter anrechenbar ist.[15] Durch dieses Anrechnungsverfahren war die Bedeutung für die Wahl der Rechtsform zwischenzeitlich geringer geworden. Jedoch weist die GmbH & Co. KG seit neuerer Zeit neben den bestehenden gesellschaftsrechtlichen Aspekten auch steuerrechtlich wieder gewichtige Vorteile auf, die ihre Attraktivität in der Praxis begründen. In diesem Zusammenhang sind vor allem die durch das Standortsicherungsgesetz[16] geänderten Steuersätze von Bedeutung, die eine nicht unerhebliche Verschiebung zugunsten der Personengesellschaften ergeben haben.[17]

2 Steuerrechtliche Vor- und Nachteile der GmbH & Co. KG

10 Ein entscheidender steuerrechtlicher Vorteil der GmbH & Co. KG gegenüber einer GmbH ist, daß ab 1. 1. 1994 die Gewinne aus der GmbH & Co. KG mit einem Einkommensteuersatz von maximal 47 % besteuert werden (§ 32c EStG). Dagegen unterliegen Gewinnausschüttungen bei einem Gesellschafter einer GmbH dem Spitzensteuersatz von 53 %. Diese Differenz von sechs Prozentpunkten kann auch den Nachteil der GmbH & Co. KG überkompensieren, daß bei ihr die Tätigkeitsvergütungen ihrer Gesellschafter mit Gewerbesteuer belastet sind. Die Tätigkeitsvergütungen eines Gesellschafters einer GmbH & Co. KG sind nicht als Betriebsausgaben abzugsfähig. Sie zählen zum Gewinn der GmbH & Co. KG und unterliegen somit der Gewerbesteuer. Auf der Gesellschafterebene führt diese Qualifizierung wiederum zu dem Vorteil, daß die Tätigkeitsvergütungen der Gesellschafter der GmbH & Co. KG maximal mit 47 % besteuert werden, während die Tätigkeitsvergütungen eines Gesellschafter-Geschäftsführers einer GmbH mit bis zu 53 % besteuert werden können.

Der unterschiedliche Steuersatz auf die Einkünfte aus einer GmbH & Co. KG und einer GmbH wirkt sich auch bei der Mittelzuführung durch Gesellschafterdar-

15 Vgl. § 36 Abs. 2 Nr. 2 EStG.

16 Gesetz zur Verbesserung der steuerlichen Bedingungen zur Sicherung des Wirtschaftsstandorts Deutschland im Europäischen Binnenmarkt (StandOG) vom 13. 9. 1993, BGBl. I S. 1569.

17 Vgl. das von Flick (DB 1994, S. 64) ausgegebene Motto: „Raus aus der GmbH, rein in die Personengesellschaft."

lehen aus. Zwar sind die Zinsen eines Gesellschafterdarlehens bei der GmbH & Co. KG nicht wie bei einer GmbH als Betriebsausgaben abzugsfähig und unterliegen somit der Gewerbesteuer. Aber auf der Ebene des Gesellschafters werden die Zinsen nur mit maximal 47 % besteuert, während die Zinsen, die einem GmbH-Gesellschafter für die Hingabe eines Gesellschafterdarlehens zufließen, dem maximalen Steuersatz von 53 % unterliegen.

Auf der Vermögensteuerebene hat die GmbH & Co. KG gegenüber der GmbH den Vorteil, daß eine Doppelerfassung des Vermögens verhindert wird. Während bei der GmbH sowohl auf das Vermögen der Gesellschaft als auch auf die Anteile an der Gesellschaft Vermögensteuer anfällt, wird das Betriebsvermögen der GmbH & Co. KG vermögensteuerlich nur einmal, nämlich beim Gesellschafter erfaßt. Durch das unterschiedliche Bewertungsverfahren führt die Ermittlung des Einheitswertes des Betriebsvermögens bei der GmbH & Co. KG auch in der Regel zu günstigeren vermögensteuerlichen Werten als das für die GmbH-Anteile geltende sog. Stuttgarter Verfahren.

Aufgrund des niedrigeren Einheitswerts des Betriebsvermögens ist es derzeit noch günstiger, Kommanditanteile zu verschenken oder zu vererben. Dieser Vorteil wird zur Zeit noch verstärkt durch den Freibetrag gemäß § 13 Abs. 2a ErbStG in Höhe von DM 500 000, der für den Erwerb von Anteilen an einer GmbH vor Inkrafttreten der Regelungen des Jahressteuergesetzes 1996 nicht gewährt wird.

In Verlustsituationen einer Gesellschaft hat die Rechtsform der GmbH & Co. gegenüber einer Kapitalgesellschaft den Vorteil, daß Verluste grundsätzlich von den Gesellschaftern genutzt werden können, indem sie mit anderen positiven Einkünften verrechnet werden.

3 Gesellschaftsrechtliche Vorteile der GmbH & Co. KG

Gegenüber einer „normalen“ Kommanditgesellschaft hat die GmbH & Co. KG den Vorteil, daß keine an dem Unternehmen beteiligten natürlichen Personen persönlich haften, da sie GmbH-Gesellschafter und/oder Kommanditisten sind.[18] Dies ist ein Vorteil, der ansonsten nur bei Kapitalgesellschaften zu finden ist. 11

Ein weiterer gewichtiger Vorteil gegenüber herkömmlichen Personengesellschaften ist, daß Geschäftsführer der GmbH & Co. KG jede(r) beliebige Dritte sein kann.[19] Dem im Recht der Personengesellschaften geltenden Grundsatz der Selbstorganschaft – wonach die organschaftliche Vertretungsbefugnis[20] zwingend von den persönlich haftenden Gesellschaftern wahrzunehmen ist – wird dadurch Genüge getan, daß die GmbH unmittelbare Vertreterin der KG und geschäftsfüh- 12

18 Vgl. Rn. 332.
19 Vgl. Rn. 317.
20 Siehe Rn. 315.

rungsbefugt ist. Da die GmbH jedoch nur durch ihre Geschäftsführer handeln kann, werden die Geschäfte der KG tatsächlich von den Geschäftsführern der GmbH geführt. Die Bestellung dieser Geschäftsführer steht im Belieben der GmbH-Gesellschafter. Daher können im Ergebnis auch außenstehende Dritte die GmbH & Co. KG leiten. Dies eröffnet die Möglichkeit, Fachleute mit der Geschäftsleitung zu betrauen, ohne ihnen auf der Gesellschafterebene Einfluß einräumen zu müssen.

13 Dieser Aspekt kann insbesondere bei Regelungen der Unternehmensnachfolge an Bedeutung gewinnen. Weisen die Erben eines persönlich haftenden Gesellschafters nicht die erforderlichen Managementqualitäten auf, kann es sinnvoll sein, daß im Falle des Todes des Komplementärs eine GmbH an seine Stelle tritt. Durch eine GmbH als Komplementärin wird der Fortbestand der Kommanditgesellschaft unabhängig vom Überleben ihrer Gesellschafter.[21] Dadurch wird die rechtliche Kontinuität der Gesellschaft sichergestellt.

14 Gegenüber der GmbH hat die GmbH & Co. KG den Vorteil, daß ihre Gesellschafter in der Gestaltung des Gesellschaftsvertrages freier und damit flexibler sind, da das Recht der Personengesellschaften den Gesellschaftern größere gestalterische Freiräume als das GmbH-Recht einräumt. Dies wird im einzelnen im weiteren Text deutlich, wenn die gesetzlichen Bestimmungen der Kommanditgesellschaft den entsprechenden Bestimmungen der GmbH gegenübergestellt werden und auf die notwendige Koordinierung des Gesellschaftsvertrages der GmbH & Co. KG mit dem Gesellschaftsvertrag der Komplementär-GmbH hingewiesen wird.[22]

15 Ein weiterer Vorteil der GmbH & Co. KG gegenüber der GmbH ist, daß sie keinen Aufsichtsrat gemäß Betriebsverfassungsgesetz bilden muß, wozu die GmbH mit mehr als 500 Arbeitnehmern verpflichtet ist.[23] Die GmbH & Co. KG trifft erst bei einer Mitarbeiterzahl von mehr als 2 000 und kongruenten Mehrheitsverhältnissen in der GmbH und der KG die Pflicht zur Bildung eines Aufsichtsrates gemäß dem Mitbestimmungsgesetz.[24]

16 Nach Inkrafttreten des Bilanzrichtlinien-Gesetzes (Gesetz zur Durchführung der Vierten, Siebenten und Achten Richtlinie des Rates der Europäischen Gemeinschaften zur Koordinierung des Gesellschaftsrechts, auch BiRiLiG genannt) hat die GmbH & Co. KG gegenüber Kapitalgesellschaften einen weiteren Vorteil erlangt, der momentan in der Praxis viel diskutiert wird.[25] Die GmbH & Co. KG trifft bisher nicht die aufgrund des BiRiLiG in den §§ 325ff. HGB für Kapitalgesellschaften normierte Pflicht, ihren Jahresabschluß offenzulegen (sog. Publizitäts-

---

21 Vgl. § 131 Nr. 4, § 139, § 161 Abs. 2, § 177 HGB; s. auch Rn. 666ff.
22 Vgl. z. B. Rn. 600.
23 Siehe Rn. 283.
24 Einzelheiten s. Rn. 286ff.
25 Vgl. Barth, BB 1988, S. 1571ff.; Centrale für GmbH Dr. Otto Schmidt in GmbHR 1987, S. 2f.

pflicht). Es ist aber damit zu rechnen, daß kurzfristig die GmbH & Co. KG zu denselben Bedingungen wie die Kapitalgesellschaften in das Bilanzrichtlinien-Gesetz einbezogen wird.[26]

V Erscheinungsformen der GmbH & Co. KG

1 Personen- und beteiligungsgleiche GmbH & Co. KG

Die personen- und beteiligungsgleiche GmbH & Co. KG ist der klassische Fall einer GmbH & Co. KG. Sie scheint heute am häufigsten in der Praxis vertreten zu sein.[27] Kennzeichnend für sie ist, daß die Gesellschafter der GmbH und die Kommanditisten der KG identisch sind und in beiden Gesellschaften dieselben Beteiligungsquoten haben. Dadurch verfügen sie in beiden Gesellschaften über den gleichen Gesellschaftereinfluß. 17

Bei der beteiligungsidentischen GmbH & Co. KG ist im Grunde ein einheitliche Gesellschaft gewollt und wird das Vorhandensein von zwei gesellschaftsrechtlichen Organisationen für die Bildung eines Unternehmens als notwendiges Übel angesehen. Hauptziel der Gesellschafter ist es daher, den Gleichlauf beider Beteiligungen zu sichern, was angesichts der unterschiedlichen rechtlichen Strukturen beider Gesellschaften sorgfältig gestaltete Gesellschaftsverträge erfordert. Die Gesellschaftsverträge der GmbH und der GmbH & Co. KG sollten in diesem Fall Regelungen enthalten, die die Gesellschafterstellungen in beiden Gesellschaften miteinander verzahnen, was insbesondere für den Fall eines Gesellschafterwechsels von Bedeutung ist.[28] 18

In der Praxis wird auch häufig die Willensbildung in beiden Gesellschaften gleichförmig geregelt. So werden Ladung, Versammlungsleitung, Beschlußfassung und Stimmrecht in gleicher Weise bestimmt. Wird zusätzlich noch die Beteiligung der GmbH an der KG stimmrechtslos gemacht[29], ist jede Gesellschafterversammlung der GmbH faktisch und rechtlich zugleich eine Gesellschafterversammlung der KG. 19

26 Am 8. 11. 1990 hat der EG-Ministerrat die Mittelstandsrichtlinie und die GmbH & Co. KG-Richtlinie verabschiedet. Durch das Gesetz zur Änderung des D-Markbilanzgesetzes und anderer handelsrechtlicher Bestimmungen vom 25. 7. 1994 (BGBl. I S. 1682) ist die Mittelstandsrichtlinie umgesetzt worden. Die GmbH & Co. Richtlinie hätte eigentlich bis zum 31. 12. 1992 verabschiedet werden müssen. Die neuen Vorschriften wären dann spätestens auf die Jahresabschlüsse von GmbH & Co. KG's für die ab 1995 beginnenden Geschäftsjahre anzuwenden gewesen. Deren Umsetzung ist jedoch bisher nicht erfolgt. Für Einzelheiten s. Rn. 440.

27 Vgl. Baumbach/Hopt, Anh. § 177a Anm. 1.3.A.

28 Einzelheiten s. Rn. 581/600.

29 Vgl. Schilling in Großkomm., § 161 Rn. 32.

2 Einmann-GmbH & Co. KG

20 Ein Sonderfall der personengleichen GmbH & Co. KG ist die Einmann-GmbH & Co. KG, deren Zulässigkeit außer Frage steht.[30] Sie ist dadurch gekennzeichnet, daß der Alleingesellschafter der GmbH zugleich der einzige Kommanditist ist. Ist er auch Geschäftsführer der GmbH, ist § 35 Abs. 4 GmbHG zu beachten, wonach das Verbot des Selbstkontrahierens auch für den Gesellschafter-Geschäftsführer einer Einmann-GmbH gilt.[31]

3 Einheits-GmbH & Co. KG

21 Bei einer Einheits-GmbH & Co. KG sind GmbH und Kommanditgesellschaft wechselseitig aneinander beteiligt: Während die GmbH als persönlich haftende Gesellschafterin an der KG beteiligt ist[32], ist die Kommanditgesellschaft ihrerseits Alleingesellschafterin der GmbH, d. h., die KG hält alle Anteile ihrer eigenen Komplementär-GmbH. Die Zulässigkeit dieser Rechtskonstruktion ist heute unbestritten.[33] Der Gesetzgeber hat die Einheits-GmbH & Co. KG mittelbar in § 172 Abs. 6 HGB anerkannt.[34]

22 Durch die wechselseitige Beteiligung von GmbH & Co. KG und Komplementär-GmbH soll die Klammer zwischen KG und GmbH unlösbar, d. h. unabhängig vom Wechsel der Gesellschafter gemacht werden.[35] Zeitweilig galt die Einheits-GmbH & Co. KG als Patentlösung zur Behebung der sog. Verzahnungsprobleme der GmbH & Co. KG.[36]

23 Da aber die Einheits-GmbH & Co. KG eine Reihe nicht unerheblicher Probleme mit sich bringt und einer ausgefeilten Vertragsgestaltung bedarf, ist sie für die Praxis nicht in jedem Fall attraktiv; im Schrifttum wird vor ihr sogar gewarnt.[37]

24 Ein Problem der Einheits-GmbH & Co. KG ist, daß bei ihr Stimm- und Vertretungsverhältnisse miteinander in Widerspruch geraten. Bedarf eine Maßnahme des GmbH-Geschäftsführers der Zustimmung der Gesellschafterversammlung der GmbH, steht sich der Geschäftsführer selbst gegenüber, wenn gesellschaftsvertragliche Regelungen fehlen. Da ihm die Geschäftsführung der KG als Geschäftsführer der GmbH obliegt[38] und zu diesem Aufgabenbereich auch die Ausübung von Beteiligungsrechten der KG zählt[39], werden die Rechte der KG als Alleinge-

30 Vgl. Baumbach/Hopt, Anh. § 177a Anm. I.3.A.
31 A.A. vor Inkrafttreten des § 35 Abs. 4 GmbHG am 1. 1. 1981 BGHZ 56, 97; 75, 358; Einzelheiten s. Rn. 319ff.
32 Siehe Rn. 1.
33 Vgl. Esch, BB 1991, S. 1129ff.
34 Siehe auch Rn. 337.
35 Schilling in Großkomm., § 161 Rn. 30.
36 Vgl. Rn. 581.
37 Scholz/K. Schmidt, Anh. § 45 Rn. 61.
38 Vgl. Rn. 235.
39 Schlegelberger/Martens, § 161 Rn. 101; Scholz/K. Schmidt, Anh. § 45 Rn. 59.

sellschafterin der GmbH gegenüber dem Geschäftsführer wieder von dem Geschäftsführer der GmbH ausgeübt. Auf diese Weise könnte der Geschäftsführer der Komplementär-GmbH über seine eigene Abberufung entscheiden.[40] In der Praxis sind daher gesellschaftsvertragliche Regelungen erforderlich, durch die dem Geschäftsführer der GmbH die Geschäftsführungsbefugnis für die KG in der Gesellschafterversammlung der GmbH entzogen und den Kommanditisten übertragen wird.[41]

Ein weiteres Problem der Einheits-GmbH & Co. KG ist der Gläubigerschutz. Das 25
Stammkapital der GmbH und die Haftsumme der Kommanditisten müssen, wie bei jeder GmbH & Co. KG, nebeneinander bestehen und bilden zusammen das Haftkapital der Einheitsgesellschaft. Der Erwerb der Geschäftsanteile der GmbH durch die KG darf nur aus freiem, d. h. die Haftsumme der Kommanditisten übersteigendem Vermögen erfolgen. Umgekehrt können die Kommanditisten ihre Haftsumme nicht durch Einbringung von Geschäftsanteilen an der Komplementär-GmbH leisten, § 172 Abs. 6 HGB.[42]

4 Nicht personen- und beteiligungsgleiche GmbH & Co. KG

Die nicht personen- und beteiligungsgleiche GmbH & Co. KG kommt in der Pra- 26
xis häufig vor. Bei ihr sind die Gesellschafter der GmbH und die Kommanditisten der KG entweder verschiedene Personen, oder die GmbH und KG haben unterschiedliche Beteiligungsverhältnisse. Diese Struktur einer GmbH & Co. KG wird gewählt, wenn nicht alle Gesellschafter gleichen Einfluß auf die Geschäftspolitik haben sollen. Denn der Einfluß auf die Geschäftspolitik hängt von der Art (GmbH-Anteil, Kommanditanteil) und Höhe der Beteiligung ab. So können z. B. die Mitwirkungsrechte der Personen, die lediglich als Kommanditisten an der GmbH & Co. KG beteiligt sind, auf ein Minimum reduziert werden.[43]

5 Publikums-KG

Ein besonderer Fall einer nicht personen- und beteiligungsgleichen 27
GmbH & Co. KG ist die Publikums-KG (Massen-KG). Ihr Charakteristikum ist eine Vielzahl von Kommanditisten, deren Engagement an der Gesellschaft sich auf eine rein kapitalistische Beteiligung beschränkt (Anlagegesellschafter). Sie werden öffentlich durch Prospekte geworben und unterwerfen sich durch ihren Beitritt einem vorformulierten Gesellschaftsvertrag, auf dessen Gestaltung sie kei-

40 Siehe auch Bülow, GmbHR 1982, S. 121.
41 Schlegelberger/Martens, a. a. O.; Schilling in Großkomm., § 161 Rn. 35; Scholz/K. Schmidt, Anh. § 45 Rn. 59f.
42 Siehe auch Rn. 337.
43 Einzelheiten s. Rn. 242.

nen Einfluß haben. Die Rechte der Kommanditisten sind sehr beschränkt und werden häufig nur über ein Vertretungsorgan (Beirat, Kommanditistenausschuß)[44] wahrgenommen. Teilweise sind die Anlagegesellschafter auch nur mittelbar über einen Treuhänder an der Publikums-KG beteiligt. In der Praxis werden den Publikumsgesellschaften von ihren Kommanditisten erhebliche Geldmengen zur Verfügung gestellt.[45]

28 Beherrscht wird die Publikums-KG von den Gesellschaftern der Komplementär-GmbH, die die Initiatoren oder Gründungsgesellschafter sind. Für sie bietet die Publikums-KG die Möglichkeit, eine Kapitalmenge von fremden Kapitalgebern aufbringen zu lassen, die es ermöglicht, größere Investitionsobjekte durchzuführen und entsprechend großes unternehmerisches Engagement zu entfalten, ohne dabei Eigenkapital in nennenswerter Höhe einsetzen zu müssen.[46] Darüber hinaus erzielen die Initiatoren in der Regel Gewinne aus einer Vielzahl von Dienstleistungsverträgen – wie Vermittlungs-, Beratungs- und Betreuungsverträgen –, die mit den Kapitalanlegern geschlossen werden.

29 Die Kapitalanleger erhalten durch ihre Beteiligung an einer Publikums-KG die Möglichkeit, Steuern zu sparen, indem sie Verluste aus dieser Beteiligung mit anderen positiven Einkünften verrechnen können[47] (Abschreibungsgesellschaft, Verlustzuweisungsgesellschaft).

30 Von dem gesetzlichen Leitbild einer Kommanditgesellschaft hat sich die Publikums-KG entfernt. Diesem Leitbild liegt ein personalistisch geprägter Verband zugrunde, dessen Mitglieder in persönlichen Beziehungen zueinander stehen, den Gesellschaftsvertrag selbst aushandeln, dabei ihre Interessen vertreten und auch später unabhängig von der Art ihrer Beteiligung an wichtigen unternehmerischen Entscheidungen mitwirken.[48] Dem Erscheinungsbild nach entspricht die Publikums-KG mehr einer Aktiengesellschaft oder einer Kommanditgesellschaft auf Aktien.

31 Gleichwohl bleibt die Publikums-KG eine Personenhandelsgesellschaft und unterliegt grundsätzlich den gesetzlichen Regelungen zur Kommanditgesellschaft.[49] Aufgrund ihrer besonderen Struktur hat die Rechtsprechung aber zum Schutze der Kapitalanleger und im Interesse der Funktionsfähigkeit einer solchen Gesellschaft spezifische Rechtsgrundsätze entwickelt, die im einzelnen im Anhang I erläutert werden.[50]

---

44 Vgl. Rn. 291.
45 Vgl. Kornblum/Kleinle/Baumann/Steffan, GmbHR 1985, S. 42 (45).
46 Dietrich, S. 3.
47 Einzelheiten s. Rn. 492ff.
48 Vgl. Dietrich, S. 13f.
49 Siehe Rn. 7.
50 Siehe Rn. 711.

6 Doppelstöckige GmbH & Co. KG

Bei der doppelstöckigen oder mehrstufigen GmbH & Co. KG ist Komplementärin der GmbH & Co. KG eine weitere GmbH & Co. KG. Sie entsteht in der Regel dadurch, daß natürliche Personen zunächst eine GmbH gründen[51], mit der sie zusammen eine GmbH & Co. KG errichten[52] (KG I). Diese KG I wird ihrerseits Komplementärin einer weiteren KG (KG II). Die natürlichen Personen sind auch hier wieder Kommanditisten. 32

An der Zulässigkeit dieser Rechtskonstruktion bestehen keine Zweifel mehr.[53] 33 Durch den Gesetzgeber ist die doppelstöckige GmbH & Co. KG mittelbar durch § 15 Abs. 3 Nr. 2 EStG, § 4 Abs. 1 Satz 2 MitbestG anerkannt. Umstritten ist lediglich, ob eine GmbH & Co. KG auch dann Komplementärin sein kann, wenn ihr Unternehmensgegenstand ausschließlich in der Geschäftsleitung einer anderen KG besteht. Es wird in Abrede gestellt, daß eine solche KG die für ihr wirksames Entstehen erforderliche Kaufmannseigenschaft gemäß § 161 Abs. 1 i. V. m. §§ 1, 2 HGB besitzt.[54] Berücksichtigt man, daß der BGH die Kaufmannseigenschaft eines persönlich haftenden Gesellschafters einer Kommanditgesellschaft mit dessen Komplementär-Stellung begründet[55], kann auch hier der Komplementär-Kommanditgesellschaft die Kaufmannseigenschaft nicht abgesprochen werden.[56]

Die doppelstöckige GmbH & Co. KG kam früher vor allem als Instrument zur 34 Umwandlung einer GmbH in eine GmbH & Co. KG in Betracht. [57] Durch die Reform des Umwandlungsrechts bedarf es aber hierfür dieser Rechtskonstruktion nicht mehr.[58]

51 Siehe Rn. 45ff.
52 Siehe Rn. 69ff.
53 Vgl. Schlegelberger/Martens, § 161 Rn. 103f.; Baumbach/Hopt, Anh. § 177 a Anm. I.3.D.
54 Schlegelberger/Martens, § 161 Rn. 103; Tillmann, DB 1986, S. 1319 (1322).
55 BGHZ 45, 282 (284).
56 Baumbauch/Hopt, Anh. § 177 a Anm. 1.3.D; Binz, S. 267.
57 Vgl. Schwedhelm, GmbHR 1993, S. 493 (494).
58 Gesetz zur Bereinigung des Umwandlungsrechts vom 28. 10. 1994, BGBl. I S. 3210; s. Rn. 754ff.

B Gründung der GmbH & Co. KG – Handelsrechtlicher Teil

I Gesellschafter der GmbH & Co. KG

35 Bei einer typischen GmbH & Co. KG[59] ist der einzige persönlich haftende Gesellschafter eine GmbH. Grundsätzlich können aber auch natürliche Personen, andere juristische Personen (z. B. eine Aktiengesellschaft oder Stiftung) oder auch eine Personenhandelsgesellschaft (OHG, KG) die Komplementär-Stellung innerhalb einer Kommanditgesellschaft einnehmen.[60] Ebenso können diese Personen und Gesellschaften Kommanditisten werden.

36 Eine Gesellschaft des bürgerlichen Rechts kann dagegen nicht Mitglied einer Kommanditgesellschaft sein.[61]

37 Schon eine Vor-GmbH kann Komplementärin einer GmbH & Co. KG sein.[62] Eine Vor-GmbH ist eine GmbH in Gründung, in der Phase zwischen dem wirksamen Abschluß des Gesellschaftsvertrages und der Entstehung der GmbH durch Eintragung in das Handelsregister.[63]

38 Auch Minderjährige können Kommanditisten einer GmbH & Co. KG werden. Für ihren Eintritt ist eine vormundschaftliche Genehmigung erforderlich, §§ 1643, 1822 Nr. 3 BGB.[64]

39 Wird ein Kommanditanteil treuhänderisch begründet oder an einen Treuhänder abgetreten, wird allein der Treuhänder Gesellschafter. Er ist dann Kommanditist mit allen Rechten und Pflichten.[65] Wirtschaftlich Beteiligter ist aber der Treugeber, da der Treuhänder – wenn auch im eigenen Namen – für Rechnung des Treugebers handelt. Eine treuhänderische Beteiligung spielt in erster Linie bei Publikums-Kommanditgesellschaften[66] eine Rolle. Dort wird gerne ein Treuhänder eingesetzt, um die Organisation der KG zu vereinfachen, insbesondere einen Wechsel der Treugeber zu erleichtern.

40 Eine Erbengemeinschaft kann nicht Kommanditistin einer GmbH & Co. KG sein.[67] Wird ein Kommanditist von mehreren Erben beerbt, wird jeder Miterbe für sich mit einem seiner Erbquote entsprechenden Anteil Kommanditist.[68]

---

59 Siehe Rn. 1.
60 Vgl. z. B. Rn. 32ff. „doppelstöckige GmbH & Co. KG".
61 BGHZ 46, 291 (296); vgl. auch BGHZ 78, 311, wonach eine BGB-Gesellschaft GmbH-Gesellschafter sein kann. Ulmer in Großkomm., § 105, Rn. 94; Baumbach/Hopt, § 105 Anm. 29; Binz, S. 47.
62 BGHZ 80, 129 (132f.); Einzelheiten s. Rn. 54.
63 Siehe Rn. 52.
64 BGHZ 17, 160.
65 BGHZ 77, 392 (395).
66 Siehe Rn. 27.
67 Vgl. BGHZ 22, 186 (192ff.); Schlegelberger/Martens, § 161 Rn. 34; Westermann, Rn. 800.
68 Siehe Rn. 601.

II Gründung der GmbH & Co. KG

1 Verschiedene Entstehungsmöglichkeiten

Die Gründung einer GmbH & Co. KG kann sich auf unterschiedliche Weise vollziehen. Es kann sich um eine vollständige Unternehmensneugründung handeln, bei der weder die GmbH noch die KG vorher vorhanden ist. Eine solche Neugründung bedarf des Abschlusses zweier Gesellschaftsverträge, eines GmbH-Gesellschaftsvertrages und eines KG-Vertrages. Die Probleme, die bei einer solchen Neugründung entstehen, werden unter Rn. 45 ff. erläutert. 41

Bestehen die GmbH und die KG bereits unabhängig voneinander, kann die GmbH & Co. KG auch dadurch entstehen, daß die GmbH als neue Komplementärin in die KG eintritt und die bisherigen persönlich haftenden Gesellschafter ausscheiden.[69] 42

Aufgrund des Gesetzes zur Bereinigung des Umwandlungsrechts vom 28. 10. 1994[70] ist gemäß §§ 190 ff. UmwG ein Formwechsel von der GmbH in die GmbH & Co. KG möglich. Die GmbH & Co. KG entsteht in diesem Falle durch einen Umwandlungsbeschluß der Gesellschafter der GmbH mit der Eintragung der Rechtsform der GmbH & Co. KG in das Handelsregister.[71] Weiterhin kann nach dem Umwandlungsgesetz eine GmbH auf eine neu gegründete GmbH & Co. KG verschmolzen werden, §§ 2 ff. UmwG. 43

Soll ein Einzelunternehmen in eine GmbH & Co. KG umgewandelt werden, schließen der bisherige Einzelunternehmer als zukünftiger Kommanditist und eine schon bestehende oder zu diesem Zwecke gegründete GmbH als Komplementärin einen Gesellschaftsvertrag zur Errichtung einer GmbH & Co. KG. Der bisherige Einzelunternehmer bringt dann sein Unternehmen in diese Gesellschaft ein.[72] 44

2 Gründung der Komplementär-GmbH

a) Gründungsvoraussetzungen

Die GmbH wird durch einen in notarieller Form zu beurkundenden Gesellschaftsvertrag errichtet, § 2 Abs. 1 GmbHG. Gründer können eine oder mehrere Personen sein, § 1 GmbHG. Der Gesellschaftsvertrag muß gemäß § 3 GmbHG mindestens Firma und Sitz der Gesellschaft, Gegenstand des Unternehmens, Betrag des Stammkapitals und den Betrag der von jedem Gesellschafter auf das Stammkapital zu leistenden Einlage beinhalten. 45

69 Siehe Rn. 555 ff.
70 BGBl. I S. 3210.
71 Zu den Einzelheiten s. Rn. 544 ff.
72 Vgl. Binz, S. 559.

46 Für den Unternehmensgegenstand der Komplementär-GmbH ist erforderlich, ihre Dienstleistungstätigkeit als Geschäftsführerin der GmbH & Co. KG anzugeben. Als mögliche Formulierung kommt in Betracht: „Gegenstand des Unternehmens ist die Beteiligung als persönlich haftender Gesellschafter an der Firma R-KG mit dem Sitz in K. sowie die Übernahme der Geschäftsführung der vorerwähnten Firma und die Ausführung von Dienstleistungen aller Art.“[73]

47 Zum Teil wird verlangt, daß über die Angabe der Geschäftsführungstätigkeit der Komplementär-GmbH hinaus der Geschäftszweig der KG kenntlich gemacht werden soll, da bei der typischen GmbH & Co. KG beide Gesellschaften so weitgehend ineinander verwoben seien, daß der Unternehmensgegenstand der KG auch derjenige der GmbH sei.[74] Diese Ansicht wird zu Recht überwiegend abgelehnt, da sie Eigen- und Fremdgeschäftsführung der Komplementär-GmbH unzulässig vermischt.[75]

48 Das Stammkapital der GmbH besteht aus der Summe der Stammeinlagen, § 5 Abs. 3 Satz 3 GmbHG. Es muß gemäß § 5 Abs. 1 GmbHG mindestens 50 000,– DM betragen. Jeder Gründer kann im Gesellschaftsvertrag nur einen Geschäftsanteil übernehmen, § 5 Abs. 2 GmbHG. Die Stammeinlagen der Gesellschafter können aber unterschiedlich hoch sein. Die Einlagen können Bareinlagen oder Sacheinlagen sein.

49 Sacheinlagen müssen nach Gegenstand und Betrag im Gesellschaftsvertrag festgesetzt werden, § 5 Abs. 4 Satz 1 GmbHG. Die Gesellschafter müssen in einem Sachgründungsbericht die für die Angemessenheit der Leistungen wesentlichen Umstände darlegen. Handelt es sich bei der Sacheinlage um ein Unternehmen, müssen sie die Jahresergebnisse der beiden letzten Geschäftsjahre angeben. Fehlt es an der Beurkundung im Gesellschaftsvertrag, kann sich der Gesellschafter von seiner Einlageschuld nur durch Barzahlung befreien, § 19 Abs. 5 GmbHG.

50 Die GmbH ist zur Eintragung in das Handelsregister anzumelden, § 7 Abs. 1 GmbHG. Die Anmeldung darf erst erfolgen, wenn Sacheinlagen vollständig (§ 7 Abs. 3 GmbHG) und Bareinlagen mindestens zu einem Viertel geleistet (§ 7 Abs. 2 Satz 1 GmbHG) und an Sacheinlagen und Bareinlagen insgesamt mindestens 25 000,– DM geleistet sind (§ 7 Abs. 2 Satz 2 GmbHG). Im Fall der Einmanngründung ist für den verbleibenden Restbetrag eine Sicherung zu bestellen, § 7 Abs. 2 Satz 3 GmbHG. Die Geschäftsführer müssen bei der Anmeldung ihre Unterschriften bei dem Gericht hinterlegen (§ 8 Abs. 5 GmbHG) und ihre Vertretungsverhältnisse angeben (§ 8 Abs. 4 GmbHG). Der Anmeldung müssen die in § 8 Abs. 1 GmbHG bezeichneten Dokumente beigefügt sein. Außerdem müssen die Geschäftsführer versichern, daß die gemäß § 7 Abs. 2 und 3 GmbHG vorge-

73 LG Würzburg, MittBayNot 1971, S. 377.
74 OLG Hamburg, BB 1968, S. 267; BayObLG, NJW 1976, S. 1694 (1695); Scholz-Emmerich, § 3 Rn. 15.
75 OLG Düsseldorf, NJW 1970, S. 815; LG Würzburg, a. a. O.; Binz, S. 37; Hachenburg/Ulmer, § 3 Rn. 24; Lutter/Hommelhoff, § 3 Rn. 9.

schriebenen Leistungen bewirkt sind, daß sich geleistete Einlagegegenstände endgültig in der freien Verfügung der Geschäftsführer befinden und daß keine Umstände vorliegen, die gemäß § 6 Abs. 2 Sätze 2 und 3 GmbHG der Geschäftsführerbestellung entgegenstehen.

Die GmbH entsteht mit der Eintragung in das Handelsregister, § 11 Abs. 1 GmbHG. 51

b) Vor-GmbH

aa) Rechtsnatur und Komplementärfähigkeit der Vor-GmbH

In der Zeit zwischen wirksamem Abschluß des Gesellschaftsvertrages und der Entstehung der GmbH durch Eintragung in das Handelsregister spricht man von der Vor-GmbH oder Vor-Gesellschaft. Vor dem förmlichen Abschluß des GmbH-Vertrages gemäß § 2 Abs. 1 GmbHG bezeichnet man die Gesellschaft als Vorgründungsgesellschaft.[76] Das Recht der werdenden GmbH ist nur fragmentarisch in § 11 GmbHG geregelt. Über die Rechtsnatur der Vor-GmbH herrscht insoweit Einigkeit, als sie als Vorstufe und notwendiges Durchgangsstadium auf dem Weg zur GmbH begriffen wird. Mit Erlangung der Rechtsfähigkeit durch Eintragung in das Handelsregister wandelt sich die Vor-GmbH ipso jure und mit allen ihren Aktiva und Passiva in die GmbH um und ist mit dieser identisch.[77] Die Vor-Gesellschaft ist daher ein Gebilde eigener Art, eine Organisationsform, die keiner anderen Vereinigungsform des bürgerlichen Rechts oder des Handelsrechts zugeordnet werden kann.[78] Sie unterliegt dem Recht der GmbH, soweit dies nicht die Eintragung der GmbH voraussetzt.[79] 52

Die Vor-GmbH ist heute als Träger von Rechten und Pflichten anerkannt.[80] Das gilt für das gesamte materielle und formelle Recht. Sie kann also z. B. Eigentümerin von beweglichen und unbeweglichen Sachen, Schuldnerin und Gläubigerin sein. Auch werden ihr u. a. Grundbuchfähigkeit[81], Parteifähigkeit[82], Konkursfähigkeit[83] zugesprochen. 53

Praktisch sehr bedeutsam ist, daß es nunmehr auch von der Rechtsprechung anerkannt wird, daß schon eine Vor-GmbH Komplementärin einer GmbH & Co. KG sein kann.[84] Diese Entwicklung der Rechtsprechung war erst möglich, nachdem das sog. Vorbelastungsverbot aufgegeben wurde. Es besagte, daß nur solche Verbindlichkeiten von der Vor-GmbH auf die GmbH übergehen, die gesetzlich, sat- 54

76 Siehe auch Crezelius, DStR 1987, S. 743.
77 BGHZ 80, 129 (137); Scholz/K. Schmidt, § 11 Rn. 25; Hachenburg/Ulmer, § 11 Rn. 70ff.
78 Lutter/Hommelhoff, § 11 Rn. 2.
79 BGHZ 45, 338 (347); 51, 30 (32); 80, 129 (132); Baumbach/Hopt, Anh. § 177a II Anm. 2 A.
80 Vgl. Hachenburg/Ulmer, § 11 Rn. 45f.
81 BGHZ 45, 338 (348).
82 Scholz/K. Schmidt, § 11 Rn. 34.
83 Vgl. BayObLG, NJW 1965, S. 2254 (2257).
84 BGHZ 80, 129 (132f.); BGH, WM 1985, S. 165.

zungsmäßig oder sonst gründungsnotwendig sind.[85] Dadurch sollte erreicht werden, daß die GmbH im Zeitpunkt der Eintragung mit unversehrtem Stammkapital ohne Vorbelastung aus der Gründungsphase zur Entstehung kommt.

55 Nahm die Vor-GmbH andere Rechtsgeschäfte vor, wurde die GmbH daraus nur dann verpflichtet, wenn sie diese nach der Eintragung genehmigte. Ob die Gläubiger der Vor-GmbH Zugriff auf das Vermögen der eingetragenen GmbH nehmen konnten, stand also im Belieben der Geschäftsleitung der GmbH. Unter diesen Umständen – solange also die Vor-GmbH ihre Haftung nicht voll an die eingetragene GmbH weitergab – war sie als persönlich haftende Gesellschafterin einer KG nicht tauglich.[86]

56 Im übrigen erwies sich das Vorbelastungsverbot für die Zwecke der Kapitalsicherung als ungeeignet. Denn üblicherweise wurden die Rechtsgeschäfte der Vor-GmbH von den Geschäftsführern nach der Eintragung im Hinblick auf deren eigene Haftung gemäß § 11 Abs. 2 GmbHG (s. Rn. 67) genehmigt.[87]

57 Dieses Vorbelastungsverbot ist mit dem Urteil BGHZ 80, 129 aufgegeben worden. Nach der jüngeren Rechtsprechung gehen jetzt alle Rechte und Pflichten der Vor-GmbH mit der Eintragung der GmbH in das Handelsregister auf diese im Wege der Gesamtrechtsnachfolge über.[88] An die Stelle des Vorbelastungsverbotes ist die der Unversehrtheit des Stammkapitals der Gesellschaft dienende Differenz- oder Unterbilanzhaftung der Gründer gegenüber der GmbH getreten.[89]

58 Aus der Komplementärfähigkeit der Vor-GmbH folgt, daß auch ihre Eintragung als persönlich haftende Gesellschafterin im Handelsregister zulässig sein muß.[90] Die Vor-GmbH trägt die Firma der GmbH, die üblicherweise mit dem Zusatz „in Gründung“ versehen wird.

bb) Vertretung der Vor-GmbH

59 Im Gegensatz zu den Geschäftsführern einer eingetragenen GmbH haben die Geschäftsführer einer Vor-GmbH keine unbeschränkte Vertretungsmacht, vgl. §§ 35, 37 GmbHG.[91] Die Vertretungsmacht ist grundsätzlich durch den Gründungszweck auf gründungsnotwendige Geschäfte beschränkt. Bei Bargründungen beschränkt sie sich im allgemeinen auf solche Rechtshandlungen, die unerläßlich sind, um die gesetzlichen Eintragungsvoraussetzungen und die Eintragung selbst herbeizuführen. Wird dagegen ein als Sacheinlage eingebrachtes Handelsgeschäft fortgeführt, deckt sich die Vertretungsbefugnis praktisch weitgehend mit der

85 BGHZ 65, 378 (383); 45, 338 (342f.).
86 BGHZ 80, 129 (134).
87 BGHZ 80, 129 (137).
88 BGH, a. a. O.; BGH, GmbHR 1982, S. 183 (184).
89 Siehe Rn. 64.
90 BGH, NJW 1985, S. 736 (737).
91 BGHZ 80, 129 (139).

umfassenden Vertretungsmacht des Geschäftsführers einer eingetragenen GmbH.[92]

Die Gründer haben aber jederzeit die Möglichkeit, die Vertretungsmacht der Geschäftsführer zu erweitern. Diese Ermächtigung bedarf keiner bestimmten Form.[93] Sie kann auch konkludent erfolgen.[94] Die GmbH-Gründer können also die Geschäftsführer der Vorgesellschaft ermächtigen, namens der Vorgesellschaft die Komplementärrolle in einer Kommanditgesellschaft und damit die Haftung nach § 128 HGB zu übernehmen.[95] Wird diese Ermächtigung nicht ausdrücklich erteilt, führt die Vor-GmbH aber Geschäfte der KG im Einvernehmen der GmbH-Gründer, gilt sie als stillschweigend erteilt. 60

Mit der Ausweitung der Vertretungsmacht der Geschäftsführer der Vor-GmbH durch die Gründer ist auch eine Erweiterung der Gründerhaftung für verbrauchtes Kapital verbunden (sog. Differenz- oder Unterbilanzhaftung s. Rn. 64). 61

cc) Haftungsverhältnisse der Vor-GmbH

cca) Haftung der Vor-GmbH

Die Vor-GmbH haftet als Komplementärin der Kommanditgesellschaft für deren Verbindlichkeiten nach § 128 HGB unbeschränkt, persönlich mit ihrem Gesellschaftsvermögen einschließlich offener Einlageforderungen.[96] 62

ccb) Haftung der Gründer

Vor der Eintragung der GmbH in das Handelsregister haften ihre Gründer unmittelbar persönlich für Verbindlichkeiten der GmbH, soweit sie die Geschäftsführer (auch stillschweigend, s. Rn. 60) ermächtigt haben (sog. Gründerhaftung).[97] Allerdings ist ihre persönliche Haftung – ähnlich der für Kommanditisten in § 171 Abs. 1 HGB getroffenen Regelung[98] – auf den Betrag ihrer noch ausstehenden Einlagen beschränkt.[99] Da die Vor-GmbH als Komplementärin für Verbindlichkeiten der KG gemäß § 128 HGB haftet, haften ihre Gründer auch für KG-Verbindlichkeiten im oben beschriebenen Rahmen. 63

Diese beschränkte Gründerhaftung gegenüber Gläubigern der Vor-GmbH und KG erlischt mit der Eintragung der GmbH in das Handelsregister.

92 BGH, a. a. O.
93 BGHZ, a. a. O.
94 Hachenburg/Ulmer, § 11 Rn. 55; Baumbach/Hopt, Anh. § 177 a II Anm. 2 A.
95 BGHZ 80, 129 (139).
96 BGHZ 80, 129 (144); Lutter/Hommelhoff, § 11 Rn. 6.
97 BGHZ 65, 378 (382ff.); BGHZ 72, 45 (50); BGH, GmbHR 1981, S. 192 (193); a. A. Lutter/Hommelhoff, § 11 Rn. 7: keine Außenhaftung.
98 Vgl. Rn. 333.
99 BGHZ, a. a. O.; für eine unbeschränkte Haftung: Scholz/K. Schmidt, § 11 Rn. 82, 168; K. Schmidt, ZHR 156 (1992), S. 93 (107ff.).

64 Nach der Eintragung trifft die Gründer die sog. Differenz- oder Unterbilanzhaftung gegenüber der GmbH.[100] Diese Haftung ist an die Stelle des Vorbelastungsverbotes (s. Rn. 54) getreten und soll die Gefahr der Unterdeckung des Kapitals zum Zeitpunkt der Entstehung der GmbH ausgleichen. Hat die Vor-GmbH also schon vor ihrer Eintragung von ihren Handlungsmöglichkeiten Gebrauch gemacht mit der Folge einer Unterdeckung ihres Kapitals (sog. Unterbilanz), entsteht zum Zeitpunkt der Eintragung ein Anspruch der GmbH gegenüber ihren Gründern auf Ausgleich dieser Differenz. Eine Unterdeckung liegt immer dann vor, wenn das GmbH-Vermögen wegen schon vorhandener Verbindlichkeiten nicht mehr das Stammkapital erreicht.

65 Bei der Berechnung des Fehlbetrages bleiben Gründungskosten – z. B. Beratungs- und Beurkundungskosten, Kapitalverkehrsteuern – unberücksichtigt.[101] Der Fehlbetrag kann die Höhe des Stammkapitals übersteigen, wenn die Gesellschaft zum Zeitpunkt der Eintragung überschuldet ist. Die Gesellschafterhaftung ist dann nicht auf die Höhe des Stammkapitals und die der einzelnen Stammeinlagen beschränkt, sondern geht auf den vollen Verlustausgleich. Die Gesellschafter haften nicht als Gesamtschuldner, sondern gemäß § 24 GmbHG im Verhältnis ihrer Geschäftsanteile.[102]

66 Vergleicht man die Haftungslage vor und nach der Eintragung in das Handelsregister, ergibt sich eine gewisse Unstimmigkeit. Die Differenzhaftung hat zur Folge, daß die Gesellschafter nach der Eintragung eine volle Nachschußpflicht trifft, die auch über die bedungene Einlage hinausgehen kann. Demgegenüber tragen die Gründer vor diesem Zeitpunkt nur das Risiko des Verlusts ihrer Einlage.[103]

ccc) Haftung der Geschäftsführer

67 Nach Abschluß des notariellen Gesellschaftsvertrages[104] und vor der Eintragung der GmbH in das Handelsregister haften die Geschäftsführer Dritten persönlich und unmittelbar gemäß § 11 Abs. 2 GmbHG. Sinn des § 11 Abs. 2 GmbHG ist, den Gläubigern der Vor-GmbH einen Ausgleich dafür zu geben, daß der Haftungsfonds der Vor-GmbH noch nicht gerichtlich kontrolliert ist und die Kapitalsicherungsvorschriften nicht voll eingreifen.[105] Dieses Bedürfnis nach Sicherung der Gläubiger entfällt, wenn die GmbH in das Handelsregister eingetragen wird und dadurch Schuldner aus den von den Geschäftsführern getätigten Geschäften wird. Daher erlischt die Handelndenhaftung der Geschäftsführer gemäß § 11 Abs. 2

---

100 BGH, BB 1989, S. 169; BGHZ 80, 129 (140); BGH, GmbHR 1981, S. 192 (193); BGH, GmbHR 1989 S. 74; Hachenburg/Ulmer, § 11 Rn. 81ff.
101 Vgl. BGHZ 80, 129 (141).
102 BGH, GmbHR 1982, S. 235; Hachenburg/Ulmer, § 11 Rn. 86f.
103 Crezelius, DStR 1987, S. 743 (746).
104 So jetzt BGHZ 91, 148; anders noch BGH, NJW 1980, S. 287.
105 BGHZ 80, 129 (133); BGH, GmbHR 1981, S. 192 (193).

GmbHG i. d. R. mit der Eintragung der GmbH.[106] Sie besteht nur ausnahmsweise dann fort, wenn und soweit die GmbH aus dem zugrundeliegenden Rechtsgeschäft nicht verpflichtet wird. Das ist der Fall, wenn die Geschäftsführer ohne Ermächtigung der Gründer Rechtsgeschäfte über den Gründungszweck hinaus tätigen, also als Vertreter ohne Vertretungsmacht handeln (s. Rn. 59), und die GmbH auch nicht nachträglich diese Rechtsgeschäfte genehmigt.

Die Handelndenhaftung der Geschäftsführer der Vor-GmbH aus § 11 Abs. 2 GmbHG trifft sie auch dann, wenn sie für die Kommanditgesellschaft als Vertreter der zur Vertretung der KG berechtigten Komplementär-GmbH ein Rechtsgeschäft abschließen.[107] 68

3 Gründung der KG

a) Gesellschaftsvertrag der KG

Die Komplementär-GmbH und mindestens ein Kommanditist schließen einen Vertrag, der die Errichtung einer Kommanditgesellschaft zum Inhalt hat. Dieser Vertrag ist formlos wirksam. Ein Formerfordernis kann sich ausnahmsweise aus Vorschriften außerhalb des Rechts der Personengesellschaften ergeben. So bedarf z. B. die Verpflichtung eines Gesellschafters, ein Grundstück in die Gesellschaft einzubringen, der notariellen Form, § 313 BGB. Dieses Formerfordernis gilt unter anderem auch für die Verpflichtung zur Einbringung eines Gesamtvermögens (§ 311 BGB) oder zur Abtretung von GmbH-Gesellschaftsanteilen (§ 15 GmbHG) und für Schenkungsvereinbarungen (§ 518 BGB). Sind derartige formbedürftige Erklärungen im Gesellschaftsvertrag enthalten und stehen sie mit dem Gesellschaftsvertrag in einem inneren rechtlichen Zusammenhang, bedarf der gesamte Vertrag der besonderen Form.[108] Zählt also die Grundstückseinbringung zur Einlagepflicht des Gesellschafters, ist der ganze Gesellschaftsvertrag notariell zu beurkunden. 69

Eine Formverletzung macht den ganzen Vertrag nichtig, sofern nicht nach § 139 BGB anzunehmen ist, daß er auch ohne die formbedürftige Verpflichtung – z. B. Grundstückseinbringung – geschlossen worden wäre. Unter Umständen kann der Mangel der Form auch durch die Erfüllung der formlos übernommenen Verpflichtung geheilt werden.[109] 70

Notwendiger Vertragsinhalt ist, daß eine Gesellschaft vereinbart wird, deren Zweck auf den Betrieb eines Handelsgewerbes i. S. der §§ 1–3 HGB unter ge- 71

106 BGHZ 80, 182 (183), auch in NJW 1981, S. 1452; BGHZ 69, 95 (103).
107 BGHZ 80, 129 (133); Hachenburg/Ulmer, § 11 Rn. 128ff.; Scholz/K. Schmidt, § 11 Rn. 168; Baumbach/Hopt, § 177a Anm. A II 2c; a. A. Binz, S. 31.
108 BGH, BB 1978, S. 726f.
109 Vgl. § 313 Satz 2, § 518 Abs. 2 BGB.

meinschaftlicher Firma gerichtet ist, und daß einzelne Gesellschafter (i. d. R. die GmbH) unbeschränkt, andere bis zu einer bestimmten Haftsumme haften.

72 Gemäß § 163 HGB richtet sich das Rechtsverhältnis der Gesellschafter untereinander vorrangig nach dem Gesellschaftsvertrag. Im Gesellschaftsvertrag sollten neben den Selbstverständlichkeiten, wie Firma, Sitz, Gegenstand des Unternehmens, auch die zu führenden Gesellschafterkonten[110], Gesellschafterversammlung (Ladung, Verfahrensregeln), Gesellschafterbeschlüsse (Stimmrechtsmaßstab), Ergebnisbeteiligung (einschließlich Entnahmen und etwaiger Rücklagenbildung), Informationsrechte der Kommanditisten, Übertragbarkeit der Anteile sowie Ausscheidensgründe und -folgen (insbesondere Auseinandersetzungsguthaben) geregelt werden.

73 Fehlen gesellschaftsvertragliche Regelungen, ist auf die gesetzlichen Bestimmungen in den §§ 164–169, 177 HGB zurückzugreifen.[111] In zweiter Linie sind gemäß § 161 Abs. 2 HGB die für die offene Handelsgesellschaft geltenden Vorschriften anzuwenden. Schließlich gelten gemäß § 105 Abs. 2 HGB die §§ 705–740 BGB, wenn weder der Gesellschaftsvertrag noch das Recht der Kommanditgesellschaft noch das der offenen Handelsgesellschaft eine Regelung trifft.

74 Ab welchem Zeitpunkt sich das Rechtsverhältnis der Gesellschafter einer in Gründung befindlichen GmbH & Co. KG untereinander nach den gesellschaftsvertraglichen Bestimmungen und dem gesetzlichen KG-Recht bestimmt, hängt vom Gesellschaftsvertrag ab. Wenn nichts Abweichendes vereinbart ist, fallen Abschluß des Gesellschaftsvertrages und Entstehen der KG im Innenverhältnis i. d. R. zusammen.[112] Auch auf eine GmbH & Co. KG in Gründung, deren Unternehmen kein Grundhandelsgewerbe i. S. des § 1 HGB ist und die vor der Eintragung in das Handelsregister eine Gesellschaft bürgerlichen Rechts ist[113], findet im Verhältnis der Gesellschafter untereinander KG-Recht Anwendung, wenn ein diesbezüglicher Wille der Gesellschafter erkennbar ist.[114]

b) Entstehen der GmbH & Co. KG als Handelsgesellschaft gegenüber Dritten

aa) Grundhandelsgewerbe

75 Der Zeitpunkt, in welchem die Gesellschaft als eine GmbH & Co. KG im Verhältnis zu Dritten entsteht, hängt davon ab, ob ihr Unternehmen ein sogenanntes Grundhandelsgewerbe i. S. des § 1 HGB zum Gegenstand hat. Grundhandelsgeschäfte sind die in § 1 Abs. 2 HGB genannten Arten von Geschäften. Betreibt die

110 Vgl. Rn. 383ff.
111 Schilling in Großkomm., § 163 Rn. 1.
112 Weimar/Geitzhaus, DB 1987, S. 2026 (2030); Fischer in Großkomm., § 123 Anm. 2; Schilling in Großkomm., § 163 Rn. 16
113 Siehe Rn. 78.
114 Vgl. Fischer in Großkomm., § 105 Anm. 62b.

Gesellschaft ein Grundhandelsgewerbe, entsteht sie im Verhältnis zu Dritten bereits mit Aufnahme ihres Geschäftsbetriebes, § 123 Abs. 2, § 161 Abs. 2 HGB.

Eine Gesellschaft nimmt ihren Geschäftsbetrieb auf, wenn sie durch eine Handlung, die unter den Begriff des Geschäftsbetriebes fällt, nach außen als Gesellschaft in Erscheinung tritt. Dazu gehört, daß im Namen der Gesellschaft gehandelt wird. Regelmäßig ergibt sich dies aus dem Gebrauch der Firma. Es genügt aber auch, wenn in anderer Weise ersichtlich wird, daß für die Gesellschaft gehandelt werden soll.[115] Als Handlungen reichen schon Vorbereitungsgeschäfte wie das Mieten von Räumen, Anstellung von Personal, Eröffnung eines Bankontos, Anzeigen in Zeitungen, Versendung von Warenproben und Preislisten.[116] 76

Die Geschäftsaufnahme begründet aber nur dann die Wirksamkeit der GmbH & Co. KG Dritten gegenüber, wenn sie mit dem Einverständnis aller Gesellschafter erfolgt. Die Zustimmung der Gesellschafter zum Geschäftsbeginn kann auch stillschweigend durch bloße Duldung erfolgen.[117] Ist eine GmbH & Co. KG mit einem Grundhandelsgewerbe aus diesen Gründen bereits mit Geschäftsbeginn entstanden, hat die spätere Eintragung in das Handelsregister lediglich noch deklaratorischen Charakter. 77

bb) Fehlendes Grundhandelsgewerbe – „Soll-GmbH & Co. KG“

Stellt dagegen das Unternehmen einer GmbH & Co. KG kein Grundhandelsgewerbe i. S. des § 1 Abs. 2 HGB dar, wird die Gesellschaft zur GmbH & Co. KG erst mit Eintragung in das Handelsregister, § 123 Abs. 1, § 161 Abs. 2 HGB. Die Eintragung wirkt in diesem Fall konstitutiv. Bis zur Eintragung liegt eine Gesellschaft des bürgerlichen Rechts vor[118], die von werdenden Kommanditisten und der GmbH oder Vor-GmbH gebildet wird. 78

Der Grund für den unterschiedlichen Entstehungszeitpunkt der Kommanditgesellschaft, je nachdem, ob sie ein Grundhandelsgewerbe betreibt oder nicht, hängt damit zusammen, daß eine Kommanditgesellschaft den Betrieb eines Handelsgewerbes voraussetzt (§ 161 Abs. 1 HGB) und nur die in § 1 Abs. 2 HGB genannten Grundhandelsgeschäfte per se Handelsgewerbe i. S. des HGB sind, während alle anderen Geschäfte erst dann zum Handelsgewerbe werden, wenn sie einen nach Art und Umfang in kaufmännischer Weise eingerichteten Gewerbebetrieb erfordern und ins Handelsregister eingetragen werden (vgl. §§ 2 und 3 HGB). Ist Unternehmensgegenstand einer KG also ein Grundhandelsgeschäft und nimmt die KG den Geschäftsbetrieb auf, liegt der Betrieb eines Handelsgewerbes vor. Die KG entsteht gemäß § 123 Abs. 2, § 161 Abs. 2 i. V. m. § 1 HGB. Ist Unternehmensgegenstand der KG dagegen kein Grundhandelsgewerbe, liegt der Betrieb eines Han- 79

115 Fischer in Großkomm., § 123 Anm. 10.
116 Fischer, a. a. O., Anm. 12; Baumbach/Hopt, § 123 Anm. 3 A.
117 Fischer, a. a. O., Anm. 10.
118 BGHZ 59, 179 (181); 61, 59 (66); 69, 95 (97); Hachenburg/Ulmer, § 11 Rn. 132.

delsgewerbes erst mit Eintragung in das Handelsregister vor. Die KG kann erst zu diesem Zeitpunkt entstehen, § 123 Abs. 1, § 161 Abs. 2 i. V. m. §§ 2 und 3 HGB.[119]

80 Übernimmt die KG den Betrieb einer GmbH, der kein Grundhandelsgewerbe i. S. des § 1 Abs. 2 HGB darstellt, so gelangt die KG auch hier erst mit Eintragung in das Handelsregister zur Entstehung. Der Umstand, daß die GmbH bereits allein aufgrund ihrer Rechtsform Handelsgesellschaft ist (§ 13 Abs. 3 GmbHG) und damit ihre Geschäfte immer schon Handelsgeschäfte sind (§ 6 HGB), ist für die Entstehung der KG ohne Bedeutung. Für sie bleibt auch hier maßgebend, ob ihre eigenen einschließlich der übernommenen Geschäfte Handelsgewerbe i. S. des § 1 Abs. 2 HGB sind.[120]

c) Haftung im Gründungsstadium

aa) Haftung im Gründungsstadium bei Vorliegen eines Grundhandelsgewerbes

aaa) Haftung der Gesellschaft

81 Da eine GmbH & Co. KG, die ein Grundhandelsgewerbe i. S. des § 1 HGB betreibt, bereits mit Geschäftsbeginn als Kommanditgesellschaft entsteht (s. Rn. 75), haftet sie ab diesem Zeitpunkt für alle im Namen der Gesellschaft begründeten Verbindlichkeiten mit ihrem Gesellschaftsvermögen gemäß § 124 Abs. 1, § 161 Abs. 2 HGB.

aab) Haftung der Komplementär-GmbH

82 Neben dieser Haftung besteht von diesem Zeitpunkt an die Haftung der Komplementär-GmbH gemäß §§ 128, 161 Abs. 2 HGB, die unabhängig davon ist, ob Komplementärin eine eingetragene GmbH oder Vor-GmbH ist.[121]

aac) Haftung der Kommanditisten

83 Die Haftung der Kommanditisten richtet sich nach § 171 Abs. 1 HGB. Ein Kommanditist einer GmbH & Co. KG mit Grundhandelsgewerbe haftet von Geschäftsbeginn an – also mit Entstehung der KG im Verhältnis zu Dritten[122] – persönlich und unmittelbar bis zur Höhe seiner Einlage. Von dieser Haftung ist er befreit, wenn er die Einlage in das Gesellschaftsvermögen geleistet hat.[123]

84 Eine darüber hinausgehend unbeschränkte persönliche Haftung eines Kommandi-

---

119 Vgl. BGHZ 59, 179 (181).
120 BGHZ 59, 179 (183f.); BayObLG, NJW 1985, S. 982.
121 Vgl. Rn. 62, 331.
122 Siehe Rn. 75.
123 Zu den Einzelheiten s. Rn. 332ff.

tisten gemäß § 176 Abs. 1 HGB kommt bei einer GmbH & Co. KG i. d. R. nicht in Betracht. Nach § 176 Abs. 1 HGB haftet ein Kommanditist für die bis zur Eintragung der Gesellschaft begründeten Verbindlichkeiten der Gesellschaft gleich einem persönlich haftenden Gesellschafter – also persönlich und unbeschränkt.

§ 176 Abs. 1 HGB setzt voraus, daß die KG ein Grundhandelsgewerbe betreibt[124] 85
und vor der Eintragung in das Handelsregister ihren Geschäftsbetrieb aufgenommen hat und der betreffende Kommanditist dem Geschäftsbeginn zugestimmt hat. Die Haftung gemäß § 176 HGB entfällt, wenn dem Gläubiger die Beteiligung als Kommanditist bekannt war.

Die ganz überwiegende Meinung im Schrifttum geht davon aus, daß ein Gläubiger 86
immer Kenntnis von der Kommanditistenstellung habe, wenn die Gesellschaft die Firma einer GmbH & Co. KG verwendet.[125] Da in einer GmbH & Co. KG üblicherweise alle Gesellschafter außer der Komplementär-GmbH Kommanditisten sind, rechnet im Geschäftsverkehr niemand mehr damit, daß eine natürliche Person persönlich haftet, wenn eine Gesellschaft eine GmbH & Co. KG-Firma führt. Der BGH war zunächst der Ansicht, daß die Kenntnis von der Kommanditbeteiligung nicht allein aus der Verwendung einer GmbH & Co. KG-Firma hergeleitet werden könne.[126] Von diesem Standpunkt ist er abgerückt, als er in einem später ergangenen Urteil feststellte, daß mit Inkrafttreten des § 19 Abs. 5 HGB (am 1. 1. 1981), der die GmbH & Co. KG zur Führung eines entsprechenden Firmenzusatzes verpflichtet (s. Rn. 115), niemand mehr im Rechtsverkehr damit rechnen könne, ein nicht eingetragener Gesellschafter einer GmbH & Co. KG sei kein Kommanditist.[127]

Auch wenn der BGH im oben zitierten Urteil über diese Stellungnahme hinaus 87
keine Entscheidung zur Haftung von Kommanditisten einer nicht eingetragenen GmbH & Co. KG gemäß § 176 HGB getroffen hat, läßt er doch deutlich die Tendenz erkennen, er werde diese Haftung jedenfalls für solche Geschäfte verneinen, die nach Inkrafttreten des § 19 Abs. 5 HGB abgeschlossen worden sind.

Der vom BGH gewählte Zeitpunkt erscheint willkürlich, denn schon vor der Kodi- 88
fizierung der Regelung des § 19 Abs. 5 HGB gab es eine gefestigte Rechtsprechung dahingehend, daß eine GmbH & Co. KG in ihrer Firma einen entsprechenden Zusatz führen muß.[128] Im Ergebnis ist es richtig, daß die Verwendung einer GmbH & Co. KG-Firma genügt, um Kenntnis von der Kommanditistenstellung eines Gesellschafters zu erlangen und um damit eine Haftung gemäß § 176 HGB auszuschließen.[129]

124 Siehe Rn. 75.
125 Schilling in Großkomm., § 176 Rn. 27; Schlegelberger/K. Schmidt, § 176 Rn. 49; Hachenburg/Ulmer, § 11 Rn. 143. Baumbach/Hopt, Anh. § 177a Anm. II 2 E.
126 BGH, NJW 1980, S. 54.
127 BGH, NJW 1983, S. 2258 (2260).
128 BGHZ 62, 216 (226); 65, 103 (105); 71, 354 (355f.).
129 Zur Haftung gemäß § 176 Abs. 2 HGB s. Rn. 570.

bb) Haftung im Gründungsstadium bei fehlendem Grundhandelsgewerbe – „Soll-GmbH & Co. KG“

bba) Grundsätzliches

89 Bei einer Gesellschaft, die weder ein Grundhandelsgewerbe i.S. des § 1 Abs. 2 HGB betreibt noch im Handelsregister eingetragen ist (sog. Soll-GmbH & Co. KG)[130], richtet sich die Haftung nach dem Recht der BGB-Gesellschaft.[131] Grundsätzlich werden aus Rechtsgeschäften, die die geschäfts- und vertretungsbefugten Gesellschafter im Namen der Gesellschaft abschließen, alle Gesellschafter zur gesamten Hand verpflichtet. Jeder haftet als Gesamtschuldner persönlich, unbeschränkt in voller Höhe der Verbindlichkeit.[132]

bbb) Haftung der Kommanditisten

90 Auch in einer Gesellschaft des bürgerlichen Rechts kann die Haftung der Gesellschafter mit Wirkung nach außen auf eine bestimmte Vermögenseinlage beschränkt werden, wenn diese Beschränkung Dritten erkennbar ist.[133] Die Gesellschafter einer Gesellschaft des bürgerlichen Rechts haben daher grundsätzlich die Freiheit, ihr Gesellschaftsverhältnis entsprechend den Haftungs- und Vertretungsverhältnissen einer Kommanditgesellschaft zu gestalten.[134] Derartige Haftungs- und Vertretungsmachtbeschränkungen haben ihre Grundlage im Gesellschaftsvertrag. Gesellschaftsvertrag der „Soll-GmbH & Co. KG“ ist der KG-Vertrag. Er wird dahingehend ausgelegt, daß die Vertretungsmacht der Komplementär-GmbH im Verhältnis zu den als Kommanditisten vorgesehenen Gesellschaftern auch im Gründungsstadium dahingehend beschränkt ist, sie nur mit ihrem Anteil am Gesellschaftsvermögen zu verpflichten.[135]

91 Für Gläubiger ist diese Beschränkung der Vertretungsmacht und Haftung erkennbar, wenn ihnen die Gesellschaft unter der Firma einer Kommanditgesellschaft gegenübertritt.[136] Denn daraus können sie ersehen, daß ein Teil der Gesellschafter nur wie Kommanditisten haften will und demgemäß die Vertretungsbefugnis der Geschäftsführer begrenzt hat. Infolgedessen müssen die Gläubiger diese Haftungsbeschränkung gegen sich gelten lassen. Im Ergebnis haften also die künftigen Kommanditisten auch in ihrer Eigenschaft als BGB-Gesellschafter nicht mit ihrem gesamten Privatvermögen, sondern auf den Betrag ihrer Einlage beschränkt.[137]

---

130 Siehe Rn. 78.
131 BGHZ 69, 95 (101).
132 Palandt/Thomas, § 714 Anm. 3; MünchKomm./Ulmer, § 714 Rn. 24.
133 BGH, DB 1987, S. 1246; Palandt/Thomas, § 714 Anm. 3b; MünchKomm./Ulmer, § 714 Rn. 32ff.
134 BGH, DB 1980, S. 391.
135 BGHZ 61, 59 (67); BGH, DB 1980, S. 391.
136 BGH, a. a. O.
137 Vgl. Rn. 332.

Eine darüber hinausgehende Haftung gemäß § 176 Abs. 1 HGB entfällt hier nicht erst aufgrund der Kenntnis des Gläubigers von der Kommanditistenstellung.[138] Nach ausdrücklicher Vorschrift des § 176 Abs. 1 Satz 2 HGB entfällt die im Satz 1 bestimmte Haftung eines Kommanditisten, der dem Geschäftsbeginn vor Eintragung der Kommanditgesellschaft zugestimmt hat, wenn das Unternehmen kein Grundhandelsgewerbe betreibt und deshalb erst durch Eintragung in das Handelsregister zur Handelsgesellschaft wird.[139] 92

Nach der Rechtsprechung kommt für die Kommanditisten einer „Soll-GmbH & Co. KG" auch keine Haftung gemäß § 176 Abs. 1 HGB kraft Rechtsschein in Betracht.[140] Tritt die „Soll-GmbH & Co. KG", die bis zur Eintragung in das Handelsregister BGB-Gesellschaft ist, als Kommanditgesellschaft auf (sog. Schein-KG), muß der „Scheinkommanditist" nicht wie ein nichteingetragener Kommanditist gemäß § 176 Abs. 1 HGB haften.[141] Anderenfalls ginge die Rechtsscheinhaftung weiter, als der Schein der Wirklichkeit entspräche.[142] Eine dem Rechtsschein entsprechende Haftung kann hier nach der Rechtsprechung nur bedeuten, daß die Kommanditisten so haften, wie es der Fall ist, wenn die Kommanditgesellschaft schon entstanden ist, d. h. als solche ins Handelsregister eingetragen ist. Der Rechtsschein führt also zu einer auf die Einlage beschränkten Kommanditistenhaftung, denn Außenstehenden werde der Anschein vermittelt, es handele sich um eine bestehende Kommanditgesellschaft, bei der ein Teil der Gesellschafter beschränkt haftet.[143] 93

Auch wenn man hier eine Haftung gemäß § 176 Abs. 1 HGB kraft Rechtsschein grundsätzlich zuließe[144], entfiele sie hier, weil die Gläubiger aufgrund der Verwendung einer GmbH & Co. KG-Firma Kenntnis von der Kommanditistenstellung haben.[145] 94

d) Anmeldung zum Handelsregister

Die GmbH & Co. KG muß zur Eintragung in das Handelsregister angemeldet werden, § 12 Abs. 1 HGB. Die Anmeldung erfolgt durch Einreichung einer öffentlich beglaubigten schriftlichen Erklärung oder notariellen Urkunde über die Erklärung, § 129 Abs. 1, 2 HGB. Nach herrschender Auffassung haben bei einer GmbH & Co. KG die Geschäftsführer der Komplementär-GmbH nach § 161 Abs. 2, § 108 Abs. 2 HGB zu zeichnen: 95

138 Vgl. Rn. 85ff.
139 Vgl. BGHZ 61, 59 (65); 69, 95 (98); 59, 179 (181).
140 BGHZ 61, 59 (66f.); 69, 95 (98f.); zustimmend Schilling in Großkomm., § 176 Rn. 14; Baumbach/Hopt, 176 Anm. II 2 C; a. A. Schlegelberger/K. Schmidt, § 176 Rn. 5.
141 Vgl. Rn. 84.
142 BGHZ 61, 59 (66 f).
143 BGHZ 69, 95 (99).
144 So Schlegelberger/K. Schmidt, a. a. O.
145 Siehe Rn. 85ff.

– zunächst die Firma der GmbH & Co. KG,
– dann die Firma der Komplementär-GmbH und
– zuletzt ihre eigenen Unterschriften.[146]

Im Handelsverkehr können die Geschäftsführer der Komplementär-GmbH wahlweise mit der Firma der GmbH & Co. KG und derjenigen der GmbH zeichnen.[147]

III Firma der GmbH & Co. KG

1 Firma einer KG

a) Firma einer KG bei Neugründung

96 Die Firma einer Kommanditgesellschaft muß den Namen wenigstens eines persönlich haftenden Gesellschafters mit einem Zusatz enthalten, der andeutet, daß eine Gesellschaft vorliegt, § 19 Abs. 2 HGB. Als Zusätze kommen z. B. „KG“, „& Co.“, „& Partner“, „& Comp.“, „& Cie.“ in Betracht. Aus dem Zusatz muß nicht hervorgehen, daß es sich um eine KG handelt.[148] Vornamen können beigefügt werden, sind aber nicht erforderlich. Die Namen anderer Personen als die der persönlich haftenden Gesellschafter dürfen nicht aufgenommen werden, § 19 Abs. 4 HGB. Nach dem Gesetz sollen die verantwortlichen Firmeninhaber aus der Firma ersichtlich sein (sog. Personenfirma). Eine Sachfirma, z. B. „Heizungsbau KG“, ist deshalb nicht zulässig. Die Firma kann aber noch Zusätze enthalten, die die Art des Handelsgewerbes näher bezeichnen oder den Niederlassungsort angeben, z. B. „Müller & Co., Elektro-Großhandlung“.[149]

b) Abgeleitete Firma einer KG

97 Der Grundsatz der Firmenwahrheit, wie er im oben Gesagten zum Ausdruck kommt, wird in den §§ 22, 24 HGB zugunsten des Grundsatzes der Firmenkontinuität durchbrochen. Der Kommanditgesellschaft ist es unter bestimmten Voraussetzungen trotz Gesellschafterwechsels erlaubt, ihre bisherige Firma fortzuführen. Man spricht in diesem Fall von einer abgeleiteten Firma. Die §§ 22, 24 HGB bezwecken, daß durch Beibehaltung der bisherigen Firma der Ruf des Unternehmens als Vermögenswert erhalten bleibt. Gemäß § 22 HGB dürfen die Erwerber eines Unternehmens die Firma des erworbenen Unternehmens fortführen, wenn die bisherigen Geschäftsinhaber bzw. ihre Erben der Firmenfortführung zustimmen. Gemäß § 24 Abs. 1 HGB darf die Firma bei Ein- oder Austritt eines einzel-

146 BayObLG, DB 1988, S. 173; a. A. OLG Celle, DB 1994, S. 1771: keine Zeichnungspflicht der Firma der Komplementär-GmbH.
147 BGHZ 62, 216 (229).
148 Baumbach/Hopt, § 19 Anm. 2; Bockelmann, GmbHR 1994, S. 356.
149 Vgl. Baumbach/Hopt, § 18 Anm. 4f.

nen Gesellschafters auch ohne Einwilligung des Ausgeschiedenen fortgeführt werden. Lediglich bei Ausscheiden eines persönlich haftenden Gesellschafters, dessen Name in der Firma enthalten ist, ist dessen Zustimmung erforderlich, § 24 Abs. 2 HGB.

2 Firma einer GmbH

a) Sachfirma einer GmbH

Die Firma einer GmbH kann sowohl Personenfirma als auch Sachfirma sein. Eine 98
Sachfirma muß dem Gegenstand des Unternehmens entlehnt sein, § 4 Abs. 1 GmbHG. Diese Erfordernis dient dem Grundsatz der Firmenwahrheit. Der Unternehmensgegenstand soll durch die Firma im wesentlichen erkennbar gemacht werden.[150]

Da Unternehmensgegenstand einer Komplementär-GmbH häufig ausschließlich 99
die Führung der Geschäfte bei einer oder mehreren Kommanditgesellschaften ist, sind Firmen wie „X-Verwaltungs-GmbH“, „M-Betriebs-GmbH“, „Y-Geschäftsführungs-GmbH“ gebräuchlich.

Weil die GmbH als verantwortliche Komplementärin mittelbar das Unternehmen der KG betreibt, ist es auch zulässig, daß die Sachfirma der Komplementär-GmbH dem Unternehmensgegenstand der KG entnommen wird.[151] Dieser Art der Firmenbildung sind jedoch insoweit Grenzen gesetzt, als die GmbH-Firma dadurch täuschungsgeeignet ist, § 18 Abs. 2 HGB. Ist beispielsweise das Unternehmen der KG eine Papierfabrik und produziert die GmbH nicht selbst, darf ihre Firma auch nicht Meyer Papierfabrik GmbH lauten.

b) Personenfirma einer GmbH

Ist die Firma einer GmbH Personenfirma, darf sie nur die Namen ihrer Gesell- 100
schafter enthalten, § 4 Abs. 1 Satz 2 GmbHG. Dabei ist folgende Besonderheit zu beachten. Hat eine GmbH mehrere Gesellschafter und will sie mehrere, aber nicht alle Gesellschafternamen in ihre Firma aufnehmen, bedarf es über den Wortlaut des § 4 Abs. 1 Satz 1 GmbHG hinaus eines ein Gesellschaftsverhältnis andeutenden Zusatzes, wie „& Co.“, „& Partner“, „& Companie“, „& Konsorten“, „& Gebrüder“ etc. Diese Zusätze sollen klarstellen, daß der Gesellschaft nicht nur die firmierenden, sondern noch weitere Gesellschafter angehören.[152] Beispiel: Es gibt die Gesellschafter Meyer, Schulze, Schmidt. Die Firma soll die Namen Meyer und Schmidt enthalten. Eine zulässige Firma ist z. B. „Meyer, Schmidt & Co. GmbH“. Die Firma „Meyer & Schmidt GmbH“ oder „Meyer & Schmidt Gesell-

150 Hachenburg/Heinrich, § 4 Rn. 15.
151 OLG Köln, DB 1979, S. 784; Hüffer in Großkomm., § 19 Rn. 41 m. w. N.
152 BGHZ 65, 89, auch in BB 1975, S. 1454.

schaft mbH" ist in diesem Fall unzulässig, da die Zusätze „GmbH" oder „Gesellschaft" nicht verhindern, daß im Rechtsverkehr die irrige Vorstellung entsteht, die Gesellschaft bestehe nur aus zwei Personen.[153]

Firmieren alle Gesellschafter einer GmbH, bedarf es nicht der obengenannten Zusätze. Eine zulässige Firma wäre jetzt „Meyer, Schulze & Schmidt GmbH".

101 Hat eine Gesellschaft mehrere Gesellschafter und soll ihre Firma lediglich den Namen eines Gesellschafters enthalten, reicht wiederum der bloße Zusatz „Gesellschaft" oder „GmbH".[154] Beispiel: Es gibt die Gesellschafter Meyer, Schmidt, Schulze. Die Firma soll nur den Namen des Gesellschafters Meyer enthalten. Zulässige Firmen sind „Meyer Gesellschaft mbH", „Meyer GmbH". An der Zulässigkeit dieser Firma hat sich auch dadurch nichts geändert, daß die GmbH-Novelle 1980 die Einmann-Gründung einer GmbH zugelassen hat (§ 1 GmbHG) und jetzt Rückschlüsse auf die Zahl der Gründer aus einer solchen Personenfirma der GmbH nicht mehr möglich sind.[155]

102 Aufgrund dieser Entwicklung wird aber teilweise eine Überprüfung der bisherigen Auslegung des § 4 Abs. 1 Satz 1 GmbHG[156] auch für die Mehrpersonen-GmbH für unerläßlich gehalten.[157] Unabhängig davon, ob die Firma der GmbH einen oder mehrere, aber nicht sämtliche Gesellschafternamen enthält, soll der Zusatz „Gesellschaft" oder „GmbH" ausreichen, da heute keine eindeutige Verkehrsauffassung mehr besteht, daß aus der Personenfirma einer GmbH Rückschlüsse auf die Zahl der Gesellschafter gezogen werden können.[158]

c) Gemischte Firma, abgeleitete Firma einer GmbH

103 Auch eine gemischte Firma, die also Sachfirmenbestandteile und Personenfirmenbestandteile enthält, ist zulässig. Sie muß sowohl den Erfordernissen der Personen- wie der Sachfirma entsprechen.[159]

104 Die GmbH kann auch eine abgeleitete Firma[160] führen, wenn sie ein bestehendes Handelsgeschäft mit dem Recht zur Firmenfortführung gemäß § 22 HGB erwirbt, § 4 Abs. 1 Satz 3 GmbHG.[161]

d) GmbH-Zusatz

105 In jedem Fall muß die Firma einer GmbH notwendigerweise den Zusatz „mit beschränkter Haftung" enthalten, § 4 Abs. 2 GmbHG. Die Abkürzung „GmbH" ist

153 BGH, a. a. O.
154 BGH, BB 1975, S. 1454 (1455); Scholz/Emmerich, § 4 Rn. 24; Hüffer in Großkomm., § 19 Rn. 45.
155 BayObLG, GmbHR 1985, S. 117f.; LG Itzehoe, GmbHR 1988, S. 348.
156 Siehe Rn. 100.
157 Hachenburg/Heinrich, § 4 Rn. 33ff.; Lutter/Hommelhoff, § 4 Rn. 87.
158 Hachenburg/Heinrich, a. a. O.; a.A. Hüffer in Großkomm., § 19 Rn. 45.
159 Hachenburg/Heinrich, § 4 Rn. 58; OLG Hamm, GmbHR 1986, S. 89; a. A. OLG Bremen, DB 1978, S. 200.
160 Vgl. Rn. 97.
161 Einzelheiten s. Hüffer in Großkomm., § 22 Rn. 4ff.

ein zulässiger Zusatz im obengenannten Sinne.[162] Wird der GmbH-Zusatz im Geschäftsverkehr weggelassen, entsteht eine Rechtsscheinhaftung, wenn durch das Zeichnen der Firma ohne den Formzusatz das berechtigte Vertrauen des Geschäftspartners auf die Haftung mindestens einer natürlichen Person hervorgerufen wird. Diese Haftung kann nicht nur den Geschäftsführer der GmbH treffen, sondern auch andere Vertreter des Unternehmens.[163]

Diese Grundsätze über die Haftung[164] kraft Rechtsscheins gelten auch für die Vor-Gesellschaft. Auch der für die Vor-GmbH Handelnde muß zur Vermeidung eines falschen Rechtsscheins die Firma der zukünftigen GmbH einschließlich GmbH-Zusatz im Geschäftsverkehr verwenden. Darüber hinaus hat er einen das Gründungsstadium klarstellenden Zusatz – z. B. „i.G." – anzufügen.[165]

3 Besonderheiten bei der Firmierung der GmbH & Co. KG

a) Grundsätzliches

Da die GmbH & Co. KG Personengesellschaft ist, richtet sich die rechtliche Zulässigkeit ihrer Firma nach §§ 19ff. HGB. Gemäß § 19 Abs. 2 HGB muß die Firma einer KG mindestens einen persönlich haftenden Gesellschafter und einen Zusatz enthalten, der andeutet, daß ein Gesellschaftsverhältnis vorliegt.[166] Darüber hinaus bestimmt § 19 Abs. 5 HGB, daß eine KG, an der keine natürliche Person als Komplementär beteiligt ist, eine Bezeichnung enthalten muß, die die Haftungsbeschränkung kennzeichnet. 106

In der Praxis ist neben der Komplementär-GmbH i. d. R. kein weiterer persönlich haftender Gesellschafter vorhanden. Daher ist der Name der Komplementär-GmbH Grundbestandteil der Firma der GmbH & Co. KG. Als notwendige Zusätze haben sich „GmbH & Co. KG" bzw. „GmbH & Co." eingebürgert.[167] 107

b) Typische Probleme bei der Firmierung der GmbH & Co. KG

Bei der Schaffung einer GmbH & Co. KG-Firma können die das Firmenrecht beherrschenden Grundsätze, wie die der Firmenidentität, der Firmenwahrheit, der Firmenklarheit und der Unterscheidbarkeit, in Widerstreit geraten. 108

Der Grundsatz der Firmenidentität gebietet, daß die Firma der Komplementär-GmbH vollständig in der Firma der KG enthalten ist, um eine Identifizierung des persönlich haftenden Gesellschafters der Kommanditgesellschaft zu ermöglichen, § 19 Abs. 2 HGB. Wenn die Komplementär-GmbH eine Sachfirma führt oder 109

162 BGHZ 62, 230; OLG Frankfurt, BB 1974, S. 433.
163 Siehe Rn. 52ff.
164 OLG Hamm, DB 1994, S. 467; Bokelmann, GmbHR 1994, S. 356 (357).
165 OLG Celle, GmbHR 1990, S. 398.
166 Siehe Rn. 96.
167 Siehe Rn. 115.

auch nur einen Sachfirmenbestandteil in ihrer Firma hat, die bzw. der dem Unternehmensgegenstand des Unternehmens der GmbH entlehnt ist, dann enthält die KG-Firma durch die vollständige Übernahme der GmbH-Firma Bestandteile,die unter Umständen geeignet sind, den Geschäftsverkehr über ihren Unternehmensgegenstand zu täuschen, § 18 Abs. 2 HGB. Beispiel: Die GmbH betreibt einen Fahrradhandel und firmiert „Müller Fahrradladen GmbH". Sie wird Komplementärin einer KG, die Motorräder produziert. Bei völliger Übernahme der GmbH-Firma lautet die KG-Firma „Müller Fahrradladen GmbH & Co. KG". Hier liegt ein Verstoß gegen den Grundsatz der Firmenwahrheit vor.[168] Die Täuschungseignung kann grundsätzlich nicht durch Weglassen von Bestandteilen der GmbH beseitigt werden (Grundsatz der Firmenidentität).[169] Eine Firmierung Müller GmbH & Co. ist folglich unzulässig.

110 Ebenfalls unzulässig ist es in diesem Fall, den Unternehmensgegenstand der KG zusätzlich in die Firma der KG aufzunehmen. Eine Motorrad-Fabrik „Müller Fahrradladen GmbH & Co. KG Motorradfabrik" trägt zur Verwirrung des Geschäftsverkehrs bei und verstößt somit gegen den Grundsatz der Firmenklarheit.[170]

111 Gemäß § 30 Abs. 1 HGB muß jede neue Firma sich von allen an demselben Ort oder in derselben Gemeinde bereits bestehenden und in das Handelsregister oder in das Genossenschaftsregister eingetragenen Firmen deutlich unterscheiden (Grundsatz der Unterscheidbarkeit). Nach der Rechtsprechung des BGH[171] gilt dies auch für die Firmen der GmbH & Co. KG und ihrer Komplementär-GmbH. Die Firma der Kommanditgesellschaft muß sich also auch von derjenigen ihrer persönlich haftenden GmbH-Gesellschafterin deutlich unterscheiden. Um eine Unterscheidbarkeit zwischen GmbH und GmbH & Co. KG zu erreichen, können in die Firma der GmbH & Co. KG weitere Bestandteile aufgenommen werden, wie auf den Gegenstand des Unternehmens hinweisende Zusätze, Phantasieworte oder lokalisierende Bezeichnungen[172], Beispiel: „Maier & Wolf GmbH" und „MAWO Maier & Wolf GmbH & Co. KG".[173]

112 Gesellschaftszusätze allein reichen nicht für eine Unterscheidbarkeit i. S. des § 30 HGB. Beispiel: „X-Industriebedarfs GmbH" und „X-Industriebedarfs GmbH & Co. KG Handelsgesellschaft". Der hier bei der Firma der Kommanditgesellschaft gewählte Zusatz „Handelsgesellschaft" genügt nicht zur deutlichen Unterscheidung von der Komplementär-GmbH.[174]

113 Angesichts der hier angesprochenen Probleme bei der Firmierung einer GmbH & Co. KG ist ein Beschluß des BGH vom 16. 3. 1981[175] von großer Bedeu-

168 Vgl. BayObLG, NJW 1973, S. 371.
169 Hüffer in Großkomm., § 19.
170 Vgl. BayObLG, a. a. O.
171 BGHZ 46, 7 (10).
172 Vgl. Hüffer in Großkomm., § 19 Rn. 60.
173 Baumbach/Hopt, § 19 Anm. 3 C.
174 BayObLG, BB 1980, S. 68.
175 BGHZ 80, 353, auch in BB 1981, S. 1730.

tung. In dieser Entscheidung weist der BGH der Praxis einen Weg, bei Neugründung einer Komplementär-GmbH den Grundsätzen der Firmenidentität und der Unterscheidbarkeit Genüge zu tun, ohne dabei gegen den Grundsatz der Firmenwahrheit zu verstoßen. Nach dem BGH können Bestandteile, wie „Verwaltungs-", „Betriebs-" oder „Geschäftsführungs-" (GmbH) einer GmbH-Firma in der Firma der KG weggelassen werden, wenn es sich bei den übrigen übernommenen Bestandteilen um die wesentlichen und unterscheidungskräftigsten Teile der Firma handelt und diese gemäß § 4 GmbHG auch allein als Firma zulässig wären.[176] Beispiel: „S-Verwaltungs-GmbH", zulässige GmbH & Co. KG-Firma: „S-GmbH & Co. KG". Hier besteht nicht die Möglichkeit der Täuschung des Rechtsverkehrs durch die Firma der Kommanditgesellschaft gemäß § 18 Abs. 2 HGB. Die Firma der KG unterscheidet sich von der Firma der GmbH i. S. des § 30 HGB und genügt nach der Rechtsprechung unter oben genannten Voraussetzungen auch dem Grundsatz der Firmenidentität.

Soll eine bereits bestehende GmbH Komplementärin werden, ist gegebenenfalls 114 unter Beachtung der genannten firmenrechtlichen Grundsätze eine Umfirmierung erforderlich.

c) GmbH & Co. – Zusatz

Eine GmbH & Co. KG muß in jedem Fall – unabhängig davon, ob es sich um die 115 Neubildung einer Firma oder um eine sog. abgeleitete Firma[177] handelt – einen Zusatz wie etwa „GmbH & Co." in ihre Firma aufnehmen. Das ergibt sich aus § 19 Abs. 5 HGB, der bestimmt, daß die Firma einer Personengesellschaft, bei der keine natürliche Person persönlich haftet, eine Bezeichnung enthalten muß, welche die Haftungsbeschränkung kennzeichnet. In der Praxis hat sich die Abkürzung „GmbH & Co. KG" bzw. „GmbH & Co." mit unterschiedlicher Schreibweise eingebürgert. Es sind aber auch Zusätze wie „GmbH & Cie." und „GmbH & Comp." zulässig.[178]

Den Unternehmen bleibt wenig Spielraum, diese Zusätze abzuwandeln. Weicht 116 eine Firmenbezeichnung von der für Gesellschaften dieser Rechtsform üblich gewordenen auffällig ab, ohne einen gleichwertigen Ersatz zu bieten, ist sie nach der Rechtsprechung unzulässig.[179] Der BGH[180] begründet diese Rechtsprechung mit der Rechtssicherheit, die dadurch erreicht ist, daß mittlerweile auch der Laie weiß, daß diese Zusätze auf eine handelsrechtliche Personengesellschaft hinweisen, in der keine natürliche Person persönlich haftet, und daß eben diese Rechtssicherheit gefährdet sei, wenn von diesen Zusätzen deutlich abgewichen werden.

176 BGHZ 80, 353 (356), auch in BB 1981, S. 1730 (1731); BayObLG, GmbHR 1990, S. 464.
177 Siehe Rn. 96f.
178 Bericht des Rechtsausschusses zur GmbH-Novelle, BT-Dr. 8/3908, S. 78.
179 BGH, NJW 1980, S. 2084.
180 A. a. O.

117 Der BGH läßt aus diesem Grunde keine Änderungen in der Reihenfolge „GmbH & Co. KG“ zu. Unzulässig ist es daher, den Zusatz „GmbH & Co.“ der abgeleiteten[181] Firma „X-KG“ nachzustellen. Beispiele für unzulässige Firmen: „W & R KG-GmbH & Cie.“[182], „K & Co. GmbH & Co. KG“[183], „HM & Sohn GmbH & Co.“.[184] Laut BGH genügen diese Firmen nicht dem Grundsatz der Firmenklarheit. Sie lassen leicht den Eindruck entstehen, persönlich haftende Gesellschafterin sei nicht (oder jedenfalls nicht allein) eine GmbH, sondern auch eine Personengesellschaft (W & R KG, K & Co., HM & Sohn) und in dieser hafte mindestens eine natürliche Person mit ihrem Privatvermögen.

118 Überhaupt ist es nach der Rechtsprechung grundsätzlich unzulässig, Rechtsformzusätze aneinanderzureihen, da sie im Geschäftsverkehr Unklarheiten über die Rechtsform der Gesellschaft aufkommen lassen.[185] Auch die Trennung durch Komma oder Strich (z. B. „W & R KG-GmbH & Cie“) ändert an der Unzulässigkeit nichts.[186] Ebenso wird die Unzulässigkeit der Firma nicht dadurch beseitigt, daß zwischen beide Gesellschaften ein sachlicher Firmenbestandteil geschoben wird. Beispiel: „Johann H-GmbH Holzbau KG“.[187] Richtigerweise müssen die Bezeichnungen GmbH und KG durch einen Gesellschaftszusatz, z. B. „& Co.“, „& Cie.“, getrennt werden.

d) Abgeleitete Firma der GmbH & Co. KG

119 Auch der GmbH & Co. KG ist es grundsätzlich gestattet, eine abgeleitete Firma zu führen, wenn die Voraussetzungen gemäß §§ 22 oder 24 HGB vorliegen.[188] Die Anwendung der §§ 22, 24 HGB auf die GmbH & Co. KG wird aber durch § 19 Abs. 5 HGB insofern eingeschränkt, als auch die abgeleitete Firma der GmbH & Co. KG immer erkennen lassen muß, daß in der Gesellschaft keine natürliche Person unbeschränkt haftet.[189] Es ist also die Hinzufügung des Zusatzes „GmbH & Co.“ (oder ähnlich) erforderlich. Übernimmt z. B. die GmbH & Co. KG ein Einzelkaufmannsunternehmen „Heinrich B.“ und will sie diese Firma fortführen, dann lautet die zulässige abgeleitete Firma „Heinrich B. GmbH & Co.“.[190] Im Falle einer abgeleiteten Firma findet § 19 Abs. 2 HGB, wonach der volle Name der Komplementär-GmbH in die Firma der KG aufzunehmen ist, keine Anwendung.[191] Erwirbt eine GmbH & Co. KG ein Unternehmen in der Rechtsform einer Kommanditgesellschaft und mit der Firma „K & Co.“, dann

181 Siehe Rn. 97.
182 BGH, NJW 1979, S. 1986.
183 BGH, BB 1980, S. 1770; OLG Oldenburg, GmbHR 1990, S. 350.
184 BGH, NJW 1985, S. 737.
185 BayObLG, GmbHR 1978, S. 40.
186 BGH, NJW 1979, S. 1986.
187 BGH, NJW 1980, S. 2084.
188 Siehe Rn. 97.
189 Siehe Rn. 115.
190 BGH, NJW 1976, S. 48.
191 BGH, a. a. O.

ist die Firma „K & Co. GmbH & Co. KG“ unzulässig, weil sie den Eindruck entstehen läßt, persönlich haftende Gesellschafterin sei nicht (oder jedenfalls nicht allein) eine GmbH, sondern auch die Personengesellschaft „K & Co.“.[192]

IV Angaben auf Geschäftsbriefen

Gemäß § 177a i. V. m. § 125a HGB sind Kommanditgesellschaften, bei denen kein persönlich haftender Gesellschafter eine natürliche Person ist, verpflichtet, auf Geschäftsbriefen folgende Angaben zu machen: 120

1. Rechtsform der GmbH & Co. KG (Kommanditgesellschaft)
2. Sitz der Gesellschaft
3. Nummer, unter der die GmbH & Co. KG in das Handelsregister eingetragen ist.
4. Die Firmen aller persönlich haftenden Gesellschafter sowie deren
   a) Rechtsform
   b) Sitz
   c) zuständiges Handelsregister
   d) Handelsregisternummer
   e) Geschäftsführer mit Vor- und Familiennamen
   f) Vorsitzender eines Aufsichtsratsorgans mit Vor- und Zunamen.

V Einlagen

1 Begriff der Einlage

Unter Einlagen sind nur solche Beiträge von Gesellschaftern zu verstehen, die die Haftungsmasse der Gesellschaft vergrößern, d. h. das Aktivvermögen der Gesellschaft durch vollstreckungsrechtlich erfaßbare Güter vermehren.[193] Dieser Einlagebegriff unterscheidet sich von dem des § 4 Abs. 1 Satz 5 EStG.[194] 121

Zu unterscheiden sind Geldeinlagen und Sacheinlagen. Eine Sacheinlage liegt immer dann vor, wenn die Gesellschaft ein vermögenswertes Recht mit dinglicher Wirkung erlangt, wenn z. B. die GmbH & Co. KG Eigentum an dem vom Gesellschafter A eingebrachten Grundstück erlangt oder eine Forderung des Gesellschafters B gegen den Gläubiger D durch Abtretung erwirbt. 122

Auch die Gebrauchsüberlassung einer Sache an die Gesellschaft ist eine Einlage, wenn zugunsten der Gesellschaft ein beschränkt dingliches Recht (Dienstbarkeit, Nießbrauch u. a.) bestellt wird.[195] Ob darüber hinaus auch bloß obligatorische Nut- 123

192 BGH, BB 1980, S. 1770; s. auch Rn. 117.
193 K. Schmidt, S. 466f.
194 Dazu Ludwig Schmidt, § 4 Rn. 51ff.
195 Vgl. BGHZ 45, 338 (344); Hachenburg/Ulmer, § 5 Rn. 39; Scholz/Winter, § 5 Rn. 45.

zungsrechte einlagefähig sind, ist umstritten.[196] Es wird allgemein insoweit bejaht, als es sich um übertragbare (§ 399 BGB) Ansprüche des Einlegers gegen einen Dritten handelt, etwa aus Miet- oder Pachtvertrag.[197] Richtet sich dagegen der Anspruch auf Gebrauchsüberlassung gegen den Einleger selbst, bringt er z. B. ein ihm gehörendes Grundstück zur Nutzung ein (sog. Einbringung quoad usum), liegt keine taugliche Einlage vor.[198]

124 Bringt ein Gesellschafter ein Grundstück zur Nutzung ein und vereinbart er mit den übrigen Gesellschaftern die Zahlung einer Miete, kann eine (Geld-)Einlage durch Stehenlassen der Mieteinnahmen sukzessive erbracht werden. Das gilt ebenso, wenn ein Gesellschafter die Geschäftsführung entgeltlich erbringt und sein Geschäftsführergehalt in der Gesellschaft als Einlage stehenläßt.[199]

125 Eine Einlage liegt vor, wenn ein Gesellschafter ein Grundstück nicht nur zur Nutzung, sondern auch dem Werte nach in das Gesellschaftsvermögen einbringt (Einbringung quoad sortem). In diesem Fall bleibt zwar der einlegende Gesellschafter dinglicher Eigentümer, im Innenverhältnis sind die Gesellschafter jedoch nicht nur an den Erträgen des Grundstücks beteiligt, sondern auch an seinen Wertsteigerungen, gleichzeitig gehen die Grundstücksaufwendungen und die Wertminderungen zu Lasten aller Gesellschafter.[200] In der Bilanz steht der Gutschrift auf dem Kapitalkonto der aktivierte Anspruch der Gesellschaft gegen den Gesellschafter gegenüber, daß dieser das Grundstück zu ihrer Verfügung hält und im Auseinandersetzungsfall den Wert des Grundstücks ausgleicht.[201]

126 Einlagefähig sind auch gewerbliche Schutzrechte, wie Urheber- und Patentrechte, Geschmacks- und Gebrauchsmusterrechte.[202] Darüber hinaus sind auch sonstige gewerbliche Vermögenswerte einlagefähig. Hierzu zählen Erfindungen, Fabrikationsgeheimnisse, „Know-how“.[203] Im Zusammenhang mit der Einbringung eines ganzen Unternehmens können auch die Firma, der Kundenstamm oder der sog. goodwill eingebracht werden.[204]

2 Bewertung der Einlage

127 Die Einlagen werden bewertet und auf sog. Kapitalkonten gebucht.[205] Der Gutschrift auf dem Kapitalkonto muß ein entsprechender Aktivposten gegenüberste-

196 Vgl. Meilicke, BB 1991, S. 579ff.
197 Hachenburg/Ulmer, a. a. O.; Knobbe-Keuk, ZGR 1980, S. 214 (223); K. Schmidt, S. 468.
198 Knobbe-Keuk, ZGR 1980, S. 214 (217f.); K. Schmidt, a. a.O.; Huber, S. 192; a. A. Hachenburg/Ulmer, a. a. O. und Scholz/Winter, § 5 Rn. 46, die die Einlagefähigkeit bejahen, wenn der Gesellschaft der Besitz am Grundstück übertragen wird.
199 K. Schmidt, S. 469; Huber, S. 197.
200 BGH, DB 1965, S. 1282f.; Stellungnahme des Hauptfachausschusses des Instituts der Wirtschaftsprüfer HFA 1/197 in FN 1976, S. 41; Huber, S. 196; s. auch Rn. 180.
201 Huber, S. 197.
202 Hachenburg/Ulmer, § 5 Rn. 47; Lutter/Hammelhoff, § 5 Rn. 17.
203 Hachenburg/Ulmer, a. a. O., Rn. 56 m. w. N.; K. Schmidt, S. 470; Lutter/Hammelhoff, a. a. O.
204 Scholz/Winter, § 5 Rn. 50; Hachenburg/Ulmer, a. a. O., Rn. 52.
205 Siehe Rn. 383ff.

hen. Zu den Bewertungsmaßstäben, die für den Ausweis der Einlage in der Bilanz gelten, siehe Rn. 176ff.

Im Innenverhältnis sind die Gesellschafter weitgehend frei in der Bewertung der Einlagen. So kommt es z. B. vor, daß intern die Einlage eines neu aufgenommenen Gesellschafters unterbewertet wird, weil im Gesellschaftsvermögen nicht ausgewiesene Vermögenswerte, sog. stille Reserven, stecken, an denen der neue Gesellschafter nicht im selben Umfang wie ein alter Gesellschafter mit der nominal gleichen Einlage beteiligt sein soll. 128

Für den Kommanditisten ist zu beachten, daß seine Haftungsbefreiung gemäß § 171 Abs. 1 Halbsatz 2 HGB nur dann eintritt, wenn seine Einlage zum Zeitpunkt der Einbringung objektiv den Wert hat, der der im Handelsregister eingetragenen Haftsumme entspricht. Bleibt der tatsächliche Wert seiner Einlage unter diesem Betrag, besteht seine persönliche unmittelbare Haftung gemäß § 171 Abs. 1 Halbsatz 1 HGB in Höhe dieser Differenz weiter.[206] Bringt ein Kommanditist z. B. eine Forderung gegen einen Dritten in die Gesellschaft ein, so hängt es von der ordnungsmäßigen wirtschaftlichen Bewertung der Forderung ab, ob sie mit dem vollen oder einem geringeren Betrag auf die Haftsumme anzurechnen ist.[207] 129

3 Einlageverpflichtung der Komplementär-GmbH

Ob und wenn ja, welche Einlage die GmbH-Komplementärin in das KG-Vermögen zu erbringen hat, bestimmt der Gesellschaftsvertrag.[208] Ihre Einlage kann aus ihrem gesamten Vermögen oder einem Teil ihres Vermögens bestehen. 130

Häufig wird im Gesellschaftsvertrag vereinbart, daß die GmbH keine Kapitaleinlage zu erbringen hat. Eventuell vorhandenes Anlagevermögen der GmbH wird an die GmbH & Co. KG verpachtet bzw. vorhandene Bankguthaben werden der GmbH & Co. KG als Darlehen gewährt. 131

Ist die Komplementär-GmbH zu einer Einlage verpflichtet, besteht oft innerhalb der GmbH & Co. KG ein Interesse daran, daß die GmbH-Gesellschafter ihre Einlagen durch direkte Zahlung an die KG erbringen. Auf diese Weise soll gleichzeitig die Einlage der GmbH an die KG erbracht werden. Dies ist aus Gründen des Gläubigerschutzes nur eingeschränkt möglich.[209] Grundsätzlich gilt, daß auch hinsichtlich der Kapitalaufbringung GmbH und GmbH & Co. KG nicht als Einheit behandelt werden können. Die Kapitalausstattung der GmbH ist von ihrer Einlageverpflichtung gegenüber der KG zu unterscheiden. Gemäß § 5 Abs. 1 GmbHG muß die GmbH ein Mindeststammkapital von 50 000,– DM haben, von dem mindestens 25 000,– DM vor der Handelsregisteranmeldung eingezahlt sein müssen, § 7 Abs. 2 GmbHG. Auf jede Stammeinlage muß ein Viertel eingezahlt sein, § 7 132

206 Siehe Rn. 336.
207 BGHZ 61, 59 (71); 95, 188 (195).
208 Baumbach/Hopt, § 109 Anm. 4 B.
209 BGH, GmbHR 1986, S. 115f.; OLG Stuttgart, GmbHR 1986, S. 349 (350).

Abs. 2, § 8 Abs. 2 GmbHG.[210] Dieser nach § 7 Abs. 2, § 8 Abs. 2 GmbHG vor der Anmeldung der GmbH zu leistende Mindestbetrag der Geldeinlagen muß immer zur freien Verfügung der Geschäftsführer – also in das GmbH-Vermögen – eingezahlt werden.[211] Die Resteinlage kann ein GmbH-Gesellschafter mit befreiender Wirkung gemäß § 362 Abs. 2 BGB an die KG leisten, wennn die GmbH damit einverstanden ist und die Einlageforderung der KG gegen die GmbH vollwertig, fällig und liquide ist.[212] Vollwertig ist die Einlageforderung der KG, wenn das verbleibende Vermögen der GmbH zur vollen Befriedigung sowohl der Eigengläubiger der GmbH als auch der Gläubiger der KG, soweit deren Ansprüche das Vermögen dieser Gesellschaft übersteigen, ausreicht.[213] Maßgebend ist dabei der Zeitpunkt, in dem die Leistung auf die Einlage an die KG mit Einwilligung der GmbH erbracht wird.[214]

4 Einlageverpflichtung der Kommanditisten

a) Haftsumme

aa) Allgemeines

133 Ein Wesensmerkmal der Kommanditgesellschaft ist, daß die Haftung der Kommanditisten auf den Betrag ihrer Einlage beschränkt ist. Der Betrag dieser Einlage ist beim Handelsregister anzumelden. An diese im Handelsregister eingetragene Einlage knüpft die Haftung des Kommanditisten an (Haftsumme). Gemäß § 171 Abs. 1 HGB haftet der Kommanditist den Gesellschaftsgläubigern bis zur Höhe dieses Betrages persönlich mit seinem Vermögen. Hat der Kommanditist eine Einlage in Höhe der Haftsumme in das Vermögen der KG geleistet, ist diese unmittelbare persönliche Haftung des Kommanditisten ausgeschlossen. Da also die Leistung seiner Einlage für den Kommanditisten von haftungsrechtlicher Bedeutung ist, ist es gerade hier entscheidend, ob sie die für eine Qualifizierung als Einlage erforderlichen Voraussetzungen erfüllt und vollwertig zum Einbringungszeitpunkt ist.[215] Denn nur dann tritt die haftungsbefreiende Wirkung gemäß § 171 Abs. 1 Halbsatz 2 HGB ein.[216]

---

210 Siehe Rn. 50.
211 BGH, a. a. O.; OLG Stuttgart, a. a. O.
212 BGH, a. a. O.; OLG Stuttgart, a. a. O.
213 BGH, a. a. O.; OLG Stuttgart, a. a. O.
214 BGH, a. a. O.; OLG Stuttgart, a. a. O.
215 Siehe Rn. 336.
216 Siehe Rn. 334.

bb) Einlage durch Aufrechnung

Nach der Rechtsprechung kann ein Kommanditist, der gleichzeitig Gläubiger der Gesellschaft ist, seine Einlage mit haftungsbefreiender Wirkung auch dadurch erbringen, daß er eine Forderung, die er gegen die Gesellschaft hat, gegen die Einlageforderung der Gesellschaft aufrechnet.[217] Denn durch die Aufrechnung wird das Gesellschaftsvermögen vermehrt, da die Gesellschaft von einer Verbindlichkeit befreit wird.[218] Ist die Forderung, die der Kommanditist gegen die KG hat, im Hinblick auf die wirtschaftliche Lage der Gesellschaft nicht mehr vollwertig, wird der Kommanditist durch die Aufrechnung nur in Höhe des objektiven Wertes seiner Forderung von seiner unmittelbaren Haftung gegenüber Gesellschaftsgläubigern frei.[219] 134

cc) Einlage durch Einbringung von Anteilen der Komplementär-GmbH

Erbringt ein Kommanditist, der gleichzeitig Gesellschafter der Komplementär-GmbH ist, seine Einlage dadurch, daß er GmbH-Anteile einbringt, gilt die Einlage Gesellschaftsgläubigern gegenüber als nicht geleistet, § 172 Abs. 6 HGB. Die persönliche unmittelbare Haftung des Kommanditisten § 171 Abs. 1 Halbsatz 1 HGB bleibt in diesem Fall bestehen.[220] § 172 Abs. 6 HGB ist eine Sonderregelung für die typische GmbH & Co. KG, bei der keine natürliche Person persönlich haftender Gesellschafter ist, denn grundsätzlich kann ein Kommanditist seine Einlage mit der haftungsbefreienden Wirkung gemäß § 171 Abs. 1 Halbsatz 2 HGB dadurch erbringen, daß er der KG GmbH-Anteile überträgt. Sinn und Zweck des § 172 Abs. 6 HGB ist, daß den Gläubigern einer GmbH & Co. KG wie bei einer „normalen" KG zwei Haftungsmassen zur Verfügung stehen sollen, nämlich das Vermögen der GmbH und die beschränkte Haftung der Kommanditisten. Könnten die Geschäftsanteile an der GmbH als Kommanditeinlagen befreiend geleistet werden, würde das Vermögen der GmbH gleichzeitig als Haftungsmasse der Komplementärin und als Haftungsmasse der Kommanditisten dienen. Den Gläubigern stünde in diesem Fall nur eine Haftungsmasse zur Verfügung.[221] 135

b) Pflichteinlage

Von der oben dargestellten Hafteinlage oder Haftsumme ist die Pflichteinlage des Kommanditisten zu unterscheiden. Pflichteinlage ist die Einlage, zu der sich der Kommanditist den übrigen Gesellschaftern gegenüber verpflichtet hat. Diese Einlage ist von der GmbH & Co. KG in ihrer Bilanz auszuweisen. [222] 136

217 BGHZ 51, 391; 95, 188.
218 BGHZ 51, 391 (394); 95, 188 (197).
219 BGHZ 95, 188 (197).
220 Siehe Rn. 337.
221 Baumbach/Hopt, § 172 Anm. 2.
222 Siehe Rn. 383ff., 493.

137 Pflichteinlage und Haftsumme können voneinander abweichen. Die Gesellschafter können einen Kommanditisten von seiner Einlagepflicht freistellen, sie können ihn auch zu einer höheren Einlage verpflichten als die, die zum Handelsregister angemeldet wird. Übersteigt die Pflichteinlage die Haftsumme, kann der Differenzbetrag ohne Haftungsfolgen entnommen oder zu einer Haftsummenerhöhung verwendet werden.[223] In der Regel stimmen die Pflichteinlage und die Haftsumme überein. Wird im Gesellschaftsvertrag nur die Höhe der Pflichteinlage bestimmt, so gilt im Zweifel, daß die Haftsumme in gleicher Höhe bestehen soll.[224]

c) Stammeinlage bei der Komplementär-GmbH

138 Ist ein Kommanditist gleichzeitig Gesellschafter der Komplementär-GmbH[225], kann er seine als Bareinlage zu erbringende Stammeinlage bei der Komplementär-GmbH auch dadurch erbringen, daß die KG aus einem Guthaben dieses Kommanditisten die entsprechenden Beträge an die GmbH überweist. Es liegt aber keine Erfüllung der Stammeinlageverpflichtung vor, wennn die KG die Überweisung unter der Voraussetzung tätigt, daß die Beträge – vereinbarungsgemäß – am gleichen Tag und in voller Höhe an die KG zum Zweck der Darlehensgewährung zurücküberwiesen werden und die Rücküberweisung tatsächlich erfolgt.[226] Denn in diesem Fall ist die eingezahlte Summe nicht zur freien Verfügung der Geschäftsführung in die Gesellschaft gelangt, vgl. § 8 Abs. 2 GmbHG.
Ein Kommanditist, der gleichzeitig Gesellschafter der Komplementär-GmbH ist, kann seine Bareinlageverpflichtung gegenüber der GmbH auch nicht dadurch erfüllen, daß er einen Teil seines auf dem Darlehenskonto der KG gebuchten Darlehensrückforderungsanspruchs auf das „Verrechnungskonto GmbH" der KG umbucht. Durch diese Umbuchung tritt der Kommanditist zwar seinen Darlehensrückforderungsanspruch an die GmbH ab. Die Einbringung einer Forderung gegen Dritte ist aber eine Sacheinlage, die nur zulässig ist, soweit sie in der Form des § 5 GmbHG im Gesellschaftsvertrag der GmbH vorgesehen ist.[227]

---

223 BGHZ 84, 383 (387); Schlegelberger/K. Schmidt, §§ 171, 172 Rn. 78; zur „gesplitteten Pflichteinlage" s. Rn. 698ff.
224 BGH, NJW 1977, S. 1820 (1821); K. Schmidt, S. 1294; Schilling in Großkomm., § 171 Rn. 5.
225 Siehe Rn. 17 ff.
226 OLG Koblenz, BB 1989, S. 451.
227 OLG Hamm, GmbHR 1989, S. 162.

C Gründung und Kapitalerhöhung der GmbH & Co. KG – Steuerrechtlicher Teil

I Gründungsbesteuerung

1 Einkommen- und Körperschaftsteuer

a) Vorgesellschaften, Gründungsgesellschaften

Während der Zeit vor Abschluß des KG-Gesellschaftsvertrages bzw. vor Feststellung der GmbH-Satzung besteht die sog. **Vorgesellschaft oder Vorgründungsgesellschaft**. Sie ist wie eine BGB-Gesellschaft oder eine OHG zu behandeln, so daß § 15 Abs. 1 Nr. 2 EStG anzuwenden ist, sofern sie nach Gründungsbeschluß ein Grundhandelsgewerbe betreibt, d. h. gewerbliche Tätigkeit ausübt. Werden aus dieser gewerblichen Tätigkeit Gewinne oder Verluste erzielt, so sind diese gem. § 15 EStG den (handelnden) Gesellschaftern zuzurechnen; eine vertragliche Übernahme der Gewinne oder Verluste auf die Komplementär-GmbH oder die Kommanditgesellschaft ist u. E. nicht möglich. Liegt keine gewerbliche Betätigung vor, so können die bereits in diesem Stadium der Gründung angefallenen Gründungskosten – z. B. anwaltliche Beratung – (Betriebs-)Ausgaben der Komplementär-GmbH oder der KG sein. 139

Durch die Feststellung der GmbH-Satzung, die der notariellen Form bedarf (§ 2 GmbH), entsteht eine sog. Vor-GmbH.[228] 140
Für den Regelfall wird die KG die wirtschaftliche Tätigkeit übernehmen, während sich die Komplementär-GmbH auf Geschäftsführungs- und Vertretungsaufgaben beschränkt. Mit Abschluß des KG-Gesellschaftsvertrages kann eine BGB-Gesellschaft, eine OHG oder sofort eine KG entstehen; dies ist abhängig von der gesellschaftlichen Tätigkeit.[229]

Nach dem BFH-Urteil vom 5. 12. 1956[230] ist die Gründungsgesellschaft kein von der künftigen Gesellschaft zu trennendes selbständiges Gebilde, sondern nur eine rechtliche Erscheinungsform derselben Gesellschaft. 141

Zweifel können sich dann ergeben, wenn es zur Eintragung nicht kommt, die Gründungsgesellschaft (Vor-GmbH) also wieder aufgelöst wird. Nach dem Urteil des BFH vom 6. 5. 1952[231] ist ein etwaiger Gewinn, sofern es nicht zur Eintragung der Gesellschaft kommt, bei den Gesellschaftern zu erfassen. 142

228 Zu den zivilrechtlichen Grundlagen s. Rn. 52ff.
229 Zu den zivilrechtlichen Grundlagen s. Rn. 74ff.
230 II 71/56 U, BStBl III 1957 S. 78 (zur GrESt).
231 I 8/52 U, BStBl III S. 172.

b) Komplementär-GmbH

143 Körperschaftsteuerliche Konsequenzen entstehen durch die Gründung der GmbH nicht unmittelbar. Die den gesellschaftsvertraglichen Vereinbarungen entsprechenden Einlagen der Gesellschafter sind steuerneutral. Entsprechendes gilt auch, wenn ein Aufgeld *(Agio)* erhoben wird. Diese Vermögensmehrung stellt eine Einlage dar (sog. EK 04).

144 Aufwendungen, die im Vorbereitungs- und Gründungsstadium der GmbH selbst entstehen, sind als Betriebsausgaben bei der Körperschaftsteuerveranlagung zu berücksichtigen. Hierzu gehört z. B. die 1%ige Gesellschaftsteuer auf die eingezahlten Gesellschaftereinlagen. Die Kosten der Gründung, die der die Geschäfte der GmbH & Co. KG führenden GmbH entstehen, entstehen im Bereich der GmbH und können nicht bei der einheitlichen Gewinnfeststellung der KG berücksichtigt werden. Das folgt aus den Grundsätzen, die für die ertragsteuerliche Behandlung der GmbH & Co. KG gelten. Diese beruhen auf der Anerkennung der GmbH & Co. KG als Personengesellschaft und der GmbH als eigenständiger juristischer Person. Unbeschadet der Tatsache, daß die GmbH im Dienst der KG steht, müssen alle steuerlichen Folgerungen aus der gewählten zivilrechtlichen Gestaltung gezogen werden.[232]

c) Kommanditgesellschaft

145 Auch bei der Gründung der KG ergeben sich unmittelbar keine ertragsteuerlichen Konsequenzen; Besonderheiten bestehen nur bei nachstehend behandelten Themenkreisen.

aa) Gesellschaftsteuer als Betriebsausgabe

146 Der Erwerb der Anteile der Kommanditisten an einer GmbH & Co. KG unterlag bis zum 31. 12. 1991 der Gesellschaftsteuer; Steuerschuldner war die Kommanditgesellschaft (§ 10 Nr. 1 KVStG), so daß nur dort der Abzug der KVSt als Betriebsausgaben in Betracht kam.

bb) Vermittlungsprovisionen für die Eigenkapitalbeschaffung

147 Für eine **gewerblich tätige Personengesellschaft** hat der BFH mit Urteil vom 23. 10. 1986[233] folgende Grundsätze aufgestellt:

(1) Provisionen, die eine KG für die Vermittlung des Eintritts von Kommanditisten schuldet, sind auch dann Betriebsausgaben der KG, wenn den Kommanditisten die Entrichtung dieser Provisionen bekannt ist.

(2) Eine mit dem Beitritt des Kommanditisten entstandene Provisionsverpflichtung kann bei der Berechnung seines Verlustanteils berücksichtigt werden.

232 Vgl. BFHE 93, 85.
233 BFH, BB 1987, S. 179.

In der Urteilsbegründung hat der BFH hervorgehoben, daß die Einkünfte aus der Beteiligung an einer gewerblich tätigen Personengesellschaft in der Weise zu bestimmen sind, daß ihr aus der Handelsbilanz abgeleiteter Gewinn auf die Gesellschafter verteilt wird. Dies rechtfertigt es – ungeachtet der zivilrechtlich nach wie vor offenen Frage der Zurechnung des Gesamthandsvermögens –, der Personengesellschaft für die Zwecke der Gewinnermittlung eine eigene Identität zu verleihen, so daß die von ihr aufgewendeten Vermittlungsprovisionen nicht als Anschaffungskosten der Gesellschafter für ihren Anteil am Betriebsvermögen, sondern als eigene Ausgaben der Gesellschaft für die Beschaffung von Eigenkapital anzusehen sind; da ihnen kein aktivierbares Wirtschaftsgut gegenübersteht, bilden sie abzugsfähige Betriebsausgaben. Bei den hiernach der Personengesellschaft zuzurechnenden Vermittlungsprovisionen handelt es sich um die Kosten für die Beschaffung von Eigenkapital, die nach § 248 Abs. 1 HGB[234] bei Unternehmen jeder Rechtsform nicht aktiviert werden dürfen.
Der BFH führt weiter aus: „Daß Publikumskommanditgesellschaften zur Einwerbung von Kommanditeinlagen Provisionen an Unternehmen zahlen, die sich mit dem Vertrieb derartiger Kapitalanlagen befassen, ist weithin bekannt. Diese Kenntnis allein kann … nicht bewirken, daß der Provisionsabzug nur für diejenigen Kommanditisten bzw. Treugeber ausgeschlossen ist, die über die erwähnten Kenntnisse verfügen."

Aus Pkt. 7.1 des 4. Bauherrenerlasses ergibt sich, daß der Abzug der Eigenkapital- 148
vermittlungsprovision begrenzt ist. Der Bundesminister der Finanzen bemerkt dazu: „Provisionen, die die Fondsgesellschaft für die Vermittlung des Eintritts von Gesellschaftern zahlt, sind in der Regel Werbungskosten (BFH-Urteil vom 24. 2. 1987, BStBl II S. 810). Bemessungsgrundlage ist das jeweils vermittelte Eigenkapital. Hierzu gehören neben der Einlage des Gesellschafters auch ein an die Gesellschaft zu leistendes Agio sowie ein Gesellschafterdarlehen, wenn es eigenkapitalähnlichen Charakter hat. Das ist grundsätzlich der Fall, wenn das Darlehen derselben zeitlichen Bindung wie die Gesellschaftereinlage unterliegt und zur Erreichung des Gesellschaftszwecks notwendig ist. Ist bei Refinanzierung der Einlage oder des Gesellschafterdarlehens das Refinanzierungsdarlehen durch Gesellschaftsvermögen gesichert, gehören die Beträge nur zum Eigenkapital, soweit das Refinanzierungsdarlehen gleichzeitig durch Vermögen des Gesellschafters tatsächlich gesichert ist. Provisionen von bis zu insgesamt höchstens 6 v. H. des vermittelten Eigenkapitals können den Werbungskosten zugerechnet werden. Damit sind sämtliche Vertriebsleistungen Dritter, die auf die Werbung von Gesellschaftern gerichtet und nicht den Anschaffungs- oder Herstellungskosten zuzurechnen sind, abgegolten. Hierzu gehören insbesondere die Aufwendungen für die Prospekterstellung, Prospektprüfung und Übernahme der Prospekthaftung, für den Außenvertrieb, für Werbung und für Marketing."[235]

---

234 In der Fassung des BiRiLiG vom 19. 12. 1985 (BGBl. S. 2355).
235 BdF-Schreiben vom 31. 8. 1990, IV B 3-5, 2253a – 48/80, BStBl I S. 366.

149 Der Abzug der Provisionsaufwendungen als Betriebsausgabe ist auch dann zu versagen, wenn tatsächlich festgestellt wird, daß die Kommanditgesellschaft die Provisionen mit Wissen und Wollen der Anleger als durchlaufenden Posten (§ 4 Abs. 3 Satz 2 EStG) jeweils aus dem eingehenden Eigenkapital für ihre Rechnung zu entrichten hat, so daß sich die Einlage in Wahrheit auf den nach Abzug der Provisionszahlungen verbleibenden Nettobetrag beschränkt.

150 Im Beschluß vom 19. 8. 1986[236] nimmt der BFH zu der Frage Stellung, wie Beitrittsprovisionen zu behandeln sind, die durch eine auf Erzielung von **Einkünften aus Vermietung und Verpachtung** gerichtete Bruchteilsgemeinschaft oder Personengesellschaft zu erbringen sind. Im Bereich der Einkünfte aus Vermietung und Verpachtung einer **vermögensverwaltenden** KG gilt – so der BFH –, daß ein Überschuß der Werbungskosten über die Einnahmen jeweils nur den Personen zugerechnet werden kann, die im Zeitpunkt des Zuflusses der Einnahmen bzw. des Abflusses von Ausgaben nach einkommensteuerrechtlichen Grundsätzen Gesellschafter waren. Im Bereich der Überschußeinkünfte wird der Tatbestand der Einkünfteerzielung durch den Zufluß der Einnahmen und den Abfluß der Werbungskosten verwirklicht. Der Überschuß von Einnahmen oder Werbungskosten kann daher grundsätzlich nur den Personen zugerechnet werden, bei denen die Einnahmen zu- und die Ausgaben abgeflossen sind. Bei Verwirklichung des Tatbestandes dieser Einkunftsarten durch Gesellschafter in Form einer Gesamthand sind das die Personen, die Gesellschafter in dem Zeitpunkt sind, in dem die Einnahmen und Ausgaben bei der Personengesellschaft zufließen oder abfließen.

cc) Aufgeld (Agio) der Kommanditisten

151 Bei den sog. „Abschreibungsgesellschaften“ ist es üblich geworden, daß die Kommanditisten nicht nur den gezeichneten Kommanditanteil bezahlen, sondern darüber hinaus noch ein normalerweise in festen Vom-Hundert-Sätzen vereinbartes Aufgeld erbringen müssen, das lt. Gesellschaftsvertrag zur Abdeckung der Kosten für die Kommanditistenwerbung Verwendung finden soll.

152 Es ist festzustellen, daß – gleichviel wie dieses Aufgeld auch immer bezeichnet wird, ob als Agio, Vermittlungsprovision, Auslagenersatz – diese Beträge bei den Kommanditisten stets zu den Anschaffungskosten ihrer Beteiligung gehören. Dabei ist es unerheblich, ob die Beteiligung zu einem Betriebsvermögen oder einem Privatvermögen gehört. Die häufig in den Werbeprospekten der Gesellschaften zu lesende Mitteilung an die Kommanditisten, daß diese Aufgelder als Sonderbetriebsausgaben bei der einheitlichen Gewinnfeststellung abzugsfähig seien, ist damit nicht zutreffend. Würde man ihr folgen, so könnte in krassen Fällen das notwendige Gesellschaftskapital aufgebracht werden, indem nur ein gering gehaltener Betrag als Einlage, ein weitaus größerer Betrag jedoch als Aufgeld deklariert

236 IX S 5/83, BStBl II 1987 S. 212.

wird, der für die Kommanditisten noch im selben Jahr einkommensmindernd wirken würde.

153 Bei der GmbH & Co. KG selbst setzt sich das „Kapitalkonto“ des Kommanditisten aus seinem Anteil am Gesellschaftsvermögen und seinem Sonderbetriebsvermögen zusammen. Der Anteil am Gesellschaftsvermögen umfaßt die Einlage in das Gesellschaftsvermögen; das Agio rechnet zum sog. Sonderbetriebsvermögen und ist als solches in den steuerlichen Betriebsvermögensvergleich der Gesellschaft mit einzubeziehen.

154 Entstehen der GmbH & Co. KG durch die Werbung der Kommanditisten Aufwendungen – z. B. Maklerkosten –, so sind diese nicht mit dem Agio zu verrechnen, da diese Handhabung dessen Kapitalcharakter widerspricht. Die Aufwendungen sind Betriebsausgabe der Gesellschaft.

dd) Treugeberkommanditist, Abschichtungsbilanz

155 Bei Publikums-GmbH & Co. KGen, sog. Anlagegesellschaften, tritt häufig die Frage auf, ob eine Gewinn- bzw. Verlustrechnung steuerrechtlich auch anerkannt wird, wenn Gesellschafter (Treugeberkommanditisten) nicht zum selben Zeitpunkt der Gesellschaft beitreten, sondern über einen längeren Zeitraum verteilt. Streitig ist hierbei, ob der neu eintretende Gesellschafter auch mit steuerrechtlicher Wirkung an dem bis zu seinem Beitritt erwirtschafteten Ergebnis beteiligt werden kann. Handelsrechtlich richtet sich die Ergebnisverteilung zwischen Gesellschaftern einer Personengesellschaft grundsätzlich nach den zwischen ihnen getroffenen Vereinbarungen, andernfalls nach den dispositiven Vorschriften der §§ 121 und 168 HGB. Daher kommt Sommer[237] zu folgendem Ergebnis:
„1. Werden keine besonderen Vereinbarungen getroffen, ist der im Laufe eines Geschäftsjahres eintretende Gesellschafter kraft Gesetzes zivilrechtlich am Ergebnis des gesamten Geschäftsjahres beteiligt. 2. Vereinbarungen über die Beteiligung eines neu eintretenden Gesellschafters am gesamten Ergebnis des laufenden Geschäftsjahres sind grundsätzlich auch steuerrechtlich zu beachten. 3. Auffassungen, die die steuerrechtliche Wirksamkeit von Vereinbarungen über die Beteiligung des eintretenden Gesellschafters am Ergebnis des gesamten Geschäftsjahres bestreiten, sind abzulehnen, da sie u. a. zu unerträglichen Divergenzen zwischen der steuerrechtlichen und der gesellschaftsrechtlichen Gewinnverteilung führen. 4. Die Beteiligung eines im Laufe eines Geschäftsjahres eintretenden Gesellschafters am Ergebnis des gesamten Geschäftsjahres erfüllt nicht den Tatbestand des steuerrechtlichen Rückwirkungsverbotes.“

156 Dieser Literaturauffassung steht die BFH-Rechtsprechung entgegen. Nach dem Urteil des BFH vom 7. 7. 1983[238] ist es bei einer gewerblich tätigen Personengesellschaft steuerrechtlich nicht möglich, beim Eintritt eines weiteren Gesellschaf-

237 A. a. O., BB 1987, S. 313.
238 IV R 209/80, BStBl II 1984 S. 53.

ters in die Personengesellschaft während des Wirtschaftsjahres den bis zum Eintrittszeitpunkt entstandenen (d. h. durch die Geschäftsvorfälle bis zu diesem Zeitpunkt verwirklichten) Gewinn oder Verlust durch eine schuldrechtliche Rückbeziehung der Eintrittsvereinbarung als laufenden Gewinn oder Verlust einkommensteuerrechtlich von den bisherigen Gesellschaftern ganz oder teilweise auf den neu eintretenden Gesellschafter zu verlagern. Nach herrschender steuerlicher Auffassung darf dem Gesellschafter einer **gewerblich tätigen KG** nur ein Anteil an dem seit dem Zeitpunkt seines Beitritts erwirtschafteten Verlust zugerechnet werden. Dieses bedeutet, daß die steuerlichen Ergebnisse (Verluste) getrennt für die Gesellschaftergruppen, die zu denselben Stichtagen beigetreten sind, ermittelt („abgeschichtet") werden müssen. In der Praxis werden Gesellschafter, die innerhalb eines Quartals beitreten, aus Vereinfachungsgründen als einheitliche Gruppe zusammengefaßt. Grundlage für die Verfahrensweise ist das BFH-Urteil vom 7. 7. 1983.[239] Zu Abschichtungsfragen bei rein **vermögensverwaltend tätigen KGen** hat sich der BFH in dem schon unter vorstehender Rn. 150 zitierten BFH-Beschluß vom 19. 8. 1986 dahingehend geäußert, daß ein Überschuß der Werbungskosten über die Einnahmen jeweils nur den Personen zugerechnet werden könne, die im Zeitpunkt des Zu-/Abflusses von Einnahmen/Ausgaben nach einkommensteuerrechtlichen Grundsätzen Gesellschafter waren. Wegen des strengen Zu- und Abflußprinzips dürfe dabei nicht auf die Entscheidung der einzelnen Geschäftsvorfälle abgestellt werden.

157 Die BFH-Rechtsprechung zur „Abschichtung" gilt nicht, wennn eine Gewinn- oder Verlustverteilungsabrede dahin geht, daß **künftige Verluste** einer KG für eine begrenzte Zeit nicht auf alle Gesellschafter zu verteilen sind, sondern nur auf bestimmte Gesellschafter, insbesondere auf Kommanditisten, die ihre Kommanditeinlage erhöht haben. Das gleiche gilt auch, wenn eine Gewinn- und Verlustverteilungsabrede dahin geht, daß künftige Verluste einer KG für eine begrenzte Zeit nicht auf alle Gesellschafter zu verteilen sind, sondern nur auf neueintretende, denn es kann keinen Unterschied machen, ob einer KG zusätzliches Kapital durch Einlageerhöhung bereits vorhandener Kommanditisten oder durch Neuaufnahmne von Kommanditisten zugeführt wird. Daher hat der VIII. Senat des BFH die Gleichstellung neu eintretender Gesellschafter bei der Gewinnbeteiligung mit Urteil vom 17. 3. 1987[240] bejaht und folgenden Grundsatz aufgestellt: „Wird bei der Gründung einer KG vereinbart, daß für die ersten beiden Geschäftsjahre die Gewinn- und Verlustverteilung in der Weise erfolgen soll, daß sämtliche in diesen beiden Geschäftsjahren eintretenden Kommanditisten gleichzustellen sind, und erhalten demzufolge die erst im zweiten Geschäftsjahr der KG beigetretenen Kommanditisten einen höheren Anteil am Verlust der KG als die bereits im ersten Geschäftsjahr beigetretenen, so ist dies steuerlich anzuerkennen, wenn eine solche

239 Ebenda.
240 VIII R 293/82, BB, S. 1234.

Gewinn- und Verlustverteilungsabrede betrieblich veranlaßt ist und der nach dem Beitritt eines jeden Kommanditisten im Geschäftsjahr erwirtschaftete Verlust hoch genug ist, um die diesen Kommanditisten zugerechneten Verlustanteile abzudecken."

2 Umsatzsteuer

Bei der Gründung der GmbH & Co. treten umsatzsteuerbare Tatbestände in verschiedener Hinsicht auf. Unkompliziert ist der Fall der reinen Bargründung, sowohl der GmbH als auch der KG. Werden Gesellschaftsrechte, gleichgültig, ob an einer GmbH oder einer KG, gegen Barzahlung erworben, so handelt es sich um einen umsatzsteuerbaren Leistungsaustausch zwischen den Gesellschaften und den Gesellschaftern. Diese Umsätze sind als Umsätze von Anteilen an Gesellschaften nach § 4 Nr. 8 UStG umsatzsteuerfrei. 158

Wird eine GmbH & Co. teilweise durch Sacheinlage der Kommanditisten, zum anderen durch die Bareinlage der GmbH gegründet, so haben die Einleger, soweit sie selbst Unternehmer sind, der KG für die eingebrachten Gegenstände Umsatzsteuer in Rechnung zu stellen, soweit nicht die Befreiungsvorschrift des § 4 Nr. 8 UStG eingreift (z. B. bei Einlagen in Form von Wertpapieren oder Gesellschaftsanteilen). Ist die GmbH & Co. mit den geplanten Umsätzen steuerpflichtig, so kann sie den von dem Unternehmer in Rechnung gestellten Umsatzsteuerbetrag als Vorsteuer abziehen (§ 15 Abs. 1 UStG). 159

Die Bareinlage der Komplementär-GmbH löst gemäß § 4 Nr. 8 UStG keine Steuerpflicht aus. Für eine Einlage von Gegenständen muß die GmbH jedoch Umsatzsteuer in Rechnung stellen, die allerdings seitens der KG als Vorsteuer abzugsfähig wäre.[241] 160

Von Bedeutung ist die Vorschrift des § 4 Nr. 8 UStG bei einer GmbH & Co. KG, die als Publikums- oder Massengesellschaft auf die Mitgliedschaft einer Vielzahl rein kapitalistisch beteiligter Gesellschafter angelegt ist. Da die Ausgabe der Kommanditanteile ein nach § 4 Nr. 8 UStG steuerfreier Umsatz ist, sind Umsatzsteuern, die der KG für die Zuführung neuer Kommanditisten von anderen Unternehmern – z. B. Anlageberatern, Kapitalvermittlern – gesondert in Rechnung gestellt worden sind, vom Vorsteuerabzug ausgeschlossen.[242] Diese Grundsätze sind auch auf den Fall übertragbar, daß die Publikums-KG in der Weise gestaltet wird, daß an die Stelle einer Vielzahl von Kommanditisten ein Treuhandkommanditist tritt, der den Treugebern die Kommanditistenstellung vermittelt.[243] Gewähren die An- 161

241 So auch: Was bringt das UStG 1980 Neues für die GmbH und GmbH & Co. KG?, GmbHR 1980, S. 23.
242 Siehe BFH-Urteile vom 18.12. 1975, V R 131/73, BStBl II 1976 S. 265, vom 20. 5. 1976, V R 122/73. UStR 1976, S. 187 sowie vom 16. 7. 1987, V R 147/79, BFH-NV 1988, S. 196.
243 So BFH im Urteil vom 29. 1. 1988, X R 7/81, DB 1988, S. 1046.

leger der Publikums-GmbH & Co. KG auch Darlehen, können die für die Darlehensvermittlung in Rechnung gestellten Steuern ganz oder teilweise der steuerfreien Anteilsvermittlung zuzurechnen sein. [244]

3 Kapitalverkehrsteuer

Durch Art. 4 des Gesetzes zur Verbesserung der Rahmenbedingungen der Finanzmärkte (Finanzmarktförderungsgesetz) vom 22. 2. 1990 (BGBl. I S. 266) wurden zum 1. 1. 1991 die ***Börsenumsatzsteuer*** *und zum 1. 1. 1992 die* ***Gesellschaftsteuer*** *und die Wechselsteuer abgeschafft. Für die Abwicklung von Steuerfällen, für die die Steueransprüche vor dem jeweiligen Stichtag der Aufhebung entstanden sind, gelten alle bisher maßgebenden Vorschriften insbesondere zu Fragen der Festsetzung, der Erhebung und der Haftung weiter. Zudem müssen noch die notwendigen Außenprüfungen durchgeführt werden. Aus Gründen der Rechtssicherheit legen besondere Regelungen einen spätesten Beginn der Festsetzungsfristen mit Ablauf der Kalenderjahre 1991 bzw. 1992 fest. Nachstehende Ausführungen sind also nur noch für „Alt-Fälle" von Bedeutung und verlieren Ende 1996 vollends ihre Bedeutung.*[245]

a) Komplementär-GmbH

162 Nach § 2 Abs. 1 Nr. 1 KVStG wird der Ersterwerb von Gesellschaftsrechten besteuert; der Steuersatz beträgt 1 v. H.

Zwar erwerben die Gesellschafter mit Eintragung der GmbH in das Handelsregister Geschäftsanteile und damit Gesellschaftsrechte, die Gesellschaftsteuer wird jedoch erst bei Einzahlung der Gesellschaftsanteile erhoben.[246] Bemessungsgrundlage ist der Wert der Gegenleistung (Barzahlung oder Sacheinlage). Bei Sacheinlagen in Form von Wertpapieren wird zudem Börsenumsatzsteuer (i. d. R. 2,5 %) erhoben.

b) Kommanditgesellschaft

163 Da der Kapitalverkehrsteuer (Gesellschaftsteuer) nur Kapitalgesellschaften unterliegen, löst die Gründung einer Personengesellschaft keine Kapitalverkehrsteuer aus. Abweichendes gilt, wenn sich an der Gründung einer KG eine GmbH (oder AG) beteiligt und somit eine GmbH & Co. (AG & Co.) entsteht. Diese Gesellschaft ist zwar handelsrechtlich eine Personengesellschaft, gemäß § 5 Abs. 2

---

244 So BFH im vorgenannten Urteil vom 29. 1. 1988. Im Urteilsfall ließ es der BFH dahingestellt bleiben, ob in der Einräumung typischer stiller Beteiligungen steuerbar – steuerfreie Umsätze gemäß § 4 Nr. 8 UStG (Umsätze von Anteilen an Gesellschaften) zu sehen sind.

245 Siehe DB 1990, S. 2548.

246 Bei ratenweiser Einzahlung werden die Erstzahlung nach § 2 Abs. 1 Nr. 1 KVStG, die weiteren (Rest-)Zahlungen nach § 2 Abs. 1 Nr. 2 KVStG besteuert.

KVStG gelten jedoch auch Kapitalgesellschaften & Co. KG (GmbH & Co. KG, AG & Co.) als Kapitalgesellschaften i. S. des Kapitalverkehrsteuergesetzes.

Gemäß § 6 Abs. 1 Nr. 1 KVStG sind als Gesellschaftsrechte an Kapitalgesell- 164
schaften neben Aktien, Kuxen auch sonstige Anteile, mit Ausnahme der Anteile der Komplementärkapitalgesellschaft einer Kommanditgesellschaft, anzusehen. Somit sind die Anteile der Kommanditisten an einer Kommanditgesellschaft, zu deren persönlich haftenden Gesellschaftern eine Kapitalgesellschaft oder eine Kapitalgesellschaft & Co. KG gehört, Gesellschaftsrechte an Kapitalgesellschaften. Dagegen sind die Anteile der persönlich haftenden Gesellschaft an der nach § 5 Abs. 2 Nr. 3 KVStG als Kapitalgesellschaft geltenden Kommanditgesellschaft keine Gesellschaftsrechte. Durch diese Regelung wird verhindert, daß die Anteile der persönlich haftenden Kapitalgesellschaft (Komplementärkapitalgesellschaft) zweimal von der Gesellschaftsteuer erfaßt werden. In den Fällen, in denen neben der Kapitalgesellschaft auch natürliche Personen unbeschränkt haften, bleiben ihre Anteile gesellschaftsteuerfrei (Begründung zum Regierungsentwurf vom 26. 10. 1971, BT-Dr. VI/2769, besonderer Teil zu Artikel 1 Nr. 4).

Das Tatbestandsmerkmal, daß zu den persönlich haftenden Gesellschaftern einer 165
KG eine Kapitalgesellschaft gehört, wird nach dem BFH-Urteil vom 8. 8. 1979[247] nicht dadurch ersetzt, daß eine natürliche Person als persönlich haftender Gesellschafter dieser KG Treuhänder einer Kapitalgesellschaft ist.

Die Gesellschaftsteuerpflicht ist auch dann gegeben, wenn neben einer Kapitalgesellschaft eine natürliche Person Komplementär einer Kommanditgesellschaft ist.[248]

Aus dem BFH-Urteil vom 8. 10. 1971[249] ergibt sich, daß die Gesellschaftsteuer 166
auch dann entsteht, wenn eine GmbH als Komplementärin in eine bestehende KG eintritt und die GmbH keine Einlage leistet und am Gewinn nicht beteiligt ist und wenn neben ihr noch natürliche Personen Komplementäre der KG sind. Der BFH betont ausdrücklich, daß in derartigen Fällen die Gesellschaftsteuer nicht aus dem Nennwert der Kommanditanteile, sondern aus dem Wert der Gesellschaftsrechte zu berechnen ist (§ 8 Nr. 1 b KVStG), da die Kommanditisten beim Eintreten der GmbH keine Gegenleistung zu bewirken haben.
Der Wert der Gesellschaftsrechte kann in modifizierter Anwendung des Stuttgarter Verfahrens (Abschn. 4ff. VStR) ermittelt werden.[250]

Die Gesellschaftsteuer kann auch nicht dadurch vermieden werden, daß an der 167
deutschen KG eine ausländische Kapitalgesellschaft als Komplementär beteiligt

247 II R 99/78, BB 1980, S. 143.
248 Vgl. BVerfG-Urteil vom 2. 10. 1968, 1 BvF 3/65, BStBl II S. 762 (Abschn. B II 2 b der Urteilsbegründung und BFH-Beschluß vom 11. 5. 1971, II B 1/71; FR 1971, S. 328b zur BFHE 102, 133).
249 II R 27/71, BB 1972, S. 220.
250 Siehe BFH-Urteil vom 22. 7. 1987, I R 74/85, BStBl II S. 823.

168 Tritt eine Kapitalgesellschaft (z. B. eine AG oder eine GmbH) oder eine GmbH & Co. KG als Komplementär in eine bereits bestehende Kommanditgesellschaft ein, deren persönlich haftende Gesellschafter bisher nur natürliche Personen waren, so erwerben im Zeitpunkt des Eintritts der Kapitalgesellschaft die bisherigen Kommanditisten Gesellschaftsrechte als Ersterwerber nach § 2 Abs. 1 Nr. 1 KVStG. Auch in diesem Fall entsteht die Gesellschaftsteuerpflicht in dem Zeitpunkt, der im Gesellschaftsvertrag als Eintritt in die Kommanditgesellschaft vereinbart wurde.[251]

169 Hinsichtlich der **Entstehung der Steuerschuld** ergibt sich aus der BFH-Rechtsprechung[252] die Auffassung, daß der Erwerb von Gesellschaftsrechten nur insoweit der Steuerpflicht unterliegt, als im Zeitpunkt des Erwerbs Gegenleistungen bereits bewirkt sind. Soweit also Kommanditisten nach dem Gesellschaftsvertrag ihre Einlagen erst später zu erbringen und noch nicht erbracht haben, entsteht für den ersten Erwerb ihrer Kommanditanteile bei der Gründung der Kommanditgesellschaft keine Gesellschaftsteuerpflicht. Die Steuer entsteht erst mit Erfüllung der Einlagepflicht.[253] Die Gesellschaftsteuer ist zu entrichten bei der Einzahlung des (der) Kommanditisten anläßlich der Gründung („Erstzahlung") sowie bei der späteren Auffüllung des Kommanditanteils („Zweit- oder Folgezahlungen").

170 Der **Steuersatz** beträgt 1 v. H.,; Bemessungsgrundlage ist bei Geldeinlagen der Nominalwert, bei Sacheinlagen der gemeine Wert der Gesellschaftsrechte. Steuerschuldner ist die GmbH & Co. KG. Zuständig ist das Kapitalverkehrsteuerfinanzamt, in dessen Bezirk sich die Geschäftsleitung der KG befindet.

c) Sonderfragen

aa) Doppelstöckige GmbH & Co. KG und andere Besonderheiten im Gesellschafterkreis

171 Auch Anteile der Kommanditisten an einer Kommanditgesellschaft, deren persönlich haftender Gesellschafter eine Kapitalgesellschaft ist, die ihrerseits eine Kapitalgesellschaft (GmbH, AG) zum persönlich haftenden Gesellschafter hat („doppelstöckige" GmbH & Co. KG)[254], unterliegen der Gesellschaftsteuer[255], da auch die doppelstöckige Kapitalgesellschaft & Co. KG gemäß § 5 Abs. 2 KVStG als Kapitalgesellschaft i. S. des KVStG gilt.

172 Der Bundesfinanzhof behandelt eine Kommanditgesellschaft, deren persönlich haftender Gesellschafter eine offene Handelsgesellschaft ist, gesellschaftsteuer-

251 Siehe BFH-Urteil vom 11. 11. 1969, II 196/65, BStBl 1970 II S. 335, BFH-Urteil vom 27. 1. 1972, II R 148/70, BStBl II S. 431 sowie rechtskräftiges Urteil des FG Hamburg vom 6. 2. 1985, DVR, S. 171.

252 BFH-Urteil vom 24. 7. 1972, II R 69/71, BStBl S. 907 sowie BFH-Urteil vom 10. 5. 1972, II 17/68, BStBl II S. 629.

253 BFH-Urteil vom 6. 2. 1980, II R 61/78, BStBl II S. 213. Demzufolge umfaßt der Wert der Gesellschaftsrechte als Besteuerungsgrundlage nicht den Wert der noch ausstehenden Einlageverpflichtungen.

254 Siehe Rn. 32 ff.

255 Siehe Erlaß des FinMin Niedersachsen vom 20. 4. 1976, DB 1976, S. 991.

lich als Kapitalgesellschaft i. S. des § 5 Abs. 2 Nr. 3 Satz 1, wenn die Gesellschafter der OHG nur aus Kapitalgesellschaften (GmbH oder AG) bestehen.[256]

Als Kapitalgesellschaften i. S. des KVStG gelten dagegen nicht Kommanditgesell- 173
schaften, deren persönlich haftende Gesellschafterin eine OHG ist, auch wenn zu den Mitgliedern der OHG eine GmbH zählt.[257]

bb) Stille Beteiligung an der GmbH & Co. KG

Die typische und atypische stille Beteiligung an einer GmbH & Co. KG ist gesell- 174
schaftsteuerpflichtig (GmbHR 1972, S. 118). Eine spätere Umwandlung der Beteiligungen in Kommanditeinlagen kann steuerfrei erfolgen (§ 7 Abs. 3 Nr. 2b KVStG).

cc) Darlehensgewährung bei Gesellschaftsgründung

Gewährt der Kommanditist einer GmbH & Co. der Gesellschaft ein Darlehen, zu 175
dessen Zahlung er sich bei der Gesellschaftsgründung verpflichtet hat, so gehört die Darlehensvaluta unter bestimmten Voraussetzungen zu der bei der Gründung erbrachten Gegenleistung für den ersten Erwerb des Kommanditanteils. Dies hat der BFH im Urteil vom 21. 7. 1976[258] dann als gegeben angesehen, wenn der Kommanditist das Darlehen auf die Dauer seiner Beteiligung an der KG hingegeben hat und wenn das Darlehen auch sonst mit dem Kommanditanteil fest verbunden ist.

dd) Sacheinlagen

Die Gesellschaftsteuer ist bei **Geldeinlagen** – abgesehen bei Neugründungen – 176
im Regelfall vom **gemeinen Wert der Gesellschaftsrechte** zu berechnen. Dabei ist der gemeine Wert der Gesellschaftsrechte nach unten durch den Nominalwert (abzüglich der darauf ausstehenden Einlagen) begrenzt (§ 8 letzter Absatz KVStG). Die Ermittlung des gemeinen Werts einer Kommanditeinlage gewinnt dann an Bedeutung, wenn zwecks Gründung einer GmbH & Co. KG ein Unternehmen eingebracht wird. Diese Einbringung stellt eine **Sacheinlage** dar, deren Wert Bemessungsgrundlage für die Gesellschaftsteuer ist. Unter Wert ist hierbei der nach den allgemeinen Vorschriften des BewG (§ 9 BewG) ermittelte gemeine Wert zu verstehen. Er ist die Summe der Teilwerte der dem Unternehmen dienenden Wirtschaftsgüter.

Für die **Ermittlung gemeiner Werte** von Kommanditanteilen ist es schwierig, an- 177
gesichts der Vielzahl der Gestaltungsmöglichkeiten eine allgemein verbindliche

256 BFH-Urteil vom 26. 1. 1983, II R 119/81, BStBl II S. 423.

257 BFH-Urteil vom 10. 4. 1991, I R 71/87, DB 1991, S. 1760 (Abweichung vom BFH-Urteil vom 26. 1. 1983, II R 119/81, BStBl II S. 423; Nichtbestätigung des Urteils des FG Hamburg vom 18. 2. 1987, EFG, S. 419).

258 II R 66/74, BStBl II 1977 S. 6.

Anweisung zu geben. Um jedoch eine einheitliche Verfahrensweise sicherzustellen, wendet die Finanzverwaltung in allen Fällen, in denen der Wert von nicht notierten Aktien und Anteilen nicht aus Verkäufen abgeleitet werden kann, einheitlich die Abschnitte 4ff. VStR (Stuttgarter Verfahren) an. Dies gilt auch hinsichtlich der Kapitalgesellschaften i. S. des § 5 Abs. 2 Nr. 3 KVStG.[259]

178 Des weiteren führt der BFH in dem vorgenannten Urteil vom 12. 3. 1980 aus, daß bei der Bewertung von Anteilen an einer aus einer Betriebsaufspaltung hervorgegangenen Betriebs-GmbH & Co. KG ein zusätzlicher Abschlag vom geschätzten gemeinen Wert in Höhe von 15 v. H. nicht in Betracht kommt. Sollte sich aus früheren Urteilen die Zulässigkeit eines derartigen Abschlags wegen der fehlenden eigenen Betriebsgrundlagen ergeben, so hält der BFH an dieser Auffassung nicht mehr fest, da das Fehlen der Betriebsgrundlagen dadurch aufgewogen wird, daß diese sich im Eigentum der Besitzgesellschaft befinden.

179 Eine Besonderheit besteht bei der Bewertung von Kommanditanteilen an einer GmbH & Co. KG für den Fall, daß die Komplementär-GmbH erst nach Errichtung der GmbH & Co. KG in das Handelsregister eingetragen wird. Nach dem Urteil des FG Baden-Württemberg vom 14. 12. 1976[260] ist für die Bewertung der Kommanditanteile auf den Zeitpunkt der Entstehung der Gesellschaftsteuerschuld (Tag der Eintragung der GmbH in das Handelsregister) bei der Ermittlung des Vermögenswertes der GmbH & Co. KG auch ein Zwischengewinn, der in der Zeit vom Beginn des Wirtschaftsjahres bis zu der im Verlauf des Wirtschaftsjahres vorgenommenen HR-Eintragung entstanden ist, anzusetzen.

cc) Einlage „quoad sortem“

180 Durch einen Gesellschafterbeitrag „quoad sortem“ überläßt der Gesellschafter der Gesellschaft Sachen oder Rechte in der Weise, daß zwar nicht das zivilrechtliche Eigentum auf die Gesellschaft übergeht, daß aber die Sache (das Recht) so behandelt wird, als ob das Eigentum auf die Gesellschaft übertragen wäre. Ist die Einlage „quoad sortem“ vollzogen, so kann die Gesellschaft über die Sache (das Recht) durch ihre Organe verfügen. Die mit der Sache (dem Recht) verbundenen Lasten, die Gefahr und der Nutzen gehen dann die Gesamtheit der Gesellschafter an. Beispiel für eine Einlage „quoad sortem“ ist die Überlassung von Grundbesitz aufgrund einer im Gesellschaftsverhältnis begründeten Verpflichtung.[261]
Das Nutzungsrecht der Gesellschaft entsteht mit der Einbringung der Sache (des Rechts) „quoad sortem“. Deshalb ist auch mit der Einlage dem Werte nach der Tatbestand verwirklicht, an den § 2 Abs. 1 Nrn. 1 und 2 KVStG 1972 die gesellschaftsteuerpflichtigen Leistungen knüpft. Überläßt der Gesellschafter einer GmbH & Co. KG der Gesellschaft eine Sache „quoad sortem“, so besteht die ggf.

259 FinMin Nds, Erlaß vom 6. 10. 1975, S. 5 000 – 7 – 322, DB, S. 2015; s. auch BFH-Urteil vom 12. 3. 1980, II R 78/77, BStBl II S. 405.
260 Außensenate Stuttgart, IX 394/78 (V 368/76) rechtskräftig, EFG 1980, S. 355.
261 Weitere Einzelheiten s. Rn. 125.

gesellschaftsteuerpflichtige Leistung nur in der (einmaligen) Einbringung der Sache dem Werte nach, nicht jedoch außerdem in deren dauernder Nutzungsüberlassung.[262]

d) Börsenumsatzsteuer

Anschaffungsgeschäfte über Kommanditbeteiligungen an einer GmbH & Co. KG unterliegen gemäß § 17 Abs. 1 KVStG auch der Börsenumsatzsteuer. Kommanditanteile an einer GmbH & Co. KG sind als Anteile an einer Kapitalgesellschaft Dividendenwerte und somit Wertpapiere i. S. der Börsenumsatzsteuer (vgl. § 19 Abs. 1 Nr. 2 i. V. m. § 2 KVStG).[263] 181
Vorstehende Ausführungen haben nur noch für Anschaffungsgeschäfte bis zum 31. 12. 1990 Bedeutung, da die Börsenumsatzsteuer seit dem 1. 1. 1991 nicht mehr erhoben wird.

4 Grunderwerbsteuer

Gründergesellschaft und nachfolgende Kommanditgesellschaft sind auch für die 182 GrErwSt als dasselbe Steuersubjekt zu behandeln.[264] Wurde gleichzeitig mit der Gründung ein Grundstück aufgelassen, so unterliegen Wertverbesserungen, die durch die KG oder die dieser vorangegangenen Gesellschaft mit Mitteln dieser Gesellschaft vorgenommen wurden, nicht der Besteuerung. Denn für die Wertbemessung ist das Grundstück in dem Zustand des Erwerbsvorgangs zugrunde zu legen, und die Identität von Vorgesellschaft und KG schließt daher die Berücksichtigung späterer Wertänderungen aus.[265] Denn bei der Einbringung von Grundstücken oder grundstücksgleichen Rechten in eine GmbH & Co. KG wird grundsätzlich Grunderwerbsteuer ausgelöst. Die Tatsache, daß bei Einbringung eines Grundstücks Kapitalverkehrsteuer erhoben wird, schließt nicht die Erhebung von Grunderwerbsteuer aus. Grunderwerbsteuerpflichtig ist das Vorliegen eines der im § 1 GrEStG aufgeführten Erwerbsvorgänge; hierzu zählen insbesondere Kaufvertrag, Auflassung und Eigentumsübergang. Für die Grunderwerbbesteuerung ist die GmbH & Co. KG selbständiges Steuersubjekt. Im folgenden seien nur diejenigen Steuersachverhalte dargestellt, die für die GmbH & Co. besondere Probleme aufwerfen.

Bringt ein Alleineigentümer sein Grundstück gegen Gewährung von Gesell- 183 schaftsrechten in eine GmbH & Co. KG ein, so wird Grunderwerbsteuer in Höhe des Anteils nicht erhoben, zu dem der Veräußerer am Vermögen der Gesamthand beteiligt ist, § 5 Abs. 2 GrEStG.

262 BFH-Urteil vom 20. 1. 1988, I R 395/83, DB 1988, S. 1045.
263 Erlaß FinMin NRW vom 21. 7. 1972, S. 5140–5153; DB 1972, S. 1512.
264 Ausführlich Boruttau-Egly-Sigloch, Grunderwerbsteuergesetz, 12. Aufl. 1986, Anm. 227ff. zu § 1 GrEStG.
265 Siehe BFH-Urteil vom 5. 12. 1956, II 71/56 U, BStBl III 1957, S. 78.

184 Der Erwerb eines Grundstücks durch eine ausschließlich aus dem Veräußerer und seinen Abkömmlingen oder aus diesen allein bestehenden Vereinigung, die eine Rechtsperson oder Gesamthandsgemeinschaft sein kann, ist gemäß § 3 Nr. 6 i. V. m. § 5 Abs. 2 GrEStG von der Besteuerung ausgenommen; entsprechendes gilt nach § 3 Anm. 4, 5 GrEStG für Ehegattenerwerbe. § 5 Abs. 2 i. V. m. § 3 Nr. 6 GrEStG greift auch, wenn ein Alleineigentümer ein Grundstück auf eine GmbH & Co. KG überträgt, wenn die Anteile an der GmbH von ihm und seinen Abkömmlingen gehalten werden und auch Kommanditisten der KG nur er und seine Abkömmlinge sind.[266] Die Steuerpflicht tritt jedoch nachträglich ein, wenn ein Gesellschafter aufgenommen wird, der nicht zu den Abkömmlingen des Veräußerers gehört. Die Steuer ist dann von dem Gegenwert, der für das Einbringen des Grundstücks berechnet worden ist, bzw. – wenn dieser Wert nicht feststeht – vom Wert des Grundstücks zur Zeit des Einbringens und nicht des Eintritts des neuen Gesellschafters zu berechnen, denn der steuerpflichtige Tatbestand bleibt das Einbringen. Wird der Grunderwerb nachträglich steuerpflichtig, so greifen dennoch – anteilsmäßig – die vorgenannten Bestimmungen des § 5 Nr. 2 und des § 3 Nr. 6 GrEStG.

185 § 3 Nr. 6 GrEStG greift dem Wortlaut nach nicht durch, wenn der Erwerber des Grundstücks nicht ein unter Nr. 6 fallender Verwandter, sondern ein eigener Rechtsträger ist, an dem der Verwandte beteiligt ist. Besteht also die GmbH & Co. KG aus dem Veräußerer (= Kommanditist) und seinen zu einer GmbH zusammengeschlossenen Abkömmlingen, so greift § 3 Nr. 6 GrEStG nicht, da die GmbH in keinem Verwandtschaftsverhältnis zum Veräußerer steht. Nach Auffassung der Literatur[267] entspricht jedoch die Anwendung dieser Vorschrift auf diesen Fall ihrem Zweck, die Begründung und Fortführung von Familiengesellschaften zu begünstigen. Daher geht die Steuerbefreiung auch nicht verloren, wenn in eine Familienpersonengesellschaft nachträglich eine GmbH als persönlich haftender Gesellschafter eintritt, deren Gesellschafter die Personen sind, die seinerzeit grunderwerbsteuerfrei die Personengesellschaft gegründet haben. Zu der bereits genannten Vorschrift des § 5 Abs. 2 GrEStG ist noch zu bemerken, daß hier nur die unmittelbare Beteiligung an der Gesamthand maßgebend ist.

Beispiel: Sind z. B. A und B Gesellschafter einer GmbH, die persönlich haftende Gesellschafterin einer GmbH & Co. ist, an der A und B gleichzeitig als Kommanditisten beteiligt sind, und bringt A ein Grundstück in die GmbH & Co. ein, so wird die Steuer nur in Höhe des Anteils nicht erhoben, zu dem er als Kommanditist am Vermögen der GmbH & Co. beteiligt ist. Daß er außerdem über die GmbH

---

266 Boruttau-Egly-Sigloch, a. a. O., Anm. 71 zu § 5 GrEStG unter Berufung auf BFH-Urteil vom 18. 9. 1974, VII 381/73, BStBl II 1975 S. 360.

267 Tillmann, Handbuch der GmbH & Co., 17. Aufl. 1991, S. 365 (Rn. 875). OFD Koblenz Vfg. vom 14. 11. 1966, StEK § 3 Nr. 1; Boruttau-Egly-Sigloch, a. a. O., Anm. 431 zu § 3 GrEStG. Für diesen Standpunkt spricht auch das BFH Urteil vom 21. 3. 1968, II 109/64, BStBl II 1968 S. 619, nach dem die personenbezogenen Eigenschaften, die bei allen Gesellschaftern vorliegen, auch der Gesellschaft zugerechnet werden.

auch mittelbar an der GmbH & Co. beteiligt ist, kann keine Berücksichtigung finden.[268]

Übernimmt bei einer GmbH & Co. KG ein Gesellschafter mittelbar oder unmittelbar sowohl die anderen Kommanditanteile als auch alle Anteile an der Komplementär-GmbH oder werden die Kommanditanteile und die Anteile an der Komplementär-GmbH auf eine andere Personengesellschaft übertragen, so führt dies zu einer **Anteilsvereinigung** i. S. des § 1 Abs. 3 Nr. 1 und 2 GrEStG; für die Grundstücksübertragung greift jedoch die Begünstigung des § 6 Abs. 2 oder 3 GrEStG, d. h. daß die Grunderwerbsteuer entsprechend der vor der Vereinigung maßgeblichen Beteiligung des Gesellschafters nicht erhoben wird.[269] 186

II Besteuerungsfragen bei Einbringungs- und Umwandlungsvorgängen

1 Einbringungsvorgänge

a) Eintritt einer GmbH in eine GmbH & Co. KG (Sacheinlage der Komplementär-GmbH)

Tritt eine GmbH, die einen eigenen Geschäftsbetrieb unterhält, in eine KG ein unter Einbringung ihres Geschäftsbetriebes als Sacheinlage, so kann auf die Gewinnrealisierung der in ihrem eingebrachten Vermögen enthaltenen stillen Reserven verzichtet werden. 187

Sind die Gesellschafter der GmbH gleichzeitig auch Kommanditisten der KG, so besteht die Gefahr einer verdeckten Gewinnausschüttung.[270] Eine verdeckte Gewinnausschüttung wird in derartigen Fällen zu bejahen sein, wenn der Teilwert der von der GmbH in die KG eingebrachten Wirtschaftsgüter höher ist als ihr Buchwert; als verdeckte Gewinnausschüttung wird der dem Kommanditisten zurechenbare Anteil an den stillen Reserven des eingebrachten Betriebsvermögens der GmbH angesehen. Ein Beispiel von Hesselmann[271] soll diese Grundsätze verdeutlichen: 188

Eine GmbH bringt ihr Betriebsvermögen zu dem Buchwert von 100 000,– DM in eine GmbH & Co. KG ein, während sich ihre beiden Gesellschafter mit Geldeinla-

268 Siehe auch Boruttau-Egly-Sigloch, a. a. O., Anm. 52 zu § 5 GrEStG unter Berufung auf BFH-Urteile vom 31. 7. 1974, II R 8/70 (nicht veröffentlicht) und vom 23. 10. 1974, II R 87/73, BStBl II 1975 S. 152.

269 Boruttau-Egly-Sigloch, a. a. O., Anm. 28 zu § 6 GrEStG unter Berufung auf FG München, rechtskräftiges Urteil vom 20. 10. 1983, EFG 1984, S. 246.

270 Vgl. NRW-Ministerialerlaß vom 10. 1. 1968, S. 2522 – 2 VB 4.

271 Handbuch bis 16. Aufl. Die Folgeaufl. (Tillmann, a. a. O., 17. Aufl.) weist nur auf die Gefahr der verdeckten Gewinnausschüttung hin (S. 340 bzw. Rn. 818). Zur Vermeidung der verdeckten Gewinnausschüttung fordert Tillmann nicht in jedem Fall die Einbringung zum Teilwert. Nach Tillmann ist „entscheidender Gesichtspunkt vielmehr, wie die Beteiligung wirtschaftlich insgesamt ausgestattet ist, insbesondere die Wertadäquanz auch durch entsprechende Gewinnbeteiligung und Beteiligung am Liquidationserlös hergestellt werden kann".

gen von zusammen 100 000,– DM als Kommanditisten beteiligen. Das Beteiligungsverhältnis beträgt also 1:1. Sind nun in dem Betriebsvermögen der GmbH stille Reserven in Höhe von 100 000,– DM enthalten, so fließen den Kommanditisten ohne Gegenleistung ihrerseits Werte in Höhe von 50 000,– DM zu. Denn bei dem gewählten Beteiligungsverhältnis von 1:1 sind sie an dem Effektiv-Vermögen der GmbH & Co. KG von 300 000,– DM mit 150 000,– DM beteiligt, obwohl sie selbst nur 100 000,– DM eingebracht haben. In dem Differenzbetrag von 50 000,– DM liegt dann eine verdeckte Gewinnausschüttung. Diese ist dem Einkommen der GmbH hinzuzurechnen. Die Kommanditisten müssen den Mehrbetrag als zusätzliche Anschaffungskosten für ihren Kapitalanteil in einer Ergänzungsbilanz ausweisen.

189 Die Möglichkeit der Annahme einer verdeckten Gewinnausschüttung kann dadurch ausgeschlossen werden, daß die GmbH nur ihr Umlaufvermögen – hierin sind regelmäßig keine stillen Reserven enthalten – in die KG einbringt und ihr Anlagevermögen zu einem angemessenen Entgelt an die KG verpachtet.

b) Eintritt des Kommanditisten, der zugleich Gesellschafter der Komplementär-GmbH ist, in die GmbH & Co. KG (Sacheinlage des Kommanditisten)

190 Ein Einzelunternehmer errichtet mit einer GmbH, deren alleiniger Gesellschafter er ist, eine GmbH & Co. KG. Die Komplementärin (GmbH) leistet eine Bareinlage in Höhe von 10 v. H. des vereinbarten Gesellschaftsvermögens. Der Kommanditist bringt sein Einzelunternehmen ein, das buchmäßig 90 v. H. des Gesellschaftsvermögens ausmacht.

191 **Einkommensteuerlich** besteht für die KG das Wahlrecht, die Buchwerte fortzuführen oder bis zu den Teilwerten – d. h. Teil- oder Vollauflösung der stillen Reserven – aufzustocken.
An den Wertansatz der KG ist der Einbringende gebunden. Auch wenn die KG die Teilwerte ansetzt (unter Aufdeckung eines Firmenwertes), erhält der Einsteigende dennoch nicht die Steuervergünstigungen der §§ 16, 34 EStG. Als Folge der Bestimmungen des Mißbrauchsbekämpfungs- und Steuerbereinigungsgesetzes sind bei Einbringungsvorgängen nach dem 31. 12. 1993 die Steuervergünstigungen der §§ 16 und 34 EStG nicht anzuwenden, soweit der Einbringende selbst an der Personengesellschaft beteiligt ist; insoweit gilt der durch die Einbringung entstehende Gewinn als laufender Gewinn.
Die 39. Kölner Trainingstagung vom 13. bis 15. 11. 1993, deren Ergebnisse Schiffers zusammenfaßt,[272] brachte die Erkenntnis, daß durch Steuergestaltungen den Gesetzesverschärfungen nur sehr eingeschränkt begegnet werden kann. Als eine dieser Gestaltungen wurde die Teilanteilsveräußerung angesehen. Es handelt sich hier um folgende, zweistufige Lösung: Im ersten Schritt wird das Einzelunterneh-

272 Für Einzelheiten wird auf den Aufsatz von Schiffers, Änderung der §§ 16 EStG und 24 UmwStG durch das Mißbrauchsbekämpfungs- und Steuerbereinigungsgesetz, BB 1994, S. 1469ff. verwiesen.

men zu Buchwerten in eine Personengesellschaft eingebracht, wobei dem neu hinzutretenden Gesellschafter lediglich eine sehr geringfügige Beteiligung eingeräumt wird. In einem 2. Schritt veräußert der vorherige Einzelunternehmer einen Teil seines Mitunternehmeranteils an den neu hinzugetretenen Gesellschafter, so daß nun das angestrebte Beteiligungsverhältnis erreicht ist. Durch diese Gestaltung wird sichergestellt, daß die vorhandenen stillen Reserven fast vollständig steuerbegünstigt in Abschreibungspotential umgewandelt werden.

c) Rückgängigmachung einer Betriebsaufspaltung durch Errichtung einer GmbH & Co. KG

Die Aufspaltung eines Betriebs in Besitzpersonen- und Betriebskapitalgesellschaft kann dadurch rückgängig gemacht werden, daß die Betriebsvermögen beider Gesellschaften zum Gesamthandsvermögen einer GmbH & Co. KG vereinigt werden, die Betriebskapitalgesellschaft tritt als Komplementär in die Besitzpersonengesellschaft ein. Mit Gründung einer derartigen GmbH & Co. KG wird die Auflösung bestehender Gesellschaften vermieden.[273] 192

d) Einbringung einzelner Vermögensgegenstände in die GmbH & Co. KG

Durch das BFH-Urteil vom 15. 7. 1976[274] ist nunmehr auch die Frage höchstrichterlich geklärt, welcher Bilanzansatz bei der Übertragung (Einbringung) einzelner aus einem Betriebsvermögen des Gesellschafters stammender Wirtschaftsgüter in eine Personengesellschaft gegen Gewährung von Gesellschaftsrechten vorzunehmen ist. Danach haben die Beteiligten die Wahl, den Einbringungsvorgang erfolgsneutral oder erfolgswirksam zu gestalten (Neubewertung bis zur Grenze des Teilwerts). Dieses Wahlrecht gilt nicht nur für Einbringungen im Zusammenhang mit der Gründung einer Personengesellschaft, sondern auch für Einbringungen in eine bereits seit längerer Zeit bestehende Personengesellschaft. Für die Bemessung eines Buchgewinns bei dem Einbringenden ist die Sachbehandlung bei der Gesellschaft maßgebend.[275] 193

2 Umwandlungsvorgänge

a) Umwandlung einer GmbH in eine GmbH & Co. KG

Siehe hierzu Anhang II, Rn. 774. 194

b) Umwandlung einer GmbH & Co. KG auf die Komplementär-GmbH

Siehe hierzu Anhang II, Rn. 793 ff. 195

---

273 Vgl. Brönner, GmbHR 1952, S. 159.
274 I R 17/74, BStBl II S. 748, BdF-Erlaß vom 20. 12. 1977, a. a. O., Rn. 58.
275 Vgl. vorgenanntes BFH-Urteil vom 15. 7. 1976.

c) Umwandlung einer Personengesellschaft in eine GmbH & Co. KG

196 Nach dem Vorschlag von Hesselmann[276] gründen die Gesellschafter der bereits bestehenden Personengesellschaft (ggf. unter Beteiligung Dritter) im Wege der Bargründung eine GmbH. Diese GmbH tritt dann als Komplementärin in die bestehende Personengesellschaft ein; soweit es sich um eine OHG handelt, unter gleichzeitiger (formwechselnder) Umwandlung des Unternehmens in eine KG.[277]

Hat die GmbH keine Einlage in die KG zu leisten, ergeben sich keine ertragsteuerlichen Probleme. Hat die GmbH eine Einlage zu leisten und liegt diese betragsmäßig unter ihrem notariellen Anteil an der KG, z. B. weil ein Ausgleich stiller Reserven bei der KG zu erfolgen hat und die Kommanditgesellschaft die bisherigen Buchwerte unverändert fortführt, so ist dieser Mehrbetrag in einer Ergänzungsbilanz der GmbH zu erfassen.

197 Durch den Hinzutritt der GmbH wird aus der OHG eine GmbH & Co. KG. Ertragsteuerlich liegt eine Änderung der Gesellschaftsform vor, die jedoch keine Steuern auslöst.

198 Bei der Umsatzsteuer ist die Änderung der Rechtsform von einer OHG zur GmbH & Co. KG nicht steuerbar. Eine Umsatzsteuer kann sich nur für den Fall ergeben, daß die GmbH eine Einlage in die KG zu leisten hat, es sei denn, die Steuerbefreiungsvorschriften des § 4 UStG greifen hier durch.

d) Umwandlung eines Einzelunternehmens in eine GmbH & Co. KG

199 Die Umwandlung erfolgt in der Form, daß der Einzelunternehmer zunächst eine GmbH gründet. Dann schließt er mit der GmbH einen KG-Vertrag und bringt sein Einzelunternehmen als Kommanditeinlage ein. Das UmwAG läßt der Kommanditgesellschaft die Möglichkeit, das eingebrachte Betriebsvermögen zu Buchwerten, zu Zwischenwerten oder zu Teilwerten anzusetzen. Beim Ansatz über den bisherigen Buchwerten erzielt der Einzelunternehmer einen Veräußerungsgewinn, der jedoch nicht nach §§ 16, 34 EStG steuerbegünstigt ist[278].

200 Bei der Kapitalverkehrsteuer löst die Einbringung zur Belegung der Kommanditeinlage keine Steuerpflicht aus.

201 Die Einbringung stellt sich als steuerbarer Umsatz dar; die Steuerbefreiungen des § 4 UStG sind ggf. zu beachten.

---

276 Handbuch, a. a. O., S. 229ff.; Tillmann, a. a. O., S. 86 bzw. Rn. 203.
277 Vgl. Puschel, a. a. O., S. 94.
278 Ggf. unter Ansatz eines Firmenwertes.

III Grundsätzliches zur Mitunternehmereigenschaft

Der Komplementär und der Kommanditist (bzw. die Kommanditisten) einer KG 202
sind grundsätzlich Mitunternehnmer des von der KG betriebenen gewerblichen Unternehmens. Ausnahmsweise ist jedoch diese Mitunternehmerschaft zu verneinen, wenn der (die) Gesellschafter – nach dem Gesellschaftsvertrag oder der vorgesehenen tatsächlichen Durchführung des Gesellschaftsvertrags – keine Unternehmerinitiative entfalten kann (können) oder kein nennenswertes Unternehmerrisiko trägt (tragen). Mitunternehmer ist also, wer als Gesellschafter einer Personengesellschaft oder als Teilhaber einer der Personengesellschaft wirtschaftlich vergleichbaren Gemeinschaft Mitunternehmerrisiko trägt und Mitunternehmerinitiative entfalten kann. Ob diese Voraussetzungen vorliegen, ist unter Berücksichtigung aller die rechtliche oder wirtschaftliche Stellung einer Person insgesamt bestimmenden Umstände (Gesamtbeitrag) zu würdigen. Die Merkmale Mitunternehmerrisiko und Mitunternehmerinitiative müssen beide vorliegen, sie können aber im Einzelfall mehr oder weniger ausgeprägt sein und sind daher bedingt kompensierbar. Mitunternehmer kann auch sein, wer geringes Mitunternehmerrisiko trägt, aber ausgeprägte Mitunternehmerinitiative entfalten kann.[279]

Mitunternehmerrisiko bedeutet gesellschaftsrechtliche Teilnahme am Erfolg oder Mißerfolg eines Unternehmens. Dieses Risiko wird regelmäßig durch die Beteiligung am Gewinn und Verlust sowie an den stillen Reserven des Gesellschaftsvermögens einschließlich des Geschäftswertes vermittelt. Für die Frage, ob ein Gesellschafter einer Personengesellschaft Mitunternehmerrisiko trägt, kommt es nicht darauf an, ob die gewinnmäßige und die kapitalmäßige Beteiligung verhältnismäßig übereinstimmen.

Mitunternehmerinitiative bedeutet in erster Linie Teilnahme an unternehmerischen Entscheidungen, wie sie z. B. einem Gesellschafter in der Gesellschafterversammlung oder als Geschäftsführer, Prokurist oder leitendem Angestellten obliegen. Für die Annahme von Mitunternehmerinitiative genügt es, wenn der Gesellschafter die Möglichkeit hat, seine Gesellschaftsrechte (Stimm-, Kontroll- und Widerspruchsrecht) auszuüben.

Beide Merkmale sind für das Gesellschaftsverhältnis konstitutiv und müssen kumulativ in mehr oder weniger ausgeprägter Form gegeben sein. Nach ständiger Rechtsprechung wird eine Mitunternehmerschaft allein durch ein Gesellschaftsverhältnis begründet, welches eine (allseitige) Beteiligung am Gewinn gewährt. Mitunternehmer kann nur sein, wer zivilrechtlich Gesellschafter einer Personengesellschaft ist oder – in Ausnahmefällen – eine diesem wirtschaftlich vergleichbare Stellung innehat.

279 Siehe Begründung zu dem BFH-Urteil vom 20. 11. 1990, VIII R 10/87, DB 1991, S. 1052.

203 Angesichts vorstehender Grundsätze, die der BFH im Urteil vom 20. 11. 1990 aufgestellt hat, ist es verständlich, daß der BFH aus der fehlenden Kapitaleinlageverpflichtung und der fehlenden Kapitalbeteiligung des Komplementärs einer KG keine Folgerungen für dessen Gesellschafter- bzw. Mitunternehmerstellung gezogen hat, weder wenn eine natürliche Person Komplementär war[280] noch wenn es sich um eine juristische Person als persönlich haftende Gesellschafterin handelte.[281]

Daß die Komplementär-GmbH vom Ergebnis der GmbH & Co. ausgeschlossen sein kann, ist u. E. angesichts des Grundsatzurteils des BFH vom 15. 11. 1967[282] lediglich für den Fall des Verlustausschlusses aufrechtzuerhalten, da eine Gewinnbeteiligung mindestens in Höhe der „Risikoprämie“ immer gegeben sein muß.

Ist die Komplementär-GmbH von der Kapital- und Verlustbeteiligung ausgeschlossen, so ist zwar die Komplementärin handelsrechtlich gesehen immer noch Gesellschafterin der GmbH & Co. KG, steuerlich erscheint es jedoch zweifelhaft, ob sie als Mitunternehmerin angesprochen werden kann.[283] Es fehlen bei derartiger Sachverhaltsgestaltung nicht nur die Beteiligung an den Anlagewerten und stillen Reserven, sondern auch die Teilnahme am Risiko des Unternehmens, also die Hauptmerkmale einer Mitunternehmereigenschaft.

204 Für den Kommanditisten wird die Mitunternehmereigenschaft dann in Frage gestellt, wenn dem Kommanditisten nicht wenigstens annäherungsweise diejenigen Rechte zustehen, die einem Kommanditisten nach den teilweise dispositiven Vorschriften des HGB über die KG zukommen; entsprechendes gilt, wenn die Stellung des Kommanditisten nach dem Gesellschaftsvertrag und der tatsächlichen Handhabung wesentlich hinter dem zurückbleibt, was handelsrechtlich das Bild des Kommanditisten bestimmt. Das bedeutet, daß der Kommanditist, soll die Mitunternehmerschaft nicht in Frage gestellt sein, nennenswerten Anteil am Unternehmerrisiko haben muß. Daran fehlt es jedoch, wenn der Kommanditist nach dem Gesellschaftsvertrag oder der vorgesehenen tatsächlichen Durchführung des Gesellschaftsvertrags an den Gewinnchancen und Verlustrisiken des Unternehmens nicht teilnimmt, insbesondere an dem von der Gesellschaft erstrebten und nach den objektiven Gegebenheiten möglicherweise auch erzielbaren Gewinn nicht beteiligt ist; letzterer Gesichtspunkt greift dann, wenn die Beteiligung an der KG von vornherein auf eine relativ kurze Befristung angelegt war und für den Zeitraum der Beteiligung einschließlich des Zeitpunkts des Ausscheidens weder ein nennenswerter Gewinn objektiv zu erwarten war noch von den Vertragspartnern des Gesellschaftsvertrags tatsächlich erwartet wurde.

---

280 Siehe BFH-Urteil vom 4.11.1958, I 141/57 U, BStBl III 1959 S. 50.
281 Siehe BFH-Urteil vom 16. 8. 1962, I 308/60, HFR 1963, S. 15.
282 IV R 139/67, BStBl II 1968 S. 1512.
283 Auf die Anmerkung von „en“, Zur Haftungs- und Verlustbefreiung bei einer GmbH & Co. KG, DB 1975, S. 23/24 wird verwiesen.

Aus der vorstehend aufgeführten grundlegenden Rechtsprechung des BFH folgt jedoch auch, daß ein Kommanditist auch ohne Beteiligung an den stillen Reserven Mitunternehmer sein kann, wenn bei ihm die Möglichkeit der Entfaltung von Unternehmerinitiative besonders stark ausgeprägt ist. So hat z. B. der BFH im Urteil vom 20. 11. 1990[284] die Auffassung vertreten, daß ein stiller Gesellschafter einer GmbH & Co. KG, der zugleich Gesellschafter und Geschäftsführer der Komplementär-GmbH ist und als solcher auch die Geschäfte der KG führt, auch dann Mitunternehmner der KG ist, wenn er nicht an den stillen Reserven der KG beteiligt ist.

Des weiteren ergibt sich aus der BFH-Rechtsprechung[285], daß die zwischen den Beteiligten bestehenden Rechtsbeziehungen bei der Beurteilung der Gesellschaftereigenschaft sowohl zivil- als auch steuerrechtlich nicht allein nach deren formaler Bezeichnung, sondern nach den von ihnen gewollten Rechtswirkungen und der sich danach ergebenden (zutreffenden) rechtlichen Einordnung zu würdigen sind. Dies ist nach dem Gesamtbild der Verhältnisse zu beurteilen. Die Beteiligten müssen den Rechtsbindungswillen besitzen, das Unternehmen auf der Grundlage einer partnerschaftlichen Gleichordnung für gemeinsame Rechnung zu führen. Dies kann zur Annahme eines sog. verdeckten Gesellschaftsverhältnisses führen. Die Annahme einer rein faktischen Mitunternehmerschaft, also ohne ein zugrundeliegendes, ggf. verdecktes Gesellschaftsverhältnis oder ein wirtschaftlich vergleichbares Gemeinschaftsverhältnis, scheidet aus.[286]

Eine verdeckte Mitunternehmerstellung setzt ein gemeinsames Handeln zu einem gemeinsamen Zweck einander gleichgeordneter Personen voraus. Mitunternehmerinitiative und -risiko dürfen lediglich auf einzelne Schuldverhältnisse als gegenseitige Austauschverhältnisse zurückzuführen sein. Die Bündelung von Risiken aus derartigen Austauschverhältnissen unter Vereinbarung angemessener und leistungsbezogener Entgelte begründet noch kein gesellschaftsrechtliches Risiko.

Vorstehende Voraussetzungen für die Annahme einer verdeckten Mitunternehmerschaft gelten in gleicher Weise für die Gewerbesteuer[287] und für die Einheitsbewertung des Betriebsvermögens.[288]

IV Gewinnerzielungsabsicht

Für eine (steuerliche) Mitunternehmerschaft i. S. § 15 Abs. 1 Nr. 2 EStG genügt 205
es nicht nur, daß die Gesellschafter ein Mitunternehmerrisiko tragen und Mitunternehmerinitiative entfalten können. Die Annahme einer Mitunternehmerschaft,

284 VIII R 10/87, DB 1991, S. 1052. Siehe auch BFH- Urteil vom 11. 12. 1990, VIII R 122/86, DB 1991, S. 1054.
285 BFH-Urteil vom 13. 7. 1993, VIII R 50/92, BStBl II S. 282.
286 Siehe auch BFH-Urteil vom 26. 6. 1990, VIII R 81/85, BFHE 161, 472 (476).
287 BFH-Urteil vom 17. 7. 1993, VIII R 51/92, BFH/NV 1994, S. 551.
288 BFH-Urteil vom 13. 7. 1993, VIII R 52/92, BFH/NV 1994, S. 610.

d. h. eines Gewerbebetriebes, setzt darüber hinaus eine Betätigung voraus, die mit Gewinnabsicht (Gewinnerzielungsabsicht) unternommen wird, ansonsten liegt eine steuerlich unbeachtliche „Liebhaberei“ vor. Nach der Rechtsprechung des BFH[289] ist Gewinnerzielungsabsicht das Streben nach Betriebsvermögensmehrung in Form eines Totalgewinns. Bei einer Personengesellschaft, also auch einer GmbH & Co. KG, muß die Gewinnerzielungsabsicht auf eine Mehrung des Betriebsvermögens der Gesellschaft (einschließlich der Sonderbetriebsvermögen der Gesellschafter) gerichtet sein. Ein Tätigwerden der Gesellschaft lediglich in der Absicht, ihren Gesellschaftern eine Minderung der Steuern vom Einkommen dergestalt zu vermitteln, daß durch Zuweisung von Verlustanteilen andere, an sich tariflich zu versteuernde Einkünfte nicht versteuert werden, reicht nicht aus. Ob eine Absicht zu Gewinnerzielung vorliegt, ist wie jede innere Tatsache anhand äußerer Merkmale zu beurteilen. Aus objektiven Umständen muß auf das Vorliegen oder Fehlen der Absicht geschlossen werden, wenn einzelne Umstände einen Anscheinsbeweis liefern können, der von der Gesellschaft entkräftet werden kann. Alle Umstände des Einzelfalles sind zu berücksichtigen. Wenn dauernde Verluste auf das Fehlen einer Gewinnerzielungsabsicht hindeuten, kann dies allein nicht maßgebend sein. Bei längeren Verlustperioden muß aus weiteren Beweisanzeichen die Feststellung möglich sein, daß die Gesellschafter die verlustbringende Tätigkeit nur aus im Bereich ihrer Lebensführung liegenden persönlichen Gründen oder Neigungen ausüben.

Bei jedem neu gegründeten Unternehmen spricht grundsätzlich der Beweis des ersten Anscheins dafür, daß es in der Absicht der Gewinnerzielung betrieben wird. Dieser Anscheinsbeweis ist entkräftet, wenn die ernsthafte Möglichkeit dargelegt wird, daß im konkreten Einzelfall nicht das Streben nach einem Totalgewinn, sondern persönliche Gründe für die Gründung und Fortführung des Unternehmens bestimmend sind.

206 Nach dem Beschluß des Großen Senats des BFH vom 25. 6. 1984 GrS 4/82 BStBl II 1984 S. 751, 765 ff. ist Gewinnerzielungsabsicht das Streben nach Betriebsvermögensmehrung in Form eines Totalgewinns. Bei einer Personengesellschaft muß die Gewinnerzielungsabsicht auf eine Mehrung des Betriebsvermögens der Gesellschaft (einschließlich der Sonderbetriebsvermögen der Gesellschafter) gerichtet sein. Ein Tätigwerden der Gesellschaft lediglich in der Absicht, ihren Gesellschaftern eine Minderung der Steuern vom Einkommen dergestalt zu vermitteln, daß durch Zuweisung von Verlustanteilen andere an sich tariflich zu versteuernde Einkünfte nicht versteuert werden, reicht – entgegen einer früher vom BFH vertretenen Ansicht – nicht aus.

Ob eine Absicht zur Gewinnerzielung vorliegt, ist wie jede innere Tatsache anhand äußerer Merkmale zu beurteilen. Aus objektiven Umständen muß auf das

289 Siehe BFH-Beschluß vom 25. 6. 1984, GrS 4/82, BStBl II S. 751, 765 ff.

Vorliegen oder Fehlen der Absicht geschlossen werden, wobei einzelne Umstände einen Anscheinsbeweis liefern können, der vom Steuerpflichtigen entkräftet werden kann. Alle Umstände des Einzelfalls sind zu berücksichtigen. Wenn dauernde Verluste auf das Fehlen einer Gewinnerzielungsabsicht hindeuten, kann dies allein nicht maßgebend sein. Bei längeren Verlustperioden muß aus weiteren Beweisanzeichen die Feststellung möglich sein, daß der Steuerpflichtige die verlustbringende Tätigkeit nur aus im Bereich seiner Lebensführung liegenden persönlichen Gründe und Neigungen ausübt.

Bei jedem neugegründeten Unternehmen spricht grundsätzlich der Beweis des ersten Anscheins dafür, daß es in der Absicht der Gewinnerzielung betrieben wird.

Dieser Anscheinsbeweis ist entkräftet, wenn die ernsthafte Möglichkeit dargelegt wird, daß im konkreten Einzelfall nicht das Streben nach einem Totalgewinn, sondern persönliche Gründe für die Gründung und Fortführung des Unternehmens bestimmend sind. Ein persönlicher Grund in diesem Sinne ist das Streben nach Minderung der Einkommensteuerschuld.

Die persönlichen Gründe sind regelmäßig bei einer GmbH & Co. KG gegeben, deren Initiatoren selbst oder durch Dritte – meist durch Prospekte – interessierte Kapitalanleger mit dem Versprechen von Einkommensteuerminderung durch Verlustzuweisungen werben. In diesem Zusammenhang wird den Interessenten meist eine Ergebnisvorschau vorgelegt, nach der die Kapitaleinlage ganz oder teilweise durch Steuerersparnisse finanziert werden kann. Dadurch wird erkennbar, daß das Streben nach Totalgewinn von persönlichen Gründen, nämlich nach der Erzielung von Einkommensteuerersparnissen, verdrängt wird. Bei Verlustzuweisungsgesellschaften ist also zu vermuten[290], daß sie zunächst keine Gewinnerzielungsabsicht haben, sondern lediglich die Möglichkeit einer späteren Gewinnerzielung in Kauf nehmen. Deshalb kann bei ihnen in der Regel eine Gewinnerzielungsabsicht erst von dem Zeitpunkt an angenommen werden, wenn sich die in Kauf genommene Möglichkeit der Erzielung eines Totalgewinns in einer solchen Weise konkretisiert hat, daß nach dem Urteil eines ordentlichen Kaufmanns mit großer Wahrscheinlichkeit ein solcher Totalgewinn erzielt werden kann.

Selbstverständlich kann diese Vermutung dadurch widerlegt werden, daß überzeugend dargelegt wird, es habe bereits bei der Gründung der Verlustzuweisungsgesellschaft nach dem Urteil eines ordentlichen Kaufmanns die große Wahrscheinlichkeit der Erzielung eines Totalgewinns bestanden.

290 BFH-Urteil vom 21. 8. 1990, VIII R 25/86, BStBl II 1991 S. 564.

V Grundsätzliches zur Gewinnverteilung

1 Gesetzliche Grundlagen

207 Für die GmbH & Co. KG, die nach feststehender Rechtsprechung sowohl für die handelsrechtliche als auch für die steuerrechtliche Beurteilung als Personengesellschaft anzusehen ist, gelten die Bestimmungen der §§ 105 ff. HGB. Diese handelsrechtlichen Vorschriften sind dispositiver Natur; sie greifen nur bei fehlenden vertraglichen Abreden ein. Für die Gesellschaftsform der KG bestimmen die §§ 168, 121 Abs. 1 HGB, daß nach einer Vorwegverzinsung von 4 v. H. der Restgewinn „angemessen" zu verteilen ist. Da diese Bestimmungen nachgiebiges Recht darstellen, können sie nur als Anhaltspunkt für die Gewinnverteilung dienen. Es steht den Gesellschaftern einer Personengesellschaft nämlich frei, ihre Rechtsverhältnisse und besonders die Gewinnverteilung nach ihren Vorstellungen zu regeln.

2 Maßgeblichkeit der handelsrechtlichen Gewinnverteilung für das Steuerrecht

208 In wachsendem Maße ist der BFH im Interesse der Einheitlichkeit und Übersichtlichkeit der Rechtsordnung bestrebt, bürgerlich-rechtlich einwandfreien Regelungen auch im Steuerrecht Geltung zu verschaffen. Eine handelsrechtlich wirksam vereinbarte Gewinnverteilung wird grundsätzlich auch steuerlich anerkannt. Eine vom Vertrag abweichende steuerliche Gewinnverteilung bei einer GmbH & Co. KG ist – so führt der BFH in seinem Urteil vom 15. 4. 1968[291] aus – nur dann möglich, wenn die steuerlichen Bedenken zu einer wesentlich anderen Verteilung führen würden, d. h. wenn die Angemessenheit der Gewinnverteilung verneint wird. Angemessen, d. h. frei von außerbetrieblichen, nur aufgrund der Gesellschafteridentität erklärbaren Erwägungen, ist eine Gewinnverteilung, wenn sie dem Wesen einer Gesellschaft und dem Wesen des Gewinns gemäß ist. Bei der Prüfung der Angemessenheit einer Gewinnverteilung der GmbH & Co. KG sind als wesentliche Faktoren – wie weiter unten noch ausgeführt wird – der Arbeitseinsatz, der Kapitaleinsatz und das übernommene Haftungsrisiko zu berücksichtigen.[292]

Vorstehende Ausführungen hat der BFH in mehreren Urteilen bestätigt. Er hat stets die Auffassung vertreten, daß für die Ermittlung des Anteils eines Gesellschafters am Gewinn oder Verlust einer Personenhandelsgesellschaft grundsätzlich der handelsrechtliche Gewinn- und Verteilungsschlüssel maßgebend sei, wie er sich aus den Bestimmungen des Gesellschaftsvertrags und den Vorschriften des HGB ergibt.[293]

291 VI R 279/66, BStBl 1968 S. 741.
292 BFH-Urteil vom 15. 11. 1967, IV R 139/67, BFHE 90, 399.
293 Siehe hierzu BFH-Urteil vom 23. 8. 1990, IV R 71/89, DB 1991, S. 630.

Vorstehender Grundsatz erfährt jedoch Einschränkungen, wenn für die Gewinnverteilung nicht allein die Verhältnisse der Gesellschafter in der Gesellschaft und insbsondere ihre Beiträge zum Gesellschaftszweck maßgebend sind, sondern wenn die Verteilung von anderen Beziehungen zwischen den Gesellschaftern beeinflußt ist, die ihre Grundlage nicht im Gesellschaftsverhältnis haben. Zu derartigen Abweichungen kommt es insbesondere in Familienpersonengesellschaften, wenn mit der Gewinnverteilung gleichzeitig die Zuwendung von erzielten Einkünften an Angehörige verbunden ist; in diesem Fall sind die Gewinnanteile der Gesellschafter so zu bemessen, wie sie ohne die Zuwendung vereinbart worden wären. Entsprechendes gilt aber auch, wenn zwischen den Gesellschaftern nicht verwandtschaftliche, sondern wirtschaftliche Beziehungen außerhalb des Gesellschaftsverhältnisses bestehen und diese auf die Gewinnverteilung Einfluß gewinnen. Derartige wirtschaftliche Beziehungen zwischen den Gesellschaftern, die auf die Gewinnverteilung Einfluß gewinnen können, bestehen auch dann, wenn eine Kapitalgesellschaft Mitglied einer Personengesellschaft ist und die übrigen Gesellschafter an der Kapitalgesellschaft beteiligt sind. Verzichtet in diesem Fall die (Komplementär) Kapitalgesellschaft im Interesse der übrigen (Kommanditisten) Gesellschafter auf eine Gewinnbeteiligung, die ihr sonst eingeräumt worden wäre, kann dieser Verzicht auf die Gewinnanteile der Kapitalgesellschaft nach § 15 Abs. 1 Satz 1 Nr. 2 EStG keinen Einfluß haben, weil er seine Ursache nicht in den Verhältnissen der Personengesellschaft findet. Entsprechendes gilt, wenn der Kommanditist auf die ihm sonst zustehende Gewinnbeteiligung zugunsten der Komplementär-GmbH verzichtet; auch dieser Verzicht kann seinen Gewinnanteil i. S. von § 15 Abs. 1 Satz 1 Nr. 2 EStG nicht beeinflussen.

Die Frage der Angemessenheit der Gewinnverteilung ist bei der GmbH & Co. 209
KG deswegen von besonderer Bedeutung, weil durch die weitgehende personelle Verflechtung zwischen der GmbH und den Kommanditisten der KG Interessengegensätze zwischen den Gesellschaftern verwischt oder durch besondere persönliche Beziehungen nicht mehr existent sind, d. h., die Gesellschafter werden möglicherweise Vereinbarungen treffen, die zwischen Fremden nicht verabredet worden wären. Die angemessene Beteiligung der Komplementär-GmbH am Gewinn ist also das Kardinalproblem in der ertragsteuerlichen Behandlung der GmbH & Co. KG.[294] Es ist stets zu fragen, welcher Gewinnanteil einer aus fremden Gesellschaftern bestehenden GmbH zugebilligt worden wäre, die – das ist der Regelfall – zum Zwecke der Führung der Geschäfte der KG und der Übernahme der Stellung eines vollhaftenden Komplementärs gebildet worden wäre und die sich mit einer Kapitaleinlage an der KG beteiligt hätte.

294 Seithel, a. a. O., S. 188 und 200.

3 Grundzüge der BFH-Rechtsprechung

210 Ein wichtiges Problem der Besteuerung der GmbH & Co. liegt also darin, wie eine angemessene Verteilung des Gewinns zwischen der Komplementär-GmbH und den Kommanditisten gestaltet sein muß. Der IV. Senat des BFH hat hierzu in der **Grundsatzentscheidung** vom 15. 11. 1967[295] sowie in vier weiteren Urteilen vom gleichen Tage[296] Stellung genommen. Die Auffassung des BFH geht aus den nachstehenden Rechtssätzen des Urteils IV R 139/67 hervor:

a) „Der einer GmbH als Komplementärin einer GmbH & Co. KG nach dem Gesellschaftsvertrag zustehende Gewinn kann nach den für die Beurteilung von Gewinnverteilungsabreden unter nahen Angehörigen und für die verdeckte Gewinnausschüttung geltenden Grundsätzen für die Besteuerung erhöht werden."

b) „Die vertraglich vorgesehene Gewinnverteilung ist in der Regel anzuerkennen, wenn einer auf die Führung der Geschäfte der KG beschränkten GmbH auf die Dauer Ersatz ihrer Auslagen und eine den Kapitaleinsatz und das eventuell vorhandene Haftungsrisiko gebührend berücksichtigende Beteiligung am Gewinn in der Höhe eingeräumt ist, mit der sich eine aus gesellschafterfremden Personen bestehende GmbH zufriedengegeben hätte."

c) „Ist der vertraglich vorgesehene Gewinnanteil der GmbH zu niedrig bemessen, so liegt eine verdeckte Gewinnausschüttung an die Kommanditisten vor, die zugleich Gesellschafter der GmbH sind oder solchen Gesellschaftern nahestehen."

d) „Die verdeckte Gewinnausschüttung ist schon im Verfahren der einheitlichen Gewinnfeststellung der KG festzustellen. Der vereinbarte Gewinnanteil der GmbH ist zu erhöhen; bei den Kommanditisten sind die vereinbarten Gewinnanteile anzusetzen."

211 Der VI. Senat des BFH ist in dem Urteil vom 25. 4. 1968[297] der Grundsatzentscheidung des IV. Senats IV R 139/67 im wesentlichen beigetreten. Er betont jedoch ausdrücklich, daß eine vom Vertrag abweichende steuerliche Gewinnverteilung nur in Betracht zu ziehen sei, wenn die gegen die Angemessenheit der Gewinnverteilung sprechenden steuerlichen Bedenken zu einer wesentlich anderen Beurteilung führen würden.

212 Als Ergebnis der Rechtsprechung läßt sich **zusammenfassend** sagen, daß bei der Prüfung, ob eine Gewinnverteilung bei einer GmbH & Co. als angemessen anzusehen ist, als wesentliche Faktoren der Arbeitseinsatz, der Kapitaleinsatz und das übernommene Haftungsrisiko der GmbH zu berücksichtigen sind. Dabei ist jede Regelung anzuerkennen, die einer nur auf die Geschäftsführung der KG be-

295 IV R 139/67, BStBl II 1968 S.152.
296 IV 115/65, IV R 244/66, IV R 2/76 und IV R 241/66, BStBl II S. 174, 175 und 307.
297 IV R 279/66, BStBl II S. 741.

schränkten GmbH auf die Dauer Ersatz ihrer Auslagen und eine den Kapitaleinsatz und das etwa vorhandene Haftungsrisiko gebührend berücksichtigende Beteiligung am Gewinn einräumt. Maßstab ist dabei, ob sich eine GmbH, deren Gesellschafter nicht zugleich Kommanditisten der GmbH & Co. sind (also eine „fremde“ GmbH), mit dem gleichen Gewinnanteil zufriedengäbe. Der BFH hebt hervor, daß bei einer GmbH & Co. ebenso wie bei einer Familiengesellschaft der vertraglichen Gestaltung nur dann nicht gefolgt werden könne, wenn sich ernste Bedenken gegen die Angemessenheit der Gewinnverteilung ergäben, die zu einer wesentlich anderen Verteilung des Gewinns führten.

Eine Gewinnbegrenzung auf 15 v. H. ihres Anteils, wie sie in der Entscheidung 213
des Großen Senats des BFH vom 29. 5. 1972[298] bei Familiengesellschaften gefordert wird, gilt hier nicht.

Die Angemessenheit der Verteilung des Gewinns kann nicht nach Maßgabe einzel- 214
ner Veranlagungszeiträume beurteilt werden, sondern es muß immer ein längerer Zeitraum zugrunde gelegt werden. Im Falle der GmbH & Co. KG muß daher die Frage gestellt werden, ob die GmbH auf lange Sicht den Anteil am Gewinn erhält, der ihr aufgrund ihrer Leistungen zusteht. Gerade wenn ein bestimmter Betrag, z. B. in Form einer Tätigkeitsvergütung, vorab gezahlt wird, und zwar auch in Verlustjahren, wird die Notwendigkeit der Prüfung eines längeren Zeitabschnittes ersichtlich. Bei einer neugegründeten GmbH & Co. KG ist regelmäßig nicht von vornherein überschaubar, wie die wirtschaftliche Entwicklung sich gestalten wird und welche Rendite die Komplementär-GmbH bei der angenommenen Gewinnverteilung erzielen wird. Es ergibt sich die Notwendigkeit von Anpassungsregelungen, die der Komplementär-GmbH auf die Dauer gesehen einerseits eine angemessene Mindestrendite sichern, andererseits aber auch verhindern, daß der Komplementär-GmbH eine zu hohe Gewinnbeteiligung zufließt.[299] Es könnte also im Gesellschaftsvertrag einer GmbH & Co. KG vorgesehen werden, daß der Gewinn in einer bestimmten Anlaufzeit nach Maßgabe der Einlagen der Gesellschafter verteilt wird, daß aber nach Überwindung der Anlaufzeit die Komplementär-GmbH eine 20%ige Verzinsung ihrer Kapitaleinlage als Gewinnanteil erhält.[300]

Der teilweise in der Literatur vertretenen Auffassung[301], der Komplementär- 215
GmbH müßte in der Anlaufzeit und insbesondere auch in Verlustjahren vertraglich eine Mindestrendite von 20 v. H. ihrer Einlagen und Darlehen gewährleistet werden, stimmt Seithel[302] nur in den Fällen zu, in denen von vornherein mit Dauerverlust gerechnet werden muß, nicht dagegen in den Fällen, wo sich Verluste nur in einer gewissen Anlaufzeit ergeben.

---

298 GrS 4/71, BStBl II 1973 S. 5.
299 Seithel, a. a. O., S. 203.
300 Böttcher, Neues zur GmbH & Co. – handelsrechtlich und steuerlich, StbJb 1968/69, S. 131.
301 Z. B. Krollmann, Folgerungen aus der Rechtsprechung des BFH zur Gewinnverteilung bei der GmbH & Co., DB 1969, S. 589.
302 A. a. O., S. 203/204.

Zu den Besonderheiten bei Publikums-GmbH & Co. KG wird auf die Ausführungen unter Abschn. J[303] verwiesen.

4 Verlustausschluß der Komplementär-GmbH

216 Um eine Überschuldung der Komplementär-GmbH und damit den Eintritt des Konkursfalles zu vermeiden, wird häufig die Beteiligung der GmbH am Verlust der KG auf die Höhe ihrer Einlagen bzw. ihres Stammkapitals beschränkt. Gegen einen derartigen Verlustausschluß bestehen jedenfalls ertragsteuerlich keine Bedenken, weil die Erhaltung der Komplementär-GmbH für die GmbH & Co. KG von fundamentaler Bedeutung ist.[304]

217 Nach dem Urteil des FG Baden-Württemberg[305] vom 11. 5. 1971 kann es ertragsteuerlich aber nicht anerkannt werden, wenn Kommanditisten einer GmbH & Co. KG, die gleichzeitig Anteilseigner der GmbH sind, in Abweichung vom Gesellschaftsvertrag die Verlustquote der GmbH übernehmen. Erfolgt die Übernahme aufgrund einer rückwirkenden Änderung des Gesellschaftsvertrages, so kann auch diese (rückwirkende) Übernahme steuerlich keine Anerkennung finden, selbst wenn sie handelsrechtlich zulässig ist.[306]

5 Rückwirkende Neuverteilung des Gewinns[307]

218 **Zivilrechtlich** können die Gesellschafter einer Personengesellschaft über die Aufteilung des Gesellschaftsgewinns noch anläßlich der Bilanzfeststellung befinden. Sie können dabei auch vom bisherigen Gewinnverteilungsschlüssel abweichen. Hierin liegt eine Änderung des Gesellschaftsvertrages und der Mitgliedschaftsrechte der Gesellschafter, für die das Gewinnbezugsrecht besondere Bedeutung hat. Eine solche Vertragsänderung kann wie andere rechtserhebliche Vorgänge grundsätzlich nur für die Zukunft wirken. Die Gesellschafter sind jedoch nicht gehindert, einander so zu stellen, als hätten sie die Änderung bereits zu einem früheren Zeitpunkt vereinbart. Danach bemessen sich alsdann die auf der Vereinbarung beruhenden und mit dieser entstandenen Rechte und Pflichten der Beteiligten. Nur in diesem Sinne kann die Änderung eines Gesellschaftsvertrages rückwirkende Kraft entfalten. Eine solche obligatorische Rückwirkung kann bei der Be-

---

303 Siehe Rn. 746.

304 Seithel, a. a. O., S. 204; vgl. Müller-Welser, Zur Bilanzierung der Verlustbeteiligung einer Komplementär-GmbH, DB 1978, S. 958, der eine solche Beschränkung für überflüssig hält.

305 Außensenate Freiburg, II (III) 140/69, rechtskräftig, EFG 1971, S. 540.

306 So der BFH im nichtveröffentlichten Urteil vom 13. 10. 1982, I R 153/79 (unter Aufhebung des Urteils des FG Berlin vom 3. 7. 1979, V 275/78, EFG, S. 604). Siehe auch Rn. 218/219.

307 Die nachfolgenden Ausführungen finden sich in der Begründung zum BFH-Urteil vom 12. 6. 1980, IV R 40/77, BStBl II S. 723.

gründung eines Gesellschaftsverhältnisses gewollt sein; sie kann auch bei der Änderung des Gewinnverteilungsschlüssels vereinbart werden.

Steuerrechtlich kann eine solche Vereinbarung jedoch keine Neuverteilung des in der Vergangenheit für die Gesellschaft entstandenen Gewinns bewirken. Aus § 15 Nr. 2 EStG ergibt sich vielmehr, daß ein in der Gesellschaft entstandener Gewinn ohne weiteres auf die Gesellschafter nach Maßgabe ihrer Gewinnbeteiligung aufzuteilen ist. Eine Änderung in der Gewinnverteilung wirkt auch hier nur für die Zukunft. Ihre schuldrechtliche Rückbeziehung auf einen früheren Zeitpunkt erlangt erst mit dem Abschluß einer entsprechenden Vereinbarung steuerliche Bedeutung. Sie hat nicht zur Folge, daß der Gesellschaftsgewinn bereits für die Vergangenheit nach dieser Vereinbarung aufzuteilen und den Gesellschaftern zuzurechnen ist. Fazit: Die Gewinnanteile der Gesellschafter einer Personengesellschaft können nach Ablauf des Wirtschaftsjahres nicht rückwirkend durch eine Neuverteilung des Gewinns geändert werden. 219

Für die rückwirkende Geltung einer geänderten Gewinnverteilung läßt sich auch nicht anführen, daß der Gesellschaftsgewinn erst mit der Aufstellung der Bilanz festliege und seine Höhe von Werturteilen und Gestaltungsmöglichkeiten abhänge, die erst in diesem Zeitpunkt wirksam würden. Diese Überlegungen betreffen die Ermittlung des Gesellschaftsgewinns, nicht seine Verteilung unter den Gesellschaftern, auf die es im Streitfall ankommt. Zudem ist die Höhe des Gewinns in erster Linie von den Geschäftsvorgängen des abgelaufenen Wirtschaftsjahres abhängig, die nicht rückwirkend herbeigeführt oder ungeschehen gemacht oder in ihrem Inhalt verändert werden können. Der Jahresgewinn der Gesellschaft ergibt sich aus der Geschäftsentwicklung des Wirtschaftsjahres. An dieser Entwicklung nehmen die Gesellschafter entsprechend dem Gewinnverteilungsschlüssel teil. Auch wenn ein Gesellschafter ausscheidet, bestimmt sich sein Gewinnanteil nach dem Gewinnverteilungsschlüssel und der Dauer seiner Gesellschaftszugehörigkeit. 220

Stimmt daher die an einer GmbH & Co. KG beteiligte Komplementär-GmbH einer rückwirkenden Neuverteilung des Gewinns zu, die ihre Gewinnbeteiligung zugunsten ihres gleichfalls an der Personengesellschaft als Kommanditisten beteiligten Gesellschafters einschränkt, so kann hierin eine verdeckte Gewinnausschüttung liegen. Da die Beteiligung an der GmbH zum Sonderbetriebsvermögen des Kommanditisten gehört, müssen die daraus erlangten Vorteile in der einheitlichen Gewinnfeststellung der KG berücksichtigt werden. Das kann jedoch erst geschehen, wenn der Gesellschafter den Vorteil erlangt hat, das bedeutet, daß bei rückwirkender Neuverteilung des Gewinns der Kommanditist erst mit Abschluß der Vereinbarung einen als verdeckte Gewinnausschüttung zu berücksichtigenden Vorteil erlangt. 221

VI Besteuerungsfragen bei Kapitalveränderungen

1 Komplementär-GmbH

a) Kapitalerhöhung

222 Die Kapitalerhöhung kann dadurch erfolgen, daß neue Mittel zugeführt werden oder eigene Mittel verwendet werden.

Die Zuführung neuer Mittel bedeutet Kapitalerhöhung gegen Einlagen. Steuerliche Besonderheiten ergeben sich nicht. Die Einzahlung der Einlage ist gesellschaftsteuerpflichtig. Das körperschaftsteuerpflichtige Einkommen wird durch die Einlage nicht berührt; die Kapitalerhöhung verändert nicht das sog. „verwendbare Eigenkapital" der GmbH, sondern erhöht nur das sog. „übrige Eigenkapital" (EK 02). Ein evtl. Aufgeld (Agio) stellt sich ebenfalls als gesellschaftsrechtliche Einlage dar; es erhöht das sog. EK 04. Die mit der Ausgabe der neuen GmbH-Anteile verbundenen Aufwendungen stellen in voller Höhe Betriebsausgaben dar.

223 Kapitalerhöhungen aus eigenen Mitteln erfolgen durch Umwandlungen von in der GmbH-Bilanz ausgewiesenen Kapital- und anderen Gewinnrücklagen nach den Vorschriften des Gesetzes über Kapitalerhöhung aus Gesellschaftsmitteln.[308] Der Vorschrift des § 41 Abs. 3 KStG entsprechend, sind aus den verschiedenen Gruppen des sog. „verwendbaren Eigenkapitals" der GmbH zunächst EK 03 (Altrücklagen) und sodann EK 04 (Neueinlagen der Gesellschafter) zu verwenden. Kapitalerhöhungen außerhalb des KapErhG setzen eine unter dem Schlagwort „Schütt aus – hol zurück" bekannt gewordene Doppelmaßnahme voraus: Ausschüttung an die Gesellschafter und (anschließende) Einlageverpflichtung der Gesellschafter. Die Einlageverpflichtung löst die Kapitalverkehrsteuer aus.[309]

b) Kapitalherabsetzung

224 Die Kapitalherabsetzung stellt sich als Verringerung des gesellschaftsrechtlichen Haftkapitals dar. Werden dabei die Einlagen an die Gesellschafter zurückgewährt, spricht man von effektiver Kapitalherabsetzung. Im Gegensatz hierzu steht die nominelle Kapitalherabsetzung, bei der den Gesellschaftern die Einlagen nicht zurückgewährt werden.[310]

225 **Steuerlich** muß hier – wie generell im KStG – zuerst gefragt werden, welche Folgen die Kapitalherabsetzung auf die **Eigenkapitalgliederung** der Kapitalgesellschaft hat. Es kann sein, daß nur das übrige Eigenkapital betroffen ist. Dann muß

308 Vom 23. 12. 1959 (KapErhG) i. d. F. des BiRiLiG vom 19. 12. 1985.

309 Gesellschaftsteuerfreiheit ist möglich, wenn die Kapitalerhöhung der Beseitigung der Überschuldung der GmbH dient; vgl. § 7 Abs. 4 Nr. 1 KVStG.

310 In praxi dient diese Maßnahme der Sanierung der GmbH (Beseitigung einer Unterbilanz).

gefragt werden, ob innerhalb der Fünfjahresfrist des § 5 StKapErhG eine Kapitalerhöhung aus Altrücklagen (EK 03) stattgefunden hat; die Kapitalherabsetzung kann dann u. U. zu einer Pauschsteuer führen. Es kann aber auch zu Veränderungen beim verwendbaren Eigenkapital kommen. Als weitere Frage muß dann geprüft werden, ob die Kapitalherabsetzung mit einer Ausschüttung („sonstige Leistung" i. S. des § 41 KStG) verbunden ist; dann müssen ggf. die Bestimmungen über Gewinnausschüttungen sinngemäß angewendet werden. Fraglich kann u. U. auch noch sein, ob eine Nennkapitalherabsetzung zugleich die Voraussetzungen einer verdeckten Gewinnausschüttung erfüllt: u. E. ist dies aber zu verneinen. In allen Fällen bedeutet eine Kapitalherabsetzung keine Liquidation mit anschließender Neugründung, sondern das Fortbestehen der Gesellschaft.

2 Kommanditgesellschaft

a) Erhöhung der Kommanditeinlage

Auch bei einer Kapitalerhöhung einer GmbH & Co. erwirbt der Kommanditist in Höhe der von ihm zu leistenden Einlage neue Gesellschaftsrechte. 226

Nach § 15a Abs. 3 Satz 1 EStG ist einem Kommanditisten der Betrag einer **Einlageminderung** als Gewinn zuzurechnen. Nach Satz 4 des § 15a Abs. 3 EStG mindern die zuzurechnenden Beträge die Gewinne des Jahres der Zurechnung oder der Folgejahre. Bei einer Einlageminderung werden danach im Ergebnis ausgleichsfähige Verluste der Vorjahre in nur verrechenbare Verluste umgewandelt. Der Gesetzgeber hat davon abgesehen, für den umgekehrten Fall der **Einlageerhöhung** eine entsprechende Regelung zu treffen, nämlich dahin, daß verrechenbare Verluste bzw. Werbungskostenüberschüsse aus den Vorjahren im Jahr der Einlage zu ausgleichsfähigen Verlusten bzw. Werbungskostenüberschüssen umgewandelt werden. Wie sich aus dem Bericht des Finanzausschusses zum Entwurf des entsprechenden Einkommensteueränderungsgesetzes ergibt (BT-Dr. 8/4157, S. 3), ist der Gesetzgeber der Anregung des Wirtschaftsausschusses des Bundestages nicht gefolgt und hat Einlageerhöhungen ungeregelt gelassen. Die BFH-Rechtsprechung läßt offen, ob in entsprechender Anwendung des § 15 Abs. 3 EStG (Einlagenminderung) oder verfassungskonformer Auslegung dieser Vorschrift es möglich ist, daß bei Einlageerhöhungen verrechenbare Werbungskostenüberschüsse der Vorjahre in ausgleichsfähige Werbungskostenüberschüsse des Jahres der Einlage umgewandelt werden. Die Möglichkeit käme nur in Betracht, wenn der Kommanditist oder sonst nur beschränkt haftende Gesellschafter Einlagen vornimmt, d. h. der Gesellschaft aus seinem Privatvermögen Mittel zuführt.[311] 227

Gesellschaftsteuer fällt dagegen nicht an, wenn aufgrund einer im Gesellschaftsvertrag enthaltenen Anordnung oder Ermächtigung in der festgestellten Jahresbilanz Be- 228

311 Siehe BFH-Beschluß vom 28. 3. 1994, IX B 81/83, GmbHR 1994, S. 823.

träge aus dem Jahresüberschuß der GmbH & Co. KG in eine gesamthänderisch gebundene offene Rücklage eingestellt sind. In diesen Fällen steht den Kommanditisten ein Gewinnanspruch nicht zu; sie können deshalb insoweit eine Leistung nicht bewirkt haben. Wird die so gebildete gebundene offene Rücklage aufgelöst und anteilig den Kapitalanteilen der Gesellschafter zugeschrieben, so bestehen nach Ansicht der Finanzverwaltung keine Bedenken, die Steuerbefreiung nach § 7 Abs. 3 Nr. 2a KVStG zu gewähren, sofern gleichzeitig die Hafteinlage jedes Kommanditisten um den seinem Kapitalanteil zugeschriebenen Betrag erhöht wird.[312] Zu beachten ist, daß die Steuerbefreiung unabdingbar voraussetzt, daß in der letzten, der Erhöhung der Kommanditeinlage vorausgehenden Jahresbilanz der Gesellschaft offen eine gesamthänderisch gebundene Rücklage ausgewiesen ist. Die Erhöhung der Einlage eines Kommanditisten aus „Gesellschaftsmitteln" bedarf also stets einer Doppelmaßnahme: Nämlich der Auflösung einer gebildeten gesamthänderisch gebundenen Rücklage – zwischen Bildung und Auflösung muß ein Bilanzstichtag liegen – und der Erfüllung der Einlageverpflichtung des Kommanditisten.[313]

b) Herabsetzung der Kommanditeinlage

229 Nach § 15a Abs. 3 Satz 1 EStG gilt der Grundsatz, daß dann, wenn ein Kommanditist seine Einlage in die Gesellschaft durch eine Entnahme mindert und dadurch ein negatives Kapitalkonto entsteht bzw. sich erhöht, der Betrag der Einlagenminderung dem Kommanditisten als Gewinn zuzurechnen ist. § 15a Abs. 3 Satz 1 EStG soll Mißbräuchen entgegentreten derart, daß durch diese Vorschrift verhindert wird, daß in Verlustjahren nur zum Zwecke des Verlustausgleichs kurzfristige Einlageerhöhungen vorgenommen werden, die im Folgejahr oder nach Vornahme des Verlustausgleichs rückgängig gemacht werden.[314]

230 Ein Beispiel in Anlehnung an Knobbe-Keuk[315] soll diesen Grundgedanken des § 15a Abs. 3 Satz 1 EStG verdeutlichen.

Hafteinlage (im Handelsregister eingetragen)	500
Kapitalkonto (tatsächlich geleistete Einlage)	1 000
Verlustanteil im Jahr I	1 000
Entnahme im Jahr II	500
Gewinn durch Einlagenminderung im Jahr II	500

Ohne § 15a Abs. 3 Satz 1 EStG hätte der Kommanditist im Jahr I einen ausgleichs- und abzugsfähigen Verlustanteil von 1 000. Hätte er die Entnahme nicht im Jahr II, sondern im Jahr I getätigt, so wären im Jahr I 500 ausgleichs- und abzugsfähig und 500 verrechenbar mit späteren Gewinnen aus der Beteiligung gewesen. Ohne § 15a

312 Vgl. BdF-Schreiben vom 18. 4. 1974, a. a. O.

313 Vgl. BFH-Urteil vom 27. 2. 1980, II R 48/77, DB S. 1311. Erneut bestätigt durch das BFH-Urteil vom 12. 10. 1988, I R 217/84, BStBl II 1989 S. 374.

314 Vgl. Knobbe-Keuk, Bilanz- und Unternehmenssteuerrecht, 8. Aufl. 1991, S. 449. Sowie Herrmann-Heuer, a. a. O., E (grün) zu § 21 EStG S. 12/13 und 15.

315 A. a. O., S. 449.

Abs. 3 Satz 1 EStG wäre der Verlust steuerlich unterschiedlich zu behandeln, je nachdem, ob der Verlust zuerst eingetreten ist und es dann zur Entnahme kam oder umgekehrt; § 15a Abs. 3 Satz 1 EStG führt zur Gleichbehandlung vorstehender beider Möglichkeiten, so daß es ohne Anreiz ist, durch kurzfristige Eintragung hoher Haftsummen ein nicht gerechtfertigtes Verlustausgleichsvolumen zu schaffen.[316] Die Regelung des § 15a Abs. 3 Satz 1 EStG führt im Beispielsfall dazu, daß die Hälfte des Verlustes – 500 –, der dem Kommanditisten im Jahr I als ausgleichs- bzw. abzugsfähiger Verlustanteil zugerechnet worden ist, mit Wirkung des Jahres II, also des Zeitraums, in dem das negative Kapitalkonto durch die Entnahme entsteht, in einen nur verrechenbaren Verlustanteil umgewandelt wird.

Ein ergänzendes Beispiel von Herrmann-Heuer[317] zeigt, daß die Haftungsminderung nicht zur Zurechnung positiver Einkünfte führt, wenn aufgrund der Haftung tatsächlich Beträge geleistet wurden. 231

Vereinbarte Einlage	1 000
Tatsächlich geleistete Einlage (im Jahr I)	500
Verlustanteile des Kommanditisten in den Jahren I–III	800
Weitere Einzahlungen in Jahren I–III	200
Verminderung der vereinbarten Einlage im Jahr IV um 400 auf	600

Aufgrund der Verringerung der vertraglichen Einlage im Jahr IV wären dem Kommanditisten positive Einkünfte in Höhe von 200 zuzurechnen, um die die in den Jahren I–III zugerechneten Verluste den Betrag der verminderten Einlage übersteigen. Durch die weitere Einzahlung des Kommanditisten von 200 verringern sich die zuzurechnenden positiven Einkünfte auf 100.

Wie sich die Einlage- oder Haftungsminderung in den Folgejahren auswirkt, ergibt sich aus § 15a Abs. 3 Satz 4 EStG: Die aufgrund der Haftungs- oder Einlagenminderung dem Kommanditisten „zuzurechnenden Beträge mindern die Gewinne, die dem Kommanditisten im Wirtschaftsjahr der Zurechnung oder in späteren Wirtschaftsjahren aus seiner Beteiligung an der Kommanditgesellschaft zuzurechnen sind“; ein Beispiel von Herrmann-Heuer[318] verdeutlicht diese Gesetzesvorschrift. 232

Geleistete Einlage des Kommanditisten	1 000
Verlustanteile der Jahre I–III	600
Auszahlung im Jahr IV	
(ohne daß eine zu berücksichtigende Haftung entsteht)	500
Zuzurechnender positiver Betrag im Jahr IV aufgrund der Rückzahlung	100
Gewinnanteil des Kommanditisten im Jahr V	200
./. Zuzurechnender positiver Betrag des Jahres IV	100
Steuerpflichtiger Gewinnanteil im Jahr V	100

316 Vgl. Herrmann-Heuer, a. a. O., S. 15.
317 A. a. O., S. 15.
318 Ebenda.

233 Vorstehend dargestellte Zurechnung von Einkünften entfällt jedoch, wenn die Entnahme oder die Einlagenrückzahlung zu einem Wiederaufleben der Haftung führt, d. h. der Kapitalanteil des Kommanditisten durch die Entnahme oder Einlagenrückzahlung unter den Betrag der Hafteinlage gemindert wird (§ 174 Abs. 4 i. V. m. § 171 Abs. 1 HBG; § 15a Abs. 3 Satz 1 EStG i. V. m. § 15a Abs. 1 Satz 2 EStG). Durch diese Regelung wird sichergestellt, daß ein Kommanditist, dessen Haftung durch Entnahme bzw. Einlagenminderung wieder auflebt, genauso gestellt wird wie ein Kommanditist, dem aufgrund erweiterter Außenhaftung ein über die geleistete Einlage hinausgehender Verlust zugerechnet wird. [319]

319 Vgl. Herrmann-Heuer, a. a. O., S. 13 unter Berufung auf Bordewin in FR 1982, S. 487.

D Laufender Geschäftsbetrieb der GmbH & Co. KG – Handelsrechtlicher Teil

I Innenverhältnis

1 Geschäftsführungsbefugnis innerhalb der GmbH & Co. KG

a) Gesetzliche Regelung

aa) Zuständigkeit

aaa) Komplementär-GmbH

234 Abweichend vom allgemeinen Sprachgebrauch wird im Recht der Personengesellschaften Geschäftsführung und Vertretung getrennt geregelt und voneinander unterschieden. Während „Vertretung" rechtsgeschäftliches Handeln gegenüber Dritten umfaßt (z. B. ein Vertragsschluß), betrifft „Geschäftsführung" Entscheidungskompetenzen im Innenverhältnis. Nach der gesetzlichen Regelung ist es durchaus möglich, daß ein Gesellschafter zwar geschäftsführungsbefugt, nicht aber vertretungsberechtigt ist (und umgekehrt). In der Praxis werden Geschäftsführungsbefugnis und Vertretungsmacht üblicherweise nicht voneinander getrennt. Im Recht der GmbH sind dagegen Geschäftsführungsbefugnis und Vertretungsmacht immer in der Person des Geschäftsführers vereint, §§ 6, 35 GmbHG.

235 In einer Kommanditgesellschaft obliegt die Geschäftsführung immer den persönlich haftenden Gesellschaftern, § 114 Abs. 1, § 161 Abs. 2, § 164 HGB. In einer typischen GmbH & Co. KG, in der es neben der Komplementär-GmbH keine weiteren persönlich haftenden Gesellschafter gibt, ist also ausschließlich die GmbH zur Führung der Geschäfte berechtigt und verpflichtet. Sie übt ihre Befugnisse durch ihre Organe, das sind ihre Geschäftsführer, aus, §§ 6, 35 GmbHG.[320] Diese handeln, wenn sie Geschäfte der GmbH & Co. KG wahrnehmen, aufgrund einer zweifachen Geschäftsführungsbefugnis: Die GmbH ist befugt, die Geschäfte der KG zu führen, die Geschäftsführer sind befugt, die Geschäfte der GmbH zu führen, zu denen auch die Geschäftsführung der KG zählt. Die Geschäftsführer der Komplementär-GmbH werden daher auch als „mittelbare" Geschäftsführer der GmbH & Co. KG bezeichnet.[321]

236 Gibt es neben der Komplementär-GmbH noch weitere persönlich haftende Gesellschafter, sind auch diese zur Geschäftsführung berechtigt und verpflichtet. Nach § 115 Abs. 1, § 161 Abs. 2 HGB ist jeder von ihnen allein zu handeln berechtigt. Nur wenn ein anderer Komplementär einer Maßnahme widerspricht, muß sie un-

320 Siehe Rn. 244.
321 Hesselmann/Tillmann, S. 127.

terbleiben. Handelt es sich um eine Maßnahme von erheblicher Bedeutung, müssen die anderen Komplementäre vorher informiert und muß ihre Stellungnahme abgewartet werden.[322]

aab) Kommanditisten

237 Die Kommanditisten sind von der Geschäftsführung ausgeschlossen, § 164 HGB. Sie haben kein Widerspruchsrecht gegenüber gewöhnlichen Geschäftsführungshandlungen. Für außergewöhnliche Geschäfte trifft § 164 entgegen seinem mißverständlichen Wortlaut keine Sonderregelung. Es bleibt bei der Regelung des § 116 Abs. 2 HGB, wonach die Vornahme von Handlungen, die über den gewöhnlichen Betrieb hinausgehen, eines Beschlusses sämtlicher Gesellschafter bedarf.[323]

bb) Umfang der Geschäftsführungsbefugnis

238 Gemäß § 116 Abs. 1, § 161 Abs. 2 HGB erstreckt sich die Befugnis zur Geschäftsführung auf alle Handlungen, die der gewöhnliche Betrieb des Handelsgewerbes der Gesellschaft mit sich bringt. Für Geschäfte, die darüber hinausgehen – sog. außergewöhnliche oder ungewöhnliche Geschäfte –, ist gemäß § 116 Abs. 2, § 161 Abs. 2 HGB der Beschluß sämtlicher Gesellschafter erforderlich. Außergewöhnliche Geschäfte sind solche, die den bisher vorgegebenen Rahmen des Geschäftsbetriebes übersteigen oder außerhalb des Unternehmensgegenstandes liegen oder nach Umfang oder Risiko ungewöhnlich oder ihrer Art nach dem gewöhnlichen Geschäftsbetrieb fremd sind.[324] Die Zustimmung der Gesellschafter zu einem außergewöhnlichen Geschäft steht nicht in ihrem freien Ermessen. Liegt das Geschäft erkennbar im Interesse der Gesellschaft, sind die Gesellschafter kraft ihrer Treuepflicht gehalten, ihre Zustimmung zu geben.[325]

b) Vertragliche Regelungen

aa) Erweiterung der Kommanditistenrechte

239 Die gesetzlichen Regeln zur Geschäftsführungsbefugnis sind weitgehend dispositives Recht. In der Praxis werden sie daher häufig häufig durch gesellschaftsvertragliche Vereinbarungen abgeändert bzw. konkretisiert.

240 Die Stellung der Kommanditisten, die nach der gesetzlichen Ausgestaltung[326] sehr viel schwächer ist als die der Komplementärin, kann durch entsprechende Vereinbarungen im Gesellschaftsvertrag aufgewertet werden. Dem einzelnen Kommanditisten kann ein Widerspruchsrecht analog § 115 Abs. 1 HGB einge-

---

322 BGH, BB 1971, S. 759.
323 RGZ 158, 302 (306f.); K. Schmidt, S. 1276; Baumbach/Hopt, § 164 Anm. 2; s. auch Rn. 238.
324 Schilling in Großkomm., § 164 Rn. 3; Baumbach/Hopt, § 116 Anm. 1 B.
325 Schilling in Großkomm., § 164 Rn. 4; Baumbach/Hopt, a. a. O.
326 Siehe Rn. 237.

räumt werden. Bestimmte Geschäfte können von seiner Zustimmung abhängig gemacht werden. In der Regel enthält der Gesellschaftsvertrag einer GmbH & Co. KG einen Katalog von Geschäftsführungsmaßnahmen, die der (mehrheitlichen) Zustimmung aller Gesellschafter bedürfen. So werden beispielsweise der Erwerb, die Veräußerung oder Belastung von Grundstücken, die Aufnahme von langfristigen Krediten, die Einstellung von Mitarbeitern ab einem gewissen Gehaltsvolumen von der Zustimmung der Kommanditisten abhängig gemacht.

Ein Komplementär kann vertraglich in seiner Geschäftsführungsbefugnis derart 241
eingeschränkt werden, daß er nur aufgrund von Weisungen aller oder eines einzelnen Kommanditisten handeln darf.[327] Er kann sogar von der Geschäftsführung ausgeschlossen werden, und diese kann dann von einem oder mehreren Kommanditisten wahrgenommen werden.[328] Kommanditisten – die in diesem Fall meistens noch mit einer rechtsgeschäftlichen Vollmacht ausgestattet werden[329] – können auf diese Weise eine beherrschende Stellung innerhalb einer KG erlangen und zum eigentlichen Leiter des Unternehmens werden. In einer GmbH & Co. KG besteht jederzeit die Möglichkeit, einen Kommanditisten zum Geschäftsführer der Komplementär-GmbH zu bestellen und ihn auf diese Weise zum Leiter des Unternehmens zu machen. Aus diesem Grunde ist eine derartige vertragliche Umkehrung der Herrschaftsverhältnisse innerhalb der KG für die GmbH & Co. KG ohne praktische Bedeutung.

bb) Einschränkung der Kommanditistenrechte

Die Mitverwaltungsrechte der Kommanditisten können auch über die gesetzliche 242
Regelung hinaus eingeschränkt werden. Eine solche zulässige Einschränkung liegt z. B. vor, wenn der Gesellschaftsvertrag bestimmt, daß die Komplementär-GmbH zur Vornahme ungewöhnlicher Geschäfte nicht der Zustimmung der Kommanditisten bedarf oder daß für einen Zustimmungsbeschluß gemäß § 116 Abs. 2, § 161 Abs. 2 HGB die einfache Mehrheit genügt (s. Rn. 717).

Allerdings sind Mehrheitsentscheidungen, die in die Rechtstellung eines über- 243
stimmten Gesellschafters eingreifen, nicht unbegrenzt zulässig.

Auch wenn der Gesellschaftsvertrag die Möglichkeit der Vertragsänderung durch Mehrheitsbeschluß zuläßt, muß dem einzelnen Gesellschafter ein Kernbereich von Mitgliedschaftsrechten verbleiben, der nicht zur beliebigen Disposition der Mehrheit steht. Ein Eingriff in diesen Bereich ist grundsätzlich nur mit der Zustimmung des betroffenen Gesellschafters zulässig.[330]

327 Schilling in Großkomm., § 164 Rn. 12; Baumbach/Hopt, § 164 Anm. 4 B.
328 Vgl. BGHZ 51, 198 (201); Schilling in Großkomm., § 164 Rn. 8.
329 Siehe Rn. 311.
330 BGH, NJW 1985, S. 927 (973).

Als Mitgliedschaftsrechte, die zum Kernbereich gehören, zählen unter anderem das Gewinnbezugsrecht und das Recht auf die Teilnahme am Liquidationsgewinn so wie das Stimmrecht als solches.[331]

In einer neueren Entscheidung hat der BGH festgestellt, daß auch das Informationsrecht des Kommanditisten zu diesem Kernbereich gehört. Die Aufnahme einer erlaubten Konkurrenztätigkeit könne es daher nicht rechtfertigen, das aus dem Gesellschaftsvertrag folgende Informationsrecht des Kommanditisten gegen seinen Willen vollständig auszuschließen.[332]

Eine weitere Grenze gegen gesellschaftsvertragliche Mehrheitsklauseln ergibt sich aus dem Bestimmtheitsgebot. Dieser Grundsatz besagt, daß die Mehrheitsklausel den Gegenstand möglicher Mehrheitsbeschlüsse hinreichend bestimmt festlegen muß. Überwiegend wird der Bestimmtheitsgrundsatz dahingehend verstanden, daß die Gegenstände möglicher Mehrheitsentscheidung bereits im Gesellschaftsvertrag in Katalogform erkennbar sein müssen.[333] Der BGH hat den Bestimmtheitsgrundsatz jedoch, vor allem bei Publikumsgesellschaften, stark relativiert [334] und in einer neueren Entscheidung sogar offen gelassen, ob der Bestimmtheitsgrundsatz weiterhin Geltung haben soll.[335]

c) Geschäftsführung der Komplementär-GmbH

aa) Bestellung des Geschäftsführers

244 In einer GmbH sind Geschäftsführungsbefugnis und Vertretungsmacht immer in der Person des Geschäftsführers vereint, §§ 6, 35 GmbHG. Die Gesellschafter der GmbH sind in der Wahl ihrer Geschäftsführer frei. Sie können jeden beliebigen Dritten, einen GmbH-Gesellschafter oder auch einen Kommanditisten der KG zum Geschäftsführer bestimmen.[336] Die Bestellung der Geschäftsführer erfolgt entweder im GmbH-Gesellschaftsvertrag oder durch einen Mehrheitsbeschluß der GmbH-Gesellschafter, soweit der Gesellschaftsvertrag nichts anderes bestimmt, § 6 Abs. 3 Satz 2, § 46 Nr. 5, § 47 Abs. 1 GmbHG. Die Zustimmung der Kommanditisten der GmbH & Co. KG ist für die Bestellung des GmbH-Geschäftsführers nicht erforderlich.[337] Wohl kann aber der Gesellschaftsvertrag der GmbH & Co. KG den Kommanditisten die Mitwirkung bei der Bestellung und Abberufung des GmbH-Geschäftsführers einräumen.[338] Die Pflicht, bei Bestellung und Abberufung von GmbH-Geschäftsführern die Interessen der Mitgesellschafter der KG zu berücksichtigen, wird aus der gesellschaftlichen Treuepflicht

331 MünchKomm./Ulmer, § 709 Rn. 83.
332 BGH, GmbHR 1995, S. 55.
333 BGHZ 85, 350 (356); Hennerkes/Binz, BB 1983, S. 714.
334 Vgl. BGHZ 66, 82 (85).
335 BGH, GmbHR 1995, S. 55.
336 Schlegelberger/Martens, § 161 Rn. 109; Baumbach/Hopt, § 164 Anm. 4 A.
337 BGH, DB 1970, S. 389 (390); Schlegelberger/Martens, a. a. O.
338 Hopt, ZGR 1979, S. 1 (6); Baumbach/Hopt, § 164 Anm. 4 B.

der Komplementär-GmbH gegenüber den Kommanditisten abgeleitet.[339] Diese gesellschaftliche Treuepflicht verbietet es, eine Person zum Geschäftsführer zu berufen, gegen die aus der Sicht der Kommanditisten ein wichtiger Grund vorliegt.

Neben dem organschaftlichen Bestellungsakt besteht regelmäßig zwischen dem Geschäftsführer und der GmbH ein Anstellungsvertrag. Dieser Vertrag ist rechtlich als ein Dienstvertrag, welcher eine Geschäftsbesorgung zum Gegenstand hat, zu qualifizieren (§§ 675, 611 BGB).[340] In dem Vertrag werden die Rechte und Pflichten des Geschäftsführers und auch seine Vergütung geregelt. 245

bb) Verhältnis des GmbH-Geschäftsführers zur KG

Durch die Bestellung zum Geschäftsführer und den Anstellungsvertrag mit der GmbH entstehen keine vertraglichen Beziehungen zur GmbH & Co. KG.[341] Wohl aber ist es möglich, daß der Geschäftsführer der GmbH einen Anstellungsvertrag mit der KG schließt.[342] 246

cc) Sozialversicherungspflicht des Geschäftsführers

Der Geschäftsführer einer GmbH & Co. KG ist dann sozialversicherungspflichtig, wenn er in einem abhängigen Beschäftigungsverhältnis steht und damit versicherungsrechtlich der Gruppe der Arbeitnehmer zuzuordnen ist. Eine Versicherungspflicht entfällt dagegen, wenn der Geschäftsführer selbständig unternehmerisch tätig ist. Entscheidend für die Zuordnung ist, in welchem Maße der Geschäftsführer gesellschaftsrechtlichen Einfluß in der GmbH & Co. KG ausübt. Vier Fallgruppen sind zu unterscheiden: 247

Ist der Geschäftsführer weder am Stammkapital der Komplementär GmbH, noch an der Kommanditgesellschaft beteiligt, ist er im Regelfall dem Weisungsrecht der Gesellschafterversammlung unterworfen und steht somit in einem abhängigen Beschäftigungsverhältnis.[343] 248

Ein am Stammkapital der GmbH beteiligter Gesellschafter Geschäftsführer, der aufgrund eines Anstellungsvertrages mit der GmbH tätig wird, steht grundsätzlich ebenfalls in einem abhängigen Beschäftigungsverhältnis. Eine Sozialversicherungspflicht entfällt nur, wenn der Geschäftsführer Beschlüsse der Gesellschafterversammlung verhindern kann. Dies ist zumindest dann der Fall, wenn der Gesellschafter Geschäftsführer mit über 50 % am Kapital der Gesellschaft beteiligt ist.[344] Eine Versicherungspflicht entfällt aber auch, wenn der Geschäftsführer 249

339 Hopt, ZGR 1979, S. 1 (15); Schlegelberger/Martens, § 161 Rn. 109.
340 Lutter/Hommelhoff, Anh. § 6 Rn. 3.
341 BGH, WM 1956, S. 61 (63); Schlegelberger/Martens, § 161 Rn. 110; wegen der Haftung gegenüber der KG vgl. Rn. 254.
342 BAG AP Nr. 1 zu § 5 ArbGG 1979; OLG Celle, GmbHR 1980, S. 32 (33); Fleck, ZHR 149 (1985), S. 387ff.
343 Vgl. BSG, BB 1973, S. 1310; BSG, ZIP 1983, S. 104; Im Einzelfall kann es aber Ausnahmen geben: Vgl. Figge, Sozialversicherungshandbuch für die Praxis, Anm. 2.3.3.3 m. w. N.
344 Vgl. Figge, GmbHR 1986, S. 185 (186) m. w. N.

zwar weniger als 50 % der Stimmen auf sich vereint, aber aufgrund besonderer Vereinbarungen im Gesellschaftsvertrag die Beschlüsse der anderen Gesellschafter verhindern kann (sog. Sperrminorität).[345] Gleiches gilt nach der Rechtsprechung des BSG, wenn es ein Gesellschafter Geschäftsführer zwar nicht Kraft seiner Kapitalbeteiligung vermag, die GmbH zu beherrschen, aber hinsichtlich Zeit, Dauer, Umfang und Ort seiner Tätigkeit im wesentlichen weisungsfrei ist und bei wirtschaftlicher Betrachtung seine Tätigkeit nicht für ein fremdes, sondern ein eigenes Unternehmen ausübt.[346]

Wird der nur am Stammkapital der GmbH beteiligte Gesellschafter für die KG tätig, kann er auch zu dieser in einem abhängigen Beschäftigungsverhältnis stehen. Die Versicherungspflicht entsteht dann aufgrund des Beschäftigungsverhältnisses zur GmbH & Co. KG, bei der der Gesellschafter Geschäftsführer nicht am Kapital beteiligt ist.[347] Eine andere Betrachtungsweise kann sich aber ergeben, wenn die GmbH als geschäftsführender Komplementär beherrschenden Einfluß auf die KG ausübt. In diesem Fall besitzt der Gesellschafter Geschäftsführer über seinen Anteil an der GmbH gesellschaftsrechtlichen Einfluß auf die KG.[348]

250 Ist der Gesellschafter Geschäftsführer nur an der Kommanditgesellschaft beteiligt, hängt die Sozialversicherungspflicht davon ab, ob er als Komplementär oder als Kommanditist beteiligt ist. Die nur bei der KG beschäftigten Komplementäre werden in den meisten Fällen nicht persönlich abhängig und daher auch nicht sozialversicherungspflichtig sein.[349] Die bei der GmbH & Co. KG tätigen Kommanditisten unterliegen dagegen im Regelfall der Sozialversicherungspflicht. Ausnahmen sind aber auch hier möglich: wenn dem Kommanditisten etwa ein alleiniger Einfluß auf die GmbH & Co. KG im Gesellschaftsvertrag eingeräumt wird, liegt keine Versicherungspflicht vor.

251 Sofern der Gesellschafter Geschäftsführer zugleich an der GmbH und an der KG beteiligt ist, stellt sich die Frage, ob er aus einer der Beteiligungen allein oder aufgrund beider zusammen einen beherrschenden Einfluß ausüben kann. Steht er in einem Beschäftigungsverhältnis zur GmbH, ergibt sich keine Besonderheit zu dem oben Gesagten. Wenn der Gesellschafter Geschäftsführer dagegen für die GmbH & Co. KG tätig ist, besteht Sozialversicherungspflicht nicht, wenn der Geschäftsführer entweder aufgrund seiner Beteiligung an der Komplementär GmbH oder an der KG maßgeblichen Einfluß auf Gesellschafterbeschlüsse der GmbH & Co. KG nehmen kann.[350]

345 BSG, GmbHR 1972, S. 104ff.; Binz, S. 206.
346 BSG, GmbHR 1987, S. 351; LSG Nordrhein-Westfalen, GmbHR 1992, S. 174.
347 Figge, GmbHR 1986, S. 185 (187).
348 BSG, SozialR 2100 § 7 Nr. 7; SozialR 4100 § 168 Nr. 16; LSG Nordrhein-Westfalen, GmbHR 1992, S. 174 (175).
349 Vgl. Figge, GmbHR 1986, S. 185 (187).
350 Figge, a. a. O.; Binz, S. 207.

dd) Haftung des Geschäftsführers

dda) Haftung des Geschäftsführers gegenüber der GmbH

Der Geschäftsführer haftet der GmbH bei Pflichtverletzungen nach § 43 GmbHG. Er hat seine Pflichten verletzt, wenn er nicht die Sorgfalt eines ordentlichen Geschäftsmannes angewendet hat, § 43 Abs. 1 GmbHG. Verlangt wird die Sorgfalt, die ein ordentlicher Geschäftsmann in verantwortlich leitender Position bei selbständiger treuhänderischer Wahrnehmung fremder Vermögensinteressen zu beachten hat.[351] 252

Bei dem Sorgfaltsmaßstab des § 43 Abs. 1 GmbHG bleibt es auch dann, wenn der Geschäftsführer gleichzeitig Gesellschafter ist. § 708 BGB, wonach im Recht der Personengesellschaften ein Gesellschafter nur für diejenige Sorgfalt einzustehen hat, die er in eigenen Angelegenheiten anzuwenden pflegt, ist bei einer GmbH auch nicht entsprechend anwendbar.[352] Zur Illustrierung des Begriffs Pflichtverletzungen seien einige Beispiele aus der Rechtsprechung genannt: Ein Geschäftsführer vernachlässigt Buchführungspflichten[353]; er ... macht sich Geschäftschancen selbst zunutze, statt sie im Interesse der Gesellschaft zu verwerten[354]; er läßt Forderungen der Gesellschaft verjähren.[355] 253

ddb) Haftung des Geschäftsführers gegenüber der KG

Die Haftung des Geschäftsführers gemäß § 43 GmbH besteht grundsätzlich nur gegenüber der GmbH. Gesellschafter und Dritte können aus einer Verletzung des § 43 GmbHG keine Ansprüche herleiten. Eine Ausnahme gilt für die GmbH & Co. KG. Wenn die eigentliche und einzige Aufgabe der Komplementär-GmbH und damit ihres Geschäftsführers darin besteht, die Geschäfte der KG zu führen, ist nach der Rechtsprechung die Kommanditgesellschaft in den Schutzbereich des Geschäftsführungsvertrages miteinzubeziehen. Das hat zur Folge, daß der GmbH & Co. KG ein unmittelbarer Anspruch gegen den Geschäftsführer bei Vorliegen der Voraussetzungen des § 43 GmbHG zugebilligt wird.[356] Zur Geltendmachung dieses Anspruchs bedarf es keines Gesellschafterbeschlusses der KG, da es für die KG keine dem § 46 Nr. 5 GmbHG entsprechende Vorschrift gibt.[357] 254

Die Argumentation der Rechtsprechung zur Begründung der Haftung des Geschäftsführers gegenüber der KG ist in der Literatur sehr kritisiert worden.[358] Im Ergebnis wird einer Haftung des Geschäftsführers gegenüber der KG überwie- 255

351 OLG Bremen, GmbHR 1964, S. 8; Scholz/Schneider, § 43 Rn. 32.
352 BGHZ 75, 321 (327); OLG Bremen, GmbHR 1964, S. 8f.
353 BGH, BB 1974, S. 994.
354 BGH, NJW 1986, S. 585.
355 KG, GmbHR 1959, S. 257; weitere Beispiele s. K. Schmidt, S. 899.
356 BGHZ 76, 326 (337f.); BGH, NJW 1982, S. 2869. BGH, DStR 1992, S. 549; BGH, DStR 1993, S. 1637.
357 BGH, NJW 1980, S. 1524 (1527); OLG Hamm, GmbHR 1993, S. 294.
358 Hüffer, ZGR 1981, S. 354ff.; K. Schmidt, S. 1380.

gend zugestimmt. Denn der Geschäftsführer handelt praktisch als Manager der KG, und bei dieser pflegen die Schäden aus schuldhaft schlechter Geschäftsführung einzutreten.[359] Neben einem Anspruch aus § 43 GmbHG kann die Kommanditgesellschaft auch deliktische Ansprüche, wie z. B. aus § 823 Abs. 2 BGB i. V. m. § 266 StGB, gegen den Geschäftsführer ihrer Komplementär-GmbH haben.[360]

d) Entziehung der Geschäftsführungsbefugnis

aa) Maßnahmen gegenüber der Komplementär-GmbH

256 Der Komplementär-GmbH kann gemäß § 117, § 161 Abs. 2 HGB auf Antrag der Kommanditisten die Geschäftsführungsbefugnis durch gerichtliche Entscheidung entzogen werden, wenn ein wichtiger Grund – insbesondere eine grobe Pflichtverletzung oder Unfähigkeit zur ordnungsmäßigen Geschäftsführung – vorliegt. Dabei wird ihr das fehlerhafte Tun und Unterlassen ihrer Geschäftsführer zugerechnet.[361]

257 In der Praxis erfolgt die Entziehung weniger häufig aufgrund einer gerichtlichen Entscheidung. Es ist vielmehr üblich, daß die Gesellschaftsverträge abweichend von der gesetzlichen Regelung bestimmen, daß die Geschäftsführungsbefugnis durch einen Mehrheitsbeschluß aller Gesellschafter entzogen werden kann. Die Gründe, die eine Entziehung rechtfertigen, werden meistens im Gesellschaftsvertrag konkretisiert. Es ist aber auch eine gesellschaftsvertragliche Vereinbarung zulässig, wonach die Geschäftsführungsbefugnis ohne wichtigen Grund nach dem freien Ermessen der Gesellschaftermehrheit entzogen werden kann.[362]

258 In der Praxis fallen Entziehung der Geschäftsführungsbefugnis und Entziehung der Vertretungsbefugnis i. d. R. immer zusammen.[363] Das Gesetz hat auch die Entziehungstatbestände gleich geregelt, §§ 117, 127 HGB. Ein Unterschied besteht lediglich dann, wenn die Kommanditgesellschaft nur einen persönlich haftenden Gesellschafter hat. Dem kann die Vertretungsbefugnis nicht, wohl aber die Geschäftsführungsbefugnis entzogen werden.[364] Anders als die Vertretungsbefugnis (§ 170 HGB) ist die Geschäftsführungsbefugnis nicht zwingend an die persönlich haftenden Gesellschafter gebunden. Sie kann durch Gesellschaftsvertrag unter Ausschluß des persönlich haftenden Gesellschafters einem oder mehreren Kommanditisten übertragen werden, § 114 Abs. 2, §§ 163, 164 HGB.[365] Ist die Komplementär-GmbH einzige persönlich haftende Gesellschafterin und wird ihr die Geschäftsführungsbefugnis entzogen, wird die GmbH & Co. KG also nicht ge-

359 K. Schmidt, a. a. O.; Hüffer, ZGR 1981, S. 348 (358).
360 BGH, GmbHR 1987, S. 304 (305).
361 BGH, GmbHR 1983, S. 301 m. w. N.
362 BGH, BB 1973, S. 443 (444).
363 Siehe Rn. 326.
364 BGHZ 51, 198ff.
365 BGHZ 51, 198 (201); s. auch Rn. 312.

schäftsführungslos. Sofern der Gesellschaftsvertrag für diesen Fall keine Ersatzlösung vorsieht, fällt die Geschäftsführungsbefugnis ohne weiteres den Kommanditisten in ihrer Gesamtheit zu.[366]

Wenn die Kommanditisten auch Gesellschafter der Komplementär-GmbH sind, 259 können sie auch den Geschäftsführer der GmbH abberufen (§ 38, § 46 Nr. 5 GmbHG), ohne daß sie der GmbH die Geschäftsführungsbefugnis entziehen müssen. Ist diese Maßnahme weniger einschneidend und für die Beteiligten eine zumutbare Lösung, sind die Kommanditisten sogar gehalten, diese Maßnahmen nach dem Grundsatz des mildesten Mittels zu wählen.[367]

bb) Abberufung des GmbH-Geschäftsführers

bba) Abberufung gemäß §§ 38, 46 Nr. 5 GmbHG

Wird der Komplementär-GmbH die Geschäftsführungsbefugnis entzogen, bleibt 260 die Stellung ihres Geschäftsführers als ihr Organ davon rechtlich unberührt. Auswirkungen hat es insofern, als er nicht länger befugt ist, als mittelbarer Geschäftsführer die Geschäfte der KG zu führen, da ihm hierzu nun seine durch die GmbH vermittelte Kompetenz fehlt. Als Geschäftsführer der GmbH ist er jedoch befugt, alle der GmbH noch verbleibenden Geschäfte zu führen. Soll ihm die Kompetenz zur Geschäftsführung entzogen werden, ist § 38 GmbHG einschlägig. Gemäß § 38 Abs. 1, § 46 Nr. 5 GmbHG können die GmbH-Gesellschafter die Bestellung eines ihrer Geschäftsführer jederzeit widerrufen, ohne daß es der Nennung von Gründen bedarf. Das gilt jedoch nur insoweit, als nicht in der GmbH-Satzung die Abberufung von dem Vorliegen wichtiger Gründe abhängig gemacht wird, § 38 Abs. 2 GmbHG.

bbb) Rechte der Kommanditisten

Die Abberufung des GmbH-Geschäftsführers fällt also in die Kompetenz der 261 GmbH-Gesellschafter und schließt Dritte von einer Mitwirkung aus, § 46 Nr. 5 GmbHG. In einer GmbH & Co. KG kann diese Regelung insoweit Probleme aufwerfen, als die Kommanditisten als Kapitalgeber vom Fehlverhalten der Geschäftsführer häufig am stärksten betroffen sind. Daher wird in der Literatur die Frage aufgeworfen, ob nicht zumindest in einer Publikums-KG die Kommanditisten die Möglichkeit erhalten sollen, die Abberufung des Geschäftsführers der Komplementär-GmbH zu betreiben.[368]

Zum Teil wird den Kommanditisten analog §§ 117, 127 HGB das Recht zugespro- 262 chen, auf gerichtlichem Wege die Abberufung zu betreiben.[369] Der Geschäftsfüh-

366 BGHZ, a. a. O.
367 BGH, GmbHR 1983, S. 301 (303); BGHZ 68, 81 (86).
368 Schilling in Großkomm., § 164 Rn. 18; Hüffer, ZGR 1981, S. 348 (359).
369 Hüffer, ZGR 1981, S. 348 (359); a.A. Schlegelberger/Martens, § 164 Rn. 6.

rer bleibt danach zwar weiterhin Organ der GmbH, ist aber zukünftig gehindert, für die KG tätig zu werden.

bbc) Beendigung des Anstellungsvertrages

263 Die Abberufung des Geschäftsführers durch die GmbH-Gesellschafter beendet seine Organstellung, d. h., er ist nicht mehr zur Geschäftsführung der GmbH befugt. Sein Anstellungsverhältnis zur GmbH bleibt davon zunächst grundsätzlich unberührt. Das ergibt sich aus dem Wortlaut des § 38 Abs. 1 GmbHG, wonach die Bestellung des Geschäftsführers jederzeit widerruflich ist, unbeschadet der Entschädigungsansprüche aus bestehenden Verträgen. Für die wirksame Beendigung des Anstellungsverhältnisses müssen die für die Beendigung eines Dienstverhältnisses erforderlichen Voraussetzungen vorliegen. Das Dienstverhältnis kann durch einen Aufhebungsvertrag oder ordentliche sowie außerordentliche Kündigung beendet werden.[370] Zwischen der Abberufung als Geschäftsführer und der Beendigung des Dienstverhältnisses bestehen jedoch insoweit Wechselwirkungen, als mit Beendigung des Dienstverhältnisses auch die Bestellung zum Geschäftsführer erlischt.[371] In der Praxis fallen der Widerruf der Geschäftsführerbestellung und die Kündigung des Anstellungsvertrages i. d. R. zusammen, da eine Abhängigkeit des Dienstvertrages von der Funktion eines Geschäftsführers vereinbart wird.

Zuständig für die Beendigung des Anstellungsvertrages (Kündigung oder Aufhebung) ist die Gesellschafterversammlung der GmbH, soweit die Satzung der GmbH keine anderweitige Zuständigkeit bestimmt. Der BGH hält an seiner früheren Rechtsprechung, nach der dies in den Aufgabenbereich eines Mitgeschäftsführers fällt, soweit ein solcher vorhanden und alleinvertretungsberechtigt ist, nicht mehr fest.[372]

2 Wettbewerbsverbot

a) Allgemeines

264 Sinn und Zweck eines Wettbewerbsverbotes ist es, die Gesellschaft davor zu schützen, daß ein Gesellschafter die Kenntnisse des Unternehmens ausnutzt, um der Gesellschaft Konkurrenz zu machen. Innerhalb einer Kommanditgesellschaft trifft nach der gesetzlichen Regelung (§ 112, § 161 Abs. 2, § 165 HGB) ein Wettbewerbsverbot nur die persönlich haftenden Gesellschafter. Ihnen ist es verboten, Geschäfte im Handelszweig der Gesellschaft zu machen oder sich an einer anderen gleichartigen Handelsgesellschaft als persönlich haftender Gesellschafter zu

370 Einzelheiten s. GmbH-Handbuch, Gaul, IV Rn. 531 ff.
371 GmbH-Handbuch, Gaul, a. a. O.
372 BGH, BB 1991, S. 927.

beteiligen. Ein Geschäft im Handelszweig der Gesellschaft liegt immer dann vor, wenn ein Komplementär aktiv an der Geschäftsführung eines Konkurrenzunternehmens mitwirkt[373], wobei nach der Rechtsprechung schon ein tatsächlicher Einfluß auf die Geschäftsführung ausreichen kann.[374] Bei Verstoß gegen ein Wettbewerbsverbot hat die Gesellschaft einen Unterlassungsanspruch und das Recht auf Schadensersatz oder Herausgabe der erzielten Vergütung, §§ 112, 113 HGB.

b) Wettbewerbsverbot der Komplementär-GmbH

265 Dieses gesetzliche Wettbewerbsverbot gilt auch für eine GmbH als Komplementärin.[375] Der Wortlaut des § 112 i. V. m. § 161 Abs. 2 HGB rechtfertigt keine Differenzierung zwischen natürlicher und juristischer Person, sondern stellt alle persönlich haftenden Gesellschafter einer KG unter dieses Verbot. Wenn im Falle einer GmbH & Co. KG etwas anderes gelten sollte, obliegt es dem Gesetzgeber, entsprechende Regelungen zu treffen, vgl. z. B. § 19 Abs. 5, §§ 125a, 129a, 172a, 177a, HGB.

In der Praxis ist das gesetzliche Wettbewerbsverbot ohne Bedeutung, wenn die GmbH nur zum Zwecke der Gründung der GmbH & Co. KG geschaffen wurde und sich ihre Tätigkeit in der Geschäftsführung der Kommanditgesellschaft erschöpft.

266 Hat die GmbH dagegen bereits vor Entstehung der GmbH & Co. KG einen eigenen Geschäftsbetrieb und ist dieser identisch mit dem der KG, ist der Tatbestand des § 112 HGB erfüllt. In diesem Fall bedarf die GmbH zur Fortführung ihres eigenen Geschäftsbetriebes der Einwilligung der Kommanditisten. § 112 Abs. 2 HGB, wonach die Einwilligung der Kommanditisten als erteilt gilt, wenn ihnen bei Entstehung der GmbH & Co. KG bekannt ist, daß ein Komplementär an einem Konkurrenzunternehmen beteiligt ist, greift hier nicht ein, da die Komplementär-GmbH selbst das Konkurrenzunternehmen ist und die Fiktion des § 112 Abs. 2 HGB nicht über den Wortlaut der Norm hinaus Anwendung findet.[376] Schweigen die Kommanditisten hinsichtlich des Konkurrenzgeschäftsbetriebes der GmbH, wird man darin jedoch ihre stillschweigende Zustimmung sehen, die von der GmbH im Streitfall zu beweisen ist.[377]

c) Wettbewerbsverbot des GmbH-Geschäftsführers

267 Für den GmbH-Geschäftsführer ist ein Wettbewerbsverbot zwar gesetzlich nicht geregelt. Nach ständiger Rechtsprechung folgt jedoch aus seiner Treuepflicht, daß

373 Baumbach/Hopt, § 112 Anm. 1 C.
374 OLG Nürnberg, BB 1981, S. 452.
375 Schilling in Großkomm., § 165 Rn. 6; Schlegelberger/Martens, § 165 Rn. 34; Riegger, BB 1983, S. 90f.; a. A. für den Fall der „kapitalistischen" GmbH & Co. KG, OLG Frankfurt, BB 1982, S. 1384f.
376 Baumbach/Hopt, § 112 Anm. 2 B.
377 Baumbach/Hopt, a. a. O.

er im Geschäftszweig seiner Gesellschaft für eigene Rechnung keine Geschäfte machen darf.[378] Daraus ergibt sich mittelbar auch ein Wettbewerbsverbot gegenüber der KG. Denn in einer typischen GmbH & Co. KG ist wesentliche Aufgabe der Komplementär-GmbH, die Geschäfte der KG zu führen, so daß der Geschäftszweig der KG mit dem der GmbH zusammenfällt. In diesem Fall entfaltet die Treuepflicht, die dem Geschäftsführer gegenüber der GmbH obliegt, auch Wirkungen gegenüber der KG und läßt so mittelbar ein Wettbewerbsverbot des GmbH-Geschäftsführers gegenüber der KG entstehen.[379]

268 Den aus seinem Amt und seinem Dienstverhältnis ausgeschiedenen Geschäftsführer trifft kein Wettbewerbsverbot mehr.[380] In der Praxis wird häufig im Anstellungsvertrag ein nachvertragliches Wettbewerbsverbot vereinbart. Ob auf dieses nachvertragliche Wettbewerbsverbot die §§ 74ff. HGB Anwendung finden – wonach u. a. für die Dauer des Verbotes eine Entschädigung zu zahlen ist –, wird innerhalb der Rechtsprechung und Literatur unterschiedlich gesehen.[381]

Der BGH hat in seiner Entscheidung vom 26. 3. 1984[382] die Feststellung getroffen, vertragliche Wettbewerbsklauseln zwischen einer GmbH und ihrem Geschäftsführer seien nicht nach den für Handlungsgehilfen geltenden Beschränkungen der §§ 74ff. HGB zu beurteilen und zu behandeln. Der BGH prüft die Zulässigkeit eines nachvertraglichen Wettbewerbsverbots unter dem Gesichtspunkt der Sittenwidrigkeit i. S. des § 138 BGB i. V. m. Art. 2 und 12 GG. Unter Heranziehung der in den §§ 74 ff. HGB zum Ausdruck gekommenen Rechtsgrundsätze erkennt der BGH Wettbewerbsverbote als zulässig an, wenn sie dem Schutz eines berechtigten Interesses der Gesellschaft dienen und die Berufsausübung und wirtschaftliche Betätigung des Geschäftsführers nicht unbillig erschweren. Wettbewerbsbeschränkungen müssen auf das örtlich, zeitlich und gegenständlich notwendige Maß beschränkt bleiben und finden dort ihre Grenze, wo schutzwürdige Interessen der Gesellschaft nicht berührt werden.[383] Im juristischen Schrifttum wird die analoge Anwendung der §§ 74ff. HGB auf ein nachvertragliches Wettbewerbsverbot vertreten.[384] Dabei sollen für die Frage der Heranziehung der §§ 74ff. HGB Umstände des Einzelfalles, wie Dauer des Anstellungsverhältnisses, Grad der Weisungsabhängigkeit, Höhe der Vergütung, die dem Geschäftsführer noch offenstehenden Betätigungsmöglichkeiten und die Frage, ob ihm eine Pension gewährt wird, maßgebend sein.[385]

378 BGHZ 49, 30 (31); BGH, DB 1977, S. 158; BGH, GmbHR 1989, S. 365; Röhricht, WPg 1992, S. 766 (767).
379 Riegger, BB 1983, S. 90f.
380 BGH, DB 1977, S. 158; OLG Hamm, GmbHR 1989, S. 259; Scholz/Schneider, § 43 Rn. 134; Röhricht, WPg 1992, S. 766 (778).
381 Vgl. OLG Frankfurt, GmbHR 1973, S. 58 und OLG Celle, GmbHR 1980, S. 32 (35).
382 BGHZ 91, 1ff. sowie GmbHR 1984, S. 234.
383 BGH, GmbHR 1991, S. 15.
384 Hachenburg/Mertens, § 35 Rn. 205; Gaul, GmbHR 1991, S. 144 (148).
385 Hachenburg/Mertens, a. a. O.

Der Geschäftsführer kann jederzeit – also auch nachträglich – von einem Wettbewerbsverbot befreit werden.[386] Ist der Geschäftsführer gleichzeitig GmbH-Gesellschafter, liegt im Regelfall eine verdeckte Gewinnausschüttung vor, wenn die Gesellschaft auf eine angemessene Entschädigung für die Befreiung von dem Wettbewerbsverbot verzichtet.[387] Eine verdeckte Gewinnausschüttung wird vom BFH im übrigen auch dann angenommen, wenn ein Gesellschafter-Geschäftsführer gegen ein Wettbewerbsverbot verstößt und die Gesellschaft auf Schadensersatzansprüche oder Herausgabeansprüche gegen ihn verzichtet.[388]

d) Wettbewerbsverbot der Kommanditisten

Für einen Kommanditisten gilt das gesetzliche Wettbewerbsverbot nicht, § 165 269
HGB. Dieser Regelung, die ausschließlich die Komplementäre mit einem Wettbewerbsverbot belegt, liegt die Ratio legis zugrunde, daß nur die Komplementäre in ihrer Eigenschaft als Geschäftsführer und aufgrund ihrer weitgehenden Informationsrechte gemäß § 118 HGB über Insiderwissen verfügen und nur sie daher die Gesellschaft durch eine Konkurrenztätigkeit nachhaltig schädigen können. Ein Kommanditist ist nach dem gesetzlichen Leitbild hingegen lediglich kapitalmäßig an der Gesellschaft beteiligt (vgl. § 166 HGB). Eine Gefahr, daß er die Gesellschaft durch Konkurrenztätigkeit schädigt, ist i. d. R. unter diesen Umständen nicht gegeben. Rechtsprechung und Literatur sind sich jedoch darin einig, daß einen Kommanditisten ein Wettbewerbsverbot trifft, wenn er in bezug auf Leitung und Einfluß in der Gesellschaft eine ähnliche Stellung wie ein Komplementär innehat.[389] Dabei wird nicht formal darauf abgestellt, ob dem Kommanditisten Geschäftsführungsbefugnis zusteht, sondern maßgebend ist sein Einfluß auf die Geschäftsleitung der Gesellschaft. Nach der Rechtsprechung des BGH[390] unterliegt der Kommanditist, der mit hoher Mehrheit sowohl am Kommanditkapital als auch am Kapital der Komplementär-GmbH beteiligt ist und aufgrund dieser mehrheitlichen Beteiligungen die GmbH & Co. KG beherrscht, einem Wettbewerbsverbot. Wenn dieser herrschende Gesellschafter außerhalb der Gesellschaft unternehmerisch tätig werde, entstehe eine besondere Gefährdungslage für die Gesellschaft.[391] Bemerkenswert an dieser Entscheidung ist, daß bei einer Mehrheitsbeteiligung schon die bloße Vermutung ausreicht, daß von den bestehenden Einflußmöglichkeiten tatsächlich Gebrauch gemacht wird, um ein Wettbewerbsverbot i. S. des § 112 HGB anzunehmen.

386 BGH, GmbHR 1981, S. 189.

387 BFH, GmbHR 1987, S. 323; s. auch Tillmann, GmbHR 1991, S. 26ff.

388 BFH, GmbHR 1989, S. 529; s. auch BMF-Schreiben vom 4. 2. 1992, DStR 1992, S. 253.

389 BGHZ 89, 162 (164), auch in NJW 1984, S. 1351 (1352) OLG Frankfurt, GmbHR 1992, 668; Schlegelberger/Martens, § 165 Rn. 14, 17; Schilling in Großkomm., § 165 Rn. 2; Baumbach/Hopt, § 165 Anm. 2 B; a. A. Hesselmann/Tillmann, Rn. 414.

390 BGH, a. a. O.

391 BHG, a. a. O.

c) Vertragliche Regelungen

270 Die gesetzlichen Regelungen und die von der Rechtsprechung hierzu entwickelten Grundsätze sind nicht zwingendes Recht. Im Gesellschaftsvertrag kann ein Wettbewerbsverbot je nach Interessenlage erweitert, eingeschränkt oder auch gänzlich abgedungen werden.[392]

3 Kontrolleinrichtungen

a) Kontrollrechte

aa) Gesetzliche Regelungen

aaa) Kontrollrechte der Kommanditisten gegenüber der KG

271 Abgesehen von der notwendigen Zustimmung der Kommanditisten zu Geschäftsführungsmaßnahmen, die über den gewöhnlichen Betrieb des Handelsgewerbes der Gesellschaft hinausgehen[393], beschränken sich die gesetzlichen Kontrollrechte der Kommanditisten auf die in § 166 HGB geregelten Auskunfts- und Einsichtsrechte. Die Kommanditisten sind berechtigt, die abschriftliche Mitteilung des Jahresabschlusses zu verlangen und dessen Richtigkeit unter Einsicht der Papiere und Bücher zu prüfen, § 166 Abs. 1 HGB.

Über den Wortlaut des § 166 Abs. 1 HGB hinaus hat der BGH anerkannt, daß der Kommanditist auch die Prüfungsberichte des Abschlußprüfers, die nicht Teil des Jahresabschlusses sind, einsehen kann.[394] Informationsrechte hinsichtlich der laufenden Geschäfte hat der Kommanditist nicht.[395]

272 Wenn wichtige Gründe vorliegen, kann auf Antrag eines Kommanditisten jederzeit gerichtlich angeordnet werden, daß ihm der Jahresabschluß oder eine Zwischenbilanz nebst Unterlagen zur Einsicht vorgelegt werden, § 166 Abs. 3 HGB. Das Gericht kann die Vorlage der Bücher und Papiere auch für andere Zwecke als die Prüfung des Jahresabschlusses anordnen, § 166 Abs. 3 HGB.[396] Dieses außerordentliche Informationsrecht setzt immer einen wichtigen Grund voraus. Ein solcher liegt z. B. vor, wenn die Belange der Kommanditisten durch das vertragliche oder aus § 166 Abs. 1 HGB folgende Einsichtsrecht nicht hinreichend gewahrt sind und darüber hinaus die Gefahr einer Schädigung besteht.[397] Weitere Beispiele für einen wichtigen Grund sind das begründete Mißtrauen gegen die ord-

392 Mallfeld in Münchener Handbuch, S. 344.
393 Siehe Rn. 237.
394 BGH, DB 1989, S. 1399.
395 BGH, GmbHR 1992, S. 365 (366); kritisch dazu: Scholz/K. Schmidt, § 51 a Rn. 56.
396 Schilling in Großkomm., § 166 Rn. 12; Westermann, Rn. 885.
397 So BGH, NJW 1984, S. 2470 zu dem gleichlautenden § 338 Abs. 3 HGB, jetzt § 233 Abs. 3 HGB; BayObLG, DStR 1991, S. 1161 (1162).

nungsgemäße Geschäfts- oder Buchführung[398], der durch Tatsachen gerechtfertigte Verdacht der Untreue[399], erhebliche Änderungen früherer Jahresabschlüsse aufgrund einer Betriebsprüfung durch das Finanzamt.[400]

Umstritten ist, gegen wen der Kommanditist seinen Anspruch aus § 166 Abs. 3 HGB geltend zu machen hat. Der BGH vertritt die Auffassung, daß die Informationsrechte als Verwaltungsrechte zwar im Grundsatz gegenüber der Gesellschaft geltend zu machen sind, gegebenenfalls aber auch gegen den jeweiligen geschäftsführenden Gesellschafter.[401]

Neben diesen gesetzlichen Informationsrechten gemäß § 166 HGB hat ein Kom- 273
manditist immer ein Recht auf die Informationen, die zur sachgemäßen Ausübung seiner Mitgliedschaftsrechte erforderlich sind. Denn ohne entsprechende Informationen kann ein Kommanditist sein Stimmrecht nicht in Übereinstimmung mit den berechtigten Gesellschaftsinteressen ausüben.[402] Zu den Mitgliedschaftsrechten eines Kommanditisten gehört die Gestaltung des Gesellschaftsverhältnisses und seiner Grundlagen und die Mitwirkung bei außergewöhnlichen Geschäftsführungsmaßnahmen.[403] Qualilifiziert man die Feststellung (d. h. Billigung) des Jahresabschlusses als Grundlagengeschäft[404], kommt man zu einem Mitwirkungsrecht des Kommanditisten bei der jährlichen Bilanzfeststellung.[405] Im Rahmen dieses Beteiligungsrechts kann ein Kommanditist – unabhängig von seinem Informationsrecht gemäß § 166 Abs. 1 HGB – Auskunft und Einsicht in die Bücher der Gesellschaft verlangen.[406]

Dem ausgeschiedenen Kommanditisten stehen die Kontrollrechte nach § 166 HGB nicht mehr zu. Er hat jedoch auf der Grundlage der §§ 810, 242 BGB bei Vorliegen eines schutzwürdigen rechtlichen Interesses Anspruch darauf, die Bücher und Papiere aus der Zeit seiner Zugehörigkeit zur Gesellschaft einzusehen, insbesondere diejenigen, die für die Berechnung seines Abfindungsguthabens von Bedeutung sind.[407]

aab) Kontrollrechte der GmbH-Gesellschafter gegenüber der GmbH

Das Auskunfts- und Einsichtsrecht der GmbH-Gesellschafter gegenüber der 274
GmbH ist dagegen sehr viel weitreichender. Es beruht auf dem Gedanken, daß es zwischen der GmbH und ihren Gesellschaftern keine Geheimnisse gibt.[408] Es um-

398 KG, KGJ 30A, S. 120 (124).
399 Schlegelberger/Martens, § 166 Rn. 27.
400 OLG Hamburg, MDR 1965, S. 666.
401 BGH, NJW 1984, S. 2470; dagegen BayOLG, DB 1995, S. 36: nur gegen die Gesellschaft als Personenverband.
402 Schilling in Großkomm., § 166 Rn. 2; Schlegelberger/Martens, § 166 Rn. 18.
403 Siehe Rn. 237.
404 So BGHZ 76, 338 (342).
405 So die wohl jetzt herrschende Meinung, z. B. Ulmer, Festschrift für Hefermehl, 1976, S. 207ff.; Schlegelberger/Martens, § 167 Rn. 5 m. w. N.; wohl auch BGH, a. a. O.
406 Schlegelberger/Martens, § 166 Rn. 44.
407 BGH, GmbHR 1989, S. 289f.; OLG Hamm, GmbHR 1994, S. 127.
408 Lutter/Hommelhoff, § 51a Rn. 2.

faßt also alle Angelegenheiten der Gesellschaft, § 51 a GmbHG. Zu den Angelegenheiten der Gesellschaft gehören alle die Unternehmensführung betreffenden und für die Gewinnermittlung und -verwendung wesentlichen Tatsachen und Daten.[409] Das sind nicht nur Angelegenheiten der unmittelbaren Geschäftsführung, sondern auch Planung, Forschung, Entwicklung im Unternehmen, seine Organisation, Kosten und Kalkulation, die Personal- und Gehaltsstruktur inklusive der Gehälter und Tantiemen und Nebentätigkeiten der Geschäftsführer, die betriebliche Altersversorgung und die gesamten steuerlichen Verhältnisse der GmbH, Verträge mit Dritten, etc.[410] Das Einsichtsrecht der GmbH-Gesellschafter betrifft alle Unterlagen der GmbH, wie z. B. Bücher, Schriften, elektronische Datensammlungen. Die Ausübung dieser Auskunfts- und Einsichtsrechte ist an keinerlei Voraussetzungen geknüpft. Der GmbH-Gesellschafter braucht also nicht zu begründen, warum er eine bestimmte Auskunft begehrt, und es ist auch nicht notwendig, daß für dieses Verlangen ein besonderer Anlaß vorliegt.[411]

aac) Kontrollrechte innerhalb der GmbH & Co. KG

275 In der GmbH & Co. KG sind Angelegenheiten der KG immer auch Angelegenheiten der GmbH.[412] Somit verfügen die GmbH-Gesellschafter mittelbar über ein umfassendes Auskunftsrecht gegenüber der KG gemäß § 51a GmbHG.[413]

276 Wenn die Kommanditisten nicht gleichzeitig GmbH-Gesellschafter sind, bleibt es bei ihren beschränkten Einsichts- und Auskunftsrechten gegenüber der KG.[414] Gegenüber der GmbH haben die Kommanditisten grundsätzlich kein Informationsrecht, es sei denn, daß eine Angelegenheit im Zusammenhang mit der Komplementär-Eigenschaft der GmbH steht.[415] Das Auskunftsrecht der Kommanditisten besteht jedoch auch in diesem Fall nur in den oben beschriebenen engen Grenzen.[416]

277 Dieses Informationsgefälle zwischen GmbH-Gesellschaftern und Kommanditisten innerhalb der GmbH & Co. KG wird im Schrifttum heftig kritisiert, da es sachlich nicht gerechtfertigt scheint.[417] Teilweise wird eine analoge Anwendung des § 51a GmbHG auf alle Gesellschafter der GmbH & Co. KG befürwortet, damit auch den Kommanditisten, die nicht gleichzeitig Gesellschafter der Komplementär-GmbH sind, ein umfassendes Informationsrecht zusteht.[418] Die wohl herrschende Meinung lehnt diesen Weg als mit der jetzigen Rechtslage unvereinbar

409 OLG Karlsruhe, GmbHR 1985, S. 59.
410 Lutter/Hommelhoff, § 51 a, Rn. 6 mit weiteren Beispielen; OLG Köln, WM 1986, S. 36 (39).
411 KG, GmbHR 1988, S. 221 (223); Roth, § 51a Anm. 3.3.2. m. w. N.; a. A. K. Schmidt, S. 867.
412 BGH, GmbHR 1988, S. 434 (436); KG, a. a. O.; OLG Düsseldorf, GmbHR 1991, S. 18.
413 Siehe Rn. 274.
414 Siehe Rn. 271 ff.
415 Schilling in Großkomm., § 166 Rn. 14.
416 Siehe Rn. 271 ff.
417 K. Schmidt, S. 1377; Schlegelberger/Martens, § 166 Rn. 50.
418 Roth, GmbHG § 51 a Anm. 5.

ab und appelliert statt dessen an den Gesetzgeber, entsprechende Regelungen zu schaffen.[419]

bb) Vertragliche Vereinbarungen

Im Gesellschaftsvertrag der GmbH & Co. KG können die Kommanditisten den Gesellschaftern der GmbH insoweit gleichgestellt werden, als ihnen das Auskunfts- und Einsichtsrecht des § 51a GmbHG eingeräumt wird. Eine Verkürzung der Informationsrechte der GmbH-Gesellschafter ist umgekehrt nicht möglich, da für GmbH-Gesellschafter die gesetzliche Regelung zwingendes Recht ist, § 51a Abs. 3 GmbHG. Wohl können in die GmbH-Satzung Verfahrensregeln aufgenommen werden, wenn das Informationsrecht selbst unberührt bleibt.[420] 278

Das Informationsrecht der Kommanditisten kann im Gesellschaftsvertrag erweitert, modifiziert, eingeschränkt, jedoch nicht völlig ausgeschlossen werden. Informationsrechte, die zur Geltendmachung unverzichtbarer Beteiligungsrechte erforderlich sind, können nicht abbedungen werden.[421] Unberührt von allen möglichen Einschränkungen bleibt auch das außerordentliche Informationsrecht des Kommanditisten gemäß § 166 Abs. 3 HGB.[422] Das gesetzliche Informationsrecht kommt auch vollständig wieder zum Tragen, wenn Grund zur Annahme unredlicher Geschäftsführung besteht.[423]

In der Praxis sind Einschränkungen des gesetzlichen Kontrollrechts insbesondere dort üblich, wo sich das Engagement der Kommanditisten für die Gesellschaft in ihrer Kapitaleinlage erschöpft und die Kommanditisten und GmbH-Gesellschafter nicht personenidentisch sind. Hier werden häufig Kontrollrechte Dritten – wie Wirtschaftsprüfern, einem Gesellschafterausschuß oder einem sonstigen sogenannten Beirat[424] – übertragen. 279

Der BGH hat die Frage aufgeworfen, ob sich die Ansicht, § 166 HGB sei nachgiebiges Recht, uneingeschränkt aufrechterhalten läßt, nachdem der Gesetzgeber dem Gesellschafter der GmbH in § 51a GmbHG ein durch den Gesellschaftsvertrag nicht abdingbares Informationsrecht zugebilligt hat.[425] Durch die Ausgestaltung des § 51a Abs. 3 GmbHG habe der Gesetzgeber zu erkennen gegeben, daß er das Informationsrecht des Gesellschafters als unverzichtbares Instrument des Minderheitenschutzes betrachtet.[426] Es spreche manches dafür, daß diese Bewertung des modernen Gesetzgebers nicht ohne Auswirkungen auf die überkommene Auffassung bleiben kann, das gesetzliche Informationsrecht des Kommanditisten 280

419 Schlegelberger/Martens, § 166 Rn. 50; K. Schmidt, GmbHR 1984, S. 272 (280).
420 Scholz/K. Schmidt, § 51a Rn. 51.
421 BGH, GmbHR 1995, S. 55. Schlegelberger/Martens, § 166 Rn. 44; Schilling in Großkomm., § 166 Rn. 15.
422 Siehe Rn. 272.
423 Baumbach/Hopt, § 166 Anm. 2 B; Schlegelberger/Martens, § 166 Rn. 40.
424 Siehe Rn. 295ff.
425 BGH, GmbHR 1988, S. 434 (435).
426 BGH, a. a. O.

nach § 166 HGB sei gesellschaftsvertraglich weitgehend abdingbar.[427] Wenn auch in diesem Urteil die aufgeworfene Frage im Ergebnis unbeantwortet bleibt, läßt der BGH doch deutlich die Tendenz erkennen, daß die Unstimmigkeit zwischen dem Informationsrecht des GmbH-Gesellschafters und des Kommanditisten wohl zu einer Ausweitung des Informationsrechts des Kommanditisten führt. Einschränkungen der Informationsrechte des Kommanditisten dürfen daher zukünftig von der Rechtsprechung als unwirksam angesehen werden, soweit sie den Kernbereich des dem Kommanditisten nach dem gesetzlichen Leitbild zustehenden Informations- und Kontrollrechts berühren.[428]

b) Kontrollorgane

aa) Obligatorischer Betriebsrat

281 Gemäß § 1 Betriebsverfassungsgesetz (BetrVG) sind in Betrieben, die i. d. R. mindestens fünf ständige wahlberechtigte Arbeitnehmer beschäftigen, von denen drei wählbar sind, Betriebsräte zu wählen. Nicht zu den wahlberechtigten Arbeitnehmern zählen bei der GmbH deren Geschäftsführer, § 5 Abs. 2 Nr. 1 BetrVG, bei der KG alle Gesellschafter, soweit sie durch Gesetz oder Vertrag zur Geschäftsführung und Vertretung berufen sind, § 5 Abs. 2 BetrVG. Ferner zählen generell leitende Angestellte, wie Prokuristen oder Generalbevollmächtigte, nicht zu den Arbeitnehmern i. S. des BetrVG, § 5 Abs. 3.[429]

282 Die Voraussetzungen für die Bildung eines Betriebsrates können sowohl bei der GmbH als auch bei der KG vorliegen. Da beide Gesellschaften rechtlich gesehen zwei selbständige Unternehmen sind, kann ein bei der GmbH gebildeter Betriebsrat nur für Aufgaben im Bereich der GmbH und ein bei der KG gebildeter Betriebsrat nur für Aufgaben im Bereich der KG zuständig sein. Aus diesem Grunde kommt bei einer GmbH & Co. KG insoweit schon nicht die Bildung eines Gesamtbetriebsrates gemäß § 47 BetrVG in Betracht, da dieser ein einheitliches Unternehmen voraussetzt.[430] Im Einzelfall können jedoch die Voraussetzungen zur Bildung eines Konzernbetriebsrates vorliegen, § 54 BetrVG.[431]

bb) Obligatorischer Aufsichtsrat

bba) Aufsichtsrat gemäß Betriebsverfassungsgesetz

283 Bei einer GmbH mit mehr als 500 Arbeitnehmern ist ein Aufsichtsrat zu bilden, der zu einem Drittel aus Vertretern der Arbeitnehmer bestehen muß, § 77 Abs. 1, § 76 Abs. 1 BetrVG 1952 i. V. m. § 129 BetrVG. Seine Aufgabe besteht in der

427 BGH, a. a. O.
428 Binz/Freudenberg/Sorg, BB 1991, S. 785.
429 Vgl. Fitting/Auffahrt/Kaiser/Heither, § 5 Rn. 114ff.
430 Hess/Schlochauer/Glaubitz, § 47 Rn. 12; Dietz/Richardi, § 47 Rn. 12.
431 Hess/Schlochauer/Glaubitz, § 54 Rn. 1ff.

Kontrolle der Geschäftsführung, § 111 Abs. 1 AktG i. V. m § 77 Abs. 1 BetrVG 1952 i. V. m. § 129 BetrVG.

284 Bei einer typischen Komplementär-GmbH, deren Geschäftstätigkeit sich in der Geschäftsführung der KG erschöpft und die daher i. d. R. nur wenige Arbeitnehmer beschäftigt, ist die Pflicht zur Bildung eines Aufsichtsrates nach den Regeln des Betriebsverfassungsgesetzes ohne praktische Bedeutung.

285 Für die GmbH & Co. KG als Kommanditgesellschaft gibt es, unabhängig von der Zahl der von ihr beschäftigten Arbeitnehmer, keine Pflicht zur Bildung eines Aufsichtsrates gemäß dem BetrVG, da dieses bei Personengesellschaften keine Anwendung findet, vgl. § 77 BetrVG 1952 i. V. m. § 129 BetrVG.

bbb) Aufsichtsrat gemäß Mitbestimmungsgesetz

286 Für Unternehmen, die in der Rechtsform einer GmbH organisiert sind und mehr als 2 000 Arbeitnehmer beschäftigen, begründet das Mitbestimmungsgesetz die Pflicht, einen Aufsichtsrat zu bilden, der sich paritätisch aus Mitgliedern der Anteilseigner und solchen der Arbeitnehmer zusammensetzt, §§ 1, 6, 7 MitbestG. Ferner ist die Geschäftsführung um ein weiteres Mitglied, den sogenannten Arbeitsdirektor, zu erweitern, der seine Aufgaben „im engsten Einvernehmen mit den Geschäftsorganen" ausüben soll, § 33 MitbestG. Personengesellschaften sind grundsätzlich nicht in den Geltungsbereich des MitbestG einbezogen, § 1 MitbestG. Bei der GmbH & Co. KG besteht insoweit eine Besonderheit, als der Komplementär-GmbH die Arbeitnehmer der KG hinzugerechnet werden und die Komplementär-GmbH dann zur Bildung eines paritätischen Aufsichtsrates verpflichtet ist, wenn

- die Mehrheit der Kommanditisten, berechnet nach der Mehrheit der Anteile oder Stimmen, die Mehrheit der Geschäftsanteile oder der Stimmen bei der GmbH innehat,
- die GmbH keinen eigenen Geschäftsbetrieb oder einen eigenen Geschäftsbetrieb mit i. d. R. nicht mehr als 500 Arbeitnehmern hat,
- und GmbH und KG zusammen i. d. R. mehr als 2 000 Arbeitnehmer beschäftigen, § 4 MitbestG.

287 In diesem Fall nehmen die Arbeitnehmer der KG an den Wahlen zum Aufsichtsrat der Komplementär-GmbH aktiv und passiv wie deren eigene Arbeitnehmer teil.[432] Die Kontroll- und Informationsrechte dieses Aufsichtsrates gemäß § 111 Abs. 1, § 90, § 111 Abs. 2 AktG i. V. m. § 25 Abs. 1 MitbestG bestehen jedoch lediglich gegenüber den Geschäftsführern der GmbH. Zu Vorgängen in der KG

432 Einzelheiten s. Grüter, BB 1978, S. 1145ff.

steht dem Aufsichtsrat nur insoweit ein Kontrollrecht zu, als die GmbH für die KG tätig ist. Der Aufsichtsrat kann nicht selbst Bücher der KG einsehen.[433]

288 Obwohl der Aufsichtsrat bei der GmbH angesiedelt ist, schlägt seine Kontrollfunktion voll auf die KG durch, solange die Geschäfte der KG von der GmbH geführt werden. Um diesen Einfluß des MitbestG auf die KG sicherzustellen, hat der Gesetzgeber in § 4 Abs. 2 MitbestG geregelt, daß die mitbestimmte Komplementär-GmbH nicht von der Führung der Geschäfte der KG ausgeschlossen werden darf, was ansonsten handelsrechtlich möglich ist, § 114 Abs. 2, § 161 Abs. 2 HGB.

289 Die Diskussion um § 4 MitbestG hat in der Praxis nur eine geringe Bedeutung. Es sind lediglich acht Gesellschaften in der Rechtsform der GmbH & Co. KG bekannt, die unter das Mitbestimmungsgesetz fallen.[434]

cc) Fakultativer Aufsichtsrat

cca) Allgemeines

290 Anders als bei einer GmbH, der das Betriebsverfassungsgesetz oder das Mitbestimmungsgesetz unter bestimmten Voraussetzungen Aufsichtsräte vorschreibt[435], existiert für eine GmbH & Co. KG keine Verpflichtung, einen Aufsichtsrat einzurichten. In der Praxis besteht allerdings häufig ein Bedürfnis, neben der Gesellschafterversammlung und der Geschäftsführung ein drittes Organ zu errichten, das Kontroll-, Koordinations-, Beratungs- oder auch Geschäftsführungsaufgaben wahrnehmen soll. Derartige Gremien werden i. d. R. Aufsichtsrat, Beirat, Verwaltungsrat oder Kommanditistenausschuß genannt.

291 Die personelle Zusammensetzung eines Beirates hängt von seiner Funktion ab. Handelt es sich in erster Linie um eine Interessenvertretung bestimmter Gesellschafter, z. B. um einen Kommanditistenausschuß, wird der Beirat ausschließlich mit Kommanditisten besetzt sein. Nimmt der Beirat dagegen überwiegend Kontroll- oder Beratungsfunktionen gegenüber der Geschäftsleitung wahr, kommen auch entsprechend qualifizierte, gesellschaftsfremde Dritte, z. B. Wirtschaftsprüfer, Rechtsanwälte, Steuerberater, als Aufsichtsratsmitglieder in Betracht.

292 Bei einer GmbH & Co. KG kann ein Beirat bei der GmbH oder bei der KG angesiedelt werden. Möglich ist auch, daß sowohl die GmbH als auch die KG ein Aufsichtsgremium erhält. In der Praxis beschränkt man sich i. d. R. auf die Konstituierung eines Beirats. Bei welcher Gesellschaft dieser Beirat angesiedelt wird, hängt dabei entscheidend von seiner Funktion ab.

293 Handelt der Beirat in erster Linie als eine Interessenvertretung der Kommanditisten, wird er bei der KG anzusiedeln sein, ist die Komplementär-GmbH gleichzei-

433 Raiser, § 4 Rn. 20.
434 Raiser, § 4 Rn. 4.
435 Rn. 283ff.

tig Komplementärin von mehreren Kommanditgesellschaften oder hat sie konzernabhängige Töchter, wird der Beirat bei der GmbH anzusiedeln sein. Soll der Beirat die Geschäftsführung wirksam überwachen, kann dieses sowohl von einem Beirat der GmbH als auch von einem Beirat der KG geleistet werden, denn auch der Beirat der KG kontrolliert mittelbar die Geschäftsführer der GmbH.

ccb) Beirat einer GmbH

Aus § 52 GmbHG ergibt sich die Zulässigkeit eines Beirates bei einer GmbH. Da 294 es sich um ein fakultatives Organ der GmbH handelt, findet es seine Rechtsgrundlage in der GmbH-Satzung. Dort und en détail in einer Geschäftsordnung können seine Rechte und Pflichten festgelegt werden. Fehlt es an derartigen Regelungen, verweist § 52 GmbHG auf aktienrechtliche Vorschriften zum Aufsichtsrat.

ccc) Beirat einer KG

Die Zulässigkeit eines Beirates einer KG ergibt sich aus der vertraglichen Gestal- 295 tungsfreiheit der Gesellschafter.[436] Bei einer Kommanditgesellschaft ist die Verankerung des Beirats im Gesellschaftsvertrag nicht erforderlich, in der Praxis aber üblich. Der Beirat nimmt seine Aufgaben aufgrund eines Dienstvertrages mit der Gesellschaft wahr, der eine Geschäftsbesorgung zum Gegenstand hat, § 675 BGB.[437] Typische Aufgaben eines Beirates in einer GmbH & Co. KG sind Beratung, Kontrolle und Überwachung der geschäftsführenden Komplementär-GmbH.

Hat ein Beirat nach dem Gesellschaftsvertrag lediglich Beratungsaufgaben, trifft 296 ihn stets gleichzeitig die Pflicht, die Geschäftsführung zu kontrollieren[438], da eine Beratung sich nur sinnvoll daran ausrichten kann, welche Maßnahmen im Rahmen ordnungsmäßiger Geschäftsführung geboten oder zu unterlassen sind.[439] Die Pflicht des Beirates, die Geschäftsführung zu überwachen, „besteht – neben der Prüfung des Jahresabschlusses – hauptsächlich darin, sich von der Geschäftsleitung regelmäßig Bericht erstatten zu lassen, die hierzu notwendigen Unterlagen einzusehen und, wenn sich dabei Bedenken ergeben, ihnen nachzugehen“.[440]

Üblicherweise wird die Kontrolle des Beirates u.a. dadurch gesichert, daß in den 297 Gesellschaftsvertrag ein Katalog von Geschäftsführungsmaßnahmen aufgenommen wird, die alle der vorherigen Zustimmung des Beirates bedürfen. Der Beirat ist nicht berechtigt, jedes Geschäft zu verhindern, das mit einem Risiko verbunden ist, da mit Risiken behaftete Geschäfte im kaufmännischen Verkehr nicht ungewöhnlich sind. Handelt es sich jedoch um ungewöhnlich leichtfertige Geschäfte, hat der Beirat seine Zustimmung zu verweigern und darüber hinaus alle

436 Vgl. Haack, BB 1993, S. 1607.
437 BGH, WM 1984, S. 1640 (1641); BGH NJW 1985, S. 1900.
438 BGH, DB 1980, S. 71 (72).
439 BGH, a. a. O.
440 BGH, DB 1980, S. 71 (73).

ihm zur Verfügung stehenden Mittel einzusetzen, um die geschäftsführenden Gesellschafter von derartigen Vorhaben abzubringen.[441]

298 Über die Kontrollaufgaben hinaus kann der Beirat auch unmittelbar mit Geschäftsführungsaufgaben betraut werden.[442] Wegen des im Recht der Personengesellschaften geltenden Grundsatzes der Selbstorganschaft[443] ist dies aber nur insoweit zulässig, als der Kernbereich der Geschäftsführungskompetenz der persönlich haftenden Gesellschafter unberührt bleibt.[444] Der geschäftspolitische Einfluß des Beirats darf nicht so groß sein, daß die Komplementäre über keinen eigenen Entscheidungsspielraum mehr verfügen und nur noch exekutive Aufgaben wahrnehmen.[445]

299 In einer GmbH & Co. KG, für die der Grundsatz der Selbstorganschaft kein Hindernis ist, gesellschaftsfremde Dritte (GmbH-Geschäftsführer) mit der Unternehmensleitung zu betrauen[446], hat die Umgehung dieses Grundsatzes durch Kompetenzausweitung des mit gesellschaftsfremden Dritten besetzten Beirates keine praktische Bedeutung.

300 Wenn den Gesellschaftern der überwiegende Entscheidungseinfluß innerhalb des Beirates zusteht, können dem Beirat auch Gesellschafterrechte übertragen werden, soweit nicht in den Kernbereich der einzelnen Gesellschafterstellung eingegriffen wird.[447] Berührt die Beiratsentscheidung diesen Bereich, ist immer die Zustimmung des betroffenen Gesellschafters erforderlich. Über die inhaltliche Ausfüllung des Kernbereichs herrscht keine Klarheit.[448]

301 Die Kompetenzausstattung des Beirates mit Gesellschafterrechten darf auch nicht zu einer Entmachtung der Gesellschafterversammlung führen.[449] Eine Entmachtung liegt nicht vor, wenn die Gesellschafterversammlung in der Lage ist, entscheidungen und Beschlüsse des Beirates wieder außer Kraft zu setzen.[450]

ccd) Haftung der Beiratsmitglieder

(1) Haftung der Beiratsmitglieder einer GmbH

302 Die Beiratsmitglieder einer GmbH haften analog §§ 116, 93 AktG.[451] Ihre Haftung besteht gegenüber der GmbH. Ob die Beiratsmitglieder auch der KG haften,

441 BGH, WM 1977, S. 1221 (1223).
442 Schilling in Großkomm., § 163 Rn. 20.
443 Siehe Rn. 315.
444 BGH, DB 1962, S. 298; Hölters, DB 1980, S. 2225 (2227).
445 Schlegelberger/Martens, § 164 Rn. 25.
446 Siehe Rn. 235, 317.
447 BGH, WM 1985, S. 256 (257); Schilling in Großkomm., § 163 Rn. 21; Schlegelberger/Martens, § 161 Rn. 116.
448 Siehe Schilling in Großkomm., § 163 Rn. 6f. und Schlegelberger/Martens, § 161 Rn. 71 mit Beispielen. Vgl. auch Rn. 243.
449 BGH, WM 1985, S. 256 (257) zur Frage, unter welchen Voraussetzungen und in welchem Umfang der Beirat einer Publikumskommanditgesellschaft zur Änderung des Gesellschaftsvertrages ermächtigt werden kann.
450 BGH, a. a. O.; Schlegelberger/Martens, § 161 Rn. 119.
451 Scholz/Schmidt, § 52 Anm. 328ff.

wenn diese einen durch die Pflichtverletzung des Beirates verschuldeten Schaden hat, ist höchstrichterlich nicht geklärt. Entsprechend der Rechtsprechung des BGH zur Haftung des Geschäftsführers der Komplementär-GmbH gegenüber der KG[452] ist auch hier von einem Vertrag zwischen GmbH und Beirat mit Schutzwirkung zugunsten der KG auszugehen.[453]

(2) Haftung der Beiratsmitglieder einer Publikums-KG

Die Beiratsmitglieder einer Publikumskommanditgesellschaft haften nach der 303
Rechtsprechung ebenfalls analog §§ 116, 93 AktG.[454] Verschuldensmaßstab ist die im Verkehr erforderliche Sorgfalt.

Das gilt auch dann, wenn die Beiratsmitglieder Gesellschafter sind. § 708 BGB, wonach ein Gesellschafter bei der Erfüllung der ihm obliegenden Verpflichtungen nur für die Sorgfalt einzustehen hat, welche er in eigenen Angelegenheiten anzuwenden pflegt, findet hier keine Anwendung.[455]

Ersatzberechtigt bei einer Pflichtverletzung des Beirates der KG ist die KG 304
selbst.[456] Denn der Beirat steht grundsätzlich in einem unmittelbaren Rechtsverhältnis zur Gesellschaft.[457] Ausnahmsweise sind die Kommanditisten ersatzberechtigt, wenn der Gesellschafts- und der Geschäftsbesorgungsvertrag dahingehend auszulegen sind, daß das Rechtsverhältnis zwischen Beirat und Gesellschaft eine Schutzwirkung zugunsten der Kommanditisten entfalten soll.[458] Ist der Beirat kein Organ der Gesellschaft, sondern ein typischer Kommanditistenausschuß[459], können die Kommanditisten gemeinschaftlich Ersatzansprüche gegenüber den Ausschußmitgliedern geltend machen.[460]

(3) Haftung der Beiratsmitglieder einer herkömmlichen GmbH & Co. KG

Ob auch die Beiratsmitglieder einer herkömmlichen GmbH & Co. KG entspre- 305
chend den aktienrechtlichen Normen haften, ist vom BGH noch nicht entschieden.[461] Der BGH hat sich grundsätzlich gegen eine „sklavische Übernahme der aktienrechtlichen Normen" ausgesprochen.[462] Der Umstand, daß es sich um eine Personenhandelsgesellschaft handelt, gebiete es, bei der Übernahme dieser Regeln und Grundsätze besondere Vorsicht obwalten zu lassen und in jedem Einzelfalle zu prüfen, ob dem nicht die konkrete Ausgestaltung des zu beurteilenden Gesellschaftsverhältnisses entgegensteht.[463]

452 Siehe Rn. 254f.
453 Hölters, DB 1980, S. 2225 (2226); Schilling in Großkomm., § 163 Rn. 24.
454 BGH, DB 1980, S. 71; BGH, NJW 1983, S. 1675; OLG Frankfurt, DB 1979, S. 2476.
455 BGH, WM 1977, S. 1221 (1222); BGH, DB 1980, S. 295 (296).
456 BGH, WM 1984, S. 1640 (1641).
457 BGH, a. a. O.
458 BGH, a. a. O.; BGH, NJW 1985, S. 1900.
459 Siehe Rn. 291.
460 BGH, WM 1983, S. 555 (557).
461 Vgl. Rinze, NJW 1992, S. 2790.
462 BGH, WM 1977, S. 1221 (1225).
463 BGH, a. a. O.; ähnlich Schlegelberger/Martens, § 161 Rn. 121.

Nach einer im Schrifttum vertretenen Ansicht sollen allerdings die Mitglieder des Beirats einer GmbH & Co. KG jedenfalls dann analog § 52 GmbHG, §§ 116, 93 AktG haften, wenn der Beirat Organ der Gesellschaft ist und nach dem Gesellschaftsvertrag eine sachverständige Kontrolle über die Geschäftsführung ausüben soll.[464]

II Außenverhältnis

1 Vertretungsbefugnis

a) Gesetzliche Regelung

aa) Vertreter der GmbH & Co. KG

306 Die Vertretung einerKommanditgesellschaft obliegt den persönlich haftenden Gesellschaftern, § 125 Abs. 1, § 161 Abs. 2, § 170 HGB. Die Vertretungsmacht der Komplementäre erstreckt sich auf alle gerichtlichen und außergerichtlichen Geschäfte und Rechtshandlungen einschließlich der Veräußerung und Belastung von Grundstücken sowie der Erteilung und des Widerrufs einer Prokura, § 126 Abs. 1, § 161 Abs. 2 HGB. Eine Beschränkung dieses gesetzlich festgelegten Umfanges der Vertretungsmacht ist Dritten gegenüber unwirksam, § 126 Abs. 2, § 161 Abs. 2 HGB. Im Verhältnis der Gesellschafter untereinander sind derartige Vereinbarungen zulässig.[465]

307 Bei einer typischen GmbH & Co. KG, d. h. bei einer KG, bei der der einzige persönlich haftende Gesellschafter eine GmbH ist, wird die Kommanditgesellschaft durch die GmbH vertreten. Die GmbH nimmt ihre Vertretungsbefugnisse in erster Linie durch ihre Organe – das sind ihre Geschäftsführer, § 35 Abs. 1 GmbHG –, aber auch durch ihre rechtsgeschäftlich bestellten Vertreter wie Prokuristen, Handlungs- bzw. Generalbevollmächtigten wahr.[466] Die Kommanditisten sind nach der gesetzlichen Regelung von der Vertretung der KG ausgeschlossen, § 170 HGB.

bb) Vertreter der GmbH

308 Die GmbH wird von ihren Geschäftsführern vertreten, § 35 Abs. 1 GmbHG. Sie handeln unmittelbar für und im Namen der GmbH. Da sie gegenüber der GmbH berechtigt und verpflichtet sind, die Geschäfte der GmbH zu führen, zu denen auch die Geschäftsführung der GmbH & Co. KG gehört, handeln sie mittelbar für die KG. Sie sind gewissermaßen „Vertreter-Vertreter". Beispiel: Wenn die GmbH & Co. KG mit einem Dritten einen Mietvertrag schließt, dann geschieht das dadurch, daß der Geschäftsführer im Namen der GmbH handelnd die GmbH

464 Schlegelberger/Martens, § 161 Rn. 120.
465 Siehe Rn. 241.
466 Siehe Rn. 244.

vertritt, die ihrerseits im Namen und für die Kommanditgesellschaft den Vertrag schließt. Für das Zustandekommen eines Vertrages mit der GmbH & Co. KG ist es nicht erforderlich, daß der GmbH-Geschäftsführer bei der Zeichnung seine abgeleitete Vertretungsmacht deutlich macht.[467] Entscheidend ist vielmehr, daß es für den Geschäftspartner erkennbar ist, daß er im Namen der GmbH & Co. KG handelt.[468] Das kann auch dann der Fall sein, wenn der Geschäftsführer mit seinem eigenen, persönlichen Namen oder im Namen der GmbH zeichnet.

Die Vertretungsmacht eines GmbH-Geschäftsführers ist im Verhältnis zu Dritten 309
unbeschränkt, § 37 Abs. 2 Satz 1 GmbHG. Gegenüber der Gesellschaft sind die Geschäftsführer verpflichtet, sich an die Beschränkungen ihrer Vertretungsmacht, die ihnen durch Gesellschaftsvertrag oder Gesellschafterbeschluß auferlegt sind, zu halten, § 37 Abs. 1 GmbHG. Gegenüber der GmbH & Co. KG hat diese Beschränkung dagegen wie gegenüber Dritten gemäß § 37 Abs. 2 Satz 1 GmbHG keine rechtliche Wirkung.

Hat eine GmbH mehrere Geschäftsführer, sind diese im Zweifel Gesamtvertreter, 310
§ 35 Abs. 2 Satz 2 GmbHG. In der Praxis wird im Gesellschaftsvertrag häufig Einzelvertretungsbefugnis angeordnet.

b) Vertragliche Regelungen

aa) Rechtsgeschäftlich bestellte Vertreter

Neben dieser organschaftlichen Vertretung der GmbH & Co. KG durch die Kom- 311
plementär-GmbH ist die rechtsgeschäftliche Bestellung von weiteren Vertretern der GmbH & Co. KG, wie z. B. Prokuristen, Generalbevollmächtigten, Handlungsbevollmächtigten, möglich. Es ist auch zulässig, dem Geschäftsführer der Komplementär-GmbH Prokura unmittelbar für die Kommanditgesellschaft einzuräumen.[469] In diesem Fall kann also der GmbH-Geschäftsführer die GmbH & Co. KG als Organ der Komplementär-GmbH mittelbar („Vertreter-Vertreter" s. Rn. 308) oder als Prokurist der KG unmittelbar vertreten.

Der Ausschluß des Kommanditisten von der organschaftlichen Vertretung ist 312
zwingendes Recht und somit nicht durch den Gesellschaftsvertrag abänderbar, § 170 HGB.[470] Die Übertragung rechtsgeschäftlicher Vertretungsmacht an einen Kommanditisten ist dagegen zulässig. Ein Kommanditist kann z. B. als Generalbevollmächtigter der GmbH & Co. KG Geschäftsführungsaufgaben wahrnehmen und die KG nach außen wirksam vertreten. Die Vertretungsmacht ist in diesem Fall auf den Umfang der rechtsgeschäftlichen Generalvollmacht beschränkt. Da dieser Generalbevollmächtigte der Gesamtheit der Gesellschafter und nicht nur den Gesellschaftern der Komplementär-GmbH verantwortlich ist, kann seine

467 BGHZ 62, 216 (229).
468 BGH, a. a. O.; BGH, BB 1988, S. 428 (429).
469 OLG Hamm, BB 1973, S. 354.
470 BGHZ 41, 367 (369); 51, 198 (200); Baumbach/Hopt, § 170 Anm. 1A.

Funktion eine Stärkung des Einflusses der Kommanditisten auf die Geschäftsführung bedeuten.[471] Außerdem kann ein Kommanditist von den Gesellschaftern der GmbH zum Geschäftsführer oder Prokuristen der GmbH bestellt werden.[472]

bb) Gesamtvertretung

313 Sind neben der Komplementär-GmbH noch weitere persönlich haftende Gesellschafter vorhanden, kann anstelle der gesetzlich vorgesehenen Einzelvertretungsbefugnis aller Komplementäre (§ 125 Abs. 1, § 161 Abs. 2 HGB) im Gesellschaftsvertrag bestimmt werden, daß alle oder mehrere Komplementäre nur gemeinschaftlich zur Vertretung ermächtigt sein sollen (sog. Gesamtvertretung, § 125 Abs. 2 HGB). Soll die Komplementär-GmbH nur zusammen mit einem Prokuristen vertretungsberechtigt sein, liegt eine sog. unechte Gesamtvertretung vor, § 125 Abs. 3 HGB.

314 Bei einer Gesamtvertretung ist darauf zu achten, auf welche Gesellschaft sie sich bezieht. So ist die Vertretung durch einen gesamtvertretungsberechtigten Geschäftsführer der GmbH und einen gesamtvertretungsberechtigten Prokuristen der GmbH & Co. KG unwirksam. Denn ein gesamtvertretungsberechtigter Geschäftsführer der Komplementär-GmbH kann diese nur wirksam mit einer weiteren vertretungsberechtigten Person der GmbH vertreten.[473] Bei der Regelung der Vertretungsverhältnisse ist immer die rechtliche Selbständigkeit beider Gesellschaften zu berücksichtigen.[474] Die Geschäftsführer der GmbH sind im Verhältnis zur GmbH & Co. KG Dritte.[475] Ein Prokurist einer Personengesellschaft kann nicht an die Mitwirkung Dritter gebunden werden. In einer solchen Bindung läge eine unzulässige Beschränkung der Prokura.[476]

cc) Grundsatz der Selbstorganschaft

315 Einzelne Komplementäre können durch den Gesellschaftsvertrag von der Vertretung ausgeschlossen werden, § 125 Abs. 1, § 161 Abs. 2 HGB. Es ist unzulässig, sämtliche persönlich unbeschränkt haftende Gesellschafter von der Vertretung auszuschließen und die Vertretung Nicht-Gesellschaftern zu überlassen (Verbot der Fremdgeschäftsführung und -vertretung bei Personengesellschaften).[477] Dies folgt aus dem im Recht der Personengesellschaften geltenden Grundsatz der Selbstorganschaft. Er besagt, daß zum Wesen der Personengesellschaft deren Stellvertretung durch mindestens einen unbeschränkt haftenden Gesellschafter ge-

471 Siehe auch Geitzhaus, GmbHR 1989, S. 284f.
472 Siehe auch Rn. 244.
473 OLG Hamburg, GmbHR 1961, S. 128f. mit Anm. Hesselmann.
474 Siehe Rn. 2.
475 OLG Hamburg, GmbHR 1961, S. 128; s. auch Rn. 246.
476 OLG Hamburg, a. a. O.; BayOLG, BB 1994, S. 1879 = DStR 1994, S. 1471; Baumbach/Hopt, Anh. § 177a Anm. IV 2 B
477 BGHZ 41, 367 (369) m. w. N.; a. A. Westermann, Rn. 238ff.; Helm/Wagner, DB 1979, S. 225ff.

hört, der für die Handlungen der Gesellschaft die volle Verantwortung trägt.[478] In diesem Sinne ist es auch nicht zulässig, den einzigen vertretungsberechtigten Gesellschafter durch die Notwendigkeit der Mitwirkung eines Prokuristen zu beschränken.[479]

Auch darf der einzige Komplementär in seiner Vertretungsbefugnis nicht insoweit vertraglich beschränkt werden, daß er nur zusammen mit einem Kommanditisten die Gesellschaft vertreten darf.[480] 316

Die Rechtsform der GmbH & Co. KG wird zum Teil auch deshalb gewählt, weil sie eine Umgehung des Verbotes der Fremdgeschäftsführung und -vertretung ermöglicht. Denn materiell gesehen leitet der Fremdgeschäftsführer der GmbH die Personengesellschaft[481], wenn auch formell zwischen Personengesellschaft und gewähltem Fremdgeschäftsführer die GmbH als Gesellschafterin und organschaftliche Vertreterin geschoben wurde. Ebenso leicht ist es in einer GmbH & Co. KG möglich, den gesetzlichen Ausschluß des Kommanditisten von der organschaftlichen Vertretung zu umgehen, indem ein Kommanditist zum Geschäftsführer der Komplementär-GmbH bestellt wird.[482] 317

c) Beschränkung der Vertretungsmacht gemäß § 181 BGB

aa) Selbstkontrahierungsverbot

Nach § 181 BGB kann ein Vertreter, soweit ihm nicht ein anderes gestattet ist, im Namen des Vertretenen mit sich im eigenen Namen oder als Vertreter eines Dritten ein Rechtsgeschäft (sog. Insichgeschäft) nicht vornehmen, es sei denn, daß das Rechtsgeschäft ausschließlich in der Erfüllung einer bereits bestehenden Verbindlichkeit besteht. Dieses Verbot des Selbstkontrahierens hat auch bei der organschaftlichen Vertretung der GmbH & Co. KG praktische Bedeutung. So kann die Komplementär-GmbH, wenn im Gesellschaftsvertrag der GmbH & Co. KG nichts anderes vereinbart ist, keine Geschäfte zwischen der GmbH & Co. KG und sich selbst abschließen. Entsprechendes gilt für Insichgeschäfte zwischen der GmbH & Co. KG und dem Geschäftsführer der Komplementär-GmbH. Ebenso kann der GmbH-Geschäftsführer, wenn der GmbH-Vertrag keine anderweitige Regelung enthält, nicht Geschäfte zwischen sich und der GmbH abschließen. Das Verbot solcher Insichgeschäfte soll der Verkehrssicherheit dienen und zum Schutz des Vertretenen Interessenkollisionen abwenden. 318

Gemäß § 35 Abs. 4 GmbHG – der durch die GmbH-Novelle 1980 eingefügt wurde – gilt das Verbot des Selbstkontrahierens auch für den Gesellschafter-Ge- 319

478 BGH, a. a. O.
479 BGH 26, 330 (332); BGH, WM 1961, S. 321 (322); Baumbach/Hopt, § 125 Anm. 5Ab.
480 BGHZ 41, 367 (369); Schlegelberger/Martens, § 170 Rn. 4; Baumbach/Hopt, § 145 Anm. 6A.
481 Siehe Rn. 308 „Vertreter-Vertreter".
482 Siehe Rn. 244.

schäftsführer einer Einmann-GmbH.[483] Ein gegen das Selbstkontrahierungsverbot verstoßendes Geschäft ist nicht nichtig, sondern schwebend unwirksam, d. h., es kann nachträglich vom Vertretenen genehmigt werden.[484]

bb) Befreiung vom Selbstkontrahierungsverbot

320 In den Gesellschaftsverträgen können Vertreter auch generell von dem Verbot des Selbstkontrahierens befreit werden. Das ist bei der GmbH und bei Personengesellschaften durchaus üblich. Bei der GmbH muß diese Befreiung in das Handelsregister eingetragen sein, § 10 Abs. 1 Satz 2 GmbHG.[485] Durch die Publizität von Handelsregistereintragungen werden Gläubiger der Gesellschaft auf die Möglichkeit solcher Geschäfte und damit von Vermögensverlagerungen zwischen dem Gesellschafter und der Gesellschaft hingewiesen und können sich darauf einstellen.[486]

321 Zu beachten ist, daß die Befreiung vom Verbot des Selbstkontrahierens immer nur von dem jeweils Vertretenen erteilt werden kann. So kann nur die GmbH & Co. KG den Geschäftsführer der GmbH von dem Verbot, Geschäfte mit sich und der GmbH & Co. KG abzuschließen, befreien.[487] In der Praxis ist es üblich, schon im Gesellschaftsvertrag der GmbH & Co. KG sowohl die Komplementär-GmbH als auch deren Organe von den Beschränkungen des § 181 BGB zu befreien.[488]

cc) Genehmigung von Insichgeschäften

322 Fehlt eine generelle Befreiung von dem Selbstkontrahierungsverbot im Gesellschaftsvertrag, kann das schwebend unwirksame Insichgeschäft nachträglich durch Genehmigung wirksam werden. Zuständig für die Genehmigung eines Insichgeschäftes zwischen der Komplementär-GmbH und einem GmbH-Geschäftsführer sind weitere vorhandene alleinvertretungsberechtigte Geschäftsführer. Gibt es diese nicht, haben die GmbH-Gesellschafter mit einfacher Mehrheit zu entscheiden.[489] Die Genehmigung kann formlos und sogar durch schlüssiges Verhalten erfolgen.[490]

323 Handelt es sich um eine Einmann-GmbH, reicht ein einfacher Gesellschafterbeschluß zur Genehmigung des Insichgeschäfts nicht aus.[491] Hier kann eine Befrei-

---

483 A. A. vor Inkrafttreten des § 35 Abs. 4 GmbHG am 1. 1. 1981 BGHZ 56, 97; 75, 358.
484 Siehe Rn. 322ff.
485 BGHZ 87, 59.
486 BGHZ 87, 59 (62).
487 BGHZ 58, 115 (117).
488 Hesselmann, Rn.108; zur Befreiung einer Komplementär-GmbH vom Selbstkontrahierungsverbot vgl. LG Gera, ZIP 1994, S. 537.
489 BGHZ 75, 358 (362); 58, 115 (120).
490 BGH, WM 1971, S. 1082 (1084).
491 BGHZ 87, 59 (60); OLG Köln, GmbHR 1993, S. 37; Scholz/Schneider, § 35 Rn. 119; Lutter/Hommelhoff, § 35 Rn. 20.

ung vom Selbstkontrahierungsverbot nur durch den Gesellschaftsvertrag erfolgen.[492]

Für den gesellschaftsvertraglichen Dispens kommen mehrere Möglichkeiten in Betracht. Der Einmann-Gesellschafter kann per Satzungsänderung eine Befreiung vom Selbstkontrahierungsverbot statuieren und nach deren Eintragung das schwebend unwirksame Geschäft genehmigen[493]; oder er räumt durch Satzungsänderung die bloße Ermächtigung ein, den Geschäftsführer durch einen Gesellschafterbeschluß vom Verbot des Insichgeschäftes zu befreien.[494] Dann muß vor der Genehmigungserklärung des Gesellschafter-Geschäftsführers der Ausführungsbeschluß gefaßt und ordnungsgemäß protokolliert werden.[495] Der Einmann-Gesellschafter kann auch in der Satzung die Befreiung für ein ganz bestimmtes Geschäft regeln und erklärt damit sogleich konkludent dessen Genehmigung. 324

Die dem Gesellschafter-Geschäftsführer einer mehrgliedrigen GmbH durch die Satzung erteilte und ins Handelsregister eingetragene Befreiung vom Verbot des Insichgeschäfts bleibt auch dann wirksam, wenn sich die GmbH später in eine Einmann-GmbH verwandelt.[496]

Schließt der einzige Geschäftsführer der Komplementär-GmbH einen Vertrag mit sich und der GmbH & Co. KG, kann nur die Kommanditgesellschaft dieses Rechtsgeschäft genehmigen.[497] Die Genehmigung im Namen der KG müßte eigentlich durch die Komplementär-GmbH als geschäftsführende Gesellschafterin der KG erfolgen, da die Genehmigung eine Maßnahme der Geschäftsführung ist. Aufgrund ihrer Vertretungsverhältnisse ist die GmbH dazu aber nicht in der Lage, da bei Vorhandensein nur eines GmbH-Geschäftsführers auch die Genehmigung wiederum ein verbotenes Insichgeschäft ist. Die Genehmigung der KG erfolgt daher hier durch Änderung oder Ergänzung des Gesellschaftsvertrages der KG. Es wird gesellschaftsvertraglich bestimmt, daß der Geschäftsführer bei einem bestimmten Geschäft mit der KG von den Schranken des § 181 BGB befreit ist.[498] Eine solche Vertragsänderung für den Einzelfall kommt formlos durch übereinstimmende Willenserklärungen aller Gesellschafter der KG zustande, soweit sich aus dem Gesellschaftsvertrag nichts anderes ergibt.[499] 325

492 BGH, a. a. O.
493 BayObLG, BB 1981, S. 869 (870); Scholz/Schneider, § 35 Rn. 119.
494 BayObLG, DB 1984, S. 517; Scholz/Schneider, § 35 Rn. 120.
495 BayObLG, a. a. O.; BGHZ 75, 358 (363) auch in GmbHR 1980, S. 166.
496 BGH, GmbHR 1991, S. 261; BFH, GmbHR 1991, S. 332; a. A. Rowedder/Koppensteiner, § 35 Rn. 26.
497 BGHZ 58, 115.
498 BGHZ 58, 115 (118).
499 BGH, a. a. O.

d) Entziehung der Vertretungsmacht

aa) Entziehung der Vertretungsmacht der Komplementär-GmbH

326 Nach der gesetzlichen Regelung in § 127, § 161 Abs. 2 HGB kann der Komplementär-GmbH die Vertretungsmacht auf Antrag der übrigen Gesellschafter durch gerichtliche Entscheidung entzogen werden, wenn ein wichtiger Grund – insbesondere eine grobe Pflichtverletzung oder Unfähigkeit zur ordnungsmäßigen Vertretung der Gesellschaft – vorliegt. Im gleichen Verfahren und aus entsprechenden Gründen kann ihr die Geschäftsführungsbefugnis entzogen werden, § 117, § 161 Abs. 2 HGB.[500] In der Praxis geschieht selten das eine ohne das andere. Die Entziehung erfolgt allerdings weniger häufig aufgrund einer gerichtlichen Entscheidung. Es ist vielmehr üblich, daß die Gesellschaftsverträge abweichend von der gesetzlichen Regelung bestimmen, daß Vertretungsmacht und Geschäftsführungsbefugnis nicht durch gerichtliche Entscheidung, sondern durch einen Mehrheitsbeschluß aller Gesellschafter entzogen werden können. Die Gründe, die eine Entziehung rechtfertigen, werden i. d. R. im Gesellschaftsvertrag konkretisiert. Es ist aber auch eine gesellschaftsvertragliche Vereinbarung zulässig, wonach die Vertretungsbefugnis durch Mehrheitsbeschluß aller Gesellschafter ohne den Nachweis eines wichtigen Grundes entzogen werden kann.[501]

327 Ausnahmsweise ist die Entziehung der Vertretungsmacht unzulässig, wenn es neben der Komplementär-GmbH keine weiteren persönlich haftenden Gesellschafter und damit auch keine weiteren organschaftlich vertretungsberechtigten Gesellschafter gibt.[502] Ließe man auch in diesem Fall eine Entziehung zu, wäre die Kommanditgesellschaft ohne Vertretungsorgan und damit handlungsunfähig. Dies ist mit ihrem Wesen als eine im Rechtsverkehr mit Dritten selbständig auftretende Einheit nicht vereinbar.[503] Den Kommanditisten bleibt in einer solchen Situation nur die Möglichkeit, sich entweder mit der Entziehung der Geschäftsführungsbefugnis zu begnügen (s. Rn. 260) oder aber die Auflösungsklage (§ 133 HGB), Ausschließungs- oder Übernahmeklage (§§ 140, 142 HGB) zu erheben.[504]

328 Soweit die Kommanditisten auch Gesellschafter der GmbH sind, hat die Entziehung der Vertretungsmacht der Komplementär-GmbH für eine GmbH & Co. KG keine praktische Bedeutung. Besteht unter diesen Umständen Unzufriedenheit mit der Unternehmensleitung, werden die GmbH-Geschäftsführer – die eigentlichen Leiter des Unternehmens – abberufen.[505]

500 Siehe Rn. 256.
501 BGH, BB 1973, S. 443 (444).
502 Vgl. BGHZ 51, 198 (200); Baumbach/Hopt, § 127 Rn. 3; a. A. Schlegelberger/K. Schmidt, § 127 Rn. 3.
503 BGH, a. a. O., S. 200.
504 Vgl. BGH, a. a. O.
505 Siehe Rn. 261 ff.

bb) Widerruf der Prokura eines Kommanditisten

Ist einem Kommanditisten im Gesellschaftsvertrag Prokura erteilt worden, wird er hinsichtlich ihrer Entziehung besonders geschützt. Entsprechend §§ 117, 127 HGB darf ihm die Prokura nur aus einem wichtigen Grund entzogen werden. Außerdem ist für einen Widerruf einer gesellschaftsvertraglich eingeräumten Prokura ein Gesellschafterbeschluß erforderlich. § 116 Abs. 3 HGB gilt in diesem Fall als abbedungen.[506] § 52 HGB, wonach eine Prokura jederzeit widerruflich ist, ist auf die Prokura fürf einen Kommanditisten im Innenverhältnis nicht anwendbar.[507] Ein dennoch erfolgter Widerruf der Prokura ist zwar aus Gründen des Verkehrsschutzes nach außen hin wirksam[508], der Kommanditist hat aber einen gesellschaftsvertraglichen Anspruch auf Wiedereinräumung der rechtsgeschäftlichen Vertretungsmacht.[509] 329

2 Haftung

a) Haftung der GmbH & Co. KG

Die GmbH & Co. KG haftet ihren Gläubigern unbeschränkt mit ihrem gesamten Vermögen. Das rechtswidrig schuldhafte Verhalten ihrer Geschäfts- und vertretungsberechtigten Gesellschafterin – der Komplementär-GmbH – wird der GmbH & Co. KG analog § 31 BGB zugerechnet.[510] 330

b) Haftung der Komplementär-GmbH

Neben die Haftung mit dem Gesellschaftsvermögen der GmbH & Co. KG tritt die Haftung der Komplementär-GmbH. Die Komplementär-GmbH haftet den Gläubigern mit ihrem ganzen Vermögen unmittelbar und unbeschränkt, § 128, § 161 Abs. 2 HGB. Diese Haftung kann mit Wirkung gegenüber Dritten nicht ausgeschlossen werden, § 128 Satz 2 HGB. Eine Vereinbarung zwischen den Gesellschaftern, daß die Kommanditisten die Komplementär-GmbH von Verbindlichkeiten der GmbH & Co. KG freizustellen haben, läßt die unbeschränkte Haftung der GmbH gegenüber Dritten unberührt.[511] 331

506 OLG Karlsruhe, BB 1973, S. 1551.
507 BGHZ 17, 392 (394ff.).
508 BGHZ 17, 392 (396).
509 Vgl. OLG Saarbrücken, JZ 1968, S. 386.
510 Baumbach/Hopt, Anh. § 117a Anm. IV 3 A; K. Schmidt, Gesellschaftsrecht, S. 1248.
511 Vgl. Rn. 367. Zur Auslegung einer Haftungsfreistellungsvereinbarung im Innenverhältnis vgl. BGH, WM 1995, S. 196f.

c) Haftung der Kommanditisten

aa) Allgemeines

332 Ein Kommanditist haftet für Verbindlichkeiten der Gesellschaft grundsätzlich summenmäßig beschränkt, d. h. bis zur Höhe seiner im Handelsregister eingetragenen Haftsumme.[512]

333 Solange der Kommanditist eine Einlage in dieser Höhe in das Gesellschaftsvermögen nicht erbracht hat, haftet er den Gesellschaftsgläubigern unmittelbar und persönlich mit seinem Privatvermögen bis zu eben dieser Höhe, § 171 Abs. 1 HGB. Diese Haftung besteht auch dann, wenn genügend Gesellschaftsvermögen zur Tilgung der Verbindlichkeiten vorhanden ist.[513]

334 Hat der Kommanditist seine Einlage in Höhe seiner Haftsumme erbracht, ist seine persönliche und unmittelbare Haftung ausgeschlossen, § 171 Abs. 1 HGB. Er haftet dann mittelbar durch seine Leistung in das Gesellschaftsvermögen. Die Gläubiger der GmbH & Co. KG können in diesem Fall nur auf das Gesellschaftsvermögen oder auf das Vermögen der Komplementär-GmbH Zugriff nehmen.

335 Der Kommanditist trägt die Beweislast dafür, daß er seine Einlage erbracht hat[514] und daß seine Einlage zum Zeitpunkt der Erbringung vollwertig war.[515]

bb) Überbewertung der Einlage

336 Die Haftungsbefreiung des Kommanditisten gemäß § 171 Abs. 1 HGB tritt nämlich nur insoweit ein, als der Gesellschaft auch tatsächlich Werte in Höhe der Haftsumme zugeflossen sind. Ist die Einlage eines Kommanditisten überbewertet worden – was im Innenverhältnis der Gesellschafter durchaus zulässig ist[516] –, erreicht also der tatsächliche Wert der Einlage zum Zeitpunkt der Einbringung nicht die Höhe der Haftsumme, bleibt seine persönliche und unmittelbare Haftung in Höhe der Differenz zwischen wahrem Wert der Einlage und Haftsumme bestehen.[517] Ist umgekehrt die Einlage unterbewertet worden, kann sich der Kommanditist gegenüber Gesellschaftsgläubigern auf den tatsächlichen Wert der Einlage berufen.[518]

cc) Einlage durch Einbringung von Anteilen der Komplementär-GmbH

337 Erbringt ein Kommanditist, der gleichzeitig Gesellschafter der Komplementär-GmbH ist, seine Einlage dadurch, daß er Anteile an der Komplementär-GmbH ein-

---

512 Siehe Rn. 133.
513 BGHZ 39, 319 (322), auch in NJW 1963, S. 1873 (1874).
514 OLG Köln, GmbHR 1971, S. 219; Baumbach/Hopt, § 171 Anm. 2 E.
515 BGH, DB 1977, S. 394.
516 Siehe Rn. 128.
517 BGH, DB 1977, S. 394; Schilling in Großkomm., § 161 Rn. 20.
518 Baumbach/Hopt, § 171 Anm. 2 A; vgl. Rn. 335.

bringt, gilt die Einlage Gesellschaftsgläubigern gegenüber als nicht geleistet, § 172 Abs. 6 HGB. Die persönliche unmittelbare Haftung des Kommanditisten gemäß § 171 Abs. 1 Halbsatz 1 HGB bleibt in diesem Fall bestehen. § 172 Abs. 6 HGB ist eine Sonderregelung für die typische GmbH & Co. KG, bei der keine natürliche Person persönlich haftender Gesellschafter ist, denn grundsätzlich kann ein Kommanditist seine Einlage mit haftungsbefreiender Wirkung gemäß § 171 Abs. 1 Halbsatz 2 HGB dadurch erbringen, daß er der KG GmbH-Anteile überträgt. Sinn und Zweck des § 172 Abs. 6 HGB ist, daß dem Gläubiger einer GmbH & Co. KG wie bei einer „normalen" KG zwei Haftungsmassen zur Verfügung stehen sollen, nämlich das Vermögen der GmbH und die beschränkte Haftung der Kommanditisten. Könnten die Geschäftsanteile an der GmbH als Kommanditeinlagen befreiend geleistet werden, würde das Vermögen der GmbH gleichzeitig als Haftungsmasse der Komplementärin und als Haftungsmasse der Kommanditisten dienen. Den Gläubigern stünde in diesem Fall nur eine Haftungsmasse zur Verfügung.[519]

dd) Rückzahlung der Einlage

dda) Allgemeines

Soweit die Einlage eines Kommanditisten zurückbezahlt wird, gilt sie gemäß 338
§ 171 Abs. 4 Satz 1 HGB den Gläubigern gegenüber als nicht geleistet mit der Folge, daß die persönliche unmittelbare Haftung des Kommanditisten wiederauflebt. Sie ist auch hier auf die im Handelsregister eingetragene Haftsumme beschränkt, selbst dann, wenn dem Kommanditisten aus dem Gesellschaftsvermögen ein höherer Betrag als seine Haftsumme ausgezahlt worden ist.[520]

Der Begriff der Rückzahlung in § 172 Abs. 4 HGB ist in einem umfassenden Sinn 339
zu verstehen. Rückzahlungen sind alle Zuwendungen an einen Kommanditisten, durch die dem Gesellschaftsvermögen Vermögenswerte ohne entsprechende Gegenleistung entzogen werden.[521] Daher können auch Zuwendungen an Dritte, durch die der Kommanditist von einer persönlichen Verbindlichkeit befreit wird, oder mittelbare Zuwendungen an den Kommanditisten ausreichen.[522] Entscheidend für die Feststellung einer Rückzahlung ist, ob die Leistung der KG an den Kommanditisten wirtschaftlich als Rückzahlung aufzufassen ist. Der Rechtsgrund der Leistung ist ohne Bedeutung. So kann auch die Gewährung eines Darlehens an einen Kommanditisten eine Rückzahlung der Einlagen sein, wenn diese Mittel dazu dienen, seine durch Entnahme geminderte Einlage aufrechtzuerhalten.[523]

Weitere Beispiele für verdeckte Rückzahlungen i. S. des § 172 Abs. 4 HGB sind die Zahlung von Zinsen auf eine Kommanditeinlage, wenn die Gesellschaft keine

519 Baumbach/Hopt, § 172 Anm. 3.
520 BGHZ 60, 324.
521 BGH, NJW 1963, S. 1773 (1776); BGH, NJW 1983, S. 1869 (1870).
522 BGHZ 47, 149 (156), auch in NJW 1967, S. 1321; Baumbach/Hopt, § 172 Anm. 2 B.
523 OLG Hamburg, DStR 1991, S. 1196 f.

Gewinne erzielt[524], oder die Abtretung einer Eigentümergrundschuld durch die Gesellschaft an einen Kreditgeber des Kommanditisten.[525]

340 Der Regelfall des § 172 Abs. 4 Satz 1 HGB ist die Zahlung eines Auseinandersetzungsguthabens aus dem Gesellschaftsvermögen an einen ausgeschiedenen Kommanditisten.[526]

341 Eine Abfindung aus dem Gesellschaftsvermögen liegt auch dann vor, wenn der ausscheidende Kommanditist eine Zahlung in entsprechender Höhe von einem neu in die Gesellschaft eintretenden Kommanditisten erlangt und die Gesellschaft diese Zahlung auf die Einlageschuld des neuen Kommanditisten anrechnet.[527]

342 Wird das Auseinandersetzungsguthaben des ausscheidenden Kommanditisten in ein Darlehen umgewandelt, kommt es nicht zu einem Wiederaufleben der persönlichen Haftung gemäß § 174 Abs. 4 Satz 1 HGB.[528] Die Tilgung dieses Darlehens und die Zahlung von Zinsen, wenn die Gesellschaft keine Gewinne erzielt, ist dagegen wieder eine haftungsbegründende Rückgewähr der Einlage.[529]

343 Die durch die Rückzahlung der Hafteinlage aufgelebte Haftung des Kommanditisten erlischt wieder, wenn der Kommanditist das Gesellschaftsvermögen in Höhe der an ihn zurückgewährten Einlage wiederauffüllt. Dabei ist es nicht von Bedeutung, daß die Zahlungen als Einzahlungen auf die Haftsumme oder als Rückzahlung der ausgeschütteten Beträge bezeichnet werden. Maßgeblich ist, daß der Haftungsfonds, soweit er durch den Abfluß der Einlage gemindert worden ist, ergänzt wird und daß dieser Zufluß nicht mit verlustunabhängigen Rückgewähr- bzw. Gegenleistungsansprüchen belastet ist.[530]

ddb) Tätigkeitsvergütung eines Kommanditisten

344 Eine Rückzahlung i. S. des § 172 Abs. 4 Satz 1 HGB liegt auch dann vor, wenn ein Kommanditist, der zugleich Geschäftsführer der Komplementär-GmbH ist, eine überhöhte, sprich unangemessene Vergütung für seine Geschäftsführungstätigkeit aus den Mitteln der KG bezieht.[531] Aus den Mitteln der KG stammt das Geschäftsführergehalt auch dann, wenn die Zahlung durch die GmbH erfolgt und sich die GmbH diese Kosten von der KG erstatten läßt.

---

524 BGH, NJW 1963, S. 1773 (1776).
525 BGH, BB 1976, S. 383; vgl. Baumbach/Hopt, a. a. O. mit weiteren Beispielen.
526 Siehe Rn. 626ff.; BGHZ 39, 319 (331), auch in NJW 1963, S. 1873; Schilling in Großkomm., § 172 Rn. 14; Schlegelberger/K. Schmidt, §§ 171, 172 Rn. 73.
527 Bälz, BB 1977, S. 1481ff.; Schlegelberger/K. Schmidt, § 171, 172 Rn. 71.
528 BGH, NJW 1963, S. 1873 (1876); Schilling in Großkomm., § 172 Rn. 14; a. A. Schlegelberger/K. Schmidt, §§ 171, 172 Rn. 73.
529 BGH, a. a. O.
530 OLG München, DStR 1990, S. 777.
531 BAG, NJW 1983, S. 1869 (1870).

ddc) Rückzahlung aus dem Vermögen der Komplementär-GmbH

Werden einem Kommanditisten Leistungen aus dem Vermögen der Komplementär-GmbH zugeführt, lebt seine persönliche und unmittelbare Haftung gemäß § 172 Abs. 4 Satz 1 HGB wieder auf, wenn die GmbH – wie es regelmäßig der Fall ist – durch diese Zahlung gleichzeitig einen Erstattungsanspruch gegen die KG gemäß § 110 HGB hat. Denn durch diese Zahlung wird das KG-Vermögen zugunsten des Kommanditisten und zu Lasten der Gesellschaftsgläubiger ebenso geschmälert, wie es geschähe, wenn der Kommanditist unmittelbar aus dem Gesellschaftsvermögen der KG bezahlt werden würde.[532] 345

Kann die GmbH dagegen aus rechtlichen Gründen bei der KG keinen Rückgriff nehmen, entfällt ein Wiederaufleben der Haftung. Ein Wiederaufleben der Haftung entfällt auch dann, wenn die GmbH zwar einen Erstattungsanspruch gegen die KG hat, aber aus tatsächlichen Gründen keinen Rückgriff nehmen kann. Wenn kein KG-Vermögen mehr vorhanden und auch künftig nicht zu erwarten ist, kann der Erstattungsanspruch der Komplementär-GmbH zu keiner Schmälerung des KG-Vermögens und auch zu keiner Beeinträchtigung der KG-Gläubiger führen.[533] Zu beachten ist, daß Zahlungen aus dem Vermögen der GmbH an einen Kommanditisten zu einer Haftung des Kommanditisten gemäß § 31 Abs. 1 und 2 GmbHG führen können, wenn sie das Stammkapital der GmbH beeinträchtigen[534] oder eine bestehende Überschuldung vertiefen.[535] 346

ee) Gewinnentnahme bei negativem Kapitalkonto

Die persönliche Haftung des Kommanditisten lebt auch dann wieder auf, wenn er Gewinnanteile entnimmt, während sein Kapitalanteil bereits durch Verluste unter den Betrag der geleisteten Haftsumme herabgesunken ist oder durch diese Entnahme darunter sinken würde, § 172 Abs. 4 Satz 2 HGB. Beispiel: A ist Kommanditist, seine eingezahlte Hafteinlage beträgt 50 000,– DM. Durch Verluste weist sein Kapitalkonto einen Saldo von 30 000,– DM auf. Im neuen Wirtschaftsjahr entfällt auf A ein Gewinnanteil von 8 000,– DM. A entnimmt 8 000,– DM. Folge ist, daß seine persönliche Haftung in Höhe von 8 000,– DM wiederauflebt. 347

Ob Gewinnentnahmen auch dann zu einem Wiederaufleben der persönlichen Haftung gemäß § 172 Abs. 4 Satz 2 HGB führen, wenn das Kapitalkonto des Kommanditisten infolge bloßer Buchverluste negativ ist, ist in der Literatur umstritten.[536] Ein Teil der Autoren will die lediglich steuerlich bedingten Buchverluste eliminieren und insoweit auf die tatsächliche Vermögenslage abstellen. Der BGH 348

532 BGH, NJW 1985, S. 1776.
533 BGH, a. a. O.
534 Siehe Rn. 356ff.
535 Siehe Rn. 361ff.
536 Zur Diskussion im Schrifttum s. Westermann, Rn. 927; Binz, DStR 1991, S. 1253ff.; Priester, BB 1976, S. 1004ff.; Binz, S. 90ff.

hat dagegen mit Urteil vom 11. 12. 1989[537] entschieden, daß es für § 172 Abs. 4 HGB allein auf die fortgeführten Buchwerte in der Handelsbilanz ankomme. Das gelte auch für Verlustzuweisungsgesellschaften, die durch die Ausnutzung steuerlicher Sonderabschreibungen stille Reserven gebildet haben. Binz[538] empfiehlt angesichts dieser Rechtsprechung, das Haftungsrisiko gemäß § 171 Abs. 4 Satz 2 HGB dadurch zu begrenzen, daß die von den Kommanditisten aufzubringende Kapitalleistung in einen Einlageanteil und ein Darlehen oder eine stille Beteiligung aufgespaltenwird. In diesem Fall können dann ohne Haftungsrisiko auf die Gesellschafterdarlehen Zinsen bzw. auf die stillen Beteiligungen Gewinne unabhängig davon ausgezahlt werden, ob die Kapitalanteile der Kommanditisten infolge steuerlich bedingter Buchverluste oder aus anderen Gründen negativ sind.

Durch diese Aufspaltung der Einlage kann jedoch nicht verhindert werden, daß im Konkurs oder in der Liquidation die Gesellschafterdarlehen oder die stillen Beteiligungen wie Eigenkapital behandelt werden und den Gesellschaftsgläubigern zur Verfügung stehen müssen.[539]

ff) Auszahlung von Scheingewinnen

349 Was ein Kommanditist gutgläubig aufgrund einer im guten Glauben errichteten Bilanz als Gewinn bezieht, führt nicht zu einem Wiederaufleben seiner persönlichen unmittelbaren Haftung, § 172 Abs. 5 HGB. Ein Scheingewinn i. S. von § 172 Abs. 5 HGB liegt vor, wenn entweder ein Gewinn tatsächlich nicht erzielt worden ist, wenn dem Kommanditisten ein Anteil von einem echten Gewinn gezahlt wird, der ihm nicht zusteht, oder wenn es sich unerkannt um einen Gewinn handelt, dessen Auszahlung unter § 172 Abs. 4 Satz 2 HGB fällt.

350 Voraussetzung dafür, daß die Auszahlung von Scheingewinnen die Haftung nicht aufleben läßt, ist, daß die Bilanz in gutem Glauben errichtet worden ist und der Kommanditist den Gewinn in gutem Glauben bezogen hat.

351 Unter welchen Voraussetzungen eine Bilanz in gutem Glauben i. S. des § 172 Abs. 5 HGB errichtet ist und ein Kommanditist gutgläubig seinen Gewinnanteil bezieht, ist umstritten. Der BGH hat hierzu bisher insoweit Stellung bezogen, als er feststellte, daß eine Bilanz jedenfalls dann nicht gutgläubig errichtet ist, wenn sie von den für die Aufstellung der Bilanz zuständigen geschäftsführenden Gesellschaftern unter vorsätzlicher Verletzung allgemein anerkannter Bilanzgrundsätze aufgestellt worden ist.[540] Abgesehen von diesem Fall der Bilanzmanipulation wird man Gutgläubigkeit i. S. des § 172 Abs. 5 HGB immer schon dann verneinen müssen, wenn bei der Aufstellung der Bilanz oder dem Gewinnbezug

537 BGHZ 109, 334ff.; auch in GmbHR 1990, S. 209.
538 Binz, DStR 1991, S. 1256.
539 Siehe Rn. 700.
540 BGHZ 84, 383 (385).

die jeweils im Verkehr erforderliche Sorgfalt (§ 276 BGB) außer acht gelassen wird.[541]

Ist bereits die Bilanz nicht gutgläubig errichtet worden, kommt es auf die Gutgläubigkeit des Kommanditisten nicht mehr an. Der BGH hat eine entsprechende Anwendung des § 62 Abs. 1 und 3 AktG dahingehend abgelehnt, daß die Kommanditistenhaftung nur dann wiederauflebt, wenn die Kommanditisten wußten oder infolge grober Fahrlässigkeit nicht wußten, daß sie zum Bezug nicht berechtigt waren.[542] 352

Der Schutz des gutgläubigen Kommanditisten durch § 172 Abs. 5 HGB reicht also nicht sehr weit. So lebte die Haftung eines Kommanditisten einer Publikums-KG, deren Bilanzen von dem Geschäftsführer der Komplementär-GmbH manipuliert worden waren, wieder auf, obwohl die Bilanzen Bestätigungsvermerke einer Wirtschaftsprüfungsgesellschaft trugen.[543] 353

Zu einem Wiederaufleben der unmittelbaren Kommanditistenhaftung wegen Bezugs von Scheingewinnen führt nicht schon die Gutschrift auf dem Privatkonto des Kommanditisten, sondern erst die Auszahlung selbst.[544] 354

Gemäß dem Wortlaut des § 172 Abs. 5 HGB ist der Kommanditist, der gutgläubig Scheingewinne bezieht, auch nicht im Innenverhältnis verpflichtet, diese Scheingewinne an die Gesellschaft zurückzuzahlen.[545] Anderenfalls könnten die Gesellschaftsgläubiger trotz Vorliegens der Voraussetzungen des § 172 Abs. 5 HGB durch Forderungspfändung auf den gutgläubig bezogenen Gewinnanteil zurückgreifen. 355

gg) §§ 30, 31 GmbHG

Eine über den Betrag seiner Einlage hinausgehende Haftung des Kommanditisten kommt auch unter Berücksichtigung der §§ 30, 31 GmbHG in Betracht. Nach § 30 Abs. 1 GmbHG darf das zur Erhaltung des Stammkapitals erforderliche Vermögen einer GmbH nicht ihren Gesellschaftern ausgezahlt werden. Zuwendungen, die diesem Verbot zuwiderlaufen, müssen der GmbH erstattet werden, und zwar auch von einem gutgläubigen Empfänger, soweit dies zur Befriedigung der Gesellschaftsgläubiger erforderlich ist, § 31 Abs. 1 und 2 GmbHG. Ist die Erstattung nicht von dem Empfänger zu erlangen, haften die übrigen Gesellschafter nach dem Verhältnis ihrer Geschäftsanteile, § 31 Abs. 3 GmbHG. Die Komplementär-GmbH hat also gegen einen Kommanditisten, der gleichzeitig GmbH-Ge- 356

541 Schilling in Großkomm., § 172 Rn. 18; Westermann, Rn. 928; a. A. Schlegelberger/K. Schmidt, §§ 171, 172 Rn. 89.

542 BGHZ 84, 383 (386).

543 BGHZ 84, 383 (385).

544 Baumbach/Hopt, § 172 Anm. 2 D; Westermann, a. a. O.; Schlegelberger/K. Schmidt, §§ 171, 172 Rn. 90; a. A. Schilling in Großkomm., § 172 Rn. 17.

545 Schilling in Großkomm., § 172 Rn. 16; Schlegelberger/K. Schmidt, §§ 171, 172 Rn. 94; a. A. Westermann, Rn. 928; Baumbach/Hopt, a. a. O.

sellschafter ist, einen Erstattungsanspruch gemäß § 31 GmbHG, wenn ihm aus dem GmbH-Vermögen etwas geleistet und durch diese Leistung das Stammkapital der GmbH beeinträchtigt wird. Die Beeinträchtigung des Stammkapitals beurteilt sich nach den fortgeführten Buchwerten.[546]

357 Die §§ 30, 31 GmbHG finden auch dann Anwendung, wenn dem Kommanditisten, der gleichzeitig GmbH-Gesellschafter ist, etwas aus dem Vermögen der KG zugewendet wird und dadurch – also mittelbar – das Vermögen der GmbH nicht mehr dem Stammkapitalnennwert entspricht.[547] Eine solche mittelbare Auswirkung kommt zunächst immer dann in Betracht, wenn die KG überschuldet ist und die GmbH keine über ihr Stammkapital hinausgehenden Vermögenswerte besitzt. Da die GmbH im Hinblick auf ihre volle Haftung gemäß § 128, § 161 Abs. 2 HGB die ungedeckten Verbindlichkeiten der KG ebenfalls passivieren oder mindestens entsprechende Rückstellungen bilden muß[548], führt dies dann zur Schmälerung ihres Stammkapitals.

358 Ist bei der KG lediglich das Einlagekapital ganz oder teilweise aufgezehrt, ist zu unterscheiden, ob die GmbH an diesem Kapital beteiligt ist oder nicht.[549] Hat die im übrigen vermögenslose GmbH ihr Kapital als Einlage in die KG eingebracht, sinkt unter Umständen der Wert ihrer Beteiligung durch den Kapitalschwund in der KG unter den Stammkapitalnennwert.[550] Ist die GmbH nicht am Kapital der KG beteiligt, beeinträchtigt eine Auszahlung aus dem Vermögen der nicht überschuldeten KG das Stammkapital der GmbH im allgemeinen noch nicht.[551]

359 In allen Fällen, in denen Ansprüche gemäß § 31 GmbHG durch Auszahlungen aus dem Vermögen der Kommanditgesellschaft entstanden sind, stehen sie der GmbH & Co KG zu.[552] Dadurch haben die übrigen Kommanditisten die Möglichkeit, den begünstigten Gesellschafter notfalls im Wege der Actio pro socio zu zwingen, das KG-Vermögen wieder aufzufüllen, auch wenn die Geschäftsführung der GmbH oder andere Mitgesellschafter das nicht wollen.[553]

360 In der Literatur ist umstritten, ob sich auch derjenige Kommanditist, der nicht zugleich Gesellschafter der GmbH ist, dieser Haftung aussetzt, wenn durch eine Leistung an ihn das Vermögen der GmbH mittelbar unter den Nennwert des Kapitals herabsinkt.[554]

Der BGH hat im Urteil vom 19. 2. 1990[555] entschieden, daß auch den Nur-Kommanditisten einer GmbH & Co KG diese Haftung trifft, daß auch er für die Ausstattung der Gesellschaften mit haftendem Kapital verantwortlich ist.

546 BGHZ 106, 7 (12); auch in GmbHR 1989, S. 152 (154).
547 BGHZ 60, 324 (328); 69, 274 (279); BGH, NJW 1980, S. 1524 (1526).
548 BGH, NJW 1980, S. 1524 (1526).
549 BGH, a. a. O.
550 BGH, a. a. O.; BGHZ 60, 324 (329).
551 BGH, NJW 1980, S. 1524 (1529).
552 BGHZ 60, 324 (330).
553 BGH, a. a. O.
554 Baumbach/Hopt, § 172a Anm. 7 B; Uhlenbruck, S. 656 f. m. w. N.
555 BGH, GmbHR 1990, S. 251 (255 f.).

hh) §§ 30, 31 GmbHG bei Überschuldung

Der Erstattungsanspruch gemäß § 31 GmbHG besteht auch dann, wenn die GmbH zum Zeitpunkt der Leistung bereits überschuldet ist.[556] Nach der früheren Rechtsprechung sollten die §§ 30, 31, GmbHG in Überschuldungsfällen nur analog angewendet werden.[557] In einer Entscheidung vom 5. 2. 1990 hat der BGH aber festgestellt, daß die Bestimmungen auch bei der Herbeiführung oder Vertiefung einer Überschuldung unmittelbar anzuwenden sind.[558] 361

Die unmittelbare Anwendung der §§ 30, 31 GmbHG in solchen Fällen ist auch überzeugend: zwar wird durch das Verbot des § 30 GmbHG nur die Erhaltung des noch vorhandenen Stammkapitals garantiert. Stammkapital und Aktivvermögen der GmbH stehen aber in einem rechnerischen Wertdeckungszusammenhang. Das Stammkapital ist als bilanzieller Rechnungsposten erst dann „erhalten“ im Sinne des § 30 GmbHG, wenn das Aktivvermögen die vorhandenen Verbindlichkeiten deckt und darüber hinaus weiteres Aktivvermögen mindestens in Höhe des Betrages des Stammkapitals vorhanden ist. Daher entzieht jede Leistung, die eine Überschuldung herbeiführt oder vertieft, dem Stammkapital rechnerisch die Dekkung, so daß die §§ 30, 31 GmbHG unmittelbar anwendbar sind.[559]

ii) Durchgriffshaftung wegen Unterkapitalisierung

Im juristischen Schrifttum wird die Frage diskutiert, ob die beschränkte Haftung des Kommanditisten auch aufgrund eines Haftungsdurchgriffs wegen Unterkapitalisierung der GmbH & Co KG entfallen kann.[560] Eine Gesellschaft ist unterkapitalisiert, wenn die Höhe ihres Eigenkapitals in keiner Weise dem wirtschaftlichen Risiko der Gesellschaft entspricht.[561] Zwischen dem Finanzbedarf der Gesellschaft, der sich aus Art und Umfang der beabsichtigten oder tatsächlichen Geschäftstätigkeit ergibt, und dem haftenden Eigenkapital darf kein Mißverhältnis bestehen, da anderenfalls das wirtschaftliche Risiko allein auf die Gläubiger der Gesellschaft abgewälzt wird.[562] 362

Im GmbH-Recht hat die Rechtsprechung zum Teil eine persönliche Haftung von GmbH-Gesellschaftern bei völlig unzureichender Ausstattung der Gesellschaft mit Eigenkapital bejaht.[563] 363

556 BGHZ 60, 324 (331); BGH, WM 1990, S. 451.
557 BGHZ 60, 329 (351).
558 BGH, WM 1990, S. 451.
559 Vgl. Joost, EWiR 1990, S. 481 (482).
560 Hachenburg/Ulmer, Anh. § 30, Rn. 98ff. m. w. N; Uhlenbruck, S. 682f.; Schlegelberger/K. Schmidt, § 172a Rn. 4; Baumbach/Hopt, § 172a Anm. 9c.
561 Lutter/Hommelhoff, § 30 Rn. 9f.
562 BSG, NJW 1984, S. 2117 (2119); Hachenburg/Ulmer, Anh. § 30 Rn. 11, 13ff., 59ff.; K. Schmidt, S. 206.
563 BSG, a. a. O.; OLG Karlsruhe, WM 1978, S. 962ff.; OLG Hamburg, BB 1973, S. 1231 (1232); vgl. BGHZ 54, 222 (224ff.) „Durchgriffshaltung von Vereinsmitgliedern“.

364 Grundsätzlich läßt die Rechtsprechung einen Haftungsdurchgriff nur in sehr engen Grenzen zu. der BGH hat wiederholt festgestellt, daß eine Haftung der hinter der GmbH stehenden Gesellschafter regelmäßig ausgeschlossen sei.[564] Eine Ausnahme gelte nur dann, wenn die Anwendung dieses Grundsatzes zu Ergebnissen führen würde, die mit Treu und Glauben nicht im Einklang stehen, und wenn die Ausnutzung der rechtlichen Verschiedenheit zwischen der juristischen Person und den hinter ihr stehenden natürlichen Personen einen Rechtsmißbrauch bedeute.[565] Die Unterkapitalisierung begründe für sich allein genommen noch keinen Haftungsdurchgriff.[566] Zwar gibt es auch Entscheidungen anderer Gerichte, in denen ein Durchgriff gegen einen Gesellschafter wegen Unterkapitalisierung grundsätzlich anerkannt wurde.[567] Sie enthalten jedoch keine verallgemeinerungsfähigen Grundsätze, die sich auf eine Durchgriffshaftung gegen Kommanditisten einer GmbH & Co. KG übertragen lassen. Immer waren besondere Umstände des Einzelfalls für die Haftung der Gesellschafter entscheidend bzw. wurde die Frage offengelassen, ob die fehlende Kapitalausstattung allein ausreicht, einen Haftungsdurchgriff gegen einen Gesellschafter zu begründen, da noch weitere Umstände vorlagen, die zusammen mit der Unterkapitalisierung den Mißbrauchstatbestand erfüllten.[568]

365 Überhaupt zeigt sich in der Rechtsprechung die Tendenz, im Falle der Unterkapitalisierung auf die Haftung der Gesellschafter gemäß § 826 BGB auszuweichen, wenn sich die Möglichkeit bietet. § 826 BGB kommt immer dann in Betracht, wenn die Gesellschafter mit einem eindeutig unzureichenden Stammkapital und ohne Gesellschafterdarlehen besonders riskante Geschäfte auf Kosten der Gläubiger betreiben.[569]

366 Auch in der rechtstheoretischen Diskussion um die Haftung eines Kommanditisten im Falle der Unterkapitalisierung der GmbH & Co. KG werden eher einzelne Tatbestände, wie z. B. § 826 BGB oder § 823 Abs. 2 BGB i. V. m. § 263 StGB, als Haftungsgrundlage in Betracht gezogen als ein allgemeiner Haftungsdurchgriff.[570]

jj) Unbeschränkte Haftung aufgrund gesellschaftsinterner Vereinbarungen

367 Durch gesellschaftsinterne Vereinbarungen kann die beschränkte Haftung der Kommanditisten erweitert werden. Vereinbaren die Gesellschafter der GmbH & Co. KG im Innenverhältnis, daß die Kommanditisten neben der Komplementär-GmbH voll haftbar sein sollen, oder haben sich die Kommanditisten der

564 BGHZ 78, 318 (333); 68, 312 (314f.); vgl. auch BGHZ 54, 222 (224).
565 BGHZ 78, 318 (333).
566 BGHZ 68, 312 (316).
567 BGHZ 54, 222; BSG, a. a. O.; OLG Karlsruhe, a. a. O.; OLG Hamburg, a. a. O.
568 Vgl. BSG, NJW 1984, S. 2117 (2119); OLG Karlsruhe, a. a. O.
569 Vgl. BGH, NJW 1979, S. 2104; OLG Karlsruhe, a. a. O.; BGH, WM 1985, S. 54 (55).
570 Schlegelberger/K. Schmidt, § 172a Rn. 4; Binz, S. 258; a. A. Baumbach/Hopt, § 172a Anm. 9 C; Hachenburg/Ulmer, Anh. § 30 Rn. 50ff.; Lutter/Hommelhoff, § 13 Rn. 9.

Komplementärin gegenüber verpflichtet, diese von allen Gläubigeransprüchen freizustellen, bleibt die Komplementär-GmbH zwar im Außenverhältnis in der vollen Haftung, gleichzeitig hat sie aber einen Freistellungsanspruch gegen die Kommanditisten. Dieser Freistellungsanspruch erweitert die Haftung der Kommanditisten gegenüber Gläubigern der GmbH & Co. KG insofern, als er von diesen gepfändet werden kann und im Konkurs der GmbH vom Konkursverwalter gegen die Kommanditisten geltend gemacht werden kann.[571]

Enthält der Gesellschaftsvertrag dagegen lediglich eine Regelung dahingehend, 368
daß die Komplementär-GmbH nicht am Verlust der GmbH & Co. KG beteiligt sein soll, entsteht allein dadurch noch kein Freistellungsanspruch der GmbH gegenüber den Kommanditisten. Durch Verlustausschlußklauseln wird die Haftung der Kommanditisten nicht berührt. Sie betreffen lediglich die jährliche interne Gewinn- und Verlustverteilung, deren gesetzliche Regelung dispositives Recht ist, §§ 163, 168 HGB. Die Gesellschafter der GmbH & Co. KG können also die Verlustbeteiligung der Komplementär-GmbH einengen, ohne dabei das Haftungsrisiko der Kommanditisten zu erweitern.[572] Die Erweiterung der Kommanditistenhaftung bedarf der oben dargestellten ausdrücklichen Abreden.[573] Sie kann auch nicht im Wege der extensiven Auslegung einer Verlustausschlußklausel hergeleitet werden.[574]

d) Haftung des Geschäftsführers

Der Geschäftsführer der Komplementär-GmbH haftet grundsätzlich nicht gegen- 369
über Dritten im Außenverhältnis. Die aus § 43 Abs. 2 GmbHG folgende Schadensersatzpflicht des Geschäftsführers besteht nur gegenüber der Gesellschaft.[575] Eine persönliche Haftung gegenüber Dritten kommt aber in Fällen der unerlaubten Handlung in Betracht. Hier zeigt die Rechtsprechung eine Tendenz, das Haftungsrisiko des Geschäftsführers auszuweiten. Während früher die Haftung des Geschäftsführers vorwiegend aus § 826 BGB begründet wurde – also nur bei Vorsatz in Betracht kam –, gibt es inzwischen eine Reihe von Entscheidungen zur Haftung wegen Fahrlässigkeit aus § 823 Abs. 1 und 2 BGB.[576]

Zu einer Haftung gemäß § 823 Abs. 2 BGB kommt es, wenn der Geschäftsführer ein Schutzgesetz zugunsten des Gesellschaftsgläubigers verletzt. Zu diesen Schutzgesetzen zählen strafrechtliche Vorschriften wie § 263 StGB (Betrug) oder § 266 StGB (Untreue) als auch § 22 GmbHG (falsche Angaben im Zusammenhang mit Sachgründungsberichten, Handelsregistereintragungen betreffend

571 OLG Karlsruhe, BB 1982, S. 327 (328); Sudhoff, DB 1973, S. 2175 (2176); Binz, S. 91.
572 OLG Karlsruhe, a. a. O.; Sudhoff, a. a. O.; Schlegelberger/K. Schmidt, §§ 171 ff. HGB.
573 Siehe Rn. 367.
574 OLG Karlsruhe, a. a. O.; Fehl, a. a. O.
575 Baumbach/Hueck, § 43 Rn. 4.
576 So z. B. BGH, GmbHR 1990, S. 207; BGH, GmbHR 1990, S. 500ff.; LG Lübeck, WM 1994, S. 457; Medicus, GmbHR 1993, S. 533 ff.

Stammkapitalerhöhungen, Verwendung eingezahlter Beträge usw.) und § 64 Abs. 1 GmbHG (Konkursantragspflicht).

370 Meldet der Geschäftsführer eine konkursreife GmbH bzw. GmbH & Co. KG nicht unverzüglich innerhalb von drei Wochen zum Konkurs an,[577] weil er die Überschuldung übersehen hat, handelt er fahrlässig. Er haftet in diesem Fall den Gesellschaftsgläubigern aus § 823 Abs. 2 BGB i. V. m. § 64 GmbHG bzw. §§ 130a, 177a HGB. Hat der Geschäftsführer vorsätzlich gehandelt, haftet er außerdem aus § 826 BGB.

Nach der bisherigen Rechtsprechung des BGH liegt der durch den Geschäftsführer verursachte Schaden darin, daß die Konkursverschleppung zu einer Verringerung des Gesellschaftsvermögens und damit zu einer Schmälerung der Konkursquote führt. Die Haftung des Geschäftsführers beschränkt sich also auf den Quotenschaden. Wenn ein Konkursverfahren stattfindet, wird Schadenersatz durch den Geschäftsführer in der Weise geleistet, daß der Konkursverwalter die Gesamtdifferenz zur Konkursmasse einzieht.

Der BGH[578] hat jetzt diesbezüglich eine Differenzierung vorgenommen und entschieden, daß die Begrenzung auf den Quotenschaden in Zukunft nur für Altgläubiger gelten soll, d. h. für Gläubiger, die schon bei Eintritt der Konkursreife einen Anspruch gegen die Gesellschaft hatten. Dagegen können Neugläubiger, die ihren Anspruch gegen die Gesellschaft erst nach der Konkursreife erworben haben, vollen Schadenersatz erlangen. Der Geschäftsführer hat ihnen das sog. negative Interesse zu ersetzen; d. h., er muß die Neugläubiger so stellen, wie sie stehen würden, wenn sie das Geschäft mit der Gesellschaft überhaupt nicht vorgenommen hätten.

371 Außerdem hat die Rechtsprechung in begrenzten Ausnahmefällen auch eine Haftung des Geschäftsführers nach den Grundsätzen des Verschuldens bei Vertragsschluß (culpa in contrahendo) anerkannt. Diese Haftung wird vor allem in zwei Fallgruppen aufgenommen: Zum einen, wenn der Geschäftsführer bei den Vertragsverhandlungen in besonderem Maße ein persönliches Vertrauen in Anspruch genommen hat. Dies ist dann der Fall, wenn der Geschäftsführer seine besondere Fachkunde, sein allgemein anerkanntes berufliches Ansehen[579] oder seine Kreditwürdigkeit bei den Vertragsverhandlungen eingebracht hat.[580] Zum anderen kommt eine Haftung aus culpa in contrahendo in Betracht, wenn der Geschäftsführer ein unmittelbares eigenes wirtschaftliches Interesse an dem Geschäft hat und eigenen Nutzen daraus zieht.[581] Ein Eigeninteresse des Geschäftsführers läßt sich[582] allerdings noch nicht aus seiner Beteiligung an der Gesellschaft herleiten; auch ein Provisionsinteresse[583] oder von dem Geschäftsführer zur Verfügung ge-

577 Siehe Rn. 676ff.
578 BGH, DB 1993, S. 2277.
579 BGH, DB 1971, S. 1006.
580 BGHZ 87, 27 (33).
581 Vgl. z. B. BGH, GmbHR 1991, S. 409f.; Lutter/Hommelhoff, § 43 Rn. 28 ff.
582 BGH, ZIP 1986, S. 29; GmbHR 1988, S. 480.
583 BGH, NJW 1990, S. 390.

stellte Sicherheiten[584] begründen allein noch kein Eigeninteresse. Insgesamt ist die Rechtsprechung in diesen Fällen – außer in Prospekthaftungsfällen bei Publikums-KG[585] – außerordentlich zurückhaltend.

Bei Vermögenslosigkeit der GmbH & Co. KG und der Komplementär-GmbH 372
kommt auch eine konzernrechtliche Ausfallhaftung des beherrschenden Gesellschafter-Geschäftsführers analog §§ 302, 303 AktG in Betracht. So hat das Bundesarbeitsgericht[586] entschieden, daß der alleinige Gesellschafter der Komplementär-GmbH, der gleichzeitig Mehrheitskommanditist ist, für Verbindlichkeiten der GmbH & Co. KG haftet, wenn er außerhalb der GmbH & Co. KG unternehmerisch tätig ist und die Geschäfte der GmbH & Co. KG faktisch wie die einer unselbständigen Betriebsabteilung seines Unternehmens führt. Der Gesellschafter-Geschäftsführer wurde in diesem Falle als herrschendes Unternehmen im Sinne der konzernrechtlichen Ausfallhaftung eingestuft.
Die Voraussetzungen der konzernrechtlichen Ausfallhaftung sind im einzelnen umstritten.[587] Nach dem derzeitigen Stand der Rechtsprechung unterliegt ein Unternehmen der konzernrechtlichen Ausfallhaftung analog §§ 302, 303 AktG,

(1) wenn es herrschendes Unternehmen ist, d. h., wenn es außerhalb der abhängigen GmbH bzw. GmbH & Co. KG wirtschaftliche Interessen verfolgt,
(2) wenn es auf das beherrschte Unternehmen Einfluß ausübt und bei dieser Einflußnahme die eigenen Interessen des beherrschten Unternehmens verletzt und dem beherrschten Unternehmen Nachteile zufügt,
(3) ohne daß sich die Nachteile durch einzelne Ausgleichsmaßnahmen kompensieren lassen, und
(4) wenn das herrschende Unternehmen bei der Verletzung der Eigeninteressen des beherrschten Unternehmens schuldhaft handelt, wobei ein Verschulden analog § 93 Abs. 2 AktG vermutet wird.[588]

III Rechnungslegung (Handels- und Steuerrecht)

1 Buchführungs- und Rechnungslegungsvorschriften

a) Handelsrecht (Bilanzrichtlinien-Gesetz)

Sowohl für die Komplementär-GmbH als auch für die Kommanditgesellschaft 373
gilt die in § 238 Abs. 1 HGB niedergelegte Verpflichtung des Kaufmanns, Bücher zu führen und in diesen seine Handelsgeschäfte und die Lage seines Vermögens nach den Grundsätzen ordnungsmäßiger Buchführung ersichtlich zu machen. Dar-

584 BGH, ZIP 1993, S. 763.
585 Siehe dazu Rn. 730.
586 BAG, NJW 1991, S. 2923 (2926).
587 Vgl. K. Schmidt, ZIP 1993, S. 549 ff.
588 BGH, ZIP 1991, S. 1354; BGH, ZIP 1993, S. 549 ff.; BGH, GmbHR 1994, S. 171.

über hinaus ist er verpflichtet, eine mit der Urschrift übereinstimmende Wiedergabe der abgesandten Handelsbriefe zurückzubehalten (§ 238 Abs. 2 HGB).

Zudem verlangt § 242 Abs. 1 Satz 1 HGB von der Komplementär-GmbH und der KG die Aufstellung einer Handelsbilanz; hierbei sind nach dem Bilanzrichtliniengesetz[589] rechtsformunabhängige und rechtsformspezifische Regelungen zu beachten. Das sind die handelsrechtlichen Ansatzvorschriften (§§ 246 bis 251 HGB) und die handelsrechtlichen Bewertungsvorschriften (§§ 252 bis 256 HGB) sowie die nur für Kapitalgesellschaften geltenden Vorschriften der §§ 264ff. HGB.[590]

374 Bei der GmbH trifft die Buchführungspflicht den Geschäftsführer; dieser ist verpflichtet, für die ordnungsgemäße Buchführung der Gesellschaft zu sorgen (§ 41 Abs. 1 GmbHG). Bei der GmbH & Co. KG obliegt die Buchführungspflicht dem Komplementär[591], also der GmbH.

375 Die Buchführungspflicht beginnt **handelsrechtlich** mit der Entstehung der Kaufmannseigenschaft. Das bedeutet, daß sowohl bei der GmbH als auch bei der Kommanditgesellschaft vor Eintragung in das Handelsregister Bücher dann zu führen sind, wenn der Betrieb eines Grundhandelsgewerbes nach § 1 HGB aufgenommen ist. Ist Gegenstand der jeweiligen Gesellschaft ein Handelsgewerbe nach § 2 oder § 3 Abs. 2 HGB, so entsteht die Buchführungspflicht erst mit Eintragung der Gesellschaft ins Handelsregister.

376 Die Geschäftsführer der Komplementär-GmbH müssen daher sowohl für die GmbH als auch für die Kommanditgesellschaft buchführen. Sie brauchen dieses nicht in jedem Falle selbst zu tun, sind jedoch zumindest verpflichtet, geeignete und zuverlässige Personen mit der Buchführung zu beauftragen und diese zu überwachen.[592] Neben der allgemeinen zivilrechtlichen Haftung wegen schuldhafter Verletzung dieser Pflicht macht sich der Geschäftsführer im Falle eines Konkurses oder der Zahlungseinstellung der Gesellschaften gegebenenfalls auch strafbar (vgl. § 239 Abs. 1 Ziff. 3 und 4, § 240 Ziff. 3 KO, § 50a Abs. 1 StGB).[593]

---

589 Das Bilanzrichtliniengesetz (BiRiLiG) vom 19. 12. 1985 (BGBl I S. 2355) bringt die Angleichung des deutschen Rechts über die Rechnungslegung und Prüfung von Kapitalgesellschaften und Konzernen an die sog. 4. EG-Richtlinie vom 25. 7. 1978. Das BiRiLiG ist für Einzelabschlüsse erstmals ab 1987 (für Geschäftsjahre, die nach dem 31. 12. 1986 beginnen) und für Konzernrechnungslegung ab 1990 (für Geschäftsjahre, die nach dem 31. 12. 1989 beginnen) anzuwenden. Es hat zur Zielsetzung, alle Vorschriften aufzunehmen, die schon seit langem rechtsform- und größenunabhängige Grundsätze ordnungsmäßiger Buchführung (GoB) für alle Unternehmen sind. Diese Regelungen werden nur einmal kodifiziert, und zwar im Handelsgesetzbuch. Im Aktiengesetz, im GmbH-Gesetz und im Genossenschaftsgesetz erübrigen sich daher Vorschriften über die Rechnungslegung, deren Prüfung und Publizität; die letztgenannten Gesetze enthalten als Spezialgesetze nur ergänzende Regelungen. Das BiRiLiG änderte das HGB dahingehend, daß im 3. Buch die für alle Kaufleute geltenden Vorschriften zusammengefaßt (1. Abschnitt) und eindeutig von den für Genossenschaften (3. Abschnitt) ergänzend geltenden Vorschriften abgegrenzt werden.

590 Wird unter Fn. 589 weiter ausgeführt. Für eine Kurzübersicht s. BayObLG, Beschluß vom 5. 11. 1987, BReg 3 Z 41/87; DB 1988, S. 171.

591 Schlegelberger, a. a. O., § 38, Anm. 1.

592 Baumbach/Hueck, a. a. O., § 41 Anm. 2 B; Baumbach/Hopt, a. a. O., § 38 Anm. 3B.

593 Vgl. Bay ObLG-Urteil vom 18. 3. 1969, DB 1969, S. 918 f.

b) Steuerrecht

Die geltenden Steuergesetze verwenden grundsätzlich den Ausdruck „Steuerbilanz" nicht (Ausnahme z. B. § 29 Abs. 1 Satz 1 KStG). Eine solche darf aber aufgestellt werden (§ 60 Abs. 2 Satz 2 EStDV). Die Steuerbilanz dient der steuerlichen Gewinnermittlung. § 5 Abs. 1 EStG bestimmt, daß für den Schluß des Wirtschaftsjahres das Betriebsvermögen anzusetzen ist, das nach handelsrechtlichen Grundsätzen ordnungsgemäßer Buchführung (= GoB) auszuweisen ist. Damit knüpft aus Vereinfachungsgründen die steuerrechtliche Gewinnermittlung an diejenige des Handelsrechts an. Es gilt nach § 5 Abs. 1 EStG das sog. Prinzip der Maßgeblichkeit der Handelsbilanz für die Steuerbilanz. Ist die Handelsbilanz nach den GoB erstellt und verstößt sie nicht gegen zwingende handelsrechtliche Vorschriften, so bildet sie auch die *Grundlage* für die steuerliche Gewinnermittlung. **Die Steuerbilanz ist somit keine selbständige, sondern eine aus der Handelsbilanz abgeleitete Bilanz.** Diese kann, wie ausgeführt, im Einzelfall nur die Grundlage für eine Steuerbilanz sein. Eine solche muß nämlich vorrangig auch steuerliche Vorschriften und den Umstand beachten, daß die Rechtsprechung des BFH den Maßgeblichkeitsgrundsatz eng auslegt.[594] 377

Die **steuerrechtliche** Buchführungspflicht ergibt sich aus § 140 AO; nach dieser Vorschrift werden die GmbH und die GmbH & Co. KG verpflichtet, die Buchführungsvorschriften des HGB auch im Interesse der Besteuerung zu erfüllen. 378

c) Einheitsbilanz

In der Praxis wird bei Einzelkaufleuten, Personenhandelsgesellschaften und vielfach mittleren und kleineren Unternehmen in der Rechtsform einer GmbH z. T. aus Vereinfachungsgründen, z. T. aus Kostenersparnis die Handelsbilanz von vornherein unter Berücksichtigung der steuerlichen Vorschriften aufgestellt; die Handelsbilanz ist also zugleich Steuerbilanz (sog. Einheitsbilanz).[595] 379

Aus dem Beschluß des BayObLG vom 5. 11. 1987[596] muß der Schluß gezogen werden, daß mit Inkrafttreten des BiRiLiG – zumindest für die GmbH – die Einheitsbilanz unzulässig ist[597], da die handelsrechtlichen Ansatz- und Bewertungsvorschriften oder die Grundsätze ordnungsgemäßer Buchführung zwingend sind und handels- und steuerrechtliche Regelungen nicht in allen Punkten übereinstimmen (wird vom BayObLG eingehend dargestellt). Das HGB gestattet nur im Einzelfall bei Vorliegen bestimmter Tatbestände (§ 247 Abs. 3, §§ 254, 273, § 279 Abs. 2, § 280 Abs. 2, § 281 HGB), die Handelsbilanz an die Steuerbilanz anzupas- 380

594 BayObLG-Beschluß vom 5. 11. 1987, a. a. O., mit weiteren Literatur- und Rechtsprechungshinweisen.

595 Vgl. Regierungsbegründung zum BiRiLiG, BT-Dr. 10/317, S. 68 unter V 4.

596 A. a. O., DB 1988, S. 171.

597 Leitsatz des Beschlusses: „Der Gesellschaftsvertrag (die Satzung) einer GmbH kann den Geschäftsführer nicht verpflichten, die anläßlich des Jahresabschlusses 1987 und später erforderliche Bilanz ausschließlich nach steuerlichen Vorschriften aufzustellen."

sen, mit anderen Worten: Das Gesetz gestattet es nicht, die Handelsbilanz allgemein durch die Steuerbilanz zu ersetzen.

381 Zielen gesellschaftsvertragliche Regelungen auf die Einheitsbilanz ab, so müssen diese den Zusatz enthalten, daß die Aufstellung der Bilanz allein unter Berücksichtigung steuerlicher Vorschriften dann unzulässig ist, wenn dem zwingende handelsrechtliche Bestimmungen entgegenstehen.

382 Die Praxis wird daher folgende Wege beschreiten müssen[598]:

(1) Es wird eine Handelsbilanz ohne Berücksichtigung der steuerlichen Vorschriften erstellt. Die der Steuerbehörde eingereichte Handelsbilanz wird dann als Steuerbilanz verwendet. Bei der Steuererklärung müssen dann aber die Ansätze und Beträge, die den steuerlichen Vorschriften nicht entsprechen, durch Zusätze oder Anmerkungen den steuerlichen Vorschriften erforderlichenfalls angepaßt werden. Die erforderlichen steuerlichen Korrekturen müssen in einer besonderen Nebenrechnung erfaßt werden, die eine Mehr- oder Wenigerrechnung enthält.

(2) Es wird getrennt eine Handels- und eine Steuerbilanz erstellt. Eine solche Handhabung ist bisher bei größeren Handelsunternehmen, z. B. Publikumsgesellschaften, zu verzeichnen.

d) Gesellschafterdarlehens- und Gesellschafterverrechnungskonten (Kapitalkonto I und II)

aa) Kapitalkonten und Gesellschafterdarlehen

383 Wie bei jeder Kommanditgesellschaft empfiehlt sich auch bei der GmbH & Co. KG, die Kapitalkonten in Höhe der übernommenen Einlagen der Kommanditisten zu fixieren. Es wäre ebenfalls zweckmäßig, auch das Komplementär-Kapital unverändert zu belassen, da – i. d. R. - die Komplementär-GmbH mit ihrem gesamten Stammkapital an der GmbH & Co. KG beteiligt ist und somit aus der Bilanz der GmbH & Co. KG die Höhe des Stammkapitals der Komplementärin zu entnehmen ist.

384 Gewinne und Verluste, Einlagen und Entnahmen sind im Jahresabschluß auf separaten Verrechnungskonten der Gesellschafter – häufig als Kapitalkonto I und II, auch III und IV bezeichnet – zu erfassen. Der Saldo zwischen diesem Konto und dem festen Kapitalkonto stellt das tatsächliche Kapital des Gesellschafters dar.[599] Ist die Einlage voll eingezahlt, entspricht dieser Saldo gleichzeitig dem haftenden Kapital der Kommanditisten. Davon zu unterscheiden – zumindest was die Kom-

598 Vgl. Begründung zum BayObLG-Beschluß vom 5. 11. 1987, a. a. O., DB 1988, S. 173 mit weiteren Literatur- und Rechtsprechungsnachweisen.

599 Die Kapitalkonten I–IV sind also nur Unterkonten des einheitlichen Kapitalkontos, also Teile desselben; das Auseinanderziehen soll der Übersichtlichkeit der Darstellung dienen.

manditisten betrifft – sind Darlehen der Gesellschafter.[600] Führt der Kommanditist über seine Einlagen hinaus der Gesellschaft weitere Mittel in Form von Darlehen zu, so hat er insoweit die Stellung eines Gläubigers. Das Darlehenskapital ist nicht verhaftet. Es kann nach den vertraglichen Abreden zurückgefordert werden. Im Falle eines Konkurses bleibt dem Kommanditisten wenigstens der Anspruch in Höhe der allgemeinen Konkursquote.[601] Dagegen haftet die Komplementärin mit allem, was sie als Einlage oder als Darlehen der Gesellschaft zur Verfügung gestellt hat.

Für die Einordnung der Gesellschafterkonten in Kapital- oder Darlehenkonten kommt es entscheidend auf die dazu getroffenen rechtsgeschäftlichen Regelungen entweder im Gesellschaftsvertrag oder in Form eines einstimmigen Gesellschafterbeschlusses an. Für den Regelfall sind Einzahlungen und Auszahlungen, Zuschreibungen aus Gewinn und Abschreibungen aus Verlust gesellschaftsrechtlicher Natur und werden über das Kapitalkonto bzw. über dessen Unterkonten gebucht. Sollen diese Vorgänge nicht in den gesellschaftsrechtlichen Bereich gehören, so müssen zu ihrer buchhalterischen Erfassung auf Darlehenskonten gesonderte Vereinbarungen oder entsprechende Gesellschafterbeschlüsse vorliegen.[602] Entscheidendes Kriterium für die Annahme eines Darlehenskontos ist es, daß der Gesamtzusammenhang der Vereinbarungen und Abreden ergibt, daß die auf dem Konto gebuchten Beträge nicht mehr am Verlust teilnehmen[603], das Konto also nur durch Auszahlungen oder, soweit zulässig, durch Entnahmen gemindert werden kann.[604]

Die handelsrechtliche Behandlung der Gesellschafterkonten sollte vor allem bei 385
Publikums-GmbH & Co. KGen zweckmäßigerweise in den Angaben zum Jahresabschluß kurz in der Weise hervorgehoben werden, daß klargestellt wird, ob ein Konto Darlehenscharakter hat oder ob es ein anderes Guthaben aufweist, z. B. aus stehengebliebener Vergütung für Tätigkeit innerhalb der Gesellschaft. Dabei ist m. E. eine Angabe erst vollständig, wenn auf die rechtsgeschäftliche Grundlage der Kontenausweise hingewiesen wird. Damit wird zugleich deutlich gemacht, wie rechtsgeschäftliche Abreden verstanden werden und damit Unklarheiten oder divergierenden Auffassungen vorgebeugt wird.[605]

---

600 Nach Schropp, a. a. O., BB 1987, S. 584, kommt es für die Einordnung der Konten in Darlehens- und Kapitalkonten auf die dazu getroffenen rechtsgeschäftlichen Festlegungen an. Grundlage der Kapitalkonten sind gesellschaftsvertragliche Abreden, Grundlage der Darlehenskonten sind Beschlüsse oder Vereinbarungen der Gesellschafter.

601 Zur Problematik der Eigenkapital ersetzenden Darlehen vgl. Rn. 687 ff.

602 Der BGH hat mit Urteil vom 23. 2. 1978 (BB 1978, S. 630) entschieden, daß zwischen den Zuweisungen auf ein Gesellschafterkonto kraft Vereinbarung der Gesellschafter und auf Grund von Maßnahmen der Geschäftsführung zu unterscheiden ist.

603 Grundlegend ist § 169 HGB zu beachten, der bestimmt, daß dem Kommanditisten der ihm zustehende Gewinnanteil auszuzahlen ist.

604 Siehe Schopp, Kapitalkonten und Gesellschafterdarlehen in den Abschlüssen von Personenhandelsgesellschaften (unter Berücksichtigung der GmbH & Co. KG), BB 1987, S. 581 (583/584).

605 Schopp, a. a. O., BB 1987, S. 581. Im Urteil vom 22. 7. 1987, I R 74/85, BStBl II S. 823 entschied der BFH (zum KapVStG): „Ist in einem Gesellschaftsvertrag vereinbart, daß auf den Kapitalkonten II der Gesellschafter anteilige Gewinne und Verluste sowie Einlagen und Entnahmen verbucht werden sollen, so ist dies nur dann ein Indiz für die Annahme eines echten Beteiligungskontos, wenn die Kapitalkonten II nicht zu verzinsen sind."

386 Im Gesellschaftsvertrag kann vereinbart werden, daß die laufenden Verrechnungskonten verzinst werden. Üblicherweise wird der Zinssatz an den Diskontsatz der Deutschen Bundesbank gekoppelt, um Streitigkeiten möglichst zu vermeiden.

387 Darlehen, die Kommanditisten ihrer Gesellschaft gewähren, sind einkommensteuerrechtlich grundsätzlich wie Gesellschaftskapital zu behandeln; die auf die Darlehen gezahlten Zinsen sind nicht Betriebsausgaben. Das schließt es indes nicht aus, daß eine Forderung aus einem solchen Darlehen an einen Dritten, der nicht Gesellschafter ist, mit der Wirkung abgetreten werden kann, daß auch einkommensteuerrechtlich eine Darlehensschuld der Gesellschaft anzuerkennen ist; das bedeutet, daß die auf die abgetretenen Darlehensforderungen gezahlten Zinsen Betriebsausgaben sind.[606]

bb) Verrechnungskonten bei Auslagenersatz

388 Wird die GmbH & Co. KG schon im Gesellschaftsvertrag verpflichtet, die im Zusammenhang mit der Geschäftsführung entstehenden Kosten der GmbH zu übernehmen, so ergibt sich folgendes Verfahren: Die GmbH & Co. KG bezahlt die anfallenden Geschäftsführergehälter und sonstige Kosten aus eigenen Mitteln. Die Gegenbuchung erfolgt über ein Verrechnungskonto, das spiegelbildlich die gleichen Vorgänge enthält, wie dasjenige bei der GmbH. Die Gegenbuchungen bei der GmbH erfolgen auf den jeweiligen Kostenkonten. Der Ausgleich der Verrechnungskonten kann monatlich oder jährlich oder in einem sonstigen Rhythmus vorgenommen werden. Die GmbH & Co. KG bucht den Saldo des Verrechnungskontos als Aufwand, der z. B. mit „Auslagenersatz an die Komplementärin" bezeichnet wird. Bei der GmbH erfolgt eine entgegengesetzte Buchung, so daß die Kostenerstattung als Ertrag vereinnahmt wird.

389 Im Ergebnis hat sich der gesamte Vorgang erfolgsmäßig nur bei der GmbH & Co. KG, nicht jedoch bei der GmbH ausgewirkt, bei der sich Aufwand und Ertrag in gleicher Höhe gegenüberstehen, sofern alle Aufwendungen der GmbH als erstattungsfähig, also als im Zusammenhang mit der Geschäftsführung entstanden, angesehen werden.[607] Ein **Beispiel** soll die Buchung für Verrechnungskonten darstellen.

606 BFH, Urteil vom 13. 10. 1972, I R 234/70, BStBl II 1973 S. 116.

607 Es kann aber strittig sein, ob die Steuern der GmbH, Zinsaufwand für ein eventuelles Girokonto etc. solche erstattungsfähigen Aufwendungen darstellen.

Das Geschäftsführergehalt beträgt mtl. 1 000,– DM.

Buchungen bei der KG: 390

Verrechnungskonto		Bank	
(1) 1 000,–			1 000,– (1)
.			.
.			.
.			.
(12) 1 000,–	12 000,– (G + V)		1 000,– (12)

G + V	
12 000,–	

Buchungen bei der GmbH: 391

Verrechnungskonto		Gehalt	
	1 000,– (1)	(1) 1 000,–	
	.	.	
	.	.	
	.	.	
(G + V) 12 000,–	1 000,– (12)	(12) 1 000,–	12 000,– (G + V)

G + V	
12 000,–	12 000,–

Auf einen Fehler, der häufig schon seine Ursachen im unklaren Gesellschaftsvertrag der GmbH & Co. KG hat, jedoch in weiten Kreisen auch bei deutlicher Abfassung der einschlägigen Regelungen gemacht wird, soll an dieser Stelle hingewiesen werden. 392

Die Kostenerstattung für die Geschäftsführung an die GmbH beeinflußt nicht den Gewinnanteil der GmbH. Im Gesellschaftsvertrag ist das dergestalt darzustellen, daß z. B. der Passus über die Gewinnverteilung folgenden Satz enthält: *Der nach Erstattung der Auslagen* für die Geschäftsführung an die GmbH verbleibende Gewinn (Verlust) wird wie folgt aufgeteilt … 393

Bei der Bilanzierung und Gewinnverteilung ist diese Regelung unbedingt zu beachten. Es werden auch in Fachkreisen Meinungen vertreten, die darauf hinauslaufen, bei der Gewinnverteilung der GmbH nur noch den Betrag zu gewähren, der über die Kostenerstattung hinausgeht. Dies ist im Hinblick auf die neuere BFH-Rechtsprechung nicht möglich, da so die GmbH einen unangemessen niedrigen Gewinn erzielt. 394

2 Jahresabschluß und Publizität

a) Grundsätzliches

395 Das Bilanzrichtlinien-Gesetz (BiRiLiG) differenziert zwischen rechtsform- und größenunabhängigen Vorschriften, die für sämtliche Unternehmen gelten, sowie rechtsform- und größenspezifischen Vorschriften, die für Kapitalgesellschaften gelten. Da letztere hinsichtlich ihrer Größe in „klein", „mittelgroß" und „groß" unterschieden werden, ist hinsichtlich der Anwendbarkeit der Vorschriften des Bilanzrichtlinien-Gesetzes zu differenzieren zwischen – Kaufleuten i. S. des HGB – kleinen Kapitalgesellschaften – mittelgroßen Kapitalgesellschaften – großen Kapitalgesellschaften.

396 Als Kaufleute i. S. des HGB gelten alle Unternehmen, die wegen ihres Gewerbebetriebs oder ihrer Rechtsform Muß-, Soll-, Kann- oder Formkaufmann oder buchführungspflichtiger Sollkaufmann (§ 47b HGB) sind. Zu diesen Kaufleuten rechnen auch Personenhandelsgesellschaften.

397 **Kleine Kapitalgesellschaften** sind gemäß § 267 Abs. 1 HGB solche, die mindestens zwei der drei nachstehenden Merkmale nicht überschreiten.

398
- Bilanzsumme (nach Abzug eines auf der Aktivseite ausgewiesenen Fehlbetrags) 5 310 000,– DM
- Umsatzerlöse 10 620 000,– DM
- Arbeitnehmer 50 (im Jahresdurchschnitt)

399 **Mittelgroße Kapitalgesellschaften** sind nach § 267 Abs. 2 HGB solche, die jeweils mindestens 2 der 3 nachstehenden Merkmale nicht überschreiten und nicht als kleine Kapitalgesellschaft gelten.
- Bilanzsumme (nach Abzug eines auf der Aktivseite ausgewiesenen Fehlbetrags) 21 240 000,– DM
- Umsatzerlöse 42 480 000,– DM
- Arbeitnehmer 250 (im Jahresdurchschnitt)

400 **Große Kapitalgesellschaften** sind gem. § 267 Abs. 3 HGB solche, die mindestens zwei der nachstehenden Merkmale überschreiten.
- Bilanzsumme (nach Abzug eines auf der Aktivseite ausgewiesenen Fehlbetrags) 21 240 000,– DM
- Umsatzerlöse 42 480 000,– DM
- Arbeitnehmer 250 (im Jahresdurchschnitt)

401 Da **bei** einer **typischen GmbH & Co. KG** sich die **Komplementär-GmbH** nur auf die Vertretung und Geschäftsführung der Kommanditgesellschaft beschränkt, wird diese Komplementär-GmbH stets als **„kleine Kapitalgesellschaft"** einzuordnen sein. Nachstehend werden daher nur die für „kleine Kapitalgesellschaften" geltenden Vorschriften des Bilanzrichtlinien-Gesetzes (und der dadurch bedingten Änderungen des HGB) aufgeführt.

Auf die Einbeziehung von Personenhandelsgesellschaften, bei denen keine persönlich haftende Person persönlich haftender Gesellschafter ist (insbesondere GmbH & Co. KG), in die für Kapitalgesellschaften vorgesehenen Regelungen hat der Gesetzgeber verzichtet.[608] 402

Für die GmbH & Co. KG – nicht für die Komplementär-GmbH – gelten also nur die rechtsform- und größenunabhängigen Vorschriften des Bilanzrichtlinien-Gesetzes, das sind im wesentlichen die im 3. Buch des HGB kodifizierten Grundsätze ordnungsmäßiger Buchführung. Die Vorschriften des Bilanzrichtlinien-Gesetzes zur Bilanz- sowie Gewinn- und Verlustrechnung, zum Lagebericht sowie zur Pflichtprüfung und Offenlegung des Jahresabschlusses gelten nicht für die GmbH & Co. KG. 403

Die von der GmbH & Co. KG zu beachtenden Vorschriften des Bilanzrichtlinien-Gesetzes und die dadurch bedingten Änderungen des HGB betreffen nur die schon seit langem allgemein anerkannten Grundsätze ordnungsgemäßer Buchführung und erstrecken sich nicht auf Publizität und Prüfung. Die wichtigsten den Grundsätzen ordnungsgemäßer Buchführung zugerechneten Prinzipien, die jetzt im HGB durch das Bilanzrichtlinien-Gesetz kodifiziert sind, werden nachstehend erläutert. 404

b) Von der Komplementär-GmbH und der Kommanditgesellschaft zu beachtende Vorschriften

aa) Buchführung

§ 238 HGB bestimmt in Anlehnung an § 145 Abs. 1 AO als Generalklausel, daß die **Buchführung** so beschaffen sein muß, daß sie einem sachverständigen Dritten innerhalb angemessener Zeit einen Überblick über die Geschäftsvorfälle und die Lage des Unternehmens vermitteln kann. Die Geschäftsvorfälle müssen sich in ihrer Entstehung und Abwicklung verfolgen lassen. 405

bb) Ansatz (Bilanzierungs-)Vorschriften

§ 246 Abs. 1 HGB kodifiziert den **Grundsatz der Vollständigkeit**, indem er bestimmt, daß der Jahresabschluß sämtliche Vermögensgegenstände, Schulden, Rechnungsabgrenzungsposten, Aufwendungen und Erträge zu enthalten hat. Ergänzend bestimmt § 246 Abs. 2 HGB, daß Posten der Aktivseite nicht mit Posten der Passivseite, Aufwendungen nicht mit Erträgen und Grundstücksrechte nicht mit Grundstückslasten verrechnet werden dürfen, kodifiziert also das **Verrechnungsverbot** (Saldierung von Aktiva und Passiva bzw. Aufwendungen und Erträgen). 406

608 Vgl. BT-Dr. 10/4268, S. 4.

407 Für eine Publikums-GmbH & Co. KG, die zur Kapitalsammlung eine unbestimmte Vielzahl rein kapitalistisch beteiligter Kommanditisten als Anlagegesellschafter aufgrund eines fertig formulierten Vertrags aufnehmen soll, ist die Bestimmung des § 248 Abs. 1 HGB von Bedeutung, die besagt, daß die **Kosten für die Beschaffung des Eigenkapitals** nicht zu aktivieren sind. Das gilt auch steuerrechtlich; s. hierzu FG Berlin Urteil vom 10. 7. 1984[609], BFH-Urteil vom 23. 10. 1986.[610] Nach Auffassung der Finanzverwaltung ist der Abzug der Eigenkapitalprovision allerdings begrenzt.[611]

408 Aus § 248 HGB ergibt sich ein Bilanzierungsverbot für nicht-entgeltlich erworbene Vermögensgegenstände und – im Umkehrschluß – eine Aktivierungspflicht bei entgeltlichem Erwerb. Das Bilanzrichtlinien-Gesetz knüpft damit an die herrschende steuerrechtliche Praxis an.

409 § 249 HGB regelt die **Rückstellungsbildung** rechtsformunabhängig, d. h. für alle Unternehmen, und unterscheidet dabei zwischen einer Rückstellungspflicht und einem Rückstellungswahlrecht. Rückstellungen **müssen** gebildet werden für

(a) ungewisse Verbindlichkeiten,
(b) drohende Verluste aus schwebenden Geschäften,
(c) im Geschäftsjahr unterlassene Aufwendungen zur Instandhaltung, die im folgenden Geschäftsjahr innerhalb von drei Monaten, oder für Abraumbeseitigung, die im folgenden Geschäftsjahr nachgeholt werden,

und

(d) Gewährleistungen, die ohne rechtliche Verpflichtung erbracht werden.

410 Rückstellungen **können** gebildet werden für

(a) im Geschäftsjahr unterlassene Aufwendungen für Instandhaltung, die in der Zeit vom 4. bis 12. Monat nachgeholt werden (steuerrechtlich besteht hier ein Passivierungsverbot),
(b) ihrer Eigenart nach genau umschriebene, dem Geschäftsjahr oder einem früheren Geschäftsjahr zuzuordnende Aufwendungen, die am Abschlußstichtag wahrscheinlich oder sicher, aber hinsichtlich ihrer Höhe oder des Zeitpunkts ihres Eintritts unbestimmt sind (Aufwandsrückstellungen, z. B. Reparaturkostenrückstellungen). Steuerrechtlich ist diese Rückstellungsmöglichkeit unbeachtlich.

411 Zu den Rückstellungen für ungewisse Verbindlichkeiten gehören auch **Pensionsrückstellungen**, deren Bildung damit künftig zwingend wird. Für vor dem 1. 1. 1987 erteilte Zusagen besteht jedoch aufgrund einer Übergangsregelung das bisherige Passivierungswahlrecht weiter.

---

609 V 218/83.
610 IV R 352/84, BB 1987, S. 179.
611 Pkt. 7.1 des 4. Bauherrenerlasses begrenzt den Abzug auf 6 %; s. hierzu Rn. 148 und 751.

§ 251 HGB bestimmt nunmehr für alle Kaufleute, daß **Haftungsverhältnisse** unter der Bilanz **zu vermerken** sind, und zwar 412

(a) Verbindlichkeiten aus der Begebung und Übertragung von Wechseln,
(b) Verbindlichkeiten aus Bürgschaften, Wechsel- und Scheckbürgschaften und aus Gewährleistungsverträgen,
(c) Haftungsverhältnisse aus der Bestellung von Sicherheiten für fremde Verbindlichkeiten.

Die Eventualverbindlichkeiten dürfen in einem Betrag angegeben werden.

cc) Bewertungsvorschriften

In den §§ 252 bis 256 HGB werden sämtliche Bewertungsvorschriften – soweit es 413 sich um rechtsform- und größenunabhängige Grundsätze ordnungsmäßiger Buchführung handelt – zusammengefaßt. Dabei ist zwischen allgemeinen Bewertungsgrundsätzen (§ 252 HGB) und speziellen Bewertungsgrundsätzen (§§ 253–256 HGB) zu unterscheiden.

Bezüglich der **allgemeinen Bewertungsgrundsätze** bestimmt § 252 Abs. 1 414 Satz 2 HGB, daß bei der Bewertung von der Fortführung der Unternehmenstätigkeit auszugehen ist, sofern dem nicht tatsächliche oder rechtliche Gegebenheiten entgegenstehen. Das bedeutet, daß das sog. **Going-Concern-Concept** anzuwenden ist, das besagt, daß hinsichtlich der Bewertung nicht von der Zerschlagung, sondern von der planmäßigen Fortführung eines Unternehmens auszugehen ist. Liquidationswerte sind erst in Insolvenzfällen anzuwenden.

Des weiteren bestimmt § 252 Abs. 1 Ziff. 4, daß vorsichtig zu bewerten ist; na- 415 mentlich sind alle vorhersehbaren Risiken und Verluste, die bis zum Abschlußstichtag entstanden sind, zu berücksichtigen, selbst wenn diese erst zwischen dem Abschlußstichtag und dem Tag der Aufstellung des Jahresabschlusses bekannt geworden sind; Gewinne sind nur zu berücksichtigen, wenn sie am Abschlußstichtag realisiert sind. Kodifiziert werden damit sowohl das **Realisationsprinzip** (ausgewiesen werden dürfen nur realisierte Gewinne) als auch das **Imparitätsprinzip** (noch nicht realisierte, aber vorhersehbare Verluste sind zu berücksichtigen) sowie der Grundsatz der Wertaufhellung. § 252 Abs. 1 Ziff. 6 kodifiziert den Grundsatz der **materiellen Bilanzkontinuität**, indem er bestimmt, daß die auf den vorhergehenden Jahresabschluß angewandten Bewertungsmethoden beibehalten werden sollen.

Ein Methodenwechsel ist nach § 252 Abs. 2 HGB nur in begründeten Ausnahme- 416 fällen möglich. Dieses Bewertungs-Stetigkeitsgebot dürfte infolge des Maßgeblichkeitsgrundsatzes der Handelsbilanz für die Steuerbilanz auch für das Steuerrecht Bedeutung erlangen.

Bei den **speziellen Bewertungsvorschriften** ist § 253 Abs. 5 HGB von Bedeu- 417 tung, der für Einzelkaufleute und Personengesellschaften (also auch für die

GmbH & Co. KG), nicht jedoch für Kapitalgesellschaften, in den Fällen, in denen nach Vornahme einer außerplanmäßigen Abschreibung der Wert später wieder steigt, die Beibehaltung des niedrigen Wertansatzes für zulässig erklärt.

418 § 255 HGB enthält eine Definition der Anschaffungskosten und der Herstellungskosten, § 253 HGB bestimmt Wertansätze für Schulden, und § 256 HGB läßt die bisher in der Praxis angewandten Bewertungsvereinfachungsverfahren (z. B. FiFo-, Lifo-Verfahren) zu.

c) Jahresabschluß – Aufstellung und Gliederung

419 **Die Aufstellung des Jahresabschlusses** ist in den §§ 242 bis 245 HGB geregelt. Hier ist hervorzuheben, daß die HGB-Neufassung ausdrücklich die Aufstellung einer Gewinn- und Verlustrechnung fordert und den Jahresabschluß als Bilanz und Gewinn- und Verlustrechnung definiert. Eine bestimmte Aufstellungsfrist für den Jahresabschluß ist in diesen Bestimmungen nicht vorgeschrieben; § 243 Abs. 3 HGB bestimmt nur, daß der Jahresabschluß innerhalb der einem ordnungsgemäßen Geschäftsgang entsprechenden Zeit aufzustellen ist.[612] Diese Vorschrift gilt für die Kommanditgesellschaft. Für die Kapitalgesellschaften gilt § 264 HGB. Nach § 264 Abs. 1 HGB können kleine Kapitalgesellschaften den Jahresabschluß und den Lagebericht später als drei Monate nach Ablauf des Geschäftsjahres, aber nicht später als 6 Monate danach aufstellen, wenn dies einem ordnungsgemäßen Geschäftsgang entspricht.[613]

420 Bezüglich der Bilanzgliederung gibt es für die Kommanditgesellschaft keine Mindestgliederung. § 247 HGB nennt nur Hauptgruppen der Bilanz, mit denen der Bilanzinhalt umrissen werden soll:

421 „In der Bilanz sind das Anlage- und das Umlaufvermögen, das Eigenkapital, die Schulden sowie die Rechnungsabgrenzungsposten gesondert auszuweisen und hinreichend aufzugliedern. Beim Anlagevermögen sind nur die Gegenstände auszuweisen, die bestimmt sind, dauernd dem Geschäftsbetrieb zu dienen.

422 Passivposten, die für Zwecke der Steuern vom Einkommen und vom Ertrag zulässig sind, dürfen in der Bilanz gebildet werden. Sie sind als Sonderposten mit Rücklageanteil auszuweisen und nach Maßgabe des Steuerrechts aufzulösen. Einer Rückstellung bedarf es insoweit nicht."

423 Für Kapitalgesellschaften geben § 266 Abs. 2 HGB und § 275 HGB für die Bilanz und die Gewinn- und Verlustrechnung nachstehende Gliederungsvorschriften verbindlich vor.

---

612 In den Gesellschaftsverträgen wird häufig ein bestimmter Zeitpunkt (innerhalb eines bestimmten Zeitraumes) genannt.

613 Bisher war die Möglichkeit einer Fristverlängerung auch bis zu 9 Monaten durch Gesellschaftsvertrag gegeben.

Aktivseite

A. Anlagevermögen: 424

I. Immaterielle Vermögensgegenstände:

1. Konzessionen, gewerbliche Schutzrechte und ähnliche Rechte und Werte sowie Lizenzen an solchen Rechten und Werten;
2. Geschäfts- oder Firmenwert;
3. geleistete Anzahlungen;

II. Sachanlagen:

1. Grundstücke, grundstücksgleiche Rechte und Bauten einschließlich der Bauten auf fremden Grundstücken;
2. technische Anlagen und Maschinen;
3. andere Anlagen, Betriebs- und Geschäftsausstattung;
4. geleistete Anzahlungen und Anlagen im Bau;

III. Finanzanlagen:

1. Anteile an verbundenen Unternehmen;
2. Ausleihungen an verbundene Unternehmen;
3. Beteiligungen;
4. Ausleihungen an Unternehmen, mit denen ein Beteiligungsverhältnis besteht;
5. Wertpapiere des Anlagevermögens;
6. sonstige Ausleihungen.

B. Umlaufvermögen:

I. Vorräte:

1. Roh-, Hilfs- und Betriebsstoffe;
2. unfertige Erzeugnisse; unfertige Leistungen;
3. fertige Erzeugnisse und Waren;
4. geleistete Anzahlungen;

II. Forderungen und sonstige Vermögensgegenstände:

1. Forderungen aus Lieferungen und Leistungen;
2. Forderungen gegen verbundene Unternehmen;
3. Forderungen gegen Unternehmen, mit denen ein Beteiligungsverhältnis besteht;
4. sonstige Vermögensgegenstände;

III. Wertpapiere:

1. Anteile an verbundenen Unternehmen;
2. eigene Anteile;
3. sonstige Wertpapiere

IV. Schecks, Kassenbestand, Bundesbank- und Postgiroguthaben, Guthaben bei Kreditinstituten.

C. Rechnungsabgrenzungsposten

Passivseite

A. Eigenkapital:

I. Gezeichnetes Kapital;

II. Kapitalrücklage;

III. Gewinnrücklagen;

1. gesetzliche Rücklage;
2. Rücklage für eigene Anteile;
3. satzungsmäßige Rücklagen;
4. andere Gewinnrücklagen;

IV. Gewinnvortrag/Verlustvortrag;

V. Jahresüberschuß/Jahresfehlbetrag.

B. Rückstellungen:

1. Rückstellungen für Pensionen und ähnliche Verpflichtungen;
2. Steuerrückstellungen;
3. sonstige Rückstellungen.

C. Verbindlichkeiten:

1. Anleihen, davon konvertibel;
2. Verbindlichkeiten gegenüber Kreditinstituten;
3. erhaltene Anzahlungen auf Bestellungen;
4. Verbindlichkeiten aus Lieferungen und Leistungen;
5. Verbindlichkeiten aus der Annahme gezogener Wechsel und der Ausstellung eigener Wechsel;
6. Verbindlichkeiten gegenüber verbundenen Unternehmen;
7. Verbindlichkeiten gegenüber Unternehmen, mit denen ein Beteiligungsverhältnis besteht;
8. sonstige Verbindlichkeiten,
davon aus Steuern,
davon im Rahmen der sozialen Sicherheit.

D. Rechnungsabgrenzungsposten

Hinsichtlich des Bilanzschemas gilt jedoch für **kleine Kapitalgesellschaften** die Vereinfachung, daß nur die mit Buchstaben und mit römischen Zahlen bezeichneten Positionen aufzuführen sind. 425

Für die Darstellung der **Gewinn- und Verlustrechnung** erlaubt § 275 HGB wahlweise das *Gesamtkostenverfahren* und das *Umsatzkostenverfahren*; die GuV-Gliederungen stellen sich wie folgt dar:

(1) *Gesamtkostenverfahren* 426

1. Umsatzerlöse
2. Erhöhung oder Verminderung des Bestands an fertigen und unfertigen Erzeugnissen
3. andere aktivierte Eigenleistungen
4. sonstige betriebliche Erträge
5. Materialaufwand:
   a) Aufwendungen für Roh-, Hilfs- und Betriebsstoffe und für bezogene Waren
   b) Aufwendungen für bezogene Leistungen
6. Personalaufwand:
   a) Löhne und Gehälter
   b) soziale Abgaben und Aufwendungen für Altersversorgung und für Unterstützung, davon für Altersversorgung
7. Abschreibungen:
   a) auf immaterielle Vermögensgegenstände des Anlagevermögens und Sachanlagen sowie auf aktivierte Aufwendungen für die Ingangsetzung und Erweiterung des Geschäftsbetriebs
   b) auf Vermögensgegenstände des Umlaufvermögens, soweit diese die in der Kapitalgesellschaft üblichen Abschreibungen überschreiten
8. sonstige betriebliche Aufwendungen
9. Erträge aus Beteiligungen, davon aus verbundenen Unternehmen
10. Erträge aus Wertpapieren, Ausleihungen und sonstigen Finanzanlagen, davon aus verbundenen Unternehmen
11. sonstige Zinsen und ähnliche Erträge,
    davon aus verbundenen Unternehmen
12. Abschreibungen auf Finanzanlagen und auf Wertpapiere des Umlaufvermögens
13. Zinsen und ähnliche Aufwendungen,
    davon an verbundene Unternehmen
14. Ergebnis der gewöhnlichen Geschäftstätigkeit
15. außerordentliche Erträge
16. außerordentliche Aufwendungen
17. außerordentliches Ergebnis

18. Steuern vom Einkommen und vom Ertrag
19. sonstige Steuern
20. Jahresüberschuß/Jahresfehlbetrag

427 (2) *Umsatzkostenverfahren*

1. Umsatzerlöse
2. Herstellungskosten der zur Erzielung der Umsatzerlöse erbrachten Leistungen
3. Bruttoergebnis vom Umsatz
4. Vertriebskosten
5. allgemeine Verwaltungskosten
6. sonstige betriebliche Erträge
7. sonstige betriebliche Aufwendungen
8. Erträge aus Beteiligungen, davon aus verbundenen Unternehmen
9. Erträge aus Wertpapieren, Ausleihungen und sonstigen Finanzanlagen, davon aus verbundenen Unternehmen
10. sonstige Zinsen und ähnliche Erträge, davon aus verbundenen Unternehmen
11. Abschreibungen auf Finanzanlagen und auf Wertpapiere des Umlaufvermögens
12. Zinsen und ähnliche Aufwendungen, davon an verbundene Unternehmen
13. Ergebnis der gewöhnlichen Geschäftstätigkeit
14. außerordentliche Erträge
15. außerordentliche Aufwendungen
16. außerordentliches Ergebnis
17. Steuern vom Einkommen und Ertrag
18. sonstige Steuern
19. Jahresüberschuß/Jahresfehlbetrag

428 Bezüglich der Gliederungstiefe bei der Gewinn- und Verlustrechnung ergeben sich für **kleine Kapitalgesellschaften** insoweit Erleichterungen, als beim Gesamtkostenverfahren die Positionen 1–5 und beim Umsatzkostenverfahren die Positionen 1–3 und 6 zu einer Position „Rohergebnis“ zusammengefaßt werden können. Wird von diesen Erleichterungen Gebrauch gemacht, können Dritte die Höhe der Umsatzerlöse nicht erkennen.

429 Wir vertreten die Auffassung, daß vorstehende Gliederungsschemata Bestandteil der GoB sind und demzufolge auch von Kommanditgesellschaften – auf jeden Fall von sog. Publikums-GmbH & Co. KGen – zu beachten sind.

d) Von der Komplementär-GmbH zu beachtende Vorschriften

Gemäß § 268 Abs. 2 HGB ist in der Bilanz oder im Anhang die Entwicklung der einzelnen Posten des Anlagevermögens darzustellen.

Dabei sind, ausgehend von den gesamten Anschaffungs- und Herstellungskosten, 430
die Zugänge, Abgänge, Umbuchungen und Zuschreibungen des Geschäftsjahres sowie die Abschreibungen in ihrer gesamten Höhe gesondert aufzuführen.[614]

Auszugehen ist also von den historischen Anschaffungskosten, so daß der „Anlagespiegel" folgendes Aussehen hat.

historische Anschaffungs-, Herstellungskosten	Zugänge (+)	Abgänge (⁒)	Umbuchungen (+/⁒)	Abschreibungen kumuliert (⁒)	Zuschreibungen kumuliert (+)	Buchwert 31. 12.	Buchwert Vorjahr

Das **Stammkapital** wird **unter** der Position **„Eigenkapital"** auf der Passivseite 431
als „gezeichnetes Kapital" ausgewiesen; mit dieser Bezeichnung soll zum Ausdruck gebracht werden, daß es sich um das gezeichnete, nicht notwendig eingezahlte Kapital handelt. Die ausstehenden Einlagen auf das gezeichnete Kapital sind auf der Aktivseite vor dem Anlagevermögen gesondert auszuweisen und entsprechend zu bezeichnen. Die davon angeforderten Einlagen sind zu vermerken. § 272 HGB läßt jedoch hinsichtlich der nicht eingeforderten ausstehenden Einlagen eine weitere Darstellungsweise derart zu, daß diese auch von dem Posten „gezeichnetes Kapital" offen abgesetzt werden können; in diesem Falle ist der verbleibende Betrag als Posten „eingefordertes Kapital" in der Hauptspalte der Passivseite auszuweisen, und außerdem ist der eingeforderte, aber noch nicht eingezahlte Betrag unter den Forderungen gesondert auszuweisen und entsprechend zu bezeichnen.

Zum Eigenkapital gehören außer dem gezeichneten Kapital auch die Unterposten Kapitalrücklage, Gewinnrücklage (z. B. satzungsmäßige Rücklage, andere Rücklage), der Gewinnvortrag/Verlustvortrag und der Jahresüberschuß. Der Verlustvortrag ist also auf der Passivseite auszuweisen und nicht – wie früher – auf der Aktivseite. Entsprechendes gilt für den Jahresfehlbetrag.

Bezüglich der **Gewinn- und Verlustrechnung** ist § 278 HGB für die Komple- 432
mentär-GmbH von Bedeutung. Diese Vorschrift besagt, daß die Körperschaftsteuer auf der Grundlage des Gewinnverwendungsbeschlusses zu berechnen ist;

614 Da die Ermittlung der historischen Anschaffungs- und Herstellungskosten für abgeschriebene Wirtschaftsgüter einen hohen Arbeitsaufwand verursachen würde, wird im Rahmen einer Übergangsregelung zugelassen, daß bei erstmaliger Bilanzierung nach neuem Recht die Buchwerte übernommen werden können.

liegt ein solcher Beschluß zum Zeitpunkt der Feststellung des Jahresabschlusses nicht vor, so ist vom Vorschlag über die Verwendung des Ergebnisses auszugehen. Weicht der Beschluß über die Verwendung des Ergebnisses vom Vorschlag ab, so braucht der Jahresabschluß nicht geändert zu werden.

433 Nach § 264 HGB haben Kapitalgesellschaften den Jahresabschluß um einen Anhang zu erweitern, der mit der Bilanz und der Gewinn- und Verlustrechnung eine Einheit bildet, sowie einen Lagebericht aufzustellen.

Der **Anhang** besteht aus *zwei Teilen*, zum einen aus *Erläuterungen zur Bilanz und zur Gewinn- und Verlustrechnung* (§ 284 HGB), zum anderen *aus sonstigen Angaben* (§ 285 HGB). Die Erläuterungen zur Bilanz und zur Gewinn- und Verlustrechnung betreffen u. a. die Angabe über die angewandten Bilanzierungs- und Bewertungsmethoden, die Darstellung und Begründung von Bilanzierungs- und Bewertungsmethodenabweichungen und deren Einfluß auf die Vermögens-, Finanz- und Ertragslage der Gesellschaft. Diese Erläuterungen sind zwingend auch für kleine Kapitalgesellschaften vorgeschrieben. Hinsichtlich der sonstigen Angabepflichten ergeben sich für kleine Kapitalgesellschaften – also regelmäßig für die Komplementär-GmbH – Erleichterungen insofern, als nicht alle der in § 285 HGB aufgeführten **Pflichtangaben** zu machen sind; die kleine GmbH ist zu folgenden Angaben verpflichtet:

434
- Angaben zum Jahresabschluß, sofern er ein den tatsächlichen Verhältnissen entsprechendes Bild der Vermögens-, Finanz- und Ertragslage der Kapitalgesellschaft nicht vermittelt (§ 264 Abs. 2 HGB).
- Abweichungen in der Form der Darstellung, insbesondere bei Abweichungen der Gliederung der aufeinanderfolgenden Bilanzen und Gewinn- und Verlustrechnungen (§ 265 Abs. 1 HGB).
- Angabe und Erläuterung über mit dem vorhergehenden Geschäftsjahr nicht vergleichbare Beträge der Bilanz sowie der Gewinn- und Verlustrechnung. Entsprechendes gilt für angepaßte Vorjahresvergleichszahlen (§ 265 Abs. 2 HGB).
- Fällt ein Vermögensgegenstand oder eine Schuld unter mehrere Posten der Bilanz, so ist die Mitzugehörigkeit zu anderen Posten unter dem Posten, bei dem der Ausweis erfolgt ist, zu vermerken oder im Anhang anzugeben, wenn dies zur Aufstellung eines klaren und übersichtlichen Jahresabschlusses erforderlich ist (§ 265 Abs. 3 HGB).
- Angabe und Begründung über aufgrund mehrerer Geschäftszweige zu beachtende verschiedene Gliederungsvorschriften für den Jahresabschluß (§ 265 Abs. 4 HGB).
- Gesonderter Ausweis bestimmter zusammengefaßter Positionen der Bilanz und der Gewinn- und Verlustrechnung (§ 265 Abs. 7 Nr. 2 HGB).
- Aufgliederung der einzelnen Posten des Anlagevermögens sowie Angabe zu

den Abschreibungen des Geschäftsjahres in einer der Gliederung des Anlagevermögens entsprechenden Aufgliederung (§ 268 Abs. 2 HGB).

- Erläuterung von unter dem Posten „Sonstige Vermögensgegenstände" ausgewiesenen Beträgen, die erst nach dem Abschlußstichtag rechtlich entstehen, sofern die Beträge einen größeren Umfang haben (§ 268 Abs. 4 HGB).
- Erläuterungen von unter dem Posten „Verbindlichkeiten" ausgewiesenen Beträgen, die erst nach dem Abschlußstichtag rechtlich entstehen und einen größeren Umfang haben (§ 268 Abs. 5 HGB).
- Angabe des unter der Position „Rechnungsabgrenzungsposten" auf der Aktivseite ausgewiesenen Disagios (§ 268 Abs. 6 HGB).
- Angabe von Haftungsverhältnissen (§ 268 Abs. 7 HGB).
- Erläuterungen von Aufwendungen für die Ingangsetzung und Erweiterung des Geschäftsbetriebs (§ 269 HGB).
- Angabe über die Vorschriften nach denen ein Sonderposten mit Rücklageanteil gebildet wurde (§ 263 HGB).
- Erläuterungen zur Steuerabgrenzung (§ 274 Abs. 2 HGB).
- Angabe außerplanmäßiger Abschreibungen (§ 277 Abs. 3 HGB).
- Erläuterung der außerordentlichen Aufwendungen und außerordentlichen Erträge (§ 277 Abs. 4 HGB).
- Angabe und Begründung der aus steuerrechtlichen Gründen unterlassenen Zuschreibungen (§ 280 Abs. 3 HGB).
- Angabe der Rechtsgrundlagen und des Betrags der allein nach steuerrechtlichen Vorschriften vorgenommenen Abschreibungen, getrennt nach Anlage- und Umlaufvermögen (§ 281 Abs. 1 und 2 HGB).
- Erläuterungen zu einzelnen Positionen der Bilanz und der Gewinn- und Verlustrechnung (§ 284 HGB).
- Angabe des Gesamtbetrags der Verbindlichkeiten mit einer Restlaufzeit von mehr als 5 Jahren und der Verbindlichkeiten, die durch Pfandrechte oder ähnliche Rechte gesichert sind (§ 285 Nr. 1 HGB).
- Angabe, in welchem Umfang die Steuern vom Einkommen und vom Ertrag das Ergebnis der gewöhnlichen Geschäftstätigkeit und das außerordentliche Ergebnis belasten (§ 285 Nr. 6 HGB).
- Angabe von an Mitglieder der Geschäftsführung, des Aufsichtsrats, des Beirats gewährten Vorschüssen und Krediten (§ 285 Nr. 9c HGB).
- Angabe aller Mitglieder der Geschäftsführung und des Aufsichtsrats (§ 285 Nr. 10 HGB).

- Angabe über Beteiligungen (§ 285 Nr. 11 HGB).
- Erläuterungen der „Sonstigen Rückstellungen“, wenn sie einen nicht unerheblichen Umfang haben (§ 285 Nr. 12 HGB).
- Angabe, wenn „abgeschriebene Altbestände“ bei Erstellung des Anlageverzeichnisses nicht mit „historischen Anschaffungs-Herstellungskosten“ mit Buchwerten angesetzt werden (Art. 24 Abs. 6 Satz 3 des EG zum HGB).
- Angabe des Betrags nichtpassivierter Rückstellungen für Pensionen und ähnliche Verpflichtungen, soweit sie aus Ansprüchen vor dem 1. 1. 1987 herrühren (Art. 28 Abs. 2 des EG zum HGB).

435 Der **Lagebericht** verpflichtet alle Kapitalgesellschaften – also auch kleine Kapitalgesellschaften –, zumindest den Geschäftsverlauf und die Lage der Gesellschaft so darzustellen, daß ein den tatsächlichen Verhältnissen entsprechendes Bild vermittelt wird. Der Lagebericht soll auch eingehen auf Vorgänge von besonderer Bedeutung, die nach dem Schluß des Geschäftsjahres eingetreten sind, auf die voraussichtliche Entwicklung der Kapitalgesellschaft sowie auf den Bereich Forschung und Entwicklung (§ 289 HGB).

436 Aus § 267 Abs. 1 HGB ergibt sich, daß **kleine Kapitalgesellschaften nicht der Prüfungspflicht unterliegen.**

437 Die **Offenlegung des Jahresabschlusses** und des Lageberichts durch Einreichung der bezeichneten Unterlagen zum Handelsregister ist in den §§ 325ff. HGB geregelt. Für kleine Kapitalgesellschaften ist von Bedeutung, daß § 326 HGB Erleichterungen bei der Offenlegung zuläßt. § 326 HGB bestimmt, daß die gesetzlichen Vertreter kleiner Kapitalgesellschaften nur die Bilanz und den Anhang spätestens vor Ablauf des 12. Monats des dem Bilanzstichtag nachfolgenden Geschäftsjahres einzureichen haben. Soweit sich das Jahresergebnis, der Vorschlag für die Verwendung des Ergebnisses, der Beschluß über seine Verwendung aus der eingereichten Bilanz oder dem eingereichten Anhang nicht ergeben, sind auch der Vorschlag für die Verwendung des Ergebnisses und der Beschluß über seine Verwendung unter Angabe des Jahresergebnisses einzureichen. Der Anhang braucht die die Gewinn- und Verlustrechnung betreffenden Angaben nicht zu enthalten.

c) Praxisbezogene Beispiele zum Jahresabschluß der Komplementär-GmbH

Hoffmann[615] gibt anhand einer formularmäßigen Erläuterung eine praxisnahe Einführung, welche Neuerungen ein Geschäftsführer einer (reinen) Komplementär-GmbH zu beachten hat. Gegenübergestellt werden das alte und das neue Recht. Folgende Beispiele von Hoffmann:

615 Der Jahresabschluß der Komplementär-GmbH nach neuem Recht, BB 1986, S. 288–294.

Jahresabschluß nach bisherigem Recht
AN Beteiligungs-GmbH
Neustadt
Bilanz zum 31. Dezember

Aktiva	DM	Passiva	DM	DM
Darlehen an AN GmbH & Co. KG	148 332,96	**Stammkapital**		100 000,00
		Rückstellung für Körperschaftsteuer		7 868,00
		Bilanzgewinn		
		Gewinnvortrag	27 748,76	
		Jahresüberschuß	12 716,20	40 464,96
	148 332,96			148 332,96

Gewinn- und Verlustrechnung für die Zeit vom 1. Januar bis 31. Dezember 1984

Aufwendungen	DM	Erträge	DM
Körperschaftsteuer 1984	15 088,00	Zinsen von der AN KG	13 353,64
Jahresüberschuß	12 716,20	Gewinnanteile von der AN KG	14 450,56
	27 804,20		27 804,20

Jahresabschluß nach BiRiLiG
AN Beteiligungs-GmbH
Neustadt
Bilanz zum 31. Dezember 1987

Aktiva			Passiva			
31. 12. 1987		**31. 12. 1986**[616]			**31. 12. 1987**	**31. 12. 1986**[616]
	DM	DM		DM	DM	DM
Anlagevermögen			A. Eigenkapital			
Finanzanlagen	148 332,96	135 802,76	I. Gezeichnetes Kapital		100 000,00	100 000,00
			II. Gewinnvortrag	27 748,76		14 265,04
			III. Jahresüberschuß	12 716,20	40 464,96	13 483,72
			B. Rückstellungen		7 868,00	8 054,00
	148 332,96	135 802,76			148 332,96	135 802,76

Gewinn- und Verlustrechnung für die Zeit vom 1. Januar bis zum 31. Dezember 1987

	DM	DM
Erträge aus Beteiligungen	14 450,56	16 516,66
Zinsen und ähnliche Erträge	13 353,64	12 425,06
	27 804,20	28 941,72
Steuern vom Einkommen	12 716,20	15 458,00
Jahresüberschuß	12 716,20	15 458,00
	15 088,00	13 483,72

616 Die Vorjahreszahlen sind gemäß § 265 Abs. 2 HGB mit anzugeben.

Anhang für das Geschäftsjahr 1987

438 Unsere Geschäftstätigkeit im Jahre 1987 erschöpfte sich in der Komplementärstellung für die AN KG in Neustadt, an deren Kapital wir jedoch nicht beteiligt sind. Hierfür erhalten wir eine angemessene Vergütung von der AN KG.

Die Finanzlage – Darlehen an die AN KG – hat sich wie folgt entwickelt:

Stand am 1. 1. 1987	Zugänge	Abgänge	Stand am 31. 12. 1987
DM	DM	DM	DM
136 254,60	15 990,26	3 911,90	148 332,96

Die Bewertung der Forderung in der Bilanz erfolgte zum Nennwert. Die Bewertung der Rückstellung erfolgte in Höhe des mutmaßlichen Bedarfs.

Neustadt, am 6. Juni 1988

(Gerd Waechtel)
Geschäftsführer

Lagebericht der AN Beteiligungs-GmbH in Neustadt für 1987

439 Da sich unser Geschäftszweck in der Komplementärstellung für die AN KG erschöpft, hängt unser „Geschäftsverlauf" ausschließlich von dem der AN KG ab. Ereignisse, die zu einer Inanspruchnahme durch Gläubiger der KG aus der persönlichen Haftung für die Schulden der KG geführt haben, sind uns bis zum heutigen Tag nicht bekannt geworden. Wir rechnen mit einer kontinuierlichen Entwicklung unserer Gesellschaft.

Neustadt, am 6. Juni 1988

(Gerd Waechtel)
Geschäftsführer

f) Änderungen durch die EG-Kommission

440 Mit dem Gesetz zur Änderung des D-Markbilanzgesetzes und anderer handelsrechtlicher Bestimmungen, das am 29. 7. 1994 verkündet wurde (BGBl. I 1994 S. 1682), ist u. a. auch das deutsche Bilanzrecht an die sogenannte Mittelstandsrichtlinie (Richtl. 90/604/EWG vom 8. 11. 1990) angepaßt worden.

Weiterhin sind die für mittelständische Kapitalgesellschaften wichtigen Größenmerkmale (Schwellenwerte) im HGB für die Einteilung in kleine, mittlere oder große Gesellschaften durch die ECU-Anpassungsrichtlinie (Richtl. 94/8/EG vom 21. 3. 1994) erhöht worden.[617]

Danach sind *kleine Gesellschaften* künftig solche, bei denen die Grenze von zwei der drei folgenden Größenmerkmale nicht überschritten wird:

- Bilanzsumme: 5,31 Mio. DM
- Netto-Umsatzerlöse: 10,62 Mio. DM
- Arbeitnehmer: 50

Für *mittlere Gesellschaften* gilt:

- Bilanzsumme: 21,24 Mio. DM
- Netto-Umsatzerlöse. 42,48 Mio. DM
- Arbeitnehmer: 250

Die neuen Schwellenwerte können bereits auf alle Geschäftsjahre angewendet werden, die nach dem 31. 12. 1990 beginnen.

441 Für kleine Kapitalgesellschaften bringt die Umsetzung der Mittelstandsrichtlinie folgende Erleichterungen:

- Sie müssen keinen Lagebericht mehr aufstellen.
- Sie sind befreit von der Aufstellung eines Anlagengitters, der Pflicht zur Erläuterung bestimmter Forderungen im Anhang, der Erläuterung bestimmter Verbindlichkeiten im Anhang, vom gesonderten Ausweis von Rechnungsabgrenzungsposten und der Erläuterung der Aufwendungen für die Ingangsetzung und Erweiterung des Geschäftsbetriebs im Anhang.
- Sie müssen nicht außerordentliche Erträge und außerordentliche Aufwendungen erläutern.
- Sie müssen nicht die Gesamtbezüge des Geschäftsführungsorgans, des Aufsichtsrats oder eines Beirats angeben, wenn sich anhand dieser Angaben die Bezüge eines Mitglieds dieser Organe feststellen lassen.
- Sie brauchen keine Angaben über die Verwendung des Ergebnisses zu machen, wenn sich dadurch die Gewinnanteile natürlicher Personen feststellen lassen.
- Sie müssen den Vorschlag oder Beschluß über die Verwendung des Ergebnisses nicht mehr offenlegen.[618]

442 Zur Unterrichtung über den Stand der Diskussion über die Pflichtprüfung und Offenlegungspflicht bei der GmbH & Co. KG hat das Bundesministerium der Justiz unter dem Datum vom 22. 3. 1994 das Folgende veröffentlicht:[619]

„Im Frühjahr 1986 legte die EG-Kommission einen Richtlinienvorschlag mit dem Ziel vor, den Anwendungsbereich der 4. und 7. gesellschaftsrechtlichen Richtlinie

617 Siehe DB 1994, S. 1691.
618 Siehe hierzu: Pfitzer/Wirth, Die Änderungen des Handelsgesetzbuches, DB 1994, S. 1937.
619 Veröffentlicht in GmbHR 1994, S. 306.

auf Personenhandelsgesellschaften auszudehnen, bei denen die Komplementäre ausschließlich Kapitalgesellschaften im Sinne der 4. Richtlinie oder der dort bezeichneten Kapitalgesellschaften & Co. sind. Damit sollte vermieden werden, daß die Kapitalgesellschaft & Co. dazu benutzt werden könnte, die Rechnungslegungs-, Prüfungs- und Publizitätsvorschriften dieser Richtlinien zu umgehen. Da die Kapitalgesellschaft & Co. in einigen EG-Mitgliedstaaten nicht zulässig ist und in den anderen wirtschaftlich kaum eine Rolle spielt, zielte dieser Vorschlag letztlich vor allem auf die Einbeziehung der deutschen GmbH & Co. KG in die Rechnungslegungsvorschriften für Kapitalgesellschaften ab.

Die Bundesregierung hat diesen Richtlinienvorschlag aus mittelstandspolitischen und auch rechtssystematischen Gründen abgelehnt. Sie hat gleichzeitig weitere Erleichterungen für kleine und mittlere Unternehmen auf dem Gebiet der Rechnungslegung gefordert. Es war schon damals die Zielsetzung der Bundesregierung, eine Regelung durchzusetzen, mit der kleine und mittlere Kapitalgesellschaften von der Publizitätspflicht vollständig befreit werden können.

Während der deutschen Präsidentschaft im 1. Halbjahr 1988 gelang es schließlich, die Kommission zur Vorlage einer sogenannten Mittelstandsrichtlinie zu bewegen und ein Junktim zwischen beiden Richtlinienvorschlägen herzustellen. Die Bundesregierung konnte ihre Vorstellungen in den Verhandlungen in Brüssel jedoch nicht durchsetzen. Die GmbH & Co.-Richtlinie und die sehr stark abgemagerte Mittelstandsrichtlinie sind Ende 1990 gegen die Stimmen der Bundesrepublik Deutschland verabschiedet worden. So ist es insbesondere nicht gelungen, eine Befreiung von der Publizitätspflicht für kleine und mittlere Kapitalgesellschaften in der Europäischen Gemeinschaft mehrheitsfähig zu machen. Beide Richtlinien hätten bis Ende 1992 in nationales Recht umgesetzt werden müssen.

Die Erleichterungen für kleine Kapitalgesellschaften – gemäß der Mittelstandsrichtlinie – wurden am 25. 7. 1994 durch Änderung des HGB in nationales Recht umgesetzt.[620]

Die Bundesrepublik Deutschland ist nach den Vorgaben verpflichtet, ab 1995 auch bestimmte GmbH & Co. KG den Rechnungslegungs-, Prüfungs- und Publizitätspflichten für Kapitalgesellschaften zu unterwerfen."

Die Bundeskammerversammlung als oberstes Organ der Bundessteuerberaterkammer ist gegen die Ausdehnung der Pflichtprüfung und der Offenlegungspflicht auf die GmbH & Co. KG.[621]

620 Siehe Rn. 441 und BGBl. I 1994 S. 1682.
621 Siehe DB 1994, S. 1435.

443 3 Steuerliche Sonderbilanzen, steuerliche Ergänzungsbilanzen

a) Umfang der steuerlichen Vermögensübersicht

Handelsrechtlich sind bilanzierungsfähig nur diejenigen Vermögensgegenstände, die bei wirtschaftlicher Betrachtung Gesellschaftsvermögen sind. Vermögensgegenstände, die einzelnen Gesellschaftern gehören, aber nicht Gesellschaftsvermögen sind, können handelsrechtlich auch dann nicht von der Personenhandelsgesellschaft bilanziert werden, wenn sie dem Geschäftsbetrieb der Gesellschaft dienen.[622]

Aus der Handelsbilanz ist die sog. „Steuerbilanz" abzuleiten. Es ist die ertragsteuerliche Vermögensübersicht i. S. der § 4 Abs. 1 und § 5 EStG, die sich aufgrund zwingender steuerrechtlicher Vorschriften, wie z. B. Gewinnermittlung und Bewertung, aus der Handelsbilanz ergibt. Zwar ist ein Wirtschaftsgut, das zivilrechtlich Gesamthandsvermögen der Personengesellschaft ist und deshalb gemäß § 38 HGB in ihrer Handelsbilanz aufzunehmen ist, wegen der Maßgeblichkeit der Handelsbilanz für die Steuerbilanz grundsätzlich auch einkommensteuerrechtlich Betriebsvermögen der Personengesellschaft, doch gibt es von diesem Grundsatz Ausnahmen, die ihre Grundlage in dem spezifisch einkommensteuerrechtlichen Begriff des Betriebsvermögens haben.[623] So wird ein Wirtschaftsgut, obwohl es zivilrechtlich Gesamthandsvermögen der KG ist, einkommensteuerrechtlich nicht Betriebsvermögen der KG, wenn ein betrieblicher Anlaß für seinen Erwerb fehlt.[624] Andererseits werden Wirtschaftsgüter, die nicht zum Gesamthandsvermögen, sondern einzelnen Gesellschaftern gehören, in den Betriebsvermögensvergleich als Sonderbetriebsvermögen der Gesellschafter einbezogen, wenn sie für betriebliche Zwecke genutzt werden. Schließlich finden sich in verschiedenen Vorschriften des Steuerrechts Vorschriften über Ergänzungsbilanzen[625], deren Zweck es ist, Wertabweichungen zwischen Handelsbilanz und Steuerbilanz (Vermögensübersicht) in Übereinstimmung zu bringen. Die steuerliche Vermögensübersicht umfaßt also Gesellschafts-, Sonder- und Ergänzungsbilanzen.

b) Sonderbetriebsvermögen – Sonderbilanzen

444 Zum notwendigen Betriebsvermögen, das der Ermittlung der Einkünfte der Gesellschafter von Personengesellschaften (Mitunternehmerschaften) gemäß § 15 Abs. 1 Nr. 2 EStG zugrunde zu legen ist, gehört außer dem in der Steuerbilanz erfaßten Gesellschaftsvermögen das Sonderbetriebsvermögen der Gesellschafter (Mitunternehmer). Nach der Rechtsprechung des BFH[626] handelt es sich hierbei

622 Vgl. Fachgutachten und Stellungnahmen des IdW, Loseblattsammlung IdW Verlag GmbH Düsseldorf, HFA 1/76.
623 Vgl. Begründung zum BFH-Urteil vom 22. 5. 1975, IV R 193/71, BStBl II S. 804 (806).
624 Siehe vorgenanntes BFH-Urteil vom 22. 5. 1975 für den Erwerb einer Darlehensforderung.
625 Z. B. § 24 UmwStG 1977.
626 Zusammenfassend s. BFH-Urteil vom 31. 10. 1989, VIII R 374/83, DB 1990, S. 1114.

um Wirtschaftsgüter, die einem Gesellschafter gehören und entweder in einem gewissen Zusammenhang mit dem Betrieb der Gesellschaft stehen (Sonderbetriebsvermögen I) oder in gewisser Weise der Beteiligung des Gesellschafters an der Gesellschaft förderlich sind (Sonderbetriebsvermögen II).

Beim Sonderbetriebsvermögen I handelt es sich um Wirtschaftsgüter, die dem Betrieb der Gesellschaft unmittelbar dienen, und zwar dergestalt, daß sie objektiv erkennbar zum unmittelbaren Einsatz im Betrieb bestimmt sind. Dazu gehören insbesondere solche Wirtschaftsgüter, die ein Gesellschafter der Gesellschaft zur betrieblichen Nutzung überlassen hat.

Eine Zurechnung von Wirtschaftsgütern zum Sonderbetriebsvermögen II setzt voraus, daß die Wirtschaftsgüter unmittelbar zur Begründung oder Stärkung der Beteiligung des Gesellschafters an der Gesellschaft eingesetzt werden. Die Rechtsprechung des BFH zählt hierzu insbesondere die Anteile der Kommanditisten einer GmbH & Co. KG an der Komplementär-GmbH. Die GmbH-Anteile stärken die Stellung des Kommanditisten deshalb, weil der Kommanditist durch die Wahrnehmung seiner Rechte aus der Beteiligung an der Komplementär-GmbH die Möglichkeiten seiner Einflußnahme auf die KG erweitert.

Nach unserer Auffassung ist den Sonderbilanzen die Aufgabe zugedacht, das Sonderbetriebsvermögen der Gesellschafter aufzunehmen. Das sind Wirtschaftsgüter, die einem Mitunternehmer allein gehören, die aber für betriebliche Zwecke der Gesellschaft genutzt werden – z. B. aufgrund eines Miet- oder Überlassungsvertrages[627] – oder die der Beteiligung des Gesellschafters zu dienen bestimmt sind.[628] Richtungweisend für die Aufnahme in bzw. die Aufstellung von Sonderbilanzen sind Fragen der Bilanzierung und nicht der Bewertung. Sonderbilanzen haben ihre Grundlage in steuerlichen Vorschriften, die die Aktivierung bzw. Passivierung von Wirtschaftsgütern fordern, die handelsrechtlich nicht Gesellschaftsvermögen sind, steuerrechtlich aber in den Betriebsvermögensvergleich mit einbezogen werden müssen. Im Zusammenhang damit stehen - das sei hier schon erwähnt – Sonderbetriebseinnahmen und Sonderbetriebsausgaben der Gesellschafter.

c) Ergänzungsbilanzen

Stehen dagegen Fragen der Bewertung im Vordergrund, so ist es Aufgabe von für 445
die Gesellschafter aufgestellten Ergänzungsbilanzen, Unterschiede zwischen Handels- und Steuerrecht in Übereinstimmung zu bringen.

Bei den Ergänzungssteuerbilanzen der Personengesellschaften handelt es sich um die Differenzen zwischen den Steuerbilanzen (ertragsteuerliche Vermögensübersichten) der offenen Handelsgesellschaft bzw. der Kommanditgesellschaften ei-

627 Sog. Sonderbetriebsvermögen I, vgl. Rn. 447, z. B. Grundstücksverpachtung.
628 Sog. Sonderbetriebsvermögen II, vgl. Rn. 473, z. B. Anteile an der Komplementär-GmbH.

nerseits und den Steuerbilanzen einzelner Gesellschafter andererseits. Diese steuerlichen Ergänzungsbilanzen kommen daher nur bei Personengesellschaften in Betracht, dagegen nicht bei Kapitalgesellschaften.

Wenn ein Gesellschafter z. B. höhere Aufwendungen zur Erlangung der Gesellschafterstellung gemacht hat, als das ihm zuerkannte Kapitalkonto bei der Personengesellschaft ausmacht, so kann er aufgrund einer entsprechenden Ergänzungsbilanz, in der er auf der Habenseite den Unterschied des steuerlichen Mehrbetrages und auf der Sollseite die Aufteilung dieses Mehrbetrages auf die entsprechenden Gruppen der Wirtschaftsgüter ausweist, gegebenenfalls höhere Abschreibungen vornehmen oder im Falle des Verkaufs eines Wirtschaftsgutes seine höheren anteiligen Mehranschaffungskosten (gegenüber dem Buchwert in der Bilanz der Personengesellschaft) als abzugsfähig geltend machen. Dies kann aber nicht etwa bei seiner persönlichen Steuerveranlagung geschehen. Vielmehr sind eventuelle Abzüge wie auch Zurechnungen aufgrund einer Ergänzungsbilanz des Gesellschafters einer Personengesellschaft bei der gesonderten Gewinnfeststellung zu berücksichtigen (§ 180 AO); denn es handelt sich ja hier nicht um Einkünfte aus einem besonderen Gewerbebetrieb. Die aufgrund der Ergänzungsbilanz zu berücksichtigenden Beträge bilden vielmehr einen Bestandteil des Gewinns des Gewerbebetriebes der Personengesellschaft.[629]

d) Sonderbetriebsvermögen der Komplementär-GmbH und der Kommanditisten

Grundstücke, die als Eigentum einer GmbH & Co. KG im Grundbuch eingetragen sind, gehören unzweifelhaft zum Betriebsvermögen der KG. Dies gilt u. a. auch dann, wenn das Grundstück einem Gesellschafter zur privaten Nutzung überlassen wird.[630]

446 Grundstücke, die nicht der GmbH & Co. KG, sondern nur einem oder einigen Gesellschaftern gehören, aber dem Betrieb der KG ausschließlich und unmittelbar dienen, werden als (notwendiges) Sonderbetriebsvermögen des Gesellschafters/der Gesellschafter dem Betriebsvermögen der KG zugeordnet. Das BVerfG hat durch Beschluß vom 15. 7. 1969[631] die vorgenannte Verwaltungsauffassung bestätigt und dazu u. a. ausgeführt, daß ein Grundstück, das im Eigentum eines Gesellschafters stehe, aber dem Betrieb der Personengesellschaft diene, trotz des zwischen der Gesellschaft und dem Gesellschafter bestehenden Mietvertrages nicht zum Privatvermögen des Gesellschafters gehöre. Dazu gibt es in der Praxis auch kaum noch steuerrechtliche Schwierigkeiten.

Kauft der alleinige Kommanditist einer KG, der zugleich beherrschender Gesellschafter der Komplementär-GmbH ist, das der KG von einem Dritten mietweise

629 OFD Hamburg, Vfg. vom 3. 6. 1956, S. 2130 – 18, St. 21/2 1421 – 1, 57 St. 24, DStR 1957, S. 315.
630 Vgl. BFH-Urteil vom 29. 11. 1960, I 117/60 S., BStBl III 1961 S. 183.
631 Vgl. HFR 1969, S. 450.

überlassene Betriebsgrundstück, um es unmittelbar danach seiner einkommens- und vermögenslosen Ehefrau zu schenken, die sodann das Grundstück der KG als Betriebsgrundstück vermietet, ist das Grundstück kein Sonderbetriebsvermögen des Kommanditisten.[632]

Zum notwendigen Sonderbetriebsvermögen des Gesellschafters und Mitunternehmers einer Personengesellschaft und damit zum notwendigen Betriebsvermögen (§ 4 Abs. 1 EStG) der Mitunternehmerschaft gehören nach ständiger Rechtsprechung des BFH nicht nur Wirtschaftsgüter, die der Gesellschafter unmittelbar der Gesellschaft zur Nutzung überläßt (sog. Sonderbetriebsvermögen I), sondern auch Wirtschaftsgüter, die der Beteiligung des Gesellschafters an der Personengesellschaft dienen (sog. Sonderbetriebsvermögen II).

Dazu hat der BFH im Urteil vom 9. 9. 1993[633] ausgeführt, auch die Bestimmung eines Wirtschaftsguts, der Beteiligung des Gesellschafters an der Gesellschaft zu dienen, bewirkte, daß das Wirtschaftsgut nicht für private, sondern für betriebliche Zwecke eingesetzt sei. Denn der Gesellschafter einer Personengesellschaft sei nach § 15 Abs. 1 Nr. 2 EStG Unternehmer (Mitunternehmer) des Betriebs der Gesellschaft. Die der Beteiligung dienenden Wirtschaftsgüter stünden somit in einem betrieblichen Nutzungszusammenhang, der sie in gleicher Weise zu betrieblichem Vermögen (Betriebsvermögen i. S. des § 4 Abs. 1 EStG) mache wie Wirtschaftsgüter, die der Gesellschaft vom Gesellschafter unmittelbar zur Nutzung überlassen werden. Hiervon ausgehend hat der BFH entschieden, daß Sonderbetriebsvermögen vorliegt, wenn der Gesellschafter einer Personengesellschaft einem Dritten ein Gebäude vermietet, damit dieser es der Gesellschaft zur betrieblichen Nutzung überläßt. Ferner hat der BFH entschieden, daß notwendiges Sonderbetriebsvermögen auch vorliegt, wenn ein Gesellschafter ein von einem Dritten an die Personengesellschaft vermietetes Grundstück erwirbt, das der Mieter an die Personengesellschaft untervermietet, wenn dadurch der Gesellschaft die Nutzung des Grundstücks auch für die Zukunft ermöglicht wird. Nach Auffassung des BFH wird ein Grundstück auch dann Sonderbetriebsvermögen, wenn sein Eigentümer, der es einem Dritten zur Weitervermietung an die Personengesellschaft überlassen hat, später Gesellschafter und Mitunternehmer der Personengesellschaft wird. Dazu hat der BFH am 7. 4. 1994[634] entschieden:

„Bestellt der Gesellschafter einer gewerblich tätigen Personengesellschaft einem Dritten an einem unbebauten Grundstück ein Erbbaurecht und wird das Grundstück nach Bebauung vom Erbbauberechtigten vereinbarungsgemäß an die Personengesellschaft zur betrieblichen Nutzung vermietet, so gehört der Grund und Boden, auf dem das Gebäude errichtet wurde, zum notwendigen Sonderbetriebsvermögen des Gesellschafters. Bei der Einheitsbewertung des Betriebsvermögens ge-

632 FG Bremen, rechtskräftiges Urteil vom 28. 10. 1993, I 86 036 KG, EFG 1994, S. 604.
633 IV R 14/91, BStBl II 1994 S. 250.
634 IV R 11/92, GmbHR 1994, S. 816.

hört auch der Kapitalwert des Rechts auf den Erbbauzins zum Betriebsvermögen."

447 Verpachtet die Komplementär-GmbH ein ihr gehörendes Grundstück an die GmbH & Co. KG, so stellt sich bei wirtschaftlicher Betrachtung die Frage, ob hier der Wechsel eines Einzelwirtschaftsgutes aus der Körperschaftsteuersphäre in die Einkommensteuersphäre vorliegt. Diese Frage ist nunmehr durch das BFH-Urteil vom 17. 8. 1979[635] höchstrichterlich entschieden. Danach ist ein einer Personengesellschaft zur Nutzung überlassenes Wirtschaftsgut dort als Sonderbetriebsvermögen der überlassenden GmbH zu bilanzieren. Dies bedeutet jedoch kein sachliches Ausscheiden bestimmter Wirtschaftsgüter aus dem Betriebsvermögen der Kapitalgesellschaft, sondern diese Wirtschaftsgüter werden lediglich für Zwecke der steuerlichen Gewinnermittlung der Mitunternehmerschaft – als Sonderbetriebsvermögen der Kapitalgesellschaft als Mitunternehmerin – zugeordnet. Eine Realisierung etwaiger in dem Wirtschaftsgut ruhender stiller Reserven erfolgt hierdurch jedoch nicht, da das Wirtschaftsgut bei der Mitunternehmerschaft (Personengesellschaft) als Sonderbetriebsvermögen mit dem Wert zu erfassen ist, mit dem es bei der Kapitalgesellschaft zu Buche steht.

Die Rechtsansicht des BFH bedeutet eine Durchbrechung des Grundsatzes der Maßgeblichkeit der Handelsbilanz für die Steuerbilanz und steht im Widerspruch zu der bisherigen Verwaltungsauffassung. Diesen Umständen Rechnung tragend, hat der BdF im Schreiben vom 10. 12. 1979[636] darauf hingewiesen, daß bis zum Ablauf des im Jahr 1984 endenden Wirtschaftsjahres die Finanzverwaltung eine anderweitige bilanzielle Erfassung nicht beanstanden wird.

448 Nach dem BFH-Urteil vom 23. 10. 1990[637] obliegt die **Buchführungspflicht für Sonderbetriebsvermögen** nicht dem einzelnen Gesellschafter, sondern der Personenhandelsgesellschaft. Daher können z. B. Wertpapiere, die dem Gesellschafter einer KG gehören, i. d. R. mangels hinreichender Dokumentation des Widmungswillens nicht dem gewillkürten Sonderbetriebsvermögen zugerechnet werden, wenn die Wertpapiere nicht in die Buchführung der KG aufgenommen worden sind.

c) Bilanzielle Behandlung eines Gesellschafterwechsels

Auf die Ausführungen im Kapitel G Abschnitt I. 1 wird hingewiesen.

---

635 IR 199/75, BStBl II S. 750.
636 IV B 2-S. 2141 – 138/79, GmbHR 1980, S. 71.
637 VIII R 142/85, BB 1991, S. 34 und Urteilsanmerkung hierzu in BB 1991, S. 513.

E Laufender Geschäftsbetrieb der GmbH & Co. KG – Steuerrechtlicher Teil

I Steuerrechtliche Grundlagen der GmbH & Co. KG

1 Behandlung der Einkünfte aus der GmbH & Co. KG als gewerbliche Einkünfte

a) Grundsätzliches

449 Eine GmbH & Co. KG ist zivilrechtlich keine Kapitalgesellschaft und damit keine juristische Person. Eine GmbH & Co. KG, bei der alleiniger persönlich haftender Gesellschafter eine GmbH ist, wird zivilrechtlich als KG und damit als Personenhandelsgesellschaft angesehen. Diese Grundsätze hat der Große Senat des BFH im Beschluß vom 25. 6. 1984[638] aufgestellt.

Zivilrechtlich und steuerlich zulässig ist auch eine GmbH & Co., deren einziger Komplementär eine Einmann-GmbH ist und deren einziger Kommanditist der Gesellschafter der Komplementär-GmbH ist, die sogenannte Einmann-GmbH & Co.[639]

Eine GmbH & Co. KG, deren persönlich haftender Gesellschafter eine (andere) GmbH & Co. KG ist, wird doppel- oder mehrstöckige GmbH & Co. KG genannt. Auch eine doppelstöckige GmbH & Co. KG gehört nicht zu den Kapitalgesellschaften i. S. des § 1 Abs. 1 Nr. 1 KStG, weil auch sie zivilrechtlich eine KG und damit eine Personenhandelsgesellschaft ist. Die für die Gesellschaftsteuer bestehende Sonderregelung in § 5 Abs. 2 Nr. 3 KVStG läßt sich auf das von anderen Grundsätzen beherrschte Körperschaftsteuerrecht nicht entsprechend anwenden.

Eine GmbH & Co. KG, die als solche im Handelsregister eingetragen ist, jedoch keine voll kaufmännische Betätigung ausübt (Schein-KG), ist gleichfalls keine Kapitalgesellschaft i. S. des § 1 Abs. 1 Nr. 1 KStG. Zivilrechtlich ist sie eine Gesellschaft des bürgerlichen Rechts (GbR) und damit eine Personengesellschaft, auf die lediglich im Innenverhältnis und aufgrund der Rechtscheinhaftung nach außen die für die KG maßgebenden Regeln des Handelsrechts anwendbar sind.

450 Werden zwecks Kapitalsammlung eine unbestimmte Vielzahl rein kapitalistisch beteiligter Kommanditisten als Gesellschafter aufgrund eines fertig vorformulierten Vertrages aufgenommen, so spricht man von einer Publikums-GmbH & Co. KG. Ihre beiden Erscheinungsformen sind die Massengesellschaft, an der die Kapitalanleger unmittelbar beteiligt sind und bei der meist im Statut eine Beirats-, seltener eine Repräsentativverfassung vorgesehen ist, und die mittelbare Anlage-

638 GrS IV/82, BStBl II S. 751.
639 A. a. O.

gesellschaft, bei der an die Stelle einer Vielzahl von Kommanditisten ein Treuhänder-Kommanditist tritt, der den Kommanditanteil vermittelt. Nach der Rechtsprechung des BGH hat sich zwar für die Publikums-KG in Anlehnung an bestimmte Grundsätze des Rechts der Kapitalgesellschaften ein insbesondere dem Anlegerschutz der Gesellschafter und der Funktionsfähigkeit der Gesellschaft dienendes Sonderrecht der Gesellschaft herausgebildet; gleichwohl ist dieses Rechtsgebilde eine Personengesellschaft. Da es die verfassungskonforme Auslegung des KStG gebietet, die Ordnungsstruktur des Zivilrechts durchgehend zu wahren, ist eine Publikums-GmbH & Co. KG weder als nichtrechtsfähiger Verein i. S. des § 1 Abs. 1 Nr. 5 KStG noch als nichtrechtsfähige Personenvereinigung nach § 3 Abs. 1 KStG körperschaftsteuerpflichtig, vielmehr gehört steuerrechtlich die Publikums-GmbH & Co. KG als Personenhandelsgesellschaft zu den nichtrechtsfähigen Personenvereinigungen, deren Einkommen unmittelbar bei den Mitgliedern zu versteuern ist. Das gilt für jede Tatbestandsverwirklichung des Erzielens von Einkünften im Rahmen der Einkommensarten des § 2 Abs. 3 EStG. Werden die Tatbestandsmerkmale einer Einkommensart von der Publikums-GmbH & Co. KG oder von ihren Gesellschaftern nicht erfüllt, besteht also keine Einkunftserzielungsabsicht, ist weder das Körperschaft- noch Einkommensteuergesetz anwendbar. Die vorstehenden Gründe einer Verneinung der Körperschaftsteuerpflicht gelten auch für eine Publikums-GmbH & Co. KG mit wenigen Kommanditisten, wenn diese ihrerseits Treuhänder für zahlreiche Treugeber sind.

b) BFH-Rechtsprechung

451 In dem Grundsatzurteil vom 17. 3. 1966[640], dem sogenannten „Gepräge"-Urteil, traf der BFH die Feststellung, daß die Tätigkeit einer GmbH & Co. stets sogar bei reiner Vermögensverwaltung einen Gewerbebetrieb darstelle, wenn die geschäftsführende GmbH der alleinige Gesellschafter ist. An dieser Ansicht hat der BFH trotz der Bedenken im Schrifttum festgehalten und sie im Urteil vom 3. 8. 1972[641] noch einmal bestätigt: „Eine GmbH & Co. KG, an der eine GmbH als einziger Komplementär beteiligt ist, unterhält schon wegen dieser Beteiligung der GmbH einen Gewerbebetrieb." Nach Auffassung der Finanzverwaltung ist das „Gepräge"-Urteil auch dann anzuwenden, wenn die Komplementär-GmbH zwar am Gewinn, nicht aber am Verlust und am Vermögen der GmbH & Co. beteiligt ist, denn auch in diesem Fall gebe die GmbH der KG wirtschaftlich das entscheidende „Gepräge".[642]

452 Nach dem Erlaß des Niedersächsischen FinMin vom 14. 2. 1967[643] gibt die GmbH (= stets Gewerbebetrieb kraft Rechtsform) der GmbH & Co. KG selbst

640 IV 233, 234/65, BStBl III S. 171.
641 IV R 235/67, BStBl II S. 799.
642 Erlaß der Finanzbehörde Hamburg vom 20. 8. 1969 und des Hessischen FinMin vom 13. 10. 1969, DStZ/B 1969, S. 355 und 434.
643 DB, S. 318.

dann noch das „Gepräge“, wenn die Geschäftsführung für die KG nicht von der GmbH, sondern von einem Angestellten der KG ausgeübt wird.

Nach diesen Rechtsgrundsätzen erzielen alle Gesellschafter einer GmbH & Co. KG stets Einkünfte auf Gewerbebetrieb (gewerbliche Einkünfte i. S. vom § 15 EStG), auch wenn sich die Tätigkeit der Gesellschaft nur auf eine reine Vermögensverwaltung beschränkt.

Diese jahrzehntelange Rechtsauffassung wollte der IV. Senat des BFH 1982 verlassen und die Auffassung vertreten, daß eine GmbH & Co. KG nicht kraft Rechtsform der Komplementär-GmbH ein gewerbliches Unternehmen betreibe. Da der I. Senat des BFH auf eine entsprechende Anfrage des IV. Senats hin erklärte, er beabsichtige dieser Abweichung nicht zuzustimmen, rief der IV. Senat mit Beschluß vom 26. 8. 1982[644] den **Großen Senat** des BFH an und legte folgende Rechtsfragen **zur Entscheidung** vor:

(1) Ist eine GmbH & Co. KG, deren alleinige persönlich haftende Gesellschafterin eine GmbH ist, als Kapitalgesellschaft i. S. von § 1 Abs. 1 Nr. 1 KStG zu beurteilen und als solche körperschaftsteuerpflichtig? Gilt dies bejahendenfalls auch für eine KG, deren Komplementärin eine GmbH & Co. KG ist (doppelstöckige GmbH & Co. KG)? 453

Gilt dies bejahendenfalls auch für eine Schein-GmbH & Co. KG, d. h. eine im Handelsregister eingetragene Personengesellschaft, die mangels kaufmännischer Betätigung in Wahrheit eine Gesellschaft des bürgerlichen Rechts (GbR) ist?

(2) Ist eine Publikums-GmbH & Co. KG als nicht rechtsfähiger Verein i. S. von § 1 Abs. 1 Nr. 5 KStG zu beurteilen und als solcher körperschaftsteuerpflichtig?

Gilt dies bejahendenfalls auch für eine KG mit nur wenigen Kommanditisten, sofern diese ihrerseits Treuhänder für zahlreiche Treugeber sind?

(3) Falls die Fragen zu (1) und (2) zu verneinen sein sollten:

Sind sämtliche Einkünfte (i. S. von § 2 Abs. 1 EStG) einer GmbH & Co. KG, deren alleinige persönlich haftende und geschäftsführende Gesellschafterin eine GmbH ist, kraft dieser Rechtsform in gleicher Weise wie bei einer Kapitalgesellschaft (§ 8 Abs. 2 KStG) mit Wirkung für alle Mitunternehmer (i. S. von § 15 Abs. 1 EStG) so zu beurteilen, als ob sie den Rahmen einer bloßen Vermögensverwaltung überschreiten würden, und deshalb als Einkünfte aus Gewerbebetrieb zu qualifizieren?

Gilt dies bejahendenfalls auch für eine mehrstöckige GmbH & Co. und für eine Schein-GmbH & Co. KG?

644 IV R 207/79, BStBl II S. 771.

(4) Ist eine Personengesellschaft, insbesondere eine GmbH & Co. KG mit „Gewinnabsicht“ (i. S. von § 1 Abs. 1 GewStDV) tätig und betreibt sie demgemäß ein gewerbliches Unternehmen i. S. von § 15 Abs. 1 Nr. 1 EStG, wenn sie keinen Gewinn in der Form einer Mehrung ihres Betriebsvermögens, insbesondere ihres Gesellschaftsvermögens erstrebt, sondern lediglich in der Absicht tätig ist, ihren Gesellschaftern Steuervorteile dergestalt zu vermitteln, daß durch Zuweisung von Verlustanteilen andere an sich tariflich zu versteuernde Einkünfte nicht und die Verlustanteile letztlich nur in Form buchmäßiger Veräußerungsgewinne tarifbegünstigt versteuert werden müssen?

(5) Ist ein Gesellschafter einer Personengesellschaft, insbesondere ein Kommanditist einer KG, die Gewinne in Form einer Mehrung ihres Betriebsvermögens, insbesondere ihres Gesellschaftsvermögens erstrebt, Mitunternehmer i. S. von § 15 Abs. 1 Nr. 2 EStG des von der Gesellschaft betriebenen gewerblichen Unternehmens, wenn seine Beteiligung an der Gesellschaft rechtlich oder tatsächlich nur befristet und durch die befristete Zugehörigkeit zur Gesellschaft keine Teilhabe an einer von der Gesellschaft erstrebten Betriebsvermögensmehrung in der Form eines entnahmefähigen laufenden Gewinns oder eines die Einlage übersteigenden Abfindungsguthabens zu erwarten ist, der Gesellschafter also mit seiner Beteiligung lediglich Steuervorteile dergestalt erstrebt, daß durch Zuweisung von Verlustanteilen andere Einkünfte nicht und die Verlustanteile letztlich nur in Form tarifbegünstigter Veräußerungsgewinne (nach-)versteuert werden müssen?

(6) Ist die durch eine ausländische Reederei veranlaßte Einschaltung einer inländischen Basis-Gesellschaft in der Rechtsform einer GmbH & Co. KG, die laut Gesellschaftsvertrag den Betrieb der Seeschiffahrt mit einem bestimmten Schiff bezweckt, jedenfalls dann rechtsmißbräuchlich i. S. von § 42 AO, wenn

a) für ihre Einschaltung wirtschaftliche oder sonst beachtliche (außersteuerrechtliche) Gründe fehlen, sich insbesondere die Errichtung der Gesellschaft mit Sitz im Inland und die Wahl der Rechtsform der GmbH & Co. KG nur mit der Absicht der Steuerersparnis erklären läßt
und
b) die KG keine eigene wirtschaftliche Tätigkeit entfaltet?

454 Auf die Anfrage des IV. Senats des BFH im vorgenannten Vorlagebeschluß vom 26. 8. 1982 hat der **Große Senat** des BFH mit **Beschluß** vom 25. 6. 1984[645] folgende Antworten gegeben:

(1) Eine GmbH & Co. KG, deren alleiniger persönlich haftender Gesellschafter eine GmbH ist, ist keine Kapitalgesellschaft i. S. von § 1 Abs. 1 Nr. 1 KStG und nicht als eine solche körperschaftsteuerpflichtig.

645 GrS 4/82, BStBl II S. 751.

(2) Eine Publikums-GmbH & Co. KG ist weder als nicht rechtsfähiger Verein i. S. von § 1 Abs. 1 Nr. 5 KStG noch als nichtrechtsfähige Personenvereinigung nach § 3 Abs. 1 KStG körperschaftsteuerpflichtig.

(3) Bei einer GmbH & Co. KG, deren alleiniger persönlich haftender und geschäftsführender Gesellschafter eine GmbH ist, sind nicht allein wegen dieser Rechtsform alle Einkünfte i. S. des § 2 Abs. 3 EStG mit Wirkung für alle Gesellschafter (Mitunternehmer) als Einkünfte aus Gewerbebetrieb zu qualifizieren (Aufgabe der Gepräge-Rechtsprechung).

(4) Eine Personengesellschaft, insbesondere eine GmbH & Co. KG ist nicht mit Gewinnabsicht i. S. von § 1 Abs. 1 GewStDV tätig und betreibt demgemäß kein gewerbliches Unternehmen i. S. des § 15 Nr. 1 Satz 1 i. V. m. Nr. 2 EStG, wenn sie lediglich in der Absicht tätig ist, ihren Gesellschaftern eine Minderung der Steuer vom Einkommen dergestalt zu vermitteln, daß durch Zuweisung von Verlustanteilen andere an sich tariflich zu versteuernde Einkünfte nicht und die Verlustanteile letztlich nur in Form buchmäßiger Veräußerungsgewinne tarifbegünstigt besteuert werden müssen (Änderung der Rechtsprechung).

(5) Ein Gesellschafter einer Personengesellschaft, insbesondere ein Kommanditist einer KG, die ein gewerbliches Unternehmen i. S. des § 15 Nr. 1 Satz 1 EStG betreibt, ist nicht Mitunternehmer i. S. des § 15 Nr. 2 EStG, wenn seine Beteiligung an der Gesellschaft rechtlich oder tatsächlich befristet ist und wenn wegen der befristeten Zugehörigkeit zur Gesellschaft keine Teilhabe an einer von der Gesellschaft erstrebten Betriebsvermögensmehrung in der Form eines entnahmefähigen laufenden Gewinns oder eines die Einlage übersteigenden Abfindungsguthabens oder eines Gewinns aus der Veräußerung eines Gesellschaftsanteils zu erwarten ist.

Zu der vom IV. Senat aufgeworfenen Frage des Mißbrauchs brauchte der Große Senat des BFH keine Stellung zu nehmen. Der IV. Senat des BFH hatte die Frage nur für den Fall gestellt, daß seine Vorlagefragen Nrn. (4) und (5) zu bejahen wären, also bereits das bloße Streben nach Steuervorteilen für eine Gewinnabsicht der KG und für eine Mitunternehmerschaft des Kommanditisten ausreichten. Da der Große Senat diese Rechtsfragen verneint hat, ist die Rechtsfrage betreffend den Rechtsmißbrauch gegenstandslos. Ergänzend hierzu ist anzumerken, daß der IV. Senat des BFH zu dieser Frage folgende Auffassung vertritt (vgl. Sachverhaltsdarstellung im Beschluß des BFH GrS 4/82): „Die Einschaltung einer Verlust-Zuweisungs-KG könne rechtsmißbräuchlich sein. Die nach der Rechtsprechung des BFH maßgeblichen Rechtsgrundsätze zur einkommensteuerrechtlichen Beurteilung von Basisgesellschaften im niedrigbesteuernden Ausland müßten sinngemäß für die Einschaltung von Basis-Verlustzuweisungsgesellschaften im Inland gelten.“

c) Gesetzliche Grundlagen

455 Mit den Auswirkungen des Beschlusses des Großen Senats des BFH vom 25. 6. 1984 hat sich auch die Bundesregierung befaßt und ist zu folgendem Ergebnis gekommen[646]: „Im Beschluß vom 25. 6. 1984 (BStBl II S. 751) hat der Große Senat die sog. Gepräge-Rechtsprechung aufgegeben. Gesellschaften, die eine ihrer Art nach nicht gewerbliche, sondern ausschließlich vermögensverwaltende Tätigkeit ausüben, erzielen danach nicht Einkünfte aus Gewerbebetrieb (§ 15 EStG), sondern solche aus Kapitalvermögen (§ 20 EStG) und/oder aus Vermietung und Verpachtung (§ 21 EStG). Veräußerungsgewinne wären danach grundsätzlich nicht mehr steuerpflichtig, sofern sie nicht ausnahmsweise im Rahmen der Spekulationsgewinnbesteuerung (§ 23 EStG) zu erfassen wären. Die steuerlichen Vorteile, die mit der nach der früheren Rechtsprechung anzunehmenden Gewerblichkeit der betreffenden Gesellschaften verbunden waren, können den Gesellschaften bzw. ihren Gesellschaftern nach der Entscheidung des Gerichts jedoch aus Gründen des Vertrauensschutzes nicht mehr rückwirkend entzogen werden, jedenfalls nicht für Veranlagungszeiträume, für die bereits ein Steuerbescheid vorliegt (§ 176 AO). Für die Besteuerung von Veräußerungsgewinnen einschließlich der Nachversteuerung des negativen Kapitalkontos fehlt es an einer gesicherten Rechtsgrundlage. Nach Auffassung der Bundesregierung machte dies eine Gesetzesänderung erforderlich. Die Bundesregierung wollte nicht hinnehmen, daß die mit der Wahl einer bestimmten Rechtsform verbundenen Vorteile in Anspruch genommen werden, die damit verbundene Folge bestimmter Steuerpflichten, die bei der Wahl der Rechtsform bekannt waren und in die Disposition einbezogen wurden, jedoch rückwirkend entfallen. Die Bundesregierung schlug deshalb vor, die Gepräge-Rechtsprechung mit Wirkung auch für die Vergangenheit zu verankern.

Eine verfassungsrechtlich unzulässige Rückwirkung eines belastenden Steuergesetzes ist damit nach Auffassung der Bundesregierung nicht verbunden, da die Gesellschaften und ihre Gesellschafter wie bisher nach Maßgabe der von ihnen gewählten Rechtsform besteuert und somit durch die Gesetzesänderung nicht in ihrem Vertrauen auf die bestehende Rechtslage enttäuscht werden."

456 Durch den durch das **Steuerbereinigungsgesetz 1986** vom 19. 12. 1985[647] neugefaßten § 15 Abs. 3 Nr. 2 EStG wurde **die vom Großen Senat des BFH aufgegebene BFH-Geprägerechtsprechung wieder gesetzlich verankert**, und zwar (rückwirkend) auch für Veranlagungszeiträume vor 1986; die Tätigkeit einer Gesellschaft gilt von dem Zeitpunkt an, in dem erstmals die Voraussetzungen des § 15 Abs. 3 EStG erfüllt waren, als Gewerbebetrieb (§ 52 Abs. 20 b EStG). Zwischenzeitlich hat der BFH die Auffassung der Bundesregierung bestätigt, daß es verfassungsrechtlich nicht zu beanstanden ist, daß § 15 Abs. 3 Nr. 2 EStG (i. d. F.

646 Vgl. BT-Dr. 10/3663 vom 19.7. 1985.
647 BGBl. I S. 2436.

des Steuerbereinigungsgesetzes 1986) die sog. Geprägetheorie rückwirkend wieder eingeführt hat.[648]

§ 15 Abs. 3 EStG i. d. F. des Steuerbereinigungsgesetzes 1986 lautet: 457
„Als Gewerbebetrieb gilt in vollem Umfang die mit Einkünfteerzielungsabsicht unternommene Tätigkeit
1. einer offenen Handelsgesellschaft, einer Kommanditgesellschaft oder einer anderen Personengesellschaft, wenn die Gesellschaft auch eine Tätigkeit i. S. des Absatzes 1 Nr. 1 ausübt,
2. einer Personengesellschaft, die keine Tätigkeit i. S. des Absatzes 1 Nr. 1 ausübt und bei der ausschließlich eine oder mehrere Kapitalgesellschaften persönlich haftende Gesellschafter sind und nur diese oder Personen, die nicht Gesellschafter sind, zur Geschäftsführung befugt sind (gewerblich geprägte Personengesellschaft). Ist eine gewerblich geprägte Personengesellschaft als persönlich haftender Gesellschafter an einer anderen Personengesellschaft beteiligt, so steht für die Beurteilung, ob die Tätigkeit dieser Personengesellschaft als Gewerbebetrieb gilt, die gewerblich geprägte Personengesellschaft einer Kapitalgesellschaft gleich."

Die „gewerbliche Prägung" ist in § 15 Abs. 3 Nr. 2 EStG verankert. Satz 1 dieser 458
Vorschrift bezieht sich auf den Grundfall der gewerblich geprägten Personengesellschaft; Satz 2 betrifft die doppel- und mehrstöckige GmbH & Co. KG.

Zu beachten ist jedoch trotz des „Gepräges" der Eingangssatz in § 15 Abs. 3 EStG und das dort aufgeführte Merkmal der Einkünfteerzielungsabsicht. Nach Schmidt/Glanegger[649] ist die Einkünfteerzielungsabsicht (durch wirtschaftliche Tätigkeit) der Gewinnerzielungsabsicht, Überschußerzielungsabsicht gleichzusetzen und erfordert eine Totalgewinnprognose, d. h. ein Abstellen auf den Totalgewinn bzw. Totalüberschuß. Eine Personengesellschaft, die im übrigen die Tatbestandsmerkmale des § 15 Abs. 3 Nr. 2 EStG erfüllt, ist nur dann eine gewerblich geprägte Personengesellschaft, also ein Gewerbebetrieb, wenn sie in Einkünfteerzielungsabsicht tätig wird. Dadurch soll vermieden werden, daß eine steuerlich irrelevante Liebhaberei mittels der besonderen Gestaltung einer GmbH & Co. KG in den steuerlich relevanten Bereich (steuermindernde Verlustverrechnung) hineingezogen werden kann.[650] Bei der Beurteilung, ob Einkunftserzielungsabsicht vorliegt, ist insbesondere auf die vom Großen Senat im BFH-Beschluß 4/82 (a. a. O.) aufgestellten Abgrenzungskriterien und die darauf aufbauenden weiteren Entscheidungen des BFH zur Liebhaberei abzustellen.[651]

648 Vgl. BFH-Urteil vom 10. 7. 1986, IV R 12/81, BStBl II S. 811.
649 Anm. 10 b zu § 2 EStG.
650 Vgl. BMF-Finanznachrichten Nr. 20/85.
651 Vgl. BFH-Urteil vom 15.11. 1984, IV R 139/81, BStBl II 1985 S. 205 [Pferdeverleih und Pensionspferdehaltung]; vom 13. 12. 1984, VIII R 59/82, BStBl II 1985 S. 455 [Betrieb eines Gästehauses]; vom 14. 3. 1985, IV R 8/84, BStBl II S. 424 [Liebhaberei bei Erfindern]; vom 21. 3. 1985, IV R 25/82, BStBl II S. 399 [Betrieb eines Gestüts]; vom 23. 5. 1985, IV R 84/82, BStBl II S. 515 [Liebhaberei bei Schriftstellern].

459 Die vorstehend angesprochenen Tatbestandsvoraussetzungen des § 15 Abs. 3 Nr. 2 EStG sind[652]:

(1) Die Personengesellschaft muß persönlich haftende Gesellschafter haben. Bei einer OHG haften alle Gesellschafter; bei einer KG die Komplementäre persönlich; § 15 Abs. 3 Nr. 2 EStG ist stets anwendbar. Bei einer BGB-Gesellschaft werden nach herrschender Meinung (Theorie der Doppelverpflichtung) durch das rechtsgeschäftliche Handeln der vertretungsberechtigten Gesellschafter sowohl die Gesamthand als auch die handelnden Gesellschafter selbst und ihre Mitgesellschafter persönlich aus vertraglichen Schuldverhältnissen (nicht aus deliktischem Verhalten) verpflichtet; insoweit findet § 15 Abs. 3 Nr. 2 EStG Anwendung. Das gilt auch dann, wenn die BGB-Gesellschaft im Rechtsverkehr als sog. „Schein-KG" auftritt.[653] Die handelnden BGB-Gesellschafter können jedoch dann nicht als persönlich haftende Gesellschafter i. S. des § 15 Abs. 3 Nr. 2 EStG angesehen werden, wenn durch eine Beschränkung der Vertretungsmacht und ein entsprechendes Auftreten des vertretenden Gesellschafters eine beschränkte Haftung für vertragliche Verbindlichkeiten auf das Gesellschaftsvermögen herbeigeführt wurde mit der Folge, daß kein Gesellschafter persönlich haftet.

Stille Gesellschaft und Unterbeteiligung fallen nicht unter § 15 Abs. 3 Nr. 2 EStG, da es an Gesamthandsvermögen mangelt. Ein atypisch Stiller hat gewerbliche Einkünfte, wenn er Geschäftsinhaber einer Kapitalgesellschaft ist oder eine atypisch stille Beteiligung an einer gewerblich geprägten Personengesellschaft vorliegt.

(2) Bei dem persönlich haftenden Gesellschafter muß es sich ausschließlich um eine Kapitalgesellschaft handeln. Kapitalgesellschaft ist eine AG, KGaA oder eine GmbH. Auch eine Vor-GmbH kann persönlich haftender Gesellschafter sein.[654]

(3) Die Geschäftsführung muß ausschließlich bei der (diesen) Kapitalgesellschaft(en) oder bei Nichtgesellschaftern liegen. Der Gesetzgeber stellt auf die Geschäftsführung, nicht auf die Vertretung ab. Nach Groh ist dem Gesetzgeber bei dem Tatbestandsmerkmal „Geschäftsführung" ein „böser Schnitzer" unterlaufen, denn: „Durch Übertragung der (Mit)Geschäftsführung auf einen Kommanditisten, auch eine Kommanditgesellschaft, läßt sich die gewerbliche Prägung der GmbH & Co. KG vermeiden. Die Regelung der Geschäftsführung läßt sich nur schwer kontrollieren; selbst vom Gesellschaftsvertrag kann durch konkludentes Handeln abgewichen werden."

---

652 Vgl. Groh, a. a. O., DB 1987, S. 1006 ff.
653 Vgl. hierzu BFH-Urteil vom 11. 12. 1986, IV R 222/84, DB 1987, S. 1021.
654 Siehe auch Rn. 54.

Für die gewerblich geprägte Personengesellschaft reicht es nicht aus, daß der einzige persönlich haftende und zur Vertretung befugte Gesellschafter eine Kapitalgesellschaft ist; hinzukommen muß, daß die Kapitalgesellschaft allein die Befugnis zur Geschäftsführung hat. 460

Die Mitgeschäftsführungsbefugnisse eines Gesellschafters, der eine natürliche Person ist, schließt also die gewerbliche Prägung der Personengesellschaft aus, und zwar auch dann, wenn dieser Gesellschafter keine Vertretungsmacht besitzt. Dabei deckt sich der Begriff der „Geschäftsführungsbefugnis" i. S. des § 15 Abs. 3 EStG mit dem entsprechenden Begriff des Gesellschaftsrechts und kann nicht mit dem Begriff der „Vertretungsmacht" gleichgesetzt werden.[655]

2 Abgrenzung zwischen gewerblich geprägter und gewerblich tätiger KG

Die Folgen der Gesetzesänderung sind: 461

(1) Ist die KG, bei der eine GmbH als Komplementärin beteiligt ist, bereits ein gewerbliches Unternehmen kraft gewerblicher Betätigung (§ 15 Abs. 1 Nr. 1 EStG), so bedarf es keiner weiteren gewerblichen Prägung, damit die Gesellschafter – sofern sie die Voraussetzung der Mitunternehmergesellschaft erfüllen – Einkünfte aus Gewerbebetrieb erzielen.

(2) Andere Gesellschaften, die nur zu einem Teil gewerblich und daneben z. B. vermögensverwaltend tätig sind, können nicht unter § 15 Abs. 3 Nr. 2 EStG fallen, da deren Tätigkeit bereits nach § 15 Abs. 3 Nr. 1 EStG im vollen Umfang Gewerbebetrieb ist.

(3) Es ist weiterhin unerheblich, welche Tätigkeit die KG ausübt; es braucht lediglich eine GmbH vorhanden zu sein, die alleinige Komplementärin und zugleich Geschäftsführerin der KG ist, um die steuerliche Behandlung als Gewerbebetrieb sicherzustellen. Eine gewerbliche Tätigkeit liegt demnach auch vor, wenn die KG lediglich eine schlicht vermögensverwaltende Tätigkeit ausübt, wie z. B. Bau und anschließende Vermietung eines Hotels, Wohnhauses oder Schiffes. Somit erzielen die Gesellschafter wegen der von ihnen gewählten Rechtsform im steuerlichen Sinn nicht Einkünfte aus Vermietung und Verpachtung (§ 21 EStG), sondern Einkünfte aus Gewerbebetrieb.

Auch nach der Neufassung des § 15 Abs. 3 EStG gelten weiterhin die Ausführungen des Großen Senats des BFH im Beschluß vom 25. 6. 1984, nach denen eine Mitunternehmerschaft bei befristeter Gesellschafterstellung nicht möglich ist. Der Gesellschafter einer GmbH & Co. KG ist dann kein Unternehmer, wenn er weder Unternehmensinitiative (Ausübung von Gesellschafterrechten, wie Kontroll- und

655 FG Münster, Urteil vom 18. 2. 1993 – nicht rechtskräftig –, 12 K 1569/91 F, EFG 1993, S. 719.

Widerspruchsrechte) trägt noch Mitunternehmerrisiko (Beteiligung am Gewinn und Verlust sowie an den stillen Reserven des Anlagevermögens einschließlich eines Geschäftswertes) entfalten kann und wegen seiner befristeten Gesellschafterstellung nicht an einer Betriebsvermögensmehrung der Gesellschaft teilnehmen kann.

462 Die gewerblich geprägte GmbH & Co. KG bietet zahlreiche betriebswirtschaftliche und steuerrechtliche Vorteile[656]:

(1) Finanzierungsinstrumente in Form bestimmter Absetzungen, die Betriebsvermögen/Gewerblichkeit voraussetzen, so z. B. Sonderabschreibungen nach § 3 ZRFG oder nach §§ 7d–f EStG, Sonderabschreibungen nach dem FördGG, degressive Absetzungen (§ 7 Abs. 2, 4, 5 EStG).

(2) Finanzierungsinstrumente in Form von Zulagen, die an betriebliche Investitionen anknüpfen, nämlich Investitionszulagen nach dem InvZulG und dem Berlin FG.

(3) Übergang von der pauschalierten Kürzung bei der Gewerbesteuer zur erweiterten gewerbesteuerlichen Kürzung durch Ausgliederung des Grundbesitzes insbesondere von Kapitalgesellschaften auf eine Tochterfirma in der Rechtsform einer GmbH & Co. KG unter Buchwertverknüpfung.

(4) Vermeidung der Aufdeckung stiller Reserven beim Übergang zur sog. branchenfremden Verpachtung durch vorherige Einbringung des Unternehmens in eine GmbH & Co. KG.[657]

(5) Vermeidung der Aufdeckung stiller Reserven beim Wegfall der personellen Voraussetzungen einer Betriebsaufspaltung durch rechtzeitige Vorschaltung einer GmbH & Co. KG z. B. bevor die minderjährigen Gesellschafter das 18. Lebensjahr vollenden.[658]

(6) Bildung steuerfreier Rücklagen, Berücksichtigung von Veräußerungsverlusten, ermäßigter Steuersatz für Aufgabe- und Veräußerungsgewinne.

(7) Übernahme der Organträgerfunktion i. S. des KStG für eine Holding, auch ohne daß die Voraussetzungen der sog. Mehrmütterorganschaft vorliegen.

Eine nicht gewerblich tätige KG hat den Vorteil, daß es nicht zur Steuerpflicht späterer Veräußerungs- und Aufgabengewinne kommt. Hier ergibt sich jedoch das verfahrensmäßige Problem, daß die Gesellschafter einer vermögensverwaltenden GmbH & Co. KG unterschiedliche Einkunftsarten haben; die KG erzielt Überschußeinkünfte, bei der Komplementär-GmbH fallen Gewinne an. Nach Groh[659]

656 Vgl. Christoffel/Dankmeyer, a. a. O., S. 348 und Brun/Hennerkes/Binz, a. a. O., S. 236.
657 Vgl. BFH-Urteil vom 19. 1. 1983, IR 84/79, BStBl II S. 412.
658 Vgl. BFH-Urteil vom 13. 12. 1983, VIII R 90/87, BStBl II 1984 S. 474.
659 A. a. O., S. 1012.

kann bei derartiger Sachverhaltsgestaltung „der Erfolgsanteil des gewerblich beteiligten Gesellschafters nicht dadurch genommen werden, daß der Anteil an den Überschußeinkünften der Personengesellschaft kurzerhand in einen Gewinnanteil umetikettiert wird; vielmehr ist der Erfolg der Personengesellschaft parallel als Gewinn zu errechnen und danach der Gewinnanteil zu ermitteln, wobei noch offen ist, ob dies im Feststellungsverfahren der Gesellschaft oder erst beim Gesellschafter zu erfolgen hat".

3 Doppelstöckige GmbH & Co. KG

§ 15 Abs. 3 Nr. 2 Satz 2 EStG stellt eine gewerblich geprägte Personengesell- 463
schaft, die als persönlich haftender Gesellschafter an einer anderen Personengesellschaft beteiligt ist, einer Kapitalgesellschaft gleich. Das bedeutet, daß die Gesellschaft, an der die „Kapitalgesellschaft" beteiligt ist, eine gewerblich geprägte ist; angesprochen ist die sog. doppelstöckige GmbH & Co. KG.[660] Aufgrund dieser Fiktion ist eine vermögensverwaltende OHG, KG oder BGB-Gesellschaft, die ihrerseits eine gewerblich geprägte OHG oder KG als persönlich haftenden und ausschließlich zur Geschäftsführung berufenen Gesellschafter hat, auch ihrerseits gewerblich tätig (gewerblich geprägt). Hierzu ein Beispiel von Christoffel/Dankmeyer[661]:

660 Siehe Rn. 32ff.
661 A. a. O., S. 348ff.

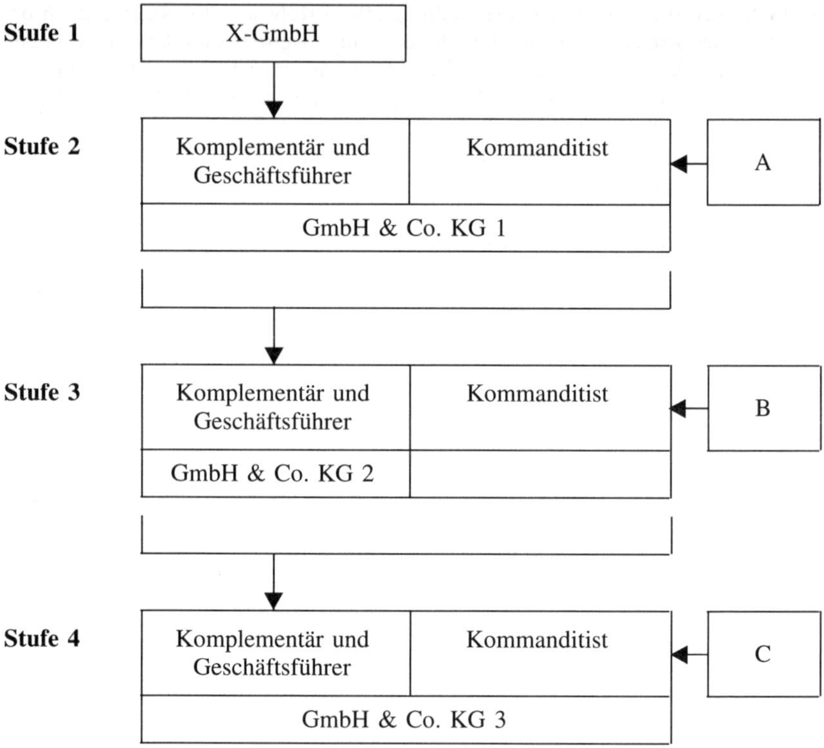

Zu Stufe 1:
Die GmbH ist Gewerbebetrieb kraft Rechtsform.

Zu Stufe 2:
Die GmbH & Co. KG 1 ist gewerblich geprägte Personengesellschaft und damit Gewerbebetrieb.

Zu Stufe 3:
Bei GmbH & Co. KG 2 gilt GmbH & Co. KG 1 für die Frage der Qualifikation der Einkünfte als Kapitalgesellschaft. Damit ist GmbH & Co. KG 2 eine gewerblich geprägte Personengesellschaft und auch Gewerbebetrieb.

Zu Stufe 4:
GmbH & Co. KG 2 ist gewerblich geprägte Personengesellschaft (Stufe 3), so daß an GmbH & Co. KG 3 eine gewerblich geprägte Personengesellschaft beteiligt ist. GmbH & Co. KG 2 gilt für Qualifikationszwecke bei KG 3 als Kapitalgesellschaft. GmbH & Co. KG 3 ist somit selbst gewerblich geprägte Personengesellschaft und damit Gewerbebetrieb.

Die o. a. dargestellte Fiktionskette funktioniert nur, wenn jeweils vermögensverwaltend tätige Gesellschaften übereinandergestockt werden. Sie wird u. E. unterbrochen, wenn eine Gesellschaft zwischengeschaltet wird, die kraft gewerblicher Betätigung Gewerbetrieb ist.

II Einkommen- und Körperschaftsteuer

1 Ebene der Kommanditgesellschaft bzw. der Kommanditisten

Hinsichtlich der Einkommensbesteuerung ist zu berücksichtigen, daß die GmbH & Co. eine Personengesellschaft ist, deren einer (oder mehrere) Gesellschafter eine natürliche Person, deren anderer aber eine Kapitalgesellschaft ist. Die natürliche Person unterliegt der Einkommensteuer, die Kapitalgesellschaft der Körperschaftsteuer. 464

Hier ist von Bedeutung, daß nicht die Personengesellschaft als solche, sondern die Gesellschafter mit ihren Gewinnanteilen der Einkommensteuer bzw. der Körperschaftsteuer unterliegen. Die Gesellschafter der GmbH & Co. stehen deshalb für ertragsteuerliche Behandlung grundsätzlich nicht den Gesellschaftern einer Kapitalgesellschaft, sondern den Mitunternehmern gleich. Das bedeutet, daß der Gewinn einheitlich festzustellen ist. Bei einer solchen Feststellung der Einkünfte der Gesellschafter aus einer Personengesellschaft müssen auch die betrieblichen Sondereinnahmen und Sonderaufwendungen jedes Gesellschafters, die im Abschluß der Personengesellschaft noch nicht erfaßt sind, im Rahmen der einheitlichen Gewinnfeststellung berücksichtigt werden.

a) Ermittlung der Einkünfte

aa) Behandlung der Geschäftsführergehälter

Die einkommensteuerliche Behandlung der Geschäftsführergehälter richtet sich einmal danach, ob der Geschäftsführer seine Bezüge von der GmbH oder von der GmbH & Co. KG erhält, zum anderen, ob er Gesellschafter der GmbH & Co. KG ist. 465

aaa) Geschäftsführer ist zugleich Kommanditist

Erhält der Geschäftsführer der GmbH, der an der GmbH & Co. KG als Kommanditist beteiligt ist, wiederum seine **Vergütung von der GmbH & Co. KG**, so ist nach Auffassung des RFH und des BFH die Geschäftsführervergütung als eine Vorauszahlung auf seinen Gewinnanteil an der GmbH & Co. KG zu behandeln. Es handelt sich demnach bei dem Geschäftsführer um Einkünfte aus Gewerbebetrieb und nicht um solche aus nichtselbständiger Arbeit. Bei der GmbH & Co. KG liegen keine Betriebsausgaben vor.

Auch wenn der Geschäftsführer der GmbH, der an der GmbH & Co. KG als Kommanditist beteiligt ist, sein **Gehalt von der GmbH** bezieht und die GmbH & Co. KG der GmbH für die Geschäftsführung eine Vergütung zahlt, so stellt nach der Rechtsprechung des RFH[662] diese Vergütung steuerlich einen gewerblichen Vorausgewinn dar. Das Gehalt des GmbH-Geschäftsführers ist nach dieser Rechtsprechung nicht unter die Einkunftsart des § 2 Abs. 3 Ziff. 4 § EStG (Einkünfte aus nichtselbständiger Arbeit) zu subsumieren, sondern als Vorausgewinn des Geschäftsführers (Kommanditisten) aus der GmbH & Co. KG, also als Einkünfte aus Gewerbebetrieb anzusehen. Dasselbe gilt, wenn der Geschäftsführer sowohl Kommanditist der GmbH & Co. KG als auch Gesellschafter der GmbH ist. Für die GmbH stellt sich die Gehaltszahlung als durchlaufender Posten dar.

Der BFH hat sich dieser Auffassung des RFH in vollem Umfang in seinen Entscheidungen vom 2. 8. 1960[663] und vom 11. 2. 1965[664] angeschlossen. Sinn des § 15 Abs. 1 Ziff 2 EStG sei – so führt der BFH aus –, einen im Unternehmen tätigen Gesellschafter wie einen Einzelunternehmer zu behandeln, was auch dann zuträfe, wenn diese Tätigkeit über eine zwischengeschaltete GmbH, also im formalrechtlichen Sinne nur mittelbar, ausgeübt wird. Die gegen dieses Urteil eingelegte Verfassungsbeschwerde ist am 23. 11. 1965[665] als offensichtlich unbegründet nicht zur Entscheidung angenommen worden. Somit ist für die Praxis die Rechtslage nunmehr geklärt. Ob und ggf. in welchem Umfang die GmbH an der GmbH & Co. KG beteiligt ist, muß u. E. in diesem Zusammenhang ohne Bedeutung bleiben.[666]

Die Rechtssituation, wie sie sich tatsächlich darstellt, hat zum einen Auswirkungen auf die Gewerbesteuer, da die Geschäftsführergehälter nicht als Betriebsausgabe abgezogen werden können[667], zum anderen auch auf die Möglichkeit der Bildung von Pensionsrückstellungen. Die steuerliche Fiktion besagt, daß die Geschäftsführer wie geschäftsführende Gesellschafter der GmbH & Co. KG behandelt werden. Demnach könnten auch Pensionsrückstellungen für die Geschäftsführer bei der GmbH steuerlich nicht anzuerkennen sein, da Rückstellungen für geschäftsführende Gesellschafter einer Personengesellschaft nach dem Urteil des BFH vom 16. 2. 1967[668] unzulässig sind. Nach Auffassung des BFH stellt diese

662 RFH-Urteil vom 7. 4. 1930, VI A 1685/29, StuW 1930, Nr. 766 und RFH-Urteil vom 30. 8. 1932, VI A 501/31, StuW 1932, Nr. 995.

663 I 221/59 S, BStBl III 1960 S. 408.

664 BFH-Urteil vom 11. 2. 1965, HFR 1965, S. 364.

665 BVerfG 1 BvR 271/65 vom 23. 11. 1965, GmbHR 1966, S. 38.

666 So auch Paus, Anwendung des § 15 Abs. 1 Nr. 2 EStG, wenn der Komplementär einer KG die Geschäfte der KG als Angestellter einer GmbH führt, die selbst nicht an der KG beteiligt ist, StBp 1979; S. 208; a. A. Sudhoff, Die Komplementär-GmbH als „Nicht-Unternehmer", GmbHR 1968, S. 111.

667 Hierin ist nach Ansicht des BFH, Urteil vom 14. 12. 1978, IV R 98/74, DB 1979, S. 921, kein Verfassungsverstoß zu erkennen. Die hiergegen gerichtete Verfassungsbeschwerde wurde nicht zur Entscheidung angenommen, weil keine hinreichende Aussicht auf Erfolg bestehe (Beschluß des BVerfG vom 13. 6. 1979, 1 BvR 411/79, DB 1980, S. 281).

668 BFH-Urteil vom 16. 2. 1967, IV R 62/66, BStBl III S. 222.

Zusage vielmehr eine Gewinnverteilungsabrede dar, die den gewerblichen Gewinn in seiner festgestellten Höhe nicht beeinflußt.

Die Zurechnung der Bezüge des Geschäftsführers der GmbH, der zugleich Gesellschafter der GmbH & Co. KG ist, zu den gewerblichen Einkünften ist nur insoweit möglich, als die Tätigkeitsvergütung für die Geschäftsführung bei der GmbH & Co. KG gewährt wird.[669] Denn nur insoweit wird die Tätigkeit im Dienste der KG ausgeübt (§ 15 Abs. 1 Nr. 2 EStG). Unschädlich sind die in gewissem Umfang notwendigen eigenen Geschäfte der GmbH, die sich praktisch nur auf erforderliche Verwaltungsarbeiten beschränken. Der BFH vertritt die Auffassung, daß eine Aufteilung der Geschäftsführerbezüge nur in Betracht komme, wenn die GmbH eigene Geschäfte tätigt, die ins Gewicht fallen und von der Tätigkeit der KG abgrenzbar sind.[670] Eine Aufteilung des Geschäftsführergehalts in gewerbliche Einkünfte aus der GmbH & Co. KG einerseits und die Einkünfte aus nichtselbständiger Arbeit aus der GmbH andererseits kommt nur in den Fällen in Betracht, in denen die GmbH eine eigene deutlich abgrenzbare und nicht unwesentliche gewerbliche Tätigkeit entfaltet, die mit der Tätigkeit der KG in keinem Zusammenhang steht. 466

aab) Geschäftsführer ist nicht Kommanditist

Erhält der Geschäftsführer der GmbH, der an der GmbH & Co. KG nicht als Kommanditist beteiligt ist, von dieser unmittelbar eine Vergütung für die Geschäftsleitung, so bildet die **Vergütung bei der GmbH & Co. KG** eine Betriebsausgabe, bei dem Geschäftsführer Einkünfte aus nichtselbständiger Arbeit (§ 2 Abs. 3 Ziff. 4 EStG i. V. m. § 19 EStG). Buchmäßig geschieht bei der GmbH nichts; das gilt auch dann, wenn es sich um einen sog. Gesellschafter-Geschäftsführer handelt, der Geschäftsführer also Gesellschafter der GmbH ist. Erhält der Geschäftsführer die Vergütung von der GmbH & Co. KG jedoch nicht persönlich, sondern in seiner Eigenschaft als Organ der GmbH, so liegt steuerlich ein Vorweggewinn der GmbH vor. Die GmbH & Co. KG zahlt also die Vergütung zu Lasten der GmbH an deren Geschäftsführer, wobei die Zahlung im Verhältnis zwischen der GmbH und dem Geschäftsführer auf dessen Gehaltsanspruch angerechnet wird.[671] Für die GmbH ist die Gehaltszahlung Sonderbetriebsausgabe, die bei der einheitlichen Gewinnfeststellung der GmbH & Co. KG geltend zu machen ist. 467

Erhält der Geschäftsführer der GmbH, der an der GmbH & Co. KG nicht als Kommanditist beteiligt ist, sein **Gehalt von der GmbH**, gewährt die GmbH & Co. KG dafür der GmbH jedoch eine Vergütung, so stellt die der GmbH für die Geschäftsführung gewährte Vergütung steuerlich für die GmbH Einkünfte aus Gewerbebetrieb dar und ist bei der einheitlichen Gewinnfeststellung der

669 BFH-Urteil vom 2. 8. 1960, I 221/59 S., BStBl III S. 408.
670 BFH-Urteil vom 21. 3. 1968, IV R 166/67, BStBl II S. 579.
671 Tillmann, Handbuch, a. a. O., S. 407 bzw. Rn. 946.

GmbH & Co. KG auszuweisen. Das von der GmbH entrichtete Geschäftsführergehalt bildet bei dieser eine Betriebsausgabe, die bei der einheitlichen Gewinnfeststellung als persönlich zu tragende Betriebsausgabe zu berücksichtigen ist. Der Geschäftsführer bezieht Einkünfte aus nichtselbständiger Arbeit. Ist der Geschäftsführer zugleich Gesellschafter der GmbH, so bestehen keine Besonderheiten. Die Frage der Pensionsrückstellungen ist geklärt durch die neuere BFH-Rechtsprechung, die die Rückstellungsbildung nur dann einschränkt, wenn der Gesellschafter-Geschäftsführer auf die GmbH einen beherrschenden Einfluß hat und sich „aus den Umständen des Einzelfalles gewichtige Bedenken gegen die Ernsthaftigkeit der Bestimmung des Pensionsalters ergeben.“ [672]

aac) Geschäftsführer ist mittelbar beteiligt

468 § 15 Abs. 1 Nr. 2 EStG bestimmt, daß zu den Einkünften aus Gewerbebetrieb auch die Vergütungen, die der Gesellschafter von der Gesellschaft für seine Tätigkeit im Dienst der Gesellschaft bezogen hat, gehören. Nach dem Beschluß des Großen Senats des BFH vom 25. 2. 1991[673] ist § 15 Abs. 1 Nr. 2 EStG auf Vergütungen nicht anzuwenden, wenn der Vergütungsempfänger bei der die Vergütung zahlenden Personenhandelsgesellschaft zwar Arbeitnehmer, an ihr aber nicht unmittelbar als Gesellschafter, sondern mittelbar über eine andere Personengesellschaft beteiligt ist. Das bedeutet, daß § 15 Abs. 1 Nr. 2 EStG auf Tätigkeitsvergütungen, die ein Gesellschafter der Obergesellschaft (Obergesellschafter) für eine Tätigkeit bei der Untergesellschaft erhält, nicht anwendbar ist. Dies gilt auch für den Fall, daß ein Obergesellschafter bei einer GmbH & Co. KG als Untergesellschaft die Geschäfte der zur Geschäftsführung verpflichteten GmbH führt. Die entgegenstehende Rechtsprechung des BFH im Urteil vom 23. 2. 1972 I R 159/68, BStBl II S. 530 ist aufgegeben.

In einer Urteilsanmerkung verdeutlicht Groh[674] die Auswirkungen des BFH-Beschlusses vom 25. 2. 1991: „Die ungeliebten Sondervergütungen des § 15 Abs. 1 Satz 1 Nr. 2 EStG lassen sich vermeiden, wenn der Gesellschafter zwischen sich und seine Personengesellschaft eine weitere Personengesellschaft einschiebt, die an seiner Stelle Gesellschafter der nunmehrigen Untergesellschaft wird. Er kann jetzt unbeschwert an diese Untergesellschaft vermieten, ihr Darlehen gewähren und in ihre Dienste treten; Vergütungen, die er dafür erhält, sind keine Sondervergütungen, weil er nicht unmittelbarer Gesellschafter der Untergesellschaft ist. Dies bedeutet, daß die Vergütungen nicht zu gewerblichen Einkünften führen und daß genutztes Vermögen nicht zu Sonderbetriebsvermögen bei der Untergesellschaft wird.“ Zugleich dämpft Groh die Gestaltungsmöglichkeiten aus diesem BFH-Beschluß mit dem Hinweis, daß der BdF ein Korrekturgesetz angekündigt hat. Diese BdF-Ankündigung hat zwischenzeitlich im Rahmen einer Gesetzeser-

672 BFH-Urteil vom 28. 4. 1982, I R 51/76, BStBl II S. 612; s. auch Abschn. 36 KStR.
673 GrS 7/89, BB 1991, S. 888.
674 Sondervergütungen in der doppelstöckigen Personengesellschaft, DB 1991, S. 879.

gänzung zu § 15 EStG durch das Steueränderungsgesetz 1992 ihren Niederschlag gefunden. Folgende Gesetzesergänzung erhielt § 15 Abs. 1 Satz 1 Nr. 2: „Der mittelbar über eine oder mehrere Personengesellschaften beteiligte Gesellschafter steht dem unmittelbar beteiligten Gesellschafter gleich; er ist als Mitunternehmer des Betriebes der Gesellschaft anzusehen, an der er unmittelbar beteiligt ist, wenn er und die Personengesellschaften, die seine Beteiligung vermitteln, jeweils als Mitunternehmer der Betriebe der Personengesellschaften anzusehen sind, an denen sie unmittelbar beteiligt sind."

aad) Sozialversicherungsbeiträge

Beim Geschäftsführer der Komplementär-GmbH, soweit dieser auch Kommandi- 469
tist ist, sind die von der GmbH oder der GmbH & Co. gezahlten Sozialversicherungsbeiträge ebenfalls als Vorausgewinn gemäß § 15 Abs. 1 Nr. 2 EStG zu behandeln; die Gesellschaft kann sie nicht als Betriebsausgaben behandeln.

aae) Pensionsrückstellungen

In den Fällen, in denen Kommanditisten einer GmbH & Co. KG als Geschäftsfüh- 470
rer der Komplementär-GmbH von der KG oder der GmbH eine Pensionszusage erhalten, ist nach einem Urteil des BFH vom 22. 1. 1970[675] eine Pensionsrückstellung mit gewinnmindernder Auswirkung nicht mehr möglich. Da die GmbH die Geschäfte der KG führt und ihr Geschäftsführer zugleich Gesellschafter der KG ist, beruht die Pensionszusage auf der im Dienste der KG ausgeübten Tätigkeit des Kommanditisten. Die von der GmbH zugesagte Pension ist bei dem Kommanditisten somit eine Vergütung nach § 15 Abs. 1 Nr. 2 EStG. Die Pensionszusage bedeutet eine zwischen den Gesellschaftern der Personengesellschaft getroffene Gewinnverteilungsabrede, für die keine Rückstellung gebildet werden darf. Bei der einheitlichen Gewinnfeststellung der KG kann die von der GmbH erteilte Pensionszusage nicht als Sonderaufwand der GmbH behandelt werden, der den Gewinnanteil der GmbH und deshalb zugleich den Gesamtgewinn der KG mindert. Da die Pensionszusage mit der Tätigkeit der GmbH als Gesellschafterin der KG zusammenhängt, kann auch die GmbH dafür keine Rückstellung bilden. Anders läge es bei der GmbH nur, wenn sich die Pensionszusage auf ihren eigenen von der Tätigkeit der KG deutlich abgrenzbaren gewerblichen Bereich bezöge.[676] Für eine Tätigkeit in eigenen Angelegenheiten der GmbH wird also eine Pensionszusage anerkannt; ansonsten sind nach vorstehenden Grundsätzen zu Unrecht gebildete Pensionsrückstellungen aufzulösen.[677] Eine Auflösung kann nur in dem Sonderfall unterbleiben, daß die GmbH & Co. KG durch Umwandlung einer GmbH entstanden ist und die Pensionsrückstellung auf einer Zusage beruht, die bereits

675 IV R 47/68, DB 1968, S. 1109.
676 Vgl. BFH-Urteil vom 21. 3. 1968, VI R 166/67, BStBl II 1968 S. 579.
677 Nach dem Erlaß des FinMin Nds vom 5. 7. 1967, BStBl II 1967 S. 216 kann die Auflösung auf fünf Jahre verteilt erfolgen.

die frühere Kapitalgesellschaft erteilt hatte; Neuzuführungen zur Rückstellung sind auch für diesen Fall nicht erlaubt, die gebildete Pensionsrückstellung muß nur „eingefroren" werden. [678]

Mit Urteil vom 21. 4. 1971[679] hat sich der I. Senat des BFH der Ansicht des IV. Senats im Urteil vom 22.1. 1970 angeschlossen und darüber hinaus klargestellt, daß die Frage der Pensionsrückstellung für Gesellschafter-Geschäftsführer der Komplementär-GmbH im Verfahren der einheitlichen Gewinnfeststellung der KG zu unterscheiden ist. Dem wird man zustimmen müssen – so führt Hoffmann[680] aus –, wenn man die grundlegende Auffassung beachtet, daß die Geschäftsführerbezüge des Kommanditisten gewerbliche Einkünfte aus der Beteiligung an der KG darstellen.

Vorstehende Darstellung, nach der bei der GmbH & Co. KG selbst eine den steuerlichen Gewinn mindernde Pensionsrückstellung nicht gebildet werden darf, entspricht der auf die BFH-Rechtsprechung gestützten Auffassung der Finanzverwaltung.[681] Im steuerlichen Fachschrifttum[682] wird dagegen neuerdings die Auffassung vertreten, daß bei der GmbH & Co. KG selbst diese Zuführung zur Pensionsrückstellung als Aufwand zu buchen ist, der den Gewinnanteil des (Kommanditisten-) Geschäftsführers mindert, der dann aber als Sonderbetriebsertrag in der Sonderbilanz des begünstigten Gesellschafters zu aktivieren ist (sog. korrespondierender Wertansatz). Bedingt durch eine Entscheidung des BFH vom 14. 12. 1988[683], in der der BFH eine unter § 17 Abs. 1 Satz 2 BetrAVG fallende pensionszusagenehmende Gewerbetreibende von der Aktivierung der Anwartschaft freigestellt hat, ist in der Fachliteratur die Diskussion darüber entbrannt, ob unter dem Gesichtspunkt des Gleichheitssatzes des Artikels 3 GG für den Gesellschafter-Geschäftsführer einer GmbH & Co. KG, dem eine Pensionszusage erteilt worden ist, die Verpflichtung zur Aktivierung in der Sonderbilanz (sog. korrespondierender Ansatz) entfällt. Wenn dem so ist, entfiele für Pensionszusagen an (Kommanditisten-)Geschäftsführer von GmbH & Co. KGen – allgemein an Gesellschafter-Geschäftsführer von Personengesellschaften – das Verbot der Rückstellungsbildung. Für eine Pensionsrückstellung sprechen sich Kotke[684] und Engelhardt[685] aus; nach ihrer Auffassung unterliegen auch die Gesellschafter-Geschäftsführer von Personengesellschaften der Vorschrift des § 17 Abs. 1 Satz 2 BetrAVG. Demgegenüber vertritt Sender[686] die Auffassung, daß die Gesellschafter-Geschäftsführer

678 Vgl. BFH-Urteil vom 8. 1. 1975, I R 142/72, BStBl II S. 437.
679 I R 76/70, BFH 103, 149.
680 Die GmbH & Co. KG in der neueren Rechtsprechung des BFH, DStZ A 1973, S. 204.
681 Siehe BMF-Schreiben vom 16. 7. 1986, BStBl I S. 359.
682 Für viele: Heubeck/Schmauck, Rückstellungen für Pensionszusagen an Gesellschafter-Geschäftsführer von Personengesellschaften, BB 1991, S. 1903.
683 I R 44/83, BStBl II 1989, S. 323.
684 Rückstellungen für Pensionszusagen an Gesellschafter- Geschäftsführer von Personengesellschaften, BB 1991, S. 807.
685 Pensionsrückstellungen für tätige Mitunternehmer, BB 1990, S. 882.
686 Pensionsrückstellungen für tätige Mitunternehmer, BB 1991, S. 842.

nicht dem Personenkreis des § 17 Abs. 1 Satz 2 BetrAVG zuzurechnen sind. Dieser Auffassung haben sich auch Heubeck/Schmauck angeschlossen. Auch wir folgen ihr, zumal der BGH in seiner Entscheidung vom 9. 6. 1980[687] die Auffassung vertreten hat, daß grundsätzlich persönlich haftende Gesellschafter unabhängig von der Höhe ihrer Kapitalbeteiligung nicht den Schutz des Betriebsrentengesetzes genießen.

Die BFH-Urteile vom 22. 1. 1970 und 21. 4. 1971 gelten, auch wenn sich die GmbH auf die Führung der Geschäfte der GmbH & Co. KG beschränkt, nur für die Fälle, in denen der Gesellschafter-Geschäftsführer gleichzeitig an der GmbH als Gesellschafter und an der KG als Kommanditist beteiligt ist. Ist er nicht Kommanditist, gelten die für Kapitalgesellschaften maßgebenden Grundsätze zu Pensionsrückstellungen. Ist nicht der Geschäftsführer, sondern dessen Ehegatte an der GmbH & Co. KG beteiligt, dann ist eine Pensionsrückstellung für den Geschäftsführer nach den Grundsätzen des § 6a EStG anzuerkennen. Eine Pensionsrückstellung ist ferner zulässig, wenn der Ehegatte Gesellschafter der Komplementär-GmbH und der Geschäftsführer an der KG nicht beteiligt ist. Gleiches gilt, wenn der Geschäftsführer und sein Ehegatte nur an der Komplementär-GmbH beteiligt sind und der Geschäftsführer nur Gesellschafter der GmbH ist und sein Ehegatte an der KG bzw. an dieser und an der GmbH beteiligt ist.

aaf) Witwenpensionen

Witwenpensionen, die auf einem Dienstverhältnis des Gesellschafters mit der GmbH & Co. KG – bzw. der GmbH als deren persönlich haftende Gesellschafterin beruhen, sind in die Ermittlung des (Gesamt-)Gewinns der Mitunternehmerschaft einzubeziehen. Damit gehören Witwenpensionen nach § 15 Abs. 1 Satz 2 EStG nicht nur dann zu den Sondervergütungen i. S. von § 15 Abs. 1 Satz 1 Nr. 2 EStG, wenn und soweit die Witwe Rechtsnachfolgerin ihres verstorbenen Gesellschafter-Ehemanns geworden ist, sondern auch, wenn die Witwe des Gesellschafters nicht Gesellschafterin der die Bezüge gewährenden Gesellschaft war oder ist oder die Witwe nicht Erbin ihres verstorbenen Ehemanns wurde.[688] 471

aag) Teilhaberversicherungen

Nach dem koordinierten Erlaß des Finanzministeriums Niedersachsen vom 7. 3. 1992[689] sind Versicherungen auf den Lebens- oder Todesfall oder Risikolebensversicherungen, die ein Unternehmer oder eine Personengesellschaft für ihre Gesellschafter abschließt, ausschließlich dem Privatvermögen zuzuordnen. Sie dekken keine betrieblichen Risiken ab, sondern dienen allein der persönlichen Daseinsvorsorge und sind daher privat veranlaßt. 472

687 II ZR 255/78, BB 1980, S. 1215.
688 BFH-Beschluß vom 25. 1. 1994, VIII B 111/93, GmbHR 1994, S. 332.
689 WPg 1991, S. 308.

Versicherungsprämien sind daher keine Betriebsausgaben, und die Versicherungsleistungen führen nicht zu Betriebseinnahmen. Dies gilt auch dann, wenn die Versicherung zur Absicherung betrieblicher Schulden der Gesellschaft oder Gemeinschaft dient und die Gesellschaft oder Gemeinschaft bezugsberechtigt ist.

Diese Grundsätze sind auch bei Alt-Vermögen anzuwenden. Ist eine Teilhaberversicherung aufgrund der Rechtsprechung des RFH (zuletzt RFH-Urteile vom 11. 3. 1942, RStBl S. 601 und vom 21. 5. 1942, RStBl S. 826) bisher als betrieblich behandelt worden, so dürfen Versicherungsprämien in allen noch offenen Steuerfestsetzungen nicht mehr als Betriebsausgaben berücksichtigt werden. Eine Übergangsregelung ist nicht vorgesehen, da nach der Rechtsprechung des BFH (BFH-Urteile vom 11. 5. 1989, BStBl II S. 607 und vom 10. 4. 1990 BStBl II S. 1017) auch die Ansprüche aus der Teilhaberversicherung nicht mehr als Betriebseinnahmen erfaßt werden können. Bilanzierende Steuerpflichtige haben einen aktivierten Anspruch aus einer Teilhaberversicherung in der ersten noch offenen Schlußbilanz erfolgsneutral auszubuchen.

Teilhaberversicherungen (Rückdeckungsversicherungen) sind für den an der GmbH & Co. KG beteiligten Kommanditisten – auch wenn er (Gesellschafter) Geschäftsführer ist – steuerlich nicht zulässig.

bb) Anteile der Kommanditisten an der Komplementär-GmbH

473 **bba) Notwendiges Sonderbetriebsvermögen**

Zu der Frage, ob von den Gesellschaftern der GmbH & Co. KG gehaltene GmbH-Anteile zum Betriebsvermögen der Kommanditgesellschaft gehören, wurde vom älteren Schrifttum die Auffassung vertreten, daß die Anteile zum Privatvermögen der Kommanditisten zu rechnen seien. Diese Auffassung des Schrifttums wurde vom BFH in dem Urteil vom 15. 11. 1967[690] nicht geteilt. Der BFH vertrat vielmehr die Ansicht, daß die GmbH-Anteile, die Kommanditisten gehören, notwendiges Betriebsvermögen der GmbH & Co. sind.

An dieser Auffassung hat der BFH im Urteil vom 5. 7. 1972[691] trotz der dagegen im Schrifttum vorgebrachten Bedenken (vgl. Lange, Personengesellschaft im Steuerrecht, S. 286 m. w. N.) festgehalten. Allerdings hat der I. Senat seine Ansicht dahin abgewandelt, daß die Anteile der Kommanditisten an der GmbH nicht zum Betriebsvermögen der KG, sondern zum Sonderbetriebsvermögen des betreffenden Kommanditisten gehören. Dieser Auffassung hat sich der IV. Senat des BFH inzwischen ausdrücklich angeschlossen und in dem Urteil vom 14. 8. 1975[692] festgestellt: „Die den Kommanditisten einer KG gehörigen Geschäftsan-

690 IV R 139/67, BStBl II 1968 S. 152.
691 I R 230/70, BStBl II S. 928.
692 IV R 30/71, BStBl II 1976 S. 88.

teile an einer GmbH, die ihre Unternehmen an die KG verpachtet hat und die ebenfalls Kommanditistin der KG ist, sind einkommensteuerrechtlich notwendiges Sonderbetriebsvermögen der Kommanditisten.“ Aus der Zugehörigkeit der GmbH-Anteile zum Sonderbetriebsvermögen der Kommanditisten folgt, daß die Gewinnausschüttungen der GmbH an die Kommanditisten bei den Empfängern nicht private Einkünfte aus Kapitalvermögen sind, sondern betriebliche Einnahmen, die ebenso wie Sonderbetriebsausgaben bei der Ermittlung der gewerblichen Einkünfte von Mitunternehmern zu erfassen sind. Bei der einheitlichen Gewinnfeststellung erhöhen sie den Gesamtgewinn der GmbH & Co. und sind den Gewinnanteilen der Kommanditisten hinzuzurechnen (BFH-Urteil vom 15. 10. 1975).[693]

Mit der Frage, wie zu verfahren ist, wenn eine GmbH sich an mehreren Kommanditgesellschaften als Komplementärin beteiligt, hat sich die Rechtsprechung noch nicht befaßt. Nach Auffassung der Finanzverwaltung (Erlaß des FinMin NRW vom 17. 9. 1970)[694] sind die GmbH-Anteile in der Bilanz der zuerst gegründeten Kommanditgesellschaft zu erfassen. Beteiligt sich die GmbH mit ihrer Errichtung gleichzeitig an mehreren Kommanditgesellschaften, so wollen Lersch/Schaaf (FR 1972, S. 389) dem Steuerpflichtigen die Entscheidung überlassen, bei welcher Gesellschaft er seine Anteile bilanziert.

Die Anteile an der Kapitalgesellschaft können jedoch nach Auffassung des FG München[695] auch dann als notwendiges Sonderbetriebsvermögen zu qualifizieren sein, wenn zwischen der Personengesellschaft und der Kapitalgesellschaft wirtschaftlich besonders enge Beziehungen bestehen und die Kapitalgesellschaft für die Personengesellschaft eine wesentliche wirtschaftliche Funktion erfüllt, z. B. eine Gesellschaft Produktions- und die andere Gesellschaft Vertriebsgesellschaft ist. Eine wirtschaftliche Verknüpfung zwischen Personen- und Kapitalgesellschaft kann sich aus der Beschaffung von Gütern und Leistungen durch die GmbH für die Zwecke der Personengesellschaft ergeben. Die GmbH-Anteile dienen dann in diesem Sinne dem Betrieb der Personengesellschaft, wenn die Beteiligung der Kommanditisten an der GmbH nicht weggedacht werden kann, ohne daß die Geschäftsbeziehungen und damit die Förderung der KG-Zwecke durch die GmbH darunter leiden würde. Aufgrund der engen personellen und sachlichen Verflechtung zwischen den beiden Gesellschaften sind die GmbH-Anteile auch unter dem Gesichtspunkt der umgekehrten Betriebsaufspaltung als notwendiges Sonderbetriebsvermögen der Personengesellschaft zu qualifizieren. Diese liegt vor, wenn durch eine Kapitalgesellschaft als Besitzunternehmen wesentliche Betriebsgrundlagen – z. B. eine Lizenz – an die beherrschende Betriebspersonengesellschaft verpachtet oder unentgeltlich überlassen werden.

---

693 I R 16/73, BStBl II 1976 S. 188.
694 FR 1970, S. 509.
695 Rechtskräftiges Urteil vom 28. 9. 1993, 16 K 818/88, GmbHR 1994, S. 568.

Da die GmbH-Anteile, die Kommanditisten der GmbH & Co. gehören, nicht zu ihrem Privatvermögen, sondern zu ihrem Betriebsvermögen zu rechnen sind, kann ein etwaiger Veräußerungsgewinn nicht steuerfrei bleiben. Für ihn kann auch nicht der ermäßigte Steuersatz des § 34 EStG beansprucht werden. Nur wenn der Anteil an der Komplementär-GmbH und an der Kommanditgesellschaft gleichzeitig veräußert wird, kommt die Ermäßigung des § 34 EStG in Betracht.

bbb) Privatvermögen

474 Zweifelhaft war lange Zeit, wie GmbH-Anteile von Kommanditisten zu behandeln sind, wenn die Komplementär-GmbH nicht nur die Geschäfte der GmbH & Co. KG führt, sondern außerdem einen eigenen nennenswerten Geschäftsbetrieb hat. Im Schrifttum wurde hierzu die Auffassung vertreten, daß in solchen Fällen die Hinzurechnung zum Sonderbetriebsvermögen des Kommanditisten nicht erzwungen werden könne (Nissen, DB 1971, S. 2232; Hesselmann, a. a. O., Rn. 285). Der BFH hatte die Beantwortung dieser Frage im obengenannten Urteil vom 15. 10. 1975 offengelassen. Erst in dem zur Einheitsbewertung ergangenen Urteil vom 7. 12. 1984[696] hat der BFH entschieden, daß „Anteile eines Kommanditisten an einer Komplementär-GmbH bei ihm nur dann Betriebsvermögen sind und deshalb in den Einheitswert des gewerblichen Betriebsvermögens einzubeziehen sind, wenn sich die GmbH nur auf die Geschäftsführertätigkeit für die KG beschränkt oder wenn ein daneben bestehender eigener Geschäftsbetrieb nur von untergeordneter Bedeutung ist" (Änderung der Rechtsprechung). Dieses Urteil hat auch für die Ertragsteuern Bedeutung, entsprechendes ergibt sich aus den Verfahren II 454/83 und II 123/87 vor dem FG Berlin, die unter dem Datum vom 1. 4. 1987 nicht durch Urteil beendet wurden, sondern durch die Erklärung der Parteien, den Rechtsstreit in der Hauptsache für erledigt anzusehen.[697]

Hat die GmbH also einen eigenen Geschäftsbetrieb von nicht ganz untergeordneter Bedeutung, so gehören die dem Kommanditisten gehörenden Anteile an der Komplementär-GmbH zu deren „Privatvermögen" mit der Folge, daß bei Veräußerung wesentlicher Beteiligungen der begünstigte Steuersatz nach §§ 17, 34 EStG und Gewerbesteuerfreiheit gegeben ist. Die Veräußerung nicht wesentlicher Beteiligungen bleibt einkommensteuerfrei, es sei denn, ein Spekulationsgeschäft liegt vor.

cc) Beirats- und Aufsichtsratsvergütungen

475 Bei GmbH & Co. Kommanditgesellschaften mit einer Vielzahl von Kommanditisten wird häufig ein Beirat oder Aufsichtsrat gebildet.[698] Die steuerliche Behand-

696 III R 91/81, BStBl II 1985 S. 241.

697 Aus der Begründung zu dem BFH-Urteil vom 31. 10. 1989, VIII R 374/83, DB 1990, S. 1114 ergibt sich, daß die Grundsätze des III. Senats für die Einheitsbewertung des Betriebsvermögens auch für die Gewinnermittlung Bedeutung haben.

698 Einzelheiten s. Rn. 290ff.

lung der Vergütungen, die an die Mitglieder des Beirats (Aufsichtsrat) gezahlt werden, hängt davon ab, ob der Aufsichtsrat oder Beirat bei der GmbH & Co. KG oder bei der GmbH gebildet ist und ob die Aufsichtsrats- oder Beiratsmitglieder Gesellschafter sind oder nicht. Hesselmann gibt hierzu folgende Erläuterungen:

„Die an die Mitglieder eines Beirats (Gesellschafterausschusses) der **GmbH & Co.** gezahlten Vergütungen sind für Gesellschafter der GmbH & Co. Einkünfte aus Gewerbebetrieb (§ 2 Abs. 3 Ziff. 2 EStG i. V. m. § 15 Abs. 1 Ziff. 2 EStG), für gesellschaftsfremde Personen, wozu auch Gesellschafter der GmbH rechnen, die an der GmbH & Co. nicht beteiligt sind, Einkünfte aus selbständiger Arbeit (§ 2 Abs. 3 Ziff. 3 EStG i. V. m. § 18 Abs. 1 Ziff. 3 EStG). Für die GmbH & Co. selbst sind die Vergütungen insoweit Betriebsausgaben, als sie an Beiratsmitglieder gezahlt werden, die nicht Gesellschafter der GmbH & Co. sind. Das für Kapitalgesellschaften bestehende hälftige Abzugsverbot des § 10 Nr. 3 KStG für Vergütungen jeder Art, die an Mitglieder des Aufsichtsrats, Verwaltungsrats, Grubenvorstands oder andere mit der Überwachung der Geschäftsführung beauftragte Personen gewährt werden“, gilt für die GmbH & Co. nicht; sie ist auch für das Steuerrecht als Personengesellschaft anerkannt.

Ist bei der **GmbH** ein Aufsichtsrat oder Beirat gebildet, so ist zu unterscheiden: Wird der Aufsichtsrat oder Beirat nur in eigenen Angelegenheiten der GmbH tätig, so stellen die Vergütungen bei den Mitgliedern Einkünfte aus selbständiger Arbeit dar. Eine Abzugsfähigkeit bei der GmbH ist nach § 10 Nr. 4 KStG zur Hälfte ausgeschlossen. Diese Rechtslage gilt auch dann, wenn die Vergütungen für den Aufsichtsrat von der KG bezahlt werden.[699]

dd) Auslagenersatz

In der überwiegenden Zahl aller Fälle ist die GmbH & Co. KG so aufgebaut, daß 476
die Komplementär-GmbH keine andere Funktion als die ihr kraft Gesetzes obliegende Geschäftsführung für die GmbH & Co. KG ausübt. Dies geschieht durch die oder den Geschäftsführer der GmbH.

In den Fällen, in denen der oder die Geschäftsführer ihr Gehalt von der GmbH beziehen, müssen der GmbH die entsprechenden Mittel zur Verfügung stehen. Weiterhin werden auch Geldmittel für sonstige Aufwendungen, wie Bürokosten, eigene Steuern etc., von der GmbH benötigt. Im Regelfall ist die GmbH jedoch aus eigenen Mitteln nicht imstande, diese Kosten zu begleichen, da eigene Geldmittel wegen des fehlenden Geschäftsbetriebs nicht vorhanden sind. Üblicherweise wird daher die GmbH & Co. KG vertraglich verpflichtet, die Kosten der Geschäftsführung zu tragen. Nachstehend wird ein Beispiel für eine derartige Regelung im Gesellschaftsvertrag der GmbH & Co. KG gegeben:

699 FG Münster, Urteil vom 24. 5. 1993, 9 K 693/90 K – nicht rechtskräftig –, BFH, I R 90/93, DB 1994, S. 1326.

„Der ... GmbH sind die Aufwendungen, die ihr aus der Geschäftsführung der Kommanditgesellschaft erwachsen, am Ende eines jeden Geschäftsjahres zu erstatten.“

Auch folgende Formulierung ist gebräuchlich:

„Die Komplementärin erhält, auch im Falle eines Verlustes, vorweg alle ihre Auslagen und Kosten erstattet.“

Die Praxis zeigt, daß es streitig ist, ob tatsächlich alle Aufwendungen der GmbH als erstattungsfähig angesehen werden können. So wird die Auffassung vertreten, daß die eigenen Steuern der GmbH nicht erstattungsfähig, sondern aus dem Gewinnanteil der GmbH zu decken sind[700], auch soll der GmbH der Zinsaufwand für ein eventuelles Girokonto nicht erstattet werden können.

Die Auffassung, daß der GmbH alle Aufwendungen – also auch eigene Steuern – erstattet werden können, wird in den Fällen vertreten, in denen keine andere Tätigkeit als die Geschäftsführung von der GmbH ausgeübt wird. Die GmbH besteht hier nur für und wegen der GmbH & Co. KG; alle ihre Aufwendungen sind daher ursächlich mit der GmbH & Co. KG in Zusammenhang zu sehen. Zudem wird bei dieser Gestaltung vermieden, daß die GmbH in Verlustjahren der GmbH & Co. KG – in denen sie naturgemäß keinen Gewinnanteil erhält – durch Bestreitung eigener Steuern (Vermögensteuer, Gewerbekapitalsteuer) Verluste erleidet.

477 Handelsrechtlich halten wir beide Möglichkeiten für gangbar; wir empfehlen aber entsprechend klare Formulierungen in den Gesellschaftsverträgen. Steuerrechtlich sehen wir den Ersatz der gesamten Aufwendungen der GmbH durch die GmbH & Co. KG nur dann für vertretbar an, wenn für die Zwecke der Gewinnbesteuerung die Körperschaft- und Vermögensteuer – obwohl diese Steuern nicht bei der GmbH, sondern bei der KG sich gewinnmindernd auswirken – außerhalb der Bilanz dem Gewinn hinzugerechnet werden, da andernfalls gegen das Gebot der Nichtabzugsfähigkeit der Körperschaft- und Vermögensteuer verstoßen wäre. Zu diesem Ergebnis gelangt man auch, wenn man die Erstattung der Körperschaft- und Vermögensteuer – neben dem Auslagenersatz für die Geschäftsführung – durch die KG an die GmbH in den Gewinnanteil der GmbH miteinbezieht, den Abzug der Körperschaft- und Vermögensteuer als Sonderbetriebsausgaben der GmbH aber nicht zuläßt.

Streitig ist, ob die Aufwendungen der Komplementär-GmbH für anwaltliche Beratung, für die Erstellung des Jahresabschlusses und der Steuererklärungen sowie den IHK-Beitrag u. ä. m. als Sonderbetriebsausgaben steuerlich im Rahmen des einheitlichen Gewinnfeststellungsverfahrens der KG oder als Betriebsausgaben der GmbH zu erfassen sind; siehe hierzu Rn. 506.

700 Andeutungen hierzu finden sich im BFH-Urteil vom 15. 11. 1967, IV R 139/67.

ee) Miet- und Pachtverträge zwischen Gesellschafter und GmbH & Co. KG bzw. Komplementär-GmbH

Überläßt ein Gesellschafter einer Personengesellschaft dieser aufgrund eines Miet- oder Pachtvertrages Wirtschaftsgüter zur Nutzung, so liegt einkommensteuerrechtlich (§ 15 Abs. 1 Ziff. 2 EStG) und gewerbesteuerrechtlich (§ 7 GewStG) keine Vermietung oder Verpachtung durch den Gesellschafter, sondern eine gesellschaftliche Einbringung (Einlage) zur Nutzung (§§ 706, 732 BGB) in die Personengesellschaft vor. Die Einnahmen, die der Gesellschafter für die Einbringung der Wirtschaftsgüter erhält, sind bei ihm nach Abzug aller Kosten gewerbliche Einkünfte aus einer gesellschaftlichen Beteiligung; sie sind dementsprechend bei der Personengesellschaft als Teil ihres gewerblichen Gesamtgewinnes einheitlich festzustellen und nicht als Miet- und Pachtausgaben abzugsfähig. Die überlassenen Wirtschaftsgüter gehören nicht zum Gesamthandsvermögen der Personengesellschaft und damit nicht zum Betriebsvermögen der Personengesellschaft im handelsrechtlichen Sinne, sondern sind steuerrechtliches Sonderbetriebsvermögen der Gesellschafter der Personengesellschaft, das ebenso wie das Gesellschaftsvermögen (Betriebsvermögen im handelsrechtlichen Sinne) in den ertragsteuerrechtlichen Betriebsvermögensvergleich, der der Ermittlung des steuerlichen Gewinns der Personengesellschaft und der Gewinnanteile ihrer Gesellschafter dient, einzubeziehen ist.[701] 478

Es ist fraglich, ob diese Grundsätze auch in den Fällen uneingeschränkt Anwendung finden, in denen an einer Personengesellschaft eine Kapitalgesellschaft als Gesellschafter beteiligt ist und die Kapitalgesellschaft der Personengesellschaft Wirtschaftsgüter aufgrund eines Miet- oder Pachtvertrages zur Nutzung überläßt; gegebenenfalls ergibt sich die weitere Frage, welche bilanzmäßigen und ertragsteuerlichen Folgerungen (z. B. Realisierung der in den überlassenen Wirtschaftsgütern enthaltenen stillen Reserven) für beide Unternehmen zu ziehen sind. Diese Frage ist nunmehr durch das BFH-Urteil vom 17. 8. 1979[702] höchstrichterlich entschieden. Danach ist ein einer Personengesellschaft zur Nutzung überlassenes Wirtschaftsgut dort als Sonderbetriebsvermögen der überlassenden GmbH zu bilanzieren. Dies bedeutet jedoch kein sachliches Ausscheiden bestimmter Wirtschaftsgüter aus dem Betriebsvermögen der Kapitalgesellschaft, sondern diese Wirtschaftsgüter werden lediglich für Zwecke der steuerlichen Gewinnermittlung der Mitunternehmerschaft – als Sonderbetriebsvermögen der Kapitalgesellschaft als Mitunternehmerin – zugeordnet. Eine Realisierung etwaiger in dem Wirtschaftsgut ruhender stiller Reserven erfolgt hierdurch jedoch nicht, da das Wirtschaftsgut bei der Mitunternehmerschaft (Personengesellschaft) als Sonderbe- 479

701 Vgl. Begründung zum BFH-Urteil vom 14. 8. 1975, IV R 30/71, BStBl II S. 88 (90). Für Spezialfragen – z. B. Grundstücksverpachtung durch GmbH-Gesellschafter an GmbH und Weiterverpachtung an KG sowie Grundstücksverpachtung durch KG-Gesellschafter an GmbH und Weiterverpachtung an KG – wird auf die Ausführungen von Richter, Grundstücke bei einer GmbH & Co. KG, GmbHR 1973, S. 118/119, verwiesen.

702 I R 199/75, BStBl II S. 750.

triebsvermögen mit dem Wert zu erfassen ist, mit dem es bei der Kapitalgesellschaft zu Buche steht. Entrichtet die Personengesellschaft für die Überlassung des Wirtschaftsguts ein Entgelt, so ist dieses in die Gewinnermittlung der Mitunternehmerschaft einzubeziehen. Die Rechtsansicht des BFH bedeutet eine Durchbrechung des Grundsatzes der Maßgeblichkeit der Handelsbilanz für die Steuerbilanz und steht im Widerspruch zu der bisherigen Verwaltungsauffassung. Diesen Umständen Rechnung tragend, hat der BdF im Schreiben vom 10. 12. 1979[703] darauf hingewiesen, daß bis zum Ablauf des im Jahr 1984 endenden Wirtschaftsjahres die Finanzverwaltung eine anderweitige bilanzielle Erfassung nicht beanstanden wird.

ff) Aktivierung von Dividendenansprüchen aus GmbH-Anteilen

In dieser Frage hat das FG Baden-Württemberg mit seinem Urteil vom 2. 9. 1986[704] wie folgt Stellung genommen:

480 „Gehören die Anteile an Kapitalgesellschaften zum Betriebsvermögen ihrer bilanzierenden Gesellschafter, so sind die Dividendenansprüche aus den Beteiligungen erst dann in den Bilanzen der Gesellschafter gem. § 5 Abs. 1 EStG anzusetzen, wenn sie bei wirtschaftlicher Betrachtung als entstanden anzusehen sind. Dies ist im allgemeinen erst dann der Fall, wenn bei Aufstellung der Jahresabschlüsse für die Gesellschafter ein förmlicher Gewinnverwendungsbeschluß bei der Kapitalgesellschaft vorliegt und hierdurch ein verfügbarer Rechtsanspruch der Gesellschafter auf einen Gewinnanteil in bestimmter Höhe endgültig begründet worden ist (BFH-Urteil vom 2. 4. 1980).[705] Angesichts der BFH-Rechtsprechung zum Bilanzierungszeitpunkt von Dividenden für Konzern- und Holdinggesellschaften (vgl. BFH-Urteil vom 3. 11. 1975)[706] und der Zustimmung des BFH hierzu (vgl. BFH-Urteil vom 2. 4. 1980)[707] kann eine Aktivierung vor der förmlichen Entscheidung über die Gewinnausschüttung nur dann erfolgen, wenn bei der Bilanzaufstellung der KG Anhaltspunkte dafür vorliegen, daß die Kommanditisten, die zugleich Gesellschafter der Komplementär-GmbH sind, in der entscheidenden Gesellschafterversammlung der GmbH für eine Dividendenausschüttung stimmen werden; solche Anhaltspunkte können darin gesehen werden, daß die KG die Dividenden in den Sonderbilanzen der Kommanditisten aktiviert hat."

gg) Lebensversicherungsbeiträge zur Absicherung betrieblicher Schulden

481 Schließt ein Kommanditist eine Versicherung auf den Lebens- oder Todesfall ab, so sind weder die Versicherungsprämien Betriebsausgaben, noch führen die Versi-

703 IV B 2 – S. 2141 – 138/79, GmbHR 1980, S. 71.
704 I 453/82 – Nichtzulassungsbeschwerde eingelegt –, BFH, VIII B 188/86, BB 1987, S. 584.
705 I R 75/76, BStBl II S. 702.
706 II Z R 67/73, BGHZ 65, 230.
707 I R 125/77, BStBl II 1981 S. 184.

cherungsleistungen zu Betriebseinnahmen, und zwar selbst dann nicht, wenn die Versicherung zur Absicherung betrieblicher Schulden der KG dient und die KG bezugsberechtigt ist.[708]

b) Gewinnverteilung

aa) Besondere Gewinnverteilungsgrundsätze

Bei der Prüfung der Angemessenheit der Gewinnverteilung einer GmbH & Co. 482
KG sind, wie bereits erwähnt, als wesentliche Faktoren der Arbeitseinsatz, der Kapitaleinsatz und das übernommene Haftungsrisiko zu berücksichtigen. Wie sich die Faktoren im einzelnen auf den Gewinnanteil auswirken, hat der BFH in seinem Grundsatzurteil vom 15. 11. 1967 dargelegt; die Grundzüge dieser Rechtsprechung werden nachstehend wiedergegeben.[709]

aaa) Arbeitseinsatz

Geschäftsführung durch die GmbH

Diesem Faktor ist bei der für die GmbH & Co. KG typischen Gestaltung in der Re- 483
gel kein entscheidendes Gewicht beizumessen. Zwar bedeutet die Übernahme der Geschäftsführung im Normalfall auch die Übernahme der mit einer Geschäftsführung verbundenen Risiken, etwa einer Inanspruchnahme für schuldhaft fehlerhaftes Verhalten, für die im wirtschaftlichen Verkehr eine Vergütung gefordert und gezahlt wird. Bei der Frage, was insofern unter Fremden vereinbart worden wäre, kann aber die für die GmbH & Co. KG typische Fallgestaltung nicht außer acht gelassen werden. Die GmbH ist in der Mehrzahl der Fälle nur für den Zweck geschaffen worden, formal die Geschäfte einer bereits bestehenden KG zu führen. In Wirklichkeit obliegt die tatsächliche Durchführung der Geschäfte den Kommanditisten. Würde man einer neu geschaffenen GmbH, deren Anteile Fremden gehören, diese Stellung auferlegen, ihr aber gleichzeitig das sachliche Substrat der geschäftsführenden Tätigkeit (Büros, Büromaterial, Arbeitskräfte usw.) zur Verfügung stellen, ihr die Kosten angestellter Geschäftsführer erstatten und durch Einräumung eines ihren Kapitaleinsatz angemessen abgeltenden Gewinnanteils auf Dauer gesehen garantieren, daß sie nicht nur ihre eigenen Kosten, wie etwa die betrieblichen Steuern, abdecken kann, sondern darüber hinaus einen Gewinn erzielt, so würde auch diese fremde GmbH für die Übernahme einer formalen Geschäftsführerposition keine weitere, ins Gewicht fallende Vergütung verlangen und erhalten.

---

708 Siehe BFH-Urteil vom 10. 4. 1990, VIII R 63/88, BB 1990, S. 2036.

709 Die von der Rechtsprechung entwickelten Grundsätze zur Gewinnverteilung bei der GmbH & Co. KG finden auch bei einer atypisch stillen Gesellschaft Anwendung, allerdings nur insoweit, als sich nicht aus dem Wesen der stillen Gesellschaft etwas anderes ergibt; für Einzelheiten s. FG Münster, rechtskräftiges Urteil vom 23. 6. 1980, VII 108/77 F, EFG 1980, S. 597.

Tätigkeit eines Kommanditisten ohne Rechtsstellung eines Geschäftsführers

484 Ein Kommanditist kann auch in der Gesellschaft und für sie tätig sein, ohne daß er die Rechtsstellung eines Geschäftsführers hat. Gedacht ist hier z. B. an den Fall eines Kommanditisten-Architekten.[710] Dann verdient dieser Arbeitseinsatz i. d. R. ein Entgelt bei der Festlegung der Gewinnverteilung. Steuerlich ist dieses Entgelt dem Gesellschafter selbst zuzurechnen. Ein solcher Gesellschafter bezieht keine den Gewinn dieser Gesellschaft als Betriebsausgabe mindernden Einkünfte aus nichtselbständiger Arbeit, auch wenn er formal von der zwischengeschalteten GmbH angestellt ist, sondern Unternehmerlohn in Form eines Anteils am Gewinn.[711] Es ist daher zu prüfen, ob der Gesellschafter einen Anteil am Gewinn erhält, bei dem seine Mitarbeit am Gewinn gebührend berücksichtigt ist.

Das braucht nicht in Form eines Vorabgewinns, sondern kann auch durch Erhöhung der Quote geschehen sein. Bei der steuerlichen Überprüfung, ob die Gewinnverteilung aus betriebsfremden Gründen manipuliert ist, wird i. d. R. kein Anlaß bestehen anzunehmen, daß die Arbeitsvergütung der Kommanditistin zu niedrig bemessen wurde, weil dadurch der nach der vertraglichen Gestaltung meist auch an die GmbH zu verteilende Restgewinn höher und die körperschaftsteuerliche Belastung größer würde. Ist die Arbeitsvergütung dagegen zu hoch, so würde der umgekehrte Erfolg eintreten. Wird eine Gewinnverteilung aus steuerlicher Sicht im ganzen als unangemessen angesehen, weil sie der GmbH nicht den ihr betrieblich gerechtfertigten Gewinn zukommen läßt, so ist die Frage der Angemessenheit der Arbeitsvergütung für die Kommanditisten zugunsten und zu Lasten der GmbH in die Neuregelung einzubeziehen.

Erwähnt sei, daß Arbeitslohn bzw. Tätigkeitsvergütungen an **Arbeitnehmer-Kommanditisten** stets Einkünfte i. S. des § 15 Abs. 1 Nr. 2 EStG sind, auch dann, wenn der Arbeitnehmer-Kommanditist in untergeordneter Stellung tätig ist und die Kommanditbeteiligung eine wesentliche Einflußnahme auf die Geschäftsführung der KG nicht erlaubt.

---

710 Vgl. BFH-Urteile vom 23. 5. 1979, BStBl II S. 757–768. Die Vergütungen an den Kommanditisten-Architekten rechnen zu den Einkünften aus Gewerbebetrieb, sie sind Sondervergütungen, die über eine Sonderbilanz in die Gewinnermittlung der Gesellschaft einzubeziehen sind. Zur Technik und Kompliziertheit dieses Verfahrens sowie zu der sich hieraus ergebenden Verschiebung der Gewerbesteuerbelastung vgl. Knobbe-Keuk in DStR 1980, S. 429. Zu beachten ist, daß der *Gesellschafter-Architekt* insoweit eine Eigenleistung erbringt, die den Anschaffungskosten des Gebäudes nicht zuzurechnen ist. Lieferungen eines Gesellschafters sind dagegen wie Lieferungen Dritter zu behandeln; vgl. auch BFH-Urteil vom 18. 9. 1969, IV 338/64, BStBl II 1970 S. 43. So hat der BFH im Urteil vom 10. 5. 1973 (IV R 74/67, BStBl II S. 630) anerkannt, daß das Entgelt, das eine OHG einem ein eigenes Baugeschäft unterhaltenden Gesellschafter für im Rahmen dieses Baugeschäfts ihr gegenüber erbrachte Bauarbeiten gewährt hat, in vollem Umfang – also auch einschließlich des Unternehmergewinns des Gesellschafters – zu den Herstellungskosten des Gebäudes der OHG rechnet. Der BFH trägt in diesem Urteil dem Umstand Rechnung, daß hier neben dem gemeinsam betriebenen Unternehmen das Einzelunternehmen besteht und daß der mit den Bauarbeiten verbundene Gewinn allein auf dieses, nicht aber auf jenes entfällt. Es bleibt zwar dabei, daß auch ein Mitunternehmer – ebensowenig wie ein Einzelunternehmer – seinen Gewinn nicht in Miete, Zins usw. aufteilen und damit in andere Einkunftsarten verlagern kann. Anders liegt es aber, wenn wie in dem hier entschiedenen Fall eine solche Verlagerung nicht in Betracht kommt, sondern der Gewinn dort erfaßt werden soll, wo er tatsächlich entstanden ist.

711 Siehe hierzu BFH-Urteil vom 18. 9. 1969, a. a. O., S. 43/44.

Das Sozialversicherungsrecht deutet vielfach den Arbeitnehmerbegriff anders als das Steuerrecht. So ist es durchaus denkbar, daß ein angestellter Kommanditist mit Minibeteiligung sozialversicherungsrechtlich als Arbeitnehmer anzusehen ist mit der Folge, daß auch Arbeitgeberanteile durch die KG an den Sozialversicherungsträger abzuführen sind. Steuerlich gehören diese Arbeitgeberanteile jedoch zu den Vergütungen i. S. d. § 15 Abs. 1 Nr. 2 EStG, die den Gewinn der KG nicht mindern dürfen. Es handelt sich um Bezüge, die dem Kommanditisten für eine Tätigkeit im Dienste der Gesellschaft zustehen. Die Bezüge sind auch nicht nach § 3 Nr. 62 EStG steuerfrei (Ausgaben des Arbeitgebers für die Zukunftssicherung des Arbeitnehmers, soweit der Arbeitgeber dazu nach sozialversicherungsrechtlichen Vorschriften verpflichtet ist); denn für die Anwendung dieser Befreiungsvorschrift ist eine Arbeitnehmerstellung i. S. d. § 19 EStG unabdingbare Voraussetzung.[712]

aab) Haftungsrisiko

– *Risikoprämie ist grundsätzlich erforderlich*

Der vom BFH mehrmals[713] für eine haftende natürliche Person ausgesprochene 485
Grundsatz, daß die Übernahme des Haftungsrisikos bei der Feststellung eines angemessenen Gewinnanteils eine gewichtige Rolle spielt, gilt grundsätzlich gleichermaßen für juristische Personen.

Wie hoch die Haftung einzuschätzen ist, ist eine Frage des Einzelfalles. Der BFH stellte hierzu fest, daß bei der Bewertung der unbeschränkten Haftung kein Vergleich mit einer natürlichen Person als Komplementär gezogen werden darf, sondern daß das Vergleichsobjekt eine juristische Person sein muß. Die zu berücksichtigende Belastung der GmbH besteht i. d. R. nur darin, daß sie u. U. mit dem über ihre Einlage hinaus etwa vorhandenen Vermögen haftet. Wie hoch dieser abzugeltende Einsatz ist, hängt zunächst von der Höhe des Vermögens ab, dessen Ansammlung durch eine außerhalb der KG ausgeübte Tätigkeit gefördert werden kann. Ist das zusätzliche Vermögen unerheblich, so kann es außer Betracht bleiben. Umgekehrt kann man nicht sagen, daß eine Risikoprämie nur in Frage komme, wenn das Vermögen hoch ist. Auch der wirtschaftlichen Lage der KG ist Rechnung zu tragen. Zwar muß man bei der Bewertung des Haftungsrisikos von einem längeren Zeitraum ausgehen. Für die nicht unabänderliche Vertragsgestaltung kann es aber nicht unerheblich sein, ob die GmbH in ein Unternehmen eintritt, in dem ihre Haftung wahrscheinlich nicht aktuell werden wird.

Im Urteil vom 3. 12. 1977[714] hielt es der BFH für ausreichend, daß die GmbH neben dem Ersatz ihrer tatsächlichen Auslagen für die Geschäftsleitung aus dem Ge-

712 Siehe „Steuer-Telex“ 1995, S. 158 sowie BFH-Urteil vom 8. 4. 1992, XI R 37/88, BStBl II S. 812.
713 Vgl. Urteile vom 22. 8. 1951, IV 246/50 S, BStBl III S. 181 und vom 25. 7. 1963, IV 421/62 U, BStBl III 1964 S. 3.
714 IV R 122/73, BStBl II 1977 S. 346.

winn der KG vorweg einen Anteil in Höhe von 6 v. H. ihres dem Stammkapital entsprechenden Vermögens als Haftungsvergütung erhielt. Wenn auch in diesem Urteil keine typisierende Aussage des BFH auf 6 v. H. des Stammkapitals zu sehen ist, so kann dennoch folgendes Fazit gezogen werden[715]: „Soll die Haftungsvergütung, wenn keine echte Gewinnbeteiligung der Komplementär-GmbH vorliegt, unbeanstandet einem Fremdvergleich standhalten, so sollte sie nur ausnahmsweise unter 6 v. H. des Stammkapitals angesetzt bzw. vereinbart werden. Das gilt um so mehr, als der BFH in einem weiteren, nicht veröffentlichten Urteil vom 3. 2. 1977 entschieden hat, daß eine Gewinnverteilungsabrede, die der Komplementär-GmbH nur eine Haftungsvergütung von 2 v. H. ihres Stammkapitals gewährt, nicht ohne weiteres als angemessen angesehen werden könne" (vgl. HFR 1977, S. 276).

– Freistellung von der unbeschränkten Haftung im Innenverhältnis

486 Eine Prämie für die Übernahme der unbeschränkten Haftung scheidet aus, wenn die GmbH vertraglich im Innenverhältnis durch die Kommanditisten von der Haftung freigestellt ist.[716] Man kann insoweit nicht einwenden, eine solche Haftungsbefreiung wäre einem Dritten nicht gewährt worden. Denn bei der Frage, wie die Gewinnverteilung unter Fremden geregelt worden wäre, muß im übrigen die tatsächliche Gestaltung des Einzelfalles zugrunde gelegt werden. Hier ist also zu fragen, was einer fremden GmbH für die Übernahme des Haftungsrisikos gewährt worden wäre, wenn die Kommanditisten sie vertraglich von dieser Haftung freigestellt hätten. Die Antwort kann nur lauten: Nichts. Es kann nicht eingewendet werden, die GmbH werde u. U. die Haftungsbefreiung nicht realisieren können, weil die Kommanditisten nichts hätten. Denn eine Haftungsbefreiung wird nur vereinbart, wenn die Vertragschließenden ihr einen Wert beimessen.

Zweifelhaft ist es, ob der Übernahme der Haftung dann kein Wert beizumessen ist, wenn zwar nicht kraft vertraglicher Vereinbarung, aber im wirtschaftlichen Ergebnis das Haftungsrisiko doch bei dem Kommanditisten liegt. Bei der typischen Fallgestaltung der GmbH & Co. KG ist die GmbH wirtschaftlich identisch mit dem Kommanditisten der KG. Diese Identität ist aber gerade außer Betracht zu lassen bei der Beantwortung der Frage, was hinsichtlich des Gewinns zwischen Fremden vereinbart worden wäre. Wären Anteilseigner der GmbH fremde Personen, so würden sie von der Haftung getroffen; sie würden dafür ein Entgelt verlangen und erhalten, das der Versteuerung bei der GmbH unterläge und nicht auf die Kommanditisten verlagert werden könnte.

715 StBp 1980, S. 67/68.
716 Vgl. Rn. 367.

aac) Kapitaleinsatz

Der Beitrag der Gesellschafter zur Erreichung des Gesellschaftszwecks in der 487
Form der Beisteuerung von Kapital wird i. d. R. durch eine Vorwegverzinsung der festen Einlagen und weiterer der KG zur Verfügung gestellten Geldmittel abgegolten. Das ist indessen nicht immer der Fall. Der Kapitaleinsatz kann auch durch eine dem Verhältnis der Einsätze aller Gesellschafter entsprechenden Gewinnquote (allerdings i. d. R. einer Quote des nach Abzug von Vorwegvergütungen der KG verbleibenden Restgewinns) abgegolten werden. Es ist auch möglich, daß die Höhe des Kapitaleinsatzes einen weniger sichtbaren Niederschlag in der auch durch andere Faktoren mitbestimmten Quote am Gesamtgewinn gefunden hat.

Wie hoch die Einbringung von Kapital zu bewerten ist, kann nicht allgemeingültig gesagt werden. Ein Betrieb, der dringend Kapital braucht, kann dafür einen höheren Preis zu zahlen bereit sein als ein Betrieb, der weniger dringend Kapital als vielmehr einen tüchtigen mitarbeitenden Gesellschafter braucht.

aad) Zusammenfassung

Zusammenfassend ist zu sagen, daß bei der Prüfung der Angemessenheit der Ge- 488
winnverteilung einer GmbH & Co. KG jede Regelung anzuerkennen ist, die einer nur auf die Geschäftsführung der KG beschränkten GmbH auf die Dauer Ersatz ihrer Auslagen und eine den Kapitaleinsatz und das etwa vorhandene Haftungsrisiko gebührend berücksichtigende Beteiligung am Gewinn einräumt. Dabei gilt der vom BFH auch für die Vereinbarungen unter Familienangehörigen aufgestellte Grundsatz, daß der vertraglichen Gestaltung durch die Beteiligten nur dann nicht gefolgt werden kann, wenn sich ernste Bedenken gegen die Angemessenheit der Gewinnverteilung ergeben, die zu einer wesentlich anderen Verteilung führen würden.

Aufbauend auf verschiedene BFH-Urteile sind in nachstehender Übersicht einige Ergebnisse hinsichtlich der Gewinnverteilung bei einer GmbH & Co. KG zusammengestellt worden. Die Gegenüberstellung zeigt, daß der BFH alle Gewinnverteilungsabreden gelten läßt, die der GmbH eine Rendite von 20 v. H. und mehr sichern, ohne im einzelnen bestimmte Teilbeträge zu verlangen.[717]

Erwähnt sei, daß der BFH ausdrücklich die Fälle außer Betracht läßt, in denen sich die GmbH nicht nur, wie im Regelfalle, an einer Personengesellschaft oder einer Einzelfirma beteiligt, sondern in denen sie ihren gesamten Betrieb in eine KG einbringt. In solchen Fällen gelten für die Gewinnverteilung ggf. andere Grundsätze.

717 Siehe auch George, Steuerfragen bei der GmbH & Co. KG, DStR 1973, S. 262–264.

BFH-Urteil, Aktenzeichen, Datum	IV 139/67 15. 11.	IV 139/67 15. 11.	IV 115/65 15. 11.	IV R 244/66 15. 11.	IV R 2/67 15. 11.	VI R 279/66 25. 4. 68
1. Kapitalbeteiligung						
GmbH	20 000,–	20 000,–	20 000,–	10 000,–	–	5 000,–
Kommanditisten	60 000,–	90 000,–	–	400 000,–	–	370 000,–
II. Gewinnbeteiligung						
a) *Kommanditisten*						
Vorab. f. Kdt.	–	–	54 000,–	44 000,–	29 000,–	9 600,–
Gewinnant. Kdt.	90 %	90 %	86 %	97 %	–	97,8 %
b) *GmbH*						
Vergütung für Haftung	–	–	–	–	–	–
Verzinsung für Festkapital	5 %	–	4 %	–	2 % ü. Bua-Disk.	3 % = 150,–
Verzinsung für Darlehen	–	–	4 %	2 % ü. BuBa-Disk.	2 % ü. BuBa-Disk.	ja = 650,–
Restgewinnanteil	10 %	10 %	14 %	3 %	ja	ja = 220,–
III. Rendite der GmbH						
für Kapitaleinlage u. Darlehenskonten	46 %	43 %	nicht angegeben	20 %	41 %	ca. 20 %

Mit Verfügung vom 27. 5. 1969[718] hat die **OFD Hannover** die Finanzämter angewiesen, sich bei den vom BFH aufgezeigten **Kriterien einer angemessenen Gewinnverteilung** von folgenden Überlegungen leiten zu lassen: 489

(1) Eine Kapitalgesellschaft, deren Zweck wesentlich auf die Übernahme der Komplementärstellung einer mit ihren Gesellschaftern gegründeten Personengesellschaft gerichtet ist, muß mindestens eine Gewinnbeteiligung erhalten, die ihr eine angemessene Verzinsung der Stammeinlagen ihrer Gesellschafter ermöglicht. Hierbei ist zu berücksichtigen, daß Ertrag und Vermögen der Kapitalgesellschaft erheblichen steuerlichen Belastungen (Körperschaftsteuer, Gewerbesteuer, Vermögensteuer) unterliegen, so daß für eine Ausschüttung von Gewinnen an die Gesellschafter der Komplementär-GmbH im Regelfalle der GmbH & Co. KG allenfalls rd. 50 v. H. der Bruttobeträge (= Gewinnanteil an der KG) zur Verfügung stehen. Es wird davon ausgegangen werden müssen, daß sich den Kommanditisten einer KG fremde Gesellschafter der Komplementär-GmbH nicht von vornherein mit einer durchschnittlichen Verzinsung in Höhe von nur 2 bis 3 v. H. des mitunternehmerisch eingesetzten und somit meist langfristig gebundenen Kapitals zufriedengeben würden. Ein solcher von der Komplementär-GmbH abgeschlossener Gesellschaftsvertrag wäre mit den Grundsätzen einer ordnungsmäßigen Wirtschaftsführung nicht vereinbar. Schon bei einer stillen Beteiligung an einem gewerblichen Unternehmen ist eine Kapitalrendite von 12 bis 15 v. H. durchaus zu erreichen. Um so weniger kann es bei einer mitunternehmerischen Gestaltung der gesellschaftsrechtlichen Beziehungen steuerlich allgemein anerkannt werden, daß das eingesetzte Kapital auf die Dauer geringer verzinst wird als bei jeder anderen, risikosicheren Kapitalanlage.

(2) Bei einem Ausgleich einander widerstreitender Interessen wird im Falle der Errichtung einer Personengesellschaft die Beteiligung der einzelnen Gesellschafter am sog. Fest (Grund-)Kapital und damit die Beteiligung an dem nach dem Kapitalschlüssel zu verteilenden (Rest-)Gewinn in aller Regel dem tatsächlichen Wert der Einlagen angepaßt; es werden also auch stille Reserven – ggf. auch ein etwaiger Geschäftswert – berücksichtigt. Diese Anpassung an den wirklichen Wert der Einlagen unterbleibt fast ausnahmslos bei der Errichtung der GmbH & Co. KG im engeren Sinn, bei der die Kommanditisten zugleich die Gesellschafter der Komplementär-GmbH sind. Geht die Unterlassung der Anpassung zu Lasten der GmbH, so ist die Frage der verdeckten Gewinnausschüttung zu prüfen. Hat z. B. im Falle der Neugründung einer GmbH & Co. KG die Komplementär-GmbH ihren Anteil am (Fest-)Kapital voll eingezahlt, während auf die Einlagen der mit ihrem Gesellschafter identischen Kommanditisten oft Beträge ausstehen, so erhält die Komplementär-GmbH u. U. nicht den Gewinnanteil, der ihr aufgrund ihrer gesellschaftsrechtlichen Leistungen im Verhältnis zu den Leistungen der Kommanditisten zukommen müßte.

---

718 S. 2241 – 12 – StH 231; GmbHR 1970, S. 23.

(3) Eine Komplementär-GmbH haftet den Gläubigern der Personengesellschaft mit allem, was sie als Einlage oder als Darlehen der Gesellschaft zur Verfügung gestellt hat, sowie mit ihrem außerhalb der Gesellschaft etwa vorhandenen Vermögen in voller Höhe. Hierfür gebührt ihr im allgemeinen nicht nur eine die Überlassung und das allgemeine Risiko einer solchen Überlassung abgeltende Verzinsung ihrer Darlehen, sondern darüber hinaus eine besondere Risikoprämie, und zwar nicht nur für der Gesellschaft zur Verfügung gestellte Darlehen, sondern auch für das übrige Vermögen, für das indessen anders als für Darlehen ein angemessenes Entgelt nicht in der Form der Verzinsung ermittelt werden kann. Ist die Haftung im Innenverhältnis nicht ausgeschlossen, so wird sie grundsätzlich besonders zu berücksichtigen sein, wenn die GmbH neben der gewinnbeteiligten Kapitaleinlage über weiteres, im Verhältnis zur Kapitaleinlage ins Gewicht fallendes Vermögen verfügt. Wie hoch das Haftungsrisiko einzuschätzen ist, ist eine Frage des Einzelfalles. Eine den Kommanditisten fremde GmbH dürfte für die Übernahme der unbeschränkten Haftung für zusätzliches Vermögen im o. b. Sinne zumindest einen Vorweggewinn nach Art einer Avalprovision fordern und auch erhalten. Der im Wirtschaftsleben übliche Vom-Hundert-Satz für Avalprovisionen schwankt nicht unerheblich. Je nach Art und Umfang des übernommenen Haftungsrisikos werden 0,5 bis 5 v. H. erhoben. Die im allgemeinen Kreditgeschäft der Sparkassen und Banken übliche Avalprovision beträgt ca. 2 v. H., während im sonstigen Geschäftsleben u. U. auch eine höhere Vergütung gefordert wird.[719] Im Urteil vom 3. 2. 1977[720] hat der BFH dem Ansatz der üblichen Avalprovision zugestimmt.

(4) Der IV. Senat des BFH hat im Grundsatzurteil vom 15. 11. 1967 ausdrücklich darauf hingewiesen, daß er die Fälle außer acht gelassen hat, in denen sich die GmbH nicht nur, wie im Regelfalle, an einer Personengesellschaft oder einer Einzelfirma beteiligt, sondern in denen sie ihren gesamten Betrieb in eine KG eingebracht hat. In solchen Fällen müßten – so bemerkte der BFH – für die Gewinnverteilung ggf. andere Grundsätze gelten. In Fällen dieser Art sind die Grundsätze des BFH-Urteils vom 28. 10. 1964[721] entsprechend anzuwenden. Das angemessene Verhältnis zwischen den Entgelten für die Leistungen der Kommanditisten und dem auf die GmbH entfallenden Gewinn richtet sich dabei nicht nach den Nennbeträgen und Buchwerten. Es ist vielmehr der Wert

719 Lersch/Schaaf (GmbHR 1973, S. 167) kommen unter gleichen Voraussetzungen zu einem angemessenen Gewinnanteil von 15–20 v. H. des Haftungskapitals. Die Differenz zwischen der Risikoprämie (Avalprovision von etwa 5 v. H.) und der „angemessenen Verzinsung des Haftungskapitals" von etwa 15–20 v. H. würde danach also eine verdeckte Gewinnausschüttung der Komplementär-GmbH an ihre Gesellschafter (Kommanditisten) darstellen, die im Rahmen der einheitlichen Gewinnfeststellung der KG zu erfassen wäre. Nach der Auffassung von Schaaf (FR 1975, S. 85) besteht eine gewisse Parallele auch zur Angemessenheit der Gewinnverteilung bei den Familiengesellschaften. Danach würde in Anlehnung an den Beschluß des Großen Senats des BFH vom 29. 5. 1972 (4/71, BStBl II 1973 S. 5) eine Rendite von 15 v. H. des Stammkapitals angemessen sein; die Stellung der GmbH in der KG ist mindestens mit der eines nicht tätigen Kommanditisten vergleichbar.

720 IV R 122/73, BB, S. 632.

721 I 198/62 U, BStBl III 1965 S. 119/121.

des Betriebsvermögens der GmbH einschließlich etwaiger stiller Reserven und der Geschäftswert bei der Beurteilung des auf die GmbH entfallenden Gewinnanteils gebührend zu berücksichtigen.

bb) Zulässigkeit negativer Kapitalkonten

bba) Überblick über die BFH-Rechtsprechung

Innerhalb einer KG können sowohl durch Entnahmen der Gesellschafter als auch 490
durch eintretende Verluste negative Kapitalkonten entstehen.

Im Grundsatzurteil vom 13. 3. 1964[722] hat der BFH das negative Kapitalkonto des Kommanditisten für das Steuerrecht anerkannt. Die BFH-Rechtsprechung läßt sich dahingehend zusammenfassen, daß bei der steuerlichen Beurteilung von negativen Kapitalkonten der Kommanditisten vor allem in Betracht zu ziehen ist, wie die Gesellschafter in der Vergangenheit tatsächlich verfahren sind.

(a) Sie können das negative Kapitalkonto des Kommanditisten als reinen Rechnungsposten behandeln. Verfahren sie so, so ist es steuerrechtlich nicht zu beanstanden, wenn die KG, um der persönlichen Haftung des Komplementärs Rechnung zu tragen, den auf den Kommanditisten rechnerisch entfallenden Verlustanteil sofort endgültig dem Komplementär anlastet, dessen Verlustanteil sich dann aus dem Anteil des Kommanditisten und seinem eigenen Verlustanteil zusammensetzt. Das Finanzamt muß dann auch den Verlustanteil des persönlich haftenden Gesellschafters entsprechend feststellen. Fallen künftige Gewinne an, so sind sie entsprechend zu behandeln. Dem Komplementär ist dann der Gewinnanteil des Kommanditisten in der Höhe zuzurechnen, in der er dessen Verlustanteil übernommen hat. Das negative Kapitalkonto des Kommanditisten hält bei dieser Behandlung fest, in welcher Höhe Gewinne des Kommanditisten zur Deckung früherer Verlustanteile verwendet werden müssen. Scheidet der Kommanditist aus, während noch ein Passivsaldo vorhanden ist, so entsteht das Problem der Übertragung eines negativen Kapitalkontos bei der Auseinandersetzung nicht, weil die Verlustanteile des Kommanditisten schon laufend dem Komplementär zugerechnet wurden.

(b) Die Gesellschafter können aber auch so vorgehen, als ob der Kommanditist während des Bestehens der KG unbegrenzt an Gewinn und Verlust beteiligt ist. In diesen Fällen wird der Kommanditist wie ein persönlich haftender Gesellschafter behandelt. Scheidet er aus der KG aus und übernehmen die Mitgesellschafter sein negatives Kapitalkonto, ohne daß der Kommanditist einen Ausgleich leistet, dann entsteht für den ausscheidenden Kommanditisten in Höhe des negativen Kapitalkontos ein Gewinn, den er gemäß §§ 16 und 34 EStG zu versteuern hat. Der Kommanditist ist dann in Höhe des negativen Saldos von einem echten Auseinandersetzungsverlust befreit worden. Die verblei-

722 VI 343/615, BStBl III S. 359; s. auch BFH-Urteil vom 14.5. 1991, VIII R 31/88, DB 1991, S. 2164.

benden Gesellschafter können dann in Höhe des übernommenen negativen Kapitalkontos die Aktiven aufstocken, soweit im Anteil des ausscheidenden Kommanditisten stille Reserven vorhanden sind. Soweit das nicht der Fall ist, entsteht für sie ein gewerblicher Verlust in dem Jahr, in dem der Kommanditist ausscheidet, weil nunmehr endgültig feststeht, daß die früheren Verlustanteile des Kommanditisten, soweit sie nicht durch laufende Gewinnanteile und durch stille Reserven, die bei der Auseinandersetzung aufgedeckt wurden, ausgeglichen sind, ihnen zur Last fallen.

(c) Haben die Gesellschafter keine ausdrückliche Vereinbarung darüber getroffen, welche Bedeutung dem negativen Kapitalkonto eines Kommanditisten zukommen soll, so hat die Besteuerung an die tatsächliche Gestaltung anzuknüpfen. Hat der Komplementär laufend den negativen Kapitalanteil der Kommanditisten übernommen, so hat es damit – wie unter (a) dargelegt – sein Bewenden; das Problem der Übertragung des negativen Kapitalkontos bei der Auseinandersetzung entsteht dann nicht. Sind dagegen die ausgewiesenen Verlustanteile bei den laufenden Veranlagungen der Kommanditisten als echte Verluste mit positiven Einkünften verrechnet oder vorgetragen worden, so müssen die Beteiligten das auch gegen sich gelten lassen, wenn die Gesellschaft aufgelöst wird. Sie können den Vorgang nicht mit steuerlicher Wirkung für die Vergangenheit ändern. Vereinbaren die Gesellschafter also bei der Auseinandersetzung, daß die bisher dem Kommanditisten zugerechneten Verluste vom Komplementär getragen werden sollen, so kommt dieser Abrede für die abgeschlossenen Veranlagungszeiträume keine Bedeutung zu. Verfahrensrechtlich ist hierbei zu beachten, daß die rechtskräftigen Steuerbescheide insbesondere nicht gemäß § 175 Ziff. 2 AO geändert werden können.

491 Es war zeitweise zweifelhaft, ob vorstehende für den gewerblichen Betrieb maßgebende Grundsätze in allen noch nicht rechtskräftigen Fällen weiterhin Bedeutung haben (siehe Anfragen des IV. Senats des BFH an den Großen Senat des BFH im Beschluß vom 26. 4. 1979 IV R 134/78, DB 1979, S. 1489). Mit Beschluß vom 10. 11. 1980[723] hat der Große Senat des BFH diese Zweifel beseitigt und in einer Grundsatzentscheidung zu der Frage, wie das negative Kapitalkonto eines Kommanditisten einkommensteuerrechtlich zu behandeln sei, wie folgt Stellung genommen:

(1) Einem Kommmanditisten, dessen gesellschaftliche Stellung sich im Innen- und Außenverhältnis nach den Vorschriften des HGB, insbesondere des § 167 Abs. 3 HGB, bestimmt, ist ein Verlustanteil, der nach dem allgemeinen Gewinn- und Verlustverteilungsschlüssel der KG auf ihn entfällt, einkommensteuerrechtlich auch insoweit zuzurechnen, als er in einer den einkommensteuerrechtlichen Bilanzierungs- und Bewertungsvorschriften entsprechenden Bilanz der KG zu einem negativen Kapitalkonto des Kommanditisten führen

723 GrS 1/79, DB 1981, S. 557.

würde. Dies gilt nicht, soweit bei Aufstellung der Bilanz nach den Verhältnissen am Bilanzstichtag feststeht, daß ein Ausgleich des negativen Kapitakontos mit künftigen Gewinnanteilen des Kommanditisten nicht mehr in Betracht kommt.

(2) Beim Wegfall eines durch einkommensteuerrechtliche Verlustzurechnung entstandenen negativen Kapitalkontos eines Kommanditisten ergibt sich in Höhe dieses negativen Kapitalkontos ein steuerpflichtiger Gewinn des Kommanditisten.

(3) Dieser Gewinn entsteht zu dem Zeitpunkt, in dem der Betrieb der KG veräußert oder aufgegeben wird (§ 16 EStG). Soweit jedoch schon früher feststeht, daß ein Ausgleich des negativen Kapitalkontos des Kommanditisten mit künftigen Gewinnanteilen des Kommanditisten nicht mehr in Betracht kommt (Nr. 1 Satz 2), ist dieser Zeitpunkt maßgebend.

(4) Dieser Gewinn ist in den Fällen der Nr. 3 Satz 1 ein Veräußerungs- oder Aufgabegewinn (§§ 16, 34 EStG), in den Fällen der Nr. 3 Satz 2 ein laufender Gewinn.

bbb) Grenzen der Verlustzuweisungen

Nach der Entscheidung des Großen Senats des BFH vom 10. 11. 1980[724] ist zwar 492
einem Kommanditisten ein Verlustanteil, der nach dem allgemeinen Gewinn- und Verlustverteilungsschlüssel der KG auf ihn entfällt, einkommensteuerrechtlich auch insoweit zuzurechnen, als er in einer den einkommensteuerrechtlichen Bilanzierungs- und Bewertungsvorschriften entsprechenden Bilanz der KG zu einem negativen Kapitalkonto des Kommanditisten führen würde. Auch einem Kommanditisten, der seinen Kommanditanteil am Ende eines Wirtschaftsjahres entgeltlich veräußert, ist sein vertraglicher Anteil an dem Verlust, den die KG vom Beginn des Wirtschaftsjahres bis zum Zeitpunkt der Veräußerung erlitten hat, grundsätzlich insoweit noch zuzurechnen, als dadurch ein negatives Kapitalkonto entsteht oder sich erhöht, sofern der Erwerber das negative Kapitalkonto übernimmt (BFH-Urteil vom 26. 5. 1981).[725] Dies gilt jedoch nicht, soweit bei Aufstellung der Bilanz nach den Verhältnissen am Bilanzstichtag feststeht, daß ein Ausgleich des negativen Kapitalkontos mit künftigen Gewinnanteilen nicht mehr in Betracht kommt. Bei dieser Sachlage können dem Kommanditisten Verlustanteile, die zur Entstehung oder Erhöhung eines negativen Kapitalkontos führen, nicht mehr zugerechnet werden (vgl. BFH-Urteil vom 26. 2. 1987).[726]

Steht also bei der Aufstellung der Bilanz nach den Verhältnissen am Bilanzstichtag fest, daß ein Ausgleich des negativen Kapitalkontos mit künftigen Gewinnan-

724 GrS 1/79, BFHE 132, 244; BStBl II 1981 S. 164.
725 IV R 47/78, BFHE 134, 15, BStBl II 1981 S. 795.
726 IV R 61/84, BFH/NV 1/88, S. 24.

teilen nicht mehr in Betracht kommt, so fällt das negative Kapitalkonto eines Kommanditisten weg.[727]

Ob eine spätere Gewinnverrechnung noch zu erwarten ist, bestimmt sich ausschließlich nach den Verhältnissen des jeweiligen Bilanzstichtages und unabhängig davon, ob und wann der Steuerpflichtige eine Bilanz aufgestellt hat. Die Einstellung des Konkursverfahrens mangels Masse ist nicht erforderlich. Die fehlende Verrechnungsmöglichkeit kann sich auch zu einem früheren Zeitpunkt und ggf. schon vor der Konkurseröffnung abzeichnen.[728]

bbc) Einschränkungen durch § 15a EStG

493 Für Wirtschaftsjahre, die nach dem 31. 12. 1979 beginnen, bringt der durch das Gesetz zur Änderung des Einkommensteuergesetzes, des Körperschaft steuergesetzes und anderer Gesetze[729] in das EStG neu aufgenommene § 15 a eine gesetzliche Klärung der Frage nach der steuerlichen Zulässigkeit negativer Kapitalkonten: Dem Kommanditisten[730] können Verluste nur noch bis zur Höhe seiner Einlage (100 %) zugerechnet werden. „Darüber hinausgehende Verluste, die zur Entstehung eines negativen Kapitalkontos führen, dürfen weder mit den übrigen (positiven) Einkünften ausgeglichen noch nach § 10d EStG vorgetragen werden. Es besteht lediglich die Möglichkeit, die nicht berücksichtigten Verluste als Merkposten vorzutragen und mit späteren Gewinnen aus ebendieser Beteiligung steuerlich wirksam zu verrechnen (verrechenbare Verluste).“[731] Grundsätzlich gilt § 15a EStG erstmals für Verluste, die in dem Wirtschaftsjahr entstehen, das nach dem 31. 12. 1979 beginnt.[732]

494 Von dem vorstehenden Grundsatz des § 15a Abs. 1 Satz 1 EStG gibt es eine Ausnahme, den sog. erweiterten Verlustausgleich bzw. -abzug nach § 15a Abs. 1 Satz 2 und 3 EStG: „Haftet der Kommanditist am Bilanzstichtag den Gläubigern

---

727 Beim Wegfall des negativen Kapitalkontos eines Kommanditisten, das durch einkommensteuerrechtliche Verlustzurechnungen entstanden ist, ergibt sich für den Kommanditisten in Höhe des negativen Kapitalkontos ein Gewinn; in gleicher Höhe ist dem persönlich haftenden Gesellschafter ein Verlustanteil zuzurechnen. (Ständige BFH-Rechtsprechung; s. Zusammenfassung im Urteil vom 12. 10. 1993, VIII R 86/90, DB 1994, S. 355.)

728 Zusammenfassung der BFH-Rechtsprechung im BFH-Urteil vom 12. 10. 1993, VIII R 86/90, DB 1994, S. 355.

729 Vom 20. 8. 1980. BGBl. I S. 1545.

730 Und ihm haftungsmäßig gleichgestellte Gesellschafter anderer Rechtsformen, wie z. B. dem atypischen stillen Gesellschafter.

731 Gerbig/Rautenberg, Gestaltungsfreiräume des § 15a EStG, DB 1980, S. 1959.

732 Zur Übergangsregelung Söffing in DB 1988, S. 1874: „Vom Grundsatz her ist § 15a EStG auf Verluste anzuwenden, die in den nach dem 31. 12. 1979 beginnenden Wirtschaftsjahren entstanden sind (§ 52 Abs. 20a Satz 1 EStG 1981 = § 52 Abs. 21 EStG 1986). Hiervon macht § 52 Abs. 21 Satz 2 EStG eine Ausnahme. Und zwar gilt danach die Grundsatzregelung nicht für Verluste, die in einem vor dem 1. 1. 1980 eröffneten Betrieb entstanden sind. In diesem Fall findet § 15a EStG erstmals auf Verluste Anwendung, die in nach dem 31. 12. 1984 beginnenden Wirtschaftsjahren entstanden sind (§ 52 Abs. 21 Satz 3 Nr. 11 Teilsatz EStG). Diese Ausnahmeregelung wiederum wird durch § 52 Abs. 21 Satz 3 Nr. 1 letzter Teilsatz EStG dahingehend eingeschränkt, daß § 15a EStG auch bei Betrieben, die nach dem 10. 10. 1979 und vor dem 1. 1. 1980 eröffnet worden sind, erstmals auf Verluste anzuwenden ist, die in nach dem 31. 12. 1979 beginnenden Wirtschaftsjahren entstanden sind. Kurz: § 15 a EStG findet auf Verluste, die in einem vor dem 11. 10. 1979 eröffneten Betrieb (sog. Altbetrieb) anfallen, erst dann Anwendung, wenn diese Verluste in nach dem 31. 12. 1984 beginnenden Wirtschaftsjahren entstanden sind. Da § 15 a EStG be-

der Gesellschaft aufgrund des § 171 Abs. 1 HGB, so können abweichend von § 15a Abs. 1 EStG Verluste des Kommanditisten bis zur Höhe des Betrages, um den die im Handelsregister eingetragene Einlage des Kommanditisten seine Einlage übersteigt, auch ausgeglichen oder abgezogen werden, soweit durch den Verlust ein negatives Kapitalkonto entsteht oder sich erhöht. § 15a Abs. 1 Satz 2 EStG ist nur anzuwenden, wenn derjenige, dem der Anteil zuzurechnen ist, im Handelsregister eingetragen ist, das Bestehen der Haftung nachgewiesen wird und eine Vermögensminderung aufgrund der Haftung nicht durch Vertrag ausgeschlossen oder nach Art und Weise des Geschäftsbetriebs unwahrscheinlich ist."[733] Die Anwendung des § 15a EStG Abs. 1 Satz 2 EStG (erweiterter Verlustausgleich) ist also gemäß Satz 3 des § 15a EStG nur dann ausgeschlossen, wenn die finanzielle Ausstattung der Gesellschaft und deren gegenwärtige sowie voraussichtlich zukünftige Liquidität im Verhältnis zum nach dem Gesellschaftsvertrag festgelegten Gesellschaftszweck und dessen Umfang so außergewöhnlich günstig sind, daß die finanzielle Inanspruchnahme des einzelnen zu beurteilenden Kommanditisten nicht zu erwarten ist. Dabei ist der Art und Weise des Geschäftsbetriebs im besonderen Maße Rechnung zu tragen. Das bedeutet, daß der finanziellen Ausstattung der Gesellschaft um so weniger Gewicht zukommt, je weniger der nach dem Gesellschaftsvertrag festgelegte Gegenstand des Unternehmens verlustträchtig erscheint und je weniger die für einen überschaubaren Zeitraum zu erwartende Geschäftsentwicklung auch nur kurzzeitige Liquiditätsengpässe der Gesellschaft als möglich erscheinen läßt. Bei der Gewichtung der genannten Komponenten ist ein vorsichtiger Maßstab in dem Sinne anzulegen, daß die für eine mögliche Vermögensminderung sprechenden Umstände im Zweifel eher über- denn unterzubewerten sind.[734]

„Nach der Übergangsregelung ist die Vorschrift des § 15a EStG bei Altbetrieben auf Verluste, die bis zum Wirtschaftsjahr 1984 bzw. 1984/85 entstehen, nicht anwendbar. Dies hat zur Folge, daß die Ausgleichsbeschränkung bei Altbetrieben nach § 15a Abs. 1 Satz 1 EStG erstmals im Wirtschaftsjahr 1985 bzw. 1985/86 zu beachten ist. Demzufolge ist auch erstmals für dieses Wirtschaftsjahr zu prüfen, ob die Voraussetzungen des erweiterten Verlustausgleichs vorliegen. Dafür kommt es nach der gesetzlichen Regelung nur darauf an, ob am Bilanzstichtag des Wirtschaftsjahrs 1985 oder 1985/86 oder auch an einem späteren Bilanzstichtag die Voraussetzungen des § 15a Abs. 1 Satz 2 und 3 EStG für den erweiterten Ver-

stimmte Verluste nicht als allgemein ausgleichsfähig ansieht, also einen Ausgleich mit anderen positiven Einkünften untersagt, sondern diese Verluste als sog. verrechenbare Verluste behandelt und damit deren Saldierungsmöglichkeit erheblich einschränkt, besteht bei den Stpfl. ein berechtigte Interesse an der Anerkennung eines sog. Altbetriebs (= Betriebseröffnung vor dem 11. 10. 1979). Nur so kann bzw. konnte die nachteilige Anwendung des § 15a EStG bis in das Jahr 1985 hinausgeschoben werden." Siehe auch Bordewin, Gesetz zur Änderung des Einkommensteuergesetzes und andere Gesetze, BB 1980, S. 1033 (1036–1050). Zum Begriff der Betriebseröffnung i. S. des § 52 Abs. 21 EStG s. BFH-Beschluß vom 2. 3. 1988, IV B 95/87, BStBl II S. 617.
Zu weiteren Ausnahmeregelungen hinsichtlich der Anwendung des § 15a EStG s. Rn. 744.

733 BFH-Urteil vom 26. 8. 1993, IV R 112/91, DB 1994, S. 255.

734 Siehe BFH-Urteil vom 14. 5. 1991, VIII R 111/86, BB 1991, S. 1901.

lustausgleich erfüllt sind. Ist also z. B. der Kommanditist eines Altbetriebs, dessen Wirtschaftsjahr mit dem Kalenderjahr übereinstimmt, am 31. 12. 1985 mit einer Hafteinlage von 100 000 DM in das Handelsregister eingetragen und hat er tatsächlich nur eine Einlage von 10 000 DM erbracht, so kommt es bei Erfüllung auch der übrigen Voraussetzungen zum erweiterten Verlustausgleich i. H. von 90 000 DM auch dann, wenn durch den Verlust ein negatives Kapitalkonto entsteht oder sich erhöht. Dabei ist unerheblich, ob bereits vor 1985 durch ausgleichsfähige Verluste oder in anderer Weise ein negatives Kapitalkonto entstanden ist." (BFH-Urteil vom 26. 8. 1993, IV R 112/91, a. a. O.)

Dieser Gesetzestext des § 15a EStG, dessen Verfassungsmäßigkeit nicht ernstlich zweifelhaft ist[735], verdeutlicht, daß es für die Höhe der Ausgleichsfähigkeit der den Kommanditisten zugewiesenen Verluste entscheidend auf den **Begriff des Kapitalkontos** ankommt.

495 Mit Urteil vom 14. 5. 1991[736] hat der BFH entschieden, daß bei der Ermittlung des Kapitalkontos i. S. des § 15a EStG das – positive und negative – Sonderbetriebsvermögen des Kommanditisten außer Betracht zu lassen ist. Nach dem Urteil ist für die Anwendung des § 15a EStG das Kapitalkonto nach der Steuerbilanz der KG unter Berücksichtigung etwaiger Ergänzungsbilanzen maßgeblich.

Zu der Frage, wie der Umfang des Kapitalkontos i. S. des § 15a Abs. 1 Satz 1 EStG unter Zugrundelegung dieser Rechtsprechung zu bestimmen ist, hat das BMF im Schreiben vom 24. 11. 1993[737] wie folgt Stellung genommen:

„Das Kapitalkonto i. S. des § 15a Abs. 1 Satz 1 EStG setzt sich aus dem Kapitalkonto des Gesellschafters in der Steuerbilanz der Gesellschaft und dem Mehr- oder Minderkapital aus einer etwaigen positiven oder negativen Ergänzungsbilanz des Gesellschafters (BFH vom 30. 3. 1993, BStBl II 1993 S. 706) zusammen. Bei der Ermittlung des Kapitalkontos sind im einzelnen folgende Positionen zu berücksichtigen:

1. Geleistete Einlagen; hierzu rechnen insbesondere erbrachte Haft- und Pflichteinlagen, aber auch z. B. verlorene Zuschüsse zum Ausgleich von Verlusten. Pflichteinlagen gehören auch dann zum Kapitalkonto i. S. des § 15a Abs. 1 Satz 1 EStG, wenn sie unabhängig von der Gewinn- oder Verlustsituation verzinst werden.

2. In der Bilanz ausgewiesene Kapitalrücklagen. Wenn eine KG zur Abdeckung etwaiger Bilanzverluste ihr Eigenkapital vorübergehend durch Kapitalzuführung

735 Vgl. BFH-Beschluß vom 19. 5. 1987, VIII B 104/85, BFH/NV 10/87, S. 640 ff.

736 BStBl II 1992 S. 167. Die bisherige Verwaltungsauffassung, wonach auch das Sonderbetriebsvermögen des Kommanditisten in die Ermittlung des Kapitalkontos i. S. des § 15a EStG einzubeziehen war (vgl. Abschn. 138 Abs. 2 EStR 1990), ist überholt (vgl. BMF-Schreiben vom 20. 2. 1992 BStBl I 1992 S. 123 – nebst der darin getroffenen Übergangsregelung).

737 IV B 2 – S. 2241 a – 51/93, GmbHR 1994, S. 201.

von außen im Wege der Bildung einer Kapitalrücklage erhöht, so verstärkt sich das steuerliche Eigenkapital eines jeden Kommanditisten nach Maßgabe seiner Beteiligung an der Kapitalrücklage.

3. In der Bilanz ausgewiesene Gewinnrücklagen. Haben die Gesellschafter einer KG durch Einbehaltung von Gewinnen Gewinnrücklagen in der vom Gesellschaftsvertrag hierfür vorgesehenen Weise gebildet, so verstärkt sich das steuerliche Eigenkapital eines jeden Kommanditisten nach Maßgabe seiner Beteiligung an der Gewinnrücklage.

Der Umstand, daß durch die Bildung von Kapital- (siehe Nr. 2) und Gewinnrücklagen das steuerliche Eigenkapital der KG nur vorübergehend verstärkt und die Haftung im Außenverhältnis nicht nachhaltig verbessert wird, ist für die Zugehörigkeit ausgewiesener Kapital- und Gewinnrücklagen zum Kapitalkonto i. S. des § 15a Abs. 1 Satz 1 EStG ohne Bedeutung.

4. Beteiligungskonto in Abgrenzung zu einem Forderungskonto (Darlehenskonto)

Nach § 167 Abs. 2 HGB wird der Gewinnanteil des Kommanditisten seinem Kapitalanteil nur so lange gutgeschrieben, wie dieser die Höhe der vereinbarten Pflichteinlage nicht erreicht. Nach § 169 HGB sind nicht abgerufene Gewinnanteile des Kommanditisten, soweit sie seine Einlage übersteigen, außerhalb seines Kapitalanteils gutzuschreiben.

In diesem Fall sind die auf einem weiteren Konto (Forderungskonto oder Darlehenskonto) ausgewiesenen Gewinnanteile dem Sonderbetriebsvermögen des Kommanditisten zuzuordnen, weil sie ein selbständiges Forderungsrecht des Kommanditisten gegenüber der Gesellschaft begründen.

§ 169 HGB kann jedoch durch Gesellschaftsvertrag abbedungen werden. Die Vertragspraxis hat daher ein System kombinierter Kapitalanteile mit geteilten Kapitalkonten entwickelt. Die Kapitalbeteiligung, das Stimmrecht und die Gewinn- bzw. Verlustbeteiligung richten sich regelmäßig nach dem Verhältnis der festen Kapitalanteile, wie sie auf dem sog. Kapitalkonto I ausgewiesen werden. Auf diesem Konto wird in der Regel die ursprünglich vereinbarte Pflichteinlage gebucht. Daneben wird ein zweites variables Gesellschafterkonto geführt, das eine Bezeichnung wie Kapitalkonto II, Darlehenskonto, Kontokorrentkonto o. ä. zu tragen pflegt. Dieses Konto dient dazu, über das Kapitalkonto I hinausgehende Einlagen, Entnahmen oder Gewinn- und Verlustanteile auszuweisen. Es kann aber auch Gesellschafterdarlehen aufnehmen (BFH vom 3. 2. 1988 – BStBl II 1988 S. 551). Soweit deshalb ein Gesellschaftsvertrag die Führung mehrerer Gesellschafterkonten vorschreibt, kann nicht mehr die Rechtslage nach dem HGB zugrunde gelegt werden. Vielmehr ist entscheidend darauf abzustellen, welche Rechtsnatur das Guthaben auf dem gesellschaftsvertraglich vereinbarten zweiten Gesellschafterkonto hat (BFH vom 3. 2. 1988 a. a. O.).

Werden auch Verluste auf dem separat geführten Gesellschafterkonto verrechnet, so spricht dies grundsätzlich für die Annahme eines im Gesellschaftsvermögen gesamthänderisch gebundenen Guthabens. Denn nach § 120 Abs. 2 HGB besteht der Kapitalanteil begrifflich aus der ursprünglichen Einlage und den späteren Gewinnen, vermindert um Verluste sowie Entnahmen. Damit werden stehengelassene Gewinne wie eine Einlage behandelt, soweit vertraglich nicht etwas anderes vereinbart ist; sie begründen keine Forderung des Gesellschafters gegen die Gesellschaft. Verluste mindern die Einlage und mindern nicht eine Forderung des Gesellschafters gegen die Gesellschaft. Insoweit fehlt es an den Voraussetzungen der §§ 362 bis 397 BGB.

Die Einlage einschließlich der stehengelassenen Gewinne und abzüglich der Verluste und der Entnahmen stellt damit für die Gesellschaft Eigen- und nicht Fremdkapital dar. Deshalb läßt sich die Verrechnung von Verlusten auf dem separat geführten Gesellschafterkonto mit der Annahme einer individualisierten Gesellschafterforderung nur vereinbaren, wenn der Gesellschaftsvertrag dahin verstanden werden kann, daß die Gesellschafter im Verlustfall eine Nachschußpflicht trifft und die nachzuschießenden Beträge durch Aufrechnung mit Gesellschafterforderungen zu erbringen sind (BFH vom 3. 2. 1988, a. a. O.).

Sieht der Gesellschaftsvertrag eine Verzinsung der separat geführten Gesellschafterkonten im Rahmen der Gewinnverteilung vor, so spricht dies weder für noch gegen die Annahme individualisierter Gesellschafterforderungen, weil eine Verzinsung von Fremdkapital (§ 110, § 111 HGB) und eine Verzinsung der Kapitalanteile im Rahmen der Gewinnverteilung (§ 121 Abs. 1 und 2, § 168 Abs. 1 HGB) gleichermaßen üblich und typisch sind. Sieht der Gesellschaftsvertrag eine Ermäßigung der Verzinsung entsprechend der Regelung in § 121 Abs. 1 Satz 2 HGB vor, so spricht dies allerdings für die Annahme eines noch zum Gesellschaftsvermögen gehörenden Guthabens (BFH vom 3. 2. 1988, a. a. O.)

Ob ein Gesellschafterdarlehen zum steuerlichen Eigenkapital der Gesellschaft oder zum steuerlichen Sonderbetriebsvermögen des Gesellschafters gehört, läßt sich danach nur anhand der Prüfung der Gesamtumstände des Einzelfalls anhand der vom BFH aufgezeigten Kriterien entscheiden. Die Abgrenzung eines Beteiligungskontos von einem Forderungskonto ist danach vorzunehmen, ob – nach der gesellschaftsvertraglichen Vereinbarung – auf dem jeweiligen Kapitalkonto auch Verluste verbucht werden.

5. Verlustvortrag in Abgrenzung zu Darlehen der Gesellschaft an den Gesellschafter

Nach § 167 Abs. 3 HGB nimmt der Kommanditist an dem Verlust nur bis zum Betrag eines Kapitalanteils und seiner noch rückständigen Einlagen teil. Getrennt geführte Verlustvortragskonten mindern regelmäßig das Kapitalkonto des Kommanditisten i. S. des § 15a Abs. 1 Satz 1 EStG. Dies gilt jedoch nicht, wenn die Regelung des § 167 Abs. 3 HGB von den Gesellschaftern abbedungen wird, so daß den Gesellschafter eine Nachschußpflicht trifft. Ist nach den Ausführungen zu Ziffer 4, die hier entsprechend gelten, eine selbständige Forderung der Gesellschaft gegen den Gesellschafter anzunehmen, mindert ein Verlustvortrag das Kapitalkonto i. S. des § 15 a Abs. 1 Satz 1 EStG nicht.

6. Außer Betracht zu lassen sind kapitalersetzende Darlehen. Handels- und steuerrechtlich sind eigenkapitalersetzende Darlehen als Fremdkapital zu behandeln; eine Gleichbehandlung mit Eigenkapital ist nicht möglich (BFH vom 5. 2. 1992 – BStBl II 1992 S. 532)."

Da das Sonderbetriebsvermögen eines Kommanditisten nicht in die Ermittlung 496
seines Kapitalkontos i. S. des § 15a EStG einzubeziehen ist, ergibt sich die Frage der Saldierung von Gewinnen und Verlusten aus dem Gesellschaftsvermögen mit Gewinnen und Verlusten aus dem Sonderbetriebsvermögen; hierzu hat das BFM mit Schreiben vom 15. 12. 1993[738] wie folgt Stellung genommen:

„Aus der Trennung der beiden Vermögensbereiche folgt, daß

- in die Ermittlung der ausgleichs- und abzugsfähigen Verluste nach § 15a Abs. 1 EStG nur die Verluste aus dem Gesellschaftsvermögen einschließlich einer etwaigen Ergänzungsbilanz ohne vorherige Saldierung mit Gewinnen aus dem Sonderbetriebsvermögen einbezogen werden können; nur ein nach Anwendung des § 15a Abs. 1 EStG verbleibender ausgleichs- und abzugsfähiger Verlust ist mit Gewinnen aus dem Sonderbetriebsvermögen zu saldieren
- Gewinne späterer Jahre aus dem Gesellschaftsvermögen einschließlich einer etwaigen Ergänzungsbilanz mit verrechenbaren Verlusten der Vorjahre verrechnet werden müssen (§ 15a Abs. 2 EStG) und Verluste aus dem Sonderbetriebsvermögen nur mit einem danach verbleibenden Gewinn aus dem Gesellschaftsvermögen einschließlich einer etwaigen Ergänzungsbilanz ausgeglichen werden können."

Die Abgrenzung zwischen dem Anteil am Gewinn oder Verlust der KG und dem Sonderbilanzgewinn bzw. -verlust richtet sich nach der Abgrenzung zwischen Gesellschafts- und Sonderbetriebsvermögen. Dem Kommanditisten gutgeschriebene Tätigkeitsvergütungen beruhen im Hinblick auf § 164 HGB mangels anderweitiger Vereinbarungen im Zweifel auf schuldrechtlicher Basis und sind damit als Sondervergütungen zu behandeln. Sie zählen hingegen zum Gewinnanteil aus der Personengesellschaft, wenn die Tätigkeit auf gesellschaftsrechtlicher Basis geleistet wird (vgl. BFH-Urteile vom 14. 11. 1985, BStBl II 1986 S. 58 vom 7. 4. 1987; BStBl II 1987 S. 707 vom 10. 6. 1987; BStBl II 1987 S. 816). Solange für einen Kommanditisten aufgrund der Übergangsregelung in dem BMF-Schreiben vom 20. 2. 1992 (BStBl I 1992 S. 123) das positive Sonderbetriebsvermögen in die Ermittlung des Kapitalkontos i. S. des § 15a EStG einbezogen wird, können weiterhin Verluste aus dem Gesellschaftsvermögen unter Einbeziehung einer et-

738 IV B 2 – S. 2241a – 57/93, DB 1994, S. 14.

waigen Ergänzungsbilanz mit Gewinnen des Kommanditisten aus dem Sonderbetriebsvermögen verrechnet werden, so daß nur der verbleibende Verlust der Beschränkung des § 15a Abs. 1 EStG unterliegt. In diesen Fällen können Gewinne aus dem Sonderbetriebsvermögen auch mit verrechenbaren Verlusten der Vorjahre verrechnet werden (§ 15a Abs. 2 EStG).

Für Entnahmen aus dem Sonderbetriebsvermögen während der Anwendung der Übergangsregelung in dem BMF-Schreiben vom 20. 2. 1992 (BStBl I 1992 S. 123) kommt auch eine Gewinnzurechnung aufgrund von Einlageminderungen unter den Voraussetzungen des § 15a Abs. 3 EStG in Betracht.

497 Nach § 15a Abs. 3 Satz 1 EStG ist einem Kommanditisten der Betrag einer **Einlageminderung** als Gewinn zuzurechnen.

Nach Satz 4 des § 15a Abs. 3 EStG mindern die zuzurechnenden Beträge die Gewinne des Jahres der Zurechnung oder der Folgejahre. Bei einer Einlageminderung werden danach im Ergebnis ausgleichsfähige Verluste der Vorjahre in nur verrechenbare Verluste umgewandelt.

Der Gesetzgeber hat davon abgesehen, für den umgekehrten Fall der **Einlageerhöhung** eine entsprechende Regelung zu treffen, nämlich dahin, daß verrechenbare Verluste bzw. Werbungskostenüberschüsse aus den Vorjahren im Jahr der Einlage zu ausgleichsfähigen Verlusten bzw. Werbungskostenüberschüssen umgewandelt werden. Wie sich aus dem Bericht des Finanzausschusses zum Entwurf des entsprechenden Einkommensteueränderungsgesetzes ergibt (BT-Dr. 8/4157, S. 3), ist der Gesetzgeber der Anregung des Wirtschaftsausschusses des Bundestages nicht gefolgt und hat Einlageerhöhungen ungeregelt gelassen.

Die BFH-Rechtsprechung hat offengelassen, ob in entsprechender Anwendung des § 15 Abs. 3 EStG (Einlageminderung) oder verfassungskonformer Auslegung dieser Vorschrift es möglich ist, daß bei Einlageerhöhungen verrechenbare Werbungskostenüberschüsse der Vorjahre in ausgleichsfähige Werbungskostenüberschüsse des Jahres der Einlage umgewandelt werden. Die Möglichkeit käme nur in Betracht, wenn der Kommanditist oder sonst nur beschränkt haftende Gesellschafter Einlagen vornimmt, d. h., der Gesellschaft aus seinem Privatvermögen Mittel zuführt. Keinesfalls kann dieser Gedanke greifen, wenn die KG ein Grundstück veräußert und den Veräußerungsgewinn den Kapitalkonten der Gesellschafter gutschreibt, die Erhöhung des Kapitalkontos stellt keine Einlage dar, da der Gewinn nicht von den Kommanditisten erzielt und in die KG eingelegt, sondern von der KG erwirtschaftet wird.[739]

739 Siehe BFH-Beschluß vom 28. 3. 1994, IX B 81/93, GmbHR 1994, S. 823. Diese Auffassung gilt auch bei Einkünften aus Vermietung und Verpachtung der KG (§ 15a Abs. 3 Satz 1 i. V. m. § 21 Abs. 1 Satz 2 EStG).

cc) Änderung der im Gesellschaftsvertrag festgelegten Gewinnverteilung

Aus den grundlegenden Urteilen des BFH vom 15. 11. 1967 und vom 25. 4. 1968 498
ergeben sich keine unmittelbaren Hinweise für die Beantwortung der Frage, unter welchen Voraussetzungen eine Änderung der im Gesellschaftsvertrag einer GmbH & Co. KG festgelegten Gewinnverteilung auch steuerlich gefolgt werden kann. Derartige Vertragsänderungen werden vor allem dann in Betracht kommen, wenn die bislang festgelegte Gewinnquote der Komplementär-GmbH auf eine Höhe zurückgeführt werden soll, die man nach den neueren Erkenntnissen des BFH noch als angemessen ansehen kann.

Die Finanzverwaltung vertritt hierzu folgende Auffassung[740]: Ebenso wie eine Änderung anderer vertraglicher Vereinbarungen zwischen Gesellschaft und Gesellschafter – z. B. Vereinbarungen über Mietzins eines von dem Gesellschafter zur Verfügung gestellten Gegenstandes, Erhöhung der Zinsen eines gewährten Darlehens – wird man auch eine Änderung der Gewinnverteilung für die Zukunft grundsätzlich als zulässig ansehen müssen, ohne daß hierin eine verdeckte Gewinnausschüttung an die Kommanditisten zu erblicken ist. Das kann allerdings uneingeschränkt nur für solche Fälle der Anpassung der Gewinnquoten gelten, in denen der Gesellschaftsvertrag zum Änderungszeitpunkt tatsächlich kündbar ist. Wenn es hingegen an einer Kündigungsmöglichkeit für den Gesellschaftsvertrag fehlt, wird die Minderung der Gewinnquote einer Komplementär-GmbH nur dann nicht als verdeckte Gewinnausschüttung zu beurteilen sein, wenn davon ausgegangen werden kann, daß die Änderung auch unter Fremden vereinbart würde. Würde sich also ein fremder Dritter mit einer Änderung der Gewinnverteilung zu einem Zeitpunkt, zu dem der Gesellschaftsvertrag nicht kündbar ist, einverstanden erklären, so wäre diese Änderung auch steuerlich anzuerkennen. Insoweit sind die Verhältnisse des Einzelfalles ausschlaggebend.

Dem entspricht die BFH-Rechtsprechung. So hat der BFH im Urteil vom 16. 5. 1974[741] folgende Grundsätze aufgestellt: Wird durch die Gesellschaftsvertragsänderung der Gewinnanteil der Komplementär-GmbH gesenkt, während sich die Gewinnanteile der Kommanditisten entsprechend erhöhen, so kommt eine verdeckte Gewinnausschüttung in Betracht, wenn die GmbH fremden Dritten gegenüber – d. h. bei der GmbH & Co. KG Kommanditisten gegenüber, die nicht Gesellschafter der GmbH sind – der Änderung der Gewinnverteilung ihre Zustimmung versagt hätte und hätte versagen können. Dabei macht es keinen Unterschied, ob die Veränderung durch eine unmittelbare Änderung der Gewinnverteilung oder durch eine Kapitalerhöhung unter Ausschluß der GmbH bewirkt wurde.

Dornfeld[742] kommentiert dieses Urteil wie folgt: „Trotz der zahlreichen Anregungen des Schrifttums, auf die dieses Urteil teilweise eingeht, die Annahme einer

740 FinBeh Hamburg, koord. Erlaß vom 13. 4. 1970, 52 – S. 2252 – 23/67, DStZ B 1970, S. 194/195.
741 IV R 90/77, GmbHR 1974, S. 187.
742 Urteilsanmerkung in GmbHR 1974, S. 190 f.

verdeckten Gewinnausschüttung in solchen Fällen auszuschließen, hat der BFH eine ganz auf der Linie der bisherigen Rechtsprechung liegende Entscheidung gefällt. Der BFH bestätigt damit abermals die extensive Auslegung des Begriffs der verdeckten Gewinnausschüttung und die Ablehnung einer differenzierten Betrachtungsweise, auch wenn diese von recht erheblichen Erwägungen gestützt werden könnte. Es liegt auf der Linie der Rechtsprechung, eine verdeckte Gewinnausschüttung in Fällen wie dem vorliegenden nur dann anzunehmen, wenn eine Anpassungsmöglichkeit durch Kündigung des Gesellschaftsvertrages nicht möglich ist. Dabei kommt es nicht darauf an, daß diese Kündigung tatsächlich ausgesprochen wird, sondern daß sie rechtlich im Zeitpunkt der Vertragsänderung möglich gewesen wäre. In diesem Falle ist aber das außerordentliche Kündigungsrecht dem ordentlichen Kündigungsrecht gleichzustellen, da beide Möglichkeiten in gleicher Weise eine Vertragsrevision zulassen. Eine außerordentliche Kündigungsmöglichkeit wird sich nach Lage vieler Gesellschaftsverträge daraus ergeben, daß eine steuerlich ungünstige Situation im Interesse der Gesellschafter nicht aufrechterhalten werden sollte. Ein solches außerordentliches Kündigungsrecht steht auch dem Kommanditisten zu, so daß die Fiktion des fremden Dritten, die hier möglicherweise eine Kündigung durch die GmbH wiederum ausschließen würde, nicht herangezogen werden muß. Die Möglichkeit einer außerordentlichen Kündigung im Zeitpunkt der Vertragsänderung hat der BFH im vorliegenden Fall ebenfalls nicht in Erwägung gezogen. Dem Urteil kann zugestimmt werden, wenn man die dogmatisch verhärtete Definition der verdeckten Gewinnausschüttung akzeptiert."[743]

dd) Verdeckte Gewinnausschüttungen

499 Eine verdeckte Gewinnausschüttung wird immer dann angenommen, wenn den Gesellschaftern einer Kapitalgesellschaft neben oder anstelle einer förmlichen Gewinnausschüttung Vorteile zugewendet werden, die die Gesellschaft Personen, die der Gesellschaft fremd gegenüberstehen, nicht zuwenden würde. Unbedeutend ist es hier, unter welcher Bezeichnung und aufgrund welchen Rechtsanspruchs dies geschieht. Beispiele für verdeckte Gewinnausschüttungen werden – keineswegs erschöpfend – bereits in Abschn. 31 KStR genannt. Zwar ist die GmbH & Co. keine Kapitalgesellschaft, trotzdem kann sich auch bei dieser Gesellschaftsform eine verdeckte Gewinnausschüttung ergeben, und zwar auf den Ebenen der[744]

- Gewinnverteilung,
- Geschäftsführungsvergütung einschließlich Sondervergütungen,
- Rechtsgeschäfte zwischen der GmbH & Co. und ihren Gesellschaftern.

743 Siehe hierzu auch Ganßmüller, Änderung der Gewinnverteilung bei der GmbH & Co. KG, GmbHR 1975, S. 115.
744 In Anlehnung an Schulze zur Wiesche, Die Familien-GmbH & Co. KG, WPg 1987, S. 439/440.

dda) Unangemessene Gewinnverteilung

Der klassische Fall verdeckter Gewinnausschüttung bei der GmbH & Co. ist also 500
dann gegeben, wenn die Komplementär-GmbH am Gewinn der Gesellschaft zu niedrig beteiligt ist. Hierin wird ein Verzicht der GmbH zugunsten ihrer Gesellschafter, die gleichzeitig Kommanditisten sind, gesehen, insbesondere dann, wenn ein Fremder auf eine angemessene (übliche) Beteiligung am Gewinn nicht verzichten würde (so schon FG Bremen, Urteil vom 4. 5. 1962).[745] Hierzu ein Beispiel[746]:

Der A-GmbH als Komplementärin der A und B GmbH & Co. KG ist gesellschaftsvertraglich eine Gewinnbeteiligung von 2 % eingeräumt; hieraus ergibt sich ein durchschnittlicher jährlicher Gewinnanteil von 4 000,– DM. Notwendig für eine angemessene (unter Freunden übliche) Kapitalabgrenzung wäre ein Betrag von 10 000,– DM gewesen, was einer Gewinnbeteiligung von 5% entspricht. Der Unterschied von 3% stellt sich als Gewinnverzicht der Komplementär-GmbH zugunsten ihrer Gesellschafter dar und ist demzufolge bei der GmbH als eine verdeckte Gewinnausschüttung zu behandeln.

Auch wenn die Gewinnverteilung unter den Gesellschaftern später in der Weise geändert wird, daß die GmbH einen geringeren Anteil am Gewinn erhält – dies kann nicht nur durch eine Herabsetzung des Gewinnanteils, sondern auch mittelbar durch Erhöhung der Vergütungen der Kommanditisten für ihre Mitarbeit oder für die Überlassung von Wirtschaftsgütern geschehen –, so muß darauf geachtet werden, daß dies nicht zu einer verdeckten Gewinnausschüttung führt. Auch hier muß die Prüfung unter dem Gesichtspunkt erfolgen, ob ein Dritter, der nicht Gesellschafter ist, mit einer solchen Vereinbarung einverstanden wäre. Hierzu hat der BFH im Urteil vom 25. 11. 1976[747] entschieden: Wird in einer typischen GmbH & Co. die Gewinnverteilungsabrede in der Weise geändert, daß die Gewinnanteile der Kommanditisten erhöht und der Gewinnanteil der GmbH vermindert wird, so ist die Zustimmung der GmbH zu dieser Vertragsänderung dann keine verdeckte Gewinnausschüttung, wenn ein ordentlicher und gewissenhafter Geschäftsleiter der Änderung zugestimmt hätte, weil sich der der GmbH verbleibende Gewinnanteil immer noch als hochwertig darstellt und weil die GmbH nach den Umständen des Einzelfalles bei einem Ausscheiden der Kommanditisten durch Kündigung außerstande gewesen wäre, das Unternehmen mit ähnlichem Erfolg allein weiterzuführen.

Ebenfalls am 25. 11. 1976 hat der BFH[748] entschieden: Wird bei einer GmbH & Co. durch eine Kapitalerhöhung eine Veränderung der für die Gewinnverteilung maßgeblichen Beteiligungsverhältnisse dadurch herbeigeführt, daß die GmbH, ob-

745 S. 1188 und 209/60, EFG 1963, S. 55.
746 In Anlehnung an Schulze zur Wiesche, a. a. O., WPg 1987 S. 440/441.
747 IV R 38/73, BStBl 1977 S. 477.
748 IV R 90/72, BStBl II 1977 S. 467.

wohl sie hierzu berechtigt und in der Lage war, an der Kapitalerhöhung nicht teilnimmt, so kann hierin eine verdeckte Gewinnausschüttung in der Form des Übergangs eines Bruchteils des Gesellschaftsanteils der GmbH auf die Kommanditisten liegen.

ddb) Unangemessenes Geschäftsführergehalt

501 Das Problem der verdeckten Gewinnausschüttung taucht auch dann auf, wenn die dem Gesellschafter-Geschäftsführer der GmbH gewährten Bezüge einschließlich eventueller Pensionszusagen[749] im oben bezeichneten Sinne „unangemessen" sind. Zu unterscheiden sind zwei Fälle:

(1) Die GmbH gewährt ihrem Geschäftsführer ein „unangemessenes" Gehalt, erhält aber selbst von der Kommanditgesellschaft nur einen bestimmten Betrag als Kostenerstattung, der niedriger ist als das Geschäftsführergehalt. Hier liegt die verdeckte Gewinnausschüttung darin, daß die GmbH durch überhöhte Betriebsausgaben Gewinnausschüttungen an die Gesellschafter vorwegnimmt.

(2) Die Kommanditgesellschaft erstattet der GmbH das „unangemessene" Gehalt des Gesellschafter-Geschäftsführers, der gleichzeitig Kommanditist ist, in voller Höhe. Der verteilungsfähige Restgewinn der KG wird dadurch gedrückt, also auch der Anteil, der auf die GmbH entfällt. Hier liegt die verdeckte Gewinnausschüttung darin, daß zugunsten des GmbH-Gesellschafters Gewinnanteile der GmbH vorenthalten werden.

Zum Fall (1) hat der BFH im Urteil vom 18. 2. 1966[750] Stellung genommen. Ohne auf die vorhergehende Rechtsprechung einzugehen, bewertete der VI. Senat überhöhte Gehaltszahlungen als verdeckte Gewinnausschüttungen der GmbH an ihren Gesellschafter. Die Inkonsequenz dieser Rechtsprechung zeige sich darin, so führen Böttcher-Beinert[751] aus, daß der Gehaltsanteil, der als überhöht angesehen wurde, beim Gesellschafter selbst den Einkünften aus Kapitalvermögen zugerechnet wurde. Wenn einerseits die Tätigkeitsvergütung als von der GmbH & Co. KG bezogen gelte, so könne doch auch der überhöhte Teil der Tätigkeitsvergütung nur zu den gewerblichen Einkünften und nicht zu denen aus Kapitalvermögen gerechnet werden. Da die Rechtsprechung doch gerade davon ausgehe, daß die Tätigkeitsvergütung von der GmbH & Co. bezogen wird, fehle es an jeder Voraussetzung für die Annahme einer verdeckten Gewinnausschüttung; im Verhältnis zwischen einer Personengesellschaft und ihrem Gesellschafter gäbe es eine solche nicht. Es könne sich die Frage der verdeckten Gewinnausschüttung erst im Zusam-

749 Vgl. hierzu auch: Versorgungsbezüge bei Gesellschafter-Gesellschaftsführern und Spannungsklauseln, DB 1980, S. 471 und die dort zitierte Rechtsprechung.
750 VI 218/64, BStBl III 1966 S. 250.
751 A. a. O., S. 78.

menhang mit der Verteilung des nach Abzug der Tätigkeitsvergütung verbleibenden Restgewinns auf die Gesellschafter der GmbH & Co. stellen.

Im Rahmen dieser Gewinnverteilung müsse die GmbH einen Gewinnanteil erhalten, der wirtschaftlich angemessen ist.[752]

Der Ansicht von Böttcher-Beinert kann nicht zugestimmt werden, da u. E. verkannt wird, daß die Rechtsprechung hinsichtlich des Charakters der Tätigkeitsvergütung immer davon ausgeht, daß der GmbH das volle Geschäftsführergehalt ersetzt wird. In diesen Fällen, die dem oben geschilderten Fall (2) entsprechen, ist die Tätigkeitsvergütung tatsächlich von der KG bezogen und demnach den Einkünften aus Gewerbebetrieb zuzurechnen. Im Fall (1) jedoch mindern die überhöhten Gehälter das *eigene* Einkommen der GmbH und sind somit verdeckte Gewinnausschüttungen im eigentlichen Sinne, also Einkünfte aus Kapitalvermögen beim Gesellschafter.

Eine verdeckte Gewinnausschüttung liegt auch dann vor, wenn die GmbH an ihren Gesellschafter-Geschäftsführer eine Tantieme ohne Erstattung seitens der GmbH & Co. zahlt; das FG Nürnberg[753] hat hierzu folgenden Grundsatz geprägt: „Sind an einer GmbH & Co. KG eine GmbH als Komplementär und ihr beherrschender Gesellschafter-Geschäftsführer als einziger Kommanditist beteiligt und gewährt die GmbH ihrem Gesellschafter-Geschäftsführer für die in der Verwaltung der KG bestehende Geschäftsführertätigkeit eine Tantieme, deren Höhe nicht von vornherein klar und eindeutig festgesetzt ist, so liegt eine verdeckte Gewinnausschüttung der GmbH an ihren Gesellschafter-Geschäftsführer vor; auf die Angemessenheit der Gewinnverteilung zwischen den Gesellschaftern der KG kommt es insoweit nicht an.“

ddc) Zu niedriger Veräußerungspreis

Nach dem BFH-Urteil[754] vom 6. 8. 1985 ist der Tatbestand der verdeckten Gewinnausschüttung auch dann gegeben, wenn eine GmbH & Co. KG, vertreten durch die geschäftsführende GmbH, Wirtschaftsgüter des Betriebsvermögens der KG unter dem erzielbaren Marktpreis an eine einem Gesellschafter der GmbH und gleichzeitig Kommanditisten nahestehende Person verkauft; der verdeckte Wertabfluß in Höhe der Beteiligungsquote der GmbH an der KG stellt eine verdeckte Gewinnausschüttung dar. Der verdeckte Wertabfluß ist als verdeckte Entnahme anzusehen, die mangels abweichender Gesellschaftsabrede den Gewinnanteil des Kommanditisten erhöht. 502

752 Vgl. Rn. 501 und 515.
753 Urteil vom 8. 9. 1971, V 88/68 – rechtskräftig –, EFG 1972, S. 126.
754 VIII R 280/81, BStBl II 1986 S. 17.

cc) Verdeckte Einlage

503 Will ein Kommanditist, der auch Gesellschafter der Komplementär-GmbH ist, durch Einräumung eines überhöhten Gewinnanteils an die GmbH gewährleisten, daß die GmbH von den Möglichkeiten des Verlustabzugs § 10d EStG Gebrauch machen kann, so kann dieser Verzicht des Kommanditisten auf die ihm sonst zustehende Gewinnbeteiligung seinen Gewinnanteil i. S. von § 15 Abs. 1 Satz 1 Nr. 2 EStG nicht beeinflussen, da die Gewinnverteilung ihre Erklärung nicht in den Verhältnissen der KG, sondern in anderen Beziehungen zwischen den Gesellschaftern findet.

Hieraus ergeben sich auch Folgerungen für die KSt-Pflicht der GmbH. Die Zubilligung der überhöhten Gewinnbeteiligung führt in ihrer Bilanz zu einer Vermögensmehrung; denn der GmbH steht nunmehr ein höherer Anteil am Vermögenszuwachs und damit insgesamt am Vermögen der KG zu. Da diese Vermögensmehrung auf eine Zuwendung ihres Gesellschafters zurückgeht, die ihre Ursache im Gesellschaftsverhältnis hat, aber nicht im Rahmen einer gesellschaftsrechtlichen Einlage erfolgt, ist darin eine verdeckte Einlage i. S. des Körperschaftsteuerrechts zu sehen. Sie kann den steuerrechtlichen Gewinn der Kapitalgesellschaft nicht mehren, sondern ist im Vermögensvergleich gemäß § 4 Abs. 1 Satz 4 EStG vom Ergebnis abzuziehen.[755]

c) Feststellung der Einkünfte

aa) Einheitliche und gesonderte Gewinnfeststellung

504 Die GmbH & Co. KG wird, obgleich an ihr eine Kapitalgesellschaft beteiligt ist, einkommensteuerlich als Personengesellschaft behandelt.[756] Der Einkommen- und Körperschaftsteuer unterliegen die einzelnen Gesellschafter, und zwar die natürlichen Personen – also i. d. R. die Kommanditisten – der Einkommensteuer, die Kapitalgesellschaft – also i. d. R. die Komplementärin – der Körperschaftsteuer. Die Personengesellschaft ist insoweit nicht selbständiges Steuersubjekt, vielmehr wird die Teilhaberschaft an ihr als selbständiger Gewerbebetrieb jedes einzelnen Mitunternehmers angesehen. „Die einheitliche Bilanz des Unternehmens ist steuerlich nur eine Zusammenfassung der an sich für jeden einzelnen Mitunternehmer besonders aufzustellenden Bilanz.“[757] Es werden jedoch nicht Einzelbilanzen erstellt, sondern für die Gesellschaft insgesamt eine einheitliche Bilanz. Demgemäß wird auch der Gewinn der GmbH & Co. KG einschließlich des auf die GmbH entfallenden Gewinnanteils nach § 180 AO einheitlich (für alle beteiligten Gesellschafter) und gesondert (unabhängig von allen anderen in den Personen der Gesellschafter liegenden steuerlich relevanten Merkmalen) festgestellt. Bei einer sol-

755 BFH-Urteil vom 23. 8. 1990, IV R 71/89, DB 1991, S. 630 im Anschluß an BFH-Urteil vom 26. 6. 1964, VI 296/62 U, BStBl III S. 619.
756 Vgl. BFH-Urteil vom 16. 9. 1958, I 351/56 U; BStBl III S. 462.
757 RFH-Urteil vom 14. 7. 1937, VI A 422/37; RStBl S. 937.

chen Feststellung der Einkünfte der Gesellschafter aus einer Personengesellschaft müssen auch die betrieblichen Sondereinnahmen und Sonderaufwendungen jedes Gesellschafters, die im Abschluß der Personengesellschaft noch nicht erfaßt sind, im Rahmen einer einheitlichen Gewinnfeststellung berücksichtigt werden.[758] Hierzu gehören auch die Gewinnausschüttungen der GmbH an einen Gesellschafter, der gleichzeitig Kommanditist der Personengesellschaft ist.[759] Im Rahmen dieser einheitlichen Erklärung erfolgt sodann die Feststellung der auf den einzelnen Gesellschafter entfallenden Einkünfte aus Gewerbebetrieb. Diese unterliegen gemäß § 2 Abs. 3 Ziff. 2 i. V. m. § 15 Abs. 1 Ziff. 2 EStG bei den natürlichen Personen der Einkommensteuer, während die GmbH ihren Gewinnanteil und etwa außerhalb der GmbH & Co. KG anfallende Einkünfte der Körperschaftsteuer zu unterwerfen hat. Im übrigen richtet sich die Ermittlung und Besteuerung des Gewinns der GmbH & Co. KG nach den allgemeinen, für Personengesellschaften geltenden Regeln.

Zur Ermittlung des Gesamtgewinns der Mitunternehmerschaft bedarf es der Gewinnermittlung der GmbH & Co. und der Hinzurechnung des Ergebnisses etwaiger Sonderbilanzen der einzelnen Gesellschafter. Der Gesamtgewinn eines Gesellschafters wird in zwei Stufen ermittelt

1. Stufe = Gewinnanteil an der GmbH & Co.,
2. Stufe = Ergebnis von Sonder-/Ergänzungsbilanzen (Sonderbetriebseinnahmen, Sonderbetriebsausgaben).[760]

bb) Sonderbetriebseinnahmen

Nach der BFH-Rechtsprechung[761] sind Gewinnausschüttungen einer Komplementär-GmbH an die an der Gesellschaft beteiligte Kommanditisten als Sonderbetriebseinnahmen bei der Ermittlung der gewerblichen Einkünfte des Kommanditisten zu erfassen und erhöhen den Gewinn der Kommanditgesellschaft. 505

cc) Sonderbetriebsausgaben

Jeder einzelne Mitunternehmer, also auch die Komplementär-GmbH, wird einkommensteuerlich (körperschaftsteuerlich) als selbständiger Gewerbetreibender behandelt. Ausgaben eines Mitunternehmers, die dazu dienen sollen, die Beziehungen des Mitunternehmers zum Gewinn des Gewerbebetriebs in Ordnung zu bringen, die also unmittelbar mit der Erzielung der gewerblichen Einkünfte in Zusammenhang stehen, können somit den Gewinn des Mitunternehmers mindern, auch wenn sie nicht durch die Bücher des Betriebs laufen und andere Unternehmer nicht berühren. Diese Betriebsausgaben sind bei der einheitlichen Gewinnfest- 506

758 OFH-Urteil vom 7. 12. 1949, I 18/48; StuW 1950, Nr. 41.
759 BFH-Urteil vom 5. 12. 1979, I R 184/76, GmbHR 1980, S. 92.
760 Siehe Tillmann, a. a. O., S. 396 bzw. Rn. 924.
761 BFH-Urteil vom 15. 10. 1975, I R 16/73, BFHE 117/164 und vom 5. 12. 1979, I R 184/76, FR 1980, S. 222.

stellung zu berücksichtigen. Es ist dabei gleichgültig, ob diese Betriebsausgaben in den Jahresabschluß der GmbH & Co. KG eingearbeitet werden oder ob sie bei der Ermittlung des Einkommens aus dem Betrieb für den einzelnen Mitunternehmer vom Finanzamt außerhalb der Bilanzen und vielleicht auch gegen den Willen der anderen Mitunternehmer bei der Gewinnfeststellung abgerechnet werden.[762] Der Gesellschafter einer Personengesellschaft kann ihm erwachsende Sonderbetriebsausgaben grundsätzlich nur im Verfahren der einheitlichen und gesonderten Gewinnfeststellung, nicht auch im Einkommensteuerveranlagungsverfahren geltend machen. Ist es aber auf das Verhalten des Finanzamtes zurückzuführen, daß der Steuerpflichtige die Sonderbetriebsausgaben erst im Einkommensteuerveranlagungsverfahren geltend macht, so kann der Grundsatz von Treu und Glauben ausnahmsweise die Berücksichtigung im Einkommensteuerveranlagungsverfahren rechtfertigen.[763]

Sonderbetriebsausgaben können in vielfältiger Form anfallen. Für die GmbH & Co. KG bedeutsam sind vor allem diejenigen Ausgaben, die bei der Komplementär-GmbH in Zusammenhang mit der Geschäftsführung angefallen sind.

Im Verfahren der einheitlichen Gewinnfeststellung werden zunächst die Gewinnanteile lt. Handelsbilanz auf die einzelnen Gesellschafter verteilt. Für die Komplementär-GmbH erhöht sich dieser Gewinnanteil um den Betrag der Kostenerstattung der GmbH & Co. KG an die GmbH. Andererseits kann die GmbH die im Zusammenhang mit den Einkünften aus der GmbH & Co. KG angefallenen Ausgaben als Sonderbetriebsausgaben, genau wie eine natürliche Person, bei der einheitlichen Gewinnfeststellung geltend machen.

Nach diesen Ausführungen muß unter der Voraussetzung, daß die GmbH nur Einkünfte aus der GmbH & Co. KG bezieht und andererseits alle Ausgaben der GmbH als Sonderbetriebsausgaben angesehen werden, der Gewinnanteil der GmbH lt. einheitlicher Gewinnfeststellung mit dem Gewinn lt. G+V-Rechnung der GmbH übereinstimmen.

Die allgemeine Praxis, die der Komplementär-GmbH die für Rechts-und Beratungskosten, Abschlußerstellung incl. Steuererklärungen und IHK-Mitgliedschaft entstandenen Aufwendungen als Sonderbetriebsausgaben im Rahmen der einheitlichen und gesonderten Gewinnfeststellung der KG zu zeigen,[764] wird vom FG Münster[765] nicht geteilt. Das FG Münster vertritt die Auffassung, daß „der Komplementär-GmbH entstandene Kosten, die von den Kommanditisten der KG ersetzt werden, nur dann als Sonderbetriebsausgaben der GmbH bei der Gewinnermittlung der GmbH & Co. KG abgezogen werden können, wenn sie durch die Be-

762 RFH-Urteil vom 14. 7. 1937, VI A 422/37, RStBl S. 937.
763 BFH-Urteil vom 25. 8. 1961, VI 202/60 U, BStBl III S. 491.
764 Die Aufwendungen wirken sich also auch gewerbesteuermindernd aus.
765 FG Münster, Urteil vom 21. 2. 1994, 9 K 5855/90 F – nicht rechtskräftig –, GmbHR 1994, S. 567.

teiligung der GmbH an der KG veranlaßt sind; IHK-Beiträge und Kosten für die Aufstellung des GmbH-Jahresabschlusses sind insoweit nicht abzugsfähig."

Zur Begründung führt das FG Münster an, daß IHK-Beiträge und Jahresabschlußkosten nicht durch die Tätigkeit als phG, sondern durch ureigene Verpflichtungen der Komplementär-GmbH – Zwangskammerzugehörigkeit aufgrund der im Gesellschaftsvertrag vereinbarten gewerblichen Tätigkeit, gesetzliche Verpflichtung zur Abschlußerstellung und Steuererklärungsabgabe – veranlaßt sind[766]. Dieser Auffassung widerspricht Flohe[767] zu Recht, da „der Sonderbetriebsausgaben-Begriff nicht zwischen rechtsformabhängigen und tätigkeitsbezogenen Aufwendungen differenziert, sondern allein und entscheidend darauf abstellt, ob der Anlaß für die Aufwendungen im sonderbetrieblichen Bereich liegt. Das ist hier der Fall: der Anlaß für die Aufwendung liegt im betrieblichen Bereich, der Wahrnehmung des Gesellschaftszwecks durch die Tätigkeit als persönlich haftende Gesellschaftsform".

Übt die GmbH noch eine andere Tätigkeit neben der Geschäftsführung für die GmbH & Co. KG aus, so wird sie auch daraus Einkünfte beziehen; andererseits sind dann nicht mehr sämtliche Ausgaben der GmbH nur im Zusammenhang mit der Geschäftsführung entstanden, so daß nicht nur Sonderbetriebsausgaben vorliegen.

Wie in den Fällen, in denen die GmbH einen eigenen Geschäftsbetrieb unterhält, die Kosten so aufgeteilt werden können, daß sie teils als Sonderbetriebsausgaben, teils als eigene Betriebsausgaben geltend gemacht werden können, ist nur anhand jedes Einzelfalls zu entscheiden. Es wird Fälle geben, in denen buchhalterisch eine Trennung möglich ist. Jedoch wird beim überwiegenden Teil solcher Gesellschaften eine schätzungsweise Aufteilung vorgenommen werden müssen.

Für die Kommanditisten ist bedeutsam, daß „Aufwendungen, die ihre Ursache in der Beteiligung haben, z. B. für einen Kredit zum Erwerb der Beteiligung, als Sonderbetriebsausgaben abzugsfähig sind"[768].

dd) Verdeckte Gewinnausschüttungen

Ist die Gewinnverteilung einer GmbH & Co. KG derart gestaltet, daß die GmbH 507
einen unangemessen niedrigen Gewinnanteil erhält, so liegt nach der Rechtsprechung des BFH in Höhe der Differenz zwischen dem fiktiven angemessenen und dem tatsächlich vereinbarten Gewinnanteil eine verdeckte Gewinnausschüttung an die Gesellschafter der GmbH vor. Denn die GmbH kann dann nur noch aus betrieblich nicht gerechtfertigten, in ihren Beziehungen zu ihren Gesellschaftern lie-

766 Die Folge der Qualifizierung als Betriebsausgaben der GmbH sind, daß bei der GmbH keine Gewerbesteuerminderung über § 8 Nr. 8 und § 9 Nr. 2 GewStG erreicht werden kann.
767 Sonderbetriebsausgaben – Abzug bei der GmbH & Co. KG, GmbHR 1994, S. 530.
768 Tillmann, Handbuch, a. a. O., S. 420 bzw. Rn. 965.

genden Gründen auf einen Teil des ihr zustehenden Gewinns verzichtet haben. Da die Frage, ob die GmbH zugunsten der Kommanditisten auf einen an sich ihr zustehenden Gewinnanteil verzichtet, also aus körperschaftsteuerlicher Sicht eine verdeckte Gewinnausschüttung vorgenommen hat, von der im Verfahren der einheitlichen Gewinnfeststellung zu beantwortenden Frage abhängt, ob die vereinbarte Gewinnverteilung steuerlich als angemessen anerkannt werden kann, ist die verdeckte Gewinnausschüttung im Verfahren der einheitlichen Gewinnfeststellung der GmbH & Co. KG zu prüfen und für das Körperschaftsteuerveranlagungsverfahren der GmbH bindend.

Ist ein höherer Gewinnanteil angemessen, so gilt es als von der GmbH bezogen und ist der Körperschaftsteuer zu unterwerfen, weil auch für den Gewinn einer GmbH der Bescheid über die einheitliche Gewinnfeststellung bindender Grundlagenbescheid ist. Da sich aber der Gewinn der GmbH tatsächllich nicht mehr in ihrem Vermögen befindet, muß er ausgeschüttet sein, und zwar nicht offen, sondern im Wege der verdeckten Gewinnausschüttung.

cc) Verspätungszuschlag gegen Geschäftsführer bei nicht rechtzeitiger Abgabe der Steuererklärung

Kommt eine GmbH & Co. KG ihrer Verpflichtung zur rechtzeitigen Abgabe der (Gewinn)Feststellungserklärung (und der Vermögensaufstellung) nicht nach, so kann das Finanzamt gegen den Geschäftsführer der die Geschäfte der KG führenden GmbH einen Verspätungszuschlag festsetzen.[769] Die Festsetzung eines Verspätungszuschlages ist jedoch nicht zulässig, wenn die Steuererklärung, wegen deren verspäteter Abgabe ein Verspätungszuschlag festgesetzt werden soll, zu einer Steuerfestsetzung von 0,– DM führt.

d) Besteuerung der Einkünfte bei den Kommanditisten

aa) Angemessene Gewinnanteile

508 Die Kommanditisten, soweit es sich um natürliche Personen handelt, unterliegen mit ihren Einkünften aus der Mitunternehmerschaft der Einkommensteuer. Die Höhe der Einkünfte wird wie weiter oben dargestellt durch die einheitliche Gewinnfeststellung der GmbH & Co. KG ermittelt. Diese Einkünfte stellen für den Gesellschafter, unabhängig davon, ob sich die Beteiligung in einem Betriebsvermögen oder einem Privatvermögen befindet, Einkünfte aus Gewerbebetrieb dar, die in seiner persönlichen Einkommensteuererklärung dementsprechend zu deklarieren sind. Der maximale Einkommensteuersatz beträgt 47 % (§ 32c EStG).

In den Fällen, in denen die Kommanditisten gleichzeitig an der Komplementär-GmbH beteiligt sind und die GmbH Ausschüttungen vornimmt, stellen diese Ausschüttungen bei den Gesellschaftern Einkünfte aus Gewerbebetrieb, nicht Ein-

769 Siehe BFH-Urteil vom 27. 6. 1989, VIII R 73/84, GmbHR 1990, S. 182.

künfte aus Kapitalvermögen dar. Sie sind als Sonderbetriebseinnahmen bei der Ermittlung der gewerblichen Einkünfte des Kommanditisten im Rahmen der einheitlichen und gesonderten Gewinnfeststellung der Kommanditgesellschaft zu erfassen (und erhöhen den Gesamtgewinn der Kommanditgesellschaft).[770]

bb) Verdeckte Gewinnausschüttungen

Die im Verfahren der einheitlichen Gewinnfeststellung mitzubehandelnde verdeckte Gewinnausschüttung[771] hat aber neben der körperschaftsteuerlichen Seite[772] auch eine die Kommanditisten betreffende einkommensteuerliche Seite. 509
Werden ihre Gewinnanteile fiktiv zugunsten der GmbH gemindert, so ist damit entschieden, daß die GmbH fiktiv mehr hätte erhalten müssen, daß sie also zugunsten der Kommanditisten auf einen Teil ihres Gewinns verzichtet und ihn an diese ausgeschüttet hat und daß dieser Gewinn an die Kommanditisten, die ihn auch effektiv erhalten haben, geflossen ist. Die Kommanditisten erhalten insgesamt die vereinbarten Gewinnanteile. „Die Gewinnanteile bestehen nur nicht mehr allein aus dem unmittelbaren Gewinn der KG, sondern sie setzen sich zusammen aus dem angemessenen Anteil am unmittelbaren Gewinn der KG und der Ausschüttung von Gewinnen der GmbH."[773]

Da auch im Bereich der Vornahme verdeckter Gewinnausschüttungen das sogenannte Anrechnungsverfahren Anwendung findet, bedeutet dies für die Kommanditisten, daß die auf die verdeckte Gewinnausschüttung entfallende Körperschaft - steuer auf ihre eigene zu zahlende Einkommensteuer in vollem Umfang angerechnet wird. Insoweit führt also die Annahme einer verdeckten Gewinnausschüttung bei der GmbH zu einer steuerlichen Entlastung seitens der Kommanditisten.[774] „Der durch die verdeckte Gewinnausschüttung begünstigte Gesellschafter erhält zusätzlich eine Steuergutschrift, wodurch er weiter begünstigt wird. Dies geht auf Kosten der Mitgesellschafter, da die Gesellschaft an Eigenkapital verliert. Der Gesellschafter ist neben der verdeckten Gewinnausschüttung um die erhaltene Steuergutschrift bereichert. Für die Komplementär-GmbH besteht wegen des vielfach vorhandenen Mangels an Eigenkapital bei verdeckten Gewinnausschüttungen die Gefahr einer Überschuldung und damit des Zusammenbruchs. Da dieses Ergebnis zu Recht als unbillig empfunden wird, versucht man, Wege zu finden, diesen Vermögensvorteil zivilrechtlich zurückzuverlangen. Einem Bereicherungsanspruch nach § 812 BGB dürfte § 814 BGB entgegenstehen. Auch sonst dürfte eine zivilrechtliche Grundlage für einen Rückforderungsanspruch fehlen. Es kann nur empfohlen werden, in den Gesellschaftsvertrag eine Klausel aufzunehmen, wonach

770 Vgl. BFH-Urteil vom 5. 12. 1979, I R 184/76, FR 1980, S. 222.
771 Siehe Rn. 500ff.
772 Siehe Rn. 515.
773 Hesselmann, Handbuch, a. a. O., S. 178.
774 Vgl. Thiel, Die Neutralisierung der dem Empfänger der verdeckten Gewinnausschüttung zu Lasten der Kapitalgesellschaft erwachsenden Bereicherung, FR 1977, S. 267.

der begünstigte Gesellschafter zur Rückgewähr des sich aus der anrechenbaren Körperschaftsteuer ergebenden Steuervorteils verpflichtet wird."[775]

Bei der GmbH & Co. KG liegen also zwei Vorgänge vor, nämlich zunächst die eigentliche, für das Verfahren der einheitlichen Gewinnfeststellung typische Korrektur der Verteilung des Gewinns auf die Gesellschafter, die zu fiktiven Gewinnanteilen führt, und sodann die wegen des Instituts der verdeckten Gewinnausschüttung notwendige Beurteilung der tatsächlichen Zuflüsse, die von Hause aus in die Veranlagungsverfahren gehört.

Der BFH weist ausdrücklich darauf hin, daß der den korrigierten, niedrigeren Gewinnanteil des Kommanditisten übersteigende Teil seines Gewinns nicht zu den Einkünften aus Kapitalvermögen, sondern zum gewerblichen Gewinn gehört, der schon bei der einheitlichen Gewinnfeststellung der KG mitzuerfassen ist. Denn die verdeckte Gewinnausschüttung fließt dem Kommanditisten aufgrund seines Anteils an der GmbH zu, der zum Sonderbetriebsvermögen des Kommanditisten und damit zum Betriebsvermögen der KG gehört. Das Recht des Kommanditisten, am Anrechnungsverfahren teilzunehmen, wird hierdurch in keiner Weise berührt; dies sieht § 20 Abs. 3 EStG ausdrücklich vor.[776]

cc) Verlustabzug, Verlustvortrag

510 Zu beachten ist § 15 a EStG[777]: danach „darf der einem Kommanditisten zuzurechnende Anteil am Verlust der KG weder mit anderen Einkünften aus Gewerbebetrieb noch mit Einkünften aus anderen Einkunftsarten ausgeglichen werden, soweit ein negatives Kapitalkonto des Kommanditisten entsteht oder sich erhöht. Soweit hiernach der Verlustausgleich ausgeschlossen ist, kann der Verlust auch nicht im Wege des Verlustabzugs nach § 10d EStG durch Verlustrücktrag oder Verlustvortrag berücksichtigt werden."[778] Die auf diese Weise steuerlich nicht wirksamen Verluste werden vorgetragen und sind mit späteren Gewinnen aus eben dieser KG-Beteiligung zu verrechnen (verrechenbare Verluste).

dd) Ausländische Kommanditisten

511 Sind Ausländer als Kommanditisten beteiligt, so sind auch Auswirkungen aus der Anwendung von Doppelbesteuerungsabkommen zu beachten. Als Einkünfte aus Gewerbebetrieb unterliegen die Ausschüttungen jedoch voll der deutschen Besteuerung. Ausländische Kommanditisten, die gleichzeitig Anteile der Komplementär-GmbH halten, nehmen hinsichtlich der von der GmbH ausgeschütteten Gewinnanteile am körperschaftsteuerlichen Anrechnungsverfahren teil, da die

775 Hesselmann, Handbuch, a. a. O., S. 178 unter Berufung auf Thiel (DB 1976, S. 1542ff.) Mannhold (BB 1977, S. 986ff.) und Tillmann (Körperschaftsteuerrecht, Rn. 92). Siehe auch Tillmann, a. a. O., S. 30 bzw. Rn. 65.

776 Vgl. auch Scholtz, Anrechnung, Vergütung und Erstattung von Körperschaftsteuer und Kapitalertragsteuer, FR 1977, S. 77.

777 Vgl. Rn. 493ff.

778 Bordewin, a. a. O., BB 1980, S. 1037.

Einkünfte Betriebseinnahmen eines inländischen Betriebs sind. Sind Ausländer lediglich an der GmbH beteiligt, ohne daß ihnen Kommanditanteile gehören, so findet das Anrechnungsverfahren nicht statt (§ 50 Abs. 5 Satz 2 EStG).

ee) Behandlung von Sanierungsgewinnen

Zu der Frage, wie ein von einer KG erzielter Sanierungsgewinn, der nach § 3 512
Nr. 66 EStG steuerfrei ist, behandelt werden soll, nimmt die OFD Frankfurt mit Verfügung vom 13. 1. 1994 wie folgt Stellung:

Eine Betriebsvermögensmehrung durch Schulderlaß kann nach der Rechtsprechung des BFH im Rahmen

1. einer unternehmensbezogenen Sanierung
   oder auch
2. einer unternehmerbezogenen Sanierung

als Sanierungsgewinn gemäß § 3 Nr. 66 EStG steuerfrei sein.[779]

Zu 1.

Bei einer *unternehmensbezogenen Sanierung* setzt die Steuerfreiheit des Sanierungsgewinns voraus, daß das Unternehmen sanierungsbedürftig ist, die Schulden ganz oder teilweise erlassen werden, die Gläuber im Wege eines allgemeinen Akkords in der Absicht handeln, die geschäftliche und finanzielle Gesundung des Schuldners herbeizuführen, und daß der Schulderlaß geeignet ist, den *Fortbestand des Unternehmens* zu sichern und dessen Ertragsfähigkeit wieder herzustellen (so z. B. BFH-Urteil vom 22. 11. 1983, VII R 14/81, BStBl II 1984 S. 472, BB 1984, S. 1150 m. w. N.).

Wird eine KG als solche saniert und führt sie ihre Geschäfte nach dem Schulderlaß fort, so ist der Gewinn, der durch den Schulderlaß entsteht, unter den weiteren Voraussetzungen des § 3 Nr. 66 EStG als steuerfreier Sanierungsgewinn zu behandeln. Dies gilt auch für die Anteile der Kommanditisten am Sanierungsgewinn (vgl. BFH-Urteil vom 17. 9. 1992, IV R 110/90, BFH/NV 1993, S. 476), es sei denn, die Kommanditisten sind durch (rechtlich zulässige) Vereinbarung ausdrücklich von der Teilhabe am Sanierungsgewinn ausgeschlossen worden.

Umstritten sind nach wie vor aber die Auswirkungen des steuerfreien Sanierungsgewinns auf das negative Kapitalkonto des Kommanditisten. In dem vorbezeichneten Urteil vom 17.9. 1992 hat der BFH ausdrücklich offen gelassen, „ob dieser Vorgang so zu werten ist, als sei es aufgrund einer entsprechenden Änderung des Verteilungsschlüssels bei den Kommanditisten zu einem Wegfall des negativen Kapitalkontos ... und zur Entstehung eines entsprechenden steuerpflichtigen Gewinns gekommen (so wohl Schmidt, EStG, § 15 a, Anm. 5d) oder ob nicht statt

779 Siehe 2140 A – 2 – St II 2 a, BB 1994, S. 773.

dessen maßgebend ist, daß die Verbindlichkeiten der KG als solcher erlassen werden und der sich so ergebende steuerfreie Gewinn automatisch entsprechend dem unveränderten Gewinnverteilungsschlüssel auch den Kapitalkonten der Kommanditisten gutgebracht wird".

Vorbehaltlich anderslautender Weisungen oder einer abweichenden höchstrichterlichen Rechtsprechung wird hierzu die Auffassung vertreten, daß der steuerfreie Gewinn aus der unternehmensbezogenen Sanierung einer KG nicht von der neutralen Auffüllung der negativen Kapitalkonten der Kommanditisten ausgeschlossen werden kann. Der steuerfreie Sanierungsgewinn ist den Kommanditisten entsprechend dem allgemeinen Gewinnverteilungsschlüssel zuzurechnen. Die Steuerpflicht, die nach dem Beschluß des Großen Senats des BFH vom 10. 11. 1980 (GrS 1/7/9, BStBl II 1981 S. 164, BB 1981, S. 411, 476) als notwendige Folge aus der früheren Verlustzurechnung angenommen wird, hindert weder die Steuerfreiheit eines Sanierungsgewinns noch die damit verbundene steuerneutrale Auffüllung des negativen Kapitalkontos (so auch Niedersächsisches FG vom 14. 10. 1992, IX 445/90, EFG 1993, S. 292).

Im Ergebnis ist der (anteilige) steuerfreie Sanierungsgewinn also wie eine Einlage zu behandeln.

Ausnahmsweise kann auch ein Schulderlaß, der nicht unternehmensbezogen ist, also nicht unternehmenserhaltenden Charakter hat, aus Gründen der persönlichen Billigkeit steuerbefreit sein, wenn der Schulderlaß *im Zuge der Betriebsaufgabe* erfolgt und dazu bestimmt und geeignet ist, „dem Schuldner ein wirtschaftliches Bestehen als Angestellter oder in irgend einer anderen Tätigkeit" zu ermöglichen, ohne von weiterbestehenden Verbindlichkeiten beeinträchtigt zu sein *(unternehmerbezogene Sanierung).*

Dies gilt uneingeschränkt für Einzelunternehmer (vgl. BFH-Urteile vom 14. 3. 1990, I R 129/85, BStBl II 1990 S. 810 und 813, BB 1990, S. 1957 sowie für persönlich haftende Gesellschafter von Personengesellschaften, soweit es sich bei letzteren um natürliche Personen handelt (vgl. BFH-Urteil vom 18. 12. 1990, VIII R 40/86, BStBl II 1991 S. 232, BB 1991, S. 1168).

Auf Kommanditisten ist diese Rechtslage grundsätzlich nicht übertragbar. Da sie den Gesellschaftsgläubigern nur mit ihrer Einlage haften, kann ihre wirtschaftliche Existenz durch den Fortbestand der Gesellschaftsschulden nicht gefährdet werden. Daher ist ein im Zusammenhang mit einer Betriebsaufgabe angefallener Sanierungsgewinn, soweit er auf Kommanditisten entfällt, grundsätzlich nicht steuerfrei (vgl. BFH-Urteil vom 18. 12. 1990, VIII R 39/87, BStBl II 1991 S. 784, BB 1991, S. 1913).

Ist Schuldner der erlassenen Verbindlichkeiten eine GmbH & Co. KG, deren einziger persönlich haftender Gesellschafter eine GmbH ist, scheidet eine unternehmensbezogene Sanierung aus, weil natürliche Personen, die unbeschränkt für die

Verbindlichkeiten der KG haften und denen durch den Schulderlaß ein wirtschaftliches Bestehen in anderer Tätigkeit ermöglicht werden soll, nicht vorhanden sind (vgl. BFH-Urteile vom 22. 1. 1985, VIII R 37/84, BStBl II 1995 S. 501, BB 1995, S. 1376 und vom 7. 2. 1985 IV R 177/83, BStBl II 1985 S. 504, BB 1985, S. 1895).

Fällt also ein Sanierungsgewinn im Zusammenhang mit der Betriebsaufgabe oder einer zwangsweisen Liquidation einer solchen GmbH & Co. KG an, ist die Steuerfreiheit nach § 3 Nr. 66 EStG ausgeschlossen, da der Schulderlaß nicht der Erhaltung/Fortführung des Unternehmens dient.

Nach Reiß/Kretschmer[780] ist die Auffassung der Finanzverwaltung auch dann anzuwenden, wenn einer KG steuerfreie Investitionszulagen gewährt werden. Reiß/Kretschmer geben folgende Zusammenfassung:

„Es ist zu differenzieren zwischen der unternehmerbezogenen Sanierung für den Komplementär und der unternehmensbezogenen Sanierung für die Gesellschaft. Bei der unternehmerbezogenen Sanierung ist der Sanierungsgewinn nur dem Komplementär zuzurechnen. Bei der unternehmensbezogenen Sanierung ist der Sanierungsgewinn nach dem allgemeinen Gewinnverteilungsschlüssel auch auf die Kommanditisten zu verteilen. Dies führt bei ausgleichsfähigen Verlusten dazu, daß insoweit aus dem Wegfall des inzwischen aufgefüllten negativen Kapitalkontos kein steuerpflichtiger Veräußerungsgewinn entstehen kann. Lediglich verrechenbare Verluste sind nicht mit dem Sanierungsgewinn auszugleichen. Entsprechende Konsequenzen wie bei unternehmensbezogenen Sanierungsgewinnen gelten bei steuerfreien Investitionszulagen."

2 Ebene der Komplementär-GmbH

a) Aktivierung des Gewinnanteils an der GmbH & Co. KG

Nach Hesselmann[781] ist hinsichtlich des Zeitpunkts der Aktivierung des Gewinn- 513
anteils der Komplementär-GmbH am Ergebnis der GmbH & Co. KG im Jahresabschluß der GmbH zu unterscheiden, ob sich das Geschäftsjahr der GmbH & Co. KG mit dem Geschäftsjahr der GmbH deckt oder vor bzw. nach dem Geschäftsjahr der GmbH endet.

a) Deckt sich, wie es der Normalfall sein wird, das Geschäftsjahr der GmbH mit dem der GmbH & Co. KG, so dürfte der Anspruch der GmbH auf Ausschüttung des ihr zustehenden Gewinnanteils nur dann in die am Ende des Geschäftsjahres aufzustellende Bilanz der GmbH aufgenommen werden, wenn am Bilanzstichtag das Bestehen eines Gewinns bei der GmbH & Co. KG be-

780 Steuerfreie Sanierungsgewinne, Investitionszulagen und § 15a EStG, DB 1994, S. 1846.
781 Handbuch, a. a. O., S. 113/114.

reits bilanzmäßig festgestellt ist, was praktisch kaum der Fall sein wird. Diese Auslegung wäre aber zu eng. Es müsse genügen, wenn der Jahresabschluß der GmbH & Co. KG und damit auch die Gewinnfestsetzung vor Beendigung des Abschlusses der GmbH vorgenommen ist. Denn der Abschluß der GmbH & Co. KG, der auch Abschlußstichtag der GmbH ist, erfolgt rückwirkend auf den Abschlußstichtag der GmbH & Co. KG, der Gewinnanteil der GmbH gehöre somit am Abschlußstichtag der GmbH rechtlich bereits zum Vermögen der GmbH.

Ist dagegen das Bestehen eines Gewinns bei der GmbH & Co. vor Beendigung des Abschlusses der GmbH noch nicht bilanzmäßig festgestellt, so dürfe auch nicht der voraussichtliche Gewinnanteil der GmbH in der Bilanz der GmbH ausgewiesen werden. Der Gewinnanteil könne erst in die Bilanz des nächsten Geschäftsjahres aufgenommen werden, falls bis dahin die Ausschüttung noch nicht erfolgt ist.

b) Endet das Geschäftsjahr der GmbH & Co. KG vor dem Geschäftsjahr der GmbH, so gelte das unter a) Gesagte entsprechend. Der Anteil der GmbH am Gewinn der GmbH & Co. KG sei also in die Bilanz der GmbH aufzunehmen, wenn am Abschlußstichtag der GmbH die Gewinnfestsetzung bei der GmbH & Co. KG schon erfolgt war oder jedenfalls vor Beendigung des Abschlusses der GmbH noch erfolgt ist.

c) Endet das Geschäftsjahr der GmbH & Co. KG später als das Geschäftsjahr der GmbH, so dürfe die GmbH ihren Gewinnanteil selbst dann nicht in die Bilanz aufnehmen, wenn die Gewinnfestsetzung bei der GmbH & Co. KG noch vor Beendigung des Abschlusses der GmbH erfolgt ist. Denn die Gewinnfestsetzung erfolge auf den Abschlußstichtag der GmbH & Co. KG und nicht auf den früheren Abschlußstichtag der GmbH. Am Abschlußstichtag der GmbH gehöre somit der Anteil der GmbH am Gewinn der GmbH & Co. rechtlich noch nicht zum Vermögen der GmbH. Der Gewinnanteil könne erst in der Bilanz des Geschäftsjahres der GmbH ausgewiesen werden, in dem das Geschäftsjahr der GmbH & Co. endet.

Diese Erwägungen werden jedoch in den seltensten Fällen gemacht werden müssen, da abweichende Wirtschaftsjahre praktisch kaum vorkommen. In der höchstrichterlichen Rechtsprechung ist dieser Problemkreis – soweit erkennbar – noch nicht erörtert worden. Lediglich das Finanzgericht Düsseldorf hat im Urteil vom 22. 7. 1975[782] dahingehend entschieden, daß der Gewinnanteil der GmbH aus ihrer Beteiligung als Gesellschafterin einer GmbH & Co. KG (Beteiligungsgewinn) auf den gemeinsamen Bilanzstichtag zurückzubeziehen ist, sofern beide Gesellschaften auf den gleichen Stichtag bilanzieren und die KG ihre Bilanz früher als die GmbH erstellt. Werden beide Gesellschaften (GmbH und KG) von einem ein-

782 FG Düsseldorf, Urteil vom 22. 7. 1975, V 302/71 K – rechtskräftig –, EFG, S. 594.

heitlichen geschäftlichen Betätigungswillen beherrscht, so ist es möglich und notwendig, den Beteiligungsgewinn in jedem Fall auf den gemeinsamen Bilanzstichtag zurückzubeziehen.

b) Besteuerung des Gewinns der GmbH

Die GmbH unterliegt mit ihrem Gewinnanteil aus der GmbH & Co. KG der Körperschaftsteuer. Die Höhe der Körperschaftsteuer hängt davon ab, ob der Gewinn an die Gesellschafter der GmbH ausgeschüttet wird oder nicht. Bei Ausschüttung des Gewinns beträgt der Steuersatz 30 v. H., bei Nichtausschüttung 45 v. H. 514

c) Verdeckte Gewinnausschüttungen

Erhält die Komplementär-GmbH einen unangemessen niedrigen Gewinnanteil, so liegt eine verdeckte Gewinnausschüttung vor; für Einzelheiten siehe Rn. 520. Im Bescheid über die einheitliche Gewinnfeststellung der GmbH & Co. KG wird der Komplementär-GmbH die Differenz zwischen dem fiktiven angemessenen und dem tatsächlich vereinbarten Gewinnanteil bindend für das Körperschaftsteuerveranlagungsverfahren zugerechnet, s. hierzu Rn. 509. Dieser Gewinnanteil ist der Körperschaftsteuer zu unterwerfen. Da sich der tatsächliche Gewinn in dieser Höhe nicht im Vermögen der GmbH befindet, muß er ausgeschüttet sein, und zwar nicht offen, sondern im Wege der verdeckten Gewinnausschüttung, hierbei ergeben sich durch das KStG einige Besonderheiten: So wird zwar für alle Arten der Ausschüttungen eine einheitliche Steuerbelastung von 30 v. H. hergestellt, für die verdeckte Gewinnausschüttung gilt jedoch das Eigenkapital als verwendet, das zum Schluß des letzten **vor** der Ausschüttung abgelaufenen Wirtschaftsjahres vorhanden war (§ 29 Abs. 2 Satz 3 KStG). „Damit beträgt die Körperschaftsteuer 3/7 des Wertes der verdeckten Gewinnausschüttung, also beträgt die Ausschüttungsbelastung 42,86 v. H. der verdeckten Gewinnausschüttung, aber nur wenn diese das Einkommen der Gesellschaft nicht gemindert hat; sonst sind der Tarifbelastung von 45 v. H. noch 42,86 v. H. hinzuzufügen, so daß die Gesamtbelastung sogar 87,86 v. H. beträgt. Eine verdeckte Gewinnausschüttung von 100 führt demnach zu negativen EK von ./. 142,86 bzw. von ./. 187,86.[783] 515

d) Organschaftsfragen

Zu der Frage, ob die Komplementär-GmbH Organ der GmbH & Co. KG mit der Folge sein kann, daß die Körperschaftsteuerbelastung des Gewinns der GmbH entfällt, finden sich in der Literatur unterschiedliche Auffassungen: 516

Da § 17 i. V. m. § 14 KStG einen Ergebnisabführungsvertrag zwischen einer Personengesellschaft als Organträger und einer Kapitalgesellschaft als Organ zuläßt, ver-

783 In Anlehnung an ein Beispiel von Hesselmann, Handbuch a. a. O., S. 178.

tritt Risse[784] die Auffassung, daß eine Ergebnisabführung innerhalb der GmbH & Co. KG möglich ist. Da die Komplementär-GmbH selbst an der KG beteiligt ist, kann gegen die Abführung des gesamten von der GmbH erzielten Gewinnes an die KG[785] eingewandt werden, daß – insoweit die GmbH als Komplementärin einen Anspruch auf einen Gewinnanteil hat – dieser Anspruch durch den Ergebnisausschlußvertrag nicht berührt werde; dasselbe gilt auch für den Fall, daß die Komplementärin einen Verlustanteil zu tragen hat. Risse hält die praktische Auswirkung dieses durchaus berechtigten Einwands für nicht so groß, da die kapitalmäßige Ausstattung der Komplementär-GmbH im allgemeinen niedrig gehalten wird. Geht man – so führt Risse aus – z. B. davon aus, daß die Kapitalgesellschaft am Gesamtkapital einer Kommanditgesellschaft von 500 000,– DM mit 20 000,– DM beteiligt ist, so beträgt ihr Gewinnanteil 4 v. H. des von der KG erzielten Reingewinns, der auch die von der Kapitalgesellschaft aufgrund des Ergebnisausschlußvertrages an die Kommanditgesellschaft abgelieferten Erträge enthält.

Demgegenüber vertritt Seithel[786] – u. E. wohl zu Recht – die Auffassung, daß eine Rückverlagerung von Gewinnen der Komplementär-GmbH auf die KG durch eine Organschaft mit Ergebnisabführungsvertrag nicht zulässig ist, da es an einer wesentlichen Voraussetzung für die Annahme einer Organschaft, nämlich der wirtschaftlichen Eingliederung der GmbH in den Betrieb der KG, mangelt. Die Komplementär-GmbH, deren Tätigkeit sich auf das Halten ihrer Beteiligung an der KG und auf die Übernahme der Geschäftsführung beschränkt, kann nicht als nach Art einer Geschäftsabteilung in das Unternehmen der KG eingeordnet angesehen werden.

Besitzt eine GmbH (Obergesellschaft) sämtliche Anteile an einer GmbH (Untergesellschaft), die Komplementärin einer GmbH & Co. KG ist[787], so ist eine steuerlich anzuerkennende Organschaft mit Ergebnisabführungsvertrag zwischen der Obergesellschaft und der Untergesellschaft nicht möglich. Denn die Anerkennung einer Organschaft mit Ergebnisabführungsvertrag setzt u. a. voraus, daß die Untergesellschaft einen Betrieb unterhält, der wirtschaftlich betrachtet nach Art einer Geschäftsabteilung in das Unternehmen der Obergesellschaft eingeordnet ist. Diese Voraussetzung ist bei einer Untergesellschaft, die Komplementärin einer KG ist und deren Tätigkeit sich auf das Halten ihrer Beteiligung an der KG und die Erfüllung ihrer Aufgaben als Komplementär einer KG erstreckt und die nach § 15 Abs. 1 Ziff. 2 EStG als Unternehmer (Mitunternehmer) anzusehen ist, nicht erfüllt. Ihr Anteil am Unternehmen der KG kann nämlich wirtschaftlich nicht nach Art einer Geschäftsabteilung in ein anderes Unternehmen eingeordnet werden, weil das Unternehmen der KG eine wirtschaftliche Einheit darstellt.

---

784 Ergebnisabführung innerhalb der GmbH & Co. KG, BB 1969, S. 1123.

785 Mit der Wirkung, daß der Gesamtgewinn der Kommanditgesellschaft den Kommanditisten allein zufließt.

786 A. a. O., S. 215.

787 Die Obergesellschaft vertreibt bestimmte Erzeugnisse. Die Tätigkeit der Untergesellschaft beschränkt sich auf das Halten ihrer Beteiligung an der KG und die Erfüllung ihrer Aufgaben als Komplementärin.

III Gewerbesteuer

1 Kommanditgesellschaft

a) Geprägegrundsätze

Eine Kapitalgesellschaft gilt immer als Gewerbebetrieb kraft Rechtsform. Auf Grund dieser Fiktion kommt der BFH in seinem Urteil vom 17. 3. 1966[788] zu dem Ergebnis, daß die Tätigkeit einer GmbH & Co. KG selbst bei reiner Vermögensverwaltung einen Gewerbebetrieb darstelle, wenn die geschäftsführende GmbH der alleinige Komplementär ist. Auch nach BFH-Urteil vom 3. 8. 1972[789] unterhält eine GmbH & Co. KG, an der eine GmbH als einzige Komplementärin beteiligt ist, schon wegen dieser Beteiligung der GmbH einen Gewerbebetrieb. Dies gilt im übrigen sowohl für die GmbH & Co. im engeren Sinne, bei der die Kommanditisten zugleich Gesellschafter der GmbH sind, als auch für die GmbH & Co. im weiteren Sinne, bei der sich die Gesellschafter der KG als Kommanditisten einer GmbH als persönlich haftender Gesellschafterin und Geschäftsführerin bedienen. Der BFH meint, daß in solchen Fällen die GmbH wirtschaftlich dem Gesamtbild das Gepräge gebe. Dabei sei das wirtschaftliche Gewicht einer solchen GmbH in Rechnung zu stellen, die, soweit sie als persönlich haftende Gesellschafterin und Geschäftsführerin des Unternehmens der KG in Erscheinung tritt, die eigentliche Unternehmertätigkeit entfalte. 517

Die vorstehende Geprägerechtsprechung hatte der BFH (auch für das Gebiet der Gewerbesteuer) mit Urteil vom 30. 4. 1985[790] unter Bezugnahme auf den BFH-Beschluß GrS 4/82 aufgegeben. Durch das Steuerbereinigungsgesetz 1986 sind jedoch die Geprägegrundsätze auch für das Gebiet der Gewerbesteuer weiter anzuwenden. Zwar bedurfte es diesbezüglich keiner besonderen Regelung, da nach § 2 Abs. 1 Satz 2 GewStG ein Gewerbebetrieb ein gewerbliches Unternehmen i. S. des EStG ist – d. h., die gesetzliche Verankerung der Geprägerechtsprechung im neuen § 15 Abs. 3 EStG schlägt voll auf die Gewerbesteuer durch –; geregelt werden mußte im GewStG allerdings die zeitliche Anwendung. Das GewStG i. d. F. des Steuerbereinigungsgesetzes 1986 gilt erstmals für den Erhebungszeitraum 1986.[791]

b) Beginn der Gewerbesteuerpflicht

Die Geprägegrundsätze stellen die GmbH & Co. KG der Kapitalgesellschaft insoweit gleich, als sie gewerbliche Einkünfte bezieht. Im Urteil vom 26. 3. 1985[792] ließ es der BFH offen, ob sich aus dieser Rechtsprechung die Folgerung ziehen 518

788 IV 233, 234/65, BStBl III S. 171.
789 IV R 235/67, BStBl II S. 799.
790 VIII R 255/80, BStBl II S. 434.
791 Vgl. Christoffel/Dankmeyer, a. a. O., S. 352.
792 VIII R 260/81, BStBl II S. 433.

läßt, daß auch in der Frage des Beginns der sachlichen Gewerbesteuerpflicht die GmbH & Co. KG einer Kapitalgesellschaft gleichzustellen ist. Aus der Begründung zum BFH-Urteil vom 17. 4. 1986[793] ergibt sich jedoch, daß eine GmbH & Co. KG sowohl hinsichtlich des Beginns als auch des Endes der Gewerbesteuerpflicht nicht einer Kapitalgesellschaft gleichgestellt werden kann. Diese Aussage ändert sich auch nicht durch die Neuregelung des § 2 Abs. 2 GewStG durch das Steuerbereinigungsgesetz 1986; diese Bestimmung betrifft – so der BFH – den Umfang der gewerblichen Tätigkeit, sagt jedoch zum Beginn der Gewerbesteuerpflicht nichts. Das bedeutet für die GmbH & Co. KG, daß für den Beginn der gewerblichen Betätigung nicht mehr lediglich die Eintragung im Handelsregister entscheidend sein kann, sondern die allgemeinen, auch für die übrigen Personengesellschaften geltenden Grundsätze anzuwenden sind. Hiernach beginnt die Gewerbesteuerpflicht bei Einzelgewerbetreibenden wie bei Personengesellschaften (z. B. OHG und KG) erst in dem Zeitpunkt, in dem alle Voraussetzungen vorliegen, die die Annahme eines Gewerbebetriebes rechtfertigen, d. h. in dem der Betrieb erstmals in Gang gesetzt, also eröffnet worden ist. Bei einem in der Rechtsform einer GmbH & Co. KG betriebenen Ein-Schiff-Unternehmen beginnt demzufolge die Gewerbesteuerpflicht nicht vor Ablieferung des Schiffs an die KG. Bloße Vorbereitungshandlungen, wie das Anmieten eines Geschäftslokals, die Errichtung eines Fabrikgebäudes oder der Bau eines Hotels, mit dessen Betrieb erst nach Fertigstellung begonnen wird, begründen dagegen die Gewerbesteuerpflicht noch nicht.

c) Einheitliche Feststellung des Gewinns

aa) Grundsätzliches

519 Die einheitliche Feststellung des Gewinns der GmbH & Co. ist für die Gewerbeertragsteuer ebenfalls maßgebend. Der Gewinn ist jedoch um die Hinzurechnungen (§ 8 GewStG) zu erhöhen und um die Kürzungen (§ 9 GewStG) zu verringern.

Für die Gewerbekapitalsteuer ist der für die GmbH & Co. KG festgestellte Einheitswert unter Berücksichtigung der Zu- und Abrechnungen nach § 12 BewG maßgebend.

Halten die Kommanditisten gleichzeitig Anteile der persönlich haftenden GmbH, so stellen die daraus fließenden Erträge keine privaten Einkünfte aus Kapitalvermögen, sondern als Sonderbetriebseinnahmen Einkünfte aus Gewerbebetrieb dar.[794] Die Erträge sind also nicht als Erträge aus Kapitalvermögen (mit einer Werbungskostenpauschale und dem Sparerfreibetrag von zusammen 6 100 DM bis 12 200 DM), sondern als Einkünfte aus Gewerbebetrieb steuerlich zu erfassen.

793 IV R 100/84, BStBl II S. 527.

794 Vgl. BFH-Urteile vom 15. 10. 1975, I R 16/73, BStBl II 1976 S. 188 und vom 5. 12. 1979, IR 184/76, DB 1980, S. 428.

Gewerbesteuerlich ergeben sich keine Auswirkungen, wenn die Gewinne nach § 9 Ziff. 2a GewStG gekürzt werden; für die Kürzung des Gewerbekapitals hat § 12 Abs. 3 Ziff. 2a GewStG Bedeutung. Die KG kann jedoch den Rückfluß der Dividende beim Erstellen der Erklärungen kaum erfassen, weil zu diesem Zeitpunkt die für den Ausschüttungsbeschluß erforderliche Gesellschafterversammlung bei der GmbH noch nicht stattgefunden haben kann. Die Bilanzen und Erklärungen sind hier in Raten nacheinander zu erstellen. Erst KG-Bilanzen, GmbH-Bilanz, Gesellschafterbeschluß, dann Anfertigung der Erklärungen.

bb) Geschäftsführergehälter

Hinsichtlich der Geschäftsführergehälter und der Vergütungen, die der GmbH 520
von der GmbH & Co. für ihre Geschäftsführung gewährt werden, gelten im wesentlichen die gleichen Grundsätze wie bei der Einkommensteuer. Nach dem BFH-Urteil vom 26. 1. 1968[795] gilt § 15 Abs. 1 Nr. 2 EStG auch bei der Ermittlung des Gewerbeertrags. Daher sind die Vergütungen der Geschäftsführer einer GmbH, welche die Geschäfte einer GmbH & Co. führt, deren einziger Komplementär sie ist, auch gewerbesteuerrechtlich dem Gewinn der GmbH & Co. zuzurechnen. Zahlt eine GmbH & Co. „an ihre Gesellschafter Bezüge, so gehören diese zum Gesamtgewinn und sind Vorweggewinnanteile der empfangenden Gesellschafter ... Die formal der GmbH erbrachten Dienstleistungen sind wirtschaftlich der KG geleistet. Sie müssen ebenso behandelt werden wie die Unternehmerleistung des Geschäftsführers (Kommanditisten) bei einer ‚normalen' KG. Die Bezüge müssen deshalb dem Geschäftsführer in seiner Eigenschaft als Gesellschafter der KG zugerechnet werden" (BFH-Urteil vom 26. 1. 1968 s. o.). Das BFH-Urteil vom 26. 1. 1968 ist durch das BFH-Urteil vom 14. 12. 1978[796] ausdrücklich bestätigt worden. Der BFH stellte fest, es verstoße nicht gegen das Grundgesetz, daß Vergütungen für die geschäftsführende Tätigkeit eines Gesellschafters bei einer Personengesellschaft als Gewerbeertrag behandelt werden. Erhält also bei einer GmbH & Co. ein Kommanditist, der zugleich Geschäftsführer der Komplementär-GmbH ist, für seine Tätigkeit als Geschäftsführer der GmbH eine Vergütung, so unterliegt diese Vergütung der Gewerbeertragsteuer.

Tätigt die GmbH eigene Geschäfte, die ins Gewicht fallen und von der Tätigkeit der KG abgrenzbar sind, so stellt der auf die Tätigkeit des Geschäftsbereichs der GmbH entfallende Teil der Geschäftsführerbezüge eine Gehaltszahlung der GmbH dar und rechnet zu den Einkünften des Geschäftsführers aus nichtselbständiger Arbeit. Dieser Teil unterliegt nicht der Gewerbesteuer bei der GmbH & Co. KG.

795 VI R 129/66, BStBl II S. 369.
796 IV R 98/74, BStBl II 1979 S. 284.

cc) Verdeckte Gewinnausschüttungen

521 Aus der Annahme einer verdeckten Gewinnausschüttung ergeben sich keine Auswirkungen auf den Gewerbeertrag der GmbH & Co. KG. Denn gewerbesteuerlich muß beachtet werden, daß nach § 9 Nr. 2a GewStG die verdeckten Gewinnausschüttungen von der GmbH an die Kommanditisten wieder zu kürzen sind, so daß per Saldo nur der Handelsbilanzgewinn der GmbH & Co. KG der Gewerbesteuer unterliegt.

d) Keine Eignung als Organgesellschaft

522 Organgesellschaft i. S. des Gewerbesteuerrechts kann eine GmbH & Co. KG nicht sein, auch wenn sie wegen der Beteiligung der GmbH gewerbesteuerpflichtig ist; denn der Gesetzgeber hat die Eignung zur Organgesellschaft an die Rechtsform der Kapitalgesellschaft geknüpft, und die GmbH & Co. KG ist, wie in ständiger Rechtsprechung anerkannt wird, eine Personengesellschaft, keine Kapitalgesellschaft. Ebenso wie im Umsatzsteuerrecht kann auch kein „organschaftsähnliches Verhältnis" zwischen einer abhängigen Personengesellschaft und einem herrschenden Unternehmen anerkannt werden.

2 Komplementär-GmbH

523 Die Komplementär-GmbH ist kraft ihrer Rechtsform ohne Rücksicht darauf, ob ein Gewerbebetrieb vorliegt, auch wenn sie z. B. nur als Geschäftsführer tätig ist, gewerbesteuerpflichtig. Ihr Gewerbeertrag ist gemäß § 9 Nr. 2 GewStG um den bei der GmbH & Co. KG festgestellten Gewinn und ihre Gewerbekapital gemäß § 12 Abs. 3 Nr. 2 GewStG um ihre Beteiligung an der GmbH & Co. KG zur kürzen. Umgekehrt ist der Anteil der Komplementär-GmbH am Verlust der GmbH & Co. KG dem gewerbesteuerpflichtigen Ertrag der GmbH wieder hinzuzurechnen (§ 8 Nr. 8 GewStG).

Hat die GmbH sonst keine Einkünfte, so ist sie insoweit gewerbeertragsteuerfrei. Für die Gewerbekapitalsteuer ist der für die GmbH & Co. KG festgestellte Einheitswert unter Berücksichtigung der Zu- und Abrechnungen nach § 12 GewStG maßgebend. Die GmbH als solche ist also nur hinsichtlich des Teils des Gewerbekapitals steuerpflichtig, der nicht auf ihre Beteiligung an der GmbH & Co. KG entfällt bzw. der durch die steuerliche Nichtabzugsfähigkeit bestimmter Ausgaben bei der GmbH (z. B. Körperschaft- und Vermögensteuer) entsteht.

Eine GmbH in einer GmbH & Co. kann Organgesellschaft sein, da es hierfür nur auf die Rechtsform der Kapitalgesellschaft und nicht auf die Art ihrer Tätigkeit ankommt.[797]

797 Vgl. BFH-Urteil vom 8. 12. 1971, I R 3/69, BFHE 104, 174.

IV Vermögensbesteuerung

1 Vermögensaufstellung der Kommanditgesellschaft

a) Umfang des Betriebsvermögens

Für die Einheitsbewertung bei einer GmbH & Co. KG gilt grundsätzlich nichts anderes als bei anderen Personengesellschaften, d. h., zum Bewertungsstichtag muß eine besondere Aufstellung (Vermögensaufstellung) gefertigt werden. Hierbei ist an die Grundsätze der steuerlichen Gewinnermittlung anzuknüpfen, so daß es regelmäßig[798] zu einer Bestandsidentität zwischen Steuerbilanz und Vermögensaufstellung kommt.[799] Auch ist die für die Einkommensteuer getroffene Entscheidung, ob eine Gesellschaft im Sinne des § 15 Abs. 1 Satz 1 Nr. 2 und 3 EStG vorliegt, zu übernehmen; dies gilt insbesondere auch für die Frage, wer als Gesellschafter (Mitunternehmer) anzusehen ist. 524

Entsprechend der ertragsteuerlichen Regelung sind in den Gewerbebetrieb einer Mitunternehmerschaft einzubeziehen:

1. Die Wirtschaftsgüter und sonstigen aktiven Ansätze sowie die Schulden und sonstigen Abzüge (§ 98a Satz 1 BewG), soweit sie zum Gesamthandsvermögen gehören.
2. Die Bilanzansätze aus etwaigen Ergänzungsbilanzen.
3. Die Wirtschaftsgüter aus den Sonderbilanzen (Sonderbetriebsvermögen I und II).

Die Zurechnung zum Sonderbetriebsvermögen der Personengesellschaft geht der Zurechnung zum Betriebsvermögen des Gesellschafters vor (§ 97 Abs. 1 Nr. 5 Satz 2 BewG).

Handelt es sich nicht um eine gewerblich geprägte, sondern um eine vermögensverwaltende Kommanditgesellschaft, so sind ihre Wirtschaftsgüter sowie Schulden und sonstige Abzüge den einzelnen Vermögensarten zuzuordnen, zu denen sie auch sonst gehören würden. Das Gesellschaftsvermögen ist in diesem Fall nach § 180 Abs. 1 Nr. 3 AO gesondert festzustellen und den Gesellschaftern zuzurechnen (Abschn. 30 Abs. 2 VStR).

Streitig war bei der Einheitsbewertung des Betriebsvermögens einer gewerblich tätigen bzw. einer „gewerblich geprägten“ GmbH & Co. KG, ob die Anteile des Kommanditisten an der geschäftsführenden Komplementär-GmbH als Sonderbe-

798 Abschn. 27 Abs. 2 VStR, der Grundsatz der Bestandsidentität wird durchbrochen u. a. bei Betriebsgrundstücken, Rücklagen; zu Einzelheiten s. Abschn. 27 Abs. 2 VStR.

799 Gilt ab 1. 1. 1993. Grundlage der Maßgeblichkeit der Steuerbilanzwerte für die Einheitsbewertung des Betriebsvermögens ist das StÄndG 1992 vom 29. 2. 1992, BStBl I S. 146.

triebsvermögen II des Kommanditisten dem Betriebsvermögen der KG auch dann hinzuzurechnen sind, wenn sich die GmbH nicht auf die Geschäftsführung der KG beschränkt, sondern daneben noch einen eigenen, nicht unerheblichen Geschäftsbetrieb erhält. Hier hat der BFH mit Urteil vom 7. 12. 1984[800] in Abänderung seiner bisherigen Rechtsprechung (BFH-Urteil vom 6. 2. 1976)[801] entschieden, daß „dem Betriebsvermögen einer GmbH & Co. KG der im Alleineigentum des Kommanditisten stehende Anteil der geschäftsführenden Komplementär-GmbH nur hinzuzurechnen ist, wenn sich die GmbH auf die Geschäftsführung für die KG beschränkt oder wenn ein daneben bestehender eigener Geschäftsbetrieb von ganz untergeordneter Bedeutung ist".

b) Gesellschafterdarlehen

525 Forderungen des Gesellschafters an die Gesellschaft gleichen sich im Ergebnis aus, weil der zum Gesamthandsvermögen gehörenden Schuld eine entsprechende zum Sonderbetriebsvermögen gehörende Forderung gegenübersteht. Dagegen stehen Forderungen der Personengesellschaft an die Gesellschafter, die in der Gesamtbilanz auszuweisen sind, nicht immer ein entsprechender Schuldposten in einer Sonderbilanz gegenüber. Bei der Einheitsbewertung des Betriebsvermögens der Personengesellschaft sind Forderungen nicht anzusetzen, soweit es sich nicht um Forderungen aus dem regelmäßigen Geschäftsverkehr oder aus der kurzfristigen Überlassung von Geldbeträgen handelt (§ 97 Abs. 1 Nr. 5 Satz 3 BewG); als kurzfristig ist ein Zeitraum von weniger als einem Jahr anzusehen. Bei der Ermittlung des Einheitswerts des Betriebsvermögens oder des Gesamtvermögens des Gesellschafters kann die entsprechende Schuld nicht abgezogen werden.

c) Gegenseitige Beteiligung

526 Das Problem besteht darin, daß bei der Vermögensaufstellung der GmbH & Co. KG die GmbH-Anteile, die Betriebsvermögen der GmbH & Co. KG sind[802], bereits mit ihrem vermögensteuerlichen Wert zu erfassen sind, während sich dieser

800 III R 91/81, BStBl II 1985 S. 241.

801 III R 93/74, BStBl II S. 412.

802 Vgl. hierzu BFH-Urteil vom 6. 2. 1976, III R 93/74, DB 1976, S. 1268: „Betriebsvermögen einer GmbH & Co. KG sind in der Regel auch die im Alleineigentum der Kommanditisten stehenden Anteile an der geschäftsführenden Komplementär-GmbH." Nach dem BFH-Urteil vom 21. 3. 1978, III R 32/76, BStBl II S. 518 sind Wirtschaftsgüter, die dem Gewerbebetrieb der Personengesellschaft als Hauptzweck dienen, auch dann dem Betriebsvermögen der Gesellschaft zuzurechnen, wenn sie bürgerlich-rechtlich im Alleineigentum eines Gesellschafters stehen. Da dies sich eindeutig aus dem Gesetzeswortlaut (§ 97 Abs. 1 Nr. 5, § 95 BewG) ergibt, hat die ertragsteuerliche Diskussion um Gesellschaftsbilanz einschl. Sonder- und Ergänzungsbilanzen für die Einheitsbewertung keine Bedeutung.

wiederum erst ermitteln läßt, wenn die bei der GmbH bilanzierte Beteiligung – sofern eine kapitalmäßige Beteiligung vorliegt – an der GmbH & Co. KG vermögensteuerlich bewertet worden ist.

Es ist somit zu unterscheiden der Fall

(a) einer nicht kapitalmäßig an der GmbH & Co. KG beteiligten GmbH und der Fall

(b) einer kapitalmäßig an der GmbH & Co. KG beteiligten GmbH.

Zu (a)
Zuerst ist der Einheitswert des Betriebsvermögens der GmbH festzustellen. Dann sind die GmbH-Anteile nach dem Stuttgarter Verfahren zu bewerten. Der Wert der GmbH-Anteile findet dann Eingang in die Vermögensaufstellung zur Ermittlung des Einheitswerts des Betriebsvermögens der GmbH & Co. KG.

Zu (b)
Die Feststellung des Einheitswerts des Betriebsvermögens der KG kann erst durchgeführt werden, wenn zuvor der gemeine Wert der Anteile an der GmbH festgestellt worden ist. Der gemeine Wert der GmbH-Anteile wiederum kann erst festgestellt werden, wenn der Einheitswert des Betriebsvermögens der GmbH vorliegt, indem der Anteil der GmbH als Komplementärin am Einheitswert der KG festgestellt ist. Die verschiedenen Wertfeststellungen sind jeweils voneinander abhängig. Zur Vermeidung von Schwierigkeiten soll nach Auffassung der FinVerw so verfahren werden.[803]

1. Das für die KG zuständige Finanzamt ermittelt zunächst den Wert des Betriebsvermögens der KG ohne Einbeziehung der GmbH-Anteile der Kommanditisten und daraus den Wert des Anteils der GmbH als Komplementärin. Dieser Wert des Anteils der GmbH an der KG, der sich durch die Einbeziehung der GmbH-Anteile in das Betriebsvermögen nicht ändert, und ggf. die Grundlage für die bei der Anteilsbewertung zu berücksichtigenden Zu- und Abschläge (vgl. Abschn. 4 ff. VStR) werden dem für die GmbH zuständigen Finanzamt formlos mitgeteilt.

2. Das für die GmbH zuständige Finanzamt stellt unter Ansatz des formlos mitgeteilten Anteils der GmbH an der KG den Einheitswert des Betriebsvermögens der GmbH förmlich fest und stellt darauf förmlich den gemeinen Wert der GmbH-Anteile fest. Dieser gemeine Wert der GmbH-Anteile wird dem für die KG zuständigen Finanzamt auf dem Mitteilungsvordruck mitgeteilt.

3. Das für die KG zuständige Finanzamt stellt nunmehr unter Einbeziehung der GmbH-Anteile der Kommanditisten den Einheitswert des Betriebsvermögens der KG förmlich fest.

---

803 Vgl. Erlaß des Hess. FinMin vom 3. 12. 1970, S. 3600 A – 23 – II B 43.

Für den Steuerpflichtigen bedeutet dies, daß er zunächst eine „vorläufige" Vermögensaufstellung für die GmbH & Co. KG anzufertigen hat; in dieser Aufstellung bleiben die GmbH-Anteile (= Beteiligung der GmbH & Co. KG an der GmbH) unberücksichtigt.

Die Anwendbarkeit des sog. *Stuttgarter Verfahrens* bei der Bewertung der Anteile an einer GmbH, die Komplementärin einer GmbH & Co. KG ist, hat ihre Grundlage im BFH-Urteil vom 2. 11. 1968.[804]

Der BFH betont zudem ausdrücklich, daß bei der Bewertung der Anteile an einer solchen Komplementär-GmbH die Ertragsaussichten der GmbH und ihrer Beteiligung an der KG nicht außer Betracht bleiben dürfen. Dabei ist es unbeachtlich, ob die GmbH einen eigenen Geschäftsbetrieb hat und sich mit ihm im allgemeinen Wirtschaftsverkehr beteiligt oder ob sie nur die Funktion einer Komplementärin bei einer KG hat.

Ist die GmbH nicht kapitalmäßig an der GmbH & Co. beteiligt, so ist zuerst der Einheitswert des Betriebsvermögens der GmbH festzustellen. Dann sind die GmbH-Anteile nach dem Stuttgarter Verfahren zu bewerten (Abschn. 4 ff. VStR). Der Wert der GmbH-Anteile wird in die Vermögensaufstellung eingesetzt, die zur Ermittlung des Einheitswerts des Betriebsvermögens der GmbH & Co. aufgestellt wird.

d) Einem Mitunternehmer gehörende Grundstücke

527 Das einem Mitunternehmer gehörende Grundstück, das zu mehr als der Hälfte seines Werts betrieblichen Zwecken der Personengesellschaft dient, ist nicht Grundvermögen des Mitunternehmers, sondern gehört als Betriebsgrundstück zum Sonderbetriebsvermögen der Personengesellschaft. Dies gilt auch für Grundbesitz des Ehegatten eines Mitunternehmers, der mit diesem nach § 14 VStG zusammen veranlagt wird (§ 26 BewG).

Umbauaufwendungen einer Personengesellschaft auf einem vom Gesellschafter gepachteten Grundstück sind grundsätzlich im Einheitswert dieses Grundstücks erfaßt, wenn das Grundstück als Betriebsgrundstück der Gesellschaft zu behandeln ist. Ein gesonderter Ansatz beim Einheitswert des Betriebsvermögens ist nur erforderlich, wenn Scheinbestandteile (§ 95 BGB) eingefügt wurden. Entsprechendes gilt für Aufwendungen der Personengesellschaft zur Errichtung eines Gebäudes auf dem Grund und Boden eines Gesellschafters.

804 III 115/65, BStBl II 1969 S. 225 bzw. BFHE 94, 535.

2 Besteuerung der Gesellschafter (Einheitswertaufteilung)

Die GmbH & Co. KG ist wie alle Personengesellschaften vermögensteuerlich kein selbständiges Steuersubjekt. Es wird vielmehr der Einheitswert der wirtschaftlichen Einheit nach § 179 AO einheitlich festgestellt. In dem Feststellungsbescheid ist nach § 180 Abs. 1 AO i. V. m. § 3 BewG gleichzeitig die Verteilung des Einheitswerts auf die Mitunternehmer vorzunehmen. 528

In Abkehr von seiner früheren Rechtsprechung hat der BFH im Urteil vom 24. 6. 1981[805] entschieden, daß die handelsrechtlichen Kapitalanteile der Gesellschafter den Ausgangspunkt für die Aufteilung des Einheitswertes des Betriebsvermögens einer Personen(handels)gesellschaft bilden. Zu diesen Kapitalkonten gehören nicht nur die festen Kapitalkonten, sondern auch die variablen Kapitalkonten („Kapitalkonto II, Darlehenskonto"), wenn auf ihnen auch Verlustanteile gebucht werden; für diesen Fall handelt es sich nach Auffassung des BFH[806] in aller Regel um ein „echtes" Kapitalkonto im handelsrechtlichen Sinne und nicht um ein Kreditoren- bzw. Debitorenkonto.

Wirtschaftsgüter des Sonderbetriebsvermögens sowie Bilanzansätze aus der Ergänzungsbilanz sind dem jeweiligen Gesellschafter vorab mit dem Wert zuzurechnen, mit dem sie im Einheitswert enthalten sind. Forderungen eines Gesellschafters an die Personengesellschaft sind dem jeweiligen Gesellschafter wie Sonderbetriebsvermögen vorab mit dem Wert aus der Sonderbilanz zuzurechnen. Hat die Personengesellschaft eine Forderung an den Gesellschafter, ist die Schuld des Gesellschafters bei der Aufteilung des Einheitswerts ebenfalls als negative Vorwegzurechnung zu berücksichtigen. Die ertragsteuerlich nicht berücksichtigungsfähigen Pensionsverpflichtungen gegenüber den Gesellschaftern von Personengesellschaften sind mit dem in der Handelsbilanz ausgewiesenen Wert auch als Vorwegzurechnung anzusetzen. 529

Für die Aufteilung des Einzelwerts auf die einzelnen Gesellschafter ist grundsätzlich der von den Gesellschaftern übereinstimmend vorgeschlagene Aufteilungsmaßstab wirksam, soweit er wirtschaftlich vertretbar ist (Abschn. 32 Abs. 3 VStR). Anderenfalls ist – sofern der Gesellschaftsvertrag nicht dem entgegensteht – der Einheitswert nach dem Verhältnis der Unternehmenswertanteile der Beteiligten unter Berücksichtigung nachstehender Grundsätze aufzuteilen (Abschn. 32 Abs. 3 und 4 VStR): 530

Dabei ist von den Kapitalkonten der Gesellschafter in der Handelsbilanz einschließlich etwaiger Sonderkonten auszugehen. Diese sind in der Weise zu berichtigen, daß ins Gewicht fallendes Mehrvermögen, das sich im Fall einer Aufdekkung der im Anlage- und Umlaufvermögen vorhandenen stillen Reserven, z. B.

805 III R 49/78, BStBl II 1982 S. 2.
806 Urteil vom 3. 11. 1993, II R 96/91, GmbHR 1994, S. 571.

bei den Betriebsgrundstücken, beim Firmenwert und beim beweglichen Anlagevermögen, ergibt, den Kapitalkonten der einzelnen Gesellschafter nach dem Gewinnverteilungsschlüssel zugerechnet wird. Es bestehen keine Bedenken, den Verkehrswert des zum Gesamtvermögen gehörenden Betriebsgrundstücks mit 350 v. H. des Einheitswerts, mindestens aber mit dem in der Steuerbilanz ausgewiesenen Wert anzusetzen. Es ist zu beachten, daß die berichtigten Kapitalkonten im Ergebnis das nach gesellschaftsrechtlichen Regeln auf den einzelnen Gesellschafter entfallende tatsächliche Gesellschaftsvermögen hinreichend zutreffend wiedergeben sollen (BFH-Urteil vom 11. 3. 1992, BStBl II S. 543). Die ermittelten Unternehmenswertanteile sind der Aufteilung des Einheitswerts des Betriebsvermögens zugrunde zu legen. Das gilt auch, wenn der aufzuteilende Einheitswert des Betriebsvermögens negativ ist. Die VStR geben folgenden Beispiele:

Kapitalkonten der Handelsbilanz der OHG	+ 80 000 DM
Unternehmenswert	+ 200 000 DM
Aufzuteilender Unterschiedsbetrag	+ 120 000 DM
Einheitswert	± 30 000 DM

Gewinn- und Verlustverteilung A, B und C je $^1/_3$.
Aus Vereinfachungsgründen werden nachstehend die Zahlen jeweils in Zehnern und Hundertern angegeben.

Gesellschafter	Kapitalkonten der Handelsbilanz	Anteile am Unterschiedsbetrag	Unternehmenswertanteile	Anteile am Einheitswert
Beispiel A:				
A	+ 40	+ 40	+ 80	$+30 \times \frac{+80}{200} = +12{,}0$
B	+ 30	+ 40	+ 70	$+30 \times \frac{+70}{200} = +10{,}5$
C	+ 10	+ 40	+ 50	$+30 \times \frac{+50}{200} = +7{,}5$
insgesamt	+ 80	+ 120	+ 200	+ 30,0

Gesellschafter	Kapitalkonten der Handelsbilanz	Anteile am Unterschiedsbetrag	Unternehmenswertanteile	Anteile am Einheitswert
Beispiel B:				
A	+ 60	+ 40	+ 100	$+30 \times \frac{+100}{200} = +15$
B	+ 40	+ 40	+ 80	$+30 \times \frac{+80}{200} = +12$
C	– 20	+ 40	+ 20	$+30 \times \frac{+20}{200} = +3$
insgesamt	+ 80	+ 120	+ 200	+ 30,0
Beispiel C:				
A	+ 40	+ 40	+ 80	$-30 \times \frac{+80}{200} = +12{,}0$
B	+ 30	+ 40	+ 70	$-30 \times \frac{+70}{200} = +10{,}5$
C	+ 10	+ 40	+ 50	$-30 \times \frac{+50}{200} = +7{,}5$
insgesamt	+ 80	+ 120	+ 200	– 30,0

Sachverhalt wie in den vorhergehenden Beispielen: im Einheitswert ist jedoch ein von dem Gesellschafter C gepachtetes Grundstück mit 10 000 DM enthalten, das in der Handelsbilanz der OHG nicht angesetzt ist. Der Wert des Grundstücks ist vom Einheitswert abzuziehen und dem Gesellschafter C vor der Aufteilung voll zuzurechnen.

Beispiel D:

A	+ 40	+ 40	+ 80	$+20 \times \frac{+80}{200} = +8{,}0$
B	+ 30	+ 40	+ 70	$+20 \times \frac{+70}{200} = +7{,}0$
C	+ 10	+ 40	+ 50	$10 + (+20 \times \frac{+50}{200} =)$ $5 = +15{,}0$
insgesamt	+ 80	+ 120	+ 200	+ 30,0

531 Der Einheitswert des Betriebsvermögens einer GmbH & Co. KG ist in gleicher Weise wie bei einer offenen Handelsgesellschaft aufzuteilen, wenn alle Anteile der Kommanditisten am Unternehmenswert positiv sind. Bestehen jedoch nach der Handelsbilanz bei einzelnen Kommanditisten **negative Kapitalkonten** einschließlich etwaiger Sonderkonten und bleiben sie auch nach der – gedachten – Auflösung und Verteilung stiller Reserven und ggf. des Firmenwerts auf die einzelnen Gesellschafter entsprechend dem Gewinnverteilungsschlüssel negativ, ist es nicht zulässig, diesen Kommanditisten einen Anteil am Einheitswert des Betriebsvermögens, soweit es sich um Gesamthandsvermögen handelt, zuzurechnen, wenn sie ihre Einlage geleistet haben (BFH-Urteil vom 24. 6. 1981, BStBl II 1982 S. 2). Der auf diese Kommanditisten entfallende Unternehmenswertanteil ist, sofern sich nicht aus dem Gesellschaftsvertrag ein bestimmter Aufteilungsmaßstab ergibt, den übrigen Gesellschaften in einem den Umständen nach angemessenen Verhältnis zuzurechnen (vgl. § 168 HGB); das gilt auch für die Komplementär-GmbH einer GmbH & Co. KG, die am Vermögen der Kommanditgesellschaft nicht beteiligt ist (BFH-Urteil vom 11. 3. 1992, BStBl II S. 543). Die Verpflichtung eines Kommanditisten mit negativem Kapitalkonto, etwaige Gewinne nachfolgender Wirtschaftsjahre zunächst zur Deckung des negativen Kapitalkontos zu verwenden, ist am jeweiligen Stichtag kein bewertungsfähiges Wirtschaftsgut. Vorstehende Regelungen ergeben sich aus Abschn. 22 VStR, der auch folgende Beispiele liefert:

Kapitalkonten der Handelsbilanz	+ 40 000 DM
Unternehmenswert	+ 120 000 DM
Aufzuteilender Unterschiedsbetrag	+ 80 000 DM
Einheitswert	± 60 000 DM

Gewinn- und Verlustverteilung A = 50 v. H., B = 30 v. H. und C = 20 v. H. C ist Kommanditist.

Gesellschafter	Kapitalkonten der Handelsbilanz	Anteile am Unterschiedsbetrag	Unternehmenswertanteil	Zuzurechnender Anteil des Komm. C[1)]	Verleibender Unternehmenswertanteil	Anteile am Einheitswert
Beispiel A:						
A	+ 70	+ 40	+ 110	– 27,5	+ 82,5	$+60 \times \frac{+82,5}{120} = 41,25$
B	+ 30	+ 24	+ 54	– 16,5	+ 37,5	$+60 \times \frac{+37,5}{120} = 18,75$
C	– 60	+ 16	(– 44)	–	0	0
insgesamt	+ 40	+ 80	+ 164	– 44,0	+ 120,0	+ 60,0

Gesellschafter	Kapitalkonten der Handelsbilanz	Anteile am Unterschiedsbetrag	Unternehmenswertanteil	Zuzurechnender Anteil des Komm. C[1]	Verleibender Unternehmenswertanteil	Anteile am Einheitswert
Beispiel B:						
A	+ 70	+ 40	+ 110	– 27,5	+ 82,5	$-60 \times \frac{+82{,}5}{120} = -41{,}25$
B	+ 30	+ 24	+ 54	– 16,5	+ 37,5	$-60 \times \frac{+37{,}5}{120} = -18{,}75$
C	– 60	+ 16	(– 44)	–	0	0
insgesamt	+ 40	+ 80	+ 164	– 44,0	+ 120,0	– 60,0

1 **[Amtl. Anm.:]** Hier nach Gewinnverteilung A/B $\frac{40}{64} : \frac{24}{64}$.

Nach Auffassung des FG Düsseldorf[807] kommt eine Nichtzurechnung nur bei solchen Kapitalkonten in Betracht, die durch Verlustzurechnung negativ geworden sind. Handelt es sich jedoch nicht um ein durch Verlust entstandenes, sondern um ein durch hohe Privatentnahmen entstandenes negatives Kapitalkonto, ist der Kommanditist nach wie vor am betrieblichen Vermögen beteiligt. Er ist gesellschaftsrechtlich zur Zahlung verpflichtet, und zwar gleichgültig, ob man die auf Privatkonten gebuchten Beträge als Darlehen qualifiziert oder sie steuerlich als auf Gesellschafterstellung beruhende Entnahmen und Einlagen und damit als Teil des Kapitalkontos qualifiziert; das gilt insbesondere dann, wenn ein entsprechender Gesellschafterbeschluß vorliegt, der die Rückzahlung des „Darlehens" festlegt.

Kapitalkonten der Handelsbilanz	+ 40 000 DM
Unternehmenswert	+ 120 000 DM
Aufzuteilender Unterschiedsbetrag	+ 80 000 DM
Einheitswert	± 60 000 DM

Gewinn- und Verlustverteilung A = 50 v. H., B = 30 v. H. und C = 20 v. H. C ist Kommanditist.

Beispiel A:

A	+ 70	+ 40	+ 110	– 27,5	+ 82,5	$+60 \times \frac{+82{,}5}{120} = 41{,}25$
B	+ 30	+ 24	+ 54	– 16,5	+ 37,5	$+60 \times \frac{+37{,}5}{120} = 18{,}75$
C	– 60	+ 16	(– 44)	–	0	0
insgesamt	+ 40	+ 80	+ 164	– 44,0	+ 120,0	+ 60,0

807 Urteil vom 6. 12. 1993, 11 K 438/85 BB – nicht rechtskräftig –, BFH, II R 22/94, EFG 1994, S. 557.

Gesellschafter	Kapitalkonten der Handelsbilanz	Anteile am Unterschiedsbetrag	Unternehmenswertanteil	Zuzurechnender Anteil des Komm. C	Verleibender Unternehmenswertanteil	Anteile am Einheitswert
Beispiel B:						
A	+ 70	+ 40	+ 110	– 27,5	+ 82,5	$-60 \times \frac{+82,5}{120} = -41,25$
B	+ 30	+ 24	+ 54	– 16,5	+ 37,5	$-60 \times \frac{+37,5}{120} = -18,75$
C	– 60	+ 16	(– 44)	–	0	0
insgesamt	+ 40	+ 80	+ 164	– 44,0	+ 120,0	– 60,0

Da die mit der Aufteilung des Betriebsvermögens von Personengesellschaften berührten Fragen so vielgestaltig sind, daß bisher keine Aufteilungsmethode bekannt geworden ist, die für jeden denkbaren praktischen Fall stets auch zu einem überzeugenden Ergebnis führt, wird in Abschn. 18 VStR zum Ausdruck gebracht, daß seitens der Finanzbehörde auch Aufteilungsmethoden anerkannt werden können, die von der vorstehenden Methode abweichen, sofern ihre Anwendung von sämtlichen Beteiligten beantragt wird und zu einem wirtschaftlich vertretbaren Ergebnis führt.

3 Behandlung der Komplementär-GmbH

532 Der gemeine Wert der GmbH-Anteile wird i. d. R. nach dem Stuttgarter Verfahren (Abschn. 4 ff. VStR) zu ermitteln sein, und zwar selbst dann, wenn das Vermögen der GmbH hauptsächlich in Anteilen an der GmbH & Co. besteht. Hinsichtlich der vermögensteuerlichen Behandlung der Gehälter hat sich der III. Senat des BFH (Bewertungssenat) der Rechtsprechung zur ertragsteuerlichen Behandlung der Geschäftsführergehälter angeschlossen (BFH-Urteil vom 3. 2. 1967[808]). In dem genannten Urteil wird festgestellt: „Ist eine GmbH Komplementärin und Geschäftsführerin einer GmbH & Co. und läßt die GmbH die Geschäftsführung bei der GmbH & Co. durch ihre Gesellschafter ausüben, die gleichzeitig Kommanditisten der GmbH & Co. sind, so können Rückstellungen der GmbH für Verbindlichkeiten auf das Geschäftsführergehalt insoweit bei der Einheitswertfeststellung ihres gewerblichen Betriebs nicht berücksichtigt werden, als die Verbindlichkeiten sich auf eine Tätigkeit beziehen, die die Gesellschafter als Organ der GmbH für die KG ausüben.“ Da Forderungen und Verbindlichkeiten zwischen einer Personengesellschaft und ihren Gesellschaftern nicht abgezogen werden dürfen, können solche Verbindlichkeiten auch nicht bei der Feststellung des Einheitswerts der GmbH & Co. berücksichtigt werden.

808 III 161/63, BStBl III S. 303.

V Umsatzsteuer

1 Kommanditgesellschaft

a) Grundsätzliches

Umsatzsteuerlich ist die GmbH & Co. im Verhältnis zu ihren Gesellschaftern ein selbständiges Rechtssubjekt. Nach der Darstellung des BFH im Urteil vom 27. 11. 1952[809] kann eine OHG (und damit eine KG) ein Rechtsgeschäft umsatzsteuerlicher Auswirkung sowohl mit einem ihrer Gesellschafter abschließen als auch mit der Gesamtheit ihrer Gesellschafter. Das hat zur Voraussetzung, daß der Gesellschafter oder die Gesamtheit der Gesellschafter außerhalb der Gesellschaft dieser gegenüberstehen. Umsatzsteuerlich sind also die Gesellschaft und die Gesamtheit ihrer Gesellschaft nicht ohne weiteres identisch. 533

Da es möglich ist, daß die GmbH & Co. KG mit ihren Gesellschaftern umsatzsteuerlich in einen normalen Leistungsaustausch treten kann, finden für solche Fälle die allgemeinen Vorschriften des Umsatzsteuerrechts Anwendung. Umsatzsteuerpflichtig sind somit z. B. die der GmbH zufließenden Entgelte aus der miet- oder pachtweisen Zurverfügungstellung von Vermögenswerten an die GmbH & Co. KG, wobei allerdings die Befreiungsvorschriften des § 4 UStG Anwendung finden können, z. B. wenn es sich um die Vermietung oder Verpachtung von Grundstücken handelt.[810]

b) Vergütung für die Geschäftsführung

Lange zweifelhaft war die Frage, ob die Vergütung der GmbH & Co. an die Komplementär-GmbH für ihre Geschäftsführertätigkeit umsatzsteuerpflichtig ist. Inzwischen hat der BFH im Urteil vom 17. 7. 1980[811] in Abänderung seiner Rechtsauffassung entschieden, daß die Führung der Geschäfte einer Personengesellschaft sowie deren Vertretung durch eine GmbH, welche ihre einzige geschäftsführende persönlich haftende Gesellschafterin ist, keine gegenüber einer anderen Person erbrachte Leistung darstelle, unabhängig davon, ob eine gewinnabhängige oder gewinnunabhängige Geschäftsführungsvergütung oder nichts gezahlt wird. Die Führung der Geschäfte einer Personenhandelsgesellschaft sei nämlich eine auf die Verfolgung des Gesellschaftszwecks gerichtete Tätigkeit für die Gesellschaft (Hueck, „Das Recht der offenen Handelsgesellschaft", 4. Aufl., S. 115). Hieraus folgt, daß die Komplementär-GmbH mit ihrer Geschäftsführungstätigkeit kein Unternehmer ist und die dieser Tätigkeit zuzuordnenden Vorsteuern nicht ab- 534

809 V 80/51 S, BStBl III 1953 S. 44.

810 Für weitere Einzelheiten vgl. Bichel, Leistungsvergütungen an den Gesellschafter-Geschäftsführer und Kommanditisten einer GmbH & Co. KG, StBp 1973, S. 14–16.

811 VR 5/72, BStBl II S. 622.

ziehen kann. Das gleiche gilt für den Fall, daß der Gesellschafter-Geschäftsführer eine natürliche Person ist, sofern die Tätigkeit nichts bereits als nichtselbständig zu beurteilen ist.

c) Berechtigung zum Vorsteuerabzug

535 Zu Fragen, in welchem Umfang die GmbH & Co. KG zum Vorsteuerabzug berechtigt ist aufgrund von Lieferungen und sonstigen Leistungen durch andere Unternehmer im Zusammenhang mit der Geschäftsführertätigkeit der Komplementär-GmbH, vertritt die OFD Hamburg folgende Auffassung (Vfg. vom 27. 11. 1980, BB 1981, S. 105):

„Berühren solche Leistungen ausschließlich den Bereich der GmbH (z. B. Aufstellen der Bilanz durch einen Steuerberater), kommt eine Rechnungserteilung an die KG nicht in Betracht. Ein Vorsteuerabzug ist weder bei der GmbH noch bei der KG möglich.

Sind die Leistungen wirtschaftlich ausschließlich der KG zuzurechnen (z. B. Beratung des Geschäftsführers durch einen Rechtsanwalt über Ansprüche der KG), kann diese den Vorsteuerabzug geltend machen, wenn die Rechnung auf die KG lautet und die übrigen Voraussetzungen gegeben sind.

Dienen die Leistungen sowohl Zwecken der GmbH als auch solchen der KG (z. B. Renovierung des für beide Zwecke genutzten Büroraums), so kommt es auf den hauptsächlichen Verwendungszweck an. Soweit die Lieferungen und sonstigen Leistungen hiernach der KG zuzurechnen sind, kommt gegebenenfalls § 1 Abs. 1 Nr. 3 UStG zur Anwendung."

536 Werden von den Gesellschaftern **Sonderbetriebsausgaben** geltend gemacht, so können die in solchen Rechnungen enthaltenen gesondert ausgewiesenen Umsatzsteuerbeträge nicht durch das Unternehmen der Personengesellschaft als Vorsteuer nach § 15 Abs. 1 UStG abgezogen werden. Dies trifft beispielsweise zu auf das Honorar eines Rechtsanwalts für die Ausarbeitung eines neuen Gesellschaftsvertrages. Die Honorarrechnung, die an den Gesellschafter ausgestellt ist, wird steuerlich im Rahmen der einheitlichen Gewinnfeststellung als Betriebsausgabe berücksichtigt. Die Begründung für die Regelung des Vorsteuerabzugs liegt darin, daß die Leistung nicht für das Unternehmen der Personengesellschaft, sondern für einen ihrer Gesellschafter in dessen Auftrag ausgeführt worden ist.[812]

812 Vgl. OFD-Frankfurt, Vfg. vom 6. 4. 19790, S. 7300. In solchen Fällen kann jedoch u. U. der Gesellschafter den Vorsteuerabzug vornehmen. Dies ist dann möglich, wenn er den Auftrag im Rahmen einer eigenen unternehmerischen Betätigung erteilt, beispielsweise bei einem Auftrag durch eine an der Personengesellschaft beteiligte Firma. Außerdem müssen bei dem Gesellschafter die sonstigen Voraussetzungen des § 15 Abs. 1 UStG vorliegen.

d) Aufsichtsrats-, Beiratstätigkeit

Die Tätigkeit als Mitglied eines Aufsichtsrats oder Beirats wird – auch von Arbeitnehmervertretern – selbständig ausgeübt. Sie ist, soweit sie für die Erwerbsgesellschaft ausgeübt wird, keine ehrenamtliche Tätigkeit i. S. von § 4 Nr. 26 UStG. [813] 537

e) Organschaftsfragen, Unternehmereinheit

Da die GmbH & Co. KG eine Personengesellschaft im Rechtssinne ist, kann sie nicht **Organ**gesellschaft gemäß § 2 Abs. 2 Ziff. 2 UStG sein, da hierfür nur juristische Personen – ausgenommen die Körperschaft öffentlichen Rechts – in Betracht kommen. Ein Organschaftsverhältnis zwischen GmbH und GmbH & Co. KG ist damit ausgeschlossen. 538

Auch die Komplementär-GmbH kann nicht Organgesellschaft der GmbH & Co. KG sein, da diese nicht an der GmbH beteiligt ist.[814]

Mit Urteil vom 8. 2. 1979[815] hat der BFH auch die Rechtsprechung zu den sog. organschaftsähnlichen Verhältnissen aufgegeben.

Nach der vom Reichsfinanzhof begründeten und vom Bundesfinanzhof fortgesetzten Rechtsprechung wurde auch zwischen der GmbH & Co. KG als Personengesellschaft und der GmbH als Kapitalgesellschaft unter bestimmten Voraussetzungen das Bestehen einer **Unternehmereinheit** mit der steuerlichen Wirkung anerkannt, daß die Umsätze zwischen beiden Gesellschaften als Innenumsätze nicht steuerbar waren. Diese Rechtsauffassung hat der BFH [816] zwischenzeitlich aufgegeben. Dem Umsatzsteuersystem ab 1968 sei diese Rechtsfigur überdies wesensfremd.[817]

2 Komplementär-GmbH

Wenn die GmbH nach der Gründung der GmbH & Co. KG im Geschäftsverkehr nicht mehr auftritt und sich ausschließlich mit der Wahrnehmung der gesellschaftsrechtlichen Funktionen innerhalb der GmbH & Co. Kg begnügt, so stellt die Ausübung dieser Funktionen keine gewerbliche oder berufliche Tätigkeit i. S. des § 2 Abs. 1 UStG dar. 539

Der Auslagenersatz, den die Komplementär-GmbH nach der Satzung für die eigenenen Auslagen beanspruchen kann, ist nicht mit Umsatzsteuer zu belasten, da insoweit kein Leistungsaustausch anzunehmen ist.

813 OFD Düsseldorf, Vfg. vom 17. 5. 1968, S. 7185 A – St. 641.
814 Vgl. BFH-Urteil vom 14. 12. 1978, V R 85/74, BFHE 127, 75 sowie Birkholz in UStR 1979, S. 5.
815 V R 101/78, BFHE 127, 267.
816 BFH-Urteil vom 23. 11. 1978, V R 36/78, BB 1979, S. 719.
817 BFH-Urteil vom 8. 2. 1979, V R 114/74, BFHE 127, 254.

Ein Leistungsaustausch wird aber dann gegeben sein, wenn die Komplementär-GmbH Leistungen für die KG erbringt, zu denen sie nicht durch den Gesellschaftsvertrag aufgrund ihrer gesellschaftsrechtlichen Stellung verpflichtet ist. Die GmbH ist in derartigen Fällen also wie ein echter Unternehmer zu behandeln, obgleich die eigentliche Stellung der GmbH innerhalb der GmbH & Co. KG gesellschaftsrechtlicher Natur ist und die GmbH unternehmerisch sonst nicht tätig wird. Das bestätigt auch der BFH im Urteil vom 18. 7. 1968, in dem u. a. ausgeführt wird: Wird einem Gesellschafter (= GmbH) einer KG *neben* seinen dem Gesellschaftsvertrag entsprechenden Gewinnanteilen für bestimmte Leistungen (im Urteilsfall: Verpachtung von Einrichtungen und Anlagen seitens der GmbH an die KG) keine Umsatzbeteiligung, mindestens aber ein bestimmter Barbetrag vorab gewährt, so handelt es sich umsatzsteuerlich *insoweit* um Leistungsentgelte im Rahmen eines Leistungsaustausches.

VI Kapitalverkehrsteuer

Durch Art. 4 des Gesetzes zur Verbesserung der Rahmenbedingungen der Finanzmärkte (Finanzmarktförderungsgesetz) vom 22. 2. 1990 (BGBl I S. 266) werden zum 1. 1. 1991 die ***Börsenumsatzsteuer*** *und zum 1. 1. 1992 die* ***Gesellschaftsteuer*** *und die* ***Wechselsteuer*** *abgeschafft.*

Für die Abwicklung von Steuerfällen, für die die Steueransprüche vor dem jeweiligen Stichtag der Aufhebung entstanden sind, gelten alle bisher maßgebenden Vorschriften, insbesondere zu Fragen der Festsetzung, der Erhebung und der Haftung, weiter. Zudem müssen noch die notwendigen Außenprüfungen durchgeführt werden. Aus Gründen der Rechtssicherheit legen besondere Regelungen einen spätesten Beginn der Festsetzungsfristen mit Ablauf der Kalenderjahre 1991 bzw. 1992 fest. ***Nachstehende Ausführungen sind also nur noch für „Alt-Fälle" von Bedeutung und verlieren 1996 vollends ihre Bedeutung.***[818]

818 Siehe FinMin NRW, Erlaß vom 8. 3. 1990, S. 5030 – 6 – VA 2, DB 1990, S. 607. Für die neuen Bundesländer gelten Sonderregelungen (FinMin Nds, Erlaß vom 10. 10. 1990, S. 5030 – 11 – 36, DB 1990, S. 2195): Durch Anlage I Kapitel IV Sachgebiet B Abschnitt II Nr. 32 zum Einigungsvertrag ist in das KVStG folgender § 7 a eingefügt worden: „§ 7a Sondervorschrift: Wenn inländische Kapitalgesellschaften oder inländische Niederlassungen ausländischer Kapitalgesellschaften ihre Geschäftsleitung oder ihren satzungsmäßigen Sitz in dem in Artikel 3 des Einigungsvertrages genannten Gebiet haben, wird Gesellschaftsteuer ab 1. Januar 1991 nicht erhoben." Das in Artikel 3 des Einigungsvertrages genannte Gebiet umfaßt die Länder Mecklenburg-Vorpommern, Brandenburg, Sachsen, Sachsen-Anhalt und Thüringen sowie den Teil des Landes Berlin, in dem das Grundgesetz vor dem 3. 10. 1990 nicht galt. Siehe auch DB 1990, S. 2548.

1 Privat- und Darlehenskonten sowie sonstige gesellschaftliche Leistungen der Kommanditisten[819]

a) Darlehen der Kommanditisten an die KG

Die Besteuerung der kapitalersetzenden Darlehen[820] (früher § 3 KVStG) ist seit dem 1. 1. 1972 entfallen. Für die GmbH & Co. KG bleibt lediglich zu prüfen, ob der formell als Darlehensgewährung bezeichnete Vorgang wie der Ersterwerb von Gesellschaftsrechten zu behandeln ist (z. B. unverzinsliches und bis zum Untergang des Gesellschaftsrechts unkündbares Darlehen). Dabei kann nach Ansicht des BFH[821] offenbleiben, ob eine solche Leistung „bei Gründung" der GmbH & Co. KG erbracht worden ist und deshalb in vollem Umfang eine Gegenleistung i. S. des § 2 Abs. 1 Nr. 1 i. V. m. § 8 Nr. 1a KVStG vorliegt. Soweit dies nicht der Fall sein sollte, wäre jedenfalls der Tatbestand des § 2 Abs. 1 Nr. 2 i. V. m. § 8 Nr. 2 KVStG erfüllt. Steuermaßstab ist insoweit der als „Darlehen" gezahlte Geldbetrag und nicht der wegen einer Unverzinslichkeit der Darlehen zu errechnende Abzinsungsbetrag.[822] 540

Werden von Kommanditisten der Gesellschaft gewährte Darlehen dem Grund nach auch steuerlich anerkannt, so ist zu beachten, daß eine **zinslose Überlassung** der Nutzung des Kapitals eine freiwillige Leistung darstellt, die nach § 2 Abs. 1 Nr. 4c KVStG der Gesellschaftsteuer unterliegt. Die Leistung ist bewirkt, wenn sich im regelmäßigen Abschlußzeitpunkt für das (Verrechnungs-)Konto erweist, daß die gegenseitigen Leistungen zugunsten der Gesellschaft nicht ausgeglichen waren. Im Zweifel ist der Zeitraum von einem Jahr maßgebend.[823] Den „Leistungszeitpunkt" präzisiert das FG Bremen mit seinem Urteil vom 19. 6. 1980.[824] Das FG Bremen kommt damit zu dem Ergebnis, daß bei zinslosem Stehenlassen des Gewinnanteils eines Kommanditisten bis zur Feststellung des Jahresabschlusses keine Gesellschaftsteuerpflicht gegeben ist. 541

Die Gesellschaftsteuerpflicht kann dadurch vermieden werden, daß der Gesellschafter seine schuldrechtlichen Ansprüche (Zinsen) als sog. Vorweggewinn im Rahmen der steuerlichen Gewinnverteilung erhält.[825] 542

Nach dem Einführungserlaß vom 16. 3. 1972 (BStBl I S. 134 Nr. 7) liegt bei der GmbH & Co. eine gesellschaftsteuerpflichtige Leistung i. S. des § 2 Abs. 1 Nr. 4b KVStG vor, wenn die Kommanditisten ganz oder teilweise auf die Vertei- 543

819 Zur Rechtslage unter Geltung des KVStG 1959 (bis zum 31. 12. 1971) vgl. Abschn. C Rn. 167–172d der 2. Aufl. dieses Buches.

820 Für zivilrechtliche Einzelheiten vgl. Rn. 687ff.

821 BFH-Urteil vom 21. 7. 1976, II R 66/74, BStBl II 1977, S. 6.

822 BFH-Urteil vom 21. 7. 1976, II R 192/72, BStBl II 1977 S. 4.

823 BFH-Urteil vom 31. 1. 1979, II R 46/77, BB 1979 S. 822.

824 II 120/77, EFG 1980, S. 561.

825 Siehe hierzu FinMin Niedersachsen, Erlaß vom 31. 5. 1983, BB 1983, S. 1083.

lung des entstandenen Gewinns verzichten. Nur wenn der Kommanditist den ihm zustehenden Gewinn lediglich stehenläßt (Privatkonto), liegt darin eine nicht mehr steuerpflichtige Darlehensgewährung.

b) Freiwillige Leistungen

544 Freiwillige Leistungen der Kommanditisten an die GmbH & Co. KG der in § 2 Nr. 3 und 4 KVStG bezeichneten Art (z. B. Zuschüsse, Verzicht auf Forderungen, die geeignet sind, den Wert der Gesellschaftsrechte zu erhöhen) unterlagen ab 1. 1. 1972 der Gesellschaftsteuer, da das KVStG n. F. die GmbH & Co. KG kapitalverkehrsteuerlich als Kapitalgesellschaft behandelt.

Für die Entstehung der Steuerpflicht dem Grunde nach kommt es allein auf die Eignung der Leistung und nicht auf den Erfolg an. Die Vorschriften begünstigen solche (freiwilligen) Leistungen, die zur Deckung einer Überschulding erforderlich sind. Damit setzen sie die Steuerbarkeit der freiwilligen Leistung auch dann voraus, wenn der Wert der Gesellschaftsrechte null ist und bleibt, d. h. wenn der Wert der Gesellschaftsrechte durch die Deckung der Überschuldung nicht erhöht wird. Wertmindernde Umstände können nur dann berücksichtigt werden, wenn sie nach Art eines Leistungsaustauschs mit der werterhöhenden Eigenschaft der Leistung eng verknüpft sind oder wenn die Leistung lediglich dazu dient, die Liquidation der Gesellschaft durchzuführen.[826]

Steuermaßstab ist der Wert der Leistung für die Kapitalgesellschaft. Unmaßgeblich ist der Wert des Verzichts für den Gesellschafter.

545 Unter den Zuschußbegriff fallen nur solche Leistungen, die die Eignung einer einseitigen Zuwendung des Gesellschafters gegenüber der Gesellschaft haben. Erbringt dagegen ein Gesellschafter gegenüber der Gesellschaft Leistungen im Rahmen eines Leistungsaustauschs, so schließt der Leistungsaustausch die Gesellschaftsteuerpflicht aus.[827]

Die freiwilligen Leistungen müssen nur objektiv geeignet sein, den Wert der Gesellschaftsrechte zu erhöhen. Es ist nicht erforderlich, daß die freiwillige Leistung den Wert der Gesellschaftsrechte tatsächlich erhöht.

Nach der BFH-Rechtsprechung[828] setzt ein Forderungsverzicht i. S. des § 2 Abs. 1 Nr. 4 b KVStG eine Erklärung voraus, die den auf einen Forderungsverzicht gerichteten Willen des Forderungsinhabers zum Ausdruck bringt. Eine Forderungsverzichtserklärung des Gesellschafters ergibt sich nicht aus der von der Gesellschaft aufzustellenden Bilanz. Ein Forderungsverzicht kann sich aus der Feststellung der Bilanz durch die Gesellschafter ergeben. Dies setzt jedoch eine

826 Siehe BFH-Urteil vom 25. 11. 1987, I R 385/83, DB 1988, S. 894.
827 Aus der Begründung zu dem BFH-Urteil vom 22. 7. 1987, I R 74/75, DB 1987, S. 2288.
828 BFH-Urteil vom 25. 1. 1989, I R 13/85, DB 1989, S. 1064.

förmliche Feststellung voraus. Die Vertragsklausel, daß Einwendungen gegen die Bilanzansätze nur innerhalb eines bestimmten Zeitraums geltend gemacht werden können, kann keine Grundlage für einen Verzicht auf außerhalb der Gewinnverteilung entstehende schuldrechtliche Ansprüche sein.

Die Verlustfreihaltung der Komplementär-GmbH durch die Kommanditisten und der spätere Ausgleich der negativen Kapitalkonten durch Gewinne führt bei der GmbH & Co. KG nicht zu einer Steuerpflicht; diese Vorgänge sind nach den allgemein geltenden Grundsätzen zu beurteilen.[829]

Eine gemäß § 2 Abs. 1 Nr. 4a KVStG gesellschaftsteuerpflichtige (freiwillige) Leistung liegt auch dann vor, wenn ein Gesellschafter aus einer GmbH & Co. KG ausscheidet und es ein verbleibender Kommanditist übernimmt, das Auseinandersetzungsguthaben an den ausscheidenden Gesellschafter zu zahlen; hier befreit der Kommanditist die GmbH & Co. KG freiwillig von einer Verbindlichkeit.[830]

c) Wiederauffüllung der durch Verluste geminderten Kommanditeinlage aus nachfolgenden Gewinnen

Ob eine „Gesellschafterleistung" i. S. von § 2 Abs. 1 Nr. 2 KVStG auch anzunehmen ist, wenn der Gewinn eines Geschäftsjahres entsprechend der Regelung in § 169 Abs. 1 Satz 2 Halbsatz 2 HGB anteilig dazu verwendet wird, die durch Verlust geminderten Kommanditeinlagen wieder auf den Stand der „bedungenen Einlage" aufzufüllen, ist durch das BFH-Urteil vom 29. 1. 1975[831] i. S. der in der Literatur vertretenen Ansicht entschieden. Die herrschende Meinung des Schrifttums[832] sieht in der Wiederauffüllung der durch Verluste geminderten Kommanditeinlage aus nachfolgenden Gewinnen keine gesellschaftsteuerpflichtige Leistung. 546

d) Verbuchung der Gewinne und Verluste der Kommanditisten einer GmbH & Co. KG auf Sonderkonten mit Darlehenscharakter

Die Wiederauffüllung der durch Verluste geminderten bedungenen Einlagen der Kommanditisten einer GmbH & Co. mit Hilfe späterer Gewinne ist auch dann keine Leistung i. S. des § 2 Abs. 1 Nr. 2 KVStG, wenn die Verluste den Kontokorrentkonten der Kommanditisten belastet werden, ohne daß die Kommanditisten zu entsprechenden Nachschüssen verpflichtet sind, und wenn diese Verluste mit späteren Gewinnen ausgeglichen werden (BFH-Urteil vom 23. 7. 1975[833]). 547

---

829 Erlaß des FinMin Nordrhein-Westfalen vom 26. 8. 1976, S. 5100 – 13 – VA 2, BB 1976, S. 1164.

830 BFH-Urteil vom 11. 4. 1990, I R 45/89, DB 1990, S. 1701.

831 BFH-Urteil vom 29. 1. 1975, II R 90/73, BStBl II S. 414.

832 Z. B. Schulze zur Wiesche, Die Behandlung der thesaurierten Gewinne bei der GmbH & Co. KG nach dem KVStG, DStR 1973, S. 265; Schmidt-Troschke, Gesellschaftsteuerpflicht „stehengelassener Gewinne" sowie der Abdeckung von Verlusten bei der GmbH & Co. KG, GmbHR 1974, S. 62ff.; siehe auch die Zusammenstellung bei Egly, Die Gesellschaftsteuer, NWB Fach 8a, S. 208f.

833 II R 101/73, BStBl II 1976 S. 23.

Aufgrund des BFH-Urteils vom 23. 7. 1975[834] dürfte dagegen Gesellschaftsteuerpflicht gegeben sein, wenn stehengelassene Gewinne mit späteren Verlusten ausgeglichen werden, da hier ein Auszahlungsverzicht mit Gesellschaftsteuerpflicht nach § 2 Abs. 1 Nr. 4 KVStG vorliegt. Eine Bestätigung findet dieser Gedanke in dem BFH-Urteil vom 3. 11. 1982.[835]

Bestimmt ein Gesellschaftsvertrag, daß für die Gesellschafter neben einem festen Kapitalkonto I zwei weitere Konten II und III zu führen sind und daß die Gesellschafter über die Guthaben auf dem Konto II nicht verfügen dürfen, so spricht nach Auffassung des BFH vom 3. 11. 1982 diese Regelung, sofern der Gesellschaftsvertrag keine anderen Anhaltspunkte für die rechtliche Einordnung des Kontos II enthält, dafür, das Konto II als Beteiligungskonto anzusehen, vor allem dann, wenn das Kapitalkonto II nicht verzinst wird.[836]

e) Verzicht auf Gewinnverteilung

548 Auch der Verzicht eines Kommanditisten auf Vorabvergütungen kann der Kapitalverkehrsteuer unterliegen, so hat der BFH im Urteil vom 27. 1. 1988[837] entschieden.

549 Gesellschaftsteuer fällt ferner nicht an, wenn aufgrund einer im Gesellschaftsvertrag enthaltenen Anordnung oder Ermächtigung in der festgestellten Jahresbilanz Beträge aus dem Jahresüberschuß der GmbH & Co. in eine gesamthänderisch gebundene **offene Rücklage eingestellt** sind. Diese Rücklagenbildung bleibt auch dann steuerfrei, wenn sie auf einem Beschluß beruht, der vor oder zugleich mit dem Beschluß über die Feststellung der Bilanz von den Gesellschaftern gefaßt wird (Erlaß FinMin NRW vom 12. 7. 1977, StEK KVStG § 2 Nr. 36).

Werden die bei der GmbH & Co. KG gesamthänderisch gebundenen offenen Rücklagen aufgelöst und anteilig den Kapitalanteilen der Gesellschafter zugeschrieben, so wird die Steuerbefreiung nach § 7 Abs. 3 Nr. 2a KVStG gewährt, sofern gleichzeitig die Hafteinlage jedes Kommanditisten um den seinem Kapitalanteil zugeschriebenen Betrag erhöht wird. Dagegen kann die Steuerbefreiung nicht eingreifen, wenn den Kapitalanteilen der Gesellschafter unmittelbar aus dem Jahresüberschuß Beträge zugeschrieben werden. Einlagen, die auf dem Kapitalkonto zu buchen sind, können begrifflich nur von einem Gesellschafter geleistet werden. Es ist deshalb davon auszugehen, daß die GmbH & Co. KG durch die Umbuchung von Beträgen aus dem Jahresüberschuß mit eigenen Mitteln eine Verpflichtung des Gesellschafters abdeckt (§ 2 Abs. 1 Nr. 2 Satz 2 KVStG[838]). Betont sei, daß bei Aufstockung des Kommanditkapitals aus offenen Rücklagen die Steuerbe-

834 II R 101/73, BStBl II 1976 S. 23.
835 II R 94/80, BStBl II 1983 S. 240.
836 Siehe hierzu BFH-Urteil vom 22. 7. 1987, I R 74/85, BStBl II S. 823.
837 I R 387/83, BStBl II S. 454.
838 Vgl. BdF-Schreiben vom 18. 4. 1974, DStZ B 1974, S. 148, sowie BFH-Urteil vom 16. 3. 1977, II R 83/71.

freiung nach § 7 Abs. 3 Nr. 2 KVStG voraussetzt, daß in der letzten, der Erhöhung der Kommanditeinlage vorausgehenden Jahresbilanz der Gesellschaft offen eine gesamthänderisch gebundene Rücklage ausgewiesen ist.[839]

2 Deckung einer Überschuldung oder eines Verlustes am Nennkapital

Sofern Rechtsvorgänge i. S. des § 2 Abs. 1 Nr. 1 bis 4 KVStG, also Erwerb von 550
Gesellschaftsrechten sowie Pflicht- und freiwillige Leistungen von Gesellschaftern, zur Deckung einer Überschuldung oder eines Verlustes an dem durch Gesellschaftsvertrag oder Satzung festgesetzten Kapital erforderlich sind, fallen sie unter die Befreiungsvorschriften des § 7 Abs. 4 KVStG n. F.

Ob eine Überschuldung oder ein Verlust an den Kommanditeinlagen vorliegt, ist nicht anhand der ausgewiesenen Buchwerte, sondern anhand der wahren Vermögenswerte zu ermitteln.[840] Hierbei sind Darlehen der Kommanditisten, die bei der Ermittlung des bewertungsrechtlichen Betriebsvermögens nicht als Betriebsschulden abzugsfähig sind, nach dem Sinn und Zweck der Ermäßigungsvorschrift als echte Schulden der GmbH & Co. KG zu berücksichtigen.[841]

3 Börsenumsatzsteuer bei Erwerb von Anteilen an einer GmbH & Co. KG

Nach § 5 Abs. 2 Nr. 3 KVStG gelten GmbH & Co. Kommanditgesellschaften als 551
Kapitalgesellschaften. Infolgedessen sind Anteile an einer GmbH & Co. Anteile an einer Kapitalgesellschaft i. S. des § 19 KVStG. Hieraus hat der BFH den Schluß gezogen, daß der Abschluß von Anschaffungsgeschäften über Kommanditanteile einer GmbH & Co. ebenfalls der Börsenumsatzsteuer unterliegt (BFH-Urteil vom 3. 9. 1975[842]).

Ab 1991 wurde die **Börsenumsatzsteuer nicht mehr erhoben.**

---

839 BFH-Urteil vom 27. 2. 1980, II R 48/77, DB 1980, S. 1311. Dem folgt der BFH im Urteil vom 12. 10. 1988 (I R 217/84, DB 1989, S. 909): „Offene Rücklagen sind als Bestandteil des Eigenkapitals in einem eigenständigen Bilanzposten unverteilt auf die Gesellschafter auszuweisen. Steuerfrei ist nicht jede Umwandlung von gesamthänderisch gebundenen Mitteln in gezeichnetes Kapital, sondern nur diejenige, die zuvor ‚offen' als Rücklage ausgewiesen wurde. Steuerbefreit ist daher nicht die Umwandlung eines Jahresüberschusses bzw. eines Gewinnvortrages in gezeichnetes Kapital. Auch die gesamthänderisch gebundenen Gesellschaftsmittel, die in der dem Kapitalerhöhungsbeschluß zugrundeliegenden Bilanz auf Gesellschafterdarlehenskonten ausgewiesen werden, schließen die Annahme einer Umwandlung ‚offener' Rücklagen in eine Erhöhung des Nennkapitals aus."

840 Vgl. z. B. BFH-Urteil vom 27. 8. 1968, II R 82/67, BStBl II S. 781.

841 FM Schleswig-Holstein, Erlaß vom 21. 2. 1974, S. 5104 – 37 VI 33 a., Fachnachrichten des Instituts der Wirtschaftsprüfer in Deutschland e. V. Nr. 5/1974 vom 16. 5. 1974.

842 II R 88/74, BStBl II 1976 S. 7. Der Steuersatz betrug 2,5 vom Tausend.

VII Grunderwerbsteuer

552 Anders als im Einkommensteuerrecht kann die GmbH & Co. als Personengesellschaft und damit als Gemeinschaft zur gesamten Hand bei der Grunderwerbsteuer selbständiger Rechtsträger sein. Der Erwerb eines Grundstücks durch eine GmbH & Co. ist daher grunderwerbsteuerpflichtig, falls nicht eine Befreiungsvorschrift anzuwenden ist. Dabei ist § 5 Abs. 2 GrEStG zu beachten, wonach die Grunderwerbsteuer dann, wenn ein Grundstück von einem Alleineigentümer auf eine Gesamthand übertragen wird, in Höhe des Anteils nicht erhoben wird, zu dem der Veräußerer am Vermögen der Gesamthand beteiligt ist. Dabei kommt es ausschließlich auf die Beteiligung am Vermögen der GmbH & Co. an, nicht auf die mittelbare Beteiligung an der GmbH, die Komplementärin ist.

F Gesellschafterwechsel – Handelsrechtlicher Teil

I Gesellschafterwechsel bei der GmbH

1 Gesetzliche Regelung

Bei einer GmbH ist ein Gesellschafterwechsel – vom Tod eines Gesellschafters und der Vererbbarkeit seines Gesellschaftsanteils abgesehen – grundsätzlich nur durch Übertragung von Geschäftsanteilen möglich, § 15 GmbHG. Das GmbH-Gesetz kennt im Gegensatz zum Recht der Personengesellschaften nicht das Ausscheiden eines Gesellschafters aufgrund einer ordentlichen Kündigung. Die der Übertragung zugrundeliegenden Rechtsgeschäfte, also sowohl das schuldrechtliche Verpflichtungsgeschäft (z. B. Kauf, Schenkung, Sicherung) als auch die Abtretung als Verfügungsgeschäft, bedürfen der notariellen Beurkundung, § 15 Abs. 3 und 4 Satz 1 GmbHG. Eine formgültige und wirksame Abtretung heilt allerdings den Formmangel eines Verpflichtungsgeschäftes, § 15 Abs. 4 Satz 2 GmbHG.[843] Im Verhältnis zur Gesellschaft wird der Anteilserwerb des neuen Gesellschafters erst wirksam, wenn der Erwerb der Gesellschaft angemeldet wird, § 16 GmbHG. 553

2 Vertragliche Regelungen

Im Gesellschaftsvertrag kann die freie Übertragbarkeit der Geschäftsanteile beschränkt (§ 15 Abs. 5 GmbHG) und sogar völlig ausgeschlossen werden.[844] Häufig wird in einer GmbH-Satzung eine Anteilsübertragung von der Zustimmung der Gesellschaft abhängig gemacht. Insbesondere in Familiengesellschaften dient eine sogenannte Vinkulierungsklausel als Überfremdungsschutz. 554

II Gesellschafterwechsel bei der GmbH & Co. KG

1 Allgemeines

In einer KG ist ein Gesellschafterwechsel sowohl durch Austritt eines Gesellschafters und Eintritt eines neuen Gesellschafters als auch durch Anteilsübertragung möglich. Vom Gesetzgeber ist bei einer KG wie bei jeder Personengesellschaft ein Gesellschafterwechsel nur durch Eintritt und Austritt eines Gesellschafters vorgesehen (vgl. §§ 736ff. BGB; §§ 107, 138, 143, 173 HGB). 555

---

843 Vgl. BGH, WM 1979, S. 1258 (1259); s. auch Rn. 582.
844 Lutter/Hommelhoff, § 15 Rn. 26; Hachenburg/Zutt, § 15 Rn. 4.

2 Eintritt in eine KG

556 Der Eintritt erfolgt durch Aufnahmevertrag mit den schon vorhandenen Gesellschaftern.[845] Beim Handelsregister sind der Eintritt, Name, Stand (d. h. Beruf) und Wohnort des neuen Gesellschafters anzumelden, §§ 106, 107, § 161 Abs. 2 HGB. Bei einem neuen Kommanditisten ist noch der Betrag seiner Haftsumme anzugeben, § 162 Abs. 1 und 3 HGB. Während bei persönlich haftenden Gesellschaftern alle Eintragungen veröffentlicht werden (§§ 106, 107, 10 HGB), wird bei einem Kommanditisten lediglich sein Eintritt bekanntgemacht, § 162 Abs. 2 und 3 HGB.

557 Die Eintragung in das Handelsregister hat grundsätzlich deklaratorische Wirkung.[846] Wirksam wird der Eintritt eines Neu-Gesellschafters i. d. R. mit der Zustimmung des letzten Alt-Gesellschafters.

558 Da für einen Kommanditisten gemäß § 176 Abs. 2 HGB die Gefahr besteht, daß er unbeschränkt haftet, solange er nicht in das Handelsregister eingetragen ist, wird häufig im Aufnahmevertrag bestimmt, daß der Eintritt des Kommanditisten erst mit seiner Eintragung in das Handelsregister wirksam wird.[847] Im Vertrag werden auch die Rechtsfolgen des Eintritts festgelegt. In der Regel wird der neue Gesellschafter am Gesellschaftsvermögen beteiligt und muß dafür eine Einlage in das Gesellschaftsvermögen leisten.

3 Austritt aus einer KG

559 Gründe für den Austritt eines Gesellschafters können sich aus dem Gesetz oder dem Gesellschaftsvertrag ergeben. In der Praxis sind die Kündigung und der Tod eines Gesellschafters und sein Ausschluß durch Mitgesellschafter von besonderer Bedeutung.[848]

Rechtsfolge des Ausscheidens eines Gesellschafters ist, daß seine Mitgliedschaft erlischt, sein Anteil am Gesellschaftsvermögen den übrigen Gesellschaftern zuwächst und er einen Zahlungsanspruch gegen die verbleibenden Gesellschafter in Höhe seiner Beteiligung am Gesellschaftsvermögen hat, § 738 Abs. 1 BGB, § 105 Abs. 2, § 161 Abs. 2 HGB.[849]

Wie der Eintritt eines neuen Gesellschafters ist auch der Austritt eines Gesellschafters beim Handelsregister anzumelden. Scheidet ein Komplementär aus,

845 BGH, BB 1976, S. 154.
846 Schlegelberger/Martens, § 162 Rn. 25.
847 Siehe auch Rn. 570.
848 Siehe Rn. 583ff.
849 Siehe Rn. 626ff.

wird die Eintragung voll inhaltlich bekanntgemacht, § 143 Abs. 2, § 10 Abs. 1, § 161 Abs. 2 HGB. Scheidet dagegen ein Kommanditist aus, wird lediglich bekanntgemacht, daß ein Kommanditist ausgetreten ist, § 162 Abs. 2 und 3 HGB.

4 Abgrenzung des kombinierten Eintritts/Austritts zur Anteilsübertragung

560 Der Eintritt eines Kommanditisten kann auch im Zusammenhang stehen mit dem Austritt eines anderen Kommanditisten. Praktisch mag zwar eine Auswechslung der Gesellschafter vorliegen, rechtlich liegt aber, wie oben dargestellt, keine Nachfolge der Mitgliedschaft vor. Vielmehr ist durch den Eintritt eine neue Mitgliedschaft begründet und die alte durch den Austritt erloschen.

Soll bei einem Gesellschafterwechsel die Mitgliedschaft des alten Gesellschafters auf den neuen Gesellschafter mit allen bestehenden Rechten und Pflichten übergehen, ist dies nur möglich, wenn entweder der Gesellschaftsvertrag der GmbH & Co. KG eine solche Übertragung der Mitgliedschaft erlaubt oder die Gesellschafter per Beschluß die Übertragung von Gesellschaftsanteilen gestatten.

Die Zulässigkeit einer solchen Übertragung der Mitgliedschaft im Recht der Personengesellschaften ist heute unbestritten, auch wenn sie vom Gesetzgeber nicht vorgesehen ist.[850] Die Anteilsübertragung hat den Gesellschafterwechsel durch Austritt und korrespondierenden Eintritt in der Praxis verdrängt. Die Gründe hierfür liegen in der für die Kommanditisten i. d. R. günstigeren haftungsrechtlichen Situation.[851]

5 Anteilsübertragung

561 Die Anteilsübertragung ist ein Verfügungsgeschäft gemäß §§ 398, 413 BGB, das grundsätzlich formlos wirksam ist, wenn nicht der Gesellschaftsvertrag eine bestimmte Form vorschreibt. Solange keine Mißbrauchsabsicht vorliegt, gilt die Formfreiheit selbst dann, wenn das Gesellschaftsvermögen überwiegend aus Grundeigentum und GmbH-Anteilen besteht.[852]

Bei einem Kaufvertrag über den Erwerb eines in der Rechtsform der GmbH & Co. KG betriebenen Unternehmens kann sich die Pflicht zur notariellen Beurkundung unter Umständen aus § 15 Abs. 4 Satz 1 GmbHG ergeben. Denn in diesem

850 BGHZ 13, 179 (185); 24, 106 (114); 44, 229 (231); Huber, S. 387; Baumbach/Hopt, § 124 Anm. 2 B; Schlegelberger/Martens, § 162 Rn. 16.
851 Siehe Rn. 580.
852 Vgl. BGH, NJW 1983, S. 1110; Scholz/Winter, § 15 Rn. 27; K. Schmidt, BB 1983, S. 1697 (1701).

Fall kann die Verpflichtung zur Abtretung der GmbH-Anteile mit der Abtretung der Kommanditanteile derart eng miteinander verbunden sein, daß sie beide Teile einer Gesamtvereinbarung sind und daher der notariellen Beurkundungen gemäß § 15 Abs. 4 Satz 1 GmbHG bedürfen.[853]

Die Formnichtigkeit der Vereinbarung wird durch die notarielle Beurkundung der Abtretung der GmbH-Anteile gemäß § 15 Abs. 4 Satz 2 GmbH geheilt.

Gegenstand der Anteilsübertragung eines Kommanditanteils ist die Mitgliedschaft. Rechtsfolge der Anteilsübertragung ist, daß alle Rechte und Pflichten aus der Mitgliedschaft auf den neuen Gesellschafter (Erwerber) übergehen. Auch aus der Vergangenheit herrührende Geldansprüche (und -verpflichtungen) des Altkommanditisten gehen im Zweifel auf den neuen Gesellschafter über, wenn sie im Zeitpunkt des Vertragsabschlusses bereits im Rechenwerk der Gesellschaft ihren Niederschlag gefunden haben, insbesondere aus dem Privat- oder Darlehenskonto des Altkommanditisten ersichtlich sind.[854]

562 Anders als beim Ausscheiden eines Gesellschafters und Neueintritt eines anderen Gesellschafters aufgrund eines rechtlich selbständigen Beitrittsvertrages[855] bleibt hier die Identität der Mitgliedschaft gewahrt. Es entsteht folglich auch keine zusätzliche Einlageverpflichtung des neuen Gesellschafters. Ihm wird vielmehr die von seinem Rechtsvorgänger geleistete Einlage zugerechnet.[856] Das ist insbesondere bei der Abtretung eines Kommanditanteils von Bedeutung, da die beschränkte Haftung eines Kommanditisten davon abhängt, daß er seine Einlageleistung erbracht hat.[857]

563 Damit es für Dritte ersichtlich ist, daß ein neuer Kommanditist nicht aufgrund eines rechtlich selbständigen Beitrittsvertrages mit den übrigen Gesellschaftern, sondern kraft Anteilsabtretung als Rechtsnachfolger des ausgeschiedenen Kommanditisten der Gesellschaft angehört, ist neben dem Eintritt auch die Rechtsnachfolge des neuen Kommanditisten beim Handelsregister anzumelden, einzutragen und bekanntzumachen („als Rechtsnachfolger", „im Wege der Sonderrechtsnachfolge").[858] Dieser Nachfolgevermerk verhindert, daß im Rechtsverkehr aufgrund der Registerlage der Eindruck entsteht, zu dem Altkommanditisten sei noch ein weiterer Kommanditist mit einer weiteren Haftsumme hinzugekommen.[859] Fehlt ein solcher Nachfolgevermerk im Handelsregister, kann dies für den Altkomman-

853 BGH, NJW 1986, S. 2642f.

854 So BGH, NJW-RR 1987, S. 286 (287); BGHZ 45, 221 (223).

855 Siehe Rn. 556.

856 BGHZ 81, 82 (89), auch in GmbHR 1981, S. 262 (263); Huber, S. 399.

857 Siehe Rn. 333f.

858 RG, DNotZ 1944, S. 195 (199), auch in WM 1964, S. 1030 (1033); Schilling in Großkomm., § 173 Rn. 7; Schlegelberger/K. Schmidt, § 173 Rn. 26.

859 BGH, GmbHR 1981, S. 262 (263).

ditisten haftungsrechtlich von Nachteil sein.[860] Zur Anmeldung der Rechtsnachfolge beim Handelsregister ist die Versicherung erforderlich, daß der Altkommanditist keine Abfindung aus dem Gesellschaftsvermögen erhalten habe.[861]

6 Haftung der Alt- und Neugesellschafter

a) Haftung bei Eintritt/Austritt

aa) Haftung des neuen Komplementärs

564 Der persönlich haftende Gesellschafter einer KG haftet nicht nur für die Verbindlichkeiten, die seit seinem Eintritt in die Gesellschaft entstanden sind (sog. Neuverbindlichkeiten), sondern auch für alle vor seinem Eintritt begründeten Verbindlichkeiten (sog. Altverbindlichkeiten), §§ 128, 130, § 161 Abs. 2 HGB.

bb) Haftung des alten Komplementärs

bba) Neue Rechtslage

565 Scheidet ein persönlich haftender Gesellschafter aus oder wird seine gesellschaftsrechtliche Stellung in die eines Kommanditisten umgewandelt, haftet er für alle bis zum Zeitpunkt seines Ausscheidens begründeten Verbindlichkeiten (sog. Alt-Verbindlichkeiten) weiter, § 160 Abs. 1 und 3[862] i. V. m. § 162 Abs. 2 HGB.

Für die nach seinem Ausscheiden begründeten Verbindlichkeiten (sog. Neu-Verbindlichkeiten) kommt eine Haftung nur nach Rechtsscheinsgrundsätzen (§ 15 Abs. 1 HGB) in Betracht, solange das Ausscheiden des Komplementärs nicht im Handelsregister eingetragen und bekannt gemacht wurde (§ 143 Abs. 2, § 162 Abs. 2 HGB) und den Gläubigern das Ausscheiden nicht bekannt ist.[863]

Eine Verbindlichkeit ist zum Zeitpunkt des Ausscheidens des Gesellschafters begründet, wenn der Rechtsgrund bereits bis zu diesem Zeitpunkt gelegt war, auch wenn die Gesellschaftsschuld selbst erst später fällig wird.[864] So haftet beispielsweise ein ausgeschiedener Komplementär bei einer Werkleistung für Bauleistungen, die nach seinem Ausscheiden erbracht wurden, wenn der Auftrag für diese Bauleistungen vor seinem Ausscheiden erteilt worden ist.[865]

---

860 Siehe Rn. 577f.

861 RG, a. a. O., OLG Zweibrücken, Rpfleger 1986, S. 482f.; AG Charlottenburg, DB 1988, S. 224; Schlegelberger/K. Schmidt, § 162 Rn. 18; a. A. Schilling in Großkomm., § 173 Rn. 7.

862 In der Fassung des am 26. März 1994 in Kraft getretenen Nachhaftungsbegrenzungs-Gesetzes (NachbG), BGBl. I 1994 S. 560; zum NachbG vgl. Reichhold, NJW 1994, S. 1617ff.; Kainz, DStR 1994, S. 620ff.; Seibert, DB 1994, S. 461ff.; Lieb, GmbHR 1994, S. 657ff.; zur alten Rechtslage vgl. unter Rn. 566.

863 BGHZ 17, 13 (17); Baumbach/Hopt, § 143 Anm. 3.

864 BGHZ 55, 267 (269).

865 BGHZ, a. a. O.,

Die Haftung des ausgeschiedenen Komplementärs ist zeitlich begrenzt. Nach § 160 Abs. 1 HGB haftet er nur für die bis zu seinem Ausscheiden begründeten Verbindlichkeiten, wenn sie vor Ablauf von fünf Jahren nach seinem Ausscheiden fällig und gegen ihn gerichtlich geltend gemacht werden (z. B. durch Klage oder Mahnbescheid).

Nach dem Ablauf der Ausschlußfrist kann der alte Komplementär nicht mehr in Anspruch genommen werden; die Frist beginnt an dem Tag zu laufen, an dem sein Ausscheiden im Handelsregister eingetragen wird. Wenn z. B. eine Forderung erst vier Jahre und zehn Monate nach der Eintragung des Ausscheidens fällig wird, verbleiben dem Gläubiger nur noch zwei Monate für die gerichtliche Geltendmachung.

Eine gerichtliche Geltendmachung ist dann nicht erforderlich, wenn der ausgeschiedene Gesellschafter den Anspruch zuvor schriftlich anerkannt hat, § 160 Abs. 2 HGB.

Der § 160 HGB ist auf alle Verbindlichkeiten, d. h. Einzel- und Dauerschuldverhältnisse anwendbar. Damit wurde die zuvor geführte Diskussion, inwieweit es zu einer Begrenzung der Nachhaftung des ausgeschiedenen Gesellschafters bei Dauerschuldverhältnissen kommt, durch das Nachhaftungsbegrenzungsgesetz[866] beendet. Die Frage bleibt aber für eine Übergangszeit weiterhin insoweit relevant, als die Übergangsregelungen in Artikel 35 und 36 EGHGB auf das alte Recht verweisen.[867]

bbb) Alte Rechtslage

566 Nach bisherigem, vor Inkrafttreten des NachbG am 26. 3. 1994 geltenden Recht ist die Haftung des ausgeschiedenen Komplementärs für Alt-Verbindlichkeiten insoweit beschränkt, als diese Ansprüche gegen ihn in fünf Jahren nach seinem Ausscheiden verjähren. Da gemäß § 159 Abs. 3 HGB a. F. die Verjährungsfrist von fünf Jahren erst mit dem Zeitpunkt der Fälligkeit zu laufen beginnt, führt diese Regelung zu einem Sonderproblem bei Dauerschuldverhältnissen. Ein solches Rechtsverhältnis ist dadurch gekennzeichnet, daß die geschuldete Leistung in einem dauernden Verhalten oder in wiederkehrenden sich über einen längeren Zeitraum erstreckenden Einzelleistungen besteht. Typische Dauerschuldverhältnisse sind z. B. der Mietvertrag, das Arbeitsverhältnis, der Energieversorgungsvertrag. Wenn ein Vertrag vor dem Ausscheiden eines Gesellschafters geschlossen wurde, sind die Ansprüche aus diesem Vertrag Alt-Verbindlichkeiten, auch wenn die Einzelansprüche erst nach seinem Ausscheiden fällig werden. Da gemäß § 159 Abs. 3 HGB a. F. die Verjährungsfrist von fünf Jahren erst mit dem Zeitpunkt der

866 BGBl. I 1994 S. 560–562.
867 Siehe Rn. 568.

Fälligkeit zu laufen beginnt, führt die gesetzlich vorgesehene Verjährungseinrede bei Dauerschuldverhältnissen nicht zu einer wirksamen Begrenzung der Haftung.

Die Rechtsprechung hat in der Vergangenheit versucht, diese zeitlich unbegrenzte Haftung einzuschränken. So soll der ausgeschiedene Gesellschafter nicht mehr für Teilleistungen haften, die nach dem Zeitpunkt erbracht wurden, zu dem der Gläubiger das Vertragsverhältnis erstmals hätte fristgemäß kündigen können.[868] Für Ansprüche, bei denen entweder eine mögliche Kündigung aus rechtlichen oder tatsächlichen Gründen ausgeschlossen ist (z. B. Arbeitsverhältnisse), soll sich die Haftung des ausgeschiedenen Gesellschafters auf die Ansprüche beschränken, die binnen fünf Jahren nach seinem Ausscheiden fällig werden.[869]

bbc) Übergangsregelungen

Um nicht in den Besitzstand der Gesellschaftsgläubiger durch das neue Recht ent- 567
eignend einzugreifen, hat der Gesetzgeber in Artikel 35 EG HGB Übergangsregelungen hinsichtlich der Anwendbarkeit des neuen Rechts getroffen.

Für den Komplementär, dessen Ausscheiden am 26. 3. 1994 bereits eingetragen war, bleibt es hinsichtlich sämtlicher Alt-Verbindlichkeiten beim alten Recht. Für diese Alt-Verbindlichkeiten gelten also weiterhin auch die oben (Rn. 566) dargelegten Grundsätze der Rechtsprechung.

Bei einem Komplementär, dessen Ausscheiden nach dem 26. 3. 1994 eingetragen wird, gilt folgende Unterscheidung:

(1) Für Alt-Verbindlichkeiten, die innerhalb von vier Jahren nach der Eintragung fällig werden, gilt das neue Recht, also § 160 HGB. Bei diesen Alt-Verbindlichkeiten kommt es zu einer Enthaftung, soweit die Gläubiger ihre Forderung nicht innerhalb von fünf Jahren nach der Eintragung gerichtlich geltend gemacht haben. Der Grund für die Begrenzung der Alt-Verbindlichkeiten auf vier Jahre liegt darin, daß der Gesetzgeber den Gläubigern wenigstens ein Jahr Zeit für die gerichtliche Geltendmachung lassen wollte.

(2) Für alle Alt-Verbindlichkeiten, die später als vier Jahre nach der Eintragung des Ausscheidens fällig werden, bleibt es beim alten Recht. Die Verjährungsfrist für diese Alt-Verbindlichkeiten wurde auf ein Jahr verkürzt.

bbd) Alter Komplementär als Kommanditist und GmbH-Geschäftsführer

Die Haftung eines ausgeschiedenen Komplementärs ist im Zusammenhang mit ei- 568
ner GmbH & Co. KG insbesondere dann von Bedeutung, wenn die GmbH & Co. KG dadurch entsteht, daß eine GmbH als Komplementärin in eine KG eintritt, während der bisherige Komplementär aus der Gesellschaft ausscheidet bzw. seine

868 BGH, NJW 1985, S. 1899; BGH, NJW 1978, S. 636.
869 BGH, NJW 1983, S. 2254 (2255); BGH, NJW 1983, S. 2943; BGH, NJW 1985, S. 1899 (1900).

Stellung in die eines Kommanditisten umwandelt. Dann stellt sich die Frage, inwieweit der Ex-Komplementär für die vor der Umwandlung der Gesellschaft in eine GmbH & Co. KG begründeten Gesellschaftsverbindlichkeiten weiterhaftet.

Die Rechtsprechung hatte vor der Neufassung der §§ 159, 160 HGB bedeutsame Ausnahmen von der Haftungsbeschränkung für den Fall gemacht, daß der Ex-Komplementär in die Stellung eines Kommanditisten überwechselt und gleichzeitig Geschäftsführer der Komplementär-GmbH ist. Dieser Komplementär sollte sich mangels Schutzwürdigkeit weder auf die Verjährung gemäß § 159 HGB berufen können,[870] noch sollte die Haftung für Verbindlichkeiten aus Dauerschuldverhältnissen erlöschen.[871]

Nach der neuen Rechtslage findet nunmehr die fünfjährige Ausschlußfrist gemäß § 160 Abs. 1 HGB auch Anwendung für den Fall, daß der bisherige Komplementär Kommanditist und Geschäftsführer der Komplementär-GmbH wird, § 160 Abs. 3 Satz 2 HGB.

In den Übergangsregelungen erfährt der Ex-Komplementär, der Kommanditist und Geschäftsführer der Komplementär-GmbH wird, eine Sonderbehandlung. Um ihn vor der nach bisherigem Recht geltenden Endloshaftung zu bewahren, bestimmt Artikel 36 Abs. 1 EGHGB, daß dieser Ex-Komplementär für arbeitsrechtliche Verbindlichkeiten nur noch nach neuem Recht, d. h. nach § 160 HGB haftet.

Um zu verhindern, daß die Arbeitnehmer durch dieses Privileg unangemessen benachteiligt werden, gelten folgende Einschränkungen:

(1) Die grundsätzlich mit der Eintragung des Statuswechsels einsetzende Frist von fünf Jahren gemäß § 160 Abs. 1 HGB beginnt, falls die Eintragung im Handelsregister vor dem 26. 3. 1994 erfolgte, erst mit dem 26. 3. 1994, Artikel 36 Abs. 1 Satz 2 EGHGB.

(2) Die Enthaftung tritt nicht ein, soweit der Arbeitnehmer bei Zahlungsunfähigkeit der Gesellschaft keinen Anspruch auf Konkursausfallgeld hat, Artikel 36 Abs. 2 EGHGB.

cc) Haftung des neuen Kommanditisten

cca) Beschränkte Haftung

569 Tritt ein neuer Kommanditist in die Gesellschaft ein, bestimmt sich seine Haftung nach den allgemeinen Bestimmungen gemäß §§ 171, 172 HGB.[872] Für Verbindlichkeiten der Gesellschaft, die bereits zum Zeitpunkt seines Eintritts entstanden waren, ergibt sich diese Haftung aus § 173 HGB.

---

870 BGH, NJW 1981, S. 175 (176); BGH, GmbHR 1984, S. 16.

871 BGH, NJW 1983, S. 2256; BAG, GmbHR 1991, S. 415; eingrenzend für Sozialplanverbindlichkeiten: BAG, GmbHR 1993, S. 42ff.

872 Siehe Rn. 332ff.

Er haftet also für alle Verbindlichkeiten der Gesellschaft persönlich und unmittelbar bis zur Höhe seiner Haftsumme, solange er noch nicht eine Einlage in dieser Höhe in das Gesellschaftsvermögen erbracht hat, § 171 Abs. 1 Halbsatz 1 HGB.[873] Hat der neue Kommanditist seine Einlage erbracht, ist seine persönliche unmittelbare Haftung ausgeschlossen, § 171 Abs. 1 Halbsatz 2 HGB. Er haftet dann nur noch mittelbar durch seine Leistung in das Gesellschaftsvermögen (zum Wiederaufleben der persönlichen Haftung s. Rn. 338ff.).

ccb) Unbeschränkte Haftung gemäß § 176 Abs. 2 HGB

Eine darüber hinausgehende unbeschränkte Haftung eines neuen Kommanditisten 570
gemäß § 176 Abs. 2 HGB kommt bei Eintritt in eine GmbH & Co. KG i. d. R. nicht in Betracht.

Gemäß § 176 Abs. 2 HGB haftet ein in eine bestehende Kommanditgesellschaft eintretender Kommanditist in entsprechender Anwendung des § 176 Abs. 1 HGB unbeschränkt für die zwischen seinem Eintritt und dessen Eintragung in das Handelsregister begründeten Verbindlichkeiten. Im Gegensatz zur Haftung gemäß § 11 Abs. 2 GmbHG[874] erlischt diese Haftung auch nicht rückwirkend mit der Eintragung. Diese unbeschränkte Haftung entfällt jedoch, wenn die Gesellschaftsgläubiger Kenntnis von seiner Kommanditistenstellung haben, § 176 Abs. 2, Abs. 1 Satz 1 HGB.

Ein Gläubiger hat Kenntnis von der Kommanditistenstellung, wenn die Gesell- 571
schaft die Firma einer GmbH & Co. KG verwendet.[875] Denn im Geschäftsverkehr rechnet niemand mehr damit, daß ein nicht eingetragener Gesellschafter ein persönlich haftender Gesellschafter ist, da in einer GmbH & Co. KG üblicherweise alle Gesellschafter außer der Komplementär-GmbH Kommanditisten sind.

Um eine Haftung gemäß § 176 Abs. 2 HGB von vornherein auszuschließen, empfiehlt es sich, im Aufnahmevertrag zu bestimmen, daß der Beitritt des neuen Kommanditisten erst mit der Eintragung in das Handelsregister wirksam wird.

dd) Haftung des alten Kommanditisten

Der ausscheidende Kommanditist haftet für alle bis zu seinem Ausscheiden be- 572
gründeten Verbindlichkeiten (sog. Altverbindlichkeiten) nach den allgemeinen Bestimmungen zur Kommanditistenhaftung gemäß §§ 171, 172 HGB.[876] Er haftet demnach persönlich und unmittelbar bis zur Höhe seiner im Handelsregister eingetragenen Haftsumme, wenn er eine Einlage in das Gesellschaftsvermögen in dieser Höhe nicht erbracht hat. Wenn er seine Einlage geleistet hat, ist diese Haftung

873 Vgl. Rn. 333.
874 Siehe Rn. 67.
875 Schilling in Großkomm., § 176 Rn. 27; Schlegelberger/K.Schmidt, § 176 Rn. 49; Hachenburg/Ulmer, § 11 Rn. 132; Baumbach/Hopt, Anh. § 177a Anm. II 2 E; einschränkend BGH, NJW 1983, S. 2258 (2260); s. Rn. 86ff.
876 Siehe Rn. 332ff.

ausgeschlossen. Sie lebt aber gemäß § 172 Abs. 4 Satz 1 HGB dann wieder auf, wenn ihm aus dem Gesellschaftsvermögen eine Abfindung gezahlt wird.[877] Eine Abfindung aus dem Gesellschaftsvermögen liegt auch dann vor, wenn der ausscheidende Kommanditist eine Zahlung in entsprechender Höhe von einem neu in die Gesellschaft eintretenden Kommanditisten erlangt und die Gesellschaft diese Zahlung auf die Einlageschuld des neuen Kommanditisten anrechnet.[878]

573 Wird das Auseinandersetzungsguthaben des ausscheidenden Kommanditisten in ein Darlehen umgewandelt, kommt es nicht zu einem Wiederaufleben der persönlichen Haftung gemäß § 172 Abs. 4 Satz 1 HGB.[879] Die Tilgung dieses Darlehens und die Zahlung von Zinsen, wenn die Gesellschaft keine Gewinne erzielt, ist dagegen wieder eine haftungsbegründende Rückgewähr der Einlage.[880]

Haftet ein ausgeschiedener Kommanditist persönlich und unmittelbar für Altverbindlichkeiten, hat er gleich einem ausgeschiedenen Komplementär das Recht, sich auf die fünfjährige Ausschlußfrist des § 160 Abs. 1 HGB zu berufen.[881]

b) Haftung bei Anteilsübertragung

aa) Haftung bei Übertragung der Komplementärstellung

574 Die Haftung eines neuen Komplementärs, der durch Abtretung den Komplementäranteil einer KG erworben hat, unterscheidet sich nicht von der Haftung eines neuen Komplementärs, der aufgrund eines rechtlich selbständigen Beitrittsvertrages mit den übrigen Gesellschaftern die Komplementärstellung erworben hat.[882] Beide haften für Neu- und Altverbindlichkeiten der Gesellschaft gemäß §§ 128, 130, § 161 Abs. 2 HGB unbeschränkt. Ebenso haftet der seinen Komplementäranteil veräußernde Gesellschafter unbeschränkt für alle bis zu seinem Ausscheiden begründeten Verbindlichkeiten weiter.[883]

bb) Haftung bei Übertragung eines Kommanditanteils

bba) Grundsätzliches

575 Mit der Abtretung eines Kommanditanteils übernimmt der neue Kommanditist hinsichtlich der Haftung gegenüber Gesellschaftsgläubigern diejenige Rechtsposition, die bis zur Abtretung der frühere Kommanditist innegehabt hatte. Hatte der Altkommanditist seine Einlage voll erbracht und damit jede weitere Haftung ausgeschlossen (§ 171 Abs. 1 Halbsatz 2 HGB), kommt auch eine unmittelbare per-

---

877 BGH, NJW 1963, S. 1873 (1876); Schilling in Großkomm., § 172 Rn. 14; Schlegelberger/K. Schmidt, §§ 171f. Rn. 73; s. auch Rn. 338ff.
878 Schlegelberger/K. Schmidt, §§ 171f. Rn. 71.
879 BGH, NJW 1963, S. 1873 (1876); Schilling in Großkomm., § 172 Rn. 14.
880 BGH, a. a. O.
881 Siehe Rn. 565f.
882 Siehe Rn. 564.
883 Siehe Rn. 565ff.

sönliche Haftung des Neukommanditisten nicht mehr in Betracht.[884] Weder der Altgesellschafter noch der Neugesellschafter haften in diesem Fall persönlich.

Hatte dagegen der Altkommanditist seine Einlage ganz oder teilweise noch nicht erbracht und haftete er den Gläubigern wegen des offenstehenden Betrages bis zur Höhe der eingetragenen Haftsumme, so haftet nun der neue Kommanditist den Gläubigern mit seinem Privatvermögen in gleicher Weise.[885] Daneben bleibt für Altverbindlichkeiten[886] weiterhin die unmittelbare Haftung des Altkommanditisten gemäß § 171 Abs. 1 Halbsatz 1, § 160 HGB bestehen. Alt- und Neukommanditist haften in einem solchen Fall hinsichtlich der Altverbindlichkeiten als Gesamtschuldner in Höhe der einen Haftsumme.[887]

Diese Haftungssituation besteht auch dann, wenn dem Altkommanditisten seine Einlage ganz oder zum Teil vor der Anteilsübertragung zurückgewährt wurde.[888] 576

Leistet der Neukommanditist dann die noch ausstehende Einlage, kommt die Einlageleistung nach § 171 Abs. 1 HGB auch dem Altkommanditisten zugute.[889] Sowohl für den Neu- als auch für den Altkommanditisten ist dann jegliche persönliche Haftung ausgeschlossen.

Wird dem Neukommanditisten die Einlage zurückgezahlt, lebt für Altverbindlichkeiten auch die unmittelbare persönliche Haftung des Altkommanditisten wieder auf.[890]

bbb) Haftung bei fehlendem Rechtsnachfolgevermerk

Fehlt im Handelsregister der Vermerk, daß der Neukommanditist seinen Anteil aufgrund einer Abtretung vom Altkommanditisten erworben hat, hat dies für den Altkommanditisten haftungsrechtliche Konsequenzen. Die Haftung des Neukommanditisten ist trotz Fehlens des Rechtsnachfolgevermerks unverändert. Es bleibt dabei, daß der neue Kommanditist gegenüber Gesellschaftsgläubigern diejenige Rechtsposition einnimmt, die bis zur Abtretung der frühere Kommanditist innegehabt hatte. Der Neukommanditist kann sich also gemäß § 171 Abs. 1 Halbsatz 2 HGB auf den Ausschluß seiner persönlichen unmittelbaren Haftung berufen, wenn der Altkommanditist seine Einlageleistung erbracht hat.[891] 577

884 BGHZ 81, 82 (85), auch in GmbHR 1981, S. 262 (263); RG, DNotZ 1944, S. 195 (199), auch in WM 1964, S. 1130 (1133); Schilling in Großkomm., § 173 Rn. 6; Schlegelberger/K. Schmidt, § 173 Rn. 30.

885 BGH, a. a. O.

886 Siehe Rn. 565.

887 Schilling in Großkomm., § 173 Rn. 8; Schlegelberger/K. Schmidt, § 173 Rn. 31.

888 Schlegelberger/K. Schmidt, a. a. O.

889 RG, DNotZ, a. a. O., Schlegelberger/K. Schmidt, § 173 Rn. 32.

890 BGH, NJW 1976, S. 751 (752); Schilling in Großkomm., § 173 Rn. 8; a. A. Schlegelberger/K. Schmidt, § 173 Rn. 33.

891 BGH, Urteil vom 29. 6. 1981, GmbHR 1981, S. 262 (264).

578 Da mit der Anteilsübertragung das Recht des Altkommanditisten, sich auf seine Einlageleistung zu berufen, auf den Neukommanditisten vollständig übergeht, ist die im Handelsregister weiter eingetragene Haftsumme des Altkommanditisten durch seine frühere Einlageleistung fortan nicht mehr gedeckt. Infolgedessen kommt es zu einem Wiederaufleben seiner Haftung entsprechend § 172 Abs. 4 HGB.[892] Diese Haftung besteht gegenüber sämtlichen Gesellschaftsgläubigern, wenn im Handelsregister nicht nur der Rechtsnachfolgevermerk fehlt, sondern auch der Austritt des Altkommanditisten als solcher nicht vermerkt ist. Aufgrund dieser Registerlage gilt der Altkommanditist gegenüber allen Gesellschaftsgläubigern unter den Voraussetzungen des § 15 Abs. 1 HGB als ein der Gesellschaft angehörender Kommanditist.[893]

Folglich besteht die Haftung nur gegenüber Altgläubigern, wenn lediglich der Rechtsnachfolgevermerk fehlt, der Austritt des Altkommanditisten aber eingetragen ist. In diesem Fall gilt der Altkommanditist gemäß § 15 Abs. 1 HGB als ein aufgrund eines isolierten Austritts ausgeschiedener Gesellschafter.

bbc) Unbeschränkte Haftung analog § 176 Abs. 2 HGB

579 Die unbeschränkte Haftung eines Kommanditisten für Verbindlichkeiten, die zwischen seinem Eintritt und seiner Eintragung in das Handelsregister entstehen, trifft nicht nur einen Kommanditisten, der der Gesellschaft durch Begründung eines neuen Kommanditanteils beigetreten ist[894], sondern grundsätzlich auch den, der seine Mitgliedschaft durch Abtretung von einem anderen Gesellschafter erworben hat.[895]

Da die Haftung gemäß § 176 Abs. 2 HGB aber immer dann entfällt, wenn der Gläubiger Kenntnis von der Kommanditistenstellung des nicht eingetragenen Gesellschafters hat, kommt bei einer GbmH & Co. KG die unbeschränkte Haftung eines Kommanditisten gemäß § 176 HGB generell nicht in Betracht.[896] Denn wenn die GmbH & Co. KG unter ihrer Firma[897] auftritt, rechnet im Rechtsverkehr niemand mehr damit, daß ein nicht eingetragener Gesellschafter kein Kommanditist ist, da in einer GmbH & Co. KG üblicherweise alle Gesellschafter außer der Komplementär-GmbH Kommanditisten sind. Infolgedessen haben die Gläubiger Kenntnis von der Kommanditistenstellung des nicht eingetragenen Gesellschafters, wenn die Gesellschaft die Firma einer GmbH & Co. KG verwendet.[898]

892 BGH, a. a. O., im Ergebnis zustimmend Schlegelberger/K. Schmidt, § 173 Rn. 35; Schilling in Großkomm., § 173 Rn. 9.
893 Vgl. BGH, GmbHR 1981, S. 262 (263).
894 Siehe Rn. 556.
895 BGH, BGHZ 66, 100; s. auch in NJW 1983, S. 2258f.; a. A. Schilling in Großkomm., § 176 Rn. 15, Schlegelberger/K. Schmidt, § 176 Rn. 25.
896 Siehe Rn. 86ff.
897 Siehe Rn. 96ff.
898 Schilling in Großkomm., § 176 Rn. 27; Schlegelberger/K. Schmidt, § 176 Rn. 49; Hachenburg/Ulmer, § 11 Rn. 132; einschränkend BGH, NJW 1983 S. 2258 (2260); s. Rn. 88.

c) Vergleich der Haftung bei Eintritt/Austritt und Anteilsübertragung

Hinter beiden Modellen steht wirtschaftlich gesehen die Idee, daß der neue Gesellschafter dem alten Gesellschafter „seine Einlage abkauft".[899] In der Praxis ist ein Gesellschafterwechsel in der Gestalt der Anteilsübertragung verbreiteter als ein Gesellschafterwechsel durch kombinierten Ein- und Austritt. Der Grund liegt in der bei der Anteilsübertragung günstigeren Kommanditistenhaftung. Während bei einem Ein- und Austritt beide Gesellschafter jeweils eine Einlage erbringen und erhalten müssen[900], genügt bei der Anteilsübertragung für die Haftungsbefreiung beider Kommanditisten die einmalige Aufbringung und Erhaltung einer Einlage.[901] 580

III Koordinierung der Gesellschafterwechsel bei der GmbH und bei der GmbH & Co. KG

Sind die Gesellschafter der Komplementär-GmbH gleichzeitig Kommanditisten der GmbH & Co. KG, besteht i. d. R. ein Interesse, diese Beteiligungsidentität und damit die einheitliche Willensbildung in beiden Gesellschaften zu erhalten. Bei einem Gesellschafterwechsel ist sie gefährdet, da sich die Abtretung von GmbH- und KG-Anteilen nach unterschiedlichen Regeln vollzieht. Während GmbH-Anteile frei veräußerlich sind, ist die Abtretung von KG-Anteilen an die Zustimmung aller Gesellschafter gebunden oder muß im Gesellschaftsvertrag gestattet sein. Um einen Zerfall der Beteiligungsidentität zu verhindern, wird in der Praxis auch in der GmbH-Satzung die Zustimmung der Mitgesellschafter zur Anteilsübertragung für erforderlich erklärt. Darüber hinaus kann die Zulässigkeit der Übertragung eines Geschäftsanteils an der Komplementär-GmbH von der Bedingung abhängig gemacht werden, daß der betreffende GmbH-Gesellschafter gleichzeitig seinen Kommanditanteil an denselben Rechtsnachfolger abtritt. Auch im KG-Vertrag kann bestimmt werden, daß die Übertragung von Kommanditanteilen nur dann gestattet ist, wenn der betroffene Kommanditist gleichzeitig seinen Geschäftsanteil an der GmbH auf seinen Rechtsnachfolger überträgt.[902] 581

Dabei ist zu beachten, daß die Verpflichtung, einen GmbH-Anteil zu übertragen, immer der notariellen Beurkundung gemäß § 15 Abs. 4 Satz 1 GmbHG bedarf. Das ist insbesondere dann von Bedeutung, wenn diese Vereinbarung nicht im formbedürftigen GmbH-Vertrag enthalten ist. Die Beurkundungspflicht gemäß § 15 Abs. 4 Satz 1 GmbHG bezieht sich auf alle Abreden, die die Parteien im Zusammenhang mit der Übertragungspflicht für wesentlich erachtet haben.[903] Eine 582

899 Vgl. Huber, S. 398.
900 Siehe Rn. 569ff.
901 Siehe Rn. 575ff.
902 Siehe Rn. 553 und 561.
903 BGH, NJW 1983, S. 1843 (1844).

Ausnahme gilt dann, wenn die Vertragspartner die nicht formbedürftigen Teile auch ohne die formpflichtigen vereinbart hätten.[904] Durch die Beurkundung der Abtretung eines GmbH-Anteils wird gemäß § 15 Abs. 4 Satz 2 GmbHG eine mangels Form unwirksame Verpflichtung zur Übertragung eines GmbH-Anteils einschließlich aller Nebenabreden geheilt.[905]

IV Einzelheiten zum Ausscheiden von Gesellschaftern

1 Kündigung eines Gesellschafters

a) Kündigung eines Gesellschafters der GmbH & Co. KG

aa) Ordentliche Kündigung

583 In einer auf unbestimmte Dauer eingegangenen Kommanditgesellschaft kann nach der gesetzlichen Regelung ein Gesellschafter zum Schluß des Geschäftsjahres mit sechsmonatiger Frist kündigen, § 132, § 161 Abs. 2 HGB.

Die Gesellschafter sind an diese gesetzliche Ausgestaltung der Kündigung nicht gebunden. So können längere Kündigungsfristen vereinbart werden. Das Kündigungsrecht kann auch für eine bestimmte Zeit ausgeschlossen werden.[906]

Ein völliger Ausschluß des Kündigungsrechts ist unzulässig.[907] Das gilt ebenso für Regelungen, die eine Kündigung unzumutbar erschweren und damit einem Ausschluß gleichkommen. So können Regelungen über den Ausschluß eines Abfindungsguthabens (s. Rn. 634 ff.), übermäßig lange Kündigungsfristen oder Vertragsstrafen für den Fall der Kündigung im Einzelfall nichtig sein.[908]

bb) Außerordentliche Kündigung

584 Nach der gesetzlichen Regelung gibt es für die Gesellschafter einer Kommanditgesellschaft kein Recht zur fristlosen Kündigung aus wichtigem Grund. Anstelle der fristlosen Kündigung gibt es hier die Auflösungsklage gemäß § 133, § 161 Abs. 2 HGB. Danach hat der Gesellschafter bei Vorliegen eines wichtigen Grundes das Recht, die Auflösung der Gesellschaft durch gerichtliche Entscheidung zu verlangen. Ein wichtiger Grund liegt immer dann vor, wenn dem klagenden Gesellschafter die Fortsetzung des Gesellschaftsverhältnisses nicht mehr zuzumuten ist.[909] Das ist insbesondere dann der Fall, wenn ein anderer Gesellschafter eine ihm

---

904 BGH, GmbHR 1986, S. 258 (260).
905 BGH, NJW-RR 1987, S. 807.
906 Westermann, Rn. 629.
907 BGH, NJW 1968, S. 2003. Die zeitliche Höchstgrenze wird dort mit 30 Jahren angegeben.
908 Vgl. Schlegelberger/Geßler, § 132 Anm. 16.
909 RG 65, 38; 105, 376.

nach dem Gesellschaftsvertrag obliegende wesentliche Verpflichtung vorsätzlich oder grob fahrlässig verletzt, § 133 Abs. 2 HGB.

Ein Auflösungsgrund i. S. des § 133 Abs. 2 HGB liegt auch dann vor, wenn der 585
Geschäftsführer der GmbH vorsätzlich oder grob fahrlässig gesellschaftsvertragliche Pflichten verletzt. Auch wenn der GmbH-Geschäftsführer ausschließlich als Organ der GmbH handelt, werden seine Pflichtverletzungen der Komplementär-GmbH unmittelbar zugerechnet, so daß die Kommanditisten einer GmbH & Co. KG in einem solchen Fall die Auflösung der KG gemäß § 133, § 161 Abs. 2 HGB oder die Ausschließung der Komplementär-GmbH gemäß § 140, § 161 Abs. 2 HGB verlangen können.[910] Die Aufzählung des § 133 Abs. 2 HGB ist nicht abschließend. Ein anderer Anwendungsfall ist z. B. die Zerstörung des Vertrauensverhältnisses unter den Gesellschaftern. Persönliche Spannungen und gesellschaftsbezogene Meinungsverschiedenheiten können die Ausschließung eines Kommanditisten in besonders schwerwiegenden Fällen rechtfertigen.[911]

Das Recht, die Auflösungsklage zu erheben, ist unabdingbar. § 133 HGB schließt jedoch nicht aus, daß im Gesellschaftsvertrag der GmbH & Co. KG ein fristloses Kündigungsrecht aus wichtigem Grund vereinbart wird.[912]

cc) Rechtsfolgen einer Kündigung

Nach der gesetzlichen Regelung löst sich eine Kommanditgesellschaft durch die 586
Kündigung eines Gesellschafters auf, § 131 Nr. 6, § 161 Abs. 2 HGB.

In der Praxis wird in den Gesellschaftsvertrag einer KG regelmäßig eine sog. Fortsetzungsklausel aufgenommen, wonach die Gesellschaft trotz Kündigung eines Gesellschafters unter den übrigen Gesellschaftern fortbestehen soll, § 138, § 161 Abs. 2 HGB. Der Gesellschafter, der kündigt, scheidet aus der Gesellschaft aus, seine Mitgliedschaft erlischt. Während sein Anteil am Gesellschaftsvermögen den übrigen Gesellschaftern zuwächst, hat er einen Zahlungsanspruch gegen die verbleibenden Gesellschafter in Höhe seiner Beteiligung am Gesellschaftsvermögen, § 738 Abs. 1 BGB, § 105 Abs. 2, § 161 Abs. 2 HGB.[913]

b) Kündigung eines GmbH-Gesellschafters

aa) Ordentliche Kündigung

GmbH-Gesellschafter können nach der gesetzlichen Regelung ihre Mitgliedschaft 587
nicht im Wege einer ordentlichen Kündigung beendeten.[914] Nach dem GmbHG kann sich ein Gesellschafter von der Gesellschaft gegen ihren Willen – abgesehen

910 BGH, DStR 1993, S. 1589 mit Anm. Goette; Schlegelberger/Martens, § 161 Rn. 123; Hesselmann, Rn. 252.
911 BGH, WM 1995, S. 20; GmbHR 1995, S. 131.
912 BGH, NJW 1967, S. 1961 (1963).
913 Siehe Rn. 626ff.
914 Hachenburg/Ulmer, Anh. § 34 Rn. 46 m. w. N.

vom Sonderfall des Preisgaberechts bei unbeschränkter Nachschußpflicht gemäß § 27 Abs. 1 Satz 1 GmbHG – nur im Wege der Anteilsübertragung lösen. In der GmbH-Satzung kann den Gesellschaftern jedoch ein ordentliches Kündigungsrecht eingeräumt werden.[915]

bb) Außerordentliche Kündigung

588 Unabhängig von vertraglichen Vereinbarungen hat jeder GmbH-Gesellschafter ein Recht zur außerordentlichen Kündigung, wenn ein wichtiger Grund zum Austritt auf seiten des Gesellschafters gegeben ist und andere zumutbare Möglichkeiten, sich von der Gesellschaft zu trennen, nicht bestehen.[916] Ein wichtiger Grund liegt immer dann vor, wenn die Gesellschaft Maßnahmen trifft, durch die sich ihre rechtlichen und wirtschaftlichen Verhältnisse in einer für den Gesellschafter nicht zumutbaren Weise ändern.[917]

cc) Rechtsfolgen der Kündigung

589 Erklärt der austrittsberechtigte Gesellschafter seine Kündigung gegenüber der Gesellschaft, erwirbt er einen Abfindungsanspruch gegenüber der GmbH.[918] Zahlt die GmbH die Abfindungssumme, kann sie nach ihrer Wahl seinen Geschäftsanteil einziehen[919] oder dessen Abtretung an sich oder einen von ihr benannten Mitgesellschafter oder Dritten verlangen.[920]

In der Zeit zwischen Kündigungserklärung und Einziehung bzw. Abtretung besteht die Mitgliedschaft des austrittsberechtigten Gesellschafters weiter fort.[921] Er kann also weiterhin sein Stimmrecht ausüben.[922] Er hat aber aufgrund der fortbestehenden gesellschaftlichen Treuepflicht in besonderem Maße Zurückhaltung bei der Ausübung von Verwaltungsrechten zu üben und darf nicht ohne triftigen Grund gegen Maßnahmen stimmen, die seine Vermögensinteressen nicht beeinträchtigen.[923]

2 Ausschluß eines Gesellschafters

a) Ausschluß eines Gesellschafters der GmbH & Co. KG

590 Anstelle der gesetzlich vorgesehenen schwerfälligen und langwierigen Ausschließungsklage gegen einen Gesellschafter (§ 140, § 161 Abs. 2 HGB) wird in der Praxis häufig im Gesellschaftsvertrag der KG eine Klausel aufgenommen, die die

915 Meyer-Landrut, S. 431 ff.
916 Hachenburg/Ulmer, Anh. § 34 Rn. 43; Baumbach/Hueck, Anh. § 34 Rn. 1; Scholz/Winter, § 15 Rn. 88.
917 Hachenburg/Ulmer, Anh. § 34 Rn. 49.
918 Scholz/Winter, § 15 Rn. 126; Hachenburg/Ulmer, Anh. § 34 Rn. 52.
919 Siehe Rn. 593 ff.
920 BGHZ 88, 320 (322); Scholz/Winter, § 15 Rn. 123; Hachenburg/Ulmer, a. a. O.
921 Scholz/Winter, a. a. O.; Lutter/Hommelhoff, § 34 Rn. 19.
922 A. A. Hachenburg/Ulmer, a. a. O.
923 BGHZ 88, 320 (328); Scholz/Winter, a. a. O.; Lutter/Hommelhoff, a. a. O.

Ausschließung eines Gesellschafters gegen seinen Willen per Gesellschafterbeschluß ermöglicht.

Eine Klausel, die die Ausschließung eines Gesellschafters in das freie Ermessen der Mehrheitsgesellschafter stellt, ist nach der neueren – gefestigten – Rechtsprechung grundsätzlich nichtig wegen Verstoßes gegen „die allgemeinen Grundsätze der Rechtsordnung (§ 138 BGB) und die Grundprinzipien des Gesellschaftsrechts“[924].

Eine derartige Hinauskündigungsklausel begründet die Gefahr, daß Gesellschafter aus sachfremden Gründen ausgeschlossen werden. Außerdem birgt sie das Risiko, daß Minderheitsgesellschafter in eine persönliche und wirtschaftliche Abhängigkeit gebracht werden, die über den Rahmen des rechtlich und sittlich Erlaubten (§ 138 BGB) hinausgeht.[925] Denn gesellschaftsvertragliche Regelungen, die die Beteiligung derart frei entziehbar gestalten, beeinträchtigen erheblich die Entschließungs- und Entscheidungsfreiheit der Minderheitsgesellschafter.[926] Auch wenn der ausgeschlossene Gesellschafter eine Abfindung zu beanspruchen hat, die im wesentlichen dem vollen Wert seiner Beteiligung entspricht, bleibt es bei der Unzulässigkeit derartiger Hinauskündigungsklauseln aus oben genannten Gründen.[927] Nach der Rechtsprechung des BGH kann eine Hinauskündigungsklausel jedoch den Gesellschaftern das Recht geben, den Ausschluß eines Gesellschafters bei Vorliegen eines wichtigen Grundes zu erklären, wenn die Auslegung des Gesellschaftsvertrages ergibt, daß dies die Parteien bei Kenntnis der Nichtigkeit der Hinauskündigungsklausel vereinbart hätten.[928] 591

b) Ausschluß eines GmbH-Gesellschafters

aa) Allgemeines

Im GmbH-Gesetz ist der Ausschluß eines Gesellschafters – abgesehen von den Sonderfällen des Ausschlusses säumiger Gesellschafter (§§ 21, 28 Abs. 1) und der fingierten Preisgabe bei Nichterfüllung unbeschränkter Nachschußpflichten (§ 27 Abs. 1 Satz 2) – nicht geregelt. 592

Die GmbH-Satzung kann aber vorsehen, daß der Geschäftsanteil eines Gesellschafters von der Gesellschaft eingezogen werden kann, § 34 GmbHG.[929] Auch kann die GmbH-Satzung die Gesellschafter ermächtigen, einen Mitgesellschafter dadurch auszuschließen, daß sie seinen Geschäftsanteil an Mitgesellschafter oder Dritte abtreten.[930]

924 BGH, BB 1989, S. 102; BGH, NJW 1981, S. 2565; BGH, NJW 1985, S. 2421 (2422); kritisch: Weber/Hickel, NJW 1986, S. 2753.
925 So BGH, NJW 1985, S. 2421 (2422).
926 BGH, a. a. O.; BGH, NJW 1981, S. 2565 (2566).
927 BGH, NJW 1981, S. 2565 (2566); s. auch Rn. 648.
928 BGH, GmbHR 1989, S. 462 (464).
929 Siehe Rn. 594.
930 Siehe Rn. 596.

Unabhängig von den Regelungen der GmbH-Satzung kann ein Gesellschafter immer per Ausschlußklage aus einer GmbH ausgeschlossen werden, wenn in seiner Person ein wichtiger Grund gegeben ist.[931]

bb) Einziehung von Geschäftsanteilen

bba) Voraussetzungen der Einziehung

593 Die Einziehung eines Geschäftsanteils ist nur möglich, wenn sie im Gesellschaftsvertrag zugelassen ist, § 34 Abs. 1 GmbHG. Das Gesetz unterscheidet zwischen Einziehung mit Zustimmung und ohne Zustimmung des Anteilsberechtigten (sog. Zwangseinziehung).

Ohne Zustimmung des betroffenen Gesellschafters ist die Einziehung nur zulässig, wenn die Voraussetzungen hierfür in der GmbH-Satzung schon vor dem Zeitpunkt festgesetzt waren, zu dem der Gesellschafter seinen Anteil erworben hat, § 34 Abs. 2 GmbHG. Diese Bestimmung soll einen Gesellschafter, der seine Einlagepflicht erfüllt hat, davor schützen, daß er ungewollt seine Beteiligung auf eine Weise einbüßt, mit der er bei seinem Eintritt in die Gesellschaft nicht zu rechnen brauchte. Stimmt ein Gesellschafter später einer Satzungsänderung zu, die die Voraussetzungen einer Zwangseinziehung schafft, gibt er diesen Schutz auf. Er steht dann einem Gesellschafter gleich, der sich bei seinem Eintritt einer bereits festgelegten Einziehungsregelung unterworfen hat.[932]

594 Die Gründe, die eine Einziehung rechtfertigen, müssen so genau formuliert werden, daß sie die mit der Klausel konkret verbundenen Risiken für den einzelnen Gesellschafter deutlich machen.[933] Einziehungsgründe können z. B. der Tod oder Konkurs eines Gesellschafters oder die Pfändung seines Geschäftsanteils sein. Sind in einer GmbH & Co. KG die Gesellschafter der Komplementär-GmbH gleichzeitig Kommanditisten der GmbH & Co. KG, kann der Verlust des Kommanditanteils ein Grund für die Zwangseinziehung des GmbH-Geschäftsanteils sein.[934]

Es ist auch zulässig, die Einziehung an einen „wichtigen Grund" in der Person des Gesellschafters zu knüpfen, wenn der Begriff des wichtigen Grundes keinen weitergehenden Inhalt haben soll, als ihm Gesetz und Rechtsprechung allgemein beilegen.[935]

Zur Wirksamkeit der Einziehung ist ein Gesellschafterbeschluß (§ 46 Nr. 4 GmbHG) und sein Zugang an den betroffenen Gesellschafter erforderlich.[936]

931 Siehe Rn. 597.
932 BGH, GmbHR 1978, S. 131.
933 Lutter/Hommelhoff, § 34 Rn. 12.
934 Scholz/H. P. Westermann, § 34 Rn. 12; Rowedder, § 34 Rn. 36.
935 Siehe dazu Rn. 599; BGH, a. a. O., S. 132; Lutter/Hommelhoff, a. a. O.
936 Hachenburg/Hohner, § 34 Rn. 47; Lutter/Hommelhoff, § 34 Rn. 8.

bbb) Rechtsfolgen der Einziehung

Rechtsfolge der Einziehung ist der Wegfall des Geschäftsanteils. Er wird durch die Einziehung vernichtet, gleichzeitig gehen alle Rechte und Pflichten aus der Mitgliedschaft unter. 595

In der Regel erwächst dem ausgeschiedenen Gesellschafter durch die Einziehung seines Geschäftsanteils ein Abfindungsanspruch gegenüber der Gesellschaft.[937] Soweit die GmbH-Satzung keine Regelungen über Art und Höhe dieses Anspruchs enthält, bestimmt sich die Abfindung nach dem Verkehrswert des Geschäftsanteils.[938] Bei der Zahlung eines Einziehungsentgelts ist die Bestimmung des § 30 Abs. 1 GmbHG zu beachten, wonach das zur Erhaltung des Stammkapitals erforderliche Vermögen der Gesellschaft an die Gesellschafter nicht ausgezahlt werden darf, § 34 Abs. 3 GmbHG. Eine Abfindung kann also aus dem Vermögen der Gesellschaft nur gezahlt werden, wenn entsprechende Mittel über den Betrag des Stammkapitals hinaus vorhanden sind.

cc) Ausschlußklausel im Gesellschaftsvertrag

Anstelle der Einziehung eines Geschäftsanteils kann die GmbH-Satzung einen Gesellschafter verpflichten, seinen Geschäftsanteil unter bestimmten Voraussetzungen an einen Mitgesellschafter oder Dritten abzutreten. Sie kann auch die Gesellschafter ermächtigen, einen Mitgesellschafter dadurch auszuschließen, daß sie selbst seinen Geschäftsanteil an Mitgesellschafter oder Dritte abtreten.[939] 596

Die Voraussetzungen, die an die Wirksamkeit solcher Ausschlußklauseln gestellt werden, entsprechen denen von Einziehungsklauseln (s. Rn. 594f.). Sogenannte Hinauskündigungsklauseln, die einem Gesellschafter das Recht einräumen, einen Mitgesellschafter nach freiem Ermessen auszuschließen, sind auch im GmbH-Recht grundsätzlich nichtig.[940]

dd) Ausschlußklage

dda) Klageverfahren

Nur für den Fall, daß die GmbH-Satzung keine Ausschlußklausel enthält, kann die Ausschließung eines Gesellschafters aus wichtigem Grund im Wege einer Klage erfolgen.[941] 597

Kläger ist die durch ihre Geschäftsführer vertretene GmbH.[942] Die Entscheidung, ob eine derartige Klage erhoben werden soll, wird durch einen Gesellschafterbe-

937 Lutter/Hommelhoff, § 34 Rn. 17; Baumbach/Hueck, Anh. § 34 Rn. 11.
938 Siehe Rn. 643.
939 BGH, GmbHR 1984, S. 74; Lutter/Hommelhoff, § 34 Rn. 14; Hachenburg/Ulmer, Anh. § 34 Rn. 31.
940 BGH, GmbHR 1990, S. 449; s. auch Rn. 590f.
941 BGHZ 9, 157 (159f.); OLG Stuttgart, GmbHR 1989, S. 466.
942 Vgl. BGHZ 9, 157 (177).

schluß getroffen. Dieser Beschluß bedarf der gleichen Mehrheit, wie sie für einen Auflösungsbeschluß gemäß § 60 Abs. 1 Nr. 2 GmbHG erforderlich ist, d. h., im Regelfall ist die Zustimmung von 3/4 des bei der Beschlußfassung vertretenen Kapitals notwendig.[943]

598 Wird der Klage der Gesellschaft stattgegeben, ergeht ein zum Ausschluß führendes Gestaltungsurteil. Das Urteil macht die Ausschlußwirkung im Interesse der Sicherung des Abfindungsanspruches des Betroffenen von der aufschiebenden Bedingung abhängig, daß die Gesellschaft die im Urteil bestimmte Abfindung zahlt.[944] Mit dem Bedingungseintritt endet die Mitgliedschaft des ausgeschlossenen Gesellschafters, und sein Geschäftsanteil fällt der Gesellschaft zum Zwecke der Verwertung zu. Die Gesellschaft hat dann die Wahl, ob sie den Geschäftsanteil einziehen oder ihn an Gesellschafter oder Dritte abtreten will.[945]

Bis zum Bedingungseintritt ist der Auszuschließende noch Gesellschafter. Seine Mitgliedschaftsrechte ruhen jedoch insoweit, als er Maßnahmen, die der Durchführung seines Ausschlusses dienen, nicht vereiteln kann.[946]

ddb) Materiell-rechtliche Voraussetzungen

599 Materiell-rechtlich setzt eine der Klage stattgebende Entscheidung voraus, daß in der Person des auszuschließenden Gesellschafters ein derart wichtiger Grund liegt, der die Erreichung des Gesellschaftszweckes unmöglich macht oder erheblich gefährdet oder sonst sein Verbleiben in der Gesellschaft unmöglich erscheinen läßt.[947] Ob im Einzelfall ein zum Ausschluß berechtigender wichtiger Grund gegeben ist, richtet sich nach der Gesamtschau aller Umstände.[948] Wichtige Gründe sind z. B. eine schwerwiegende Störung des Vertrauensverhältnisses[949] oder die Gefährdung der Funktionsfähigkeit der Gesellschaft durch Unerreichbarkeit des Gesellschafters.[950] Der Ausschluß eines Gesellschafters im Wege der Klage kann immer nur als letztes Mittel in Betracht kommen. Bestehen weniger einschneidende Möglichkeiten, den untragbar gewordenen Zustand zu ändern, ist eine Ausschließung nicht zulässig.[951]

943 BGHZ, a. a. O.; Hachenburg/Ulmer, Anh. § 34 Rn. 17; a. A. Scholz/Winter, § 15 Rn. 140; Baumbach/Hueck, Anh. § 34 Rn. 9.
944 BGHZ 9, 157 (174); 16, 324ff.
945 BGHZ 9, 157 (168ff.); Scholz/Winter, § 15 Rn. 149; K. Schmidt, S. 801.
946 BGHZ 9, 157 (176); weitergehend: Scholz/Winter, § 15 Rn. 148; Lutter/Hommelhoff, § 34 Rn. 16 unter Bezugnahme auf BGHZ 88, 320 (328); s. Rn. 589.
947 Hachenburg/Ulmer, Anh. § 34 Rn. 6 unter Bezugnahme auf § 207 Regierungsentwurf 1971/73.
948 BGHZ 16, 317 (322f.).
949 BGHZ 32, 17; BGH, GmbHR 1973, S. 44.
950 Hachenburg/Ulmer, Anh. § 34 Rn. 7 mit weiteren Beispielen.
951 BGHZ 16, 317 (322); 35, 273 (283).

3 Koordinierung von Kündigung und Ausschluß in den Gesellschaftsverträgen der GmbH und der GmbH & Co. KG

Sind die Gesellschafter der Komplementär-GmbH gleichzeitig Kommanditisten 600
der GmbH & Co. KG und besteht ein Interesse, diese Beteiligungsidentität und damit auch die einheitliche Willensbildung in beiden Gesellschaften zu sichern, ist in den Gesellschaftsverträgen entsprechend Vorsorge zu treffen. In der GmbH-Satzung sollte geregelt werden, daß die Kündigung oder der Ausschluß eines Kommanditisten immer auch seinen Ausschluß als GmbH-Gesellschafter, sei es durch Einziehung[952] oder Abtretung seines Geschäftsanteils[953], zur Folge hat. Im KG-Vertrag kann entsprechend bestimmt werden, daß der Kommanditist, der aus der Komplementär-GmbH freiwillig ausscheidet oder ausgeschlossen wird, auch aus der KG ausgeschlossen werden kann.

4 Tod eines Gesellschafters

a) Tod eines Kommanditisten

aa) Gesetzliche Rechtsnachfolge

Stirbt ein Kommanditist, wird die GmbH & Co. KG mit seinen Erben fortgesetzt. 601
Die Kommanditbeteiligung ist also vererblich. Das ergibt sich aus § 177 HGB.[954] Der Erbe tritt in die Rechte und Pflichten des verstorbenen Kommanditisten ein, wenn sie nicht höchstpersönlicher Natur sind oder der Gesellschaftsvertrag etwas anderes bestimmt.[955] Ist der Erbe bereits Kommanditist, vereinigen sich beide Anteile zu einem Kommanditanteil.

Wer Erbe ist, bestimmt sich nach dem Testament des Verstorbenen oder – falls es ein Testament nicht gibt – nach den gesetzlichen Bestimmungen gemäß §§ 1924ff. BGB.

Hat der verstorbene Kommanditist mehrere Erben, geht seine Mitgliedschaft entgegen erbrechtlichen Grundsätzen (§ 2032 Abs. 1 BGB) nicht auf die Gesamthand der Erbengemeinschaft über, sondern jeder Erbe erwirbt entsprechend seiner Erbquote einen Teil des Gesellschaftsanteiles (sog. Sondererbfolge).[956] Die Beteiligung eines Kommanditisten kann also durch seinen Tod in viele selbständige Beteiligungen aufgespalten werden. Im Gesellschaftsvertrag kann für diesen Fall be-

952 Siehe Rn. 593.
953 Siehe Rn. 596.
954 BGHZ 68, 225 (230).
955 Schilling in Großkomm., § 177 Rn. 6.
956 Ständige Rechtsprechung z. B. BGH, NJW 1986, S. 2431 (2432); Baumbach/Hopt, § 177 Anm. 2; Schilling in Großkomm., § 177 Rn. 7.

stimmt werden, daß die Kommanditistennachfolger ihre Gesellschafterrechte nur durch einen gemeinsamen Vertreter ausüben dürfen.[957]

602 Ob auch ein Testamentsvollstrecker die Rechte eines Kommanditisten ausüben kann, war bisher umstritten.[958] Ein Teil der Meinungen verneint die Zulässigkeit der Testamentsvollstreckung, weil der Gesellschaftsanteil aufgrund der Sondererbfolge[959] nicht zum Nachlaß gehöre.[960] Der BGH hat mit Beschluß vom 3. 7. 1989[961] die Wirksamkeit einer vom Erblasser angeordneten Testamentsvollstrekkung an einem Kommanditanteil anerkannt, sofern sie durch den Gesellschaftsvertrag oder auch später durch einen Gesellschafterbeschluß gestattet wird. Die Ausübung der mit dem Kommanditanteil verbundenen Gesellschaftsrechte ist während der Dauer der Testamentsvollstreckung grundsätzlich Sache des Testamentsvollstreckers. Der Testamentsvollstrecker ist auch zuständig für Vertragsänderungen, Gestaltungsklagen, Kündigung der Mitgliedschaft und sonstige Verfügungen über den Anteil. Einschränkungen gelten nur für solche Vertragsänderungen, die in den Kernbereich der Mitgliedschaftsrechte der Kommanditisten eingreifen oder ihre persönliche Haftung begründen. Zur Wirksamkeit derartiger Vertragsänderungen bedarf es des Zusammenwirkens von Testamentsvollstrecker und Kommanditistenerben.[962]

bb) Vertragliche Gestaltungsmöglichkeiten

bba) Allgemeines

603 Die Rechtsnachfolge im Falle des Todes eines Kommanditisten kann gesellschaftsvertraglich abweichend von den gesetzlichen Bestimmungen geregelt werden. So kann die Vererbbarkeit des Kommanditanteils ausgeschlossen werden.[963]. Die Gesellschaft wird in diesem Fall von den verbliebenen Gesellschaftern fortgeführt, ihnen wächst der Anteil des verstorbenen Kommanditisten zu, und dessen Erben erwerben einen möglichen Abfindungsanspruch gegen die Gesellschaft, § 738 Abs. 1 BGB i. V. m. § 161 Abs. 2, § 105 Abs. 2 HGB, § 1922 Abs. 1 BGB.[964]

Die Gesellschafter der GmbH & Co. KG können auch vereinbaren, daß nur bestimmte Erben in die Gesellschafterstellung nachrücken sollen (sog. qualifizierte Nachfolgeklausel, s. Rn. 604), oder daß bestimmten Personen, die nicht Erben sein müssen, ein Eintrittsrecht in die Gesellschaft eingeräumt wird (sog. Eintrittsklausel, s. Rn. 608).

---

957 BGHZ 46, 291; Schlegelberger/K. Schmidt, § 177 Rn. 13; Schilling in Großkomm., § 177 Rn. 7.
958 Vgl. Schlegelberger/K. Schmidt, § 177 Rn. 19ff.; Schilling in Großkomm., § 177 Rn. 10ff. m. w. N.
959 Siehe Rn. 601.
960 RGZ 172, 199 (203); OLG Frankfurt, NJW 1983, S. 1806; Ulmer, NJW 1984, S. 1496ff.
961 BGH, BB 1989, S. 1840ff.
962 Ulmer, NJW 1990, S. 73 (83).
963 Schilling in Großkomm., § 177 Rn. 24; Schlegelberger/K. Schmidt, § 177 Rn. 10; Baumbach/Hopt, § 177 Anm. 4.
964 Siehe Rn. 626.

bbb) Qualifizierte Nachfolgeklausel

604 Hat ein Kommanditist mehrere Erben und läßt der Gesellschaftsvertrag der GmbH & Co. KG die Nachfolge in den Kommanditanteil nur für einen von ihnen zu (qualifizierte Nachfolgeklausel), erwirbt dieser mit dem Tod des Kommanditisten den Anteil unmittelbar und im ganzen, unabhängig von der Höhe seiner Erbquote.[965]

Hat z. B. der Kommanditist A in seinem Testament bestimmt, daß seine Tochter B 3/4 und sein Sohn C 1/4 seines Vermögens erben, und ist C im Gesellschaftsvertrag als Nachfolger des A genannt, dann erwirbt C die Kommanditbeteiligung des A unmittelbar und im ganzen mit dem Todesfall. Liegt die vererbte Beteiligung wertmäßig über dem der Erbquote entsprechenden Anteil am Gesamtnachlaß, ist C erbrechtlich Ausgleichsansprüchen der B ausgesetzt. Denn bei der Erbauseinandersetzung zählt der Wert der Beteiligung mit.[966]

605 Erbrechtliche Ausgleichsansprüche können dadurch ausgeschlossen werden, daß der Nachfolger als Alleinerbe eingesetzt wird oder ihm die Kommanditbeteiligung im Wege eines Vorausvermächtnisses (§ 2150 BGB) zugewandt wird. Letzteres hat zur Folge, daß der Wert der Beteiligung bei der Erbauseinandersetzung nicht zu Lasten des Nachfolgers in Ansatz gebracht wird.[967] Aber auch unter diesen Umständen können noch mögliche erbrechtliche Pflichtteilsansprüche gegenüber dem Nachfolger entstehen.[968]

606 Der unmittelbare Erwerb einer Kommanditbeteiligung aufgrund einer Nachfolgeklausel im Gesellschaftsvertrag erfolgt nur dann, wenn der im Gesellschaftsvertrag als Nachfolger Benannte auch gleichzeitig Erbe ist. Denn der Gesellschaftsvertrag begründet nur die Verpflichtung der Gesellschafter, die Nachfolgeregelung eines Mitgesellschafters anzuerkennen. Der Vollzug einer derartigen gesellschaftsvertraglichen Nachfolgeregelung setzt immer voraus, daß der Nachfolger durch Testament oder Erbvertrag als Erbe eingesetzt oder gesetzlicher Erbe (§§ 1924ff. BGB) des Kommanditisten ist.

607 Daraus folgt, daß der Gesellschaftsvertrag und die letztwillige Verfügung eines Gesellschafters abgestimmt sein müssen, da andernfalls die im Gesellschaftsvertrag beabsichtigte Nachfolge nicht zu realisieren ist. So darf z. B. nicht im Gesellschaftsvertrag bestimmt sein, daß im Falle des Todes des Kommanditisten A sein Sohn C den Gesellschaftsanteil erwirbt, während im Testament des A seine Tochter B als Alleinerbin eingesetzt ist. Richtigerweise hätte A auch C in seinem Testament bedenken müssen. Scheitert die gesellschaftsvertraglich festgelegte Nachfol-

965 BGHZ 68, 225, (236ff.) auch in NJW 1977, S. 1339 (1342).
966 Ulmer, BB 1977, S. 805 (807); Westermann, Rn. 540; wohl auch BGH, a. a. O.,
967 Ulmer, a. a. O.; Westermann, a. a. O.; Sudhoff, Handbuch der Unternehmensnachfolge, S. 161; Schlegelberger/Martens, § 139 Anm. 25 af.
968 Siehe Einzelheiten Sudhoff, a. a. O., S. 159ff.

geregelung daran, daß im Gesellschaftsvertrag vorgesehene Personen nicht Erben geworden sind, kann diese Nachfolgeklausel im Wege der ergänzenden Vertragsauslegung in eine Eintrittsklausel umgedeutet werden.[969]

bbc) Eintrittsklausel

608 Eine Eintrittsklausel ist eine Vereinbarung im Gesellschaftsvertrag, die einer bestimmten Person das Recht einräumt, in die Gesellschaft einzutreten. Sie ist ein sog. Vertrag zugunsten Dritter i. S. des § 328 BGB. Sie verschafft dem Nachfolger – der nicht gleichzeitig Erbe des Verstorbenen zu sein braucht – einen Anspruch gegen die übrigen Gesellschafter auf Aufnahme in die Gesellschaft. Der Nachfolgerkommanditist per Eintrittsklausel wird also nicht wie bei der Nachfolgeklausel[970] automatisch mit dem Tod des Kommanditisten Gesellschafter, sondern erst durch Aufnahme in die Gesellschaft durch die übrigen Gesellschafter aufgrund eines Aufnahmevertrages.[971]

609 Der Gesellschaftsvertrag kann den Abschluß des Aufnahmevertrages erleichtern. Haben die übrigen Gesellschafter schon im Gesellschaftsvertrag das Angebot zur Aufnahme an den Eintrittsberechtigten erklärt, braucht dieser das Angebot nur noch anzunehmen, um Gesellschafter zu werden.[972] Die Rechtsstellung des Eintretenden in der Gesellschaft ist grundsätzlich vom Gesellschaftsvertrag abhängig. Enthält dieser hierzu keine Bestimmungen, ist davon auszugehen, daß der neue Kommanditist die Stellung des verstorbenen Kommanditisten innehaben soll.[973]

Ohne gesellschaftsvertragliche Regelungen erwirbt der Eintretende aber nicht den Gesellschaftsanteil des verstorbenen Kommanditisten. Dieser wächst den verbliebenen Gesellschaftern mit dem Todesfall zu; gleichzeitig entsteht ein Abfindungsanspruch der Erben des verstorbenen Kommanditisten gegen die Gesellschaft, § 738 Abs. 1 BGB i. V. m. § 161 Abs. 2, § 105 Abs. 2 HGB, § 1922 Abs. 1 BGB.[974]

Den neuen Kommanditisten trifft eine eigene Einlageverpflichtung. Im Zweifel führt die Ausübung des Eintrittsrechts nur dann zur Mitgliedschaft in der Gesellschaft, wenn der Eintretende gleichzeitig diese Einlageverpflichtung erfüllt.[975]

610 Eine Eintrittsklausel hat i. d. R. nur einen Sinn, wenn dem Eintrittsberechtigten der Vermögenswert der Beteiligung des verstorbenen Kommanditisten zur Verfügung steht. Der Wert der Beteiligung kann ihm einmal dadurch übertragen werden, daß ihm der Abfindungsanspruch der Erben durch Vermächtnis oder Erbein-

969 BGH, NJW 1978, S. 264; s. auch Rn. 608.
970 Siehe Rn. 604.
971 Siehe Rn. 556.
972 Westermann, Rn. 553.
973 Westermann, a. a. O.
974 Siehe Rn. 626.
975 BGH, NJW 1978, S. 264 (266).

setzung zugewandt wird, oder dadurch, daß Abfindungsansprüche ausgeschlossen werden[976] und die übrigen Gesellschafter den ihnen zugefallenen Anteil des verstorbenen Kommanditisten treuhänderisch für den Eintrittsberechtigten halten und bei dessen Eintritt auf ihn übertragen.[977]

cc) Haftung bei erbrechtlicher Nachfolge

cca) Gesellschaftsrechtliche Haftung

Bei der Haftung des Nachfolgers eines verstorbenen Kommanditisten ist zu differenzieren, auf welche Weise er seinen Kommanditanteil erwirbt. Ist der Kommanditistennachfolger Erbe[978] des verstorbenen Kommanditisten, erwirbt er den Anteil im Wege einer Gesamtrechtsnachfolge. Die Rechtsstellung des verstorbenen Kommanditisten geht als Ganzes auf den Erben über.[979] Der Erbe übernimmt als neuer Kommanditist auch hinsichtlich der Haftung gegenüber Gesellschaftsgläubigern diejenige Rechtsposition, die der verstorbene Kommanditist innegehabt hatte. Er haftet für die Alt- und Neuverbindlichkeiten der Gesellschaft nach Maßgabe der §§ 171 bis 173 HGB.[980] Einlageleistungen des verstorbenen Kommanditisten wirken für ihn.[981] Hatte also der verstorbene Kommanditist seine Einlage voll erbracht und damit jede weitere Haftung ausgeschlossen (§ 171 Abs. 1 Halbsatz 2 HGB), kommt auch eine unmittelbare persönliche Haftung des Kommanditistenerben nicht mehr in Betracht.[982] 611

Hatte dagegen der verstorbene Kommanditist seine Einlage ganz oder teilweise noch nicht erbracht und haftete er den Gesellschaftsgläubigern wegen des offenstehenden Betrages bis zur Höhe der eingetragenen Haftsumme persönlich, haftet sein Rechtsnachfolger den Gläubigern mit seinem Privatvermögen in gleicher Weise.[983] 612

Hat ein Kommanditist seine Beteiligung mehreren Nachfolgern vererbt,[984] haften diese gemäß §§ 171, 172, 173 HGB wie oben beschrieben, aber auf die ihnen jeweils zukommende Haftsumme begrenzt.[985]

ccb) Erbenhaftung

Neben dieser gesellschaftsrechtlichen Kommanditistenhaftung trifft den Nachfolger, der die Beteiligung als Erbe erwirbt, die Erbenhaftung für Altverbindlichkeit gemäß § 1967 BGB, §§ 171 f. HGB, wenn der verstorbene Kommanditist die Haft- 613

976 Siehe Rn. 640.
977 BGH, NJW 1978, S. 264 (265).
978 Siehe Rn. 601.
979 Schilling in Großkomm., § 173 Rn. 10; Baumbach/Hopt, § 173 Anm. 6 B.
980 Schilling, a. a. O.; Schlegelberger/K. Schmidt, § 173 Rn. 43.
981 Schilling, a. a. O.
982 Vgl. Rn. 334.
983 Vgl. Rn. 333.
984 Siehe Rn. 601.
985 Schlegelberger/K. Schmidt, § 173 Rn. 45; Schilling in Großkomm., § 173 Rn. 11; Westermann, Rn. 525.

summe noch nicht in das Gesellschaftsvermögen geleistet hatte und daher noch persönlich haftete.[986] Diese Haftung besteht in Höhe der noch nicht geleisteten Haftsumme und ist auf den Nachlaß beschränkbar, §§ 1975ff.[987]

Hat der verstorbene Kommanditist mehrere Erben, haften sie erbrechtlich als Gesamtschuldner, § 2058 BGB.[988]

ccc) Haftung bei Nachfolge aufgrund einer qualifizierten Nachfolgeklausel

614 Hat der verstorbene Kommanditist mehrere Erben und hat aufgrund einer qualifizierten Nachfolgeklausel[989] im Gesellschaftsvertrag nur ein Erbe die Kommanditbeteiligung erworben, haftet nur dieser gesellschaftsrechtlich gemäß §§ 171 bis 173 HGB.[990] Erbrechtlich haften auch hier alle Erben für Altverbindlichkeiten gemäß §§ 1967, 2058 BGB i. V. m. §§ 171f. HGB als Gesamtschuldner, wenn die Haftsumme noch nicht voll erbracht ist.[991]

ccd) Haftung bei fehlendem Nachfolgevermerk

615 Erwirbt ein Kommanditist seine Beteiligung aufgrund einer Erbschaft, ist wie bei der Anteilsübertragung ein entsprechender Vermerk im Handelsregister erforderlich.[992] Gemäß der Rechtsprechung zum Fehlen eines Nachfolgevermerks bei einer Anteilsübertragung[993], bleibt wohl auch hier die Haftung des Kommanditistennachfolgers trotz fehlenden Nachfolgevermerks unberührt. Es bleibt dabei, daß der neue Kommanditist gegenüber Gesellschaftsgläubigern diejenige Rechtsposition einnimmt, die der verstorbene Kommanditist innehatte. Der Nachfolgerkommanditist kann sich also gemäß § 171 Abs. 1 Halbsatz 2 HGB auf den Ausschluß seiner persönlichen Haftung berufen, wenn der verstorbene Kommanditist seine Einlage erbracht hat.[994]

616 Die persönliche Haftung des verstorbenen Kommanditisten lebt dagegen entsprechend § 172 Abs. 4 HGB wieder auf, da seine im Handelsregister weiter eingetragene Haftsumme durch seine frühere Einlageleistung nicht mehr gedeckt ist.[995] Da der Nachfolgeerbe auch für Nachlaßverbindlichkeiten gemäß § 1967 BGB haftet, trifft ihn diese persönliche Haftung des verstorbenen Kommanditisten gemäß § 1967 BGB i. V. m. § 172 Abs. 4 HGB. Diese Haftung ist erbrechtlich beschränk-

---

986 Schlegelberger/K. Schmidt, § 173 Rn. 43; Lange/Kuchinke, § 49 VI 2b.
987 Lange/Kuchinke, a. a. O.
988 Schlegelberger/K. Schmidt, § 173 Rn. 45; Schilling in Großkomm., § 173 Rn. 11.
989 Siehe Rn. 604.
990 Siehe Rn. 611.
991 Schilling in Großkomm., § 173 Rn. 11; Schlegelberger/K. Schmidt, § 173 Rn. 46.
992 Schilling in Großkomm., § 173 Rn. 15; Schlegelberger/K. Schmidt, § 173 Rn. 44.
993 BGH, GmbHR 1981, S. 262ff.; s. auch Rn. 577f.
994 Vgl. BGH, GmbHR 1981, S. 262 (264); ebenso Schlegelberger/K. Schmidt, a. a. O.; a. A. Schilling in Großkomm., a. a. O.
995 Vgl. BGH, a. a. O., s. Rn. 578.

bar[996] und besteht nur gegenüber solchen Gesellschaftsgläubigern, denen die erbrechtliche Nachfolge nicht bekannt war, § 15 Abs. 1 HGB.[997]

cce) Unbeschränkte Haftung gemäß § 176 Abs. 2 HGB

Die unbeschränkte Haftung für Verbindlichkeiten, die zwischen dem Eintritt eines neuen Kommanditisten und seiner Eintragung in das Handelsregister entsteht, trifft auch denjenigen, der eine Kommanditbeteiligung durch Erbfolge erwirbt.[998] Da dieser Erwerb durch den Tod eines Kommanditisten ausgelöst wird, ist es dem Nachfolgererben nie möglich, seine Eintragung in das Handelsregister zum Zeitpunkt der Begründung seiner Mitgliedschaft eintragen zu lassen. Diesem Umstand trägt die Rechtsprechung Rechnung und gewährt ihm eine „Schonfrist", bevor bei ihm die fehlende Eintragung zur unbeschränkten Haftung führt.[999] Der Nachfolgererbe entgeht also einer Haftung gemäß § 176 Abs. 2 HGB, wenn er seine Eintragung in das Handelsregister unverzüglich herbeiführt. 617

Da die Haftung gemäß § 176 Abs. 2 HGB im übrigen entfällt, wenn der Gläubiger Kenntnis von der Kommanditistenstellung des nicht eingetragenen Gesellschafters hat, kommt bei einer GmbH & Co. KG die unbeschränkte Haftung eines Kommanditisten gemäß § 176 HGB generell nicht in Betracht.[1000] Denn wenn die GmbH & Co. KG unter ihrer Firma[1001] auftritt, rechnet im Rechtsverkehr niemand mehr damit, daß ein nicht eingetragener Gesellschafter kein Kommanditist ist. Infolgedessen fehlt den Gläubigern die Gutgläubigkeit i. S. des § 176 HGB.[1002] 618

dd) Haftung bei Eintritt aufgrund eines Aufnahmevertrags

Hat der verstorbene Kommanditist seinem Nachfolger lediglich im Gesellschaftsvertrag das Recht eingeräumt, in die Gesellschaft einzutreten (sog. Eintrittsklausel s. Rn. 608), wächst sein Gesellschaftsanteil mit dem Todesfall den verbliebenen Gesellschaftern zu, § 738 Abs. 1 BGB i. V. m. § 161 Abs. 2, § 105 Abs. 2 HGB. Sein Nachfolger erwirbt durch den Aufnahmevertrag mit den übrigen Gesellschaftern einen eigenen Kommanditanteil. 619

996 Siehe Rn. 613.
997 Siehe Rn. 578.
998 BGHZ 66, 98 (100), auch in NJW 1976, S. 848; BGH, NJW 1983, S. 2258 (2259); a. A. Schilling in Großkomm., § 176 Rn. 17; Schlegelberger/K. Schmidt, § 176 Rn. 21; so wohl jetzt auch BGH, BB 1989, S. 1840 (1842); zur Haftung gemäß § 176 Abs. 2 HGB s. Rn. 750f.
999 BGH, a. a. O.
1000 Siehe Rn. 570f.
1001 Siehe Rn. 96ff.
1002 So jetzt auch BGH, NJW 1983, S. 2258, der die Gutgläubigkeit aber erst für die Zeit nach Inkrafttreten des § 19 Abs. 5 HGB (1. 1. 1981) in Frage stellt; s. auch Rn. 86.

Seine Haftung bestimmt sich nach den allgemeinen Bestimmungen gemäß §§ 171, 172 HGB.[1003] Für Verbindlichkeiten der Gesellschaft, die zum Zeitpunkt seines Eintritts schon entstanden waren, ergibt sich diese Haftung aus § 173 HGB.[1004]

ee) Haftung des Vermächtnisnehmers

620 Der Erwerb einer Kommanditbeteiligung aufgrund eines Vermächtnisses vollzieht sich nach den Regeln der Anteilsübertragung.[1005] Der Gesellschaftsanteil, der mit dem Todesfall zunächst unmittelbar von den Erben erworben wird (s. Rn. 601), wird von diesen auf den Vermächtnisnehmer gemäß §§ 398 ff. BGB übertragen.[1006] Folglich bestimmt sich die Haftung nach den oben unter Rn. 575 ff. dargelegten Grundsätzen zur Haftung bei Übertragung eines Kommanditanteils.

b) Tod eines GmbH-Gesellschafters

aa) Gesetzliche Regelung

621 Ein Geschäftsanteil einer GmbH ist gemäß § 15 Abs. 1 GmbHG vererblich. Stirbt ein GmbH-Gesellschafter, erwirbt sein Erbe unmittelbar seinen Anteil gemäß § 1922 BGB. Die Mitgliedschaft geht mit allen Rechten und Pflichten des Erblassers auf den Erben über. Der Erbe haftet also auch für rückständige Einlagen und Nachschüsse, wobei die Haftung erbrechtlich beschränkbar ist.[1007]

Der Geschäftsanteil gehört mit dem Todesfall zum Nachlaß des Erblassers. Hat der verstorbene GmbH-Gesellschafter mehrere Erben, fällt der Geschäftsanteil gemäß § 2032 Abs. 1 BGB den Miterben zur gesamten Hand an. Sie verwalten den Anteil gemeinschaftlich, § 2038 BGB. Mitgliedschaftsrechte können sie nur gemeinschaftlich ausüben, § 18 Abs. 1 GmbHG.

622 Hier liegt ein wesentlicher Unterschied zur Rechtslage bei der Kommanditgesellschaft, wo jeder der Miterben entsprechend seiner Erbquote einen Teil des Gesellschaftsanteils des Erblassers erwirbt (sog. Sondererbfolge, s. Rn. 601) und dadurch die Beteiligung eines Kommanditisten durch seinen Tod in viele selbständige Beteiligungen aufgespalten werden kann. Im Unterschied zur GmbH & Co. KG[1008] ist die Testamentsvollstreckung an einem vererbten GmbH-Anteil problemlos zulässig.[1009]

1003 Siehe Rn. 332 ff.
1004 Siehe Rn. 569.
1005 Schlegelberger/K. Schmidt, § 173 Rn. 42.
1006 Siehe Rn. 561.
1007 Scholz/Winter, § 18 Rn. 27; Lutter/Hommelhoff, § 18 Rn. 4; a. A. Hachenburg/Zutt, § 15 Anh. Rn. 103; vgl. auch Rn. 613.
1008 Siehe Rn. 602.
1009 BGH, NJW 1959, S. 1820, MünchKomm./Brandner, § 2205 Anm. 22; Scholz/Winter, § 15 Rn. 19; Baumbach/Hueck, § 15 Rn. 16.

bb) Vertragliche Gestaltungsmöglichkeiten

Die Vererbbarkeit des GmbH-Anteils kann durch den Gesellschaftsvertrag nicht ausgeschlossen werden.[1010] Auch kann der Gesellschaftsvertrag einem Gesellschafter nicht vorschreiben, an wen er seinen Geschäftsanteil zu vererben hat. Die GmbH-Satzung kann aber bestimmen, was mit dem Geschäftsanteil nach seinem Anfall bei den Erben geschehen soll.[1011] Der Gesellschaftsvertrag kann z. B. vorsehen, daß die Erben den Geschäftsanteil an eine bestimmte, in der Satzung bereits benannte oder von der Gesellschaftsversammlung durch Beschluß zu bestimmende Person abtreten müssen.[1012] 623

Die GmbH-Satzung kann auch regeln, daß der vererbte Geschäftsanteil von der Gesellschaft generell oder nur unter bestimmten Voraussetzungen eingezogen wird.[1013] 624

Die Zwangsabtretung des Geschäftsanteils oder seine Einziehung durch die Gesellschaft erfolgen grundsätzlich gegen Entgelt, das in der Satzung näher bestimmt werden kann.[1014] Enthält die Satzung diesbezüglich keine Regelungen, ist der Verkehrswert des Geschäftsanteils als Gegenwert von dem Erwerber oder bei einer Einziehung von der Gesellschaft geschuldet.[1015]

c) Koordinierung von Nachfolgeregelungen in den Gesellschaftsverträgen der GmbH & Co. KG und GmbH

Sind die GmbH-Gesellschafter gleichzeitig Kommanditisten der GmbH & Co. KG und besteht ein Interesse, diese Beteiligungsidentität zu erhalten, sind in den Gesellschaftsverträgen entsprechende Vorkehrungen zu treffen. Im Gesellschaftsvertrag der GmbH & Co. KG kann ein bestimmter Erbe unter Ausschluß der weiteren Erben eines Kommanditisten durch Aufnahme einer qualifizierten Nachfolgeklausel[1016] zum Nachfolger bestimmt werden. Eine entsprechende Satzungsbestimmung ist bei der GmbH unwirksam.[1017] In der GmbH-Satzung kann aber vereinbart werden, daß die Erben ihren ererbten GmbH-Anteil an denjenigen abzutreten haben, der die Kommanditbeteiligung des verstorbenen Gesellschafters erworben hat. Eine solche Vereinbarung setzt für ihre Wirksamkeit immer notarielle Beurkundung voraus, § 15 Abs. 4 GmbHG.[1018] 625

1010 Scholz/Winter, § 15 Rn. 21; Hachenburg/Zutt, Anh. § 15 Rn. 104.
1011 BGHZ 92, 386; Lutter/Hommelhoff, § 15 Rn. 3; Rowedder, § 15 Rn. 63.
1012 Lutter/Hommelhoff, a. a. O.; Rowedder, a. a. O.
1013 Scholz/Winter, § 15 Rn. 24; Lutter/Hommelhoff, § 15 Rn. 4; s. Rn. 606ff.
1014 Baumbach/Hueck, § 15 Rn. 13f.; Scholz/Winter, § 15 Rn. 27; Hachenburg/Zutt, Anh. § 15 Rn. 109f.
1015 Scholz/Winter, a. a. O.
1016 Siehe Rn. 604.
1017 Siehe Rn. 623.
1018 Vgl. auch Rn. 553.

5 Abfindung

a) Abfindung eines Gesellschafters der GmbH & Co. KG

aa) Gesetzlicher Abfindungsanspruch

626 Scheidet ein Gesellschafter aus der Gesellschaft aus, wächst sein Anteil am Gesellschaftsvermögen den übrigen Gesellschaftern zu. Diese sind verpflichtet, ihm das zu zahlen, was er bei der Auseinandersetzung erhalten würde, wenn die Gesellschaft zur Zeit seines Ausscheidens aufgelöst worden wäre, § 738 Abs. 1 BGB, § 105 Abs. 2, § 161 Abs. 2 HGB. Der ausscheidende Gesellschafter hat also gegenüber den verbleibenden Gesellschaftern einen Zahlungsanspruch in Höhe seiner Beteiligung am Gesellschaftsvermögen. Der Wortlaut des Gesetzes legt eine Bewertung der Beteiligung unter dem Gesichtspunkt der Liquidation der Gesellschaft nahe (Zerschlagungs-, Versilberungswert). Nach der Rechtsprechung ist aber der „Beteiligungswert auf der Grundlage des wirklichen Wertes des lebenden Unternehmens zu errechnen (einschließlich der stillen Reserven und des Goodwill des Unternehmens). Dieser ergibt sich im allgemeinen aus dem Preis, der bei einem Verkauf des Unternehmens als Einheit erzielt würde. Bei der Wertermittlung ist nach § 738 Abs. 2 BGB eine Schätzung möglich. Diese hat jedoch aufgrund konkreter Unterlagen zu erfolgen, so daß im allgemeinen ein Sachverständigengutachten erforderlich sein wird. Dabei wird regelmäßig mit der heute herrschenden Auffassung von dem Ertragswert auszugehen sein. Dem Substanzwert und damit den in den bilanziellen Buchwerten steckenden stillen Reserven kommt insoweit, sofern kein Ausnahmefall gegeben ist, nur noch mittelbare Bedeutung zu."[1019] Diese BGH-Entscheidung verdient insofern besondere Beachtung, als der BGH in Übereinstimmung mit der modernen Betriebswirtschaftslehre[1020] den Ertragswert für die Bewertung eines Unternehmens zum entscheidenden Kriterium erklärt. In früheren Entscheidungen hatte der BGH die Auffassung vertreten, der Wert eines Unternehmens sei i. d. R. durch eine Kombination von Substanz- und Ertragswert zu ermitteln, wobei teils der eine, teils der andere Faktor zum Ausgangspunkt zu nehmen und als der gewichtigere zu betrachten sei.[1021] Der BGH überließ es dem Tatrichter – sachverständig beraten –, darüber zu befinden, welche der in der Betriebswirtschaftslehre vertretenen Bewertungsmethoden im Einzelfall zu einem angemessenen Ergebnis führt.[1022]

bb) Schwebende Geschäfte

627 Neben dem Abfindungsanspruch hat der ausscheidende Gesellschafter nach der gesetzlichen Regelung einen Anspruch auf Teilnahme am Gewinn und Verlust, welcher sich aus den zur Zeit seines Ausscheidens schwebenden Geschäften er-

1019 BGH, NJW 1985, S. 192 (193); Baumbach/Hopt, § 138 Anm. 5 A; Engel, NJW 1986, S. 345.
1020 Vgl. Moxter, S. 117ff.
1021 BGH, NJW 1982, S. 2441; BGH, NJW 1973, S. 509; BGH, NJW 1978, S. 1316 (1319).
1022 BGH, NJW 1982, S. 2441.

gibt, § 740 Abs. 1 BGB i. V. m. § 105 Abs. 2, § 161 Abs. 2 HGB. Schwebende Geschäfte sind unmittelbar auf Erwerb gerichtete Rechtsgeschäfte der Gesellschaft, für die im Zeitpunkt des Ausscheidens des Gesellschafters bereits eine rechtliche Bindung begründet ist, die aber beiderseits noch nicht erfüllt sind.[1023] Bei der Berechnung eines Abfindungsguthabens bleiben diese Geschäfte unberücksichtigt. Zur Mitwirkung bei der Abwicklung eines schwebenden Geschäftes ist der ausscheidende Gesellschafter weder berechtigt noch verpflichtet.[1024] In § 740 Abs. 2 BGB ist ihm aber ein besonderer gesetzlicher Rechenschafts- und Auskunftsanspruch eingeräumt. Der Ausgeschiedene kann zum Schluß eines jeden Geschäftsjahres Rechenschaft über die inzwischen beendeten Geschäfte, Auszahlung des ihm gebührenden Betrages und Auskunft über den Stand der noch schwebenden Geschäfte verlangen. Auf diese Rechenschaftsverpflichtung findet § 259 BGB Anwendung.[1025] Somit hat die Gesellschaft dem ausgeschiedenen Gesellschafter „eine die geordnete Zusammenstellung der Einnahmen und Ausgaben enthaltende Rechnung mitzuteilen" und entsprechende Belege vorzulegen, § 259 Abs. 1 BGB. Die Angaben sind an Eides Statt zu versichern, wenn Grund zur Annahme besteht, daß die in der Rechnung enthaltenen Angaben nicht mit der erforderlichen Sorgfalt gemacht worden sind, § 259 Abs. 2 BGB.

Diese Auskunfts- und Rechnungsdarlegungsansprüche, die der ausgeschiedene Gesellschafter gegen die verbleibenden Gesellschafter über den Zeitpunkt seines Ausscheidens hinaus hat, sind i. d. R. unerwünscht. Daher wird in der Praxis oft die Beteiligung an schwebenden Geschäften ausgeschlossen. 628

cc) Abfindungsklauseln

cca) Allgemeines

Die Abfindung eines ausscheidenden Gesellschafters birgt eine Vielzahl von Problemen für die Gesellschaft. Die gesetzliche Abfindung zum wahren Wert der Beteiligung[1026] kann für ein Unternehmen einen unerwünschten, wenn nicht sogar nachteiligen Liquiditätsverlust bedeuten. Unter Umständen wird betriebsnotwendige Substanz des Unternehmens angegriffen, so daß im äußersten Fall der Bestand der Gesellschaft durch das Ausscheiden eines Gesellschafters gefährdet ist. 629

Die unterschiedlichen Bewertungsmethoden zur Ermittlung des wahren Wertes einer Beteiligung können zu langwierigen und kostenaufwendigen Rechtsstreitigkeiten führen und machen im übrigen die Folgen des Ausscheidens eines Gesellschafters für alle Beteiligten unüberschaubar. 630

1023 MünchKomm./Ulmer, § 740 Rn. 4; Soergel/Hadding, § 740 Rn. 4.
1024 Ulmer, a. a. O., Rn. 2.
1025 BGH, NJW 1959, S. 1963f.; Soergel/Hadding, § 740 Rn. 2.
1026 Siehe Rn. 626.

Diesen Gefahren und Nachteilen einer Abfindung nach der gesetzlichen Regelung versucht man in der Praxis dadurch zu begegnen, daß für den Fall des Ausscheidens eines Gesellschafters die Auseinandersetzung im Gesellschaftsvertrag geregelt wird. Durch gesellschaftsvertragliche Abfindungsklauseln wird versucht, den Abfindungsanspruch eines ausscheidenden Gesellschafters wertmäßig zu beschränken.

631 Dabei ist zum Zeitpunkt des Abschlusses des Gesellschaftsvertrages nicht immer vorhersehbar, welche Methode für die verbleibenden Gesellschafter am günstigsten ist, da dies u. a. auch von der Ertragsfähigkeit des Unternehmens abhängt. So wird z. B. der mit einer Buchwertklausel[1027] bezweckte Bestandsschutz nicht immer erreicht. Im Ausnahmefall kann der Buchwert sogar über dem Verkehrswert liegen. Das wird dann der Fall sein, wenn die Ertragsaussicht negativ ist und im Unternehmen sog. „negative stille Reserven" insbesondere aus dem Bereich sozialer Verpflichtungen (Rentenanpassung, latente Sozialplanverpflichtung) vorhanden sind.[1028]

632 Neben der wertmäßigen Beschränkung eines Abfindungsanspruches wird auch häufig die Ratenzahlung des Abfindungsguthabens über einen längeren Zeitraum bei angemessener Verzinsung vereinbart, um den Liquiditätsverlust gering zu halten.[1029] Eine zehn Jahre übersteigende Abfindungszeit ist i. d. R. unzulässig.[1030]

ccb) Buchwertklausel

633 In der Praxis ist die gesellschaftsvertragliche Vereinbarung einer Abfindung zum Buchwert verbreitet. Die Rechtsprechung hält Buchwertklauseln grundsätzlich für zulässig und legt sie dahingehend aus, daß eine Bewertung im Substanzwertverfahren erfolgt und daß die stillen Reserven sowie der Firmenwert unberücksichtigt bleiben. Offene Rücklagen und alle in der Bilanz als Rücklagen ausgewiesenen Posten sind zu berücksichtigen.[1031]

ccc) Grenzen der rechtlichen Zulässigkeit von Abfindungsklauseln

(1) Allgemeines

634 Bei der Beurteilung der rechtlichen Zulässigkeit von Abfindungsvereinbarungen ist zwischen den verschiedenen Fällen des Ausscheidens eines Gesellschafters zu differenzieren.[1032] Den vertraglichen Gestaltungsmöglichkeiten sind Grenzen gesetzt, die hier an einigen für die Praxis relevanten Beispielen dargestellt werden.

1027 Siehe Rn. 633.
1028 Rittstieg, DB 1985, S. 2285 (2286); Hennerkes/Binz, DB 1983, S. 2669 (2670).
1029 Vgl. Rasner, NJW 1983, S. 2905 (2906); Ulmer, NJW 1979, S. 81 (85).
1030 BGH, BB 1989, S. 1073 (1074).
1031 BGH, NJW 1979, S. 104, BGH, NJW 1985, S. 192; ebenso Esch, NJW 1979, S. 1390 (1391).
1032 BGH, WM 1993, S. 1412 (1413); NJW 1993, S. 3193 (3194); Ebenroth/Müller, BB 1993, S. 1153 (1154f.).

(2) Ausschluß eines Gesellschafters ohne wichtigen Grund

Eine Buchwertklausel ist gemäß § 138 BGB nichtig, wenn sie für den Fall vereinbart 635
ist, daß ein Gesellschafter ohne wichtigen Grund, nach freiem Ermessen der Gesellschaftermehrheit oder eines einzelnen Gesellschafters durch „Kündigung" ausgeschlossen werden kann.[1033] In diesen Fällen der sog. „Hinauskündigungsklauseln"[1034] stellt die Rechtsprechung strengere Anforderungen an die Zulässigkeit von Abfindungsvereinbarungen. Eine Abfindungsklausel ist unter diesen Umständen nur dann zulässig, wenn sie im Kern der gesetzlichen Regelung entspricht und im wesentlichen zur Abgeltung des vollen Werts des Gesellschaftsanteils führt.[1035]

Diese Rechtsprechung ist durch spätere Urteile des BGH insoweit noch verschärft worden, als bereits die „Hinauskündigungsklausel" wegen Verstoßes gegen § 138 BGB und die Grundprinzipien des Gesellschaftsrechts unzulässig sein kann.[1036]

(3) Ausschluß eines Gesellschafters aus wichtigem Grund

Eine vertraglich vereinbarte Kürzung des Abfindungsanspruchs auf die Hälfte des 636
buchmäßigen Kapitalanteils stellt grundsätzlich eine sittenwidrige Benachteiligung des ausscheidenden Gesellschafters dar.[1037] Eine solche Regelung weicht so weit vom gesetzlichen Leitbild des § 738 BGB ab und bedeutet einen derart einschneidenden Eingriff in die Vermögensposition des ausscheidenden Gesellschafters, daß der Regelungszweck des § 738 BGB, dem Gesellschafter eine angemessene Abfindung zu sichern, dadurch vollkommen verfehlt werden würde.[1038] Eine solche Abfindungsbeschränkung ist auch nicht im Hinblick auf die Ausschließung eines Gesellschafters aus wichtigem Grund zulässig.[1039]

(4) Sittenwidrige Kündigungsbeschränkung

Eine Buchwertklausel kann auch dann unzulässig sein, wenn sie in ihrer Wirkung 637
einer unzulässigen Kündigungsbeschränkung i. S. des § 723 Abs. 3 BGB gleichkommt. Gemäß § 723 Abs. 3 BGB, § 105 Abs. 2, § 161 Abs. 2 HGB sind Vereinbarungen nichtig, die das Kündigungsrecht eines KG-Gesellschafters beschränken. Eine Buchwertklausel entfaltet die Wirkung einer unzulässigen Kündigungsbeschränkung, wenn sie zum Zeitpunkt ihrer Vereinbarung „aufgrund wirtschaftlich nachteiliger Folgen, insbesondere wegen eines erheblichen Mißverhältnisses zwischen Buchwert und wirklichem Wert, die Freiheit eines Gesellschafters, sich zu einer Kündigung zu entschließen, unvertretbar einengt".[1040]

1033 BGH, NJW 1979, S. 104.
1034 Siehe Rn. 590f.
1035 BGH, a. a. O.
1036 Siehe Rn. 590f.; BGH, NJW 1985, S. 2421; BGH, NJW 1981, S. 2565 (2566).
1037 BGH, BB 1989, S. 1073; Schlegelberger/K. Schmidt, § 138 Rn. 70.
1038 BGH, a. a. O.
1039 BGH, a. a. O.; Ebenroth/Müller, BB 1993, S. 1153 (1155).
1040 BGH, NJW 1985, S. 192 (193); BGH, BB 1989, S. 1146 (1147).

638 Weiterhin wird vertreten, § 723 Abs. 3 BGB komme auch dann zur Anwendung, wenn sich die Abfindungsklausel erst im Laufe der Zeit zu einer faktischen Kündigungserschwerung entwickelt habe.[1041] In zwei neueren Entscheidungen hat der BGH allerdings bei einer erst später eintretenden kündigungsbeschränkenden Wirkung einer Abfindungsvereinbarung die Anwendbarkeit des § 723 Abs. 3 BGB verneint.[1042] Bleibe die auf vertraglicher Grundlage beruhende Abfindung im Falle des zwangsweisen Ausscheidens eines Gesellschafters erheblich hinter dem wahren Wert seines Gesellschaftsanteils zurück, könne es aber im Einzelfall unter Berücksichtigung der allgemeinen Grundsätze von Treu und Glauben (§ 242 BGB), geboten sein, die abfindungsbeschränkende Klausel nicht anzuwenden, sondern dem Gesellschafter eine angemessene Abfindung zu gewähren.[1043]

(5) Gläubigerbenachteiligung

639 Ebenfalls unzulässig sind Abfindungsklauseln, wenn sie speziell für den Fall der Kündigung durch einen Pfändungsgläubiger (§ 725 BGB) den Abfindungsanspruch einschränken oder ausschließen und somit eine Gläubigerbenachteiligung bewirken.[1044] Dagegen liegt kein Verstoß gegen § 138 BGB vor, wenn der Gesellschaftsvertrag die gleiche geringe Abfindung nicht allein für die Fälle der Zwangsvollstreckung in einen Geschäftsanteil, sondern auch für andere vergleichbare Fälle, wie z. B. die Ausschließung eines Gesellschafters aus wichtigem Grund, vorsieht.[1045]

(6) Ausschluß einer Abfindung bei Tod eines Gesellschafters

640 Nach der Rechtsprechung kann im Gesellschaftsvertrag für den Fall des Todes eines Gesellschafters ein Abfindungsanspruch der Erben des verstorbenen Gesellschafters ausgeschlossen werden.[1046] Diese Abfindungsvereinbarung bedarf nicht der Form von Schenkungsversprechen von Todes wegen.[1047] Eine solche Abrede kann unter Umständen sittenwidrig sein, wenn sie ausschließlich dem Zweck dient, den Pflichtteilsberechtigten ihren Anspruch zu nehmen.[1048]

ccd) Rechtsfolgen unzulässiger Abfindungsklauseln

641 Ist eine Abfindungsklausel unwirksam, stellt sich die Frage, ob an ihre Stelle die gesetzliche Regelung tritt, d. h. Abgeltung des Gesellschaftsanteils zum wahren Wert[1049], oder ob im Wege ergänzender Vertragsauslegung eine möglicherweise

1041 Vgl. RGZ 162, 388 (392); BGH, NJW 1973, S. 651; BGH, NJW 1985, S. 192; BGH, WM 1989, S. 878.
1042 BGH, NJW 1993, S. 3139ff., BGH, WM 1993, S. 1412ff.
1043 BGH, a. a. O.
1044 BGHZ 65, 22, auch in NJW 1975, S. 1835 (1837); OLG Frankfurt, BB 1978, S. 170; BGH, NJW 1960, S. 1053; kritisch: Engel, NJW 1986, S. 345 (347).
1045 BGHZ 65, 22 (28); OLG Frankfurt, a. a. O.; K. Schmidt, S. 1223.
1046 BGHZ 22, S. 187 (194).
1047 Vgl. § 2301 BGB; BGH, WM 1971, S. 1338 (1339).
1048 BGH, a. a. O.
1049 So BGH, NJW 1979, S. 104; Hennerkes/Binz, DB 1983, S. 2669 (2672); vgl. Rn. 626.

geringere Abfindung ermittelt wird.[1050] Die Rechtslage ist eindeutig, wenn schon der Gesellschaftsvertrag für den Fall, daß eine Abfindungsregelung wegen Unwirksamkeit entfällt, anordnet, daß die dadurch entstandene Lücke durch eine der angestrebten Abfindung möglichst nahekommende Regelung ergänzt wird.[1051]

Auch wenn der Gesellschaftsvertrag eine solche salvatorische Klausel nicht vorsieht, wird die unwirksame Abfindungsklausel unter Berücksichtigung der Grundsätze von Treu und Glauben (§ 242 BGB) korrigiert. Es kommt zu einer Vertragsanpassung im Einzelfall[1052], ohne daß die Abfindungsklausel generell verworfen wird.[1053] 642

b) Abfindung eines GmbH-Gesellschafters

Die Abfindung eines GmbH-Gesellschafters ist nicht ausdrücklich im Gesetz geregelt. Es besteht in der Rechtsprechung und im Schrifttum Einigkeit darüber, daß ein GmbH-Gesellschafter einen Anspruch auf Abfindung hat, unabhängig davon, aus welchen Gründen er aus der Gesellschaft ausscheidet.[1054] Wenn gesellschaftsvertragliche Regelungen fehlen, bemißt sich der Anspruch nach dem Verkehrswert des Gesellschaftsanteils.[1055] Bei einer Unternehmensbeteiligung, die keinen Marktpreis hat, bilden im Regelfall der den Goodwill (Geschäftswert) einschließende Verkehrswert des Unternehmens und der Umfang der Beteiligung die wesentlichen Grundlagen zur Bemessung dieses Wertes.[1056] 643

In der Praxis enthalten GmbH-Satzungen häufig Abfindungsklauseln, die eine Abfindung wertmäßig beschränken. Im Vordergrund stehen die Abfindung zum Buchwert und steuerlichen Einheitswert.[1057] 644

Für eine Komplementär-GmbH stellt sich die Frage einer Abfindungsbeschränkung nur selten. Nimmt sie – wie üblich – ausschließlich Geschäftsführungstätigkeit für die GmbH & Co. KG wahr, verfügt sie i. d. R. über kein größeres Gesellschaftsvermögen, so daß der Wert ihrer Geschäftsanteile gering ist. Abfindungsbeschränkungen kommen in diesem Fall keine praktische Bedeutung zu. Im übrigen gelten für die Zulässigkeit von Abfindungsbeschränkungen die gleichen Kriterien wie bei der GmbH & Co. KG.[1058] 645

1050 So BGH, NJW 1985, S. 192 (193); Engel, NJW 1986, S. 345 (349); einschränkend: Ulmer, NJW 1979, S. 81 (85f.).

1051 Vgl. Hennerkes/Binz, a. a. O.; Ulmer, a. a. O.

1052 BGH, NJW 1993, S. 3139.

1053 Schöne, ZAP 1994, S. 196.

1054 BGHZ 9, 157 (168); 16, 317 (322); 32, 17 (23); Scholz/Winter, § 15 Rn. 126, 150; Hachenburg/Ulmer, Anh. § 34 Rn. 34, 54.

1055 BGH, a. a. O.; Scholz/Winter, a. a. O.; Hachenburg/Ulmer, a. a. O.

1056 BGHZ 75, 195; vgl. auch Rn. 639.

1057 Balz, GmbHR 1983, S. 185 (188).

1058 Siehe Rn. 634ff.; Rittstieg, DB 1985, 2285ff.

G Gesellschafterwechsel – Steuerrechtlicher Teil

I Ertragsteuern (Einkommen-, Gewerbesteuer)

1 Ergänzungsbilanz bei Gesellschaftereintritt

a) Entstehungsgründe

646 Allgemein ist festzustellen, daß die Voraussetzungen für die Aufstellung besonderer Ergänzungsbilanzen vor allem dann gegeben sind, wenn ein Gesellschafter in eine Personengesellschaft eintritt und hierbei Aufwendungen hat, die mit seinem nominellen Kapitalkonto nicht übereinstimmen. Den Ausgangspunkt für die steuerliche Gewinnermittlung eines eintretenden Gesellschafters bildet, da die Aufwendungen des Eintretenden für die steuerliche Bewertung und die Abschreibungen maßgebend sind, der Anschaffungswert seiner Beteiligung, nicht dagegen der Betrag, mit dem die Beteiligung zu Buche steht. Diese Abweichung zwischen dem Anschaffungswert und dem Buchwert der Beteiligung ist meist der Entstehungsgrund der steuerlichen Ergänzungsbilanzen. Dabei wird man die beiden Fälle unterscheiden müssen, daß die Anschaffungskosten entweder über dem Buchwert oder unter dem Buchwert liegen.

647 Zunächst sei der Fall erörtert, daß die Anschaffungskosten höher sind als der Buchwert. Aus einer Personengesellschaft möge z. B. ein Gesellschafter A ausscheiden und seinen Kapitalanteil, der mit 20 000,– DM zu Buche steht, mit 30 000,– DM (dieser höhere Betrag ist etwa im Hinblick auf die vorhandenen stillen Reserven gezahlt) an B verkaufen. Der Buchwert des Kapitalanteils beträgt also nach wie vor 20 000,– DM, während der Anschaffungswert bei B 30 000,– DM ausmacht. Es ist nicht angängig, in einer etwaigen einheitlichen Steuerbilanz der Gesellschaft den Kapitalanteil des B mit nur 20 000,– DM anzusetzen, denn dies wäre für B unbillig, da er tatsächlich 30 000,– DM aufgewendet hat und ihm daher zugestanden werden muß, von diesem Betrag für die Gewinnberechnung auszugehen und hiervon gegebenenfalls Abschreibungen vorzunehmen. Es ergibt sich hier der Ausweg, daß handelsrechtlich für die bereits vorhandenen Gesellschafter das Kapitalkonto des eintretenden B wie bisher mit 20 000,– DM und für die Gewinnberechnung des eintretenden B mit 30 000,– DM angenommen wird.[1059]

Der umgekehrte Fall, daß nämlich ein eintretender Gesellschafter weniger als den Nominalbetrag des Kapitalkontos aufwendet, wird im allgemeinen praktisch nur selten vorkommen. Einen solchen Fall behandelt das Urteil des RFH vom 6. 4.

1059 Ein entsprechender Fall ist Gegenstand des grundlegenden Urteils des RFH vom 6. 2. 1930, A 1506/28, RStBl S. 267.

1938.[1060] Der Umstand, daß hier das Kapitalkonto zu einem geringeren Betrag als dem Buchwert erworben worden ist, bedeutet – wie das Urteil ausführt – weder für den Erwerber des Anteils noch für die Personengesellschaft Gewinn. Wenn beispielsweise der Kapitalanteil mit 20 000,– DM zu Buche steht, der Erwerber aber nur 15 000,– DM dafür aufwendet, so kann in der Weise verfahren werden, daß der Kapitalanteil für die bereits vorhandenen Gesellschafter mit 20 000,– DM belassen wird, steuerlich für den eintretenden Gesellschafter dagegen nur mit 15 000,– DM angenommen wird. Es sind also auch hier die Voraussetzungen für eine steuerliche Ergänzungsbilanz (negative Ergänzungsbilanz) gegeben, falls nicht etwa im Hinblick auf den unter dem Buchwert des Kapitalkontos liegenden Kaufpreis eine Herabsetzung der Aktivwerte geboten ist.

b) Technik

In den vorstehend aufgeführten Fällen ist das Kapitalkonto des eintretenden Gesellschafters verschieden, je nachdem, ob man es handelsrechtlich (vom Standpunkt der bereits vorhandenen Gesellschafter aus) oder steuerrechtlich (vom Standpunkt des eintretenden Gesellschafters aus) betrachtet. Diese Verschiedenheit könnte dazu führen, daß man zwei verschiedene Bilanzen führt, nämlich eine Bilanz für die bisherigen Gesellschafter und eine besondere Bilanz für den eintretenden Gesellschafter. 648

In der Praxis wird aus Gründen der Einfachheit davon abgesehen, für den eintretenden Gesellschafter eine vollständige Bilanz aufzustellen. Vielmehr werden lediglich die für den eintretenden Gesellschafter sich ergebenden Besonderheiten in der Form einer nur für den Eintretenden vorzunehmenden Ergänzung der für die bisherigen Gesellschafter gültigen Bilanz oder in einer besonderen außerhalb dieser Bilanz vorzunehmenden Ergänzungsbilanz festgehalten.

In dem oben gebrachten Beispiel wurde angenommen, daß ein mit 20 000,– DM zu Buche stehender Anteil an einer Personengesellschaft für 30 000,– DM erworben wird. Da das Kapital in Höhe von 20 000,– DM bereits in der Gesellschaftsbilanz erscheint, ist in der Ergänzungsbilanz auf der Passivseite nur der Mehraufwand in Höhe von 10 000,– DM auszuweisen. Demgegenüber erscheinen in der Ergänzungsbilanz auf der Aktivseite diejenigen Betriebsvermögenswerte (z. B. Grundstücke, Waren, Geschäftswert), derentwegen der Mehrpreis gezahlt worden ist. Die Ergänzungsbilanz für den eingetretenen Gesellschafter sieht also etwa so aus:

1060 RFH, Urteil vom 6. 4. 1938, VI 210/38, StuW Nr. 234.

Mehrwert der Grundstücke	3 000 DM	Mehrwert des Kapitals	10 000 DM
Mehrwert der Waren	2 000 DM		
Mehrwert des Geschäftswertes	5 000 DM		

Wenn, wie oben bereits beispielhaft angeführt wurde, für den mit 20 000,– DM zu Buche stehenden Anteil an einer Personengesellschaft nur 15 000,– DM aufgewendet werden, so muß in der Ergänzungsbilanz, und zwar in diesem Falle auf der Aktivseite, das Kapital mit 5 000,– DM erscheinen, da der Eintretende 5 000,– DM weniger aufgewendet hat und daher nur von einem um 5 000,– DM geringeren Betrag abschreiben kann. Auf der Passivseite sind dann ebenfalls mit 5 000,– DM diejenigen Betriebsvermögenswerte aufzuführen, die sich aus Überbewertungen ergeben, derentwegen das Kapitalkonto nur mit einem geringeren Betrag als dem Buchwert bezahlt worden ist. Die Ergänzungsbilanz des eingetretenen Gesellschafters zeigt also diesem Falle etwa folgendes Bild:

Minderwert des Kapitals	5 000 DM	Minderwert der Waren	4 000 DM
		Minderwert der Maschinen	1 000 DM

c) Entwicklung

649 Die Ergänzungsbilanz ist nicht für den Zeitpunkt des Eintretens eines Gesellschafters, sondern, soweit die Werte noch nicht abgeschrieben sind, auch in den folgenden Jahren zu führen. Dabei ist bei jeder Bilanzaufstellung zu prüfen, inwieweit die in der Ergänzungsbilanz ausgewiesenen Mehrwerte oder Minderwerte noch vorhanden sind.

Nimmt man in dem Fall, daß für einen mit 20 000,– DM zu Buche stehenden Kapitalanteil 30 000,– DM gezahlt wurden, an, daß die 10 000,– DM ausschließlich für im Warenlager vorhandene stille Reserven gezahlt wurden, so ist bei den Bilanzaufstellungen der folgenden Jahre zu prüfen, ob oder inwieweit die Waren noch vorhanden sind. Gehören die Waren wegen Verkaufs nicht mehr zum Betriebsvermögen, so ist sowohl der Posten Waren als auch der gegenüberstehende Posten Kapital in der Ergänzungsbilanz zu streichen, d. h., in diesem Falle kommt die Ergänzungsbilanz in Fortfall. Dabei ist es gleichgültig, ob bei der Veräußerung der Waren die stillen Reserven, wegen derer ein über den Buchwert des Kapitalkontos hinausgehender Betrag gezahlt worden ist, in voller Höhe, mit einem höheren Betrag oder auch mit einem geringeren Betrag veräußert worden sind; selbst wenn die Waren mit Verlust veräußert wurden, wird bei Veräußerung des ganzen in Betracht kommenden Warenbestandes die Ergänzungsbilanz überflüssig. Wenn z. B. der Mehrwert der Waren in Höhe von 10 000,– DM in einem Jahr in Fortfall kommt, so verringert sich in diesem Jahr der Gewinn des eingetretenen Gesellschafters, für den die Ergänzungsbilanz geführt wird, um 10 000,– DM. Entsprechendes gilt in dem obigen Falle, in dem für das Kapitalkonto von 20 000,– DM nur ein Betrag von 15 000,– DM gezahlt worden ist. Hier sei angenommen, daß der Unterschiedsbetrag von 5 000,– DM lediglich auf eine Überbewertung des Warenlagers zurückzuführen ist. In dem Maße, in dem das Warenlager, um dessen Überbewertung es sich handelt, veräußert wird, ist auch der Posten „Minderwert der Waren" sowie entsprechend der Posten „Kapital" in der Ergänzungsbilanz zu kürzen, und in dem gleichen Umfange ist der Gewinn des Gesellschafters zu vermehren. Bei Veräußerung des gesamten Warenbestandes erübrigt sich eine Weiterführung der Ergänzungsbilanz.

Die vorstehenden Ausführungen über die Berücksichtigung der Veräußerung solcher Werte, für die ein Mehrwert (oder Minderwert) in der Ergänzungsbilanz angesetzt ist, gelten auch für die Abnutzungsabsetzungen. Es sei unterstellt, daß bei Erwerb eines Anteils von 20 000,– DM für 30 000,– DM der Mehrwert von 10 000,– DM wegen stiller Reserven bei den Gebäuden bezahlt worden ist, so daß die Ergänzungsbilanz auf der Aktivseite den Posten „Mehrwert für Gebäude 10 000,– DM" und auf der Passivseite den Posten „Kapital 10 000,– DM" ausweist. Wenn hier auf das Gebäude eine jährliche Abschreibung von 2 v. H. in der Gesellschaftsbilanz stattfindet, so ist auch in der Ergänzungsbilanz eine Abschreibung von 2 v. H. vorzunehmen; so sind also statt 10 000,– DM nur 10 000,– DM minus 200,– DM = 9 800,– DM anzusetzen. Die Berücksichtigung der Abschreibungen in der Ergänzungsbilanz führt zu einer entsprechenden Verringerung des steuerlichen Gewinns des Gesellschafters, für den die Ergänzungsbilanz geführt wird. In vorstehenden Ausführungen wurde der Einfachheit halber angenommen, daß der Mehrwert (oder Minderwert) sich jeweils nur bei einem Bilanzposten ergibt. Selbstverständlich werden sich in der Praxis vielfach bei mehreren Posten Mehr- oder Minderwerte ergeben, so daß insoweit die Entwicklung der Ergänzungsbilanz dann umfangreichere Berechnungen erfordert als hier der besseren Übersicht wegen angenommen wurde.

2 Veräußerung von Kommandit- und GmbH-Anteilen

Wird die **Kommanditbeteiligung veräußert** und ergibt sich dabei ein Veräuße- 650
rungsgewinn, so ist dieser als Einkünfte aus Gewerbebetrieb zu versteuern, in die einheitliche Gewinnfeststellung der GmbH & Co. KG mit einzubeziehen und unterliegt dem ermäßigten Steuersatz (§§ 16, 34 EStG).

Die Tarifbegünstigung des § 34 EStG findet auch Anwendung, wenn nur die KG-Beteiligung ohne die GmbH-Beteiligung veräußert wird.[1061] Ob und in wel-

1061 Herrmann-Heuer, a. a. O., Anm. 100 zu § 16 EStG.

chem Umfang der Freibetrag von 30 000,– DM (bzw. 60 000,– DM) gewährt werden kann, richtet sich nach dem Verhältnis des bei der Veräußerung des Mitunternehmeranteils tatsächlich entstandenen Gewinns zu dem bei einer Veräußerung des ganzen Gewerbebetriebs bzw. gleichzeitiger Veräußerung aller Mitunternehmeranteile erzielbaren Gewinn.[1062]

Zu beachten ist, daß dann, wenn der KG-Anteil ohne den GmbH-Anteil veräußert wird, die betriebliche Bindung des GmbH-Anteils entfällt und – da er zum Sonderbetriebsvermögen des Kommanditisten gehört – unter Auflösung der stillen Reserven zum Teilwert in das Privatvermögen zu übernehmen ist; auf den entstehenden Betriebsaufgabegewinn findet der begünstigte Steuersatz (§§ 16, 34 EStG) Anwendung.[1063]

Veräußert ein Kommanditist seine **Anteile an der Komplementär-GmbH**, so ist diese Veräußerung nach § 16 Abs. 1 Nr. 1 i. V. m. § 34 EStG steuerbegünstigt, aber nur dann, wenn die Beteiligung das gesamte Nennkapital der GmbH umfaßt[1064] oder mit Veräußerung des GmbH-Anteils auch der KG-Anteil veräußert wird. Bei letzterem Fall handelt es sich um die Veräußerung einer einheitlichen Beteiligung, die der Veräußerung des Gewerbebetriebes gleichsteht.

Sind **vorstehende** (Sonder)**Fälle nicht gegeben**, erzielen Kommanditisten, die an der GmbH nicht wesentlich oder wesentlich beteiligt sind, durch Veräußerung ihrer GmbH-Anteile einen laufenden Gewinn aus Gewerbebetrieb, der voll der Einkommensteuer unterliegt.

Dieser laufende Gewinn, aber auch steuerbegünstigte Veräußerungsgewinne, unterliegen zudem der Gewerbesteuer. Letztere deshalb, weil die BFH-Rechtsprechung anfallende Veräußerungsgewinne nicht gewerbesteuerfrei läßt. Der Veräußerungsgewinn erhöht also als Teil des laufenden gewerblichen Gewinns den Gewerbeertrag, führt damit zu einer höheren gewerbesteuerlichen Belastung. Diese gewerbesteuerliche Mehrbelastung des Unternehmens ist jedoch nicht – obwohl aufgrund der Veräußerung entstanden – im Rahmen der Ermittlung des Veräußerungsgewinns abzugsfähig.[1065]

Mit Urteil vom 11. 12. 1990[1066] hat der BFH vorstehende Ausführungen bestätigt und die Auffassung vertreten, daß die Veräußerung des GmbH-Anteils ohne gleichzeitige Veräußerung des KG-Anteils nicht zu einem tarifbegünstigten Veräußerungsgewinn (Ausgabegewinn) führt. In Übereinstimmung mit dem BMF vertritt der BFH die Auffassung, daß die Veräußerung einer zu Sonderbetriebsver-

---

1062 Vgl. BFH-Urteile vom 17. 4. 1980, IV R 174/76, DB 1980, S. 1920 und IV 58/78; DB 1981, S. 141.

1063 So Hesselmann, Handbuch, a. a. O., S. 184 unter Berufung auf das nicht veröffentlichte BFH-Urteil vom 26. 1. 1977, I R 102/75.

1064 Vgl. BFH-Urteil vom 27. 10. 1977, IV R 60/74, BFHE 123, 553.

1065 Vgl. vorgenanntes BFH-Urteil.

1066 VIII R 14/87, DB 1991, S. 1654. Im Urteilsfall war der Steuerpflichtige zu 80 % am Stammkapital der Komplementär-GmbH beteiligt.

mögen II gehörenden GmbH-Beteiligung nicht als Veräußerung eines Teils eines Mitunternehmeranteils angesehen werden kann; denn das Sonderbetriebsvermögen II für sich betrachtet ist weder ein Mitunternehmeranteil noch ein Teil eines solchen Anteils. Gewinne aus der Veräußerung des Sonderbetriebsvermögens können demzufolge nur dann tarifbegünstigt sein, wenn sie im wirtschaftlichen Zusammenhang mit der Veräußerung oder Aufgabe des Betriebs oder eines Teilbetriebs der Personengesellschaft oder im Zusammenhang mit der Veräußerung oder Aufgabe eines Mitunternehmeranteils oder eines Teils davon anfallen.

Auch die Veräußerung einer Kommanditbeteiligung für 1,00 DM kann ein entgelt- 651
liches kaufähnliches Geschäft darstellen, z. B. dann, wenn der Erwerber sich aus der Fortführung des Unternehmens möglicherweise aufgrund eines anderen Konzeptes, Gewinne verspricht. Eine Schenkung, bei der der Erwerber gemäß § 7 Abs. 1 EStDV an die Werte des Rechtsvermögens gebunden ist, setzt voraus, daß bei Übertragung der Kommanditanteile Einigkeit darüber besteht, daß der Erwerber eine unentgeltliche Zuwendung aus dem Vermögen des bisherigen Gesellschafters erhält (§ 516 Abs. 1 BGB).[1067]

Da der Erwerber eines Unternehmeranteils die bestehenden Vermögensrechte aus der Beteiligung und damit auch das Kapitalkonto seines Vorgängers übernimmt, läßt sich der Anschaffungspreis des Erwerbers für seinen Anteil am Reinvermögen der Personengesellschaft nur darstellen, indem in einer für ihn aufzustellenden Ergänzungsbilanz das Kapitalkonto des Veräußerers in der Gesellschaftsbilanz auf den Anschaffungspreis berichtigt wird.

Liegt der Kaufpreis für einen Gesellschaftsanteil unter dem Betrag des zugehörigen positiven Kapitalkontos, muß der Minderbetrag in der Ergänzungsbilanz passiviert werden, damit der tatsächliche Kaufpreis ausgewiesen und gewinnwirksam wird.

Übersteigt der Anschaffungspreis das Kapitalkonto, muß der Mehrbetrag in der Ergänzungsbilanz auf den Anteil des Erwerbers an den stillen Reserven in den Wirtschaftsgütern der Gesellschaft und an einem Geschäftswert verteilt werden. Da sich die stillen Reserven im Gewinn der Gesellschafter niederschlagen, richtet sich der Anteil des Erwerbers nach der Höhe seiner Gewinnbeteiligung. Der höhere Anschaffungspreis führt entsprechend der Verwendung der Wirtschaftsgüter bei der Gesellschaft in der Folge zu zusätzlichen Aufwendungen des Erwerbers und zur Verminderung seines Gewinnanteils.

Vorstehende Grundsätze faßt der BFH im o. g. Urteil vom 21. 4. 1994 wie folgt zusammen:

Wird ein Kommanditanteil mit positivem Kapitalkonto für 1 DM erworben, sind in einer Ergänzungsbilanz des Erwerbers im Umfang seiner Gewinnbeteiligung

1067 Siehe BFH-Urteil vom 21. 4. 1994, IV R 70/92, BB 1994, S. 1756.

zunächst Abstockungen auf die Buchwerte der Wirtschaftsgüter der Gesellschaft vorzunehmen, die in der Folge entsprechend dem Verbrauch dieser Wirtschaftsgüter erfolgserhöhend aufgelöst werden. Eine verbleibende Differenz zwischen Kapitalkonto und Anschaffungspreis stellt keinen Erwerbsgewinn dar, sondern ist als Ausgleichsposten in der Ergänzungsbilanz des Erwerbers zu passivieren und gegen künftige Verlustanteile des Gesellschafters erfolgserhöhend aufzulösen.

Wird ein Kommanditanteil mit negativem Kapitalkonto für 1 DM erworben, sind in einer Ergänzungsbilanz des Erwerbers im Umfang seiner Gewinnbeteiligung Aufstockungen auf die Buchwerte der Wirtschaftsgüter der Gesellschaft und einen nicht aktivierten Geschäftswert vorzunehmen, die in der Folge entsprechend dem Verbrauch dieser Wirtschaftsgüter erfolgsmindernd abgeschrieben werden. Eine verbleibende Differenz zwischen Kapitalkonto und Anschaffungspreis stellt keinen Erwerbsverlust dar, sondern ist als Ausgleichsposten in der Ergänzungsbilanz des Erwerbers zu aktivieren und gegen künftige Gewinnanteile des Gesellschafters erfolgsmindernd abzuschreiben. Das gilt auch, wenn der Kommanditanteil an einen Mitgesellschafter veräußert wird.

Für den Erwerber mehrerer Geschäftsanteile ist nur eine Ergänzungsbilanz zu führen, in der Auf- und Abstockungen sowie positive und negative Ausgleichsposten unter Berücksichtigung der unterschiedlichen Erwerbszeitpunkte zusammenzufassen sind.

652 Nach dem **§ 15a EStG** dürfen – grundsätzlich ab 1980 – Verluste, die zur Entstehung/Erhöhung eines negativen Kapitalkontos führen, nur mit späteren Gewinnen aus eben dieser Beteiligung steuerlich wirksam verrechnet werden (sog. verrechenbare Verluste). Wird der Kommanditanteil entgeltlich veräußert, so wird der Veräußerungsgewinn zunächst mit dem verrechenbaren Verlust ausgeglichen. Der verbleibende Betrag ist nach den §§ 16, 34 EStG steuerpflichtig.[1068]

3 Zurechnung von Verlusten bei Veräußerung von Gesellschaftsanteilen

653 Nach dem Grundsatzurteil des BFH vom 19. 11. 1964[1069] kann zwar Kommanditisten ein nach dem Gewinnverteilungsschlüssel auf sie entfallender Verlust dann und in dem Umfang nicht mehr steuerlich zugerechnet werden, in dem diese Verlustzurechnung zu einem negativen Kapitalkonto der Kommanditisten führen würde und feststeht, daß diese Verluste nicht mehr durch Gewinne, evtl. auch spätere Veräußerungsgewinne, ausgeglichen werden müssen. Der BFH hat die steuerliche Berücksichtigung von Verlusten, die zu einem negativen Kapitalkonto der Kommanditisten führen oder dieses erhöhen würden, jedoch erst dann verneint,

1068 Vgl. Bordewin, BB 1980, S. 1040.
1069 IV 455/61 U, BStBl III 1965 S. 111.

wenn im Zeitpunkt der Bilanzaufstellung das Ausscheiden des Kommanditisten feststeht, so daß ein Ausgleich der Verluste durch spätere Gewinne nicht mehr in Betracht kommt.

4 Ausscheiden des Kommanditisten bei negativem Kapitalkonto

Scheidet ein Kommanditist aus der KG aus und übernehmen die Mitgesellschafter 654
sein negatives Kapitalkonto, ohne daß der Kommanditist einen Ausgleich leistet, so entsteht für den ausscheidenden Kommanditisten in Höhe des negativen Kapitalkontos ein Gewinn, den er gemäß §§ 16 und 34 EStG zu versteuern hat. Der Kommanditist ist dann in Höhe des negativen Saldos von einem echten Auseinandersetzungsverlust befreit worden.

Bei der Ermittlung des Veräußerungsgewinns sind auch die zum Sonderbetriebsvermögen des Kommanditisten gehörenden Wirtschaftsgüter zu berücksichtigen; gehen sie in sein Privatvermögen über, so ist zur Ermittlung des Veräußerungsgewinns der Buchwert dieser Wirtschaftsgüter ihrem gemeinen Wert gegenüberzustellen. Hat also der Kommanditist zum Zeitpunkt seines Ausscheidens noch eine Forderung aus einem verzinslichen Gesellschafterdarlehen gegen die GmbH & Co. KG, so ist diese Darlehensforderung in die Ermittlung des Veräußerungsgewinns einzubeziehen. Fällt die Forderung später wegen Vermögenslosigkeit der KG (Konkurs der KG) aus, wird der Veräußerungsgewinn rückwirkend gemindert[1070]).

Scheidet ein Kommanditist mit negativem Kapitalkonto ohne Abfindung aus der KG aus, erleiden die verbleibenden Gesellschafter mit der Übernahme des negativen Kapitalkontos des Ausgeschiedenen einen Verlust. Dieses Ergebnis läßt sich daraus erklären, daß die Gesellschafterbeteiligung des ausgeschiedenen Gesellschafters mit der Folge untergeht, daß die vorhandenen Rechte und Verpflichtungen entsprechend § 738 Abs. 1 BGB auf die verbliebenen Gesellschafter übergehen (anwachsen) und damit die in der Vergangenheit entstandenen Verluste nunmehr ihnen zuzurechnen sind.[1071]

1070 BFH-Urteil vom 28. 7. 1994, IV R 53/91, BStBl II 1995 S. 112.

1071 Siehe Begründung zum BFH-Urteil vom 21. 4. 1994, IV R 70/92, DB 1994, S. 1756. Diese Überlegungen gelten nur für den Fall der Anwachsung nach § 738 Abs. 1 BGB, nicht für den Fall der Veräußerung des Mitunternehmeranteils.

5 Unentgeltlicher Übergang des Kommanditanteils

655 Geht der Anteil unentgeltlich, z. B. im Wege der Erbfolge[1072] oder durch Schenkung, auf einen anderen über, so tritt der Anteilserwerber gemäß § 7 Abs. 1 Einkommensteuer-Durchführungsverordnung (EStDV) in die Rechtsstellung des Veräußerers ein, indem er dessen Buchwerte fortführt. Mit dem Anteil gehen auch die verrechenbaren Verluste auf den Erwerber über.[1073]

6 Kein Verlustabzug nach § 10a GewStG durch übrige (erbende) Gesellschafter

656 Der Große Senat des BFH[1074] hat entschieden, daß das Recht zum Verlustabzug dem Unternehmer des Betriebs zusteht, d. h. nicht dem Gewerbebetrieb als solchem. Nur der Gesellschafter (Mitunternehmer), der den Verlust erlitten hat, ist zum Abzug des Verlusts berechtigt. Stirbt der Gesellschafter (Mitunternehmer), dann endet damit seine Mitunternehmerschaft. Sein Erbe oder sonstiger Rechtsnachfolger in der Gesellschaft ist mit ihm nicht identisch. Die (Gesamt-)Rechtsnachfolge allein hat der BFH nicht als Grund für den Übergang des Rechts zum Verlustabzug angesehen, d. h. kein Verlustabzug durch den (Gesamt-)Rechtsnachfolger.

Für den Verlustabzug gemäß § 10a GewStG hat der BFH entschieden[1075], daß im Fall des Todes eines Gesellschafters einer Personengesellschaft der auf ihn entfallende Anteil an einem Gewerbeverlust nicht von den übrigen Gesellschaftern abgezogen werden darf, auch wenn sie seine Erben sind. Mit anderen Worten: Beim Tod eines Gesellschafters einer GmbH & Co. KG entfällt der Verlustabzug gemäß § 10a GewStG, soweit der Fehlbetrag anteilig auf den ausgeschiedenen Gesellschafter entfällt.

Die Rechtsprechung hat allerdings im Rahmen des § 10d EStG den Abzug eines Verlusts des Erblassers bei dessen Erben und Nachfolger im Gesellschaftsverhältnis zugelassen.[1076] Für die Gewerbesteuer läßt es der BFH im o. g. Urteil vom 7. 12. 1993 offen, ob insoweit die Durchbrechung des Grundsatzes gerechtfertigt ist, wonach der Abzug des Verlusts nur demjenigen zusteht, der ihn erlitten hat. Der BFH hat es jedenfalls von Anfang an abgelehnt, die einkommensteuerliche Behandlung auf das Gewerbesteuerrecht zu übertragen. Die Regelung des Verlustabzugs in § 10a GewStG ist zwar in ihrem Ursprung auf den einkommensteuerlichen Verlustvortrag zurückzuführen. Daraus kann aber nicht abgeleitet werden,

1072 Zivilrechtliche Probleme der Erbfolge s. Rn. 601 ff.
1073 Vgl. Bordewin, BB 1980, S. 1040.
1074 BFH-Beschluß vom 3. 5. 1993, GrS 2/93, BStBl II 1993 S. 616.
1075 Urteil vom 7. 12. 1993, VIII R 160/86, BB 1994, S. 564.
1076 BFH-Urteil vom 22. 6. 1962, VI 49/61, BStBl III S. 386.

daß Einzelregelungen des Einkommensteuerrechts auf das Gewerbesteuerrecht zu übertragen sind.

Vorstehende Grundsätze gelten auch,[1077]
- wenn ein oder mehrere Gesellschafter aus einer bestehenden GmbH & Co. KG ausscheiden oder
- ein oder mehrere neue Gesellschafter in eine bereits bestehende GmbH & Co. KG eintreten.

II Umsatzsteuer

Scheidet ein Gesellschafter aus, so fällt keine Umsatzsteuer an, wenn die verblei- 657
benden Gesellschafter dem Ausscheidenden eine Entschädigung nur in Form von Geld zahlen. Den übrigen Gesellschaftern wächst der Anteil des Ausscheidenden an; dieses Anwachsen ist keine Lieferung i. S. von § 1 UStG.

Nach der BFH-Rechtsprechung[1078] ist ein steuerbarer Umsatz nicht gegeben, wenn alle Gesellschafter bis auf einen ausscheiden und in bar abgefunden werden, während der eine Gesellschafter den Betrieb allein fortsetzt und ihm die Anteile der Ausscheidenden anwachsen.

Zu der Frage, wie zu entscheiden ist, wenn alle Kommanditisten einer GmbH & Co. KG, die gleichzeitig Gesellschafter der Komplementär-GmbH sind, ihre Kommanditanteile und die Geschäftsanteile an der GmbH veräußern, hat die Finanzverwaltung im Schreiben vom 8. 7. 1976[1079] Stellung genommen. Danach berührt der Gesellschafterwechsel in der GmbH den Fortbestand der GmbH als juristische Person nicht. Somit tritt kein Wechsel in der Person des Komplementärs ein. Es ist daher die Auffassung zu vertreten, daß hier nicht der Fall eines gleichzeitigen Wechsels aller Gesellschafter einer Personengesellschaft vorliegt, der Vorgang also nicht als Geschäftsveräußerung im ganzen zu behandeln ist. Vielmehr stellt die Veräußerung des Kommanditanteils und des Geschäftsanteils an der GmbH für den Gesellschafter einen nach § 4 Nr. 8 UStG steuerfreien Umsatz dar, falls nicht die Steuerbarkeit mangels Unternehmereigenschaft des Gesellschafters auszuschließen ist.

1077 Siehe hierzu Söffing Gedanken zum Fehlbetragsbeschluß des Großen Senats, DB 1994, S. 747 sowie Orth, Gewerbeverlustvortrag nach einem Gesellschafterwechsel in Personengesellschaften, DB 1994, S. 1313.

1078 Vgl. Urteile vom 17. 11. 1960, V 170/58 U, BStBl III 1961 S. 86 und vom 12. 3. 1964, V 249/61, BStBl III 1964 S. 290.

1079 Vgl. Vfg. der OFD Hamburg vom 8. 7. 1976, S. 7160–8176 – St 341, UStR, S. 206.

III Vermögensteuer

658 Änderungen in der personellen Zusammensetzung der Personengesellschaft, die über den Übergang des Gesellschaftsanteils eines Mitunternehmers auf einen Nachfolger hinausgehen, verändern den Umfang und Aufbau des Unternehmens und schaffen eine neue wirtschaftliche Einheit i. S. des § 23 Abs. 1 Nr. 1 BewG. Sie begründen einen Anspruch auf Nachfeststellung.[1080]

IV Kapitalverkehrsteuer

Durch Artikel 4 des Gesetzes zur Verbesserung der Rahmenbedingungen der Finanzmärkte (Finanzmarktförderungsgesetz) vom 22. 2. 1990 (BGBl. I S. 266) werden zum 1. 1. 1991 die ***Börsenumsatzsteuer*** *und zum 1. 1. 1992 die* ***Gesellschaftsteuer*** *und die* ***Wechselsteuer*** *abgeschafft.*

Für die Abwicklung von Steuerfällen, für die die Steueransprüche vor dem jeweiligen Stichtag der Aufhebung entstanden sind, gelten alle bisher maßgebenden Vorschriften, insbesondere zu Fragen der Festsetzung, der Erhebung und der Haftung, weiter. Zudem müssen noch die notwendigen Außenprüfungen durchgeführt werden. Aus Gründen der Rechtssicherheit legen besondere Regelungen einen spätesten Beginn der Festsetzungsfristen mit Ablauf der Kalenderjahre 1991 bzw. 1992 fest. ***Nachstehende Ausführungen sind also nur noch für „Alt-Fälle" von Bedeutung und verlieren Ende 1996 vollends ihre Bedeutung.***[1081]

1 Gesellschafterwechsel

a) Wechsel des Komplementärs

659 Tritt eine GmbH anstelle des bisherigen Komplementärs, der eine natürliche Person ist, in eine bereits bestehende Kommanditgesellschaft ein, so begründet dieser Vorgang nach Auffassung des BFH im Urteil vom 11. 11. 1969[1082] die Gesellschaftsteuerpflicht.

1080 BFH-Urteil vom 26. 4. 1968, III 2/65, BStBl II S. 602.

1081 Siehe FinMin NRW, Erlaß vom 8. 3. 1990, S. 5030 – 6 – VA 2, DB 1990, S. 607. Für die neuen Bundesländer gelten Sonderregelungen (FinMin Nds, Erlaß vom 10. 10. 1990, S 5030-11-36, DB 1990, S. 2195): Durch Anlage I Kapitel IV Sachgebiet B Abschnitt II Nr. 32 zum Einigungsvertrag ist in das KVStG folgender § 7a eingefügt worden: „§ 7a Sondervorschrift – Wenn inländische Kapitalgesellschaften oder inländische Niederlassungen ausländischer Kapitalgesellschaften ihre Geschäftsleitung oder ihren satzungsmäßigen Sitz in dem in Artikel 3 des Einigungsvertrages genannten Gebiet haben, wird Gesellschaftsteuer ab 1. 1. 1991 nicht erhoben." Das in Artikel 3 des Einigungsvertrages genannte Gebiet umfaßt die Länder Mecklenburg-Vorpommern, Brandenburg, Sachsen, Sachsen-Anhalt und Thüringen sowie den Teil des Landes Berlin, in dem das Grundgesetz vor dem 3. 10. 1990 nicht galt. Siehe auch DB 1990, S. 2548.

1082 II 1864/65; FR 1970, S. 223.

Die Gesellschaftsteuerpflicht ist jedoch dann nicht gegeben, wenn durch formwechselnde Umwandlung die Komplementär-GmbH in eine AG oder eine sonstige Kapitalgesellschaft umgewandelt wird, da eine derartige Umwandlung die Identität der Kapitalanteile unberührt läßt. Ein gesellschaftsteuerpflichtiger Tatbestand ist auch bei der Auswechslung einer Kapitalgesellschaft als persönlich haftende Gesellschafterin einer KG durch eine andere Kapitalgesellschaft nicht gegeben, weil die Kommanditisten nach wie vor an derselben Kommanditgesellschaft beteiligt sind.[1083]

b) Wechsel der Kommanditisten

Ein Wechsel der Kommanditisten erfolgt üblicherweise dergestalt, daß der Aus- 660
scheidende die Mitgliedschaft auf den eintretenden Gesellschafter im Wege der Sonderrechtsnachfolge überträgt. Es handelt sich hier um einen Austausch von Personen; die übergehenden Berechtigungen und das Vermögen der Gesellschaft bleiben bestandsmäßig unverändert. Zugunsten der Gläubiger wird die Sonderrechtsnachfolge so angesehen, als ob unabhängig voneinander ein Kommanditist mit Auszahlung seiner Einlage ausgeschieden und ein neuer eingetreten sei. Dieser haftungsrechtliche Gesichtspunkt spielt für die Gesellschaftsteuer keine Rolle; hier ist allein entscheidend, daß bei einem Wechsel der Kommanditisten durch Übertragung der Mitgliedschaften weder ein Ersterwerb von Gesellschaftsrechten stattfindet, noch eine irgendwie geartete Leistung (§ 2 Ziff. 2 KVStG) des neuen Gesellschafters an die Kommanditgesellschaft erfolgt.[1084]

Entsprechendes gilt, wenn der Kommanditist A von seinem Kommanditanteil einen Teilanteil im Wege der Sonderrechtsnachfolge auf den Kommanditisten B überträgt, also eine Änderung der Kapitalanteile zwischen beteiligten Gesellschaftern eintritt.[1085]

Die Übertragung eines Teilanteils unterliegt aber ebenso wie die Übertragung eines vollen Kommanditanteils der Börsenumsatzsteuer, da ein Anschaffungsgeschäft über ein Wertpapier (§ 17 KVStG) gegeben ist. Dies gilt auch dann, wenn im Gesellschaftsvertrag eine Übertragbarkeit der Anteile nicht vorgesehen ist. Die Zustimmung zur Übertragung kann in einem solchen Fall als eine auf den Einzelfall bezogene Änderung des Gesellschaftsvertrages angesehen werden.[1086]

1083 FinMin Schleswig-Holstein, Erlaß vom 29. 8. 1960, S. 5100 – 55 II/33, DStZ 1960, S. 406.
1084 Vgl. Fetsch, a. a. O., S. 92 mit Hinweisen auf die einschlägige handelsrechtliche Kommentierung.
1085 Vgl. WPg 1974, S. 326/327.
1086 Ergebnis einer Verkehrsteuerreferententagung der OFDen Düsseldorf, Köln und Münster, veröffentlicht im WPg 1974, S. 326/327.

2 Kapitalverschiebungen zwischen zwei Kommanditgesellschaften

661 Zu der Frage, ob bei Übertragung von Vermögensteilen einer GmbH (AG) & Co. KG auf eine andere GmbH (AG) & Co. KG mit denselben Gesellschaftern Gesellschaftsteuerpflicht ausgelöst wird, vertritt die Finanzverwaltung[1087] folgende Auffassung:

Werden durch eine Kapitalverschiebung die Kommanditeinlagen bei der einen KG erhöht, so tritt gem. § 2 Nr. 1 i. V. m. § 6 Abs. 1 Nr. 4 und Abs. 2 KVStG Gesellschaftsteuerpflicht ein. Hierauf ist es ohne Einfluß, wenn die Kommanditanteile bei der anderen KG gleichzeitig verringert werden.

Wird das gesamte Vermögen, d. h. werden alle Aktiva und Passiva, einer GmbH & Co. KG auf eine andere – bereits bestehende – GmbH & Co. KG übertragen, so ist insoweit, als bei der aufnehmenden Gesellschaft lediglich die Kommanditanteile erhöht werden, die Befreiungsvorschrift des § 7 Abs. 4 KVStG anzuwenden, damit verhindert wird, daß einer Kapitalgesellschaft zugeführtes Kapital, das bereits der Gesellschaftsteuer unterlegen hat, noch einmal in vollem Umfang zur Gesellschaftsteuer herangezogen wird.[1088]

3 Teilweise Umwandlung von GmbH-Anteilen in Kommanditanteile und umgekehrt

662 Gesellschaftsteuerrechtliche Fragen bei einer teilweisen Umwandlung von GmbH-Anteilen in Kommanditanteile und umgekehrt behandelt Hackstein.[1089] Für Einzelheiten wird auf diese Ausführungen, die nur noch für Rechtsmittelverfahren Bedeutung haben, verwiesen.

4 Börsenumsatzsteuer

663 Werden neben dem Komplementäranteil auch sämtliche Kommanditanteile an einer GmbH & Co. KG mit dem Ziel der Anwachsung auf einen neuen Gesellschafter übertragen, so ist nach Auffassung des BFH im Urteil vom 27. 2. 1991[1090] ein Anschaffungsgeschäft über Wertpapiere anzunehmen, das der Börsenumsatzsteuer unterliegt.

1087 FinMin Schleswig-Holstein, Erlaß vom 29. 8. 1960, S. 5100 – 55 II/33, DStZ B, S. 406.

1088 Vgl. Nds FinMin, Erlaß vom 6. 8. 1975, S. 5110 – 50 – 32 2, BB 1975, S. 1052. Der Erlaß läßt die Steuervergünstigung des § 9 Abs. 2 Nr. 3 KVStG a. F. zur Anwendung kommen. Mit Wirkung ab 1. 1. 1986 ist diese Vorschrift unter die Befreiungsvorschriften des § 7 Abs. 4 KVStG n. F. aufgenommen.

1089 Hackstein, Rechtsfragen zu § 6 Abs. 1 Nr. 4 KVStG, DVR 1971, S. 177.

1090 I R 66/89, DB 1991, S. 1862.

Allerdings hat vorstehende BFH-Rechtsprechung nur noch bis zum 31. 12. 1990 Bedeutung, da ab 1. 1. 1991 die Börsenumsatzsteuer nicht mehr erhoben wird.

V Grunderwerbsteuer

1 Wechsel im Personenstand der Gesellschaft

Der Wechsel im Personenstande einer Personengesellschaft unterliegt grundsätzlich nicht der Grunderwerbsteuer.[1091] 664

Ein steuerfreier Wechsel im Personenstand einer Gesamthand (OHG, KG, GmbH & Co. KG), zu deren Vermögen Grundstücke gehören, liegt auch dann vor, wenn alle Gesellschafter ausscheiden und gleichzeitig andere persönlich oder beschränkt haftende Gesellschafter an ihre Stelle treten und der Wille der Beteiligten auf die Fortsetzung der Gesellschaft gerichtet ist. Ob Auflösung und Neubildung oder Fortsetzung der alten Gesellschaft gewollt ist, ist durch Vertragsauslegung zu ermitteln. Im Zweifel ist anzunehmen, daß die alte Gesellschaft fortbesteht, da bei einem Gesellschafterwechsel bei bürgerlich-rechtlicher Betrachtung eine Neugründung nur anzunehmen ist, wenn ein dahin gehender Wille der Beteiligten deutlich hervortritt. Die Steuerpflicht ist dann aber gegeben, wenn § 5 Abs. 1 StAnpG (Scheingeschäft) oder § 6 Abs. 1 StAnpG (Mißbrauch von Formen und Gestaltungsmöglichkeiten des bürgerlichen Rechts) durchgreifen.[1092]

2 Vereinigung sämtlicher Anteile

Die „Vereinigung sämtlicher Anteile" an einer Gesamthandsgemeinschaft, meistens der Erwerb des letzten Anteils an einer Gesamthand, führt zur Grunderwerbsteuerpflicht nach § 1 Abs. 3 GrEStG; mit dieser Bestimmung hat der Gesetzgeber einen Ersatztatbestand formuliert, der den Erwerb der wirtschaftlichen Verwertungsmöglichkeit über Grundstücke der Gesellschaft, die der Erwerb sämtlicher Anteile an einer Gesellschaft vermittelt, der Grunderwerbsteuer unterwirft. Es fragt sich, ob diese Gesetzesbestimmung auch bei der Anteilsvereinigung bei einer GmbH & Co. KG zur Anwendung kommt; ein Beispiel von Martin[1093] soll diese Fragestellung verdeutlichen: An der AB-GmbH & Co. KG sind neben der Komplementär-GmbH A und B als Kommanditisten beteiligt. Ihnen gehören zum gleichen Anteil auch die Gesellschaftsanteile an der AB-GmbH. Überträgt A, Vater des B, seinen Kommanditanteil sowie seine Gesellschaftsanteile an der 665

1091 Vgl. RFH-Gutachten vom 9. 4. 1923, Gr. S. 4/22, RStBl S. 240, 255.

1092 Vgl. FG Düsseldorf, Kammern in Köln, rechtskräftiges Urteil vom 21. 12. 1965, VI II/62 GrErw, EFG 1966, S. 283 und BFH-Urteil 27. 7. 1962, II 77/61 U, BStBl III S. 478.

1093 Martin, Anteilsvereinigung bei der GmbH & Co. KG und Grunderwerbsteuerbefreiung, BB 1980, S. 410.

AB-GmbH auf seinen Sohn B, stellt sich die Frage nach der Steuerbarkeit der mittelbaren Anteilsvereinigung und nach Anwendbarkeit der Befreiungsvorschriften der §§ 3 Nr. 6 und 5 GrEStG.

Daß auch die mittelbare Anteilsvereinigung grunderwerbsteuerbar und grunderwerbsteuerpflichtig ist, hat der BFH im Urteil vom 11. 6. 1975[1094] entschieden. Bezüglich der Anwendbarkeit der Befreiungsvorschriften ergibt sich die Schwierigkeit, daß diese nur Grundstückserwerbe und nicht etwa Anteilserwerbe betreffen. Doch ist mit Martin[1095] festzustellen, daß § 1 Abs. 3 GrEStG nur ein Ersatztatbestand ist, d. h., er betrifft Sachverhalte, in denen „zwar kein unmittelbarer Grundstückserwerb stattfindet, in denen jemand jedoch – in bestimmter Weise auch rechtlich verdichtet – wirtschaftlich als Grundstücks-‚Eigentümer' angesehen werden kann. § 1 Abs. 3 GrEStG besteuert also den insoweit dem Rechtserwerb gleichgestellten wirtschaftlichen Erwerb des Grundstücks von der Gesellschaft. In beiden möglichen Sachverhaltensvarianten mittelbarer Anteilsvereinigung wird daher ein wirtschaftlicher Erwerb des alleinigen Anteilsinhabers von der Gesamthand versteuert. Daraus erhellt nun die Anwendbarkeit sowohl der Befreiungstatbestände der §§ 5 und 6 GrEStG als auch der persönlichen Befreiungsvorschrift des § 3 Nr. 6 GrEStG, dessen Anwendbarkeit im Bereich der §§ 5 und 6 GrEStG nie bestritten war. Soweit der Erwerber vor dem Erwerb des letzten Anteils an der Gesamthand beteiligt war, kann deshalb die Steuer nach § 6 Abs. 2 GrEStG unerhoben bleiben. Soweit der zuletzt erworbene Anteil von Verwandten in gerader Linie herrührt, ist der Erwerb nach § 3 Nr. 6 GrEStG befreit.“ Für das obige Beispiel bedeutet dies: Die Grunderwerbsteuer bleibt zu dem Anteil, zu dem B bisher unmittelbar an der KG beteiligt war, unerhoben. In Höhe des vom Vater stammenden Anteils an der KG ist der Erwerb nach § 3 Nr. 6 GrEStG von der Besteuerung ausgenommen. Lediglich in Höhe des auf die GmbH entfallenden Anteils der KG unterliegt der Erwerb der Besteuerung nach § 1 Abs. 3 GrEStG, denn insoweit sind weder die §§ 5 und 6 GrEStG noch die persönliche Befreiungsvorschrift des § 3 GrEStG anwendbar.[1096]

1094 II R 5/72, BFHE 116, 408.
1095 A. a. O., S. 411.
1096 Vgl. Martin, a. a. O., S. 411.

H Beendigung der GmbH & Co. KG – Handelsrechtlicher Teil

I Auflösung der GmbH & Co. KG

1 Gesetzliche Regelung

Die Auflösung einer GmbH & Co. KG bestimmt sich grundsätzlich nach den für die Auflösung einer Kommanditgesellschaft geltenden Regeln gemäß § 161 Abs. 2, §§ 131 ff. HGB. Eine Kommanditgesellschaft wird nach dem Gesetz aufgelöst: 666

1. durch den Ablauf der Zeit, für welche sie eingegangen ist;
2. durch Beschluß der Gesellschafter;
3. durch Eröffnung des Konkurses über das Vermögen der Gesellschaft;
4. durch den Tod eines persönlich haftenden Gesellschafters. Gemäß § 177 HGB hat der Tod eines Kommanditisten nicht die Auflösung der Gesellschaft zur Folge[1097];
5. durch die Eröffnung des Konkurses über das Vermögen eines Gesellschafters;
6. durch Kündigung und durch gerichtliche Entscheidung.

Durch die Auflösung wird die Gesellschaft zu einer Liquidations- oder Abwicklungsgesellschaft. Die ursprünglichen gesellschaftsrechtlichen Pflichten, die durch die Förderung des Gesellschaftszwecks bestimmt waren, finden mit der Auflösung ihr Ende. Sie gehen über in die Verpflichtung, zur Auseinandersetzung beizutragen. Die Auseinandersetzung erfolgt durch Liquidation[1098], wenn die Gesellschafter nicht eine andere Art der Auseinandersetzung vereinbart haben oder über das Vermögen der Gesellschaft der Konkurs eröffnet ist[1099], § 145 Abs. 1, § 161 Abs. 2 HGB.

2 Gesellschaftsvertragliche Vereinbarungen

Abweichend von den gesetzlichen Auflösungsgründen kann im Gesellschaftsvertrag einer KG bestimmt werden, daß im Falle des Todes, der Kündigung und des Konkurses eines Gesellschafters der Betreffende ausscheidet und die Gesellschaft unter den übrigen Gesellschaftern fortbesteht, § 138, § 161 Abs. 2 HGB. Eine Fortsetzungsklausel für den Fall des Todes eines Gesellschafters ist bei einer 667

1097 Vgl. Rn. 601.
1098 Siehe Rn. 669 ff.
1099 Siehe Rn. 675 ff.

GmbH & Co. KG i. d. R. entbehrlich, da die Gesellschaft im Falle des Todes eines Kommanditisten schon nach der gesetzlichen Regelung fortgesetzt wird (§ 177 HGB) und der einzige persönlich haftende Gesellschafter eine juristische Person ist. Ansonsten sind Fortsetzungsklauseln in der Praxis sehr gebräuchlich. Sie werden allgemein auch über den Wortlaut des § 138 HGB als zulässig erachtet, wobei der Konkurs der Gesellschaft als Auflösungsgrund nie ausgeschlossen werden kann.[1100]

Die Forsetzung der Gesellschaft setzt allerdings immer voraus, daß mindestens noch zwei Gesellschafter vorhanden sind und daß einer von ihnen persönlich haftet.

3 Besonderheiten der GmbH & Co. KG

668 Die Auflösung der KG hat grundsätzlich keinen Einfluß auf den Fortbestand der GmbH, wenn nicht in der GmbH-Satzung etwas anderes vereinbart wurde.[1101] Nach der Rechtsprechung ist auch die Auflösung der GmbH als einzige Komplementärin kein Auflösungsgrund für die KG.[1102]

Die GmbH geht mit ihrer Auflösung nicht unter, sondern besteht mit geändertem Gesellschaftszweck als Liquidationsgesellschaft bis zum Abschluß der Liquidation fort. Als Abwicklungsgesellschaft kann sie auch weiterhin die Geschäfte der KG führen und diese gegenüber Dritten vertreten.[1103] Daher ist nicht schon die Auflösung der Komplementär-GmbH, sondern erst deren Vollbeendigung dem Tod eines Gesellschafters i. S. des § 131 Nr. 4 HGB gleichzusetzen. Erst die Vollbeendigung der GmbH bewirkt demnach die Auflösung der GmbH & Co. KG. Da die GmbH nicht zur Vollbeendigung kommt, solange sie Geschäftsführungsaufgaben gegenüber der KG zu erfüllen hat, bedeutet das de facto, daß die GmbH & Co. KG einen „unsterblichen" persönlich haftenden Gesellschafter hat.[1104] Den Kommanditisten bleibt in einem solchen Fall nur der Weg, die Auflösung der KG gemäß § 133 HGB oder den Ausschluß der GmbH gemäß § 140 HGB zu betreiben, sofern ein weiterer persönlich haftender Gesellschafter vorhanden ist. Angesichts dieser Rechtslagen sollte daher schon im KG-Vertrag vereinbart werden, daß die Auflösung der Komplementär-GmbH für die KG ein Auflösungsgrund ist.

1100 Schlegelberger/Geßler, § 138 Anm. 2; Baumbach/Hopt, § 138 Anm. 1 B.
1101 Schlegelberger/Martens, § 161 Rn. 123.
1102 BGHZ 75, 178 (182), auch in BB 1980, S. 11; OLG Hamburg, DB A 1987, S. 1244; OLG Frankfurt, DNotZ 1976, S. 619 (620f.); ebenso Baumbach/Hopt, Anh. § 177a Anm. A V 1 a; Ulmer in Großkomm., § 131 Anm. 85, a. A. Schmidt, BB 1980, S. 1497 (1500f.).
1103 BGH, a. a. O.
1104 Klauss/Birle, Rn. 353.

II Liquidation der GmbH & Co. KG

Nach der Auflösung der GmbH & Co. KG wird die Gesellschaft gemäß §§ 145ff. 669
liquidiert, wenn die Gesellschafter nicht eine andere Art der Auseinandersetzung vereinbart haben oder über das Vermögen der Gesellschaft der Konkurs eröffnet ist. Die Liquidation erfolgt nach der gesetzlichen Regelung durch sämtliche Gesellschafter als Liquidatoren, § 146 Abs. 1, § 161 Abs. 2 HGB.[1105] Diese Regelung erweist sich bei der GmbH & Co. KG als wenig praktikabel und wird üblicherweise im Gesellschaftsvertrag dahingehend modifiziert, daß die geschäftsführende Komplementär-GmbH die Liquidation durchführen soll.

Die Liquidatoren vertreten die Gesellschaft gegenüber Dritten innerhalb ihres Ge- 670
schäftskreises, § 149 Satz 2 HGB. Die Vertretungsmacht der bisherigen geschäftsführenden Gesellschafter und Prokuristen[1106] ist mit der Auflösung erloschen.

Aufgabe der Liquidatoren ist, die laufende Geschäfte der Gesellschaft zu beendi- 671
gen, die Forderungen einzuziehen, das übrige Vermögen in Geld umzusetzen und die Gläubiger zu befriedigen, § 149 Satz 1 HGB. Zur Beendigung schwebender Geschäfte können sie auch neue Geschäfte eingehen, § 149 Satz 1 HGB. Ist die Liquidation beendet, wird ein Liquidationsgewinn oder -verlust gemäß dem vertraglichen oder gesetzlichen Gewinn- bzw. Verlustverteilungsschlüssel auf die Gesellschafter ausgekehrt bzw. umgelegt.[1107]

Kommanditisten nehmen auch hier am Verlust nur bis zum Betrag ihrer rückstän- 672
digen Einlage teil. Die Einlageverpflichtungen der Kommanditisten bleiben in der Liquidationsphase grundsätzlich so bestehen, wie sie vor der Auflösung der KG bestanden. Allerdings können sie nur insoweit noch eingefordert werden, als sie zur Verwirklichung des Liquidationszwecks erforderlich sind, wobei die betroffenen Gesellschafter die Darlegungs- und Beweislast dafür trifft, daß ihre Einlagen nicht für die Durchführung der Liquidation benötigt werden.[1108]

Einlageforderungen der GmbH & Co. KG gegen Kommanditisten können von einem Mitgesellschafter in eigenem Namen zugunsten der KG geltend gemacht werden (actio pro socio), auch wenn sich die Gesellschaft in Liquidation befindet.[1109]

Ist nach der Begleichung aller Schulden der Gesellschaft noch Vermögen vorhanden, wird dies auf die einzelnen Gesellschafter im Verhältnis der Kapitalanteile verteilt, § 155 Abs. 1 HGB.

1105 A. A. bei einer körperschaftlich verfaßten GmbH & Co. KG: Scholz/K. Schmidt, § 66 Rn. 54.
1106 RGZ 72, 119 (123); Baumbach/Hopt, § 52 Anm. 3 B; a. A. K. Schmidt, BB 1989, S. 229 (235).
1107 BGHZ 19, 42 (48).
1108 BGH, GmbHR 1978, S. 255 (256); BGH, NJW 1980, S. 1522; Schlegelberger/Martens, § 161 Rn. 126.
1109 BGH, DStR 1993, S. 1227; KG, GmbHR 1993, S. 818.

III Zivilrechtliche Vollbeendigung der GmbH & Co. KG

673 Mit der Verteilung des letzten Aktivvermögens ist die GmbH & Co. KG zivilrechtlich voll beendet. Die Gesellschaft ist ab diesem Zeitpunkt rechtlich nicht mehr existent. Sie verliert mit der Vollbeendigung ihre Rechtsfähigkeit und damit ihre Parteifähigkeit in einem zivilgerichtlichen Verfahren, § 50 Abs. 1 ZPO. Die Liquidatoren haben die Beendigung der GmbH & Co. KG zur Eintragung in das Handelsregister anzumelden. Die Eintragung der Vollbeendigung im Handelsregister hat keine konstitutive Wirkung.[1110]

674 Für Kapitalgesellschaften wie die GmbH ist der Zeitpunkt der Vollbeendigung umstritten. Nach noch herrschender Auffassung tritt bei einer GmbH die Vollbeendigung ein, wenn die GmbH kein verteilungsfähiges Vermögen mehr besitzt.[1111] Nach der im Vordringen befindlichen Lehre vom Doppeltatbestand setzt die Vollbeendigung bei einer GmbH dagegen voraus, daß neben der Vermögenslosigkeit die Löschung der Gesellschaft im Handelsregister eingetragen wird.[1112] Teilweise wird auch unabhängig von der Vermögenssituation der GmbH von einer konstitutiven Wirkung der Löschung im Handelsregister ausgegangen.[1113] Der BGH hat in einer neueren Entscheidung diese Frage offengelassen.[1114]

IV Konkurs der GmbH & Co. KG

1 Konkursgründe bei der GmbH & Co. KG

675 Durch die Eröffnung des Konkurses über das Vermögen der Gesellschaft wird die GmbH & Co. KG aufgelöst, § 131 Nr. 3, § 161 Abs. 2 HGB. Konkursgründe sind, wie bei einer Kapitalgesellschaft, die Zahlungsunfähigkeit und Überschuldung der Gesellschaft, § 209 KO. Während die Zahlungsunfähigkeit, wie bei jeder Personenhandelsgesellschaft, schon immer Konkursgrund war, wurde die Überschuldung für die typische GmbH & Co. KG – bei der keine natürliche Person persönlich haftender Gesellschafter ist – als Konkursgrund erst 1976 durch das Erste Gesetz zur Bekämpfung der Wirtschaftskriminalität (1. WiKG) eingefügt.

Gesellschafterdarlehen können die Zahlungsunfähigkeit der Gesellschaft beseitigen. Die Überschuldung kann durch ein Gesellschafterdarlehen nur dann abgewendet werden, wenn dieses Darlehen mit einem Rangrücktritt versehen ist.[1115]

1110 Heidner, DStR 1992, S. 201 (202).
1111 BGH, WM 1977, S. 581; Hachenburg/Hohner, § 74 Rn. 25; Heidner, DStR 1992, S. 203.
1112 OLG Stuttgart, ZIP 1986, S. 647 (648); Scholz/Schmidt, § 74 Rn. 13f.; Baumbach/Hueck, § 60 Rn. 6.
1113 Hachenburg/Ulmer, § 60 Anhang Rn. 30ff.
1114 BGH, WM 1986, S. 145; auch das OLG Düsseldorf hat die Frage offengelassen: GmbHR 1995, S. 233 (234).
1115 BGH, BB 1987, S. 728; s. auch Rn. 687ff. „kapitalersetzende Gesellschafterdarlehen".

2 Pflichten der Geschäftsführer gegenüber der GmbH & Co. KG

a) Allgemeines

Die Geschäftsführer der Komplementär-GmbH treffen bei Vorliegen der Konkursgründe Pflichten gegenüber der KG (§§ 130a, 177a HGB), die den Pflichten eines GmbH-Geschäftsführers gegenüber einer GmbH (§ 64 GmbHG) und eines Vorstands gegenüber einer AG (§ 92 AktG) im Konkurs entsprechen. 676

Anders als bei einer gewöhnlichen Kommanditgesellschaft, bei der die persönlich haftenden Gesellschafter lediglich berechtigt, nicht aber verpflichtet sind, einen Konkursantrag zu stellen (§ 210 Abs. 1 KO), sind bei der typischen GmbH & Co. KG die Geschäftsführer der Komplementär-GmbH verpflichtet, ohne schuldhaftes Zögern, spätestens aber drei Wochen nach Eintritt der Zahlungsunfähigkeit oder der Überschuldung der GmbH & Co. KG einen Antrag auf Konkurseröffnung zu stellen, § 130a Abs. 1, § 177a HGB. Der Antrag gilt als nicht schuldhaft verzögert, wenn die Antragspflichten die Eröffnung des gerichtlichen Vergleichsverfahrens mit der Sorgfalt eines ordentlichen und gewissenhaften Geschäftsleiters betreiben, § 130a Abs. 1 Satz 4, § 177a HGB.

Außerdem dürfen die Geschäftsführer bei Vorliegen der Konkursgründe keine Zahlungen aus dem Vermögen der KG leisten. Auch hier gibt es wieder die Einschränkung, daß dies nicht für solche Zahlungen gilt, die auch nach diesem Zeitpunkt mit der Sorgfalt eines ordentlichen und gewissenhaften Geschäftsleiters vereinbar sind, § 130a Abs. 2, § 177a HGB. 677

Verstößt ein Geschäftsführer gegen die ihm in § 130a Abs. 1 und 2, § 177a HGB auferlegten Pflichten, ist er der KG zum Schadenersatz verpflichtet, § 130a Abs. 3 Satz 1, § 177a HGB. Ist es streitig, ob ein Geschäftsführer die Sorgfalt eines ordentlichen und gewissenhaften Geschäftsleiters angewandt hat, trifft ihn die Beweislast, § 130a Abs. 3 Satz 2, § 177a HGB. Seine Ersatzpflicht entfällt selbst dann nicht, wenn er auf Beschluß der Gesellschafter gehandelt hat, § 130a Satz 4 HGB. Da § 130 a HGB als Schutzgesetz i. S. des § 823 Abs. 2 BGB anzusehen ist[1116], steht den geschädigten Gesellschaftsgläubigern auch ein unmittelbarer Schadenersatzanspruch gegen die Geschäftsführer der Komplementär-GmbH zu.[1117] 678

Außerdem erfüllt ein Geschäftsführer einen Straftatbestand gemäß §§ 130b, 177a HGB, wenn er es entgegen § 130a Abs. 1 HGB unterläßt, die Eröffnung des Konkursverfahrens zu beantragen. Eine schuldhafte Verletzung der Antragspflicht kann mit Freiheitsstrafen bis zu drei Jahren oder Geldstrafe bestraft werden, § 130 b Abs. 2 HGB. 679

1116 Vgl. BGHZ 29, 100 zur entsprechenden Vorschrift § 64 Abs. 1 GmbHG; BGHZ 75, 96 (106) zur entsprechenden Vorschrift § 92 Abs. 2 AktG.

1117 Baumbach/Hopt, § 130a Anm. 3 B.

b) Faktischer Geschäftsführer einer GmbH & Co. KG

680 Die in §§ 130a, 177a HGB normierten Pflichten treffen auch den sogenannten faktischen Geschäftsführer der GmbH & Co. KG.[1118] Faktischer Geschäftsführer ist, wer in maßgeblichem Umfang Geschäftsführungsmaßnahmen übernommen hat, wie sie nach Gesetz und Gesellschaftsvertrag für den Geschäftsführer kennzeichnend sind, und wer insbesondere die für den wirtschaftlichen Fortbestand des Gesellschaftsunternehmens entscheidenden Maßnahmen trifft.[1119] Anknüpfungspunkt dieser jüngeren Rechtsprechung zur GmbH & Co. KG ist die im GmbH-Recht und Aktienrecht herrschende Meinung, wonach die Verpflichtung zur Stellung des Konkursantrages gemäß § 64 GmbHG, § 92 AktG und die zivil- und strafrechtliche Verantwortung für dessen Versäumung nicht nur denjenigen treffen, der förmlich zum Geschäftsführer oder Vorstand bestellt ist, sondern auch denjenigen, der, ohne eine solche Organstellung zu bekleiden, tatsächlich wie ein geschäftsführendes Organ tätig wird.[1120]

681 Für die GmbH & Co. KG kann im Prinzip nichts anderes gelten, nachdem das Gesetz (§§ 130 a, 177a HGB) den Organen dieser Gesellschaft im wesentlichen inhaltsgleiche, nach dem Vorbild des § 64 GmbHG, § 92 AktG ausgestaltete Verpflichtungen mit entsprechenden Haftungsfolgen im Verletzungsfall auferlegt hat.[1121]

3 Wechselwirkungen zwischen dem Konkurs der GmbH & Co. KG und dem Konkurs der Komplementär-GmbH

682 Der Konkurs der GmbH ist zunächst einmal von dem Konkurs der GmbH & Co. KG getrennt zu betrachten. Es gilt auch hier, daß der Geschäftsführer verpflichtet ist, die Eröffnung des Konkurses über das Vermögen der GmbH zu beantragen, wenn diese zahlungsunfähig oder überschuldet ist, § 64 Abs. 1 GmbHG. Inhaltlich entspricht § 64 GmbHG § 130a HGB, so daß wegen weiterer Einzelheiten auf die Anmerkungen zu § 130a HGB verwiesen wird.[1122]

683 Zwischen dem Konkurs der GmbH und dem Konkurs der GmbH & Co. KG bestehen Wechselwirkungen. Eine ergibt sich aus der gesetzlichen Regelung in § 131 Nr. 5, § 161 Abs. 2 HGB, wonach sich eine KG auflöst, wenn über das Vermögen eines Gesellschafters der Konkurs eröffnet wird. Ist im Gesellschaftsvertrag der GmbH & Co. KG also nichts Abweichendes bestimmt (§ 138, § 161 Abs. 2

1118 BGH, DB 1988, S. 1263ff.
1119 BGH, DB 1988, S. 1263 (1264).
1120 BGH, WM 1973, S. 1354 (1355); BGHSt 31, 118 (121 f); Hachenburg/Ulmer, § 64 Rn. 11, Baumbach/Hueck, § 64 Rn. 6.
1121 BGH, DB 1988, S. 1263 (1264); einschränkend hinsichtlich der strafrechtlichen Verantwortung OLG Düsseldorf, GmbHR 1987, S. 191.
1122 Siehe Rn. 676ff.

HGB)[1123], löst sich die GmbH & Co. KG durch den Konkurs der Komplementär-GmbH auf.

Die in der Praxis relevante Frage ist, wie sich der Konkurs der GmbH & Co. KG auf die GmbH auswirkt, insbesondere unter welchen Umständen er einen Konkurs der GmbH nach sich zieht. 684

Da die Komplementär-GmbH für die Verbindlichkeiten der KG unmittelbar gemäß § 128, § 161 Abs. 2 HGB haftet, liegt eine Überschuldung der GmbH vor, wenn ihre eigenen Aktiva und die Aktiva der KG zusammen nicht mehr die Verbindlichkeiten beider Gesellschaften abdecken.[1124] Da die GmbH üblicherweise nur über das gesetzliche Mindeststammkapital und entsprechend geringes Vermögen verfügt, zieht die Überschuldung der GmbH & Co. KG daher i. d. R. die Überschuldung der GmbH nach sich.[1125] 685

Eine Überschuldung kann entfallen, wenn die Komplementär-GmbH im Innenverhältnis einen Freistellungsanspruch gegen die Kommanditisten hat und dieser Anspruch auch realisierbar und damit werthaltig ist.[1126] Außerdem kann im Einzelfall die Pflicht zur Stellung des Konkursantrages wegen Überschuldung der GmbH entfallen, wenn die Geschäftsführer für die GmbH & Co. KG die Eröffnung des gerichtlichen Vergleichsverfahrens beantragt haben und die Aussicht besteht, daß ein derartiger Vergleich zustande kommen wird, so daß die Komplementär-GmbH nicht mit ihrer Inanspruchnahme zu rechnen braucht.[1127] 686

4 Kapitalersetzende Gesellschafterdarlehen

a) Kapitalersetzende Gesellschafterdarlehen gemäß § 172a HGB i. V. m. § 32a Abs. 1 GmbHG

aa) Allgemeines

Ein kapitalersetzendes Gesellschafterdarlehen gemäß § 32a Abs. 1 GmbHG liegt vor, wenn ein Gesellschafter der Gesellschaft in einem Zeitpunkt, in dem ihr die Gesellschafter als ordentliche Kaufleute Eigenkapital zugeführt hätten, statt dessen ein Darlehen gegeben hat. § 32a GmbHG gilt unmittelbar nur für Gesellschafterdarlehen in der GmbH. Kraft Verweisung gemäß § 172a HGB gilt die Vorschrift auch in der GmbH & Co. KG, sofern keine natürliche Person als unbeschränkt haftender Gesellschafter beteiligt ist. Nach dem Gesetzeswortlaut (§ 172a Satz 1 HGB) gelten als Gesellschafter der GmbH & Co. KG in bezug auf kapitalersetzende Darlehen neben den Kommanditisten auch die Gesellschafter 687

1123 Siehe Rn. 667.
1124 Uhlenbruck, S. 245; Scholz/K. Schmidt, 6. Aufl., § 63 Rn. 62.
1125 Vgl. auch Rn. 695.
1126 Hachenburg/Ulmer, § 63 Rn. 121; Uhlenbruck, GmbHR 1971, S. 70 (73).
1127 Hesselmann, Rn. 256; Sudhoff, NJW 1973, S. 1829 (1832); Uhlenbruck, GmbHR 1971, S. 70 (72).

der Komplementär-GmbH, nicht aber die Komplementär-GmbH selbst. Kredite der Komplementär-GmbH fallen also nicht unter das Recht der kapitalersetzenden Gesellschafterdarlehen.

688 Durch die Gleichsetzung von kapitalersetzenden Gesellschafterdarlehen mit haftendem Eigenkapital soll verhindert werden, daß Gesellschafter das Risiko, das mit einer an sich erforderlichen Kapitalzuführung verbunden ist, durch die Darlehensgewährung auf die Gesellschaftsgläubiger abwälzen, indem sie im Konkurs der Gesellschaft mit ihren Ansprüchen auf Rückzahlung der Darlehen gleichberechtigt neben die Forderungen anderer Gesellschaftsgläubiger treten und deren Konkursquote schmälern.[1128]

Bei der Erfassung von Gesellschafterdarlehen kommt es nicht auf deren formale Gestaltung an. Gesellschafterdarlehen können Kapitalhilfen jeder Art sein, die Kreditfunktion haben, z. B. der Verkauf von Gütern an die Gesellschaft unter Eigentumsvorbehalt und Stundung der Kaufpreisforderung[1129] oder die Abtretung einer Eigentümergrundschuld zwecks Absicherung eines Drittkredits.[1130]

Nach der inzwischen gefestigten Rechtsprechung des BGH kann auch die Gebrauchsüberlassung aufgrund eines Miet- oder Pachtverhältnisses den gesetzlichen und von der Rechtsprechung entwickelten Regeln über den Eigenkapitalersatz unterliegen.[1131]

bb) Eigenkapitalfunktion eines Gesellschafterdarlehens

689 Ein Gesellschafterdarlehen hat Eigenkapitalfunktion, wenn es der Gesellschaft zu einem Zeitpunkt gewährt wird, in dem ihr die Gesellschafter als ordentliche Kaufleute Eigenkapital zugeführt hätten, § 32a Abs. 1 GmbHG. Maßgeblich für die Qualifizierung eines Gesellschafterdarlehens als Eigenkapital ist also die Frage, ob zum Zeitpunkt der Darlehensgewährung eine ordnungsmäßige Unternehmensfinanzierung die Einbringung von weiterem haftenden Eigenkapital geboten hätte.[1132] Das ist immer dann der Fall, wenn die Gesellschaft zum Zeitpunkt der Darlehensgewährung konkursreif ist.[1133] Liegen Konkursvoraussetzungen nicht vor, ist nach der Rechtsprechung Kriterium für die Kapitalersatzfunktion eines Gesellschafterdarlehens die Kreditunfähigkeit (Kreditunwürdigkeit) der Gesellschaft im Zeitpunkt der Darlehensgewährung.[1134] Die Gesellschaft ist kreditunfähig, wenn sie von dritter Seite nicht mehr zu marktüblichen Bedingungen Kredit erhal-

---

1128 BGH, NJW 1980, S. 1524; BGH, NJW 1984, S. 1893 (1895); amtliche Begründung zur GmbH-Novelle, BT-Dr. 8/1347.
1129 OLG Karlsruhe, GmbHR 1990, S. 128 (129).
1130 BGH, GmbHR 1990, S. 125 (126).
1131 BGH, GmbHR 1990, S. 118ff.; BGH, WM 1993, S. 144; BGH, DStR 1993, S. 1375; BGH, DB 1994, S. 2017.
1132 BGHZ 90, 382 (389); Lutter/Hommelhoff, §§ 32 a/b Rn. 3; Scholz/K. Schmidt, §§ 32a, 32b, Rn. 5.
1133 BGHZ 31, 271ff.; BGHZ 67, 171 (174ff.); BGHZ 76, 326 (330), auch in NJW 1980, S. 1524 (1525).
1134 BGH, NJW 1980, S. 1524 (1525); BGH, NJW 1982, S. 383 (385); ebenso Hachenburg/Ulmer, §§ 32a, 32b Rn. 45; Scholz/K. Schmidt, §§ 32a, 32b, Rn. 32.

ten könnte und ohne die Zuführung von Eigenkapital oder von Gesellschafterdarlehen liquidiert werden müßte.[1135] Gewährt also ein Kommanditist der GmbH & Co. KG in einer derartigen Situation ein Darlehen, ersetzt dieses Darlehen die notwendige Zuführung von Eigenkapital mit der Folge, daß es im Konkurs wie Eigenkapital behandelt wird.[1136]

Nach der überwiegenden Meinung im Schrifttum hat das Gesetz mit dem Abstel- 690
len auf das Finanzierungsverhalten ordentlicher Kaufleute einen rein objektiven Abgrenzungsmaßstab gewählt, so daß es nicht darauf ankommt, ob der Gesellschafter die Umstände kannte oder hätte kennen müssen, die die Eigenkapitalfunktion des von ihm gewährten Darlehens begründen.[1137]

Etwas anderes gilt, wenn ein Gesellschafter ein der Gesellschaft bereits gewährtes Darlehen im Zeitpunkt der Krise stehenläßt.[1138]

cc) Stehenlassen eines Gesellschafterdarlehens in der Krise

Grundsätzlich kann das bloße Stehenlassen eines bereits vorhandenen Darlehens 691
in einer Krisensituation[1139] wie die Neugewährung eines Darlehens dazu führen, daß das Darlehen im Konkurs wie Eigenkapital behandelt wird.

Der BGH nimmt die Eigenkapitalersatzfunktion eines stehengelassenen Darlehens immer dann an, wenn der Darlehensgeber nach Eintritt der Krise rechtlich in der Lage ist, das Darlehen – gegebenenfalls durch Kündigung – zurückzufordern, und er dies unterläßt, obwohl er erkannt hat oder hätte erkennen müssen, daß das Darlehen inzwischen als Kapitalgrundlage für die GmbH unentbehrlich geworden ist.[1140] Der BGH läßt unter diesen Umständen für eine kapitalersetzende Finanzierungsleistung das bloße Unterlassen der Rückforderung des Darlehens ausreichen.[1141] Lediglich für den Fall, daß der Darlehensgeber von der Lage der Gesellschaft nichts wußte und nichts wissen mußte und schon deshalb keinen Anlaß hatte, tätig zu werden, hat der BGH die Frage offengelassen, ob auch hier das bloße Untätigbleiben ausreicht, um ein Darlehen als eigenkapitalersetzend zu qualifizieren.[1142]

Erforderlich ist aber in jedem Fall eine Krisensituation der Gesellschaft. Ein Rückforderungsverzicht über einen längeren Zeitraum allein reicht nicht aus, um eine Eigenkapitalersatzfunktion zu bejahen.[1143]

1135 BGH, a. a. O.
1136 Siehe Rn. 692ff.
1137 Hachenburg/Ulmer, §§ 32a, 32b, Rn. 40, 54; Scholz/K. Schmidt, §§ 32a, 32b, Rn. 37; Schilling in Großkomm., § 172a Rn. 9; a. A. Lutter/Hommelhoff, §§ 32 a/b Rn. 29; einschränkend Uhlenbruck, S. 693.
1138 Siehe Rn. 691.
1139 Siehe Rn. 689.
1140 BGH, NJW 1985, 2719; BGHZ 75, 334 (339) auch in NJW 1980, 592; BGH, DStR 1993, S. 251 (252).
1141 BGH, NJW 1985, 2719 (2720); zustimmend Lutter/Hommelhoff, §§ 32 a/b Rn. 29; a. A. Scholz/K. Schmidt, §§ 32a, 32b Rn. 40f.; Uhlenbruck, S. 692.
1142 BGH, a. a. O.
1143 OLG Stuttgart, GmbHR 1994, S. 620 (622).

dd) Rechtsfolgen der Eigenkapitalfunktion von Gesellschafterdarlehen

dda) Ausschluß des Rückzahlungsanspruchs im Konkurs

692 Ist das Darlehen eines Kommanditisten oder GmbH-Gesellschafters[1144] an die GmbH & Co. KG ein eigenkapitalersetzendes Darlehen i. S. des § 32a Abs. 1 GmbHG i. V. m. § 172a HGB, kann der Darlehensgeber seinen Anspruch auf Rückzahlung im Konkurs der GmbH & Co. KG nicht geltend machen. Die Forderung geht allerdings nicht unter. Sie kann, wenn nach Abschluß des Konkursverfahrens noch Gesellschaftsvermögen vorhanden ist, von den Gesellschaftern untereinander im Wege der Auseinandersetzung geltend gemacht werden.[1145]

ddb) Anfechtbarkeit der Rückzahlung

693 Wird ein eigenkapitalersetzendes Darlehen an einen Gesellschafter in den letzten zwölf Monaten vor Eröffnung des Konkursverfahrens zurückgezahlt, unterliegt die Rückzahlung im Insolvenzfall der Anfechtung durch den Konkursverwalter, §§ 32a, 36 KO. Außerhalb des Konkursverfahrens kann die Rückzahlung von einem Gesellschaftsgläubiger, der gegen die Gesellschaft einen vollstreckbaren Titel erlangt hat, gemäß §§ 3b, 2 AnfG angefochten werden. § 172a HGB verweist zwar nicht ausdrücklich auf diese Normen. Es besteht jedoch weitgehend Einigkeit darüber, daß die Beschränkung der Verweisung auf die §§ 32a, 32b GmbHG ein Redaktionsversehen ist und § 32a KO, § 3b AnfG auch im Bereich der GmbH & Co. KG Anwendung finden.[1146]

ddc) Verbot der Rückzahlung

694 Ein Verbot der Rückzahlung eines eigenkapitalersetzenden Darlehens kann sich auch nach den von der Rechtsprechung zu §§ 30, 31 GmbHG entwickelten Grundsätzen ergeben.[1147] Diese Grundsätze über kapitalersetzende Gesellschafterdarlehen sind von der Rechtsprechung schon vor Inkrafttreten der GmbH-Novelle am 4. 7. 1980 entwickelt worden. Sie gelten auch weiterhin neben den Vorschriften der GmbH-Novelle.[1148]

695 Nach diesen Grundsätzen sind Darlehen, die ein Gesellschafter der sonst nicht mehr lebensfähigen GmbH anstelle von Eigenkapital zuführt oder beläßt, wie gebundenes Stammkapital nach den Vorschriften der §§ 30, 31 GmbHG zu behandeln. Das gilt entsprechend für Darlehen an eine vor dem Zusammenbruch stehende GmbH & Co. KG, soweit die Rückgewähr zu Lasten des Stammkapitals der Komplementär-GmbH geht[1149] oder deren Überschuldung noch verschärft.[1150]

1144 Siehe Rn. 687.
1145 Baumbach/Hopt, § 172a Anm. 2 A.
1146 Schlegelberger/K. Schmidt, § 172a Rn. 1; Weimar/Geitzhaus, DB 1987, S. 2026 (2028).
1147 Siehe Rn. 356ff.
1148 BGH, NJW 1984, S. 1891 (1893); Groß, BB 1991, S. 2386.
1149 Vgl. Rn. 356.
1150 BGH, NJW 1980, S. 1524, vgl. auch Rn. 361.

Voraussetzung für die Unzulässigkeit der Rückgewähr eines Gesellschafterdarlehens gemäß § 30 GmbHG ist, daß das Darlehen Eigenkapitalcharakter hat[1151] und daß seine Rückgewähr zu Lasten des nach §§ 30, 31 GmbHG geschützten Stammkapitals der GmbH geht.[1152] Letzteres ist dann der Fall, wenn die GmbH & Co. KG überschuldet ist, ein Ausgleich der Überschuldung durch kapitalersetzende Gesellschafterleistungen[1153] infolge ihrer Rückzahlung wegfällt und die GmbH keine über ihr Stammkapital hinausgehenden Vermögenswerte besitzt. Die GmbH muß dann im Hinblick auf ihre volle Haftung gemäß § 128 HGB die ungedeckten Verbindlichkeiten der KG passivieren oder mindestens eine entsprechende Rückstellung bilden[1154], wodurch ihr Stammkapital angegriffen wird. Ferner geht die Rückzahlung eines eigenkapitalersetzenden Gesellschafterdarlehens der GmbH & Co. KG dann zu Lasten des Stammkapitals der Komplementär-GmbH, wenn die GmbH am Vermögen der KG beteiligt ist und sich der Wert dieser Beteiligung durch den Kapitalschwund in der KG auf Kosten des Stammkapitals der GmbH mindert.[1155]

Erfolgt dennoch unter solchen Umständen eine Rückzahlung des Darlehens aus 696
dem KG-Vermögen, steht der KG der Erstattungsanspruch analog § 31 GmbHG zu.[1156] Diese Haftung gemäß § 31 GmbHG trifft auch den Kommanditisten, der nicht zugleich Gesellschafter der Komplementär-GmbH ist.[1157]

Während der Anspruch auf Rückzahlung des eigenkapitalersetzenden Darlehens 697
gemäß § 32b GmbHG, § 172a HGB nur geltend gemacht werden kann, wenn die Rückzahlung innerhalb des letzten Jahres vor der Konkurseröffnung erfolgt ist, unterliegt der Anspruch auf Rückzahlung analog § 31 GmbHG einer fünfjährigen Verjährungsfrist (§ 32 Abs. 5 GmbHG), erfaßt zum Zeitpunkt des Konkurses also Rückzahlungen, die in den letzten fünf Jahren vor der Konkurseröffnung erfolgt sind.

b) „Gesplittete" Pflichteinlage

Gesellschafterdarlehen werden über die Regelung des § 172a HGB[1158] hinaus 698
auch dann mit Eigenkapital gleichgesetzt, wenn die Darlehensgewährung eine echte gesellschaftsvertragliche Pflicht der Kommanditisten ist. Das ist dann der Fall, wenn die Finanzplanung der GmbH & Co. KG schon nach dem Gesellschaftsvertrag von Anfang an neben den i. d. R. als Kommanditanteile bezeichneten Einlagen auf Gesellschafterdarlehen beruht.[1159]

1151 Siehe Rn. 689.
1152 BGH, a. a. O.
1153 Vgl. Rn. 675.
1154 BGH, NJW 1980, S. 1524 (1526); vgl. Rn. 331.
1155 BGH, a. a. O.
1156 BGH, a. a. O.; BGHZ 60, 324 (328).
1157 BGH, GmbHR 1990, S. 251, (255f.); BGH, GmbHR 1991, S. 99 (100); s. Rn. 360.
1158 Siehe Rn. 687ff.
1159 BGH, DB 1988, S. 1262.

699 Wichtige Indizien für die Eigenkapitalfunktion von Gesellschafterdarlehen sind neben „besonders günstigen Kreditkonditionen vor allem die Pflicht zur langfristigen Belassung oder das Fehlen einseitiger Kündigungsmöglichkeiten, die eine Rückforderung regelmäßig nur als Abfindungs- oder Liquidationsguthaben ermöglichen, sowie die mindestens nach Einschätzung der Gesellschafter gegebene Unentbehrlichkeit der Gesellschafterdarlehen für die Verwirklichung der gesellschaftsvertraglichen Ziele“[1160].

700 Erfüllt ein Gesellschafterdarlehen oder auch eine stille Beteiligung eines Gesellschafters obengenannte Kriterien, liegt eine sich aus Kommanditanteil und Darlehensbetrag oder stille Beteiligung zusammensetzende „gesplittete“ Pflichteinlage vor, die insgesamt den Charakter von Eigenkapital der Gesellschaft hat. Rechtsfolge der Charakterisierung als Eigenkapital ist, daß diese Pflichteinlage insgesamt – auch soweit sie die Haftsumme[1161] übersteigt – im Konkurs oder in der Liquidation den Gesellschaftsgläubigern zur Verfügung stehen muß.

701 Der Konkursverwalter – wie Liquidator – kann also diese Gesellschafterdarlehen – soweit sie noch nicht geleistet wurden – einfordern, wenn sie zur Befriedigung von Gesellschaftsgläubigern erforderlich sind. Umgekehrt können die Gesellschafter, die solche Darlehen der Gesellschaft gewährt haben, diese im Konkurs nicht zurückfordern.[1162]

702 Diese Grundsätze waren von der Rechtsprechung zunächst für Publikums-Kommanditgesellschaften entwickelt worden.[1163] Der BGH hat in seinem Urteil vom 21. 3. 1988[1164] ausdrücklich festgestellt, daß sie auch auf die „normale“ GmbH & Co. KG Anwendung finden.

1160 BGH, a. a. O.
1161 Siehe Rn. 133.
1162 BGH, a. a. O.; BGH, NJW 1981, S. 2251 (2252).
1163 Vgl. BGH, NJW 1981, S. 2251; BGH, NJW 1982, S. 2253; BGH, NJW 1983, S. 42.
1164 BGH, DB 1988, S. 1262.

I Beendigung der GmbH & Co. KG – Steuerrechtlicher Teil

I Ertragsteuern (Einkommen-, Gewerbesteuer)

1 Veräußerungs(Aufgabe)gewinn, Veräußerungs(Aufgabe)verlust

Mit dem Auflösungsbeschluß der Gesellschafter beginnt die Beendigung der Gesellschaft. Es folgt die Abwicklungsphase, an deren Ende die Aufgabe der wesentlichen Grundlagen der GmbH & Co. KG steht.[1165] 703

Die Aufgabe der wesentlichen Grundlagen kann entweder durch Veräußerung der Wirtschaftsgüter an Dritte oder durch Übernahme der Wirtschaftsgüter in das Privatvermögen der Gesellschafter erfolgen; in ersterem Fall spricht man von Betriebsveräußerung, im letzteren von Betriebsaufgabe. Denkbar ist auch eine Kombination beider Vorgänge.

Übersteigt die Summe der Veräußerungserlöse (sog. Versilberung des Betriebsvermögens) und bzw. oder die Summe des gemeinen Werts der ins Privatvermögen übernommenen Wirtschaftsgüter das bzw. die Kapitalkonto(en) der Gesellschafter, so entsteht ein Veräußerungsgewinn bzw. Aufgabegewinn; im anderen Fall ein Veräußerungsverlust bzw. Aufgabeverlust.

Die Vergünstigungen für den Veräußerungs(Aufgabe)gewinn des § 16 Abs. 4, § 34 EStG – Freibetrag, ermäßigter Steuersatz – werden jedoch nur gewährt, wenn die Veräußerung (Aufgabe) in einem einheitlichen wirtschaftlichen Vorgang und nicht nach und nach erfolgt. Da in der Praxis u. U. die Veräußerung „nicht auf einen Schlag" möglich ist, sondern gegenüber verschiedenen Käufern erfolgt, wird man einen einheitlichen wirtschaftlichen Vorgang noch bejahen können, wenn die aufgrund einer Willensentscheidung getroffenen Veräußerungs- und/oder Aufgabebehandlungen innerhalb von 6 Monaten abgeschlossen sind.[1166]

Denkbar ist auch die Auflösung im Wege der sog. Realteilung. Hier erhalten die Gesellschafter entsprechend ihren Kapitalanteilen zum Zwecke der Auseinandersetzung (Auflösung) Wirtschaftsgüter zugeordnet, die sie in ein anderes (eigenes) Betriebsvermögen überführen und mit denen sie dort die gewerbliche Tätigkeit weiterführen. Hier brauchen die stillen Reserven nicht aufgelöst zu werden, vielmehr können die bisherigen Buchwerte fortgeführt werden. 704

1165 Vgl. RFH-Urteil vom 5. 8. 1936, VI A 559/36, StuW Nr. 419.
1166 Kein steuerlich anzuwendender Grundsatz; die Umstände des Einzelfalles sind zu beachten.

2 Zurechnung von Verlusten auf Kommanditisten

705 Die Zurechnung von Verlusten an einen Kommanditisten entfällt, wenn vor oder jedenfalls nicht später als zum Zeitpunkt der Bilanzaufstellung die Auflösung der KG feststeht, so daß ein Ausgleich der Verluste durch spätere Gewinne nicht mehr in Betracht kommen kann.

Für **Konkursfälle** will das FG[1167] in konsequenter Anwendung dieser BFH-Grundsätze Verluste, die zu negativen Kapitalkonten bei den Kommanditisten einer KG führen, den Kommanditisten auch dann noch steuerlich für solche Veranlagungszeiträume zurechnen, für die die Bilanzaufstellung zeitlich erheblich vor der Konkurseröffnung über das Vermögen der KG liegt.

Eine noch weitergehende Auffassung vertritt Telkamp[1168], wenn er auch die Konkursverluste den Kommanditisten voll zurechnen will. Eine Ausnahme gelte lediglich für den Veranlagungszeitraum, in den das Konkursende falle. Denn in diesem Zeitpunkt wird die Haftungsbeschränkung des § 167 Abs. 3 HGB wirksam, und damit tritt Gewißheit darüber ein, welchen Verlust der Kommanditist endgültig nicht tragen wird.

3 Behandlung verrechenbarer Verluste

706 Die einem Kommanditisten zugewiesenen Verluste, die zur Entstehung bzw. Erhöhung seines negativen Kapitalkontos führen, dürfen von dem Kommanditisten nur mit künftigen Gewinnen aus ebendieser Kommanditbeteiligung steuerlich wirksam verrechnet werden (sog. verrechenbare Verluste). Entstehen bei der Liquidation einer GmbH & Co. KG Gewinne, so mindern diese, soweit sie auf den Kommanditisten entfallen, den verrechenbaren Verlust gemäß § 15 a Abs. 2 EStG. Wenn ein solcher Ausgleich mangels stiller Reserven nicht möglich ist, ist der Verlust bei demjenigen zu berücksichtigen, der ihn endgültig zu tragen hat, im Zweifel beim Komplementär.[1169]

4 Keine Gewerbesteuerpflicht nach Einstellung der werbenden Tätigkeit

707 Aus der sog. Prägerechtsprechung des BFH und ihrer gesetzlichen Verankerung in § 15 EStG[1170] kann die Auffassung abgeleitet werden, daß die Gewerbe-

1167 Urteil vom 29. 10. 1979, IX 232/75, EFG 1980, S. 272, teilweise bestätigt durch das nicht veröffentlichte BFH-Urteil vom 3. 12. 1981, IV R 10/80.
1168 Die einkommensteuerliche Behandlung negativer Kapitalkonten von Kommanditisten im Konkurs, DB 1977, S. 16.
1169 Vgl. Bordewin, BB 1980, S. 1040.
1170 Vgl. Rn. 455.

steuerpflicht einer GmbH & Co. KG so lange besteht, als sie überhaupt noch tätig ist; die GmbH & Co. KG wäre damit einer Kapitalgesellschaft gleichgestellt (vgl. Abschn. 22 Abs. 1 Satz 2, Abs. 4 GewStR). Der BFH folgt dieser Auffassung nicht. Im Urteil vom 24. 4. 1980[1171] hat er entschieden, daß eine GmbH & Co. KG nach Einstellung ihrer werbenden Tätigkeit während der Liquidation nicht gewerbesteuerpflichtig ist. Der BFH begründet seine Auffassung u.a. damit, daß vom Zeitpunkt der Liquidation an keine Besonderheiten mehr bestehen bezüglich der GmbH & Co. KG einerseits und einer Personengesellschaft andererseits, so daß hier nicht mehr davon gesprochen werden kann, daß die GmbH der GmbH & Co. KG das Gepräge gebe. So sind Liquidatoren nach § 161 Abs. 2, § 146 HGB grundsätzlich aller Gesellschafter, also auch die Kommanditisten, so daß der GmbH keine Sonderrechte hinsichtlich der Vertretung und der Führung der Geschäfte mehr zustehen. Auch bei der Übertragung der Liquidation auf einen Mitgesellschafter oder einen außenstehenden Dritten hat die GmbH im Rahmen der §§ 146 und 152 HGB hinsichtlich Bestellung und Überwachung der Liquidatoren keine weitergehenden Mitwirkungsrechte als die Kommanditisten. Die GmbH kann auch nicht mehr den ungehinderten Fortbestand der KG sichern, da die Abwicklung mit der Vollbeendigung der KG abgeschlossen werden soll. Schließlich verliert auch die Haftungsbegrenzung während der Abwicklung ihre ursprüngliche Bedeutung, da die Gesellschaft ihre werbende Tätigkeit einstellt. Diese durch die Abwicklung veränderte gesellschaftsrechtliche Struktur rechtfertigt nicht mehr die Auffassung, daß das Unternehmen auf den Betrieb durch die GmbH angelegt sei.

II Umsatzsteuer

Umsatzsteuerlich ergeben sich bei der Auflösung bzw. Aufgabe keine Besonderheiten. Die Veräußerung und die Entnahme („Verteilung an die Gesellschafter") unterliegen der Umsatzsteuer, es sei denn, die Befreiungsvorschriften des § 4 UStG greifen. 708

Die Geschäftsveräußerung im ganzen ist nach § 1 Abs. 1a UStG nicht steuerbar (gilt ab 1. 1. 1994).

1171 IV R 68/77, DB 1981, S. 143. Das BFH-Urteil betrifft zwar die GewStR 1974. Es hat jedoch u. E. nicht an Aktualität verloren. Siehe hierzu Kohlmeyer in DB 1991, S. 946, der folgendes ausführt: „Eine gewerbliche OHG oder KG gilt zwar nach § 15 Abs. 3 Nr. 1 EStG in vollem Umfang als Gewerbebetrieb i. S. des EStG, aber im gewerbesteuerlichen Sinne ist – nach wie vor – nach Aufgabe der werbenden Tätigkeit eine Einstellung des Betriebs anzunehmen (Abschn. 22 Abs. 1 Satz 1 GewStR). Das gleiche gilt, da § 2 Abs. 1 Satz 1 GewStG nicht zwischen § 15 Abs. 3 Nr. 1 und Nr. 2 EStG differenziert, auch für eine gewerblich geprägte GmbH & Co. KG."

III Kapitalverkehrsteuer

709 Die Auflösung (Aufgabe) bringt grundsätzlich keine kapitalverkehrsteuerliche Bemessungsgrundlage. Durch das Finanzmarktförderungsgesetz vom 22. 2. 1990 (BGBl. I S. 266) wurde die Kapitalverkehrsteuer zudem ab 1. 1. 1992 abgeschafft.

IV Grunderwerbsteuer

710 Werden im Zuge der Auflösung der GmbH & Co. KG gehörende Grundstücke veräußert oder gehen sie auf Gesellschafter über, so unterliegt dieser Vorgang der Grunderwerbsteuer. Beim Übergang auf einen Gesellschafter ist allerdings § 6 GrEStG zu beachten; die Grunderwerbsteuer bleibt zu dem Teil unerhoben, zu dem der Gesellschafter am Vermögen der GmbH & Co. KG beteiligt war.

Nach Auffassung des FG Niedersachsen[1172] ist unter einem Anteil i. S. § 6 Grunderwerbsteuergesetz grundsätzlich nur die unmittelbare, d. h. direkte Beteiligung an der Gesamthand zu verstehen. Wird daher eine GmbH & Co. KG in der Weise aufgelöst, in dem der alleinige Kommanditist vertragsgemäß ihr Vermögen (einschließlich der Grundstücke) übernimmt, so ist dieser Vorgang nicht gemäß § 6 Abs. 2 Grunderwerbsteuergesetz von der Steuer befreit, wenn der Kommanditist seinen Kommanditanteil innerhalb der Fünfjahresfrist des § 6 Abs. 4 Satz 1 Grunderwerbsteuergesetz erworben hat und zuvor eine (von ihm allein beherrschte) GmbH die einzige Kommanditistin der KG war.

1172 Urteil vom 20. 7. 1989, III 109/85 – rechtskräftig –, GmbHR 1990, S. 479.

J Anhang I: Sonderfragen zur Publikums-KG[1173]

I Handelsrechtlicher Teil

1 Beitritt zu einer Publikums-KG

Grundsätzlich ist für den Eintritt eines neuen Kommanditisten in eine bestehende Kommanditgesellschaft der Abschluß eines Vertrages mit allen bisherigen Gesellschaftern erforderlich.[1174] Da dies bei einer Publikums-KG wegen der Vielzahl an Kommanditisten nicht praktikabel ist, ist es zulässig, schon im Gründungsvertrag der Publikums-KG die Komplementär-GmbH zu ermächtigen, die Aufnahmeverträge mit neuen Kommanditisten zu schließen.[1175] Die Komplementär-GmbH handelt dann im Namen und mit Wirkung für die bereits vorhandenen Gesellschafter.[1176] Sie kann auch ermächtigt werden, im eigenen Namen und mit Wirkung für alle Gesellschafter zu handeln.[1177] Der Beitrittsvertrag ist grundsätzlich wie bei jeder Kommanditgesellschaft formfrei.[1178] 711

2 Auslegung und Inhaltskontrolle von Gesellschaftsverträgen einer Publikums-KG

a) Auslegung

In der Praxis werden neu eintretenden Kommanditisten von den Gründungsgesellschaftern bereits fertig formulierte Gesellschaftsverträge vorgelegt, auf deren Inhalt die Kommanditisten keinen Einfluß mehr haben. Derartige Gesellschaftsverträge werden von der Rechtsprechung nach rein objektiven Kriterien ausgelegt. Maßgeblich ist allein der schriftliche Inhalt des Vertrages. Vorstellungen der Gründungsgesellschafter, die in dem Vertrag keinen Niederschlag gefunden haben, sind nicht zu berücksichtigen.[1179] Die Pflichten der Kommanditisten müssen im Gesellschaftsvertrag unmißverständlich zum Ausdruck kommen.[1180] Bei fehlender Eindeutigkeit werden Klauseln, die die Kommanditisten ungewöhnlich belasten, restriktiv ausgelegt.[1181] So wurde die Bestimmung in dem Gesellschaftsvertrag einer Publikums-KG, nach der die Gesellschafter unter bestimmten Voraus- 712

1173 Zur Publikums-KG im allgemeinen s. Rn. 27ff.
1174 Siehe Rn. 556.
1175 BGH, WM 1976, S. 15.
1176 BGH, a. a. O.
1177 BGH, NJW 1978, S. 1000.
1178 Siehe Rn. 556.
1179 BGH, NJW 1979, S. 419 (420); BGH, NJW 1979, S. 2102.
1180 BGH, a. a. O.
1181 BGH, NJW 1979, S. 419 (420).

setzungen zur Erhöhung ihrer Einlagen verpflichtet sind, einschränkend dahingehend ausgelegt, daß die Erhöhung nur gefordert werden kann, solange das zusätzliche Kapital für den Betrieb des Unternehmens, also zur Erreichung des Gesellschaftszwecks bestimmt ist.[1182]

713 Grundsätzlich müssen auch alle gesellschaftsrechtlichen Verpflichtungen, die der Gesellschaft gegenüber Gründungsgesellschaftern auferlegt werden und diesen Vorteile verschaffen sollen – sogenannte Gründervorteile (z. B. Tätigkeitsvergütungen) –, in den schriftlich festgelegten Gesellschaftsvertrag oder in einen ordnungsgemäß zustande gekommenen und protokollierten Gesellschafterbeschluß aufgenommen werden.[1183] Die Kapitalanleger sollen darauf vertrauen dürfen, daß Vorteile zugunsten der Gründer, über die diese Urkunden nichts aussagen, auch nicht vereinbart sind. Dieser Grundsatz gilt auch dann, wenn der Kapitalanleger nicht unmittelbar, sondern über einen Treuhänder an der Gesellschaft beteiligt ist.[1184]

b) Inhaltskontrolle

714 Die Gesellschaftsverträge der Publikumsgesellschaften unterliegen einer richterlichen Inhaltskontrolle.[1185] Der BGH sieht die Interessenlage ähnlich wie die bei dem Gebrauch von allgemeinen Geschäftsbedingungen und Formularverträgen. Auch hier sei ein Bedürfnis, die mit den fertig formulierten Gesellschaftsverträgen konfrontierten Anlegergesellschafter vor einem unter diesen Umständen leicht möglichen Mißbrauch der Vertragsfreiheit zu schützen.

715 Die Inhaltskontrolle ist an den Maßstäben von Treu und Glauben (§ 242 BGB) ausgerichtet, wobei es im einzelnen fraglich ist, welcher Maßstab anzulegen ist, wenn geprüft wird, ob eine Klausel unangemessen ist. Die bei den Austauschverträgen entwickelten Grundsätze können nur mit Vorsicht übertragen werden, da hier – anders als bei Austauschverträgen – die Rechtsbeziehung zwischen Gesellschaft und einzelnen Gesellschaftern und Gesellschaftergruppen miteinander verflochten sind.[1186] Unter Umständen spielt ein gewisser Vertrauensschutz zugunsten der an der Vertragsformulierung nicht beteiligten Kommanditisten bei der Abwägung nach Treu und Glauben eine Rolle.[1187]

716 Vielfach hat die Rechtsprechung die Inhaltskontrolle an das Aktienrecht angelehnt. So sind z. B. an den Aufsichtsrat einer Publikums-KG ähnliche Anforderungen wie an den Aufsichtsrat einer Aktiengesellschaft zu stellen.[1188] Allerdings

1182 BGH, a. a. O.
1183 BGH, NJW 1976, S. 1451.
1184 BGH, WM 1978, S. 87 (88).
1185 BGH, NJW 1975, S. 1318 (1319).
1186 BGH, a. a. O.
1187 BGH, a. a. O.
1188 BGH, NJW 1977, S. 2311 (2313); zur Haftung der Aufsichtsratsmitglieder einer Publikums-KG analog §§ 116, 93 AktG s. Rn. 303.

komme keine „sklavische Übernahme aktienrechtlicher Vorschriften in Betracht"; der Umstand, daß die Publikums-KG eine Personenhandelsgesellschaft ist, gebiete es, bei der Übernahme aktienrechtlicher Regelungen und Grundsätze Vorsicht obwalten zu lassen und in jedem Einzelfall zu prüfen, ob der Analogie nicht die konkrete Ausgestaltung des zu beurteilenden Gesellschaftsverhältnisses entgegensteht.[1189] Die Anwendbarkeit aktienrechtlicher Normen scheidet auch dann aus, wenn sie Gläubigerschutzvorschriften beeinträchtigt, da dem Gläubigerschutz bei einer Publikumsgesellschaft besondere Bedeutung zukommt.[1190]

3 Beschlüsse der Gesellschafter (Bestimmtheitsgrundsatz)

Grundsätzlich können Beschlüsse der Gesellschafter einer Kommanditgesell- 717
schaft nach dem Mehrheitsprinzip gefaßt werden, wenn der Gesellschaftsvertrag dies vorsieht, § 119 Abs. 2, § 161 Abs. 2 HGB. Ist Beschlußgegenstand eine Änderung des Gesellschaftsvertrages, macht die Rechtsprechung die Wirksamkeit eines solchen Beschlusses davon abhängig, daß sich der Beschlußgegenstand unzweideutig – sei es auch nur durch Auslegung – aus dem Gesellschaftsvertrag ergibt.[1191] Mehrheitsklauseln haben keine Geltung, wenn die angestrebte Vertragsänderung in den Kernbereich der Mitgliedschaft des einzelnen Gesellschafters eingreift und Ausmaß und Umfang einer solchen denkbaren Änderung nicht von vornherein im Zusammenhang mit der Einigung über die Mehrheitsklausel satzungsmäßig bestimmt worden sind.[1192] Die pauschale Vereinbarung, daß Vertragsänderungen mehrheitlich beschlossen werden können, reicht also nicht. Dieser sog. Bestimmtheitsgrundsatz dient dem Schutz der Minderheit vor einem Machtmißbrauch der Mehrheit. Dieser Schutz ist in einer personalistisch strukturierten Kommanditgesellschaft von besonderer Bedeutung, da hier mißbräuchliche Eingriffe nicht nur die Vermögensbeteiligung, sondern auch den persönlichen Lebensbereich eines Gesellschafters beeinträchtigen, wenn er mit seiner Beteiligung an der Geschäftsführung seinen Beruf ausübt.[1193]

Für Publikumsgesellschaften gilt dagegen dieser Bestimmtheitsgrundsatz weitge- 718
hend nicht. Hier sind Mehrheitsentscheidungen über Vertragsänderungen aufgrund einer pauschalen Vereinbarung im Gesellschaftsvertrag grundsätzlich wirksam, da hier die Verhältnisse typischerweise anders liegen.[1194] Der entscheidende Unterschied ist, daß bei Publikumsgesellschaften die Gesellschaftsverträge von den Gründungsgesellschaftern formuliert werden und die Kommanditisten typi-

1189 BGH, a. a. O.
1190 BGHZ 84, 383 (386) auch in NJW 1982, S. 2500 zur Frage, ob § 172 Abs. 5 HGB durch entsprechende Anwendung des § 62 Abs. 1, 3 AktG eingeschränkt werden kann; s. auch Rn. 352.
1191 BGHZ 8, 35 (41ff.); 48, 251 (253ff.).
1192 OLG Hamm, GmbHR 1989, S. 295; Tiedtke, DB 1989, S. 813.
1193 BGH, NJW 1978, S. 1382.
1194 BGH, a. a. O.; BGH, NJW 1983, S. 1056; BGH, BB 1985, S. 423.

scherweise keinen Einfluß auf den Inhalt dieser Verträge haben. Derartige Verträge werden daher – sei es aus Werbegründen, sei es aus einseitigen Interessen der Gründer – i. d. R. keinen Katalog für die wichtigsten Vertragsänderungen vorsehen, die bei einem Versagen der Geschäftsführung, bei einem drohenden Scheitern des Gesellschaftszwecks oder in ähnlichen Fällen vernünftigerweise zu beschließen sind.[1195] Hielte man unter diesen Umständen auch hier am Bestimmtheitsgrundsatz fest, würde dies dazu führen, daß vielfach eine vernünftige Fortentwicklung des Gesellschaftsunternehmens unmöglich sein würde und selbst an krisenhaften Zuständen nichts geändert werden könnte.[1196]

4 Das Recht zur außerordentlichen Kündigung

a) Kündigungsgründe

aa) Arglistige Täuschung

719 In der Praxis ist es nicht selten, daß die Anlegerkommanditisten durch falsche Angaben zum Beitritt in eine Publikums-KG bewogen werden.[1197] Die Anfechtung des Beitritts wegen arglistiger Täuschung läßt die Wirksamkeit des Beitritts rückwirkend nicht beseitigen. Denn nach den von der Rechtsprechung entwickelten Grundsätzen zum fehlerhaften Gesellschafterbeitritt ist es dem Getäuschten nicht möglich, seinen Eintritt durch Anfechtung rückwirkend zu beseitigen.[1198]

720 Während nach den gesetzlichen Regelungen dem betroffenen Gesellschafter in einem solchen Fall nur die Möglichkeit bleibt, das Gesellschaftsverhältnis durch eine Klage auf Auflösung gemäß § 133, § 161 Abs. 2 HGB zu beenden[1199], hat der BGH dieses Recht für die Publikumsgesellschaft modifiziert. Hier wird dem arglistig getäuschten Kommanditisten ein außerordentliches Kündigungsrecht auch dann zugestanden, wenn es der Gesellschaftsvertrag nicht vorsieht.[1200] Bei einer Massengesellschaft erscheint es dem BGH als nicht sachgerecht, einen Kommanditisten in einem solchen Fall auf die Auflösungsklage zu verweisen.[1201] Denn wenn der wichtige Grund nicht bei sämtlichen Gesellschaftern gleichermaßen[1202], sondern nur bei einem einzelnen Gesellschafter mit einer verhältnismäßig geringen Kapitalbeteiligung vorliegt, ist die Auflösung der Gesellschaft im Hinblick auf das Interesse der übrigen Gesellschafter am Bestand der Gesellschaft

1195 BGH, NJW 1978, S. 1382.
1196 BGH, a. a. O.; BGH, NJW 1983, S. 1056 (1058); BGH, BB 1985, S. 423 (424).
1197 Siehe auch Rn. 729.
1198 BGHZ 44, 235 (236); 55, 5 (8).
1199 BGHZ 3, 285 (287); 47, 293 (300).
1200 BGHZ 69, 160 (163); 63, 338 (345f.); BGH, WM 1981, S. 452.
1201 BGH, NJW 1973, S. 1604; BGHZ 63, 338 (345).
1202 Vgl. Rn. 721.

unangemessen.[1203] Der Kommanditist einer Publikums-KG soll in einem solchen Fall auch nur berechtigt sein, seine Beteiligung mit sofortiger Wirkung zu kündigen.[1204]

bb) Unerreichbarkeit des Gesellschaftszwecks

Grundsätzlich steht dem Kommanditisten in einer Massengesellschaft auch bei 721 Vorliegen anderer wichtiger Gründe ohne gesellschaftsvertragliche Bestimmung ein außerordentliches Kündigungsrecht zu.[1205] Jedoch gibt nicht jeder wichtige Grund i. S. des § 133 HGB die Möglichkeit, fristlos zu kündigen.[1206] So hat der BGH entschieden, daß die Unerreichbarkeit des Gesellschaftszwecks wegen eines inzwischen eingetretenen finanziellen Zusammenbruchs der Gesellschaft zwar ein wichtiger Grund i. S. des § 133 HGB ist und somit einem Kommanditisten die Möglichkeit gibt, die Gesellschaft per Auflösungsklage gemäß § 133, § 161 Abs. 2 HGB zu beenden. Dieser Grund gibt dem Kommanditisten aber kein außerordentliches Kündigungsrecht, da er alle Gesellschafter gleichermaßen trifft.[1207] Billigte man dem einzelnen Gesellschafter auch hier ein außerordentliches Kündigungsrecht zu, würde dies bedeuten, daß praktisch jeder Kommanditist das Recht und die Möglichkeit hätte, durch einfache Kündigung aus der Gesellschaft auszuscheiden. „Das wiederum würde eine allgemeine Flucht aus der Gesellschaft begünstigen und dazu führen, daß die Last und Verantwortung für die etwa notwendig werdende Liquidation der Gesellschaft und das damit verbundene Risiko den jeweils verbleibenden Gesellschaftern aufgebürdet würde, die nicht weniger als der Kündigende von dem Auflösungsgrund betroffen sind. Das aber wäre unbillig und stünde im Widerspruch dazu, daß der einzelne Gesellschafter mit seinem Beitritt in die Gesellschaft mit den übrigen Gesellschaftern eine Risikogemeinschaft eingegangen ist.“[1208]

Unter besonderen Umständen hat der BGH einzelnen Kommanditisten auch im 722 Falle der Unerreichbarkeit des Gesellschaftszwecks ein außerordentliches Kündigungsrecht zugestanden: Wenn die Gesellschafter mit einer für die Änderung des Gesellschaftsvertrages erforderlichen Mehrheit beschließen, das Gesellschaftsverhältnis mit neuer Zweckrichtung und neuen Beitragsverpflichtungen fortzusetzen, und sich damit gegen die an sich naheliegende und angebrachte Auflösung der Gesellschaft entscheiden, haben die überstimmten Gesellschafter ein Recht zur fristlosen Kündigung, sofern sie nicht ausnahmsweise verpflichtet sind, einer derartigen Umgestaltung des Gesellschaftsverhältnisses zuzustimmen.[1209]

1203 BGH, a. a. O.; ebenso OLG Hamm, NJW 1978, S. 225.
1204 BGH, a. a. O.
1205 BGHZ 70, 61 (67).
1206 BGHZ 69, 160 (163).
1207 BGH, a. a. O.
1208 BGH, a. a. O.
1209 BGHZ 69, 160 (167).

b) Kündigungserklärung

723 Der Kommanditist scheidet mit Zugang seiner Kündigungserklärung aus der Gesellschaft aus.[1210] Es genügt, daß der Kommanditist seine Kündigung gegenüber der Komplementär-GmbH erklärt, wenn diese ermächtigt ist, mit Wirkung gegenüber allen Gesellschaftern die Beitrittserklärungen neuer Kommanditisten anzunehmen.[1211] Eine Kündigungserklärung liegt bereits vor, wenn sich der Kommanditist auf sein Anfechtungsrecht beruft. Denn in der Anfechtung liegt zugleich die Kündigung der Beteiligung. Die Erklärung, den Beitritt mit rückwirkender Kraft beseitigen zu wollen, bringt auch immer den Willen zum Ausdruck, die Bindung an die Gesellschaft zumindest mit sofortiger Wirkung zu beenden.[1212]

c) Rechtsfolge der Kündigung

aa) Anspruch der Gesellschaft bei nicht geleisteter Einlage

724 Durch die Kündigungserklärung wird das Beteiligungsverhältnis in ein Abwicklungsverhältnis umgewandelt. Die Gesellschaft hat eine sogenannte Abschichtungsbilanz aufzustellen. Die einzelnen Forderungen und Verbindlichkeiten, die in die Abschichtungsbilanz aufzunehmen sind, stellen nur noch unselbständige Rechnungsposten dar, die nicht mehr selbständig geltend gemacht werden können. Dies gilt auch für die Verpflichtung des ausgeschiedenen Kommanditisten zur Zahlung seiner Kommanditeinlage.

725 Nur wenn sich in der Abschichtungsbilanz ein negativer Kapitalanteil des ausgeschiedenen Kommanditisten ergibt, hat die Gesellschaft gegenüber dem ausgeschiedenen Kommanditisten einen Ausgleichsanspruch bis zur Höhe seiner nicht geleisteten Einlage.[1213] Ein Zahlungsanspruch der Gesellschaft in Höhe der noch ausstehenden Einlage besteht nach dem Ausscheiden des Kommanditisten also nur, wenn die Einlage, wäre sie eingezahlt worden, in der Zeit zwischen seinem Beitritt und seiner Kündigung durch Verluste aufgezehrt worden wäre.

bb) Einwand der Arglist

726 Gegen diesen Ausgleichsanspruch der Gesellschaft kann der ausgeschiedene Kommanditist auch nicht den Einwand der Arglist erheben, wenn er von der Komplementär-GmbH arglistig getäuscht wurde.[1214]

727 Denn den übrigen Gesellschaftern wird die arglistige Täuschung der Komplementär-GmbH selbst dann nicht zugerechnet, wenn die GmbH bei Abschluß der Bei-

1210 BGH, NJW 1975, S. 1700; BGHZ 63, 338 (344).
1211 BGH, a. a. O.; OLG Hamm, NJW 1978, S. 225; s. auch Rn. 711.
1212 OLG Hamm, a. a. O.; BGH, a. a. O.
1213 BGH, NJW 1973, S. 1604; BGHZ 63, 338 (346); OLG Hamm, NJW 1978, S. 225.
1214 BGH, NJW 1973, S. 1604 (1605); BGHZ 63, 338 (347); OLG Hamm, NJW 1978, S. 225 (226).

trittsverträge als ihr Vertreter tätig war.[1215] Zwar wird grundsätzlich in entsprechender Anwendung des § 278 BGB demjenigen, der einen anderen zur Führung von Verhandlungen und zum Abschluß eines Vertrages ermächtigt, ein schuldhaftes Verhalten seines Vertreters bei den Vertragsverhandlungen zugerechnet. Im Falle des Beitritts zu einer Publikums-KG können die arglistig Getäuschten jedoch nur die Komplementär-GmbH (und unter Umständen deren Geschäftsführer), nicht aber die Vertretenen – die übrigen Kommanditisten – haftbar machen.[1216] Denn diese sind in einer Massengesellschaft weder tatsächlich noch rechtlich in der Lage, auf die jeweiligen Verhandlungen Einfluß zu nehmen oder Abschlüsse zu verhindern. Sie treten gegenüber einem Beitrittsinteressenten namentlich überhaupt nicht in Erscheinung. Dementsprechend hat auch kein Neukommanditist berechtigten Anlaß, sein Verhandlungsvertrauen neben der persönlich haftenden Gesellschafterin noch einem anderen Mitglied der Gesellschaft entgegenzubringen.[1217]

d) Kündigung nach Auflösung der Gesellschaft

Das Recht zur außerordentlichen Kündigung endet mit der Auflösung der Gesell- 728
schaft.[1218] Befindet sich die Gesellschaft in Konkurs oder Liquidation, entfällt der Grund, der ein außerordentliches Kündigungsrecht rechtfertigt: Dem einzelnen Gesellschafter wird ein außerordentliches Kündigungsrecht zugebilligt, weil die an sich zu erhebende Auflösungsklage das Interesse der übrigen Gesellschafter am Bestand der Gesellschaft nicht berücksichtigt und die Auflösungsklage daher in einer Massen-KG als nicht sachgerecht erscheint.[1219] Ist die Gesellschaft dagegen bereits aufgelöst, ist für eine Auflösungsklage und ein ersatzweise zugestandenes Kündigungsrecht kein Raum mehr.[1220] „Darüber hinaus verbietet es das Interesse an der reibungslosen und zügigen Liquidation, einem einzelnen Gesellschafter ein gesondertes Ausscheiden noch während des Auseinandersetzungsverfahrens zu gestatten."[1221]

1215 BGH, a. a. O.; OLG Hamm, a. a. O.
1216 Ebenda.
1217 BGH, NJW 1973, S. 1604 (1605); OLG Hamm, a. a. O.
1218 BGH, NJW 1979, S. 765; BGHZ 79, 337 (347).
1219 Siehe Rn. 720.
1220 BGH, NJW 1979, S. 765.
1221 BGH, a. a. O.

5 Prospekthaftung

a) Angaben im Prospekt

729 Nach der Rechtsprechung des BGH begründet die auf dem freien Kapitalmarkt erfolgende Werbung von Kommanditisten durch unrichtige, unvollständige oder irreführende Emissionsprospekte eine Haftung.[1222] Da der Entschluß, einer Publikums-KG beizutreten, für den einzelnen Beitrittswilligen von weitreichender wirtschaftlicher Bedeutung ist und ihm i. d. R. außer dem Prospekt keine weiteren Informationsmöglichkeiten zur Verfügung stehen, gebietet der Grundsatz von Treu und Glauben, daß sich der Interessent auf die Richtigkeit und Vollständigkeit der Angaben in einem Prospekt verlassen darf.[1223] Ein Prospekt muß die Beitrittsinteressenten über alle Umstände aufklären, die für den Entschluß, sich als Kommanditist zu beteiligen, von wesentlicher Bedeutung sein können.[1224] Dazu zählen insbesondere Tatsachen, die den Vertragszweck vereiteln können.[1225] Hängt beispielsweise das wirtschaftliche Gedeihen der Gesellschaft von der Übernahme und dem Betrieb eines Handelsgeschäftes ab, ist aber weder vertraglich noch sonstwie sichergestellt, daß die Gesellschaft das Objekt erwerben kann, muß hierauf hingewiesen werden. Das gilt auch dann, wenn sich die im Prospekt enthaltenen Angaben bis zum Abschluß des Beitrittsvertrages ändern.[1226] Zu den nach Treu und Glauben zu offenbarenden Tatsachen gehören auch wesentliche kapitalmäßige und personelle Verflechtungen zwischen der Komplementär-GmbH, ihren Geschäftsführern und beherrschenden Gesellschaftern einerseits und den Unternehmen sowie deren Geschäftsführern und beherrschenden Gesellschaftern andererseits, in deren Hand die nach dem Prospekt durchzuführenden Vorhaben ganz oder im wesentlichen liegen.[1227]

b) Rechtliche Grundlage der Haftung

730 Ausgangspunkt der Prospekthaftung ist das von der Rechtsprechung entwickelte Rechtsinstitut der Culpa in contrahendo (Verschulden bei Vertragsschluß).[1228] Danach haftet der Sachwalter einer Vertragspartei unabhängig davon, ob er als Vertreter tätig wird, für Pflichtverletzungen bei Vertragsverhandlungen, wenn er für seine Person besonderes Vertrauen in Anspruch genommen und die Vertragsverhandlungen maßgeblich beeinflußt hat.[1229] Dieser Grundgedanke der Vertrauenshaftung bei Vertragsschluß ist von der Rechtsprechung im Rahmen der Prospekthaftung insoweit weitergeführt worden, als hier Grundlage der Vertrauenshaftung

1222 BGHZ 71, 284 (287); 72, 382 (384).
1223 BGHZ 79, 337 (344); 71, 284 (287f.); 111, 314; 115, 213.
1224 BGH, a. a. O.
1225 BGHZ 79, 337 (345).
1226 BGHZ 71, 284 (290f.).
1227 BGHZ 79, 337 (345).
1228 BGHZ 79, 337 (341).
1229 BGHZ 56, 81 (86f.); 63, 382; 70, 337.

nicht nur das von einem bestimmten Menschen ausgehende persönliche Vertrauen sein kann, „sondern auch ein Vertrauen, das sich aus einer Art Garantenstellung herleitet, die kraft Amtes oder Berufes entsteht oder auf einer besonderen Fachkunde oder einer allgemein anerkannten und hervorgehobenen beruflichen und wirtschaftlichen Stellung beruht“[1230].

c) Verantwortlicher Personenkreis

Für unrichtige oder unvollständige Prospekte einer Publikums-KG haften nicht 731
nur die Geschäftsführer der Komplementär-GmbH, sondern auch die Initiatoren, Gründer und Gestalter der Gesellschaft, soweit sie das Management bilden oder beherrschen.[1231]

Darüber hinaus haften auch solche Personen, die hinter der Komplementär- 732
GmbH und der Publikums-KG stehen und neben der Geschäftsleitung besonderen Einfluß in der Gesellschaft ausüben und deshalb Mitverantwortung tragen.[1232] Soweit dieser Personenkreis in Betracht kommt, ist eine Haftung auch dann bejaht worden, wenn die Bedeutung dieser Personen und ihr Einfluß nicht aus dem Prospekt hervorgingen und dem Beitrittsinteressenten vor oder bei den Vertragsverhandlungen auch sonst nicht bekannt waren.[1233]

Von der Haftung betroffen sind auch solche Personen und Unternehmen, die auf- 733
grund ihrer besonderen beruflichen Stellung oder Qualifikation eine Garantenstellung einnehmen.[1234] In erster Linie kommen hierfür Rechtsanwälte und Wirtschaftsprüfer in Betracht, die mit ihrer Zustimmung im Prospekt als Sachverständige angeführt werden und in dieser Eigenschaft Erklärungen abgeben. Von ihnen wird berufliche Sachkunde und persönliche Zuverlässigkeit erwartet, so daß der Kapitalanleger ihren Aussagen im Prospekt häufig eine maßgebliche und ausschlaggebende Bedeutung beimißt.[1235] Dieser Personenkreis haftet nicht bei jeder Unrichtigkeit oder Unvollständigkeit des Prospektes. Diese Personen haften für die Richtigkeit der Prospektangaben nur insoweit, als diese sich auf sie beziehen und ihnen demgemäß zuzurechnen sind. Wird beispielsweise im Prospekt versichert, daß der dort namentlich aufgeführte Rechtsanwalt die seinem Anderkonto gutzubringenden Einlagen bestimmungsgemäß freigeben werde, während er in Wahrheit die sofortige Weiterleitung der Gelder vereinbart hat, ist diesem Rechtsanwalt diese falsche Prospektangabe zuzurechnen.[1236]

Die Kommanditgesellschaft selbst sowie die Kommanditisten zählen grundsätzlich nicht zu dem verantwortlichen Personenkreis. Die Täuschung durch die Kom-

1230 BGHZ 79, 337 (341); Einzelheiten s. Rn. 733.
1231 BGHZ 71, 284 (287); 79, 337 (340).
1232 BGHZ 72, 382 (386f.).
1233 BGH, a. a. O.
1234 BGHZ 77, 172 (176f.); 79, 337 (348); BGH, NJW 1984, S. 865 (866).
1235 BGHZ 77, 172 (177); 111, 314; BGH, WM 1992, S. 906.
1236 BGH, NJW 1984, S. 865 (866).

plementär-GmbH oder die Geschäftsführer kann ihnen nicht zugerechnet werden. Eine Haftung kommt allerdings dann in Betracht, wenn die Kommanditisten selbst durch unrichtige Angaben bewirken, daß neue Gesellschafter beitreten.[1237]

d) Schaden

734 Dem Anleger ist der Schaden zu ersetzen, den er erlitten hat, weil er den Prospektangaben vertraute.[1238] Dieser Vertrauensschaden besteht regelmäßig in dem – vollen oder teilweisen – Verlust des eingezahlten Betrages (der Einlage nebst Agio). Wenn die Beteiligung nicht völlig wertlos geworden ist, kann der Anleger Schadenersatz nur Zug um Zug gegen Abtretung des gegen die Gesellschaft bestehenden Auseinandersetzungsanspruches geltend machen.[1239]

Zum Schaden gehört auch der Zinsbetrag, der zustande gekommen wäre, wenn der Anleger sein Eigenkapital in Höhe der Einlage zu einem allgemein üblichen Zinssatz angelegt hätte.[1240] Außerdem sind dem Anleger auch die Steuervorteile zu ersetzen, die er erlangt hätte, wenn er sich mit seiner Einlage an einer anderen, erfolgreichen Abschreibungsgesellschaft beteiligt hätte.[1241]

735 Die erzielten Steuervorteile braucht sich der Geschädigte i. d. R. nicht auf seinen Schadenersatzanspruch anrechnen zu lassen, wenn er die Ersatzleistung wiederum als Einkommen versteuern muß. Eine exakte Berechnung der steuerlichen Vor- und Nachteile erübrigt sich dabei.[1242] Nur ausnahmsweise wird ein Vorteilsausgleich bejaht, wenn der Geschädigte durch die Beteiligung außergewöhnlich hohe Steuervorteile erlangt hat.[1243]

736 Bei der Schadensberechnung des getäuschten Anlegers ist grundsätzlich die Werthaltigkeit der Anlage mit einzubeziehen. So kann ein Schaden vollständig entfallen, wenn der Wert der Beteiligung den seines eingezahlten Betrages erreicht, auch wenn der Anleger aufgrund unrichtiger Angaben zu der Beteiligung gebracht wurde.[1244]

Die Werthaltigkeit der Anlage soll aber bei der Schadensberechnung dann keine Berücksichtigung finden, wenn es sich bei dem tatsächlichen Anlagemodell um ein im Vergleich zu dem beschriebenen grundsätzlich verschiedenes, mit ihm in keiner Weise austauschbares Investitionsmodell handelt.[1245]

1237 BGH, WM 1992, S. 482.
1238 BGHZ 79, 337 (346).
1239 BGH, a. a. O.
1240 BGH, WM 1992, S. 143 (144).
1241 BGH, WM 1982, S. 760; BGH, NJW 1984, S. 863 (864f.).
1242 BGHZ 74, 103 (116); zweifelnd BGHZ 79, 337 (347).
1243 BGH, WM 1984, S. 1075 (1077f.); BGH, WM 1986, S. 517 (520).
1244 BGH, WM 1990, S. 681 (684).
1245 BGH, WM 1990, S. 145 (147); BGHZ 115, 213; Brandes, WM 1994, S. 579.

Folgerichtig hat der BGH entschieden, daß ein mit einem unrichtigen Prospekt geworbener Anleger auch dann die Rückgängigmachung seiner Beteiligung im Wege des Schadenersatzes verlangen kann, wenn die im Prospekt angegebenen Risiken nicht mit denjenigen identisch sind, die zu dem Werteverfall der Anlage geführt haben.[1246]

e) Verjährung

Ansprüche aus der Prospekthaftung verjähren in sechs Monaten seit dem Zeitpunkt, in dem der Gesellschafter von der Unrichtigkeit oder Unvollständigkeit des Prospekts Kenntnis erlangt, spätestens jedoch in drei Jahren seit dem Beitritt zur Gesellschaft.[1247] Der kurzen Verjährung unterliegen nur Ansprüche, deren Grundlage nicht das persönliche, einem bestimmten Verhandlungspartner entgegengebrachte, sondern das typisierte, aus einer bestimmten Garantenstellung hergeleitete Vertrauen ist.[1248] Sofern hingegen dem Schadenersatzverpflichteten persönliches Vertrauen entgegengebracht worden ist oder diese Person aus eigenem wirtschaftlichen Interesse mit dem Anleger verhandelt hat, verjähren die auf Verhandlungsverschulden beruhenden Ersatzansprüche in dreißig Jahren.[1249] 737

II Steuerrechtlicher Teil

1 Gewinnerzielungsabsicht

Die Annahme eines Gewerbebetriebs setzt u. a. eine Betätigung voraus, die mit Gewinnabsicht (Gewinnerzielungsabsicht) unternommen wird. Nach Auffassung des BFH[1250] besteht bei Verlustzuweisungsgesellschaften – auch in der Gründungsphase – die Vermutung, daß keine Gewinnerzielungsabsicht vorliegt. Bei Verlustzuweisungsgesellschaften werben deren Initiatoren selbst oder Dritte – meist durch Prospekte – interessierte Kapitalanleger mit dem Versprechen von ESt-Minderung durch Verlustzuweisungen. In diesem Zusammenhang wird den Interessenten meist eine Ergebnisvorschau vorgelegt, nach der die Kapitaleinlage ganz oder teilweise durch Steuerersparnisse finanziert werden kann. Dadurch wird erkennbar, daß das Streben nach Totalgewinn von persönlichen Gründen, nämlich nach der Erzielung von ESt-Ersparnissen, verdrängt wird. Daher spricht bei einer Verlustzuweisungsgesellschaft das Inaussichtnehmen solcher Maßnahmen bereits bei Gründung dafür, daß nicht die Gewinnerzielungsabsicht, sondern das Streben nach Verlustzuweisungen im Vordergrund steht. Nach Auffassung des BFH ist bei Verlustzuweisungsgesellschaften zu vermuten, daß sie zunächst 738

1246 BGH, WM 1993, S. 1787 (1789); Brandes, WM 1994, S. 579.
1247 BGHZ 83, 222; BGH, WM 1985, S. 534 (536).
1248 BGHZ 83, 222 (227).
1249 BGH, a. a. O.; BGH, WM 1984, S. 1075 (1077).
1250 BFH-Urteil vom 21. 8. 1990, VIII R 25/86, DB 1991, S. 1150.

keine Gewinnerzielungsabsicht haben, sondern lediglich die Möglichkeit einer späteren Gewinnerzielung in Kauf nehmen. Deshalb kann bei ihnen i. d. R. eine Gewinnerzielungsabsicht erst von dem Zeitpunkt an angenommen werden, in dem sich die in Kauf genommene Möglichkeit der Erzielung eines Totalgewinns in einer solchen Weise konkretisiert hat, daß nach dem Urteil eines ordentlichen Kaufmanns mit großer Wahrscheinlichkeit ein solcher Totalgewinn erzielt werden kann.

739 Der BFH betont, daß selbstverständlich ein Gegenbeweis zulässig ist. Das bedeutet, daß die Vermutung dadurch widerlegt werden kann, daß überzeugend dargelegt wird – z. B. durch eine Ertragsvorschau –, es habe bereits bei der Gründung der Verlustgesellschaft nach dem Urteil eines ordentlichen Kaufmanns die große Wahrscheinlichkeit der Erzielung eines Totalgewinns bestanden.

Bei Vorhaben im öffentlich geförderten Wohnungsbau (in Berlin), in die Rechtsform einer GmbH & Co. KG oder einer BGB-Gesellschaft gekleidet, besteht die Vermutung, daß eine steuerlich unbeachtliche Liebhaberei in der Regel nicht vorliegt. Im öffentlich geförderten Wohnungsbau ist grundsätzlich davon auszugehen, „daß sich die Zeichner mit der Absicht beteiligt haben, während der Dauer der Beteiligung insgesamt einen Überschuß der Einnahmen über die Werbungskosten zu erzielen“[1251], wobei unter Dauer der Beteiligung die Gesamtnutzungsdauer der Immobilie zu verstehen ist. Die bloße Möglichkeit, die Beteiligung aufzugeben, führt nicht zu einer Verneinung der Einkunftserzielungsabsicht, es sei denn, die Aufgabe steht zu einem künftigen Zeitpunkt, an dem ein Überschuß der Einnahmen über die Werbungskosten eindeutig noch nicht erreicht sein wird, fest oder ist nach dem mußmaßlichen Geschehensablauf sicher zu erwarten. Die Verneinung einer Einkunftserzielungsabsicht kommt nur ausnahmsweise in Betracht.

740 Vorstehende Auffassung findet sich auch im BMF-Schreiben vom 23. 7. 1992[1252] wieder, mit dem die Finanzverwaltung zu dem o. g. BFH-Urteil vom 21. 8. 1990 Stellung nimmt: Hiernach sind die Grundsätze dieses Urteils nur dann anzuwenden, wenn sich aus der rechtlichen Gestaltung des Vertragswerkes und der tatsächlichen Durchführung ergibt, daß die Beteiligten nicht eine auf Dauer angelegte Investition anstreben, sondern im Vordergrund ihrer Entscheidung die Minderung ihrer Steuerbelastung steht.

Grundsätzlich spricht nach der in diesem BMF-Schreiben dargelegten Meinung bei den Einkünften aus Vermietung und Verpachtung auch bei Grundstücksverwaltungsgesellschaften oder -gemeinschaften der Beweis des ersten Anscheins für das Vorliegen der Einkunftserzielungsabsicht. Kann anhand objektiver Beweisanzeichen jedoch die Absicht des Steuerpflichtigen festgestellt werden, die Immobilie kurz nach Inanspruchnahme der Steuervorteile zu veräußern, ist der Be-

1251 Berliner Senatsverwaltung für Finanzen in einem Schreiben an die OFD Berlin vom 15. 8. 1989, III B 3 – S. 2253 – 5/88.

1252 IV B 3 – S. 2253 – 29/92.

weis des ersten Anscheins entkräftet. Die Inanspruchnahme von Steuervergünstigungen oder die bloße Möglichkeit, die Beteiligung kurzfristig aufzugeben, reicht zur Entkräftung des Beweises des ersten Anscheins allerdings nicht aus. Bei der Beurteilung, ob ein positives Gesamtergebnis erwartet werden kann, ist auf die voraussichtliche Vermögensnutzung abzustellen. Dem BMF-Schreiben vom 23. 7. 1992 zufolge ist bei Gebäuden für die Dauer der voraussichtlichen Vermögensnutzung grundsätzlich von einer tatsächlichen Nutzungsdauer von 100 Jahren auszugehen.

Die steuerlichen Konzeptionen der Beteiligungsangebote stellen daher nicht eine 741
Steuerminderung in den Vordergrund, sondern beabsichtigen vielmehr, im Zeitraum der voraussichtlichen Vermögensnutzung ein positives Gesamtergebnis zu erzielen.

Steigende Mieteinnahmen, reduzierte Abschreibungsbeträge und die im Zuge der Darlehensrückführung sinkenden Zinsaufwendungen führen dazu, daß nach den anfänglichen Verlusten der Investitionsphase steuerpflichtige Überschüsse erzielt werden, die bezogen auf die Gesamtnutzungsdauer der Immobilie zu einem Totalüberschuß führen. Unabhängig hiervon sollten die Gesellschafter einer Fondsgesellschaft jedoch beachten, daß die Einkünfteerzielungsabsicht einerseits auf Fondsebene, andererseits jedoch bei jedem einzelnen von ihnen geprüft werden kann, so daß im ungünstigsten Fall ein Gesellschafter, der beispielsweise nur während der Verlustphase an der Fondsgesellschaft beteiligt ist oder der sein Eigenkapital zum Teil persönlich refinanziert, für sich betrachtet aus seiner Beteiligung Verluste aus „Liebhaberei" erzielen kann, die steuerlich nicht geltend gemacht werden dürfen.

2 Inanspruchnahme erhöhter Absetzungen oder Sonderabschreibungen

Für bestimmte Investitionen im Land Berlin (West) sowie in den neuen Bundes- 742
ländern einschließlich Land Berlin können erhöhte Absetzungen nach dem BerlinFG sowie Sonderabschreibungen nach dem FördGG in Anspruch genommen werden. Anspruchsberechtigt ist auch die GmbH & Co. KG. Auf dem Immobiliensektor sind die §§ 14a BerlinFG sowie 3 und 4 FördGG zu beachten. Der § 31 Abs. 6 BerlinFG regelt, daß § 14a BerlinFG noch auf Gebäude anzuwenden ist, die vom Steuerpflichtigen hergestellt worden sind und für die der Bauantrag nach dem 28. 2. 1989 und vor dem 1. 1. 1991 gestellt worden ist, oder die vom Steuerpflichtigen nach dem 28. 2. 1989 aufgrund eines nach diesem Termin und vor dem 1. 1. 1991 rechtswirksam abgeschlossenen obligatorischen Vertrags angeschafft worden sind.

Der § 14a Abs. 4 BerlinFG regelt, daß bei in Berlin (West) gelegenen Mehrfamilienhäusern, die im steuerbegünstigten oder freifinanzierten Wohnungsbau errichtet werden und mindestens drei Jahre nach ihrer Fertigstellung zu mehr als 80 %

Wohnzwecken dienen und vom Steuerpflichtigen hergestellt oder bis zum Ende des Jahres der Fertigstellung angeschafft wurden, im Jahr der Fertigstellung und/ oder in den beiden folgenden Jahren Absetzungen bis zur Höhe von 50 % der Herstellungskosten oder der Anschaffungskosten vorgenommen werden können. Sie können bereits auf Teilherstellungskosten und Anzahlungen auf Anschaffungskosten vorgenommen werden. Der nach Ablauf des Begünstigungszeitraumes verbleibende Restbuchwert des Neubaus wird nach § 7 Abs. 4 EStG mit 2,0 % p. a. abgeschrieben. Von den Herstellungskosten des Gebäudes in Abzug gebracht werden die Kosten der Herstellung der Außenanlagen, die nach Absch. 157 EStR verteilt über 10 Jahre mit jeweils 10 % p. a. abzusetzen sind.

743 Sonderabschreibungen nach dem Fördergebietsgesetz werden gewährt für Gebäude, die zwischen dem 1. 1. 1990 (im Westteil Berlins: 1. 7. 1991) und dem 31. 12. 1996 angeschafft, fertiggestellt oder saniert werden sowie auf Anzahlungen, die in diesem Zeitraum geleistet werden. Nach § 3 FörderGG sind die Anschaffung und die Herstellung von abnutzbaren unbeweglichen Wirtschaftsgütern, d. h. Gebäuden begünstigt. Das Jahressteuergesetz 1996 sieht eine Verlängerung bis 1998 vor, jedoch verbunden mit einer teilweisen Reduzierung der Abschreibungssätze.

Die Begünstigung erfolgt nach § 1 durch Sonderabschreibungen gemäß § 4 FörderGG. Sie betragen bis zu 50,0 % der Anschaffungs- oder Herstellungskosten des Gebäudes und können innerhalb der ersten fünf Jahre seit der Anschaffung oder Herstellung in Anspruch genommen werden. Die Verteilung der Sonderabschreibungen auf den Fünfjahreszeitraum bestimmt der Steuerpflichtige. Es können bereits Anzahlungen auf Anschaffungskosten und Teilherstellungskosten abgeschrieben werden. Die Teilherstellungskosten können schon vor ihrer Bezahlung abgeschrieben werden, wenn entsprechende Arbeiten geleistet wurden. Die Sonderabschreibungen werden neben der Regelabschreibung des § 7 EStG gewährt. Nach § 7a Abs. 5 EStG beträgt die Regelabschreibung bei Inanspruchnahme von Sonderabschreibungen 2,0 % i. S. d. § 7 Abs. 4 EStG. Im Jahr der Fertigstellung ist die Regelabschreibung entsprechend dem Fertigstellungstermin zeitanteilig vorzunehmen. Nach Ablauf der fünf Begünstigungsjahre ist die (lineare) Restwertabschreibung in Anlehnung an § 7 Abs. 4 Satz 1 und 2 EStG nach einem um den Begünstigungszeitraum verminderten Abschreibungszeitraum von 50 Jahren (§ 7 Abs. 4 Satz 1 Nr. 2 Buchstabe a EStG) zu bemessen.

Es können gemäß FörderGG also folgende Abschreibungssätze geltend gemacht werden:
1 × 50 %, beliebig verteilt auf die ersten fünf Jahre ab dem Fertigstellungsjahr, zuzüglich 4 × 2 % bei einer Fertigstellung des Bauvorhabens zum Jahresende (da im Jahr der Fertigstellung die zweiprozentige AfA nur zeitanteilig gewährt wird), so daß bis zum Ablauf des Begünstigungszeitraumes insgesamt 58 % der Herstellungskosten abgeschrieben sind. Der Restwert in Höhe von 42 % der Herstellungskosten wird linear, d. h. in jährlich gleichen Beträgen, in den folgenden 45 Jahren abgeschrieben.

Bezüglich des § 15a EStG, durch den die Verlustzuweisungen eingeschränkt werden[1253], ist für die „Berlin-Gesellschaften" die Übergangsregelung von besonderer Bedeutung: Bei vor dem 10. 10. 1979 eröffneten „Altbetrieben" ist § 15a EStG grundsätzlich erstmals auf Verluste anzuwenden, die in dem nach dem 31. 12. 1984 beginnenden Wirtschaftsjahr entstehen. Für Berliner Hotelbauten besteht eine Übergangsregelung bis zum 31. 12. 1989, für den sozialen Wohnungsbau besteht eine Übergangsregelung bis zum 31. 12. 1994.[1254] 744

Zu erwähnen ist ferner, daß § 15a BerlinFG eine Ausnahme von der Regelung des § 15a EStG des Inhalts enthält, daß Verluste von beschränkt haftenden Unternehmern, soweit die Verluste auf den erhöhten Absetzungen nach den §§ 14, 14a, 14b und 15 BerlinFG beruhen, mit positiven Einkünften auch ausgeglichen oder nach § 10d EStG abgezogen werden können, soweit durch die erhöhten Absetzungen ein negatives Kapitalkonto entsteht oder sich erhöht.

Im Fördergebietsgesetz findet sich keine dem § 15a BerlinFG vergleichbare Regelung; bei der Inanspruchnahme von Sonderabschreibungen ist § 15a EStG also voll zu beachten.

Der § 15a EStG greift nur bei der GmbH & Co. KG. Besteht dagegen eine BGB-Gesellschaft und ergibt der Gesellschaftsvertrag, daß die Gesellschafter persönlich über ihre Einlagen hinaus für die Verbindlichkeiten der Gesellschaft entsprechend ihrer Beteiligungsquote haften, für diesen Anteil jedoch in der Höhe unbeschränkt, so führt diese Einschränkung der bei BGB-Gesellschaften üblichen gesamtschuldnerischen Haftung auf eine unbeschränkte Anteilshaftung der Gesellschafter nicht zur Anwendung des § 15a EStG. 745

3 Gewinnverteilung in der Investitionsphase

Liquiditätsgründe oder wirtschaftliche Gründe können Grundlage dafür sein, daß hinsichtlich der Verteilung des Verlustes und Gewinns einer GmbH & Co. KG folgende Vereinbarungen getroffen werden: 746

a) Eine KG muß aus Liquiditätsgründen ihr Eigenkapital erhöhen. Die neuen Kommanditisten machen ihre Beteiligung davon abhängig, daß ihnen die Verluste der Folgezeit – z. B. der drei folgenden Wirtschaftsjahre, wenn die Beteiligten davon ausgehen, daß mit großer Wahrscheinlichkeit während dieses Zeitraums Verluste erzielt werden – in vollem Umfang zugerechnet werden, und zwar bis zur Höhe der Verluste, die den Altgesellschaftern in den Vorjahren, insbesondere aufgrund der Inanspruchnahme von Sonderabschreibungen, zugerechnet worden sind.

1253 Für Einzelheiten s. Rn. 493.
1254 Für Einzelheiten s. § 52 Abs. 19 Satz 2 Nr. 2 und 3 i. V. m. Satz 3 Nr. 1 und 2 EStG.

b) Aufgrund wirtschaftlicher (Investitions-)Überlegungen werden Kommanditisten in einer GmbH & Co. KG nur während eines Investitions-(Gründungs-) Zeitraumes von zwei Jahren aufgenommen, und zwar begrenzt auf die Höhe des gesellschaftsvertraglich von vornherein festgelegten Kommanditkapitals. Der Gesellschaftsvertrag sieht vor, daß die Verluste der Investitionsphase auf alle Gesellschafter derart verteilt werden, daß sie am Ende dieser zwei Jahre hinsichtlich ihrer negativen Kapitalkonten prozentual zur Einlage entsprechend gleichgestellt sind, unabhängig davon, wann sie in die GmbH & Co. KG eingetreten sind.

747 Nach dem BFH-Urteil vom 7. 7. 1983[1255] werden die unter (a) und (b) wiedergegebenen Vereinbarungen auch ertragsteuerlich anerkannt, selbstverständlich vorausgesetzt, die geänderte Gewinnverteilungsabrede bezieht sich auf künftige Verluste der KG und stellt sich nicht als außerbetrieblich veranlaßt oder rechtsmißbräuchlich dar.

Zwar hat der IV. Senat des Bundesfinanzhofes in dem Urteil vom 7. 7. 1983 lediglich entschieden, daß im allgemeinen auch eine Änderung des Gewinnverteilungsschlüssels steuerrechtlich anzuerkennen sei, die dahin gehe, daß künftige Verluste einer KG für eine begrenzte Zeit nicht auf alle Gesellschafter zu verteilen seien, sondern nur auf bestimmte Gesellschafter, insbesondere auf Kommanditisten, die ihre Kommanditeinlage erhöht hätten. Das gleiche aber muß auch dann gelten, wenn eine Gewinn- und Verlustverteilungsabrede dahin geht, daß künftige Verluste einer KG für eine begrenzte Zeit nicht auf alle Gesellschafter zu verteilen sind, sondern nur auf neueintretende; denn es kann keinen Unterschied machen, ob einer KG zusätzliches Kapital durch Einlageerhöhung bereits vorhandener Kommanditisten oder durch Neuaufnahme von Kommanditisten zugeführt wird. Daher hat der VIII. Senat des BFH die Gleichstellung neu eintretender Gesellschafter bei der Gewinnbeteiligung mit Urteil vom 17. 3. 1987[1256] bejaht und folgenden Grundsatz aufgestellt:

„Wird bei der Gründung einer KG vereinbart, daß für die ersten beiden Geschäftsjahre die Gewinn- und Verlustverteilung in der Weise erfolgen soll, daß sämtliche in diesen beiden Geschäftsjahren eintretenden Kommanditisten gleichzustellen sind, und erhalten demzufolge die erst im zweiten Geschäftsjahr der KG beigetretenen Kommanditisten einen höheren Anteil am Verlust der KG als die bereits im ersten Geschäftsjahr beigetretenen, so ist dies steuerlich anzuerkennen, wenn eine solche Gewinn- und Verlustverteilungsabrede betrieblich veranlaßt ist und der nach dem Beitritt eines jeden Kommanditisten im Geschäftsjahr erwirtschaftete Verlust hoch genug ist, um die diesen Kommanditisten zugerechneten Verlustanteile abzudecken."

1255 IV R 209/80, BStBl II 1984 S. 53.
1256 VIII R 293/82, BB 1982, S. 1234.

Die vorstehenden Grundsätze gelten nur dann nicht, wenn eine Änderung des Gewinn- und Verlustverteilungsschlüssels bzw. der Gewinn- und Verlustverteilungsabrede außerbetrieblich veranlaßt oder rechtsmißbräuchlich ist.

Wird die Gewinnverteilungsabrede der KG während des Wirtschaftsjahres mit Rückbeziehung auf den Beginn des Wirtschaftsjahres geändert, so ist die Rückbeziehung für die einkommensteuerrechtliche Gewinn- und Verlustzurechnung ohne Bedeutung; der bis zum Zeitpunkt der Änderung entstandene (ggf. im Schätzungswege zu ermittelnde) Gewinn oder Verlust ist den Gesellschaftern der KG nach dem bis dahin gültigen Gewinn- oder Verlustverteilungsschlüssel zuzurechnen (vgl. o. g. BFH-Urteil vom 7. 7. 1983). Für den Eintritt oder Austritt von Gesellschaftern im Laufe eines Wirtschaftsjahres bedeutet dies, daß sie mit steuerlicher Wirkung an dem Jahresergebnis der Gesellschaft nur für die Dauer ihrer Zugehörigkeit beteiligt werden können. Die Aufteilung des Jahresergebnisses ist in der Feststellungserklärung vorzunehmen. Dabei wird das Jahresergebnis i. d. R. zeitanteilig aufgeteilt; Beispiel[1257]:

An einer Personengesellschaft sind die Gesellschafter A, B, C und D wie folgt beteiligt:

	Einlage	Anteil	Eintrittsdatum
A	10	1/4	1. 1. 1
B	10	1/4	1. 1. 1
C	5	1/8	15. 2. 1
D	15	3/8	1. 7. 1
insgesamt:	40	1/1	

Im Jahr 1 erleidet die Gesellschaft einen Verlust in Höhe von 400, den sie entsprechend der kapitalmäßigen Beteiligung, jedoch ohne Berücksichtigung der zeitlichen Zugehörigkeit zur Gesellschaft auf die Gesellschafter verteilt. Für die einzelnen Gesellschafter ergeben sich folgende Verluste:

	lt. Handelsbilanz	lt. zeitanteiliger Verteilung (= Steuerrecht) – aufgerundet –
A	100	140
B	100	140
C	50	45
D	150	75
insgesamt:	400	400

1257 Siehe ESt. Rdvfg. 28/86 der OFD Düsseldorf vom 29. 4. 1986.

Zu der Frage, ob in einem derartigen Fall lediglich die Verteilung der Verluste zu korrigieren ist oder ob die Darstellung in der Handelsbilanz dazu zwingt, in der Übernahme der Verluste begünstigte Veräußerungsvorgänge (§§ 16, 34 EStG) mit entsprechenden Darstellungen in Ergänzungsbilanzen zu sehen, vertritt die OFD Düsseldorf folgende Auffassung:

Im Feststellungsverfahren ist lediglich die steuerrechtlich zutreffende Verlustverteilung vorzunehmen, der Ansatz von Veräußerungsgewinnen scheidet deshalb aus. Dabei ist regelmäßig davon auszugehen, daß die Gesellschaft die Handelsbilanz an das Feststellungsergebnis angleicht. Wird im Einzelfall die Handelsbilanz **nicht** entsprechend angeglichen, müssen die Folgerungen über Entnahme- und Einlagebuchungen gezogen werden; ggf. kommt auch eine Gewinnhinzurechnung nach § 15a Abs. 3 EStG unter dem Gesichtspunkt der Einlageminderung in Betracht.

In dem Beispiel entwickeln sich die Kapitalkonten wie folgt:

Handelsbilanz:

	A	B	C	D
Kapital:	+ 10	+ 10	+ 5	+ 15
Verlust 1:	./. 100	./. 100	./. 50	./. 150
	./. 90	./. 90	./. 45	./. 135

Steuerbilanz:

	A	B	C	D
Kapital:	+ 10 000	+ 10 000	+ 5 000	+ 15 000
Verlust 1:	./. 140 000	./. 140 000	./. 45 000	./. 75 000
	./. 130 000	./. 130 000	./. 40 000	./. 60 000
Entnahme:	–	–	./. 5 000	./. 75 000
Einlage:	+ 40 000	+ 40 000	–	–
	./. 90 000	./. 90 000	./. 45 000	./. 135 000

Der Veräußerungsgewinn ist durch Gegenüberstellung des Entgelts und des Kapitalkontos des Gesellschafters zu ermitteln. Bei der Veräußerung eines Gesellschaftsanteils richtet sich der dabei evtl. zu gewährende Veräußerungsfreibetrag nach dem Verhältnis des erzielten Gewinns zu dem bei der Veräußerung des Gewerbebetriebs insgesamt zu erzielenden Gewinn. Dabei ist der Umfang der Beteiligung des Gesellschafters am Freibetrag im Gewinnfeststellungsverfahren festzustellen, während über die Höhe des Freibetrages nach § 16 Abs. 4 EStG bei der Veranlagung zur Einkommensteuer entschieden wird.[1258]

1258 BFH-Urteil vom 10. 7. 1986, IV R 12/81, BStBl II S. 811.

4 Investitionszulage

Nach § 19 BerlinFG (bzw. dem Investitionszulagengesetz 1991) sind zur Inanspruchnahme von Investitionszulagen unbeschränkt und beschränkt Steuerpflichtige i. S. des Einkommensteuergesetzes und des Körperschaftsteuergesetzes sowie Gesellschaften i. S. des § 15 Abs. 1 Ziffer 2 EStG berechtigt. Voraussetzung ist allerdings, daß die Tätigkeit dieser Berechtigten über den Rahmen einer Vermögensverwaltung hinausgeht, da ansonsten kein für die Zulagengewährung erforderliches Betriebsvermögen vorhanden wäre. Da die GmbH & Co. KG immer eine gewerbliche Betätigung vornimmt, sind bei ihr diese Voraussetzungen erfüllt, so daß sie selbst investitionszulagenberechtigt ist. 748

Die Frage, wer zulageberechtigt ist, wenn zivilrechtlich das Investitionsobjekt im Alleineigentum eines Gesellschafters verbleibt, muß dahingehend beantwortet werden, daß dies auch die GmbH & Co. KG ist. Diese Schlußfolgerung ergibt sich eindeutig aus dem BFH-Urteil vom 17. 8. 1979.[1259] In dem diesem Urteil zugrundeliegenden Sachverhalt hatte die Komplementär-GmbH für den Gewerbebetrieb der KG (auf eigene Kosten) Investitionen durchgeführt. Nach Auffassung des BFH sind diese Wirtschaftsgüter als Sonderbetriebsvermögen der überlassenden GmbH zu bilanzieren. Dies bedeutet jedoch kein sachliches Ausscheiden bestimmter Wirtschaftsgüter aus dem Betriebsvermögen der Kapitalgesellschaft, sondern diese Wirtschaftsgüter werden lediglich für Zwecke der steuerlichen Gewinnermittlung der Mitunternehmerschaft – als Sonderbetriebsvermögen der Kapitalgesellschaft als Mitunternehmerin – zugeordnet. Anspruchsberechtigt für die Investitionszulage ist in einem so gelagerten Fall ebenfalls die GmbH & Co. KG, da die begünstigungsfähigen Wirtschaftsgüter als Sonderbetriebsvermögen der Personengesellschaft zur Förderung des Gesellschaftszwecks, also für ihren Betrieb, zur Nutzung überlassen worden sind.[1260]

5 Anzahlungen durch Hingabe von Wechseln

Nach dem Fördergebietsgesetz und dem Investitionszulagengesetz sind auch Anzahlungen auf bewegliche Wirtschaftsgüter durch Gewährung von Sonderabschreibungen und die Möglichkeit des Antrages auf Investitionszulage begünstigt. Hierzu bestimmt § 7a Abs. 2 EStG zweifelsfrei, daß Anzahlungen erst in dem Zeitpunkt als aufgewendet gelten, in dem dem Lieferanten durch Diskontierung oder Einlösung des Wechsels das Geld tatsächlich zufließt. 749

Es kann also nicht so verfahren werden – sog. „Berliner-Modell" –, daß der Anzahlende im Rahmen einer Bestellung von Wirtschaftsgütern Anzahlungen durch die Hingabe von Wechseln leistet, mit dem Verlangen, der Anzahlungsempfänger 750

1259 I R 199/75, BStBl II S. 750.
1260 So auch der BdF im Schreiben vom 5. 5. 1977, IV B 2 – S. 1988 – 150/77, BStBl I S. 246 (Rn. 8).

möge diese Wechsel diskontieren. Diese Wechsel werden dann bei einer Bank diskontiert. Die Bank verlangt jedoch regelmäßig eine Sicherheit vom Wechselnehmer und Anzahlungsempfänger; daher leistet der Anzahlungsempfänger eine Sicherheit oft dadurch, daß er entweder den Diskontbetrag bei der diskontierenden Bank selbst zur Sicherheit hinterlegt oder mit diesem Diskontbetrag Wertpapiere erwirbt, die in seinem Auftrag von der diskontierenden Bank angeschafft werden und als Sicherheit bei ihr verbleiben. Der Diskontbetrag verbleibt also auf einem Sperrkonto, mit dessen Guthaben direkt oder indirekt die Wechsel plangemäß am Verfalltag wieder eingelöst werden.

Der Diskonterlös gelangt also nicht sofort in die freie Verfügung des Anzahlungsempfängers.

6 Eigenkapitalvermittlungsprovision

751 Der Vierte Bauherrenerlaß[1261] enthält in Tz. 7.1 auch eine Regelung zum Werbungskostenabzug der Eigenkapitalvermittlungsprovision. Danach können Provisionen, die die Fondsgesellschaft für die Vermittlung des Eintritts von Gesellschaftern zahlt, bis zur Höhe von insgesamt 6,0 % des vermittelten Eigenkapitals den Werbungskosten zugerechnet werden. Darüber hinausgehende Beträge sind nach vorherrschender Auffassung den Anschaffungs- bzw. Herstellungskosten des Objektes anteilig zuzurechnen, d. h. in einen Grundstücks- und Gebäudeanteil aufzuteilen und entsprechend abzuschreiben.

7 Grunderwerbsteuer und Grundstücksgesellschaften

752 Der BFH hat bereits mehrfach entschieden, daß die Einbringung eines Grundstückes in eine Personengesellschaft durch einen Gesellschafter, der gleichzeitig oder nach einem vorgefaßten Plan alsbald aus der Personengesellschaft ausscheidet, nicht nach § 5 Abs. 2 GrEStG begünstigt ist. Nach Auffassung des BFH gilt nichts anderes auch dann, wenn ein vorgefaßter Plan vorliegt, wonach der einbringende Gesellschafter zwar nicht aus der Personengesellschaft ausscheiden soll, sein Anteil aber durch den Eintritt eines neuen Gesellschafters in seinem Verhältnis zum Gesamtvermögen der Personengesellschaft erheblich verringert wird.[1262]

Unter Berufung auf diese Rechtsprechung vertritt die Berliner Finanzverwaltung die Auffassung, daß bei Grundstücksgesellschaften – in der Rechtsform einer KG oder einer Gesellschaft bürgerlichen Rechts –, die dahingehend konzipiert sind, daß die Gründungsgesellschafter ihre Anteile weitgehend, nicht jedoch vollends[1263] an weitere, neu eintretende Gesellschafter abgeben (wodurch sich ihr An-

1261 BdF-Schreiben vom 31. 8. 1990, IV B 3 – S. 2253 – a 49/90, BStBl I S. 366.

1262 Siehe BFH-Urteil vom 13. 4. 1988, II R 134/88, BStBl II S. 736 einschl. Begründung.

1263 Ein völliger Austausch sämtlicher Gesellschafter würde zur Grunderwerbsteuer führen; vgl. BFH-Beschluß vom 29. 7. 1987, II B 57/87, BStBl II S. 722.

teil am Grundstück verringert), Bemessungsgrundlage der Grunderwerbsteuer nicht der Grundstückskaufpreis ist, sondern auch alle sonstigen Leistungen, insbesondere die Bauleistungen, mit umfaßt, da bei derartigen Gesellschaften bereits bei Abschluß des notariellen Kaufvertrages ein fester Plan des Grundstückserwerbers (der Gründungsgesellschaft) vorliegt, weitere Gesellschafter in die Gesellschaft aufzunehmen. Der Erwerb des Grundstücks und der Beitritt weiterer Gesellschafter werden also als einheitlicher Vorgang behandelt.

Für die Argumente der Berliner Finanzverwaltung sprechen die Grundsätze des BFH-Beschlusses vom 27. 10. 1982.[1264] Hier ging der BFH bei Bauherrengesellschaften in seinen Überlegungen davon aus, daß zwischen dem Grundstückserwerb und den sonstigen Leistungen ein notwendiges Vertragsbündel besteht und in Wirklichkeit der Erwerb einer fertig errichteten Immobilie Gegenstand des Kaufinteresses war.

Das Finanzgericht Berlin folgt in mehreren Urteilen (auch in Verfahren über die 753
Aussetzung der Vollziehung) – z. B. im Urteil vom 18. 9. 1986, I 114/84 und im Urteil vom 6. 4. 1989, I 238/85 – nicht der Auffassung der Berliner Finanzverwaltung; die Revision des Bundesfinanzhofes steht allerdings noch aus.

Von Bedeutung in diesem Zusammenhang ist auch der BFH-Beschluß vom 18. 9. 1985.[1265] Diesem BFH-Beschluß ist zu entnehmen, daß nicht alle Dienstleistungen zum Gesamtaufwand gehören, daß vielmehr aus der Bemessungsgrundlage zur Grunderwerbsteuer folgende Leistungen (Aufwendungen) herauszunehmen sind:

Vermittlung Endfinanzierung
Bürgschaft Endfinanzierung
Bearbeitung WBK-Förderung
Vermittlung Zwischenfinanzierung
Bürgschaft Zwischenfinanzierung
Bankbearbeitungsgebühren
Bauzeitzinsen
Erstvermietung/Mietgarantie
Notar- und Gerichtskosten
Steuerberatung/Buchhaltung
Grunderwerbsteuer
Sonstige Aufwendungen (Liquiditätsreserve)

Die abschließende Entscheidung des BFH zu dieser Problematik bleibt abzuwarten. Zu bemerken ist jedoch, daß der Berliner Senator für Finanzen mit Erlaß vom 14. 3. 1989, III E 3 – S. 4500 – 1/88 angesichts der finanzgerichtlichen Rechtspre-

1264 II R 102/81, BStBl 1983 S. 55.
1265 II B 24 – 29/85, BStBl II S. 627.

chung für den streitigen Betrag Aussetzung der Vollziehung ohne Sicherheitsleistung gewährt.

Interessant ist in diesem Zusammenhang auch die Entscheidung des FG Berlin vom 13. 7. 1989 (I 257/86), in welcher dieses Finanzgericht ausdrücklich bestätigt, daß Grundstücksgesellschaften (Fonds) keine Besteuerung des Objekts nach dem Gesamtaufwand rechtfertigen. Auch wurde in diesem Urteil bestätigt, daß kein steuerbarer Wechsel im Personenstand vorliegt, wenn nur ein Gründungsgesellschafter in der Gesellschaft verbleibt. Dies gilt insbesondere dann, wenn Gründungsgesellschafter zugleich Geschäftsführer der Gesellschaft werden.

K Anhang II: Die GmbH & Co. KG in Umwandlungsfällen

I Handelsrechtlicher Teil

1 Umwandlung einer GmbH in eine GmbH & Co. KG

a) Allgemeines

754 Mit dem Inkrafttreten des Umwandlungsgesetzes (UmwG) zum 1. 1. 1995 ist das System der Umwandlungsvorgänge grundlegend verändert und erheblich erweitert worden.[1266] Dies blieb nicht ohne Bedeutung für die GmbH & Co. KG: das bisher geltende Verbot, eine GmbH direkt in eine GmbH & Co. KG umzuwandeln, ist z. B. vollständig entfallen. Auch ist der Formwechsel einer GmbH in eine GmbH & Co. KG und umgekehrt einer GmbH & Co. KG in eine GmbH möglich. Das ebenfalls zum 1. 1. 1995 in Kraft getretene Umwandlungsteuergesetz vom 28. 10. 1994[1267] hat steuerliche Anreize geschaffen, eine GmbH in eine Personengesellschaft umzuwandeln, wenn die Anschaffungskosten für die Anteile an der GmbH weit über dem Buchwert des Betriebsvermögens der GmbH liegen.[1268] Zivilrechtlich kann die Umwandlung der GmbH in eine GmbH & Co. KG sowohl durch Verschmelzung auf eine GmbH & Co. KG (Rn. 755) als auch durch einen bloßen Formwechsel (Rn. 763) erfolgen.

b) Verschmelzung

755 Aufgrund der §§ 2, 39ff., 46ff. des UmwG kann eine GmbH durch Verschmelzung auf eine GmbH & Co. KG in eine Personengesellschaft umgewandelt werden. Bei der Verschmelzung geht das gesamte Vermögen der übertragenden GmbH im Wege der Gesamtrechtsnachfolge auf eine neu gegründete (Verschmelzung durch Neugründung) oder zum Zeitpunkt der Verschmelzung bereits bestehende (Verschmelzung durch Aufnahme) GmbH & Co. KG über. Die übertragende GmbH wird kraft Gesetzes aufgelöst, eine Abwicklung findet nicht statt. Die Gesellschafter der aufgelösten GmbH erhalten im Wege des Anteiltausches nach § 2 UmwG Anteile an der übernehmenden GmbH & Co. KG.

Bei einer Verschmelzung durch Neugründung sind neben den Vorschriften des Umwandlungsgesetzes noch die für die Gründung einer Kommanditgesellschaft geltenden Bestimmungen zu beachten, § 36 Abs. 2 UmwG.

1266 BGBl. I 1994 S. 3210; vgl. dazu: Lüttge, NJW 1995, S. 417ff., Streck/Mack/Schwedhelm, GmbHR 1995, S. 161.
1267 BGBl. I 1994 S. 3267.
1268 Siehe Rn. 777ff.; „Umwandlungsmodell".

aa) Verschmelzungsvertrag

756 Grundlage der Verschmelzung ist ein Verschmelzungsvertrag, der von den Vertretungsorganen der beteiligten Gesellschaften abgeschlossen wird, § 4 UmwG. Als Vertretungsorgane stehen sich der Geschäftsführer der übertragenden GmbH und der Geschäftsführer der Komplementär-GmbH der GmbH & Co. KG gegenüber. Der Verschmelzungsvertrag ist notariell zu beurkunden, § 6 UmwG. Der Mindestinhalt des Verschmelzungsvertrages ergibt sich aus § 5 Abs. 1 und § 40 UmwG:

- Firma und Sitz der beteiligten Gesellschaften;
- die Vereinbarung über die Übertragung des Vermögens der übertragenden GmbH als Ganzes gegen Gewährung von Anteilen an der übernehmenden GmbH & Co. KG;
- das Umtauschverhältnis der Anteile und etwaige bare Zuzahlungen;
- Einzelheiten für die Übertragung der Anteile bzw. über den Erwerb der Mitgliedschaft bei der übernehmenden GmbH & Co. KG;
- der Zeitpunkt, von dem an diese Anteile den Anspruch auf einen Anteil am Bilanzgewinn gewähren sowie alle Besonderheiten in bezug auf diesen Anspruch;
- der Zeitpunkt, von dem an die Handlungen der übertragenden GmbH als für Rechnung der übernehmenden GmbH & Co. KG vorgenommen gelten (Verschmelzungsstichtag);
- Rechte, die von der übernehmenden GmbH & Co. KG den einzelnen Gesellschaftern gewährt werden;
- jeder besondere Vorteil, der einem Geschäftsführer der an der Verschmelzung beteiligten Gesellschaften, einem Abschlußprüfer oder einem Verschmelzungsprüfer gewährt wird;
- die Folgen der Verschmelzung für die Arbeitnehmer und ihre Vertretungen sowie die insoweit vorgesehenen Maßnahmen;
- die Festlegung für jeden Gesellschafter der übertragenden GmbH, ob ihm in der übernehmenden oder neuen GmbH & Co. KG die Stellung eines Kommanditisten oder eines persönlich haftenden Gesellschafters gewährt wird. Dabei ist der Betrag der Einlagen jedes Gesellschafters festzulegen.

bb) Verschmelzungsbericht

757 Die Geschäftsführer der beteiligten Gesellschaften haben jeweils einen ausführlichen Verschmelzungsbericht zur Unterrichtung der Gesellschaft zu erstellen, in dem die Verschmelzung, der Verschmelzungsvertrag oder sein Entwurf sowie das Umtauschverhältnis der Anteile und die Angaben über die Mitgliedschaft der GmbH-Gesellschafter bei der übernehmenden GmbH & Co. KG und die Höhe einer anzubietenden Barabfindung rechtlich und wirtschaftlich erläutert und begründet werden, § 8 Abs. 1 UmwG. Der Bericht kann von den Geschäftsführern auch gemeinsam erstellt werden. Der Verschmelzungsbericht ist dann entbehrlich, wenn – wie in der Praxis häufig der Fall – sämtliche Gesellschafter beider Gesell-

schaften in notarieller Form (Beurkundung) auf den Verschmelzungsbericht verzichten, § 8 Abs. 3 UmwG. Bei einer GmbH & Co. KG ist im übrigen ein Verschmelzungsbericht dann nicht erforderlich, wenn alle Kommanditisten Geschäftsführer der Komplementär-GmbH sind, § 41 UmwG. Hintergrund dieser Regelung ist, daß die Gesellschafter dann ohnehin die Möglichkeit haben, die Unterlagen einzusehen und alle Informationen zu erhalten, die für die Verschmelzung erheblich sind.

cc) Information der Gesellschafter und des Betriebsrats

Zur Vorbereitung der Gesellschafterversammlungen der an der Verschmelzung 758
beteiligten Gesellschaften ist der Entwurf des Verschmelzungsvertrages und der Verschmelzungsbericht den Gesellschaftern spätestens mit der Einberufung der Gesellschafterversammlung zu übersenden. Außerdem muß der Entwurf des Verschmelzungsvertrags gemäß § 5 Abs. 3 UmwG spätestens einen Monat vor der Gesellschafterversammlung, in der über den Vertrag abgestimmt werden soll, dem jeweiligen Betriebsrat der Gesellschaften – soweit vorhanden – zugeleitet werden. Für die GmbH gilt gemäß § 49 UmwG für die Vorbereitung der Gesellschafterversammlung darüber hinaus folgendes:

- die Jahresabschlüsse und die Jahresberichte der an der Verschmelzung beteiligten Rechtsträger für die letzten drei Geschäftsjahre sind zur Einsicht auszulegen;
- die Geschäftsführer der GmbH haben jedem Gesellschafter auf Verlangen jederzeit Auskunft auch über alle für die Verschmelzung wesentlichen Angelegenheiten des anderen beteiligten Rechtsträgers – hier der GmbH & Co. KG – zu geben.

dd) Gesellschafterversammlung

Der Verschmelzungsvertrag bedarf der Zustimmung der Gesellschafterversamm- 759
lung sowohl der übertragenden GmbH als auch der aufnehmenden GmbH & Co. KG (Verschmelzungsbeschlüsse), § 13 Abs. 1 Satz 2 UmwG. Die Beschlüsse sind notariell zu beurkunden, § 13 Abs. 3 UmwG.

Bei der GmbH & Co. KG ist grundsätzlich die Zustimmung aller Gesellschafter erforderlich. Nach § 43 UmwG kann aber im Gesellschaftsvertrag vereinbart werden, daß eine Mehrheit von 3/4 der Stimmen genügt. Bei der GmbH bedürfen Verschmelzungsbeschlüsse einer 3/4-Mehrheit, § 50 Abs. 1 UmwG. Es kommt dabei anders als bei der GmbH & Co. KG nicht auf die Gesamtzahl der Gesellschafter, sondern nur auf die in der Gesellschafterversammlung abgegebenen Stimmen an. Eine Sonderregelung besteht für den Fall, daß gesellschaftsvertragliche Minderheitenrechte durch die Verschmelzung beeinträchtigt werden. In diesem Fall bedarf der Verschmelzungsbeschluß der GmbH-Gesellschafterversammlung auch der Zustimmung der betroffenen Minderheitsgesellschafter, § 50 Abs. 2 UmwG.

ee) Prüfung des Verschmelzungsvertrags

760 Eine Prüfung des Verschmelzungsvertrags bezüglich des Umtauschverhältnisses oder der Angemessenheit einer Barabfindung durch bestellte Verschmelzungsprüfer ist nicht zwingend erforderlich. Ein GmbH-Gesellschafter kann die Prüfung des Verschmelzungsvertrages aber jederzeit verlangen, § 48 UmwG.

Bei der GmbH & Co. KG ist eine Prüfung nicht erforderlich, wenn alle Gesellschafter der Verschmelzung zugestimmt haben, § 44 UmwG. Sofern der Gesellschaftsvertrag der GmbH & Co. KG für den Beschluß einer Verschmelzung eine Mehrheitsentscheidung (3/4) zuläßt, kann jeder Gesellschafter die Prüfung verlangen, §§ 44, 43 Abs. 2 UmwG.

ff) Anmeldung und Eintragung

761 Die Geschäftsführer der übertragenden GmbH haben die Verschmelzung zur Eintragung in das Handelsregister des Sitzes ihrer Gesellschaft anzumelden. Bei der GmbH & Co. KG erfolgt die Anmeldung der Verschmelzung durch die Geschäftsführer der Komplementär-GmbH. Ort der Anmeldung kann entweder der Sitz der übernehmenden GmbH & Co. KG oder auch der übertragenden GmbH sein, § 16 UmwG.

Gemäß § 17 UmwG sind der Anmeldung folgende Unterlagen beizufügen:
- der Verschmelzungsvertrag;
- Niederschriften der Verschmelzungsbeschlüsse;
- die eventuell notwendige Zustimmungserklärung einzelner Gesellschafter;
- der Verschmelzungsbericht bzw. die notariell beurkundeten Verzichtserklärungen;
- der Prüfungsbericht, wenn eine Prüfung erforderlich war;
- der Nachweis über die rechtzeitige Zuleitung des Verschmelzungsvertrags an den Betriebsrat;
- bei staatlichem Genehmigungserfordernis die Genehmigungsurkunde;
- die Schlußbilanz der übertragenden GmbH, die auf einen höchstens acht Monate vor der Anmeldung liegenden Stichtag aufgestellt sein darf (§ 17 Abs. 2 UmwG).

Zusätzlich haben die Geschäftsführer der beteiligten Gesellschaften bei der Anmeldung zu erklären, daß eine Klage gegen die Wirksamkeit des Verschmelzungsbeschlusses nicht bzw. nicht fristgerecht erhoben oder eine solche Klage rechtskräftig abgewiesen oder zurückgenommen worden ist, § 16 UmwG.

Das Registergericht prüft die vorgelegten Unterlagen nur auf Vollständigkeit und formale Richtigkeit. Eine inhaltliche Prüfung wird nicht vorgenommen. Die Eintragung in das Handelsregister der übernehmenden GmbH & Co. KG darf erst erfolgen, wenn die Eintragung bei der übertragenden GmbH erfolgt ist, § 19 UmwG. Die Eintragung hat konstitutive Wirkung, etwaige Beurkundungsmängel des Verschmelzungsvertrages werden durch sie geheilt, § 20 Abs. 1 Nr. 4 UmwG. Die Eintragung bewirkt, daß das Vermögen der aufgelösten GmbH einschließlich aller Verbindlichkeiten auf die übernehmende GmbH & Co. KG übergeht, § 20 Abs. 1 Nr. 1 UmwG. Die GmbH erlischt, ohne daß es einer besonderen Löschung bedarf, § 20 Abs. 1 Nr. 2 UmwG. Die Gesellschafter der GmbH werden automatisch Gesellschafter der GmbH & Co. KG, § 20 Abs. 1 Nr. 3 UmwG.

gg) Anfechtung

Gegen die Wirksamkeit des Verschmelzungsbeschlusses kann innerhalb eines Monats nach der Beschlußfassung Klage erhoben werden, § 14 Abs. 1 UmwG. Als Klagegrund kommt nicht in Betracht, daß das Umtauschverhältnis oder die Gegenleistung bei Barabfindung zu niedrig bemessen wurde; für solche Fälle sieht das Gesetz ein gerichtliches Spruchverfahren nach §§ 305 ff. UmwG vor. Da bei erhobener Klage die nach § 16 Abs. 2 UmwG erforderliche Negativerklärung gegenüber dem Handelsregister nicht abgegeben werden kann, ist eine Eintragung der Verschmelzung im Handelsregister vorläufig nicht möglich. Die Eintragung kommt erst dann in Betracht, wenn das zuständige Prozeßgericht durch Urteil oder Beschluß (§ 16 Abs. 3 UmwG) festgestellt hat, daß die Klage einer Eintragung nicht entgegensteht. Die Vertretungsorgane der betroffenen Gesellschaften können einen Antrag auf gerichtliche Entscheidung stellen. 762

c) Formwechselnde Umwandlung einer GmbH in eine GmbH & Co. KG

Gemäß § 1 Abs. 1 Nr. 4, §§ 190 ff., 226 bis 237 UmwG ist es möglich, eine GmbH direkt in eine GmbH & Co. KG durch einen sog. Formwechsel umzuwandeln. Ein Formwechsel im Sinne der §§ 190ff. UmwG liegt vor, wenn ein Rechtsträger unter Wahrung seiner Identität die rechtliche Form ändert. Gemäß § 202 Abs. 1 Nr. 1 UmwG besteht bei einem Formwechsel der Rechtsträger in der im Umwandlungsbeschluß bestimmten Rechtsform weiter. Anders als bei der Verschmelzung bleibt beim Formwechsel der Rechtsträger des Vermögens vor und nach dem Formwechsel gleich. Es ändert sich lediglich das Rechtskleid und die Normstruktur des Rechtsträgers. 763

aa) Umwandlungsbeschluß

Die formwechselnde Umwandlung der GmbH in eine GmbH & Co. KG erfolgt aufgrund eines notariell zu beurkundenden Umwandlungsbeschlusses der Gesellschafterversammlung der GmbH, § 193 UmwG. Für diesen Beschluß reicht grundsätzlich eine 3/4-Mehrheit der in der Gesellschafterversammlung abgegebenen Stimmen, § 233 Abs. 2 UmwG. Der Gesellschafter, der in der neuen Rechtsform persönlich haftender Gesellschafter wird – hier die zukünftige Komplementär-GmbH – muß der Umwandlung in jedem Fall zustimmen, § 233 Abs. 2 UmwG. 764

Bei einem Formwechsel von der GmbH zu GmbH & Co. KG muß der Umwandlungsbeschluß folgenden Mindestinhalt gemäß § 194 Abs. 1 und § 234 UmwG aufweisen:

- die Rechtsform, die die Gesellschaft durch den Formwechsel erlangen soll: hier Kommanditgesellschaft;
- Firma der GmbH & Co. KG;
- Sitz der GmbH & Co. KG;
- die Beteiligung der bisherigen Anteilsinhaber an der neuen Gesellschaft;
- Zahl, Art und Umfang der Anteile, die die Gesellschafter durch den Formwechsel erhalten sollen;
- Angabe der Kommanditisten sowie des Betrages der Einlage eines jeden von ihnen;
- die Regelung etwaiger vorhandener Sonderrechte;
- ein eventuelles Barabfindungsgebot gemäß § 207 UmwG;
- die Folgen des Formwechsel für die Arbeitnehmer und ihre Vertretungen und die insoweit vorgesehenen Maßnahmen.

Der künftige Gesellschaftsvertrag der GmbH & Co. KG ist nicht Gegenstand des Umwandlungsbeschlusses.
Die Umwandlung einer GmbH in eine Personenhandelsgesellschaft ist nur dann möglich, wenn der Unternehmensgegenstand der bisherigen GmbH ein vollkaufmännisches Handelsgewerbe aufweist, § 228 UmwG.

765 Da eine GmbH & Co. KG mindestens zwei Gesellschafter haben muß (eine Komplementär-GmbH und einen Kommanditisten), kann eine GmbH nur dann formwechselnd in eine Kommanditgesellschaft umgewandelt werden, wenn sie mindestens zwei Gesellschafter hat, von denen der eine die Stellung des Komplementärs und der andere die des Kommanditisten zu übernehmen bereit ist. Soll bei dem Formwechsel jede persönliche Haftung einer natürlichen Person vermieden werden, ist es erforderlich, daß die zukünftige Komplementär-GmbH noch vor der Fassung des Umwandlungsbeschlusses an der umzuwandelnden GmbH mit einem Mindestgeschäftsanteil von DM 500 beteiligt wird. Die Beteiligung kann im Wege der Anteilsabtretung oder Kapitalerhöhung erfolgen. Auch eine in Gründung befindliche GmbH (Vor-GmbH) kann sich an der umzuwandelnden GmbH beteiligen und die Stellung der Komplementär-GmbH in der GmbH & Co. KG übernehmen.[1269]

bb) Umwandlungsbericht

766 Der Geschäftsführer der formwechselnden GmbH hat einen ausführlichen schriftlichen Umwandlungsbericht zu erstatten, in dem der Formwechsel und insbesondere die künftige Beteiligung der GmbH-Gesellschafter an der GmbH & Co. KG rechtlich sowie wirtschaftlich erläutert und begründet werden, § 192 Abs. 1

1269 Siehe Rn. 54.

UmwG. Der Umwandlungsbericht muß den Entwurf des Umwandlungsbeschlusses und eine Vermögensaufstellung enthalten, in der die Gegenstände und Verbindlichkeiten der formwechselnden GmbH mit dem wirklichen Wert anzusetzen sind, der ihnen am Tage der Erstellung des Berichts beizulegen ist. Die Vermögensaufstellung ist Bestandteil des Umwandlungsberichts, § 192 Abs. 2 UmwG. Eine Umwandlungsbilanz ist nicht aufzustellen.[1270] Eine Prüfung des Umwandlungsberichts und die darin enthaltenen Vermögensaufstellung ist gesetzlich nicht vorgesehen.[1271]

Der Umwandlungsbericht ist bei der Anmeldung des Formwechsels beim Handelsregister einzureichen, § 199 UmwG. Der Umwandlungsbericht ist nicht erforderlich, wenn die GmbH-Gesellschafter einstimmig auf seine Erstattung verzichten. Die Verzichtserklärungen sind notariell zu beurkunden, § 192 Abs. 3 UmwG. In der Praxis wird der Verzicht im Rahmen des Umwandlungsbeschlusses erklärt und zusammen mit dem Umwandlungsbeschluß notariell beurkundet.

cc) Information der Gesellschafter und des Betriebsrats

Gemäß § 230 Abs. 1 UmwG haben die Geschäftsführer der GmbH allen Gesell- 767
schaftern spätestens mit der Einberufung der Gesellschafterversammlung den Formwechsel als Gegenstand der Beschlußfassung schriftlich anzukündigen. Der Entwurf des Umwandlungsbeschlusses ist spätestens einen Monat vor dem Tag der Gesellschafterversammlung dem Betriebsrat der GmbH – sofern vorhanden – zuzuleiten, § 194 Abs. 2 UmwG.

dd) Anmeldung und Eintragung

Die Geschäftsführer der formwechselnden GmbH haben die neue Rechtsform bei 768
dem Handelsregister der GmbH anzumelden (§ 198 Abs. 1, § 235 UmwG). Eine Beteiligung der Gesellschafter der GmbH & Co. KG ist nicht – wie sonst bei der Anmeldung von Personengesellschaften üblich (§ 108 Abs. 2, § 162 Abs. 2 HGB) – erforderlich. Allerdings sind die Unterschriften der Geschäftsführer der Komplementär-GmbH im Rahmen der Anmeldung notariell zu beglaubigen, da sie die Firma der GmbH & Co. KG zeichnen (§ 108 Abs. 2, § 162 Abs. 2 HGB). Der Anmeldung sind folgende Unterlagen beizufügen:

- Umwandlungsbeschluß nebst etwa erforderlicher Zustimmungserklärungen einzelner Anteilsinhaber;
- Umwandlungsbericht oder entsprechende Verzichtserklärungen;
- Nachweis über die Zuleitung des Entwurfs des Umwandlungsbeschlusses an den Betriebsrat.

1270 Die GmbH hat nur für steuerliche Zwecke auf den Zeitpunkt, in dem der Formwechsel wirksam wird, eine Übertragungsbilanz, die GmbH & Co. KG eine Eröffnungsbilanz aufzustellen, s. Rn. 775ff.

1271 Begründung des Regierungsentwurfs zum UmwG § 192.

Darüber hinaus hat der Geschäftsführer zu erklären, daß gegen den Umwandlungsbeschluß keine Klage erhoben worden ist oder daß die Gesellschafter einstimmig auf die Klage verzichtet haben (§ 198 Abs. 3, § 16 Abs. 2 UmwG).

Die Eintragung des Formwechsels im Handelsregister hat konstitutive Wirkung, § 202 Abs. 2 UmwG. Die Gesellschafter der formwechselnden GmbH sind mit der Eintragung Gesellschafter der GmbH & Co. KG. Der formwechselnde Rechtsträger besteht mit der Eintragung in der Rechtsform einer GmbH & Co. KG weiter.

ee) Anfechtung

769 Eine Klage gegen die Wirksamkeit des Umwandlungsbeschlusses ist nach § 195 Abs. 1 UmwG binnen Monatsfrist möglich. Diese Klage kann ebenso wie bei der Verschmelzung nicht auf eine zu niedrig bemessene Beteiligung an der GmbH & Co. KG oder eine zu niedrige Abfindung gestützt werden, § 195 Abs. 2 UmwG; für solche Fälle sieht das Gesetz ein gerichtliches Spruchverfahren nach §§ 305ff. UmwG vor.

d) Schutz der Gesellschafter und Gläubiger bei Verschmelzung und formwechselnder Umwandlung

770 Gesellschafter der übertragenden GmbH, die gegen die Verschmelzung Widerspruch einlegen, haben einen Anspruch auf Barabfindung, § 29ff. UmwG. Ein entsprechendes Abfindungsgebot muß bereits in dem Verschmelzungsvertrag enthalten sein, § 29 Abs. 1 Satz 1 UmwG. Auch bei einem Formwechsel können die widersprechenden Gesellschafter eine Barabfindung verlangen, § 207 UmwG.

Bei einer Verschmelzung haben Gläubiger der übertragenden und der übernehmenden Gesellschaft einen Anspruch auf Sicherheitsleistung, wenn sie binnen sechs Monaten nach Bekanntmachung der Eintragung der Verschmelzung im Handelsregister des Schuldners (§ 19 Abs. 3 UmwG) ihren Anspruch schriftlich anmelden, § 22 UmwG. Der Anspruch auf Sicherheitsleistung setzt voraus, daß die Gläubiger glaubhaft machen, daß durch die Verschmelzung die Erfüllung ihrer Forderungen gefährdet ist. Dies wird im Fall einer Verschmelzung einer GmbH auf eine GmbH & Co. KG nur selten der Fall sein, da die Kapitalschutzregeln der GmbH durch Gesetzgebung und Rechtsprechung weitgehend denen der GmbH & Co. KG entsprechen.[1272] Eine Gefährdung kann aber gegeben sein, wenn die Kapitalbindung in Gestalt von Haftsummen der Kommanditisten im Vergleich zum Stammkapital der bisherigen GmbH deutlich niedriger ausfällt.
§ 22 UmwG ist beim Formwechsel entsprechend anzuwenden, § 203 UmwG.

1272 Siehe Rn. 330ff.

e) Firmenfortführung

Bei der Verschmelzung einer GmbH auf eine GmbH & Co. KG kann die Kommanditgesellschaft die Firma der übertragenden GmbH fortführen, wenn diese den Namen einer natürlichen Person enthält, § 18 Abs. 1 Satz 2 UmwG. Sie hat den Rechtsformzusatz GmbH wegzulassen und ihn gegen den Rechtsformzusatz GmbH & Co. KG auszutauschen. 771

Die Firmenfortführung ist auch dann zulässig, wenn die in der GmbH-Firma genannte natürliche Person nicht Gesellschafter der Kommanditgesellschaft ist. § 19 Abs. 2 HGB – wonach die Firma einer Kommanditgesellschaft den Namen wenigstens eines persönlich haftenden Gesellschafters zu enthalten hat – ist in diesem Fall nicht anwendbar.[1273]

Entsprechendes gilt für die formwechselnde Umwandlung einer GmbH in eine GmbH & Co. KG. Der § 200 Abs. 1 UmwG verweist insoweit auf § 18 Abs. 1 Satz 2 UmwG.

Sofern die Firma der übertragenden oder formwechselnden GmbH den Namen einer natürlichen Person nicht enthält, ist für die GmbH & Co. KG eine neue Firma zu bilden. Diese Firma der GmbH & Co. KG muß zwingend die Firma ihres persönlich haftenden Gesellschafters, der Komplementär-GmbH, enthalten (§ 19 Abs. 2 HGB).

Sowohl die Firmenfortführung gemäß § 18 Abs. 1 UmwG als auch die Firmenneubildung entsprechend den Regeln des HGB[1274] bedürfen nicht der Genehmigung des Registergerichts.

Die Genehmigung des Registergerichts ist gemäß § 18 Abs. 2, § 200 Abs. 3 UmwG nur dann erforderlich, wenn die Firma der GmbH & Co. KG neu gebildet wird und den in der Firma der GmbH bisher enthaltenen Namen einer natürlichen Person enthält, die nicht Gesellschafter der GmbH & Co. KG ist. Eine solche Firmenneubildung weicht ab von § 19 Abs. 4 HGB, wonach Namen anderer Personen als die der persönlich haftenden Gesellschafter nicht in die Firma einer Kommanditgesellschaft aufgenommen werden dürfen. Wenn das Registergericht seine Genehmigung erteilt, soll auch eine solche Firmenneubildung im Rahmen einer Verschmelzung oder eines Formwechsels zulässig sein (§ 18 Abs. 2, § 200 Abs. 3 UmwG).

1273 Vgl. Widmann/Mayer, § 6 UmwG 1969, Rn. 200.1.
1274 Siehe Rn. 96ff.

2 Umwandlung einer GmbH & Co. KG in eine GmbH

a) Umwandlung nach dem Umwandlungsgesetz

772 Die Umwandlung einer GmbH & Co. KG in eine GmbH kann gemäß dem Umwandlungsgesetz durch Verschmelzung der GmbH & Co. KG auf eine bereits bestehende GmbH (Verschmelzung durch Aufnahme) oder auf eine neu gegründete GmbH (Verschmelzung durch Neugründung) oder durch einen Formwechsel vollzogen werden.

Die Verschmelzung einer GmbH & Co. KG auf eine GmbH durch Aufnahme ist geregelt in den § 2 Abs. 1 Nr. 1, §§ 39ff., 46ff. UmwG. Die Verschmelzung einer GmbH & Co. KG auf eine GmbH durch Neugründung ist geregelt in den § 2 Abs. 1 Nr. 2, §§ 39ff., 56ff. UmwG. Die formwechselnde Umwandlung einer GmbH & Co. KG in eine GmbH ist geregelt in §§ 190ff., 214 bis 225 UmwG. Das Verfahren dieser Umwandlungsvorgänge entspricht weitestgehend den Ausführungen unter 1 zur Umwandlung einer GmbH in eine GmbH & Co. KG nach dem Umwandlungsgesetz.

b) Anwachsung

773 Soll die Komplementär-GmbH zukünftiger Rechtsträger des Unternehmens sein, erübrigt sich eine Umwandlung nach dem stark formalisierten Verfahren des Umwandlungsgesetzes. Die Übertragung des Unternehmens auf die Komplementär-GmbH kann dadurch geschehen, daß bis auf die Komplementär-GmbH sämtliche Gesellschafter aus der GmbH & Co. KG ausscheiden und dabei vereinbaren, daß das Handelsgeschäft auf den verbleibenden Gesellschafter, die Komplementär-GmbH, übergehen soll. Eine solche Vereinbarung ist entbehrlich, wenn bereits der Gesellschaftsvertrag eine sog. Fortsetzungsklausel enthält.[1275] Mit dem Ausscheiden der Kommanditisten wird die Gesellschaft beendet, was zur Folge hat, daß der Anteil der ausgeschiedenen Gesellschafter am Gesellschaftsvermögen gemäß § 738 BGB i. V. m. §§ 138, 142 HGB der übernehmenden GmbH zuwächst.[1276] Vorteil der Übertragung durch Anwachsung ist die einfache Durchführung: da die Anwachsung kraft Gesetzes erfolgt, bedarf es keines Übertragungsaktes. Das gesamte Vermögen der GmbH & Co. KG geht kraft Gesetzes auf die GmbH über. Daher ist auch die Auflassung der zum Gesellschaftsvermögen gehörenden Grundstücke nicht erforderlich. Die ausgeschiedenen Gesellschafter müssen lediglich nach § 894 BGB der Berichtigung des Grundbuchs zustimmen.

1275 Siehe Rn. 667.
1276 Vgl. BGHZ 32, 307.

II Steuerrechtlicher Teil

1 Umwandlung einer GmbH in eine GmbH & Co. KG

a) Motive

Motive der Umwandlung einer GmbH in eine GmbH & Co. KG können sein: 774

- Höchststeuersatz von 47 % bei der GmbH & Co. KG infolge der Tarifbegrenzung auf 47 % bei gewerblichen Einkünften (§ 32c EStG) statt 53 % auf Ausschüttungen an GmbH-Gesellschafter;
- Keine doppelte Vermögensteuer wie bei der GmbH (GmbH selbst und Anteile bei den Gesellschaftern), d. h. geringere Vermögensteuerbelastung bei der GmbH & Co. KG;
- Keine Publizitäts- und Prüfungspflicht bei der GmbH & Co. KG;
- Investitionszulagen sind bei der GmbH & Co. KG steuerfrei, können als (anteilige) Einlagen der Gesellschafter behandelt werden; bei der GmbH tritt eine Nachversteuerung ein, wenn sie an Gesellschafter ausgeschüttet wird;
- In Erbfällen kann die Erbschaftsteuer günstiger sein, da bei Anteilen an der GmbH & Co. KG nur der Einheitswert des Betriebsvermögens Bemessungsgrundlage ist, während bei GmbH-Anteilen der „gemeine Wert" der wesentlich durch die Ertragsaussichten beeinflußt wird, zum Tragen kommt. Entsprechendes gilt bei Schenkungsfällen, z. B. bei Maßnahmen der vorweggenommenen Erbfolge;
- Bei großen Gesellschaften kann durch die GmbH & Co. KG die Mitbestimmung von Arbeitnehmern im Aufsichtsrat vermieden werden.

b) Anzuwendende Vorschriften (Ertragsteuern)

Für die Verschmelzung einer GmbH auf eine GmbH & Co. KG sind die Vorschriften der §§ 3 bis 8 und 10 UmwStG, für die formwechselnde Umwandlung sind gemäß §§ 14, 18 UmwStG ebenfalls diese Vorschriften (analog) anwendbar. 775

Das UmwStG verlangt, daß für den Zeitpunkt des Vermögensübergangs bzw. Formwechsels die GmbH eine Schlußbilanz und die GmbH & Co. eine Eröffnungsbilanz aufstellen muß. Zwischen beiden Bilanzen besteht das Gebot der Wertverknüpfung, d. h., die GmbH & Co. KG muß in ihrer Eröffnungsbilanz die übernommenen Wirtschaftsgüter mit dem Wert ansetzen, mit dem die GmbH sie in ihrer Schlußbilanz angesetzt hat. Bezüglich der Bilanzaufstellung läßt das UmwStG einen Rückbeziehungszeitraum von 8 Monaten zu, d. h., die Bilanzen können für einen Stichtag aufgestellt werden, der höchstens 8 Monate vor der Anmeldung des Vermögensübergangs bzw. Formwechsels zur Eintragung in das Handelsregister liegt. Für die Verschmelzung ergibt sich diese steuerliche Rückwirkung aus § 2 Abs. 1 UmwStG i. V. m. § 17 Abs. 2 UmwG, für den Formwechsel aus § 14 UmwStG.[1277]

776 Im handelsrechtlichen Teil wurde ausgeführt, daß beim Formwechsel – soll jede persönliche Haftung vermieden werden – zuvor die Komplementär-GmbH gegründet und mit mindestens einem 500,– DM-Geschäftsanteil an der umzuwandelnden GmbH beteiligt werden muß. Wenn eine vermögensmäßige Beteiligung der Komplementär-GmbH an der GmbH & Co. KG nicht gewollt ist, ist es denkbar, daß der bzw. einer der Gesellschafter der umzuwandelnden GmbH den 500,– DM-Geschäftsanteil unentgeltlich an die (neue) Komplementär-GmbH abtritt und zwar ohne Gegenleistung und mit der Maßgabe, daß die Anteilsübertragung nur zum Zweck der Umwandlung geschieht und nach der Umwandlung der Gesellschafter weiterhin, und nicht die Komplementär-GmbH, am Vermögen der GmbH & Co. KG beteiligt ist.[1278]

777 Die GmbH kann in ihrer Schlußbilanz die Buchwerte fortführen, vorausgesetzt, daß die spätere Versteuerung der stillen Reserven bei den Gesellschaftern der GmbH & Co. sichergestellt ist. Die GmbH kann aber auch höhere Werte als die Buchwerte, höchstens jedoch die Teilwerte einsetzen (Wahlrecht); letzteres kann dann sinnvoll sein, wenn die GmbH einen noch nicht ausgeglichenen Verlustvortrag hat. Dieser Verlustvortrag (i. S. § 10d Abs. 3 Satz 2 EStG) geht nicht auf die übernehmende GmbH & Co. KG über, §§ 4 Abs. 2, 14 UmwStG.[1279]

778 Die GmbH & Co. KG muß in ihrer Eröffnungsbilanz die Vermögenswerte zwingend mit dem Wert ansetzen, mit dem die GmbH sie in ihrer Schlußbilanz angesetzt hat. Aus dem Unterschied zwischen diesen Werten und dem Buchwert der Anteile (an der umzuwandelnden GmbH) ergibt sich bei den Gesellschaftern der GmbH & Co. KG entweder ein Übernahmegewinn[1280] oder ein Übernahmeverlust. Der Übernahmegewinn erhöht sich, der Übernahmeverlust verringert sich um die außerbilanzmäßige Hinzurechnung der anzurechnenden Körperschaftsteuer auf den „Schlußbestand" des verwendbaren Eigenkapitals (vEK) der GmbH und einen Sperrbetrag i. S. § 50c EStG.

Der Übernahmegewinn ist mit max. 53 % einkommensteuerpflichtig (die Tarifbegrenzung von 47 % für gewerbliche Einkünfte gilt nicht), unterliegt aber nicht der Gewerbesteuer. Der Übernahmeverlust ist zunächst in der Weise zu berücksichtigen, daß die Wertansätze der übergegangenen Wirtschaftsgüter über Ergänzungs-

---

1277 Für Einzelheiten s. Wochinger/Dötsch, Das neue Umwandlungssteuergesetz und seine Folgeänderungen bzw. Auswirkungen bei der Einkommen-, Körperschaft- und Gewerbesteuer, DB-Beilage Nr. 14/94, S. 6.

1278 Korn, Die Umwandlung einer GmbH in eine GmbH & Co. KG durch Formwechsel: Ein Fallbeispiel, KÖSDI 6/1995, S. 10274.

1279 In den nachfolgenden Ausführungen wird gezeigt, daß die Verluste nur berücksichtigt werden – durch Aufstokkung der Buchwerte in Ergänzungsbilanzen –, wenn sich bei den Gesellschaftern der GmbH & Co. KG ein Übernahmeverlust ergibt.

1280 Bei Buchwertfortführung umfaßt der Übernahmegewinn die im übertragenen Vermögen enthaltenen offenen Reserven, d. h. in der Regel das verwendbare Eigenkapital i. S. des § 29 KStG.

bilanzen bis zu den Teilwerten gleichmäßig aufgestockt werden unter Ansatz eines Geschäfts(Firmen)wertes; sollte nach dieser Aufstockung der Übernahmeverlust nicht voll ausgeglichen sein, mindert der verbleibende Teil den laufenden Gewinn der GmbH & Co. KG.

c) Ausgangssituation (Beispielsfall)

Die A GmbH soll durch Formwechsel auf die A GmbH & Co. KG umgewandelt werden; die Schlußbilanz der A GmbH auf den Tag des Formwechsels zeigt folgendes Bild (Buchwerte). 779

AKTIVA		Buchwerte	PASSIVA
	DM		DM
Anlagevermögen		Stammkapital	1 200,–
Sachanlagen	2 000,–		
		Rücklagen	600,–
Umlaufvermögen	3 000,–		
		Verbindlichkeiten	3 200,–
	5 000,–		5 000,–

Die EK-Gliederung der GmbH soll folgende Ausgestaltung haben:

Bilanzielles Eigenkapital	1 800			
– Stammkapital	1 200			
– Verwendbares EK		EK_{50}	EK_{45}	EK_{04}
	600	200	220	180
Anzurechnende Körperschaftsteuer		200	180	0

d) Besteuerung bei der GmbH

Wertmäßige Verschiebungen in der Handelsbilanz ergeben sich nicht, da Buchwertfortführung gewählt wird; steuerrechtlich ist das Eigenkapital umzugliedern; aus dem Stammkapital und den Rücklagen der GmbH werden Fest- und variables Kapital der Kommanditisten. 780

Die unentgeltliche Übertragung des Geschäftsanteils von 500,– DM auf die neu gegründete Komplementär-GmbH und dessen Rückübertragung bleibt ohne steuerliche Auswirkungen, da sie nur zum Zwecke der Umwandlung geschieht und zu keiner dauerhaften Veränderung der Anteilsverhältnisse vor und nach der Umwandlung führt.

e) Besteuerung bei der GmbH & Co. KG

781 Die Eröffnungsbilanz der A GmbH & Co. KG entspricht wertmäßig der Bilanz der A GmbH (Grundsatz der Wertverknüpfung); Aufstockungen auf Teilwerte (im Falle eines Übernahmeverlustes) sind ggf. über Ergänzungsbilanzen zu berücksichtigen, d. h. die A GmbH & Co. KG hat folgende Eröffnungsbilanz:

AKTIVA	Buchwerte DM	PASSIVA	DM
Anlagevermögen		**Kommanditkapital**	
Sachanlagen	2 000,–	Fest	1 200,–
		Variable	600,–
Umlaufvermögen	3 000,–		
		Verbindlichkeiten	3 200,–
	5 000,–		5 000,–

f) Besteuerung bei den Gesellschaftern

782 Von Bedeutung sind hier
- die Eigenkapital(EK)-Gliederung bei der GmbH
- die Zugehörigkeit der GmbH-Anteile zum Privat- oder Betriebsvermögen bei den Gesellschaftern
- die unbeschränkte oder beschränkte Steuerpflicht der Gesellschafter
- die Höhe der Beteiligung des Gesellschafters (wesentlich oder nicht wesentlich).

Für den Fortgang des Beispiels wird unterstellt, daß die Anschaffungskosten der GmbH-Anteile insgesamt DM 2 400 betragen, also zum Umwandlungsstichtag damit über dem Vermögen der GmbH von DM 1 800 liegen.

783 Ist der GmbH-Gesellschafter wesentlich beteiligt (z. B. mit 60 %), unbeschränkt steuerpflichtig und hält seine Anteile im Privatvermögen, so ergibt sich folgende Berechnung:

Anteiliges Vermögen bei der A GmbH	+ 1 080
GmbH-Anteile/ Anschaffungskosten	./. 1 440
Übernahmeverlust	./. 360
Erhöhung um anrechnungsfähige Körperschaftsteuer (60 % von 380)	+ 228
Übernahmeverlust	./. 132

Die Erhöhung des Übernahmeverlustes um die im vEK enthaltene anrechnungsfähige Körperschaftsteuer ergibt sich aus § 4 Abs. 5 UmwStG.

Bei einem Übernahmeverlust sind gemäß § 4 Abs. 6 UmwStG die Buchwerte aufzustocken; dies geschieht über eine Ergänzungsbilanz (des Gesellschafters zur GmbH & Co. KG).

Ergänzungsbilanz

Sachanlagevermögen	48	Mehrkapital	132
Umlaufvermögen	84		
	132		132

Vorstehendes Berechnungsschema gilt auch für den Fall, daß die GmbH-Anteile 784
im Betriebsvermögen gehalten werden – unbeachtlich ist hierbei, ob es sich um eine wesentliche oder eine nicht wesentliche Beteiligung handelt – und der Gesellschafter unbeschränkt steuerpflichtig ist.

Das Berechnungsschema greift auch für den Fall, daß der Gesellschafter die An- 785
teile im Privatvermögen hat, unbeschränkt steuerpflichtig ist, es sich aber um sog. einbringungsgeborene Anteile handelt. Bei diesem Sachverhalt gelten die Anteile als mit den Anschaffungskosten in das Betriebsvermögen der GmbH & Co. KG eingelegt. Damit finden gemäß § 5 Abs. 4 UmwStG die für im Betriebsvermögen gehaltene Anteile geltenden steuerlichen Folgen Anwendung.

Ist der Gesellschafter unbeschränkt steuerpflichtig und hält die Anteile im Privat- 786
vermögen, ist er jedoch nicht wesentlich beteiligt – z. B. nur mit 20 % –, so werden die Einkünfte gemäß § 7 UmwStG wie folgt besteuert:

Auf den Gesellschafter entfallender Teil des vEK der GmbH (20 % von 440)	88
zuzüglich anrechnungsfähige Körperschaftsteuer (20 % von 380)	+ 76
nach § 7 UmwStG als Einkünfte aus Kapitalvermögen zu besteuern	164
Steuersatz (40 %)	65,6
Abzüglich Körperschaftsteueranrechnung	./. 76,0
Steuererstattung	10,4

§ 7 UmwStG ist eine „gesonderte Gewinnermittlungsvorschrift"; sie bestimmt, daß der nicht wesentlich Beteiligte das anteilig auf ihn entfallende verwendbare Eigenkapital (ohne EK 04) der übertragenden Kapitalgesellschaft sowie die anteilig auf ihn entfallende Körperschaftsteueranrechnung als Einkünfte aus Kapitalvermögen i. S. des § 20 EStG zu versteuern hat.[1281]

1281 Knopf/Söffing; Einzelaspekte zur Umwandlung einer Kapitalgesellschaft in eine Personengesellschaft nach neuem UmwStG, BB 1995, S. 852.

787 Für den Fall, daß der Gesellschafter seine Anteile innerhalb der letzten 5 Jahre vor der Umwandlung in ein Betriebsvermögen eingelegt hat, greift § 5 Abs. 3 Buchst. b UmwStG, der bestimmt, daß für die Ermittlung des Übernahmegewinns statt der Buchwerte die Anschaffungskosten der Anteile anzusetzen sind. Ohne § 5 Abs. 3 Buchst. b UmwStG könnten die Gesellschafter, die ihre Anteile kurz vor der Umwandlung aus dem Privatvermögen in ein Betriebsvermögen überführt haben, den die Anschaffungskosten übersteigenden Teilwert (= Buchwert) ansetzen, der zu einem höheren Übernahmeverlust mit den Folgen der Wertaufstokkung führt. § 5 Abs. 3 Buchst. b UmwStG verhindert damit mißbräuchliche Gestaltungen des Umwandlungsrechts.

788 Ist der Gesellschafter nur beschränkt steuerpflichtig und hält er die Anteile im Privatvermögen, so steht sowohl bei wesentlicher als auch bei nicht wesentlicher Beteiligung das Besteuerungsrecht für die GmbH-Anteile und die Ausschüttungen dem ausländischen Staat (DBA-Abkommen unterstellt) zu. Ein Übernahmegewinn oder Übernahmeverlust ist steuerlich irrelevant. Die Anteile gelten auch nicht als in das Betriebsvermögen der GmbH & Co. KG eingelegt; die (fiktiven) Ausschüttungen werden nicht von der inländischen Besteuerung erfaßt.

g) Spätere Veräußerung der KG-Anteile

789 Werden nach der Umwandlung die KG-Anteile veräußert, so liegen bei der Einkommensteuer gewerbliche Einkünfte i. S. der §§ 16, 34 EStG vor.

Gewerbesteuerlich stellt die Veräußerung der KG-Anteile gemäß § 7 GewStG keinen laufenden Gewinn dar. Die Gewerbesteuerfreiheit des § 7 GewStG greift jedoch dann nicht, wenn der Betrieb der GmbH & Co. KG innerhalb von 5 Jahren nach der Umwandlung veräußert oder aufgegeben wird. Für diesen Fall greift § 18 Abs. 4 UmwStG, der den Veräußerungs- oder Aufgabegewinn für diesen Fall der Gewerbesteuer unterwirft.

h) Umsatzsteuer

790 Bei einem Formwechsel von einer Kapitalgesellschaft auf eine Personengesellschaft, also von der GmbH auf die GmbH & Co. KG, fehlt eine Vermögensübertragung, da die Identität der Gesellschaft aufrechterhalten bleibt. Damit liegt kein steuerbarer Leistungsaustausch vor.

Bei einer Verschmelzung könnte ein Leistungsaustausch bejaht werden; diese Möglichkeit bleibt jedoch umsatzsteuerlich ohne Auswirkung, da dieser Leistungsaustausch als Geschäftsveräußerung gemäß § 1 Abs. 1a UStG nicht umsatzsteuerbar wäre.

Die Rückbeziehung der Umwandlung bis zu 8 Monaten gilt nur ertragssteuerlich; für die Umsatzsteuer ist sie bedeutungslos. Bis zur Eintragung des Umwandlungsbeschlusses in das Handelsregister bleibt die GmbH Unternehmer und hat die von ihr getätigten Umsätze zu versteuern.[1282]

i) Grunderwerbsteuer

Wenn bei der Verschmelzung einer GmbH auf eine GmbH & Co. KG die GmbH 791
ein Grundstück hat, entsteht Grunderwerbsteuer gemäß § 1 Abs. 1 Nr. 3 GrErwStG; das Grundstück gehört nach der Verschmelzung einer anderen Rechtsperson i. S. des GrEStG. Bemessungsgrundlage sind die an der GmbH & Co. KG gewährten Gesellschaftsrechte (i. S. einer Gegenleistung). Stößt die Ermittlung des auf das Grundstück entfallenden Teils der Gesamtgegenleistung auf besondere Schwierigkeiten, kann nach einer Anweisung der Finanzverwaltung[1283] der Berechnung der Grunderwerbsteuer mit Zustimmung des Steuerpflichtigen der gemeine Wert (Verkehrswert) dieses Grundstücks zugrunde gelegt werden. Wird bei der Ermittlung des gemeinen Werts vom Einheitswert des Betriebsgrundstücks ausgegangen, ist regelmäßig ein Zuschlag zu machen. Sofern nicht andere Anhaltspunkte für den Verkehrswert vorliegen, ist nach Anweisung der Finanzverwaltung wie folgt zu verfahren:

1) Ein im Beitrittsgebiet liegendes Betriebsgrundstück ist nach Anwendung des sich aus § 133 Abs. 1 BewG ergebenden Zuschlags auf den Einheitswert 1935
   - bei Verwirklichung des Erwerbsvorgangs in der Zeit vom 1. 1. 1991 bis zum 31. 12. 1992 mit dem 2fachen und
   - bei der Verwirklichung des Erwerbsvorgans nach dem 31. 12. 1992 mit dem 2,5-fachen

   des durch den Zuschlag an das Wertniveau 1974 angeglichenen Grundstückswerts, mindestens aber mit dem in der Steuerbilanz ausgewiesenen Wert anzusetzen.

2) Ein im übrigen Bundesgebiet liegendes Betriebsgrundstück ist
   - bei Verwirklichung des Erwerbsvorgangs bis zum 31. 12. 1992 entsprechend der Regelung in Abschnitt 77 Abs. 3 VStR 1989 mit 280 v. H. und
   - bei Verwirklichung des Erwerbsvorgangs nach dem 31. 12. 1992 entsprechend der Regelung in Abschnitt 32 Abs. 4 VStR 1993 mit 350 v. H.

   des am jeweiligen Stichtag maßgebenden Einheitswerts – ohne Zuschlag nach § 121 a BewG – mindestens aber mit dem in der Steuerbilanz ausgewiesenen Wert anzusetzen.[1284]

1282 Streck/Posdziech, Verschmelzung und Formwechsel nach dem neuen Umwandlungssteuergesetz, GmbHR 1995, S. 271 (283).

1283 Veröffentlicht in WPg 1995, S. 252.

1284 Wenn mit Zustimmung des Steuerpflichtigen der gemeine Wert (Verkehrswert) des Grundstücks nach vorstehenden Schemata ermittelt wird, kann die Steuererklärung endgültig erfolgen, anderenfalls hat sie unter dem Vorbehalt der Nachprüfung erstellt zu werden, da eine neue bundeseinheitliche Regelung zur Berechnung der Gegenleistung erwartet wird; FinMin Baden-Württemberg, Erlaß vom 11. 11. 1994, DB 1995, S. 217.

792 Gemäß dem Erlaß des Finanzministeriums Baden-Württemberg vom 12. Dezember 1994[1285] liegt auch bei einem Formwechsel von der GmbH in die GmbH & Co. KG ein Erwerbsvorgang nach § 1 Abs. 1 Nr. 3 GrEstG vor, wenn die Gesellschaft Grundvermögen besitzt. Diese Auffassung ist zweifelhaft, weil es zu keinem Rechtsträgerwechsel kommt. Da § 1 Abs. 1 Nr. 3 GrEstG für steuerpflichtige Verkehrsvorgänge an das Zivilrecht anknüpft und der bloße Formwechsel von der Kapitalgesellschaft zur Personengesellschaft den Bestand der Gesellschaft als solche unberührt läßt und nur zu einer Veränderung der Gesellschaftsform führt, dürfte an sich kein Grunderwerbsteuertatbestand erfüllt sein.[1286]

Hinsichtlich der Bemessungsgrundlage für die Grunderwerbsteuer in diesen Fällen gelten die Ausführungen zur Grunderwerbsteuer bei Verschmelzung entsprechend.

j) Neue Strukturen beim Unternehmenskauf

793 Die nach dem UmwG und dem UmwStG mögliche steuerneutrale Umwandlung einer Kapitalgesellschaft in eine Personengesellschaft eröffnet neue Finanzierungsmöglichkeiten, verbunden mit steuerlich optimaler Gestaltung bei Unternehmenskäufen in Form des share deals, speziell in Fällen des Management Buy-Out, in denen sich die Erwerbergruppe als GmbH & Co. organisiert. Die Fachliteratur[1287] spricht in diesem Zusammenhang von einem „Verschmelzungs- oder Umwandlungsmodell", das das bisher praktizierte „Kombinationsmodell" ablöst.

Im Kombinationsmodell kauft der Erwerber zunächst die Beteiligung an einer Kapitalgesellschaft (Share Deal). Im Anschluß an diesen Beteiligungskauf erwirbt er oder ein dazu ausersehenes Unternehmen die Wirtschaftsgüter dieser Kapitalgesellschaft (interner Asset Deal) und kommt so in den Genuß des Abschreibungspotentials. Die Kapitalgesellschaft schüttet den entstandenen Gewinn an den Erwerber aus, der dann seinerseits eine ausschüttungsbedingte Teilwertabschreibung der Beteiligung an der entleerten Kapitalgesellschaft vornimmt. Mit der Teilwertabschreibung wird der durch den Asset Deal entstandene Gewinn körperschaftsteuerlich bzw. einkommensteuerlich neutralisiert. Gewerbeertragsteuerlich wirkt sich die ausschüttungsbedingte Teilwertabschreibung nicht neutralisierend aus (§ 8 Nr. 10 GewStG), auch nicht, wenn ein Organschaftsverhältnis zwischen Erwerber und Ziel-Kapitalgesellschaft errichtet wird[1288] (BFH-Urteil vom 2. 2. 1994, I R 10/93; DB 1994, S. 862).

1285 DB 1994, S. 2592.

1286 Courage, DB 1995, S. 1102.

1287 Rödder/Hötzel, Perspektiven für die steueroptimale Form des Unternehmenskaufs, FR 1994, S. 285ff; Otto, Buy-Out-Finanzierungen: Neue Akquisitionsstrukturen nach neuem Umwandlungsrecht, DB 1994, S. 2121ff.

1288 BFH-Urteil vom 2. 2. 1994, I R 10/93, DB 1994, S. 862.

Unter Ausnutzung der Möglichkeiten des neuen Umwandlungssteuergesetzes schlagen Rödder/Hötzel vor, dem Share Deal ein Umwandlungsmodel[1289] nachzuschalten, um damit Abschreibungspotential ohne gewerbesteuerliche Zusatzbelastungen zu schaffen. Nach dem Vorschlag von Rödder/Hötzel kauft der Erwerber zunächst die Beteiligung an der Kapitalgesellschaft und aktiviert sie mit ihren Anschaffungskosten. Alsdann wandelt der Erwerber die Kapitalgesellschaft nach den Vorschriften des UmwG/UmwStG in eine Personenhandelsgesellschaft um. Der entstehende Buchverlust ist gemäß den Vorschriften des Umwandlungssteuergesetzes nicht sofort abzugsfähig, kann also nicht mit anderen positiven Einkünften verrechnet werden, sondern muß zu einer Aufstockung der schon bisher bilanzierten Aktiva führen; diese Aufstockung bringt dann das gewünschte Abschreibungspotential.

Rödder/Hötzel[1290] geben folgendes Beispiel: Unternehmenskäufer ist ein Gewerbetreibender.[1291] Erworben werden soll die Ziel-Kapitalgesellschaft, die folgende bilanzielle Konstellation aufweist:

Kapitalgesellschaft A					
Aktiva	500	Gezeichnetes Kapital			200
		Rücklagen	EK 50	100	
			EK 36	50	
			EK 01	50	
			EK 04	100	300
	500				500

Die Kapitalgesellschaft A verfügt über
- stille Reserven in bilanzierten Wirtschaftsgütern i. H. v. 250
- einen originären Firmenwert i. H. v. 122
- Körperschaftsteuerguthaben i. H. v. (50/50 × 100 + 36/64 × 50 =) 128.

Der Kaufpreis für die Anteile an der Kapitalgesellschaft A beträgt 1 000 und setzt sich zusammen aus dem Buchwert und den stillen Reserven der bilanzierten Wirtschaftsgüter (500 + 250 = 750), aus dem Firmenwert von 122 und der Abgeltung des Körperschaftsteuerguthabens von 128.

1289 Otto, a. a. O., S. 2122 spricht vom „Verschmelzungsmodell“.

1290 A. a. O., S. 288.

1291 Ist der Erwerber der Zielgesellschaft in der Rechtsform der Kapitalgesellschaft organisiert, so kommt – hierauf weisen Rödder/Hötzel hin – „die Durchführung des Umwandlungsmodells in der Form der Verschmelzung der Zielgesellschaft auf den Erwerber selbst nicht in Betracht. Denn diese Verschmelzung wird steuerlich weitestgehend wie nach altem Recht behandelt; insbesondere würde ein Übernahmeverlust ohne steuerlichen Effekt bleiben“.

Der Erwerber aktiviert die erworbene Beteiligung mit ihren Anschaffungskosten von 1 000. Mit der Aktivierung der Beteiligung ist für ihn noch nicht die Gewinnung des gewünschten Abschreibungspotentials verbunden.

Um das gewünschte Abschreibungssubstrat zu erreichen, wandelt der Erwerber nun die Kapitalgesellschaft A in eine Personengesellschaft (A) nach den §§ 190ff. UmwG identitätswahrend um (Umwandlungsmodell). Der Formwechsel löst folgende Konsequenzen aus:

Buchwert des übergegangenen Vermögens	500
./. Buchwert = Anschaffungskosten der Anteile	./. 1 000
= Übernahmeverlust	= ./. 500
+ Körperschaftsteuerguthaben	+ 128
= verbleibender Betrag	= ./. 372

Das Körperschaftsteuerguthaben i. H. v. 128 erhält der Erwerber vollumfänglich erstattet. Die überschießende Differenz von 372 verteilt er nach Maßgabe des § 4 Abs. 6 UmwStG auf die übernommenen Wirtschaftsgüter (es findet insoweit also keine sofortige Verrechnung mit anderen positiven Einkünften statt). Das führt zur Aufstockung der bisher schon bilanzierten Aktiva um 250 auf ihren Teilwert von 750 und zum Ausweis eines Firmenwertes von 122. Eine Nachversteuerung des EK 01 findet in diesem Fall im wirtschaftlichen Ergebnis nicht statt.

Die Bilanz der gekauften Gesellschaft A, die nun Personenhandelsgesellschaft ist, stellt sich danach wie folgt dar:

Personenhandelsgesellschaft A			
Verschiedene Aktiva	750	Eigenkapital	872
Firmenwert	122		
	872		822

Im Ergebnis konnte mithin die gewünschte Buchwertaufstockung durch den dem share deal nachgeschalteten Formwechsel unter Buchwertfortführung in vollem Umfang herbeigeführt werden. Eine Belastung mit Ertragsteuern fällt in diesem Modell nicht an, was die Vorteilhaftigkeit gegenüber dem Kombinationsmodell, in dem eine gewerbeertragsteuerliche Erfassung der stillen Reserven eintritt, deutlich macht.

2 Umwandlung einer GmbH & Co. KG in eine GmbH

a) Umwandlung nach dem Umwandlungsgesetz/ Umwandlungssteuergesetz

Im Handelsrecht ist die Umwandlung der GmbH & Co. KG in eine GmbH auch durch Formwechsel möglich (§ 190 UmwG); hiernach bleibt die Identität des Rechtsträgers erhalten. Das Steuerrecht geht hingegen von einem Rechtsträgerwechsel aus. Es fordert (§§ 25, 14 UmwStG) die Aufstellung einer Steuerbilanz auf den steuerlichen Übertragungsstichtag und läßt eine Übertragung des Betriebsvermögens zu Buchwerten, Zwischenwerten und Teilwerten zu; entscheidend ist, welche Wertansätze die GmbH & Co. KG wählt. 794

Die Buchwerte müssen (gleichmäßig) aufgestockt werden

- wenn die Bilanz der GmbH & Co. KG ein negatives Kapitalkonto ausweist,
- der Kommanditist (Einbringende) beschränkt einkommen(körperschaft)steuerpflichtig ist.

Die Anteile an der Komplementär-GmbH brauchen nicht mit eingebracht zu werden; für die weitere steuerliche Behandlung gelten sie jedoch als nicht entnommen, sondern sind als Anteile zu behandeln, die durch eine Sachanlage erworben sind (sog. einbringungsgeborene Anteile).

Der Übertragungsstichtag darf höchstens 8 Monate vor der Anmeldung zur Eintragung im Handelsregister liegen.

Setzt die GmbH & Co. KG die Buchwerte an, ergibt sich eine Versteuerung der stillen Reserven in Form eines Veräußerungsgewinns bei Verkauf der einbringungsgeborenen Anteile (evtl. auch ein Veräußerungsverlust); es gilt § 16 EStG.

Erfolgt eine Wertaufstockung, erzielt der einbringende Kommanditist einen Veräußerungsgewinn, für den – sofern die Teilwerte (einschl. Firmenwert) realisiert werden –, die Tarifbegünstigung der §§ 16, 34 EStG (incl. Freibetragsregelung) greift.

Die Rechtsfolgen sind gleich, wenn die KG-Anteile durch Kapitalerhöhung in die Komplementär-GmbH eingebracht werden (sog. erweitertes Anwachsungsmodell). Auch hier ist durch Buchwertfortführung bei der GmbH keine Gewinnrealisierung möglich mit der Folge, daß die ursprünglichen GmbH-Anteile ebenfalls als einbringungsgeboren gelten.

b) Anwachsung

Bei dieser Gestaltung scheiden bei einer GmbH & Co. KG, deren Kommanditisten zugleich Gesellschafter der Komplementär-GmbH sind, die Kommanditisten ohne Entschädigung aus der KG aus, mit der Folge, daß ihr Anteil am Gesell- 795 schaftsvermögen gemäß §§ 736, 738 BGB der GmbH als letztem verbleibenden Gesellschafter zuwächst und die KG ohne Liquidation erlischt.[1292] In Höhe der hierdurch untergegangenen Kommanditanteile erhöht die GmbH ihr Stammkapital; die Geschäftsanteile aus dieser Kapitalerhöhung werden von den bisherigen Kommanditisten in demselben Verhältnis wie bei der Kommanditbeteiligung übernommen.

Hierzu wird von der Finanzverwaltung[1293] die Auffassung vertreten, daß das Ausscheiden der Kommanditisten ohne Abfindung eine verdeckte Einlage in die GmbH darstellt, die zur Gewinnrealisierung unter dem Gesichtspunkt der Betriebsveräußerung oder -aufgabe führt. Das entschädigungslose Ausscheiden der Kommanditisten aus der KG zugunsten der Komplementär-GmbH stellt eine unentgeltliche Leistung dar, die durch das Gesellschaftsverhältnis veranlaßt ist. Denn ein Nichtgesellschafter hätte bei Anwendung der Sorgfaltspflichten eines ordentlichen Kaufmanns der Gesellschaft den Vermögensvorteil nicht eingeräumt. Der Wert der verdeckten Einlage bemißt sich dabei nach der Wertsteigerung, welche die Beteiligung an der GmbH durch das Ausscheiden der Kommanditisten erfährt, und zwar einschließlich des anteiligen Geschäftswerts.[1294]

Dieser Wert ist neben dem gemeinen Wert der in das Privatvermögen überführten GmbH-Anteile als Veräußerungserlös – begünstigt nach §§ 16, 34 EStG – bei den Kommanditisten zu besteuern und stellt gleichzeitig deren Anschaffungskosten für die GmbH-Anteile i. S. von § 17 EStG dar.

Der teilweise in der Literatur vertretenen Ansicht, von der Besteuerung des Gewinns könne zunächst abgesehen werden, wenn die GmbH-Anteile wie einbringungsgeborene Anteile behandelt würden, kann nicht zugestimmt werden. Der BFH hat in seinem Urteil vom 24. 3. 1987 ausdrücklich dargelegt, daß § 20 UmwStG 1977 (= § 17 UmwStG 1969) keine Anwendung findet, wenn der Steuerpflichtige die zivilrechtliche Gestaltung bewußt so wählt, daß die Voraussetzungen des § 20 Abs. 1 UmwStG nicht erfüllt werden. Da es an einer Sacheinlage gegen Gewährung neuer Anteile an der Gesellschaft fehlt, scheidet – wie bei der verschleierten Sachgründung – auch eine sinngemäße Anwendung des § 20 UmwStG aus.

1292 Siehe auch Rn. 559.

1293 OFD Düsseldorf, Vfg vom 2. 6. 1988, S. 1524.

1294 Siehe auch Urteile des BFH vom 12. 2. 1980, BStBl II S. 494 und vom 24. 3. 1987, I R 202/83, BStBl II S. 705.

Literaturverzeichnis

Balser/Meyer/Piorreck, Die GmbH. Ein Handbuch für die wirtschaftliche, notarielle und gerichtliche Praxis. Mit Erläuterungen, Beipielen und Formularen, 8. Aufl. Freiburg 1987.

Balz, Rechtstatsachen zur Ausschließung und zum Austritt von Gesellschaftern der GmbH, in: GmbHR 1983, S. 185ff.

Barth, Die Entlastung für mittelständische Unternehmen ist bei der Publizitätspflicht vorläufig in Verzug, in: BB 1988, S. 1571ff.

Baumbach/Hopt, Handelsgesetzbuch, 29. Aufl. München 1994.

Baumbach/Hueck, GmbH-Gesetz, 15. Aufl. München 1988.

Binz, Die GmbH & Co., 8. Aufl. München 1992.

Binz/Freudenberg/Sorg, Informationsrechte in der GmbH & Co., in: BB 1991, S. 785ff.

Wiederaufleben der Kommanditistenhaftung gem. § 172 Abs. 4 HGB, in: DStR 1991, S. 1253ff.

Blinzler/Buchbinder, Geprägegesetz und GmbH & Co. KG – Vermeidung der Geprägegrundsätze durch Übertragung der Geschäftsführungsbefugnisse auf die Kommanditisten-Geschäftsführung?, in: DB 1987, S. 503ff.

Bokelmann, Rechtsprechung zum Firmenrecht der GmbH & Co. KG seit 1987, in: GmbHR 1994, S. 356ff.

Boruttau/Egly/Sigloch, Grunderwerbsteuergesetz, 12. Aufl. München 1986.

Brandes, Die Rechtsprechung des Bundesgerichtshofs zur Personengesellschaft – Fortsetzung zu WM 1989, S. 1357, und WM 1990, S. 1221, in: WM 1994, S. 569ff.

Bülow, Stimmrechtsausübung bei der Komplementär-GmbH im Alleinbesitz ihrer Kommanditgesellschaft, in: GmbHR 1982, S. 121.

Christoffel/Dankmeyer, Das Steuerbereinigungsgesetz 1986: die gesetzliche Verankerung der sog. Geprägegrundsätze, in: DB 1986, S. 347ff.

Courage, Fiktiver Vermögensübergang und Grunderwerbsteuer bei Formwechsel zwischen Kapitalgesellschaft und Personengesellschaft, in: DB 1995, S. 1102.

Crezelius, Die werdende GmbH – Gesellschaftsrechtliche Grundlagen, bilanz- und steuerrechtliche Konsequenzen, in: DStR 1987, S. 743ff.

Verkappte Analogien in der Finanzrechtsprechung, in: StuW 1981, S. 117ff.

Dietrich, Die Publikums-Kommanditgesellschaft und die gesellschaftsrechtlich geschützten Interessen, Köln 1988.

Dietz/Richardi, Betriebsverfassungsgesetz, Kommentar, Bd. 1: §§ 1–73, 6. Aufl. München 1981.

Ebenroth/Müller, Die Abfindungsklausel im Recht der Personengesellschaft und der GmbH – Grenzen privatautonomer Gestaltung, in: BB 1993, S. 1153ff.

Ehlers/König, Fallen Schein-Kommanditgesellschaften unter § 15 Abs. 3 EStG n. F.?, in: DB 1986, S. 1352ff.

Engel, Abfindungsklauseln – eine systematische Übersicht, in: NJW 1986, S. 345 ff.
Esch, Gesellschaftsvertragliche Buchwertabfindung im Falle der Ausschließungskündigung, in: NJW 1979, S. 1390ff.
Die GmbH & Co. KG als Einheitsgesellschaft, in: BB 1991, S. 1129ff.

Felix, Die Einmann-Betriebsaufspaltung sowie die Beteiligung an der Besitz-GmbH & Co. KG und der Betriebs-GmbH in der Erbauseinandersetzung, in: GmbHR 1990, S. 561.
Figge, Die Sozialversicherungspflicht der Gesellschafter – Geschäftsführer einer GmbH, in: GmbHR 1986, S. 185ff.
Fitting/Auffarth/Kaiser/Heither, Betriebsverfassungsgesetz, Handkommentar, 16. Aufl. München 1990.
Fleck, Die Drittanstellung des GmbH-Geschäftsführers, in: ZHR 149 (1985), S. 387ff.
Flick, „Raus aus der GmbH, rein in die Personengesellschaft“, in: DB 1994, S. 64.
Flohe, Sonderbetriebsausgaben – Abzug bei der GmbH & Co. KG, in: GmbHR 1994, S. 530.

Gaul, Die Wettbewerbsbeschränkung des Geschäftsführers der GmbH innerhalb und im Anschluß an den stillschweigend verlängerten Vertrag, in: GmbHR 1991, S. 144.
Geitzhaus, Die Generalbevollmächtigung – empfehlenswertes Instrument der Unternehmensführung?, in: GmbHR 1991, S. 229ff. u. 278ff.
Gerbig/Rautenberg, Gestaltungsfreiräume des § 15a EStG, in: DB 1970, S. 1959.
GmbH-Handbuch, Hrsg. Centrale für GmbH Dr. Otto Schmidt, 13. Aufl., Stand 1994, Köln.
Großkommentar zum HGB, begr. von Staub, hg. v. Canaris/Schilling/Ulmer, 4., neubearb. Aufl., Erster Band, §§ 1–104, Berlin, New York 1993; Zweiter Band, 1. Halbband, §§ 105–144, Berlin, New York 1989. begr. von Staub, Herausgeber Canaris, Schilling, Ulmer, 9. Lieferung, §§ 161–177a, Bearbeiter: Schilling, Berlin, New York 1987.
Grüter, Die „extreme“ GmbH & Co. KG in Wahlordnungen zum Mitbestimmungsgesetz, in: BB 1978, S. 1145ff.

Haack, Der Beirat der GmbH & Co. KG, in: BB 1993, S. 1607ff.
Hanau/Ulmer, Mitbestimmungsgesetz, München 1981.
Hachenburg, Gesetz betreffend die Gesellschaften mit beschränkter Haftung (GmbHG) Großkommentar; Erster Band: Allgem. Einleitung (§§ 1–34), 8. Aufl. Berlin, New York 1992; Zweiter Band: §§ 13–52, 7. Aufl. Berlin, New York 1979; Dritter Band: §§ 53–85, 7. Aufl. Berlin, New York 1984.
Hackstein, Rechtsfragen zu § 6 Abs. 1 Nr. 4 KVStG, in: DVR 1971, S. 177.
Hahn, Einkünfte aus Gewerbebetrieb (Vergütung für freiberufliche Leistungen des Gesellschafters), in: FR 1970, S. 496.

EG-Bilanzrecht: Das „Aus“ für GmbH & Co. KG und Mittelstand?, in: GmbHR 7/1990, R. 49.
Heidner, Probleme der liquidierten Gesellschaft im Verfahren, in: DStR 1992, S. 201 ff.
Helm/Wagner, Fremdgeschäftsführung und -vertretung bei Personenhandelsgesellschaften, in: DB 1979, S. 225 ff.
Hennerkes/Binz, Die Buchwertabfindung – ein Fossil unserer Zeit?, in: DB 1983, S. 2669.
Herrmann-Heuer, Kommentar zum EStG, Loseblattkommentar, Köln-Marienburg.
Hess/Schlochauer/Glaubitz, Kommentar zum Betriebsverfassungsgesetz, 3. Aufl. Neuwied, Darmstadt 1986.
Hesselmann, Anmerkung zu OLG Hamburg, Beschluß vom 15. 12. 1960, in: GmbHR 1961, S. 129.
Handbuch der GmbH & Co., 16. Aufl. Köln 1980 (ab 17. Aufl. 1991 Autor: Tillmann).
Die GmbH & Co. KG – eine immer noch beachtenswerte Gesellschaftsform, in: BB 1987, S. 346 ff.
Die Komplementär-GmbH einer GmbH & Co. nach dem Bilanzrichtlinien-Gesetz, in: BB 1987, S. 1770 ff.
Hölters, Sonderprobleme des Beirats der GmbH & Co. KG, in: DB 1980, S. 2225 ff.
Höppner, Steuerliche Anerkennung eines KG-Vorweg-Verlustanteils der später neu beigetretenen Kommanditisten, in: DB 1976, S. 887/888.
Hoffmann, Der Jahresabschluß der Komplementär-GmbH nach neuem Recht, in: BB 1986, S. 288 ff.
Huber, Vermögensanteil, Kapitalanteil und Gesellschaftsanteil an Personengesellschaften des Handelsrechts, Heidelberg 1970.
Hüffer, Organpflichten in der Publikums-KG, in: ZRG 1981, S. 354 ff.

Jahrbuch der Fachanwälte für Steuerrecht 1987/88, Stiftung & Co. – Modell der Zukunft?, S. 163 ff.
Jakob, § 15 a EStG – Zu seiner Verfassungsmäßigkeit, insbesondere zur Anwendbarkeit auf Kommanditisten von „Nicht-Verlustzuweisungsgesellschaften“, in: BB 1988, S. 887 ff.
Joost, Kurzkommentar zu BGH, ZIP 1990, S. 451; in: EWiR 1990, S. 481 f.

Kainz, Das Nachhaftungsbegrenzungsgesetz (NachhBG), in: DStR 1994, S. 620 ff.
Klauss/Birle, Die GmbH & Co., 7. Aufl. Ludwigshafen (Rhein) 1988.
Knobbe-Keuk, Obligatorische Nutzungsrechte als Sacheinlagen in Kapitalgesellschaften, in: ZGR 1980, S. 214 ff.
Bilanz- und Unternehmenssteuerrecht, 8. Aufl. Köln 1991.
König, Die vermögensverwaltende GmbH & Co. KG nach dem Steuerbereinigungsgesetz 1986, in: BB 1986, S. 569.

Korb, Grunderwerbsteuer – Einbringung von Grundstücken in eine GmbH & Co. KG gegen Gewährung von Gesellschaftsrechten, in: DVStR 1975, S. 148.

Kornblum, Weitere Rechtstatsachen zum Unternehmens- und Gesellschaftsrecht (II), in: GmbHR 1983, S. 61 ff.

Kornblum/Kleinle/Baumann/Steffan, Neue Rechtstatsachen zum Unternehmens- und Gesellschaftsrecht (I), in: GmbHR 1985, S. 7 ff.

Kühnel, Umsatzsteuerliche Besonderheiten bei der GmbH & Co. KG, in: GmbHR 1982, S. 136 ff.

Kussmaul, Vergleich der Außenfinanzierung durch Gesellschafter bei GmbH und GmbH & Co. KG, in: GmbHR 1991, S. 271 (Teil 1) bzw. S. 324 (Teil 2).

Lange/Kuchinke, Lehrbuch des Erbrechts, 3. Aufl. München 1989.

Lieb, Haftungsklarheit für den Mittelstand?, in: GmbHR 1994, S. 657 ff.

Lipps, Zur Strafbarkeit des sog. „Berliner Modells", in: BB 1979, S. 1235.

Löffler, Zur Reichweite des gesetzlichen Wettbewerbsverbots in der Kommanditgesellschaft, in: NJW 1986, S. 223 ff.

Lutter/Hommelhoff, Kommentar zum GmbHG, 14. Aufl. Köln 1994.

Lüttge, Das neue Umwandlungs- und Umwandlungssteuerrecht, in: NJW 1995, S. 417 ff.

Marx/Delp, Einbeziehung der GmbH & Co. KG in die Publizitäts- und Prüfungspflicht nach dem neuen Recht?, in: DB 1986, S. 289.

Medicus, Die Außenhaftung der GmbH-Geschäftsführer, in: GmbHR 1993, S. 533 ff.

Meyer, Anteile an der Komplementär-GmbH in der Vermögensaufstellung der GmbH & Co. KG, in: DB 1979, S. 1912.

Meyer-Landrut, Die Auslegung einfacher Kündigungsklauseln in GmbH-Satzungen in Festschrift Stimpel, 1985, S. 431 ff.

Meynert, Die Sozialversicherungspflicht „mittlerer Geschäftsführer", in: GmbHR 1970, S. 239 ff.

Moxter, Grundsätze ordnungsmäßiger Unternehmensbewertung, 2. Aufl. 1983.

Müller-Welser, Zur Bilanzierung der Verlustbeteiligung einer Komplementär-GmbH, in: DB 1978, S. 958.

Münchener Handbuch des Gesellschaftsrechts, Band 2: Kommanditgesellschaft, Stille Gesellschaft, München 1991.

Münchener Kommentar zum Bürgerlichen Gesetzbuch, hrsg. von Rebmann, Säkker, Band 3: Schuldrecht, Besonderer Teil 2. Halbband, 2. Aufl. München 1986; Band 6: Erbrecht (§§ 1922–2385), 2. Aufl. München 1989.

Palandt, Kommentar zum Bürgerlichen Gesetzbuch, 54. Aufl. München 1995.

Priester, Ausschüttungen bei Abschreibungsgesellschaften und Wiederaufleben der Kommanditistenhaftung, in: BB 1976, S. 1004 ff.

Raiser, Mitbestimmungsgesetz, Kommentar, 2. Aufl. Berlin 1984.

Rasner, Abfindungsklauseln in OHG- und KG-Verträgen, in: NJW 1983, S. 2905ff.
Reichhold, Das neue Nachhaftungsbegrenzungsgesetz, in: NJW 1994, S. 1617ff.
Riegger, Unterliegt die Komplementär-GmbH dem gesetzlichen Wettbewerbsverbot?, in: BB 1983, S. 90ff.
Rinze, Die Haftung von Beiratsmitgliedern einer personalistischen GmbH & Co. KG, in: NJW 1992, S. 2790ff.
Rittstieg, Zur Problematik von Abfindungsbeschränkungen im GmbH-Recht, in: DB 1985, S. 2285ff.
Röhricht, Das Wettbewerbsverbot des Gesellschafters und des Gesellschaftsführers, in: WPg 1992, S. 766ff.
Romanovzky/Rux, Vorteilhafte Gesellschaftsverträge, 8. Aufl. Freiburg i. Br. 1991.
Roth, Gesetz betreffend die Gesellschaften mit beschränkter Haftung mit Erläuterungen, 2. Aufl. München 1987.
Rowedder, Gesetz betreffend die Gesellschaften mit beschränkter Haftung (GmbHG), Kommentar, 2. Aufl. München 1989.

Schlegelberger, Handelsgesetzbuch, Kommentar von Geßler, Hefermehl, Hildebrandt, Schröder, Martens, K. Schmidt, Band III, 2. Halbbd.: §§ 161–177a, §§ 335–342 (§§ 230–237 n. F.), 5. Aufl. München 1986.
Schmidt, Karsten, Gesellschaftsrecht, 2. Aufl. Köln, Berlin, Bonn, München 1991.
Handelsrecht, 3. Aufl. Köln, Berlin, Bonn, München 1987.
Löschungsgesetz und GmbH & Co., in: BB 1980, S. 1497ff.
Kommanditistenanteil und Nachfolgevermerk – Bemerkungen zum Urteil des Bundesgerichtshofes vom 29. 6. 1981, in: GmbHR 1981, S. 253ff.
Die GmbH-Beteiligung von Gesellschaften bürgerlichen Rechts als Publizitätsproblem, in: BB 1983, S. 1697ff.
Die GmbH & Co. – eine Zwischenbilanz, in: GmbHR 1984, S. 272ff.
Die fehlerhafte Anteilsübertragung – Eine Untersuchung zum Recht der AG, der GmbH und der Personengesellschaft, in: BB 1988, S. 1053ff.
Die Prokura in Liquidation und Konkurs der Handelsgesellschaften, in: BB 1989, S. 229ff.
Unterbilanz – Vorbelastungshaftung – Gesellschafterhaftung, in: ZHR 156 (1992), S. 93ff.
Konzernhaftung nach dem TBB-Urteil – Versuch einer Orientierung, in: ZIP 1993, S. 549 ff.
Scholz, Kommentar zum GmbH-Gesetz, Band I, 7. Aufl. Köln 1986; Band II, 8. Aufl. Köln 1995; Band III, 7. Aufl. Köln 1988.
Schöne, Abfindungsklauseln in Gesellschaftsverträgen, in: ZAP, Fach 15, S. 121.
Schopp, Kapitalkonten und Gesellschafterdarlehen in den Abschlüssen von Personenhandelsgesellschaften unter Berücksichtigung der GmbH & Co. KG, in: BB 1987, S. 581ff.
Schulze zur Wiesche, Die Familien-GmbH & CO. KG, in: WPg 1987, S. 433ff.
Schwedkelm, Die Umwandlung einer GmbH in eine GmbH & Co. KG, in: GmbHR 1993, S. 493.

Seibert, Nachhaftungsbegrenzungsgesetz – Haftungsklarheit für den Mittelstand, in: DB 1994, S. 461 ff.
Soergel, Bürgerliches Gesetzbuch, Band 1: Allgemeiner Teil (§§ 1–240), 12. Aufl. Köln, Mainz 1988; Band 4: Schuldrecht III (§§ 705–853), 11. Aufl. Köln, Mainz 1985.
Sönksen/Söffing, Kommentar zum Berlinförderungsgesetz, Erich Schmidt Verlag, Berlin.
Sommer, Zur Ergebnisverteilung in gewerblich tätigen Personengesellschaften nach Aufnahme weiterer Gesellschafter während eines Geschäftsjahres, in: BB 1987, S. 581.
Streck/Mack/Schwedkelm, Verschmelzung und Formwechsel nach dem neuen Umwandlungsgesetz, in: GmbHR 1995, S. 161.
Sudhoff, Der Gesellschaftsvertrag der GmbH & Co., 8. Aufl. München 1992, zitiert: Sudhoff.
Handbuch der Unternehmensnachfolge, 3. Aufl. München 1984.
Verlustausschlußklausel und Kommanditistenhaftung, in: DB 1973, S. 2175 ff.
Der Antrag auf Eröffnung des Konkurs- oder Vergleichsverfahrens, in: NJW 1973, S. 1829 ff.

Tänzer, Geschäftsführervergütungen und Nebenleistungen, in: GmbHR 1989, S. 324 ff.
Telkamp, Die einkommensteuerliche Behandlung negativer Kapitalkonten von Kommanditisten im Konkurs, in: DB 1977, S. 16.
Tiedtke, Der Inhalt des Bestimmtheitgrundsatzes bei Erlaß eines Mehrheitsbeschlusses durch die Gesellschafter einer Personengesellschaft, in: DB 1989, S. 813.
Tillmann, Wettbewerbsverbot des Gesellschafter-Geschäftsführers einer GmbH, in: GmbHR 1991, S. 26 ff.
Handbuch der GmbH & Co., 17. Aufl. Köln 1991 (bis zur 16. Aufl. Autor Hesselmann).

Uhlenbruck, Die GmbH & Co. KG in Krise, Konkurs und Vergleich, 2. Aufl. Köln 1988.
Insolvenzrechtliche Probleme der GmbH & Co. KG, in: GmbHR 1971, S. 70 ff.
Ulmer, Wirksamkeitsschranken gesellschaftsrechtlicher Abfindungsklauseln, in: NJW 1979, S. 81 ff.
Testamentsvollstreckung am Kommanditanteil – Voraussetzungen und Rechtsfolgen, in: NJW 1990, S. 73 ff.

Weber/Hickel, Die Wirksamkeit von „Hinauskündigungsklauseln" im Recht der Personenhandelsgesellschaften, in: NJW 1986, S. 2752 ff.
Westermann, Handbuch der Personengesellschaften, Band I, 3. Aufl. Köln 1967/1989.
Widmann/Mayer, Umwandlungsgesetz, Bonn 1991.

Stichwortverzeichnis

(Die Ziffern bezeichnen die Randnummern des Werkes.)